WITHDRAWN
HARVARD LIBRARY
WITHDRAWN

Die mittelalterliche Rezeption
der aristotelischen Philosophie der Ehe

Studies in Medieval and Reformation Traditions

History, Culture, Religion, Ideas

Edited by

Andrew Colin Gow

Edmonton, Alberta

In cooperation with

THOMAS A. BRADY, JR., BERKELEY, CALIFORNIA
JOHANNES FRIED, FRANKFURT
BRAD GREGORY, UNIVERSITY OF NOTRE DAME, INDIANA
BERNDT HAMM, ERLANGEN
SUSAN C. KARANT-NUNN, TUCSON, ARIZONA
JÜRGEN MIETHKE, HEIDELBERG
M.E.H. NICOLETTE MOUT, LEIDEN

VOLUME 117

Die mittelalterliche Rezeption der aristotelischen Philosophie der Ehe

Von Robert Grosseteste bis Bartholomäus von Brügge (1246/1247–1309)

von

Pavel Blažek

BRILL

LEIDEN · BOSTON
2007

On the cover:
Nicole Oresme: *Le Yconomique d'Aristote*, MS 11201–02, f. 363ᵛ.
Copyright Bibliothèque royale de Belgique, Bruxelles.

This book is printed on acid-free paper.

Library of Congress Cataloging-in-Publication Data

Blažek, Pavel.
 Die mittelalterliche Rezeption der aristotelischen Philosophie der Ehe : von Robert Grosseteste bis Bartholomäus von Brügge (1246/1247-1309) / Pavel Blažek.
   p. cm. – (Studies in medieval and Reformation traditions, ISSN 1573-4188 ; v. 117)
 Revision of the 1st part of the author's thesis–Jena, 2003.
 Includes bibliographical references (p.   ) and indexes.
 ISBN-13: 978-90-04-15413-1
 ISBN-10: 90-04-15413-2 (hardback: alk. paper)
  1. Marriage–History–Europe. 2. Marriage customs and rites, Medieval.
 3. Aristotle–Political and social views. I. Title.

HQ739.B53 2007
306.81094'0902–dc22

2006049277

ISSN   1573-4188
ISBN-13 978 90 04 15413 1
ISBN-10 90 04 15413 2

© Copyright 2007 by Koninklijke Brill NV, Leiden, The Netherlands.
Koninklijke Brill NV incorporates the imprints Brill, Hotei Publishing,
IDC Publishers, Martinus Nijhoff Publishers and VSP.

All rights reserved. No part of this publication may be reproduced, translated, stored in
a retrieval system, or transmitted in any form or by any means, electronic,
mechanical, photocopying, recording or otherwise, without prior written
permission from the publisher.

Authorization to photocopy items for internal
or personal use is granted by Brill provided that
the appropriate fees are paid directly to The Copyright
Clearance Center, 222 Rosewood Drive, Suite 910
Danvers, MA 01923, USA.
Fees are subject to change.

PRINTED IN THE NETHERLANDS

INHALT

Vorwort ix
Vorbemerkung xiii

I. EINFÜHRUNG

1. Aristoteles und die Ehe..................................... 3
2. Das Fortleben der aristotelischen Philosophie der Ehe in der Geschichte 9
3. Inhalt, Methoden und Ziele der Studie 15

II. DIE EHE IM MITTELALTERLICHEN *CORPUS ARISTOTELICUM*

4. Die Entdeckung und Übersetzung aristotelischer Texte zur Ehe im 13. Jahrhundert 29
5. *Hierarchische Freundschaft*: die Ehe in Robert Grossetestes Übersetzung der *Nikomachischen Ethik* und ihren griechischen Kommentaren 39
6. *Ursprung des Staates*: Die Ehe in Wilhelm von Moerbekes Übersetzung der *Politik*..................................... 57
7. *Teil der Hausgemeinschaft*: Die Ehe in der *translatio Durandi* der pseudo-aristotelischen Ökonomik............................... 77

III. *VON THEOLOGISCHER INDIENSTNAHME ZU DIDAKTISCHER REDUKTION*: REZEPTIONSFORMEN UND REZEPTIONSFUNKTIONEN DER ARISTOTELISCHEN TEXTE ZUR EHE VOM 13. BIS INS FRÜHE 14. JAHRHUNDERT

8. Quellen und Gattungen....................................... 113
9. *Aristoteles und die Theologie der Ehe*: Der Sentenzen-Kommentar des Albertus Magnus (1249) 123
10. *Aristoteles und die Anfänge einer mittelalterlichen Philosophie der Ehe*: Alberts erster Kommentar zur Nikomachischen Ethik (1248–1252) 133

11. *Aristoteles und die Bibelexegese*: Der Paulinen-Kommentar des Thomas von Aquin (1271–1272?) 157
12. *Aristoteles und die Ehe des Dauphins*: Das *De Regimine principum* des Aegidius Romanus (ca. 1280) 165
13. *Aristoteles und die Gelehrtenehe*: Engelbert von Admont und sein Traktat *Utrum sapienti competat uxorem ducere* (um 1300) 177
14. *Aristoteles' Ehelehre kompakt*: Die *Auctoritates Aristotelis* des Ioannes de Fonte (um 1300) 189

IV. DIE REZEPTION DER ARISTOTELISCHEN EHELEHRE IM KOMMENTAR DES BARTHOLOMÄUS VON BRÜGGE ZUR PSEUDO-ARISTOTELISCHEN ÖKONOMIK (1309)

15. Der Artes-Magister und sein Kommentar 199
16. Der Prolog: Verortung und Bestimmung der pseudo-aristotelischen Ökonomik 217
17. Das *Scriptum*: Philosophische Hermeneutik des aristotelischen Textes 237
    17.1. Die *divisio textus* 242
    17.2. Die *expositio litterae* 265
    17.3. Die *notanda* 283
18. Die *Quaestiones*: Der Kommentar als Ort einer mittelalterlichen Philosophie der Ehe 309
    18.1. Die Natürlichkeit der Ehe: *Utrum combinatio viri et mulieris sit naturalis?* 315
    18.2. Die Ehe mit einer Witwe: *Utrum vir debeat ducere virginem aut viduam in uxorem?* 333
    18.3. Geschlechtsspezifische Aufgabenteilung: *Utrum vir et uxor debeant habere opera distincta in domo?* 341
    18.4. Die Ehefrau und das Geld: *Utrum mulier seu uxor debeat facere expensas conuiuiorum et alias neccessarias domui?* 350
    18.5. Die Grenzen des weiblichen Gehorsams: *Utrum mulier in omnibus debeat obedire viro suo?* 360

V. DIE ARISTOTELISCHE PHILOSOPHIE DER EHE UND DAS MITTELALTERLICHE EHEVERSTÄNDNIS: EINE SCHLUSSBILANZ

19. Schlussbilanz 387

Anhang 397

Literaturverzeichnis 417

Personenregister 435
Sachregister 439

VORWORT

Homo generat hominem. Dieses Leitmotiv aristotelischer Philosophie gilt auch in der Forschung. Die vorliegende Untersuchung stellt eine überarbeitete Fassung des ersten Teils meiner Dissertation dar, die ich im Sommersemester 2003 an der Friedrich-Schiller-Universität Jena eingereicht habe. (Die Veröffentlichung ihres zweiten Teils, der kritischen Edition des Kommentars des Bartholomäus von Brügge zur pseudo-aristotelischen Ökonomik, der zugleich die „Hauptquelle" dieser Untersuchung bildet, folgt demnächst.) Sie wäre niemals entstanden ohne die „aktive Kausalität" einer ganzen Reihe von Menschen, denen es hier zu danken gilt. Sie alle haben, aristotelisch gesprochen, ihr eine Form aufgeprägt. An erster Stelle sei meinen drei Promotionsgutachtern gedankt—nicht „nur" deshalb, weil sie in ihren Gutachten der Arbeit das notwendige letzte *nihil obstat* erteilt und dabei zugleich zahlreiche wertvolle Anregungen und Verbesserungsvorschläge hinzugefügt haben, sondern vor allem deshalb, weil sie insgesamt den größten Anteil an ihrer Entstehung haben: Herr Prof. David d'Avray vom *University College London* hat mich auf den Weg der Mediävistik gebracht und mich durch sein wissenschaftliches und persönliches Beispiel für die Geistesgeschichte und die historische Eheforschung begeistert. Herr Prof. Andreas Speer vom Kölner *Thomas Institut* hat, neben anderem, meine Schritte nach Jena gelenkt und mich meinem Doktorvater, Herrn Prof. Helmut G. Walther, zugeführt. Dem letzteren gilt mein größter Dank. Er hat über Jahre hinweg die Untersuchung (sowie die künftige Edition Bartholomäus' Kommentar) aufmerksam begleitet und geleitet. Er ließ dabei seinem Schüler die notwendige *libertas academica*, stand aber zugleich stets mit klugem und intelligentem Rat zur Seite und wusste im entscheidenden Augenblick sanften Druck auszuüben, ohne den die Arbeit kaum jemals fertig geworden wäre.

Meinen Dank schulde ich darüber hinaus einer Reihe weiterer Mediävisten und Philosophiehistoriker: Herr Prof. Theodor W. Köhler, OSB (Salzburg) hat mich als erster, bei einer Tagung in Löwen, auf die mittelalterliche Tradition der *Ökonomik*-Kommentierung aufmerksam gemacht und mich später zu einem dreiwöchigen, wissenschaftlich außerordentlich ertragreichen Forschungsaufenthalt nach Salzburg eingeladen. Herr Doz. Christoph Flüeler (Fribourg) hat mir großzügigerweise seine hervorragende unveröffentlichte Studie und kritische Edition der mittelalterlichen lateinischen Ökonomik-Übersetzungen sowie des Ökonomik-Kommentars des Petrus von Alvernia zu Verfügung gestellt. Herr Prof. Roberto Lambertini (Macerata) tat freundlicherweise dasselbe mit seiner unveröffentlichen Edition des Ökonomik-Kommentars des Bartolomeo da Varignana. Herr Dr. Karl Ubl (Tübingen) las und versah das Engelbert-von-Admont-Kapitel mit wertvollen kritischen Anmerkungen. Frau Prof. Renate Zoepffel (Freiburg) ließ mich ihre, zu dem Zeitpunkt noch unveröffentlichte Studie und neue deutsche Übersetzung der pseudo-aristotelischen *Ökonomik* benutzen. Herr Prof. Jürgen Miethke (Heidelberg) setzte sich gemeinsam mit meinem Doktorvater freundlicherweise für die Aufnahme der Studie in der renommierten Reihe des Brill-Verlags *Studies in Medieval and Reformation Traditions* ein.

Mehrere weitere Mediävisten, die hier nicht alle namentlich erwähnt werden können, denen ich aber deshalb nicht weniger dankbar bin, haben dieser Studie durch Diskussionen und persönliche Gespräche auf verschiedenen Tagungen, Doktorandenkolloquien und bei anderen Gelegenheiten entscheidende Impulse gegeben und zu ihrem Gelingen beigetragen. Aus demselben Grunde danke ich auch meinen Freunden, Kollegen und Studenten von der Jenaer Universität und vom Prager Philosophischen Institut der Akademie der Wissenschaften. Ganz besonders danken möchte ich an dieser Stelle Herrn Voigt senior aus Jena und Frau Dr. Helga Blaschek-Hahn vom Prager Goethe-Institut für die sprachliche Korrektur dieses von einem Nicht-Muttersprachler verfassten Textes.

Mein besonderer Dank gilt auch meiner Frau Ilona. Ihre treue *amicitia coniugalis* und ihr *consilium validum* (Aristoteles irrt sich in diesem Punkt gewaltig!) waren und sind für den Verfasser dieser Arbeit eine große Stütze und Hilfe. *Homo generat hominem*. Während und nach der Entstehung dieser Untersuchung sind unsere fünf Kinder geboren: Fabián, Daniel, Julie, Dominik und Anežka. Ihnen ist dieses Buch gewidmet.

Der Mensch lebt nicht nur vom Brot allein, dennoch bleibt Brot die absolute *conditio sine qua non* jeglichen Strebens *ad altiora*—besonders mit einer großen Familie. Es gilt daher an dieser Stelle auch den Forschungseinrichtungen und Stiftungen zu danken, die die Entstehung dieser Arbeit finanziell ermöglicht und/oder Reisekostenbeihilfen für die mit ihr zusammenhängenden Archiv-, Bibliotheks- und Tagungsreisen gewährt haben: dem Philosophischen Institut der Akademie der Wissenschaften der Tschechischen Republik in Prag (Filozofický ústav AV ČR) und der Friedrich-Schiller-Universität Jena (an denen die Arbeit im Wesentlichen entstanden ist und die mir hierzu die notwendigen Arbeitsbedingungen geschaffen haben), der Universität Salzburg, dem Deutschen Historischen Institut in Rom, Paris und Washington, der École des Hautes Études en Sciences Sociales in Paris, dem Tschechischen Historischen Institut in Rom (Český historický ústav v Římě), der Thüringer Landesstiftung, der Fritz-Thyssen-Stiftung sowie der Josef-Hlávka-Stiftung (Nadání Hlávkových).

Pavel Blažek
Prag, den 21. Oktober 2006

VORBEMERKUNG

Das Buch folgt der neuen Rechtschreibung. Aus Gründen orthographischer Homogenität werden direkte Zitate aus deutschen Texten, die vor der Rechtschreibreform veröffentlicht wurden, in der neuen Rechtschreibung angeführt.

TEIL I

EINFÜHRUNG

KAPITEL I

ARISTOTELES UND DIE EHE

Der spätantike „Philosophiehistoriker" Diogenes Laertius (ca. 300–350 n. Chr.) rühmt sich in seiner bekannten philosophiegeschichtlichen Schrift *Über Leben und Meinungen berühmter Philosophen*, das Testament des großen griechischen Philosophen des vierten vorchristlichen Jahrhunderts Aristoteles eingesehen zu haben und gibt es in ungefährem Wortlaut wieder. Das Testament, an dessen Authentizität kein Zweifel besteht, ist außerdem in zwei mittelalterlichen arabischen Versionen überliefert. Es ist vor allem deshalb von Bedeutung, weil es einen wertvollen Einblick in das Leben des Philosophen gewährt. Kennt man nämlich Aristoteles sonst nur als Verfasser höchst unpersönlicher, theoretischer Schriften, so ist dieses Testament eines der raren Zeugnisse, in denen unmittelbar etwas vom Menschen Aristoteles greifbar wird. Hier ist ein Ausschnitt daraus:[1]

> *„Hoffentlich geht alles gut; für den Fall aber, dass sich etwas ereignen sollte, hat Aristoteles folgende letztwillige Verfügungen getroffen: Die Aufsicht über alles und in allen Stücken soll in der Hand des Antipater liegen. Bis zu dem Zeitpunkt, wo Nikanor eintreten kann, sollen Vormünder sein Aristomenes, Timarchos, Hipparchos, Dioteles, Theophrastos, wenn er dazu bereit ist und es ihm möglich ist, sowohl über die Kinder wie über Herpyllis und den gesamten Nachlass…Es sollen aber die Vormünder und Nikanor bei ihren Maßregeln stets meiner und der Herpyllis als meiner treuen und fürsorglichen Genossin eingedenk sein sowie ihrer sonstigen Pflichten; und wünscht sie sich wieder zu verheiraten, so soll sie keinem Manne überlassen werden, der meiner nicht würdig wäre. Es sollen ihr aber außer dem, was sie früher empfangen, ein Talent Silber aus dem Nachlass und, wenn sie es wünscht, drei Dienerinnen überlassen werden, sowie die Magd, die sie hat, und der Bursche Pyrrhaios; und will sie in Chalkis wohnen bleiben, so soll ihr das am Garten liegende Haus überlassen werden, oder, wenn in Stageira, dann das väterliche Haus. Mag sie nun das eine oder das andere wollen, so sollen ihr die Vormünder das Haus mit den erforderlichen Gerätschaften ausstatten, geschmackvoll und den Wünschen der Herpyllis entsprechend … Wo man mein Grab herrichtet, da sollen auch die ausgehobenen Gebeine der Pythias beigesetzt werden, wie sie es selbst angeordnet hat."*[2]

---

[1] Vgl. Ingemar Düring: Aristotle in the ancient biographical tradition (Studia Graeca et Latina Gothoburgensia, V), Göteborg 1957, S. 238–241.

[2] Diogenes Laertius: Leben und Meinungen berühmter Philosophen. Übersetzt von Otto Apelt, Bd. I., Berlin 1955, S. 146–148.

Was erfährt man aus dem Testament? Es tauchen hier die Namen von zwei Frauen auf: Herpyllis und Pythias. Mit der ersteren lebte Aristoteles zum Zeitpunkt der Entstehung des Testaments zusammen. Ihre Beziehung war offenbar glücklich, da er sie als treue und fürsorgliche Genossin bezeichnet. Die letztere, Pythias, war, als das Testament entstand, bereits verstorben. Ihre Gebeine sollten—ihrem eigenen Wunsch zufolge—nach Aristoteles' Tod exhumiert und gemeinsam mit ihm in einem Grab beigesetzt werden. Wer waren diese beiden Frauen? Pythias begegnet man auch an einer anderen Stelle in Diogenes Laertius' *Lehren und Meinungen großer Philosophen*, wo sie als Aristoteles' Ehefrau auftritt. Die Stellung von Herpyllis ist weniger eindeutig. Ingemar Düring zufolge handelt es sich um eine ehemalige Hausdienerin, mit der Aristoteles nach Pythias Tod gelebt haben soll, ohne mit ihr eine rechtmäßige Ehe eingegangen zu sein. Hätten wir das Testament ganz zitiert, wüssten wir außerdem, dass Aristoteles mindestens zwei Kinder hatte, ein Mädchen und einen Sohn namens Nikomachos. Wir wüssten auch, dass zu seinem Haushalt mehrere Diener und Mägde gehörten.[3]

Der Umstand, dass Aristoteles selbst verheiratet war und Kinder und einen Haushalt hatte, dürfte einer der Gründe dafür sein—doch das bleibt Spekulation des Historikers—dass er sich auch in seinen philosophischen Schriften mehrfach mit dem Thema des ehelichen Verhältnisses und Zusammenlebens von Mann und Frau beschäftigt. Es dürfte auch einer der Gründe sein, weshalb er, etwa im Unterschied zum ehelosen Platon, das Haus (*oikos*)—verstanden im griechischen Sinne als Einheit von Mann und Frau, Kindern, Sklaven und Besitz— so hochschätzt und ihm so viel Aufmerksamkeit schenkt. Jedenfalls ist auf diesen Zusammenhang zwischen Aristoteles' philosophischem Interesse an diesen Fragen und seiner eigenen Lebenserfahrung seitens moderner Historiker hingewiesen worden.[4]

Aristoteles ist nämlich einer der ersten Philosophen, die sich mit dem Phänomen der Ehe philosophisch auseinandergesetzt haben; er ist der erste Philosoph überhaupt, der sich mit diesem Thema in einer solchen Breite beschäftigt hat. Der griechische Philosoph spricht über

---

[3] zur Interpretation des Testaments vgl. Ingemar Düring: Aristotle in the ancient biographical tradition (wie Anm. 1), S. 238–241; Ders.: Aristoteles. Darstellung und Interpretation seines Denkens, Heidelberg 1966, S. 14.

[4] D.S. Hutchinson: Ethics. In: Jonathan Barnes (Hg.): The Cambridge Companion to Aristotle, Cambridge 1995, S. 195–232, hier S. 195–196; Sabine Föllinger: Differenz und Gleichheit. Das Geschlechterverhältnis in der Sicht griechischer Philosophen des 4. bis 1. Jahrhunderts v. Chr., Stuttgart 1996, hier S. 217, n. 180.

die Ehe recht ausführlich in zwei Schriften, die zweifelsohne zu seinen bekanntesten und wirkungsmächtigsten gehören, in der *Nikomachischen Ethik* und in der *Politik*. Man begegnet dem Thema aber auch in seiner weniger bekannten *Eudemischen Ethik* und in der Schrift *Magna Moralia*, deren Authentizität allerdings umstritten ist. Einem antiken Werkkatalog zufolge soll der Stagirit außerdem ein heute verlorenes selbstständiges Traktat mit dem Titel *Über das Zusammenleben von Mann und Frau* geschrieben haben. Bis ins neunzehnte Jahrhundert betrachtete man noch eine weitere Schrift, die ausführlich von der Ehe handelt, als ein authentisches Werk des Aristoteles: die sogenannte pseudo-aristotelische *Ökonomik*. Die *Ökonomik*, so wie sie heute bekannt ist, setzt sich aus drei verschiedenen kurzen „Büchern" zusammen. Über die Ehe ist im ersten und dritten die Rede. In der heutigen Forschung gilt, dass nur das erste Buch der *Ökonomik* indirekt auf Aristoteles zurückgeht. Es handelt sich wahrscheinlich um ein Werk eines Schülers des Aristoteles, welcher Art auch immer seine Beziehung zu Aristoteles *in concreto* gewesen sein mag. Das dritte Buch dagegen stellt eine paränetische Schrift dar, die wohl in hellenistischer Zeit, vielleicht aber auch schon davor entstanden ist. Quantitativ gesehen stellt sie die längste „aristotelische" Abhandlung über die Ehe dar.[5]

---

[5] Aristoteles: Nikomachische Ethik. Übers. und kommentiert von Franz Dirlmeier (Aristoteles. Werke in deutscher Übersetzung, 6), Berlin 1979 (7. Auflage); Aristoteles: Politik. Übers. und eingeleitet von Eckart Schütrumpf (Aristoteles. Werke in deutscher Übersetzung, 9), Bd.1: Pol I, Berlin 1991, Bd. 2: Pol II und III, Berlin 1991, Bd. 3: Pol IV–VI, Berlin 1996, Bd. 4: Pol VII–VIII, Berlin 2005; Aristoteles: Eudemische Ethik. Übers. von Franz Dirlmeier (Aristoteles. Werke in Deutscher Übersetzung 7), Darmstadt 1962; Aristoteles: Magna Moralia. Übersetzt von Franz Dirlmeier (Aristoteles. Werke in deutscher Übersetzung Bd. 8), Berlin 1958; Ulrich Victor: [Aristoteles] Oikonomikos. Das erste Buch der Ökonomik—Handschriften, Text, Übersetzung und Kommentar—und seine Beziehung zur Ökonomikliteratur (Beiträge zur klassischen Philologie 147), Königstein 1983 (Übersetzung des ersten Buches). Für die Übersetzung des zweiten und dritten Buches siehe: Aristoteles: Über Haushaltung in Familie und Staat (Aristoteles: Die Lehrschriften. herausgegeben, übertragen und in ihrer Entstehung erläutert von Paul Gohlke VII,6), Paderborn 1953 (2. Auflage), Aristote: Économique, hg. und ins Französische übersetzt v. B.A. van Groningen und André Wartelle, Paris 1968; siehe jetzt auch die neue deutsche Ökonomik-Übersetzung von Renate Zoepffel: Aristoteles: Oikonomika (Aristoteles. Werke in deutscher Übersetzung, 10), übers. und erläutert von Renate Zoepffel, Berlin 2006. Die Autorin weist darauf hin, dass die Argumente, mit deren Hilfe das dritte Buch der Ökonomik in der bisherigen Forschung in das Zeitalter des Hellenismus datiert wurde, nicht zwingend sind. Ihrer Ansicht nach ist es nicht auszuschließen, dass auch das dritte Buch der Ökonomik in zeitlicher Nähe zu Aristoteles entstanden ist (vgl. S. 233–246); Zu den bei Hesych erwähnten, verlorenen Schriften *Über das Zusammenleben von Mann und Frau (Peri symbioseos andros kai gynaikos)* (Nr. 165) und *Die Gesetze von Mann und Ehefrau (Nomoi andros kai*

Wenn wir in bezug auf aristotelische Schriften über die Ehe sprechen, so bedarf dies einer Erläuterung. Im modernen Sprachgebrauch wird der Begriff Ehe häufig in seinem juristischen Sinne, als Bezeichnung für einen *rechtlich definierten Stand* verwendet. Der lateinische Ausdruck für eine so verstandene Ehe ist „matrimonium" und sein Gegensatz ist „concubinatus". Der Begriff Ehe kann aber auch einfach als Bezeichnung der *Lebensgemeinschaft von Mann und Frau* verwendet werden. Wenn lateinische Autoren über die Ehe in diesem zweiten Sinn sprechen, so verwenden sie zumeist den Ausdruck „coniugium". Im aristotelischen Schrifttum findet man zwar kaum eine Abhandlung über die Ehe im rechtlichen Sinne, verstanden als „matrimonium" (abgesehen vom 7. Buch der *Politik*), es ist dort aber mehrfach von der Ehe als *Lebensgemeinschaft von Mann und Frau*, als „coniugium", die Rede.

Ohne an dieser Stelle ausführlich auf Aristoteles' Ausführungen über die Ehe—verstanden als *coniugium*—eingehen zu wollen, seien hier wenigstens die Themen, die er in den zwei wichtigsten Schriften, der *Nikomachischen Ethik* und der *Politik*, in Bezug auf die Ehe behandelt, angesprochen: In der *Politik* betrachtet er die Ehe unter dem Aspekt ihrer Ausrichtung auf die Haus- und Staatsgemeinschaft. Im ersten Buch der *Politik* beschreibt er ihre Rolle als Keimzelle von Haus und Staat, im zweiten Buch der *Politik* setzt er sich kritisch mit der Meinung auseinander, Polygamie diene dem Wohlergehen des Staates, im siebten Buch macht er schließlich Vorschläge für eine richtige, den Fortbestand des Staates sichernde Ehegesetzgebung. In der *Nikomachischen Ethik* beschäftigt er sich mit dem Thema vor allem im achten Buch, im Rahmen einer Abhandlung über die verschiedenen Formen von *Freundschaft*, modern gesprochen, zwischenmenschlicher Beziehungen. Er sinnt über Wesen und Funktion der Ehe nach, beschreibt die Beschaffenheit des Verhältnisses von Mann und Frau und zieht Parallelen zwischen der Ehe als Lebensform und bestimmten Herrschaftsformen im Staat. Eine ähnliche Thematisierung der Lebensgemeinschaft von Mann und Frau wie in der *Nikomachischen Ethik* findet sich in gekürzter Form auch in der *Eudemischen Ethik* und in den *Magna Moralia*. Die früher Aristoteles zugeschriebene *Ökonomik* enthält unter anderem

---

gametes) (Nr. 166) vgl. Paul Moraux: Les listes anciennes des ouvrages d'Aristote, Louvain 1951, S. 255 ff. Moraux zufolge meinen beide Titel dieselbe Schrift. Siehe auch: Ulrich Victor: [Aristoteles] Oikonomikos, S. 13–14.

längere Passagen über die konkrete Gestaltung der Ehe und über die Aufgaben der Ehepartner.[6]

Es ist bemerkenswert, wie sehr die theoretisch-philosophischen Überlegungen zum Phänomen der Ehe und Familie, die Aristoteles in diesen Schriften anstellt, den häuslichen Strukturen und familiären Beziehungen, die sich an Aristoteles' Testament ablesen lassen, nahe kommen: So fällt beispielsweise auf, dass die Struktur der Hausgemeinschaft, die Aristoteles im ersten Buch der *Politik* und im achten Buch der *Nikomachischen Ethik* beschreibt, genau der Struktur seines eigenen Haushalts entspricht: Aristoteles schreibt dort, dass ein vollständiges Haus aus einem Mann und einer Frau, Kindern und Sklaven bestehe. Mit anderen Worten, er versteht die Hausgemeinschaft als eine um Dienerschaft erweiterte Kleinfamilie. Es ist interessanterweise dieselbe Art von Familie, der man in Aristoteles' Testament begegnet. Im achten Buch der *Nikomachischen Ethik* beschreibt Aristoteles, um ein zweites Beispiel zu nennen, die Beziehung zwischen Mann und Frau als eine Freundschaft zwischen zwei ungleichen Partnern und vergleicht sie mit einer Aristokratie. Dem Mann komme darin die Rolle des Gebietenden zu, der Frau die der Gehorchenden. Das bedeute aber keineswegs einen Freibrief für Willkür: Der Mann habe nämlich die der Frau zustehenden Kompetenzbereiche zu respektieren und dürfe sie, wie er in der *Politik* sagen wird, nicht als Sklavin behandeln. Das täten höchstens die Barbaren, nicht aber die Griechen. Auch hier ist die Art von Beziehung zwischen Mann und Frau, die Aristoteles beschreibt, seiner eigenen Beziehung zu Herpyllis auffallend ähnlich: Die selbstbewusste Art und Weise, wie Aristoteles in seinem Testament über das Geschick seiner Hausangehörigen entscheidet, lässt niemanden im Zweifel darüber, wer das Sagen im Hause hat. Zugleich aber fällt sein Respekt Herpyllis gegenüber auf: Er legt großen Wert darauf, dass in allem auf ihre Wünsche geachtet werden müsse. Das ist ein ganz anderes Verhältnis als

---

[6] Aristoteles' Philosophie des Mannes und der Frau und deren Zusammenlebens ist in den letzten Jahren mehrmals in verschiedenen Zusammenhängen kritisch untersucht worden. Vgl. Stephen Clark: Aristotle's Woman. In: History of Political Thought 3 (1982), S. 178–191; Silvia Campese, Paola Manuli und Giulia Sissa: Madre Materia. Sociologia e biologia della donna greca, Torino 1983, S. 15–79; Constantin Despotopoulos: Aristote sur la Famille et la Justice, Bruxelles 1983, S. 11–44; Prudence Allen: The Concept of Woman. The Aristotelian Revolution 750 B.C. – A.D. 1250), Michigan 1997² (1. Auflage: 1985), S. 83–126; Sabine Föllinger: Differenz und Gleichheit (wie Anm. 4), S. 182–227; Silvia Campese: La cittadina impossibile. La donna nell'Atene dei filosofi, Palermo 1997.

das seinen Sklaven gegenüber, über deren weiteres Schicksal er völlig selbstherrlich verfügt.

Aristoteles' philosophisches Interesse am Phänomen der Ehe und die Art und Weise, wie er die Ehe beschreibt, sind freilich nicht allein aus dem inneren Zusammenhang mit seiner *eigenen* Erfahrung als Hausherr und Ehemann zu verstehen. Sowohl sein Testament als auch seine philosophischen Überlegungen über die Ehe tragen darüber hinaus der gesellschaftlichen Praxis und allgemein den *mentalités* seiner Zeit Rechnung. Wenn etwa der griechische Philosoph im ersten Buch der *Politik* der Frau das Vermögen, Entscheidungen in die Tat umzusetzen, abspricht, und wenn er sich in seinem Testament genötigt sieht, Herpyllis einem männlichen Vormund, Nikanor, zu unterstellen, so entspricht dies völlig der weitgehenden rechtlichen und politisch-öffentlichen Unmündigkeit von Frauen in der damaligen Gesellschaft.[7]

Aristoteles' Beschäftigung mit dem Thema der Ehe erklärt sich auch daraus, dass seine Überlegungen in einem Diskussionszusammenhang mit anderen Philosophen, vor allem mit seinem Lehrer Platon, stehen. So ist beispielsweise seine Ablehnung der polygamen Lebensform, die er im zweiten Buch der *Politik* formuliert, Teil einer intensiven philosophischen Auseinandersetzung und Abgrenzung von Platons staatstheoretischen Ansichten. Dieser hatte nämlich die Auffassung vertreten, für die Einheit eines Staates sei die Einführung der Polygamie von Vorteil, eine Ansicht, die Aristoteles ganz und gar nicht teilt.[8]

---

[7] Campese: La cittadina impossibile (wie Anm.6), passim; Föllinger, Differenz und Gleichheit (wie Anm.4), S. 186.

[8] Föllinger: Differenz und Gleichheit (wie Anm. 4), hier S. 92–117 und S. 217–219.

KAPITEL 2

DAS FORTLEBEN DER ARISTOTELISCHEN PHILOSOPHIE DER EHE IN DER GESCHICHTE

Habent sua fata libelli! Genauso interessant wie die aristotelischen Texte über die Ehe selbst ist deren Fortleben in der Geschichte. Aristoteles hat ohne Zweifel seine Ausführungen über die Ehe in erster Linie im Hinblick auf seine Gegenwart formuliert. Wie jeder Philosoph philosophierte er vor allem für seine Zeitgenossen. Er konnte kaum voraussehen, dass man sie bis heute, 2300 Jahre später, kennen und sich mit ihnen beschäftigen würde. Die aristotelischen Texte zur Ehe sind im Verlauf der Jahrhunderte in verschiedenen, geschichtlich-geographischen Kontexten überliefert worden und wurden dort auf mannigfache Weise in unterschiedlichen historischen, literarischen und funktionalen Zusammenhängen rezipiert. Die Geschichte ihres Fortlebens ist einerseits Bestandteil der Geschichte des Aristotelismus und damit *Philosophiegeschichte*, zugleich trägt sie einer Reihe kulturell-gesellschaftlicher Entwicklungen Rechnung und ist somit ein Stück *Kulturgeschichte*.

Aus den verschiedenen Aspekten, die das Nachleben der aristotelischen Texte zur Ehe umfasst, sei an dieser Stelle nur exemplarisch auf zwei eingegangen: auf deren Verwendung bei der Konstruktion von Ehediskursen und auf deren Rezeption in moderner feministischer Philosophie.

Die aristotelischen Darlegungen zur Lebensgemeinschaft von Mann und Frau sind im Verlauf der Geschichte von mehreren Autoren bei der Komposition ihrer eigenen Ausführungen zum Thema Ehe herangezogen worden. Dabei wurden sie oft für Zwecke vereinnahmt, die sich von den Intentionen, mit denen Aristoteles seine Texte formuliert hatte, grundlegend unterscheiden. Das früheste Beispiel eines solchen „reimpiego", um einen *terminus technicus* aus dem Italienischen für die Wiederverwendung älteren Kulturguts in einem neuen Kontext zu benutzen, stellt eigentlich schon das erste Buch der später Aristoteles zugeschriebenen *Ökonomik* dar. Sein Verfasser, offenbar ein Schüler des Aristoteles, rezipiert hier mehrere Gedanken über das Zusammenleben von Mann und Frau aus dem ersten Buch der *Politik*. Die Art, wie und zu welchem Zweck er sie in seiner *Ökonomik* einsetzt, entspricht hier noch völlig den Intentionen seines Lehrers. Er greift auf die aristotelischen Gedanken zurück, um, genauso wie Aristoteles, einen philosophischen Diskurs über die Ehe, *verstanden als Teil einer Hausgemeinschaft*, eines *oikos*, zu führen. In seiner bemerkenswerten inhaltlich-thematischen Nähe zu Aristoteles äußert sich nicht nur sein wie auch immer geartetes Schülerverhältnis zum Stagiriten, sondern einfach auch die zeitliche und kulturelle Nähe beider Autoren.[1]

Völlig neuen Formen eines *reimpiego* der aristotelischen Texte über die Ehe in späteren Ehediskursen begegnet man nach der Wiederentdeckung der *Nikomachischen Ethik*, der *Politik* sowie der nunmehr Aristoteles zugeschriebenen *Ökonomik* im lateinischen Abendland des 13. Jahrhunderts. Im Unterschied zu ihrem ursprünglichen, antik-heidnischen Entstehungsmilieu gelangen nun plötzlich diese Schriften in ein kulturelles Umfeld, das seit Jahrhunderten vom christlich-biblischen Glauben bestimmt wird. Die aristotelischen Texte, die ein Verständnis der Beziehung von Mann und Frau transportieren, das zum biblisch-christlichen eigentlich in keinem wesentlichen Widerspruch steht, werden nun vielfach für Zwecke vereinnahmt, die völlig den Bedürfnissen der mittelalterlichen *societas christiana* entsprechen. In der vorliegenden Untersuchung wird von der mittelalterlichen Wiederverwendung der aristotelischen Gedanken ausführlich die Rede sein.

Ein beredtes Beispiel eines *reimpiego* der aristotelischen Texte zur Ehe im Mittelalter stellt deren Rezeption bei Albertus Magnus dar. Der Theologe und Philosoph rezipiert in seinem 1249 fertiggestellten Sentenzenkommentar, einem seiner theologischen Werke, in denen er sich aus christlich-theologischer Perspektive mit dem Phänomen der Ehe auseinandersetzt, einige Darlegungen über die Lebensgemeinschaft von Mann und Frau aus der damals neuentdeckten *Nikomachischen Ethik*. Er greift hier auf die Beschreibung der „Freundschaft" zwischen Mann und Frau als einer naturgemäßen, auf Zeugung von Nachkommen und Alltagsbewältigung ausgerichteten Beziehungsform zurück, um dadurch seine christliche Theologie der Ehe philosophisch zu untermauern. Er setzt nämlich diese Beschreibung in einem philosophisch-theologischen Beweisverfahren ein, dessen Ziel es ist zu beweisen, dass

---

[1] zur Frage des Abhängigkeitsverhältnisses der Oec I von aristotelischen Schriften und von anderen Vorlagen siehe Ulrich Victor: [Aristoteles] Oikonomikos. Das erste Buch der Ökonomik—Handschriften, Text, Übersetzung und Kommentar—und seine Beziehung zur Ökonomikliteratur (Beiträge zur klassischen Philologie 147), S. 177–192.

die Grundsäulen des christlichen Eheverständnisses, die Ehe verstanden als monogame und unlösbare Lebensgemeinschaft von Mann und Frau, in der Naturordnung selbst verankert sind und somit allgemeine Gültigkeit besitzen.[2]

Auch im Zeitalter der Renaissance und des Humanismus lassen sich Beispiele eines *reimpiego* der aristotelischen Texte bei der Komposition von Ehediskursen finden. Die aristotelische Philosophie der Ehe ist seit ihrer Wiederentdeckung im Mittelalter längst in die verschiedenen Traditionen spätmittelalterlicher Ehediskurse integriert worden und gehört nunmehr, an der Schwelle der Neuzeit, zum literarisch-gedanklichen Kulturerbe des Abendlandes. 1524 bringt der Humanist Juan Luis Vives mehrfach aristotelische Gedanken über die Lebensgemeinschaft von Mann und Frau in seine berühmte Schrift *De institutione feminae christianae* ein, einer Katharina von Aragon, der ersten Gemahlin Heinrichs VIII. gewidmeten, christlich-humanistischen Frauendidaxe. Der humanistische Pädagoge rezipiert hier die aristotelischen Gedanken zum Zweck einer humanistisch-christlichen Unterweisung von Ehefrauen.[3]

Als letztes Beispiel eines *reimpiego* der aristotelischen Philosophie der Ehe in späteren Ehediskursen sei deren Rezeption im philosophischen Essay *Humanisme Intégral* (dt. *Christlicher Humanismus*) des französischen katholischen Philosophen thomistischer Orientierung Jacques Maritain aus dem Jahre 1936 erwähnt. Das Essay steht im Zeichen einer aus neothomistischer Position geführten Kritik an der Moderne, wie sie für bestimmte Teile des intellektuellen Katholizismus des ausgehenden 19. und der ersten Hälfte des 20. Jahrhunderts kennzeichnend war. Der Philosoph kritisiert eine Reihe zeitgenössischer geistiger und gesellschaftlich-politischer Erscheinungen, wie etwa den Atheismus, den Marxismus, den liberalen Kapitalismus und den Faschismus, und hält diesen den philosophischen Entwurf einer christlichen, vielfach auf den philosophischen Prinzipien des Thomas von Aquin beruhenden Gesellschaft entgegen. Einer der Kritikpunkte Maritains sind Veränderungen im modernen Eheverständnis. Maritain spricht von einer modernen Krise der Ehe und Familie und betrachtet als einen ihrer Gründe einen „zerstörerischen Pseudo-Individualismus der häuslichen Gemeinschaft ... auf Grund dessen die Frau eine gewisserma-

---

[2] siehe unten, S. 121–130.

[3] Juan Luis Vives: De Institutione feminae christianae, hrsg. und übers. v. Charles Fantazzi / Constantinus Matthéeussen, 2 Bde., Leiden–New York–Köln 1996 (liber primus) 1998 (liber secundus, liber tertius), passim.

ßen materielle und quantitative Gleichstellung mit dem Manne beansprucht". Dieser Pseudo-Individualismus habe, so Maritains Gedankengang, sein theoretisches *Pendant* in der egalitaristischen und libertinistischen Geschlechterauffassung einiger marxistischer Theoretiker. Die konkrete Auswirkung dieser Entwicklung sei die Frauenarbeit in der Fabrik. Als Alternative zu diesem „modernen", auf *quantitative* Gleichstellung von Mann und Frau hinauslaufenden Eheverständnis, schlägt Maritain das aus der *Nikomachischen Ethik* abgeleitete Konzept einer *proportionalen* Gleichheit von Mann und Frau in der Ehe vor, das er über Thomas von Aquin rezipiert: Im Anschluss an die *Nikomachische Ethik* des Aristoteles und an Thomas von Aquin betont er, dass Mann und Frau in der Ehe zwar die gleiche menschliche Würde, aber jeweils unterschiedliche, aufeinander ausgerichtete und sich ergänzende ökonomische Aufgaben haben. Dem Mann komme die ökonomische Versorgung des Hauses zu, während die Frau für den innerhäuslichen Bereich zuständig sei.[4]

Soweit zum *reimpiego* der aristotelischen Texte bei der Konstruktion von historischen Ehediskursen. Als zweites Beispiel des Nachlebens dieser Texte sei hier auf einen Aspekt des *gegenwärtigen* Weiterlebens dieser Gedanken hingewiesen: auf deren Rezeption in moderner feministischer Philosophie.

Die Modalitäten des Fortlebens der aristotelischen Gedanken in der Gegenwart sind vielfältig und tragen nicht anders als in der Vergangenheit zeitgenössischen, gesellschaftlich-geistigen Tendenzen und Traditionsbildungen Rechnung. Eine Auseinandersetzung mit den aristotelischen Reflexionen über das eheliche Verhältnis von Mann und Frau findet heute—ganz in der modernen Tradition eines historisch-kritischen Umgangs mit Geschichte und ganz im Sinne der modernen Aufmerksamkeit für die Geschlechterproblematik—primär in *historisch-philologischen* Einzeluntersuchungen zu Aristoteles' Frauen- und Geschlechterverständnis statt.[5]

Daneben werden heute manchmal Aristoteles' Beschreibungen der Lebensgemeinschaft von Mann und Frau auch im Kontext feministischer Philosophie rezipiert. Die Art des Fortlebens der aristotelischen

---

[4] Jacques Maritain: Christlicher Humanismus, Heidelberg 1950, hier S. 154–156.
[5] hier wäre vor allem zu nennen die Studie von Sabine Föllinger: Differenz und Gleichheit. Das Geschlechterverhältnis in der Sicht griechischer Philosophen des 4. bis 1. Jahrhunderts v. Chr., Stuttgart 1996; ferner: Silvia Campese: La cittadina impossibile La Donna nell'Atene dei filosofi, Palermo 1997.

Texte in dieser modernen philosophischen Richtung ähnelt vielfach der Art des Fortlebens in mittelalterlichen Ehediskursen. Auch hier handelt es sich nämlich um eine *bewusste Aktualisierung* der aristotelischen philosophischen Inhalte für eine Fragestellung, die eigentlich eine weitgehend moderne ist—die Frage nach der Identität und der Rolle der Frau und im weiteren Sinne nach der Kategorie des „Geschlechts" (*gender*). Im Unterschied zur Wiederverwendung der aristotelischen Gedanken bei der Konstruktion älterer Ehediskurse, die von einer grundsätzlich befürwortenden Haltung Aristoteles gegenüber geprägt sind, dient aber die Auseinandersetzung mit dem Stagiriten im Kontext feministischer Philosophie zumeist einer Abgrenzung von ihm.

An dieser Stelle sei auf zwei Beispiele einer solchen Rezeption der aristotelischen philosophischen Texte zur Ehe eingegangen: 1981 veröffentlichte die amerikanische feministische Philosophin Jean Bethke Elshtain ihr Buch „*Public man, private Woman. Women in Social and Political Thought*". Das Buch übt sozialphilosophisch-feministische Kritik an der dichotomen Unterscheidung zwischen einer dem Mann zugeordneten Sphäre des „Öffentlichen" und einer der Frau zugeordneten Sphäre des „Privaten". Die Autorin setzt sich kritisch mit der Entwicklung dieser geschlechtsgebundenen Unterscheidung in der Philosophiegeschichte auseinander. In diesem Zusammenhang hinterfragt die Philosophin auch die Ausführungen über das Verhältnis von Mann und Frau im ersten Buch der *Politik* und distanziert sich von ihnen als einer unzulänglichen Vereinnahmung der Sphäre des Öffentlichen durch den Mann.[6]

Als zweites Beispiel von Rezeption der aristotelischen Philosophie der Ehe in einer Arbeit, der eine feministisch-philosophische Intention zugrunde liegt, sei hier eine umfangreiche Studie von Prudence Allen aus dem Jahre 1985 genannt. Die amerikanische Philosophin beschreibt in ihrem Buch, das den Titel „*The Concept of woman. The Aristotelian Revolution, 750 B.C. – A.D. 1250*" trägt, philosophische Konzepte der Frau und der Geschlechterbeziehung von den Vorsokratikern bis an die Schwelle des Spätmittelalters. Ihre Absicht ist es, die Geschichte der philosophischen Konzeptualisierung der Frau in ihrer Beziehung zum Mann aufzuarbeiten und so einen Beitrag zu aktuellen philosophischen Diskussionen um die Identität der Frau und um die Beschaffenheit der Geschlechterbeziehung zu leisten. Allens Deu-

---

[6] Jean Bethke Elshtain: Public Man, Private Woman. Women in Social and Political Thought, Princeton 1981, hier S. 3–54.

tung zufolge lassen sich die gesamten antiken und früh- und hochmittelalterlichen philosophischen Ausführungen zum Thema „Frau" und „Geschlecht" auf drei philosophische Grundpositionen zurückführen, die sie als *„sex unity"*, *„sex polarity"* und drittens als *„sex complementarity"* qualifiziert. Die erste Position zeichne sich dadurch aus, dass sie die Existenz eines realen Unterschieds zwischen den Geschlechtern bestreite. Die zweite Position—*sex polarity*—gehe demgegenüber von einem wesentlichen Unterschied zwischen den Geschlechtern aus, verstehe Mann und Frau als Gegensätze und ordne den ersteren der letzteren hierarchisch über. Die letzte Position schließlich—*sex complementarity*—, mit der Allen deutlich sympathisiert, erkenne zwar die Existenz eines wesentlichen Geschlechtsunterschieds zwischen Mann und Frau an, verstehe aber beide als komplementäre, gleichrangige und gleichwertige Partner. Die aristotelischen Gedanken über die Beziehung von Mann und Frau aus der *Politik* und der *Nikomachischen Ethik* (sowie andere geschlechtsspezifische Aussagen aus anderen aristotelischen Schriften) nehmen in Allens Untersuchung einen großen Raum ein. Die Philosophin sieht in Aristoteles den Gründer des Konzepts der *sex polarity*, also einer hierarchisch und antagonistisch verstandenen Geschlechterbeziehung. Bemerkenswert ist auch, wie sie ihrerseits das Fortleben dieses als aristotelisch gedeuteten Geschlechterkonzepts der *sex polarity* in der Geschichte darstellt. Prudence Allen zufolge ist die Geschichte der Antike und des Früh- und Hochmittelalters eine Geschichte der allmählichen Durchsetzung dieses aristotelischen, hierarchisch-antagonistischen Geschlechterkonzepts—deshalb der Titel *Aristotelian Revolution*—, deren Höhepunkt in der Institutionalisierung aristotelischer Schriften im Lehrplan der Pariser Universität im Jahre 1255 erreicht wird.[7]

---

[7] Prudence Allen: The Concept of Woman. The Aristotelian Revolution, 750 B.C. – A.D. 1250, Michigan 1997².

KAPITEL 3

INHALT, METHODEN UND ZIELE DER STUDIE

Die bisherigen Ausführungen dürften bereits gezeigt haben, wie zeitgebunden und variationsreich sich das Fortleben der aristotelischen Philosophie der Ehe im Verlauf der Geschichte gestaltet hat. Die vorliegende Studie untersucht die frühe Phase der Rezeption der aristotelischen Gedanken zur Ehe im lateinischen Mittelalter. Ihren Beginn markiert die Wiederentdeckung und vollständige Übersetzung der *Nikomachischen Ethik*, der *Politik* und der pseudo-aristotelischen *Ökonomik* ins Lateinische im 13. Jahrhundert. Diese drei Schriften waren nämlich die einzigen, in denen man im Mittelalter Ausführungen des Stagiriten zum Thema Ehe begegnen konnte. (Die pseudo-aristotelische *Ökonomik* wurde damals, wie schon gesagt, für ein authentisches Werk des Aristoteles gehalten.)

Das Mittelalter stellt in der Geschichte des Nachlebens der aristotelischen Philosophie der Ehe zweifelsohne einen zentralen Abschnitt dar, weil hier ihr Fortleben die vergleichsweise größte Intensität entfaltet hat. Dies hängt vor allem mit der Verankerung aristotelischer Schriften im spätmittelalterlichen universitären Lehrbetrieb zusammen, aber auch mit der Autorität, die Aristoteles damals generell genoss.[1]

Den *terminus a quo* der Untersuchung bilden die Jahre 1246/7. Diese markieren gewissermaßen den Beginn der mittelalterlichen Rezeption der aristotelischen Philosophie der Ehe. In diese Jahre datiert nämlich die Fertigstellung der ersten vollständigen und wirkungsträchtigen lateinischen Übersetzung der *Nikomachischen Ethik*. Diese war die erste unter den genannten drei Schriften des Aristoteles, die im Mittelalter bekannt wurde.

Den *Terminus ad quem* der Untersuchung stellt hingegen das Jahr 1309 dar. In diesem Jahr beendete der Magister der Artisten-Fakultät der Pariser Universität Bartholomäus von Brügge seinen umfangreichen und einflussreichen Kommentar zur *Ökonomik*, der zuletzt übersetzten,

---

[1] zum mittelalterlichen Aristotelesbild vgl. z.B.: Martin Grabmann: Aristoteles im Werturteil des Mittelalters. In: Mittelalterliches Geistesleben, Bd. II, München 1936, S. 63–102.

Aristoteles zugeschriebenen Schrift, die die Lebensgemeinschaft von Mann und Frau behandelt.

Diese zeitliche Eingrenzung ist nicht allein arbeitsökonomisch bedingt, sondern hat ihre Begründung in der Natur der Quellen selbst. In diesem Zeitraum entwickelten sich nämlich vielfach die *Modalitäten* der Rezeption der aristotelischen Gedanken, die auch im späteren vierzehnten und fünfzehnten Jahrhundert weitgehend unverändert geblieben sind. Darüber hinaus erlangten einige der Schriften, die in diesem Zeitraum auf die aristotelischen Gedanken über die Ehe zurückgreifen, im späteren Mittelalter den Status von Standardwerken, die immer wieder abgeschrieben wurden und späteren Autoren als Vorlage dienten.

Im Mittelpunkt der Studie steht die Frage nach dem *historischen Fortleben*, welches die in der *Nikomachischen Ethik*, *Politik* und *Ökonomik* enthaltenen Gedanken zur Ehe *in der Welt des Mittelalters* entfaltet haben. Die Wiederentdeckung und Übersetzung dieser drei Schriften ins Lateinische im 13. Jahrhundert bedeuteten nämlich deren *Transfer* in ein historisches Umfeld, das sich vom geschichtlichen Zusammenhang ihrer Entstehung deutlich unterschied. Aufgabe der Studie ist es, die Art und Weise zu beschreiben und zu erklären, in der die aristotelischen Ausführungen zur Ehe in diesem neuen historischen Milieu fortgelebt haben.

Nun ist freilich das Problem des *geschichtlichen Fortlebens* aristotelischen Gedankenguts im Mittelalter ein vielschichtiges. Es umfasst Fragen nach der *aktiven Rezeption* dieser Gedanken. Hierzu gehört das Problem ihrer *Interpretation* seitens mittelalterlicher Autoren. Hierzu gehört aber auch das bereits angesprochene Phänomen des *reimpiego* dieser Gedanken, das heißt deren Umfunktionalisierung und Aktualisierung für neue Zwecke. Schließlich gehört hierzu auch die Frage nach der *Interaktion* aristotelischer Philosophie mit anderen philosophisch-theologischen Traditionen und Diskursen. *Geschichtliches Fortleben* umfasst aber auch Probleme der *passiven Rezeption*, so etwa die Frage nach der geographischen Verbreitung der aristotelischen (oder von diesen abhängiger) Texte oder jene nach den sozialen Schichten, die zu ihnen Zugang hatten.

Im Vordergrund dieser Studie steht die *aktive Rezeption* der aristotelischen Philosophie der Ehe im Mittelalter in Schriften mittelalterlicher Autoren. Die Fragestellung, die der Studie zugrunde liegt, ist eine doppelte und lässt sich folgendermaßen formulieren: Erstens: *Wie gingen mittelalterliche Autoren mit den aristotelischen Ausführungen zur Ehe um?* Und zweitens: *Welchen Ertrag brachte ihre Rezeption der aristotelischen Philosophie der Ehe im Hinblick auf mittelalterliche Ehediskurse?*

Während die letztere Frage klar sein dürfte, bedarf die Frage nach dem *Umgang* mit der aristotelischen Ehelehre seitens mittelalterlicher Autoren einer weiteren Präzisierung. Eine so formulierte Fragestellung umfasst nämlich eine Serie von Teilfragen, die die Untersuchung zu beantworten versucht: Welche *Formen* nahm die Rezeption der aristotelischen Texte an? Wie haben sie sie *interpretiert*? Zu welchen neuen literarischen und historischen Zwecken haben mittelalterliche Autoren die aristotelischen Gedanken über die Ehe *verwertet*? Haben sie sie etwa für Konstruktionen neuer Ehediskurse fruchtbar gemacht oder sie mit älteren, bereits existierenden Diskursen über die Ehe in Verbindung gebracht? Wie haben sie auf die neuentdeckten Gedanken *reagiert*? Sahen sie sich etwa durch die antik-aristotelische Ehelehre in ihrem eigenen Ehe-Verständnis bestätigt oder stellte deren Rezeption ihre eigenen Wertvorstellungen in Frage?

Das breite Fragenspektrum der *passiven Rezeption*, so etwa das Problem der gesellschaftlichen Reichweite der aristotelischen Gedanken über die Ehe, soll hingegen nur am Rande behandelt werden.

Die Entscheidung für eine bestimmte Fragestellung bedeutet freilich immer den Ausschluss einer anderen. Um beim Leser keine falschen Erwartungen zu wecken (und zugleich um auf weitere Forschungsmöglichkeiten hinzuweisen), sei gleich vorab gesagt, welche zwei, mit dem gestellten Thema durchaus verwandte Fragestellungen die Studie *nicht* behandelt. Erstens: Die Untersuchung befasst sich ausschließlich mit der Frage, wie seitens mittelalterlicher Autoren jene aristotelischen Texte interpretiert und rezipiert wurden, die die Ehe zum Gegenstand haben. Sie erörtert dagegen *nicht* die thematisch etwas anders gelagerte und viel umfassendere Frage danach, wie die aristotelische Philosophie *als ganze* in mittelalterlichen philosophischen und theologischen Texten zur Ehe rezipiert worden ist und das mittelalterliche Eheverständnis beeinflusst hat. Das bleibt Aufgabe einer künftigen Untersuchung. Diese thematische Einschränkung auf die Rezeption aristotelischer Texte *zur Ehe* hat beispielsweise zur Folge, dass ein so wichtiger Autor wie Thomas von Aquin nur sehr knapp behandelt wird. Thomas rezipiert zwar Aristoteles in seiner Philosophie und Theologie der Ehe wie kaum ein anderer, er rekurriert dabei aber relativ wenig auf jene aristotelischen Texte, die thematisch von der Ehe handeln. Zweitens: Wie zu zeigen sein wird, hat die Rezeption der aristotelischen Ehelehre vielfach zur Herausbildung eines eigenständigen (und in der bisherigen Forschung kaum beachteten) mittelalterlichen *philosophischen Diskurses über die Ehe* beigetragen. Obwohl hier zahlreiche Aspekte und Inhalte dieses Diskurses vorgestellt werden, stellt dieses Buch dennoch keine systematische Untersuchung der mittelalterliche Philosophie der Ehe dar. Diese wird hier nämlich nicht an und für sich präsentiert, sondern lediglich im Zusammenhang mit der Frage nach der Rezeption der aristotelischen Texte zur Ehe.

Das Ergebnis einer Untersuchung hängt natürlich weitgehend von der in ihr angewendeten methodischen Vorgehensweise ab. Der vorliegenden Studie liegt folgender methodischer Ansatz zugrunde: Sie versteht sich als eine rezeptionsgeschichtliche Untersuchung eines möglichst präzise definierten Textkorpus—jener Teile der *Nikomachischen Ethik*, *Politik* und der pseudo-aristotelischen *Ökonomik*, die die Ehe, verstanden als Lebensgemeinschaft von Mann und Frau zum Thema haben. Sie fragt nach der Rezeption dieser Teile des mittelalterlichen *Corpus aristotelicum* in Schriften mittelalterlicher Autoren, wobei als „Rezeption" lediglich *nachweisbare* (zumeist direkte, manchmal aber auch indirekte) *Bezugnahmen* auf die entsprechenden aristotelischen Texte seitens mittelalterlicher Autoren betrachtet werden. Die Untersuchung richtet hierbei ihr Augenmerk vor allem darauf, wie mittelalterliche Autoren in ihren Schriften mit den aristotelischen Ausführungen zur Ehe formal und inhaltlich umgehen und für welche historischen und literarischen Zwecke sie sie rezipieren. Anders ausgedrückt: sie untersucht in erster Linie die *Rezeptionsformen* und *Rezeptionsfunktionen* der aristotelischen Philosophie der Ehe. Nun werden, wie zu zeigen sein wird, die aristotelischen Texte zur Ehe seitens mittelalterlicher Autoren zumeist zum Zweck der *Konstruktion von eigenen Ehediskursen* rezipiert. In der Untersuchung wird deshalb besonders darauf geachtet, wie die aristotelischen Ausführungen bei der Konstruktion dieser Ehediskurse eingesetzt werden und wie sie hier mit älteren mittelalterlichen Traditionen die Ehe zu thematisieren interagieren und zu diesen beitragen. Bei der Klassifizierung und Vorstellung des Quellenmaterials spielt dabei das Kriterium der Textsorte eine entscheidende Rolle. Betrachtet man nämlich, wie in mittelalterlichen Texten die aristotelischen Ausführungen rezipiert werden, so stellt man fest, dass die jeweiligen *Rezeptionsformen* und *Rezeptionsfunktionen* der aristotelischen Ehelehre weitgehend dadurch bestimmt sind, welcher *Textsorte* diese Texte angehören. Das heißt, die Art und Weise des Umgangs mit der aristotelischen Ehelehre ist weitgehend den allgemeinen literarischen Merkmalen, inhaltlich-diskursiven Traditionen und literarischhistorischen Funktionen der jeweiligen Textsorten verpflichtet. So verläuft etwa die Rezeption der aristotelischen Philosophie der Ehe anders in Aristoteles-Kommentaren, anders in Sentenzenkommentaren und wiederum anders in Florilegien. Die Studie ist deshalb als eine Untersuchung und Darstellung der Rezeption der aristotelischen Ehelehre *in verschiedenen mittelalterlichen Textsorten* konzipiert, und zwar in jenen, in denen sich in ihrem Untersuchungszeitraum eine Rezeption der aristotelischen Philosophie der Ehe nachweisen lässt. Es handelt sich um folgende Textsorten: Aristoteles-Kommentare, Sentenzenkommentare, Bibelkommentare, Fürstenspiegel, Florilegien und Abhandlungen zum Thema *An uxor ducenda*. Ihre Vorgehensweise ist dabei exemplarisch und chronologisch zugleich, d. h. sie untersucht in chronologischer Reihenfolge die Rezeption der aristotelischen Ehelehre in den jeweiligen Textsorten anhand ausgewählter „Vertreter" dieser Textsorten, wobei selbst bei der Vorstellung dieser Texte jeweils exemplarisch vorgegangen wird. Diese Vorgehensweise hat den Nachteil, dass das Quellenmaterial, das hier inhaltlich vorgestellt wird, recht selektiv ist. Zugleich hat sie aber den Vorteil, dass so auf die einzelnen Texte sehr detailliert eingegangen werden kann (detaillierter, als dies bei einer Untersuchung möglich wäre, die den Anspruch hätte, sämtliche Texte gleichermaßen vorzustellen).

Der der Arbeit zugrundeliegende methodische Ansatz mit seiner besonderen Gewichtung und Aufmerksamkeit für die Kategorie der Textsorte ist freilich nicht neu. Es handelt sich um einen methodisch-interpretatorischen Zugang der seinen Ursprung in der Literaturwissenschaft hat. Mit großer Konsequenz ist er vor einigen Jahren vom Basler Germanisten Rüdiger Schnell in seiner wertvollen Studie zu mittelalterlichen und frühneuzeitlichen Ehediskursen „*Frauendiskurs, Männerdiskurs, Ehediskurs. Textsorten und Geschlechterkonzepte in Mittelalter und früher Neuzeit*" weiterentwickelt und angewendet worden. Die Untersuchung greift den sehr differenzierten methodischen Ansatz Rüdiger Schnells vielfach auf und versucht ihn bei der Untersuchung der mittelalterlichen Rezeption der aristotelischen Ehelehre zum Tragen zu bringen.[2]

Die Studie besteht aus fünf, in mehrere Kapitel gegliederten Teilen. Im zweiten Teil, der nach diesem ersten Einleitungsteil folgt, werden dem Leser die im Mittelalter bekannten aristotelischen Texte zur Ehe

---

[2] Rüdiger Schnell: Frauendiskurs, Männerdiskurs, Ehediskurs. Textsorten und Geschlechterkonzepte in Mittelalter und früher Neuzeit, Frankfurt/M–New York 1998.

vorgestellt. Dabei wird angestrebt, diese Texte möglichst interpretationsfrei und zugleich so zu präsentieren, wie sie im Verlauf des 13. Jahrhunderts bekannt wurden, d. h. in der Reihenfolge der maßgeblichen lateinischen Übersetzungen und unter Berücksichtigung der Spezifika des mittelalterlichen *Aristoteles latinus*.

Die Darstellung der Rezeption der aristotelischen Texte zur Ehe in Schriften mittelalterlicher Autoren, das eigentliche Thema der Studie, fängt in Teil III an. Dieses beginnt zunächst mit einer Übersicht der Texte, bei denen in unserem Untersuchungszeitraum eine Rezeption der Ausführungen des Stagiriten über die Ehe stattfindet (Kapitel 8). Zugleich werden hier bereits in einem kurzen Abriss der Verlauf und die Charakteristika dieser Rezeption vorgestellt. Hierauf folgen weitere sechs Kapitel 9–14, in denen anhand sechs ausgewählter, chronologisch geordneter Textbeispiele aus den oben erwähnten Textsorten exemplarisch auf die unterschiedlichen Formen und Modalitäten dieser Rezeption eingegangen wird. Es sind der Sentenzenkommentar und der erste *Ethik*-Kommentar Alberts des Großen, der Paulinen-Kommentar des Thomas von Aquin, das *De regimine principum* des Aegidius Romanus, die Schrift *Utrum sapienti competat uxorem ducere* Engelberts von Admont und die *Auctoritates Aristotelis* des Ioannes de Fonte.

Im Rahmen der Untersuchung kommt diesen in Teil III vorgestellten Texten gleichsam die Funktion der Kontextualisierung und Einbettung der Hauptquelle der Studie zu, deren detaillierter Darstellung der vierte Teil der Untersuchung gewidmet ist. Dieser stellt den weitaus umfangreichsten und zugleich zentralen Abschnitt des Buches dar. Er besteht aus einer Detailuntersuchung der Interpretation und Rezeption der aristotelischen Ehelehre im bereits erwähnten, bislang unedierten Kommentar des Bartholomäus von Brügge zur pseudo-aristotelischen Ökonomik aus dem Jahre 1309. (Eine kritische Edition des Kommentars wird derzeit vom Verfasser dieser Untersuchung vorbereitet.) Dieser von der Forschung bisher kaum beachtete Aristoteles-Kommentar bildet—quantitativ gesehen—die wohl umfangreichste „Quelle" zur mittelalterlichen Rezeption der aristotelischen Ehelehre und soll hier erstmals einer detaillierten inhaltlichen Auswertung unterzogen werden. Die Studie endet mit dem Versuch einer Schulssbilanz der Rezeption der aristotelischen Ehelehre im untersuchten Zeitraum (Teil V).

Die mittelalterliche Rezeption der aristotelischen Philosophie der Ehe ist als solche bisher noch nicht zum Gegenstand einer eigenständigen Studie gemacht worden. Nichtsdestotrotz hat die Forschung bereits mehrmals unter diversen Fragestellungen und bei verschiedenen mittelalterlichen Autoren auf einzelne Aspekte dieser Rezeption aufmerksam gemacht. Im Verlauf der Studie soll auf die jeweiligen Untersuchungen an gebührender Stelle eingegangen werden.

An dieser Stelle sei lediglich auf die Forschungstraditionen, in denen sich die Untersuchung verankert sieht und an die sie anzuknüpfen versucht, hingewiesen: Die Studie ist thematisch an der Schnittstelle zweier traditioneller Forschungsfelder angesiedelt: Ihr primäres Anliegen ist es, die Erforschung jenes Phänomens fortzusetzen, das man als „mittelalterliche Aristoteles-Rezeption" zu bezeichnen pflegt. Darüber hinaus versteht sie sich zugleich aber auch als Beitrag zur Erforschung mittelalterlicher Ehediskurse.[3]

Die mittelalterliche Aristoteles-Rezeption gehört seit langem zur *causa celebris* der philosophischen Mittelalterforschung. Die vorliegende Studie knüpft im wesentlichen an vier, vielfach sich überschneidende Entwicklungen innerhalb der neueren Forschung zur mittelalterlichen

---

[3] Aus der großen Fülle von Veröffentlichungen zur mittelalterlichen Aristoteles-Rezeption seien nur einige erwähnt: Luca Bianchi / Eugenio Randi: Verità dissonanti. Aristotele alla fine del Medioevo, Bari 1990; Richard Bosley (Hg.): Aristotle and his medieval Interpreters, Calgary 1992; John Marenbon (Hg): Aristotle in Britain during the Middle Ages, Turnhout 1996; Charles Lohr: Commentateurs d'Aristote au moyen-âge latin. Bibliographie de la littérature secondaire récente, Fribourg 1988 (Bibliographie von Arbeiten zu mittelalterlichen Aristoteleskommentaren). Auch in allgemeinen Darstellungen der mittelalterlichen Philosophie spielt die Aristoteles-Rezeption meistens eine große Rolle. Siehe z. B: Étienne Gilson: La philosophie au Moyen Age, Paris 1986 (2. überarb. Auflage), S. 550–577 und passim; Fernand Van Steenberghen: La Philosophie au XIIIe siècle, Louvain-Paris 1966, passim; Norman Kretzmann / Anthony Kenny / Jan Pinborg (Hg.): The Cambridge history of later medieval philosophy, Cambridge 1982 (verschiedene Aspekten der mittelalterlichen Aristoteles-Rezeption werden hier in mehreren Beiträgen behandelt); Kurt Flasch: Das philosophische Denken im Mittelalter, Stuttgart 1986, S. 298–316 und passim; John Marenbon: Later Medieval Philosophy (1150–1350), London 1987, S. 50–65; Alain De Libera: La philosophie médiévale, Paris 1993, S. 358–367; Peter Schulthess / Ruedi Imbach: Die Philosophie im lateinischen Mittelalter, Zürich 1996, S. 39–53 und passim;

Noch viel größer ist die Anzahl der Veröffentlichung zum Thema Ehe im Mittelalter. Auch hiervon nur wenige Beispiele: Hans Zeimentz: Ehe nach der Lehre der Frühscholastik, Düsseldorf 1973; Keneth Stevenson: Nuptial Blessing. A Study of Christian Marriage Rites, New York 1983; Jean Gaudemet: Le mariage en Occident, Paris 1987; Christopher Brooke: The medieval Idea of Marriage, Oxford 1989; Katharina Wilson / Elizabeth Makowski: Wykked wives and the woes of marriage. Misogamous literature from Juvenal to Chaucer, Albany 1990; Philip Reynolds: Marriage in the Western Church. The Christianziation of Marriage during the Patristic and Early Medieval Periods, Leiden 1994; Rüdiger Schnell: Frauendiskurs, Männerdiskurs, Ehediskurs (wie Anm. 2); David d'Avray: Medieval marriage sermons. Mass communication in a culture without print, Oxford 2001 (Edition von Ehepredigten); Rüdiger Schnell: Sexualität und Emotionalität in der vormodernen Ehe, Köln 2002; David d'Avray: Medieval marriage. Symbolism and society, Oxford 2005.

Aristoteles-Rezeption an. Deren erste besteht aus einem wachsenden Interesse für die mittelalterliche Rezeption der *Nikomachischen Ethik* und der *Politik*. Die Erforschung des Nachlebens dieser zwei, im Mittelalter der *philosophia moralis* bzw. der *philosophia practica* zugeordneten Schriften hat in den letzten Jahrzehnten eine Fülle neuer Kenntnisse ans Licht gebracht. Mit der Untersuchung und Darstellung der Rezeption der Passagen der *Nikomachischen Ethik* und der *Politik*, die von der Ehe handeln, soll ein bisher kaum beachteter Aspekt der mittelalterlichen Übernahme dieser zwei Schriften aufgearbeitet werden.[4]

---

[4] Zur mittelalterlichen Rezeption der *Nikomachischen Ethik* siehe z. B.: Auguste Pelzer: Les versions latines des ouvrages de morale conservés sous le nom d'Aristote en usage au XIIIe siècle. In: Ders.: Etudes d'Histoire littéraire sur la scolastique médiévale (Hg. v. Adrien Pattin), Louvain–Paris 1964, S. 120–187; René-Antoine Gauthier: Trois Commentaires „Averroistes" sur l'Éthique là Nicomaque. In: Archives d'Histoire Doctrinale et Littéraire du Moyen Age 22–23 (1947–1948), S. 167–336; Jean Dunbabin: The Two Commentaries of Albertus Magnus on the Nicomachean Ethics. In: Recherches de Théologie ancienne et médiévale 30 (1963), S. 232–250; Wolfgang Kluxen: Philosophische Ethik bei Thomas von Aquin, Mainz 1964; Georg Wieland: Ethica–Scientia practica. Die Anfänge der Philosophischen Ethik im 13. Jhd., Münster 1981; Norman Kretzmann / Anthony Kenny / Jan Pinborg (Hgg.): The Cambridge history of later medieval philosophy, Cambridge 1982, S. 655–719 (Beiträge von Georg Wieland, Timothy Potts und David Luscombe); Antony Celano: The „finis hominis" in the thirteenth century commentaries on Aristotle's *Nicomachean Ethics*. In: Archives d'Histoire Doctrinale et Littéraire du Moyen Age 53 (1986) S. 23–35; Mark Jordan: Aquinas Reading Aristotle's *Ethics*. In: Kent Emery / Mark Jordan (Hgg.): Ad litteram, Notre Dame University Press 1992, S. 229–249; Bernardo Bazán / Eduardo Andújar / Léonard Sbrocchi (Hgg.): Les Philosophies Morales et Politiques au Moyen Age, 3. Bde., New York 1995; Jörn Müller: Natürliche Moral und philosophische Ethik bei Albertus Magnus, Münster 2001.
Zur mittelalterlichen *Politik*-Rezeption z. B.: Martin Grabmann: Die Aristoteleskommentare des Heiligen Thomas von Aquin. In: Mittelalterliches Geistesleben, Bd. 1, München 1926, S. 266–313; Ders.: Die Mittelalterlichen Kommentare zur Politik des Aristoteles (Sitzungsberichte der Bayerischen Akademie der Wissenschaften. Philosophisch-historische Abteilung. Jhg. 1941, Bd. II, Heft 10), München 1941, S. 5–78; Helmut G. Walther: Imperiales Königtum, Konziliarismus und Volkssouveränität. Studien zu den Grenzen des mittelalterlichen Souveränitätsgedankens, München 1976; Gianfranco Fioravanti: *Politiae Orientalium et Aegyptorum*. Alberto Magno e la *Politica* aristotelica. In: Annali della Scuola Normale Superiore di Pisa, Classe di Lettere e Filosofia, Serie III, IX,1 (1979), S. 195–246; Gianfranco Fioravanti: *Servi, Rustici, Barbari*: Interpretazioni Medievali della *Politica* aristotelica. In: Annali della Scuola Normale Superiore di Pisa, Classe di Lettere e Filosofia, Serie III, XI,2 (1981), S. 399–429; S. 84–105; Norman Kretzmann / Anthony Kenny / Jan Pinborg (Hgg.): The Cambridge history of later medieval philosophy, Cambridge 1982, S. 721–770 (Beiträge von Jean Dunbabin, Arthur McGrade; David Luscombe); Wolfgang Stürner: Peccatum und Potestas. Der Sündenfall und die Entstehung der herrscherlichen Gewalt im mittelalterlichen Staatsdenken, Sigmaringen 1987; Roberto Lambertini: A proposito della „costruzione" dell'Oeconomica in Egidio Romano. In: Medioevo 14 (1988), S. 315–370; Christoph

Ein weiterer Bereich des mittelalterlichen Aristotelismus, der in den letzten Jahren zunehmend ins Blickfeld der Forschung geraten ist, betrifft die Rezeption von Pseudo-Aristotelica im Mittelalter. Neben dem *Liber de causis* hat in den letzten Jahren die pseudo-aristotelische *Ökonomik* die wohl größte Aufmerksamkeit erfahren. Die *Ökonomik* gilt freilich als pseudo-aristotelisch nur gemäß moderner Definitionen des *Corpus aristotelicum*, sie galt nicht als solche im Mittelalter (bis auf einen ihrer heutigen Teile). Die Untersuchung knüpft an die bisherige Forschung zur Rezeption der pseudo-aristotelischen *Ökonomik* im Mittelalter mit der inhaltlichen Auswertung des bereits erwähnten *Ökonomik*-Kommentars des Bartholomäus von Brügge an.[5]

Flüeler: Rezeption und Interpretation der Aristotelischen *Politica* im späten Mittelalter, 2 Bde., Amsterdam–Philadelphia 1992; Helmut G. Walther: „Verbis aristotelis non utar, quia ea iuristae non saperent." Legistische und aristotelische Herrschaftstheorie bei Bartolus und Baldus. In: Jürgen Miethke (Hg.): Das Publikum politischer Theorie im 14. Jahrhundert, München 1992, S. 111–126; Andrea Löther: Unpolitische Bürger. Frauen und Partizipation in der vormodernen praktischen Philosophie. In: Reinhart Koselleck / Klaus Schreiner (Hgg.): Bürgerschaft, Stuttgart 1994, S. 239–273; Lidia Lanza: Aspetti della ricezione della „Politica" aristotelica nel XIII secolo: Pietro di Alvernia. In: Studi Medievali. Serie Terza 35 (1994), S. 643–694; Cary Nederman: The Meaning of „Aristotelianism" in Medieval Moral and Political Thought. In: Journal of the History of Ideas 57 (1996), S. 563–585; David Luscombe: Commentaries on the Politics: Paris and Oxford, XIII–XV centuries. In: Olga Weijers / Louis Holtz (Hgg.): L'enseignement des disciplines à la Faculté des arts, Brepols 1997, S. 313–327; Francisco Bertelloni: Zur Rekonstruktion des politischen Aristotelismus im Mittelalter. In: Jan Aertsen / Andreas Speer (Hgg.): Was ist Philosophie im Mittelalter?, Berlin u. a. 1998, S. 999–1111; Francis Cheneval: Considérations presque philosophiques sur les commentaires de la *Politique* d'Albert le Grand et de Thomas d'Aquin. In: Freiburger Zeitschrift für Philosophie und Theologie 45 (1998), S. 56–83; Helmut G. Walther: Una relación complicada. Los Juristas y Aristoteles. In: Patristica et Mediaevalia 22 (2001), S. 3–16; Marco Toste: Nobiles, optimi viri, philosophi. The role of the philosopher in the political community at the faculty of Arts in Paris in the late thirteenth century, in: J.F. Meirinhos (Hg.): Itinéraires de la raison. Études de philosophie médiévale offertes à Maria Cândida Pacheco (Textes et études du moyen âge, 32), Louvain-la-Neuve 2005, S. 296–308.

[5] Auguste Pelzer: Les versions latines des ouvrages de morale conserves sous le nom d'Aristote (wie Anm. 4); Charles Schmitt / Dilwyn Knox: Pseudo-Aristoteles Latinus. A guide to Latin works attributed to Aristotle before 1500, London 1985; Steven Williams: Defining the *Corpus Aristotelicum*: Scholastic Awareness of Aristotelian Spuria in the High Middle Ages. In: Journal of the Warburg and Courtauld Institutes 55 (1995), S. 29–51; Zur pseudo-aristotelischen *Ökonomik*: Sabine Krüger: Zum Verständnis der Oeconomica des Konrads von Megenberg. In: Deutsches Archiv für Erforschung des Mittelalters 20 (1964), S. 475–561; Roberto Lambertini: Per una storia dell'*oeconomica* tra alto e basso Medioevo. In: Cheiron 4 (1985), S. 45–74; Roberto Lambertini: L'arte del Governo della Casa. Note sul Commento di Bartolomeo da Varignana agli *Oeconomica*. In: Medioevo 17 (1991), S. 347–389; Christoph Flüeler: Rezeption und Interpretation (wie Anm. 4); Gianfranco Fioravanti: Il *Tractatus Yconomicus* di Galvano Fiamma O.P.

Eine weitere Entwicklung in der Erforschung der mittelalterlichen Aristoteles-Rezeption stellt das wachsende Interesse an den *Vorgehensweisen* mittelalterlicher Aristoteles-Kommentatoren dar (Aristoteles-Kommentare bildeten im Mittelalter zweifelsohne das zahlenmäßig bedeutendste Instrument einer Auseinandersetzung mit den Schriften des Stagiriten). In jüngster Zeit sind die exegetischen Methoden der mittelalterlichen Aristoteles-Kommentierung mehrmals zum Gegenstand eigenständiger Untersuchungen gemacht worden. Dabei fällt allerdings auf, dass die Erforschung der *Techniken* mittelalterlicher Aristoteles-Kommentare bisher weitgehend getrennt von der Erforschung ihres *philosophischen Inhalts* verläuft und nur selten der Versuch unternommen wird, den gedanklichen Inhalt dieser Kommentare im Zusammenhang mit deren exegetischen Methoden zu untersuchen. Die vorliegende Studie greift die neue Aufmerksamkeit für die Methoden der mittelalterlichen Aristoteles-Kommentierung auf und versucht sie bei der Auswertung ihrer zentralen Quelle, dem *Ökonomik*-Kommentar des Bartholomäus von Brügge, zum Tragen kommen zu lassen. Sie unternimmt dabei den Versuch, eine Brücke zu schlagen zwischen den exegetischen Techniken des Bartholomäus und dem philosophischen Inhalt seines Kommentars. Die Untersuchung versucht nämlich die Vorgehensweise des Kommentators nicht allein als eine „exegetische Technik", sondern auch als eine komplexe *hermeneutische Methode* zu begreifen, die am philosophischen Inhalt des Kommentars wesentlichen Anteil hat.[6]

(1282—dopo il 1344). In: Bochumer Philosophisches Jahrbuch für Antike und Mittelalter 1 (1996), S. 217–229; Gisela Drossbach: Die *Yconomica* des Konrad von Megenberg, Das „Haus" als Norm für politische und soziale Strukturen, Köln–Weimar–Wien 1997; Christoph Flüeler: Die aristotelische Yconomica im lateinischen Mittelalter. Übersetzungen. Die ersten Kommentare, Fribourg 1998 (unveröffentlichte Habilitationsschrift); Gianfranco Fioravanti: Il Commento di Ugo Benzi agli *Economici* (Pseudo) Aristotelici. In: Rinascimento 35 (1995), S. 125–152; Christoph Flüeler: La dottrina medievale sul governo della casa. Il contributo degli Ordini mendicanti. In: Etica e Politica: Le teorie dei frati mendicanti tra due e trecento, Spoleto 1999, S. 175–202 Pavel Blažek: Das Florilegium als Textinterpretation: Zur Rezeption der pseudo-aristotelischen *Oeconomica* in den *Auctoritates Aristotelis*. In: František Šmahel (Hg.): Geist, Kirche, Gesellschaft im 13.-16. Jahrhundert (Colloquia mediaevalia Pragensia 1), Praha 1999, S. 23–38; Christoph Flüeler: Die stemmatischen Verhältnisse der Aristoteleskommentare. Dargelegt anhand der Kommentare zur Yconomica. In: Freiburger Zeitschrift für Philosophie und Theologie 48 (2001), S. 182–190.

[6] Martin Grabmann: Die Geschichte der scholastischen Methode, 3 Bde., Freiburg 1909–1911; Martin Grabmann: Methoden und Hilfsmittel des Aristotelesstudiums im Mittelalter (Sitzungsberichte der Bayerischen Akademie der Wissenschaften. Philosophisch-historische Abteilung, Jahrgang. 1939, Heft 5), München 1939; Martin Grabmann: Zur philosophischen und naturwissenschaftlichen Methode in den Aristoteles-

Ein weiterer Aspekt, der in letzter Zeit mehrfach auf Interesse gestoßen ist, ist die Frage nach den *geschichtlichen Motiven und Hintergründen* der mittelalterlichen Aristoteles-Rezeption, nach ihrer *historischen Bedingtheit* und ihren *konkreten historischen Funktionen*, kurzum nach ihrem *Sitz im Leben*. Diese Frage stellt sich eigentlich für die mittelalterliche Philosophie als ganze. Für eine Annäherung an diese Frage scheint sich das Thema dieser Studie, die Rezeption der aristotelischen Ausführungen über Ehe, besonders zu eignen. Die Texte, deren Rezeption hier untersucht wird, beschäftigen sich nämlich mit einem Thema, das mehr als viele andere abstraktere Themenbereiche des *Corpus aristotelicum* einen unmittelbaren Lebensbezug besitzt. Die Untersuchung versucht sich der diffizilen Frage nach dem *Sitz im Leben* der Rezeption der aristotelischen Ehelehre dergestalt zu nähern, indem sie (wie oben angeführt) fragt, für welche konkreten argumentativen Zwecke im Hinblick auf die Institution Ehe die aristotelischen Texte im 13. und 14. Jahrhundert rezipiert wurden. Darüber hinaus versucht sie zu zeigen, wie sich im mittelalterlichen Umgang mit der aristotelischen Philosophie der Ehe das zeitgenössische, von der Bibel, den Kirchenvätern, dem römischen und kanonischen Recht geprägte Eheverständnis widerspiegeln und niederschlagen.[7]

---

kommentaren Alberts des Großen. In: Angelicum 21 (1944), S. 50–64; Olga Weijers: Le maniement du savoir. Pratiques intellectuelles à l'époque des premières universités (XIIIe–XIVe siècles), Turnhout 1996; Francesco Del Punta: The Genre of Commentaries in the Middle Ages and its Relation to the Nature and Originality of Medieval Thought. In: Jan Aertsen / Andreas Speer (Hgg.): Was ist Philosophie im Mittelalter?, Berlin u.a. 1998, S. 138–151; Olga Weijers: The Evolution of the Trivium in University Teaching: The Example of the *Topics*. In: John Van Engen (Hg.): Learning Institutionalized. Teaching in the Medieval University, Notre Dame 2000, S. 43–67; Gianfranco Fioravanti / Claudio Leonardi: Il commento filosofico nell'occidente latino (secoli XIII–XV) (Rencontres de Philosophie Médiévale, 10), Turnhout 2002.

[7] siehe z.B. Helmut G. Walther: Imperiales Königtum, Konziliarismus und Volkssouveränität (wie Anm. 4), passim; Charles Lohr: The medieval interpretation of Aristotle. In: Norman Kretzmann / Anthony Kenny / Jan Pinborg (Hgg.): The Cambridge history of later medieval philosophy, Cambridge 1982; Kurt Flasch: Das philosophische Denken im Mittelalter, Stuttgart 1986, passim; Helmut G. Walther: „Verbis aristotelis non utar, quia ea iuristae non saperent." (wie Anm. 4); Helmut G. Walther: *Canonica sapiencia* und *civilis sciencia*: Die Nutzung des aristotelischen Wissenschaftsbegriffs durch den Kanonisten Johannes von Legnano (1320–1383) im Kampf der Disziplinen. In: Ingrid Craemer-Ruegenberg / Andreas Speer (Hgg.): Scientia und Ars im Hoch- und Spätmittelalter (Miscellanea Mediaevalia 22), Berlin–New York 1994, S. 863–876; Ruedi Imbach: Autonomie des philosophischen Denkens? Zur historischen Bedingtheit der mittelalterlichen Philosophie. In: Jan Aertsen / Andreas Speer (Hgg.): Was ist Philosophie im Mittelalter?, Berlin u.a. 1998, S. 125–137; Helmut G. Walther: Die Veränderbarkeit der Welt. Von den Folgen der Konfrontation des Abendlandes

Wenngleich die Studie in erster Linie als Beitrag zur mittelalterlichen Aristoteles-Rezeption konzipiert ist, steht sie mit ihrem Thema *ipso facto* in der Tradition einer weiteren Forschungsthematik: der Erforschung der Ehe im Mittelalter. Während die mittelalterliche Aristoteles-Rezeption fast ausschließlich Gegenstand der mediävistischen Philosophiehistorie ist, wird das Thema der Ehe im Mittelalter in einer ganzen Reihe mediävistischer Disziplinen behandelt. Einen großen Raum nimmt dabei die Erkundung der mittelalterlichen *Ehediskurse* ein, die, ganz der Quellenlage gemäß, vor allem eine Domäne mediävistischer Theologie-, Rechts- und Literaturgeschichte darstellt. Die vorliegende Studie setzt das Bemühen um die Durchdringung mittelalterlicher Ehediskurse auf zweifache Weise fort. Zum einen untersucht sie, wie bereits erwähnt, die Interaktionen der damals neu rezipierten aristotelischen Texte zur Ehe mit älteren zeitgenössischen Ehediskursen. Zum anderen stellt sie, zumindest in Teilen und exemplarisch, eine bisher in der historischen Eheforschung fast vollständig vernachlässigte mittelalterliche Tradition des Sprechens über die Ehe vor: den spätmittelalterlichen *philosophischen* Ehediskurs. Dieser verdankt seine Herausbildung in großem Maße gerade der Rezeption der aristotelischen Texte zur Ehe und wurde vor allem an mittelalterlichen Artes-Fakultäten im Rahmen von *Ethik-*, *Politik-* und *Ökonomik*-Kommentaren gepflegt.

---

mit dem ‚Anderen' im 13. Jahrhundert. In: Jan Aertsen / Andreas Speer (Hgg.): Geistesleben im 13. Jahrhundert (Miscellanea Mediaevalia 27), Berlin–New York 2000, S. 625–638, hier vor allem S. 635–638; Marco Toste: Nobiles, optimi viri, philosophi (wie Anm. 4).

TEIL II

DIE EHE IN MITTELALTERLICHEN
CORPUS ARISTOTELICUM

KAPITEL 4

DIE ENTDECKUNG UND ÜBERSETZUNG ARISTOTELISCHER TEXTE ZUR EHE IM 13. JAHRHUNDERT

Irgendwann vor der Mitte des 13. Jahrhunderts verfasste ein Magister der Pariser *Artes*-Fakultät eine sogenannte *divisio scientiae*, d. h. eine Art Überblick über den Fächerkanon der Philosophie, so wie er diesen verstand. Derartige *divisiones philosophiae* waren damals an der Fakultät der *artes liberales* sehr verbreitet. Der Name des Magisters ist uns nicht überliefert. Gemäß dem damaligen Usus versuchte er, jeder philosophischen Disziplin ein antikes Lehrbuch zuzuordnen, am besten ein Buch des Aristoteles, des Philosophen schlechthin. So auch bei den drei Fächern der Moralphilosophie, d. h. der Individualethik (*monostica*), der Hauslehre (*yconomica*) und der Staatslehre (*politica*). Für die *monostica* nannte er als Textbuch die sogenannten *Ethica vetus* und *Ethica nova*, also die ersten drei Bücher Aristoteles' *Nikomachischer Ethik*. Bei den Fächern der Staats- und der Hauslehre (*politica* und *yconomica*) musste er hingegen passen: Einige Kollegen hätten zwar behauptet, Aristoteles habe dazu eine wissenschaftliche Abhandlung verfasst, allerdings sei diese noch nicht übersetzt.[1]

Als im Jahre 1309 Bartholomäus von Brügge, auch er ein Pariser *Artes*-Magister, eine weitere *divisio scientiae* verfasste, hatte sich die „Quel-

---

[1] Es handelt sich um den in einer Münchener Abschrift überlieferten anonymen Prolog *Sicut dicit Ysaac* zu einem Isagoge-Kommentar. „Due ultime partes, scilicet yconomica et politica, sicut quidam dicunt, traduntur (traditur cod.) in legibus et decretis, alij dicunt quod traduntur (traditur cod.) a Tullio in libro *De officijs*, alij dicunt, quod Aristoteles fecit in lingua arabica quandam scienciam de hoc, que nobis adhuc non est translata. Quia ergo ita est, ideo divisionem illarum obmittimus. Monostica autem dividitur, secundum quod duplex est bonum. Est enim bonum in via et est bonum in patria. Bonum in via dicitur virtus, bonum in patria dicitur felicitas. De primo est *Vetus ethica*, de secundo bono est (168rb) *Nova ethica* (München, Clm 14460, 168ra–rb).“ Cfr. Ruedi Imbach: Einführungen in die Philosophie aus dem XIII. Jahrhundert. Marginalien, Materialien und Hinweise im Zusammenhang mit einer Studie von Claude Lafleur. In: Freiburger Zeitschrift für Philosophie und Theologie 38 (1991), S. 471–493, hier S. 490 (Zitat) und S. 478–481 (zur Frage der Verfasserschaft des als *Sicut dicit Ysaac* überlieferten Prologs).

lenlage" grundlegend geändert. Auch er ordnet den drei Disziplinen der Moralphilosophie aristotelische Textbücher zu: Als Lehrbuch der Individualethik, *monostica*, nennt auch er die *Nikomachische Ethik*. Im Unterschied zum Pariser Anonymus kennt er allerdings nunmehr ihren vollständigen Text, so wie er heute bekannt ist. Für die Staatslehre verweist er auf die *Politik* des Aristoteles. Das Lehrbuch der philosophischen Lehre vom Hause will er hingegen in der pseudo-aristotelischen *Yconomica* repräsentiert wissen.[2]

Die *divisio scientiae* des Bartholomäus ist ein Zeugnis für das Voranschreiten der Rezeption aristotelischer Schriften im 13. Jahrhundert. In der Zeit, die beide Autoren voneinander trennt, waren nämlich vollständige Übersetzungen der drei, von Bartholomäus genannten aristotelischen Schriften entstanden. In den Jahren 1246/7 erschien die maßgebliche vollständige Übersetzung der *Nikomachischen Ethik*. Rund zwei Jahrzehnte später, um 1265, wurde die aristotelische *Politik* aus dem Griechischen ins Lateinische übertragen. 1295 lag schließlich auch die maßgebliche lateinische Übersetzung der pseudo-aristotelischen *Ökonomik* vor.

Die Wiederentdeckung und Übertragung dieser drei aristotelischen Schriften war freilich kein vereinzeltes Ereignis, sondern Teil einer massiven Übersetzungswelle aristotelischer (bzw. Aristoteles zugeschriebener) philosophischer Schriften. Noch im frühen 12. Jahrhundert waren die einzigen bekannten lateinischen Übersetzungen aristotelischer Werke die der *Categoriae* und des *De interpretatione*. Boethius hatte sie im 6. Jahrhundert aus dem Griechischen ins Lateinische übertragen. Am Ende des 13. Jahrhunderts lag hingegen in lateinischer Sprache ein *Corpus aristotelicum* vor, dessen Umfang (von den zahlreichen, im heutigen Verständnis, pseudo-aristotelischen Schriften abgesehen) *mutatis mutandis* mit dem modernen Schriftenkorpus des Stagiriten vergleichbar ist.[3]

Das Auftreten dieser Übersetzungswelle steht im Zusammenhang mit einem geistesgeschichtlichen Phänomen, dessen Aufkommen in das 12. Jahrhundert zurückreicht. Im 12. Jahrhundert hatten abendländische Gelehrte zunehmend begonnen—ein Prozess der im 13. Jahrhun-

---

[2] siehe unten, S. 226–227.
[3] Vgl. Bernard Dod: Aristoteles Latinus. In: Norman Kretzmann / Anthony Kenny / Jan Pinborg (Hgg.): The Cambridge History of Later Medieval Philosophy, Cambridge 1982, S. 45–79; Alain de Libera: La philosophie médiévale, Paris 1993, S. 358–363.

dert eine weitere Steigerung erfahren wird—ein *wissenschaftliches Interesse an der natürlichen Wirklichkeit* an den Tag zu legen. Stärker als in den Jahrhunderten zuvor begannen sie sich für die sie umgebende Welt in ihrer Eigengesetzlichkeit und Struktur zu interessieren und versuchten diese wissenschaftlich-rational, unter bewusster Absehung von religiös-sakralen Deutungsmustern zu durchdringen. Dieses neue Streben nach wissenschaftlich-rationaler Welterkenntnis bedeutete freilich keinen Säkularisierungsprozess, sondern blieb christlich-religiös motiviert und verstand sich im Dienst einer besseren intellektuellen Durchdringung der Schöpfung Gottes. Institutionell und historisch hing dieser geistige Neubeginn vor allem mit einer neuen Blüte der Städte und der in ihnen entstehenden neuen Schulen zusammen. In diesem Streben nach wissenschaftlich-rationaler Welterkenntnis scheint die eigentliche Ursache für das neue Interesse an aristotelischen (und allgemein antiken und arabischen vernunftphilosophischen) Texten und damit das Motiv für die Welle der Aristotelesübersetzungen zu liegen. In den höchst diffizilen aristotelischen Schriften fanden nämlich mittelalterliche Gelehrte genau das, was sie damals suchten: auf *rationalen Erklärungsmustern* beruhende argumentationskräftige Beschreibungen verschiedenster Aspekte der weltlichen Wirklichkeit. Es waren Beschreibungen, die, von einigen Ausnahmen abgesehen, eigentlich nicht im Widerspruch zum christlichen Weltbild standen und es vielfach rational untermauerten.[4]

Was für die aristotelischen Schriften allgemein gilt, gilt auch konkret für die aristotelischen *libri morales*: Die *Nikomachische Ethik*, die *Politik* und die *Ökonomik* (sowie andere aristotelische moralphilosophische Schriften) wurden letztlich deshalb übersetzt, weil damalige Gelehrte in ihnen das fanden, was sie suchten: eine allein mit Vernunftargumenten arbeitende Sozialphilosophie und Ethik. Die drei aristotelischen Schrif-

---

[4] Das Erwachen eines wissenschaftlichen Interesses an der natürlichen Wirklichkeit im 12. Jahrhundert ist eingehend untersucht worden von Andreas Speer: Die entdeckte Natur. Untersuchungen zu Begründungsversuchen einer „scientia naturalis" im 12. Jahrhundert, Leiden–New York–Köln 1995; Charles Lohr: The medieval interpretation of Aristotle. In: The Cambridge History of Later Medieval Philosophy (wie Anm. 3), S. 80–98, hier besonders S. 82–84 (institutionell-historische Begründung der Aristoteles-Rezeption); auch Kurt Flasch: Das philosophische Denken im Mittelalter, Stuttgart 1986, passim; René-Antoine Gauthier: Saint Thomas d'Aquin. Somme Contre Les Gentils, Paris 1993, S. 113–114; Helmut G. Walther: Die Veränderbarkeit der Welt. Von den Folgen der Konfrontation des Abendlandes mit dem „Anderen" im 13. Jahrhundert. In: Jan Aertsen / Andreas Speer (Hgg.): Geistesleben im 13. Jahrhundert (Miscellanea Mediaevalia 27), Berlin–New York 2000, S. 625–638, vor allem S. 635–638.

ten boten ihnen eine rationale Theorie menschlichen Handelns und menschlichen Zusammenlebens, die den ethischen und sozialen Vorstellungen der damaligen *societas christiana* nur in wenigen Fällen widersprach und ein geeignetes Mittel lieferte, diese rational (und autoritativ) zu begründen und zu vertiefen.[5]

Für unsere Untersuchung ist das Bekanntwerden dieser drei Abhandlungen des Aristoteles (jedenfalls hielt man damals alle drei für genuin Aristotelisch) aus einem ganz bestimmten Grund von Interesse: Mit der lateinischen Übersetzung der *Nikomachischen Ethik*, der *Politik* und der *Ökonomik* wurden mittelalterlichen Lesern drei Schriften des großen griechischen Philosophen zugänglich, die eine Reihe von Ausführungen enthalten, welche sich unter dem Stichwort „Ehediskurs" zusammenfassen lassen. Aristoteles macht hier nämlich an verschiedenen Stellen und unter unterschiedlichen Gesichtspunkten die eheliche Gemeinschaft als solche bzw. Mann und Frau in ihren Rollen als Ehepartner zum Gegenstand seiner Betrachtung. In der *Nikomachischen Ethik* setzt sich der Stagirit mit der Beschaffenheit des Verhältnisses von Mann und Frau auseinander, die in einer Lebensgemeinschaft zusammenleben und äußert sich zu deren richtiger Gestaltung. In der *Politik* beschreibt er die Verbindung eines Mannes und einer Frau als den Ursprung der Staatsgemeinschaft und die Ehe als Teil der Hausgemeinschaft. Er reflektiert die verschiedenen Eigenschaften der Ehepartner, setzt sich kritisch mit Platons Vorschlägen zur Einführung der Polygamie auseinander und macht Vorschläge für eine eugenischen Kriterien folgende Ehegesetzgebung. In der *Ökonomik* stellt er eine Fülle von Verhaltensnormen für die Ehepartner auf.[6]

---

[5] vgl. z. B.: Gianfranco Fioravanti: *Politiae Orientalium et Aegyptorum*. Alberto Magno e la *Politica* aristotelica. In: Annali della Scuola Normale Superiore di Pisa, Classe di Lettere e Filosofia, Serie III, IX,1 (1979), S. 195–246, hier bes. 210–214; Helmut G. Walther: Utopische Gesellschaftskritik oder satirische Utopie? Jean de Meung und die Lehre des Aquinaten über die Entstehung menschlicher Herrschaft. In: Albert Zimmermann (Hg.): Soziale Ordnungen im Selbstverständnis des Mittelalters, Berlin–New York 1979, S. 84–105; David Luscombe: Natural morality and natural law. In: The Cambridge history of later medieval philosophy (wie Anm. 3), S. 705–719, hier bes. S. 706–707; Idem: The state of nature and the origin of the state. In: ibid. S. 757–770, passim; Jean Dunbabin: The Reception and interpretation of Aristotle's *Politics*. In: ibid., S. 724–737; Wolfgang Stürner: Peccatum und Potestas. Der Sündenfall und die Entstehung der herrscherlichen Gewalt im mittelalterlichen Staatsdenken, Sigmaringen 1987, hier bes. S. 186–207; Odd Langholm: Economics in the medieval schools, Leiden 1992, hier bes. S. 168–197.

[6] siehe unten, S. 39–109.

Die *Nikomachische Ethik*, die *Politik* und die *Ökonomik* sind die einzigen Schriften des mittelalterlichen *Aristoteles latinus*, die die eheliche Gemeinschaft von Mann und Frau thematisieren. Einige lakonische Bemerkungen zum Thema Ehe enthielten zwar auch die im Mittelalter recht verbreiteten *Magna Moralia*, eine damals Aristoteles zugeschriebene moralphilosophische Schrift, bei der die Autorschaft des Stagiriten heute allerdings umstritten ist. Bartholomäus von Messina hatte sie am Hofe König Manfreds in den Jahren 1258–1266 ins Lateinische übertragen und von ihrem mittelalterlichen Erfolg zeugen immerhin 56 Handschriften. Allerdings handelt es sich bei den dortigen Ausführungen zur Ehe um kaum mehr als eine knappe Zusammenfassung dessen, was Aristoteles zu diesem Thema in der *Nikomachischen Ethik* sagt.[7]

Ein moderner Aristotelesleser kann heute noch in einer weiteren Schrift des Stagiriten einige Überlegungen zur ehelichen Gemeinschaft von Mann und Frau finden, in der *Eudemischen Ethik*. Sie sind dort im dritten und siebten Buch enthalten. Inhaltlich sind sie mit jenen aus der *Nikomachischen Ethik* vergleichbar, allerdings knapper gehalten. Im Mittelalter war die Kenntnislage anders. Von der *Eudemischen Ethik* kannte man damals nämlich nur zwei Fragmente, von denen allerdings keines die Passagen über die Ehe umfasste: Ersteres bestand aus dem zweiten Kapitel des achten Buches der *Eudemischen Ethik* und genoss als zweiter Teil der Schrift *De bona fortuna* eine beachtliche Verbreitung. Das zweite Fragment beinhaltete nur das anschließende dritte Kapitel des achten Buches.[8]

---

[7] Aufgrund des Fehlens einer kritischen Edition der lateinischen Übersetzung der Magna Moralia sei hier lediglich auf die deutsche Übersetzung der Schrift verwiesen: Aristoteles: Magna Moralia. Übers. von Franz Dirlmeier (Aristoteles. Werke in deutscher Übersetzung, 8), Berlin 1958. Die Ausführungen über die Gemeinschaft von Mann und Frau findet man hier auf S. 38 (Die Gemeinschaft von Mann und Frau ist ein Rechtsverhältnis innerhalb einer Hausgemeinschaft, das dem Rechtsverhältnis der Bürger einer Polis nahe kommt. Es beruht fast, wenn auch nicht vollständig, auf dem Prinzip der Gleichheit, die das Polis-Recht kennzeichnet) und auf den Seiten 83–84 (Die Gemeinschaft von Mann und Frau ist ein Rechts- und Freundschaftsverhältnis, sie gehört in die Kategorie der Freundschaft unter zwei ungleichen Partnern und beruht demzufolge auf dem Prinzip der proportionalen Gleichheit). Zur mittelalterlichen lateinischen Übersetzung und Verbreitung der MM vgl. ibid., S. 110–112 und Bernard Dod: Aristoteles latinus. In: The Cambridge History of Later Medieval Philosophy (wie Anm. 3), S. 45–79, hier bes. S. 62 und 78.

[8] Aristoteles: Eudemische Ethik. Übersetzt von Franz Dirlmeier (Aristoteles. Werke in deutscher Übersetzung, 7), Darmstadt 1962. Zur Beschreibung der Beziehung von Mann und Frau in der Eudemischen Ethik vgl. folgende Textstellen: S. 73–74 (Das Verhältnis zwischen Mann und Frau gehört zu jener Art von Freundschaft, in der der

Freilich wurden im Mittelalter auch andere Schriften des Stagiriten ins Lateinische übersetzt, in denen Aristoteles auf Themen eingeht, die mit der Ehe auf diese oder jene Weise zusammenhängen. Im Unterschied zur *Nikomachischen Ethik*, *Politik* und *Ökonomik* wurde in ihnen allerdings weder die eheliche Gemeinschaft als solche zum Gegenstand einer Betrachtung gemacht noch der Mann und die Frau in ihren Rolle als *Ehepartner*. So hatte vor 1220, um nur die diesbezüglich wichtigsten Werke des mittelalterlichen *Corpus aristotelicum* zu nennen, Michael Scotus in Toledo Aristoteles' *De animalibus* aus dem Arabischen ins Lateinische übertragen—in Wirklichkeit eine Verschmelzung dreier separater zoologischer Schriften des Aristoteles: der *Historia animalium*, des *De partibus animalium* und des *De generatione animalium* (1260 wird Wilhelm von Moerbeke diese Schriften noch einmal aus Aristoteles' Muttersprache, dem Griechischen, übersetzen). Hier konnten sich mittelalterliche Leser ausführlich über Aristoteles' Ansichten zu Themen wie der Entstehung des männlichen und weiblichen Geschlechts in der Tierwelt und beim Menschen, über biologische Geschlechtsunterschiede und über biologische Aspekte der Zeugung von Nachkommen kundig machen. Zwischen 1258 und 1266 hatte Bartholomäus von Messina die sogenannten *Problemata physica*, eine pseudo-aristotelische Schrift übersetzt, die man im Mittelalter für Aristotelisch hielt, wenngleich schon damals Zweifel an ihrer Authentizität geäußert wurden. Mittelalterliche Leser fanden im vierten Buch dieser Schrift eine ausführliche naturphilosophisch-medizinische Auseinandersetzung in Form von Fragen und Antworten zum Thema Geschlechtsverkehr. Von demselben Übersetzer stammt die Übersetzung einer weiteren pseudo-aristotelischen Schrift, die man im Mittelalter ebenfalls für ein Werk des Aristoteles halten sollte, der

---

eine Partner dem anderen überlegen ist. Es ist ein Verhältnis eines Gebieters zu einem Gehorchenden und beruht auf dem Prinzip der Proportionalität.); S. 76 (Das Verhältnis von Mann und Frau ist das zweier, sich gegenseitig benötigender Gegensätze); S. 82 (Das Verhältnis von Mann und Frau entspricht einer aristokratischen Verfassungsform); S. 84 (Die Beziehung von Mann und Frau zählt zu den Beziehungen innerhalb einer Hausgemeinschaft. Sie ist Freundschaft und Gemeinschaft, weil Mann und Frau einander nützlich sind.); Zur Beschreibung der Beziehung von Mann und Frau in der Eudemischen Ethik vgl. auch: Sabine Föllinger: Differenz und Gleichheit. Das Geschlechterverhältnis in der Sicht griechischer Philosophen des 4. bis 1. Jahrhunderts v. Chr., Stuttgart 1996, S. 182–227; Zur Übersetzung und Verbreitung von Fragmenten der EE im Mittelalter vgl. Aristoteles: Eudemische Ethik (wie oben), S. 119–120: Im Mittelalter war nur Kapitel VIII,2 bekannt als zweiter Teil von *De bona fortuna*, (etwa 139 Hss.) und das letzte Kapitel EE VII, 15 (VIII,3), 1248b8 – 1249b25 (3Hss).

Physiognomonica. Sie behandelt die physiognomischen und psychischen Eigenschaften von Mann und Frau und allgemein von männlichen und weiblichen Vertretern der Tierwelt.[9]

Die übersetzerische Tätigkeit des 12. und 13. Jahrhunderts beschränkte sich freilich bei weitem nicht allein auf die Schriften des Aristoteles. Parallel dazu wurde damals, vor allem aus dem Arabischen, eine Fülle weiterer philosophischer Traktate übertragen. Die meisten

---

[9] Von der arabisch-lateinischen Übersetzung des *De animalibus* ist bisher ediert: Aafke Van Oppenraaij (Hg.): Aristotle's De Animalibus. Michael Scot's Arabic-Latin Translation. Part 3. Books XV–XIX: Generation of Animals (Aristoteles semitico-latinus 5,3) Leiden 1992; Aafke Van Oppenraaij (Hg.): Aristotle's De Animalibus. Michael Scot's Arabic-Latin Translation. Part 2. Books XI–XIV: Parts of Animals (Aristoteles semitico-latinus 5,2) Leiden 1998; Von der griechisch-lateinischen Übersetzung des De animalibus ist bisher ediert Aristoteles Latinus: De Generatione Animalium. Translatio Guillelmi de Moerbeka, ed. Hendrik Drossart Lulofs (Aristoteles Latinus XVII 2, V) Bruges–Paris 1966; zur Übersetzungs- und Rezeptionsgeschichte des De animalibus vgl. Baudoin van den Abeele: Le ‚De animalibus' d'Aristote dans le monde latin: modalités de sa réception médiévale. In: Frühmittelalterliche Studien 33 (1999), S. 287–318; In Abwesenheit einer kritischen Edition der lateinischen Übersetzung der pseudo-aristotelischen *Physiognomonica* sei hier nur auf deren moderne deutsche Übersetzung verwiesen: Aristoteles: Physiognomonica. Übers. und kommentiert von Sabine Vogt (Aristoteles. Werke in deutscher Übersetzung, 18,4), Darmstadt 1999. Zur mittelalterlichen Rezeption der Physiognomonica vgl. Jole Agrimi: Fisiognomica e „scolastica". In: Micrologus 1 (1993), S. 235–270; Jole Agrimi: La ricezione della *Fisiognomica* pseudoaristotelica nella facoltà delle arti, In: Archives d'Histoire Doctrinale et Littéraire du Moyen age 64 (1997), S. 127–188; In Abwesenheit einer kritischen Edition der lateinischen Übersetzung der pseudo-aristotelischen *Problemata Physica* sei hier auf die moderne deutsche Übersetzung der Schrift verwiesen: Aristoteles: Problemata Physica. Übers. und erläutert von Hellmut Flashar (Aristoteles. Werke in deutscher Übersetzung, 19), Berlin 1991 (4. Auflage). Zur mittelalterlichen Übersetzungs- und Rezeptionsgeschichte der *Problemata Physica* vgl. ibid., S. 372–374. Dazu und zu mittelalterlichen Zweifeln an der Authentizität der *Problemata Physica* vgl. Steven Williams: Defining the *Corpus Aristotelicum*: Scholastic Awareness of Aristotelian Spuria in the High Middle Ages. In: Journal of the Warburg and Courtauld Institutes 55 (1995), S. 29–51, hier bes. S. 45. Die *Problemata Physica* sind nicht zu verwechseln mit den erst im späten 13. oder frühen 14. Jahrhundert entstandenen lateinischen „*Problemata Aristotelis*", die ebenfalls zahlreiche Ausführungen über menschliche Sexualität und Fortpflanzung enthalten. Zu diesen, im lateinischen Mittelalter entstandenen pseudo-aristotelischen Problemata siehe Margaret Schleissner: Sexuality and reproduction in the late Medieval ‚Problemata Aristotelis'. In: Josef Domes (Hg.): Licht der Natur. Medizin in Fachliteratur und Dichtung, Göppingen 1994, S. 383–395; allgemein zu Pseudo-Aristotelica siehe: Charles Schmitt und Dilwyn Knox: Pseudo-Aristoteles Latinus. A guide to Latin works falsely attributed to Aristotle before 1500 (Warburg Institute Surveys and Texts, 12), London 1985; Für weitere Hinweise zu Ausführungen in anderen, auch im Mittelalter bekannten Schriften des *Corpus aristotelicum*, die indirekt mit der Ehe zusammenhängen (z. B. Kategorie Männlich/Weiblich in der *Physik* und der *Metaphysik*), vgl. Sabine Föllinger: Differenz und Gleichheit (wie Anm. 8), S. 118–227.

waren Schriften islamischer Philosophen, viele davon Bearbeitungen antiken philosophischen Schrifttums. Nur am Rande sei hier erwähnt, dass neben Aristoteles' *Nikomachischer Ethik*, *Politik* und *Ökonomik* im Mittelalter noch zwei weitere philosophische Schriften anderer Autoren aus dem Arabischen ins Lateinische übersetzt wurden, die ebenfalls die Ehe thematisierten: Zwischen 1250 und 1267 erstellte der spanische Franziskaner und Bischof Petrus Gallego, der Beichtvater Alfons X. des Weisen war, eine lateinische Kurzfassung einer arabischen philosophischen Hauslehre: Die Abhandlung, die den langen Titel trägt „*Translatio abreuiata fratris petri episcopi Carthaginensis de speculatione antecer in regitiua domus*" ist nur in zwei Abschriften überliefert und scheint wenig Einfluss ausgeübt zu haben. Um 1300 übertrug außerdem Armengaudius Blasius eine weitere philosophische Hauslehre aus dem Arabischen, die des antiken Neupythagoreers Bryson. Beide Schriften gehen recht ausführlich auf die Ehe ein. Ihre Ehelehre ist dabei durchaus „aristotelisch", in dem Sinne, dass sie den Überlegungen der drei Aristotelischen *libri morales* inhaltlich recht nahe kommt. Allerdings wurden sie, im Unterschied zur pseudo-aristotelischen *Ökonomik*, im Mittelalter nie dem Stagiriten zugeschrieben und gehörten somit nicht zu den Werken des mittelalterlichen *Aristoteles latinus*. Auch scheinen sie keinen Einfluss auf die Rezeption der Ehelehre der drei Aristotelischen Werke ausgeübt zu haben.[10]

Im Folgenden sollen die Überlegungen des Aristoteles zur ehelichen Gemeinschaft von Mann und Frau näher vorgestellt werden. Ziel ist es dabei nicht, diese Gedanken so zu präsentieren, wie sie *heute* bekannt sind, sondern wie sie *im Mittelalter* bekannt wurden. Damit ist Folgendes gemeint: auszugehen ist vom mittelalterlichen *Corpus aristotelicum*, von den mittelalterlichen lateinischen Übersetzungen und der Reihenfolge der Entstehung dieser Übersetzungen. Das bedeutet, dass auch die *Ökonomik* als eine vollwertige Schrift des Aristoteles behandelt wird,

---

[10] Martin Plessner: Der Oikonomikoc des Neupythagoreers ‚Bryson' und sein Einfluß auf die islamische Wissenschaft, Heidelberg 1928; Auguste Pelzer: Un traducteur inconnu: Pierre Gallego. Franciscain et premier Évêque de Carthagène. In: Ders.: Études d'Histoire Littéraire sur la Scolastique Médiévale (hg. v. Adrien Pattin), Louvain–Paris 1964, S. 188–240; Sabine Krüger: Zum Verständnis der Oeconomica Konrads von Megenberg. In: Deutsches Archiv für Erforschung des Mittelalters 20 (1964), S. 475–561, hier bes. S. 492–493 und S. 545–558; Christoph Flüeler: La dottrina medievale sul governo della casa. Il contributo degli Ordini mendicanti. In: Etica e Politica: Le teorie dei frati mendicanti tra due e trecento, Spoleto 1999, S. 175–202, hier bes. S. 178.

wenngleich sie heute als ein Pseudograph gilt. Dagegen werden die Überlegungen zur Ehe in der *Eudemischen Ethik* nicht vorgestellt, weil sie im Mittelalter nicht bekannt waren. Auch wird auf eine Darstellung der lakonischen Aussagen über die Ehe in den *Magna Moralia* verzichtet, nicht, weil sie im Mittelalter nicht bekannt gewesen wären, sondern weil sie sehr knapp sind und keinen Einfluss ausgeübt zu haben scheinen. Das bedeutet aber auch, dass neben den drei Aristotelischen Schriften selbst, die von der Ehe handeln, auch die im Mittelalter ins Lateinische übertragenen griechischen und arabischen Kommentare zu diesen Schriften berücksichtigt werden müssen. Zahlreiche Werke des *Aristoteles latinus* wurden nämlich im lateinischen Mittelalter gemeinsam mit übersetzten arabischen oder griechischen Kommentaren gelesen, die vielfach als eine Art „Standarderklärung" verwendet wurden. In unserem Falle betrifft das nur die *Nikomachische Ethik*. Zur *Politik* und zur *Ökonomik* waren damals keine derartigen Kommentare verbreitet.

Die Darstellung strebt dabei keineswegs eine inhaltliche Auseinandersetzung mit den Ausführungen über die Ehe in den drei aristotelischen Schriften an. Derartige moderne philosophische und historische Aufarbeitungen des Aristotelischen Ehe- und Geschlechtsverständnisses für moderne Leser liegen bereits mehrfach vor. Die Absicht, die hier verfolgt wird, ist genau die umgekehrte. Um durch eine moderne Interpretation dem Leser nicht den Blick für das *mittelalterliche* Verständnis der aristotelischen Ehelehre zu verstellen, sollen hier die einschlägigen Passagen der *Nikomachischen Ethik*, der *Politik* und der *Ökonomik* möglichst kommentar- und interpretationslos vorgestellt werden. Damit soll Aristoteles selbst, und zwar der *Aristoteles latinus* der mittelalterlichen Aristoteles-Übersetzungen, zu Wort kommen. Wir werden lediglich zu den entsprechenden Passagen hinführen und diese dann in der lateinischen Übersetzung zitieren.[11]

Mittelalterliche Aristoteles-Übersetzungen sind freilich für einen modernen Leser sehr schwer verständlich. Dies liegt einerseits daran, dass Aristoteles unabhängig von der Sprache, in der er gelesen wird, inhaltlich anspruchsvoll ist. Nicht umsonst wird er seit zweitausend Jahren immer wieder kommentiert. Dies liegt aber auch an der Methode mittelalterlicher lateinischer Aristotelesübersetzungen. Mittelalterliche Aristotelesübersetzungen bemühen sich, den aristotelischen Text möglichst wörtlich ins Lateinische zu übersetzen. Jedes, oder fast jedes Wort der

---

[11] Für bibliographische Hinweise zu modernen Darstellungen des aristotelischen Eheverständnisses siehe oben, S. 7.

griechischen Textgrundlage wird mit einem möglichst genauen lateinischen Pendant wiedergegeben. Nun sind aber die griechischen Aristotelestexte alles andere als elegant. Sie sind äußerst knapp formuliert und haben oftmals notizenhaften Charakter. (Deshalb sind alle modernen Aristoteles-Übersetzungen eigentlich immer Textparaphrasen.) Darüber hinaus unterscheidet sich freilich das Griechische vom Lateinischen sowohl grammatikalisch als auch syntaktisch. Dies wird in *Verbum-de-verbo* Übertragungen bewusst kaum berücksichtigt. Das Resultat dieser Methode sind lateinische Übersetzungen, die, genauso wie die griechische Textgrundlage, äußerst knapp und notizenhaft sind und darüber hinaus vielfach nicht der üblichen Grammatik und Syntax des Lateinischen entsprechen.[12]

Um das Verständnis der Passagen über die Ehe des mittelalterlichen *Aristoteles latinus* zu erleichtern, werden diese parallel dazu auch in moderner deutscher Übersetzung wiedergegeben. Dabei handelt es sich (bis auf zwei Ausnahmen) natürlich nicht um deutsche Übersetzungen der mittelalterlichen lateinischen Texte, sondern um moderne Übersetzungen des *griechischen* Textes und zwar aufgrund *moderner* griechischer Aristoteles-Editionen. Die deutschen Übersetzungen sollen deshalb lediglich *Hilfestellung* bei der Lektüre des *Aristoteles Latinus* leisten.

Es wäre freilich eine eigenständige philologisch-begriffsgeschichtliche Untersuchung wert zu erörtern, mit welchen Worten die mittelalterlichen Übersetzer des griechischen Textes die aristotelischen Ausführungen über die Ehe ins Lateinische übertragen haben. Allerdings kann im Rahmen dieser Untersuchung darauf nicht eingegangen werden.

---

[12] Vgl. Dod, Bernard: Aristoteles Latinus. In: The Cambridge History of Later Medieval Philosophy (wie Anm. 3), S. 45–79, hier S. 64–68.

KAPITEL 5

HIERARCHISCHE FREUNDSCHAFT:
DIE EHE IN ROBERT GROSSETESTES ÜBERSETZUNG
DER *NIKOMACHISCHEN ETHIK* UND IHREN
GRIECHISCHEN KOMMENTAREN

Unter den drei im Mittelalter verbreiteten aristotelischen Schriften, die von der Ehe handeln, wurde als erste die *Nikomachische Ethik* bekannt. Das aus mehreren Teiluntersuchungen zusammengesetzte Werk stellt ohne Zweifel die bedeutendste und einflussreichste moralphilosophische Abhandlung des Stagiriten dar. Ihr Text, so wie er uns heute vorliegt, ist seinem Umfang nach derselbe wie jener, der seit 1246/7 auch im Mittelalter bekannt war. Die Leitfrage, die der gesamten Schrift zugrunde liegt, lässt sich etwa folgendermaßen formulieren: *Was heißt es, ein vollendet-glückliches Leben zu führen?* Die Verwirklichung eines solchen Lebens besteht für Aristoteles in ethisch-richtigem Handeln und ethisch-richtigem Vernunftgebrauch. Deshalb enthält die *Nikomachische Ethik* eine ausführliche und scharfsinnige Analyse verschiedener Komponenten menschlichen Handelns (Bücher II, 1 – III, 8; VII, X, 1–5) und eine Beschreibung konkreter ethischer (Bücher II, 9 – V) und intellektueller (Buch VI) Tugenden (virtutes).[1]

Der Mensch ist für Aristoteles ein auf Gemeinschaft ausgerichtetes Lebewesen. Ein glückliches Leben ist für ihn daher unmöglich ohne Gemeinschaft. Deshalb enthält die *Nikomachische Ethik* im achten und neunten Buch auch eine Abhandlung über die richtige Verwirklichung von *Freundschaft*, modern gesprochen von zwischenmenschlichen Beziehungen. Wie noch zu sehen sein wird, geht Aristoteles gerade im Rahmen dieser Abhandlung über die Freundschaft auf das Thema Ehe ein.

Die *Nikomachische Ethik* schließt mit einer Betrachtung des intellektuell-kontemplativen Lebens als der glücklichsten aller Lebensformen (Buch X, 5–9). Neben seiner „Gemeinschaftlichkeit" ist es nämlich vor

---

[1] Aristoteles: Nikomachische Ethik, Übers. und kommentiert von Franz Dirlmeier (Aristoteles. Werke in deutscher Übersetzung, 6), Berlin 1979; Ingemar Düring: Aristoteles. Darstellung und Interpretation seines Denkens, Heidelberg 1966, S. 434–473, besonders S. 455–456; James Urmson: Aristotle's Ethics, Oxford 1988.

allem die Vernunftbegabung, die bei Aristoteles den Menschen ausmacht und ihn von anderen Lebewesen unterscheidet. Es ist daher verständlich, dass er gerade in intellektueller Tätigkeit die „glücklichste" aller Tätigkeiten sieht.

Die *Nikomachische Ethik* wurde im Mittelalter schrittweise in zwei Übersetzungen bekannt. Wie vor einigen Jahren Fernand Bossier feststellen konnte, ist die erste vollständige griechisch-lateinische Übersetzung bereits am Ende des 12. Jahrhunderts entstanden. Ihr Übersetzer war ein italienischer griechischkundiger Laie, der Richter und Gesandte Burgundio von Pisa (ca. 1110–1193), dem man neben der *Nikomachischen Ethik* eine ganze Reihe von Übersetzungen verdankt.[2]

Im Hinblick auf die Rezeption der Gedanken über die Ehe ist diese erste Übersetzung der *Ethica* allerdings nicht von Bedeutung. Obwohl der Pisaner die gesamte *Ethik* übersetzt hat, waren im Mittelalter von seiner Übersetzung nur Teile bekannt. Die Passagen über die Ehe aus dem achten Buch der *Ethik* gehörten allerdings nicht dazu. Rezipiert wurde und Verbreitung fand nämlich nur die als *Ethica vetus* bekannte Übersetzung des zweiten und dritten sowie seine als *Ethica nova* bekannte Übersetzung des ersten Buches der *Nikomachischen Ethik*. Diese *Ethicae vetus* und *nova* sind es auch, auf die der oben zitierte anonyme Pariser Artes-Magister in seiner *divisio scientiae* verweist. Seine Übersetzung der restlichen sechs Bücher der zehnbändigen *Nikomachi-*

---

[2] Der Befund, dass Burgundio von Pisa der Übersetzer der gesamten *Nikomachischen Ethik* gewesen ist, geht auf Fernand Bossier zurück: Fernand Bossier: L'Élaboration du vocabulaire philosophique chez Burgundio de Pise. In: Aux origines du lexique philosophique européen, Louvain-la-Neuve 1997, S. 81–116; bis dahin hatten die Forschungsergebnisse René-Antoine Gauthiers den Forschungsstand bestimmt, demzufolge ein anonymer Übersetzer am Ausgang des 12. Jahrhunderts das zweite und das dritte Buch der NE (die sogenannte *Ethica Vetus*) übersetzt haben soll, während das erste Buch (die sogenannte *Ethica nova*) und vermutlich auch die restlichen Bücher der NE erst in den Jahren 1215–1220 von Michael Scotus aus dem Griechischen ins Lateinische übersetzt worden seien. Vgl. Aristoteles Latinus: Ethica Nicomachea, Praefatio, scripsit Renatus Antonius Gauthier (Aristoteles Latinus XXVI, 1–3, Fasciculus Primus), Leiden–Bruxelles 1974, S. LV–LVIII und S. CXXXXVIII–CXLVII; vgl. auch: Aristote: L'Etique à Nicomaque, hrsg.v. René-Antoine Gauthier / Jean Yves Jolif, Bd. I, Louvain–Paris 1970, S. 111–114. Die Übersetzungen der NE von Burgundio von Pisa sind ediert worden von René-Antoine Gauthier: Aristoteles Latinus: Ethica Nicomachea, Translatio antiquissima libri II–III sive ‚Ethica Vetus' et Translationis Antiquioris quae supersunt sive ‚Ethica Nova', ‚Hoferiana', ‚Borghesiana', hg.v. Renatus Antonius Gauthier (Aristoteles Latinus XXVI, 1–3, Fasciculus Secundus), Leiden–Bruxelles 1972; zu Burgundio von Pisa vgl. Peter Classen: Burgundio von Pisa. Richter, Gesandter, Übersetzer, Heidelberg 1974; R. Durling: Burgundio von Pisa. in: Lexikon des Mittelalters, Bd. 2 (1983), col. 1097–1098.

schen Ethik scheint weder verbreitet noch rezipiert worden zu sein. Bis heute haben sich lediglich Fragmente des siebten und achten Buches erhalten. Auch diese enthalten aber nichts von den Passagen über die Ehe.

Noch bevor 1246/7 die zweite mittelalterliche Übersetzung der *Nikomachischen Ethik* entstand, übertrug im Jahre 1240 Hermannus Alemannus in Toledo den mittleren *Ethik*-Kommentar des Averroes aus dem Arabischen ins Lateinische. Die umfangreiche *Ethik*-Paraphrase ist heute in sechs mittelalterlichen Abschriften überliefert. Im wesentlichen handelt es sich, wie bei allen „mittleren" Kommentaren des arabischen Philosophen, um eine Nacherzählung des Aristotelischen Textes, wenngleich diese Nacherzählung zugleich eine Interpretation darstellt. Aufgrund seiner Nähe zum Originaltext wurde Averroes' *Ethik*-Paraphrase manchmal sogar als eine „*Ethik*-Übersetzung" wahrgenommen. Der Kommentar geht freilich auch auf die im achten Buch enthaltenen Ausführungen über die Ehe ein. Allerdings scheint in unserem Untersuchungszeitraum auf seine Kommentierung dieser Passagen nie zurückgegriffen worden zu sein.[3]

Neben dem mittleren *Ethik*-Kommetar übersetzte 1243 oder 1244 Hermannus Alemannus außerdem noch die sogenannte *Summa Alexandrinorum*, ein arabisches Kompendium der *Nikomachischen Ethik*. Von den drei Passagen, in denen im achten Buch der *Nikomachischen Ethik* auf das Thema der Beziehung von Mann und Frau eingegangen

---

[3] Averroes: Commentaria in Ethicam Nicomacheam. Aristotelis opera cum Averrois cordubensis commentariis, Bd. 3, Venedig 1562; Martin Grabmann, Forschungen über die lateinischen Aristoteles-Übersetzungen des XIII. Jahrhunderts, (Beiträge zur Geschichte der Philosophie des Mittelalters XVII) Münster 1916, S. 217–218 und Auguste Pelzer: Les versions latines des ouvrages de morale conservés sous le nom d'Aristote en usage au XIIIe siècle. In: Ders.: Etudes d'Histoire littéraire sur la scolastique médiévale (hg. v. Adrien Pattin), Louvain–Paris 1964, S. 120–187, hier S. 142–149 [Zuvor erschienen in: Revue Néoscolastique de Philosophie 23 (1921), S. 378–421]. Martin Grabmann kennt vier Abschriften, August Pelzer fügt zwei weitere hinzu. Bezüglich der mittelalterlichen Benutzung der *Ethik*-Paraphrase des Averroes siehe: Aristote: L'Etique à Nicomaque (wie Anm. 2), hier S. 114–115, 117; vgl. auch: Aristoteles Latinus: Ethica Nicomachea, Praefatio (wie Anm. 14), S. CXLIX–CL. Gauthier fügt allerdings keine weiteren Erkenntnisse mehr hinzu. Die neueste Untersuchung der mittelalterlichen Rezeption von Averroes' Kommentar ist die von Roberto Lambertini: Zur Frage der Rolle des Averroes in der praktischen Philosophie des Spätmittelalters: Vorbemerkungen zur Rezeption seines Ethik-Kommentars. In: Raif Georges Khoury (Hg.): Averroes (1126–1198) oder der Triumph des Rationalismus, Heidelberg 2002, S. 243–253. Roberto Lambertini zeigt, dass die Paraphrase im 13. und frühen 14. Jahrhundert nur sehr sporadisch rezipiert wurde, oft lediglich als eine Art weitere „Ethikübersetzung".

wird, gibt die *Summa Alexandrinorum* (in der Edition von Concetto Marchesi) nur die letzte zusammenfassend wieder. Es handelt sich um die weiter unten vorgestellte Passage „*Viro autem et uxori amicitia videtur secundum naturam existere*". Es scheint allerdings, dass die Zusammenfassung dieser Passage in der *Summa Alexandrinorum* in unserem Zeitraum nicht rezipiert worden ist. Auch der wohl bedeutendste mittelalterliche Rezipient des arabischen *Ethik*-Kompendiums, Brunetto Latini, hat sie in seine bekannte Enzyklopädie *Li livres dou tresor* nicht aufgenommen.[4]

Im Zusammenhang mit dieser Untersuchung ist erst die zweite, vollständige Übertragung der *Nikomachischen Ethik* aus dem Griechischen ins Lateinische von Bedeutung. Sie ist ein Werk des bedeutenden englischen Reformbischofs, Philosophen und Theologen Robert Grosseteste (1170–1253) und entstand an dessen Bischofssitz Lincoln in den Jahren 1246/7. Erst sie bildet die Grundlage und den Ausgangspunkt für die spätmittelalterliche Rezeption des gesamten Textes der *Nikomachischen Ethik* und damit auch der im achten Buch enthaltenen Ausführungen über die Ehe. (Neben der *Nikomachischen Ethik* selbst übersetzte der Bischof von Lincoln eine Reihe antiker und byzantinischer Kommentare zur *Nikomachischen Ethik*, von denen noch später die Rede sein wird).[5]

Vom Erfolg der *translatio lincolniensis* zeugen 280 bekannte und sechs bezeugte spätmittelalterliche Abschriften, von denen ungefähr ein Viertel aus unserem Untersuchungszeitraum stammt. Bei seiner Übertra-

---

[4] Edition: Concetto Marchesi: L'Etica Nicomachea nella tradizione latina Medievale. Documenti ed Appunti, Messina 1904, S. XLI–LXXXVI; Eine etwas abweichende Fassung der *Summa Alexandrinorum* ist ediert bei George Fowler: Manuscript Admont 608 and Engelbert von Admont (c. 1250–1331), Appendix 14. Summa Alexandrinorum. In: Archives d'Histoire doctrinale et littéraire du Moyen Age 57 (1982), 195–252; Studien: Auguste Pelzer: Les versions latines des ouvrages de morale conservés sous le nom d'Aristote en usage au XIIIe siècle. In: Ders.: Etudes d'Histoire littéraire sur la scolastique médiévale (hg. v. Adrien Pattin), S. 120–187, hier S. 147–149; Aristote: L'Etique à Nicomaque, Praefatio (wie Anm. 2), hier S. 114–115; Brunetto Latini: Li livres dou tresor, hg. v. Francis Carmody, Berkeley–Los Angeles 1948.

[5] James McEvoy: Robert Grosseteste, Lexikon des Mittelalters, Bd. 7 (1995), col. 905–906; zu Robert Grosseteste vgl. auch James McEvoy: The Philosophy of Robert Grosseteste, Oxford 1982; Richard Southern: Robert Grosseteste. The growth of an English Mind in Medieval Europe, Oxford 1986, Zu Robert Grossetestes Tätigkeit als Übersetzer vgl. Paul Mercken (Hg.): The Greek Commentaries on the Nicomachean Ethics of Aristotle in the Latin translation of Robert Grossseteste. Bishop of Lincoln († 1253), Bd. 1, Leiden 1973, S. 33–38.

gung der *Ethik* arbeitete Robert Grosseteste mit mehreren griechischen Handschriften sowie mit der älteren *Ethik*-Übersetzung Burgundios von Pisa.[6]

In den 1260er Jahren wird der Dominikaner Wilhelm von Moerbeke, der letzte große Aristoteles-Übersetzer, Robert Grossetestes Übersetzung der *Nikomachischen Ethik* noch einmal leicht überarbeiten. Allerdings braucht uns seine *recensio* nicht zu interessieren, da sie in den Passagen über die Ehe kaum von der *translatio lincolniensis* abweicht.[7]

Mercken stellt die Frage nach Robert Grossetestes Motivation. Weshalb hat sich der damals bereits betagte und pastoral ausgelastete Bischof der mühsamen Arbeit der Übersetzung der *Nikomachischen Ethik* unterzogen, immerhin keines christlichen Werkes, sondern das eines heidnischen Philosophen. Grosseteste, so Mercken, habe sich lebenslang um solides Wissen und um einen prinzipiengeleiteten Lebenswandel bemüht. Die *Nikomachische Ethik* kam ihm dabei entgegen. Er fand in ihr rational-wissenschaftlich begründete Prinzipien menschlichen, sozialen und politischen Handelns. In ihrem Charakter einer *ethischen, rational-begründend vorgehenden Prinzipienwissenschaft* lag für ihn auch der große Nutzen der *Nikomachischen Ethik* für die christliche Gesellschaft. Dies lasse sich mitunter an Grossetestes Verwendung der *Ethik* in einer

---

[6] Untersuchung: Aristoteles Latinus: Ethica Nicomachea, Praefatio (wie Anm. 2), S. CLII–CCXLVII; Edition: Aristoteles Latinus: Ethica Nicomachea, Translatio Roberti Grosseteste Lincolniensis sive ‚Liber Ethicorum', A. Recensio Pura, hg. v. Renatus Antonius Gauthier (Aristoteles Latinus XXVI, 1–3, Fasciculus tertius) Leiden–Bruxelles 1972, hier zur Frage nach Grossetestes Benutzung der Übersetzung von Burgundio von Pisa S. CLXXXVII–CXCV, zur Frage der Benutzung griechischer Codices S. CXCV–CC, zur Frage der Datierung S. CCI; Dreizehn der 280 Abschriften enthalten lediglich Bruchstücke der *Nikomachischen Ethik*. Siehe: Aristoteles Latinus: Ethica Nicomachea, Praefatio (wie Anm. 2), S. CLII–CLXIX; Zu Roger Bacons Zeugnis, demzufolge Grosseteste nach Süditalien für griechische Handschriften und griechischsprachige Mitarbeiter schickte, siehe Paul Mercken (Hg.), The Greek Commentaries on the Nicomachean Ethics, Bd. 1 (wie Anm. 5), S. 34–35.

[7] Für die Zuschreibung der Überarbeitung der *translatio lincolniensis* an Wilhelm von Moerbeke hat sich neuerdings Jozef Brams ausgesprochen. Vgl: Jozef Brams: The revised version of Grosseteste's translation of the Nicomachean Ethics. In: Bulletin de Philosophie Médiévale 36 (1994), S. 45–55, Eine Untersuchung der Überarbeitung der translatio lincolniensis bei Gauthier der sie allerdings als anonym betrachtet, vgl. Aristoteles Latinus: Ethica Nicomachea, Praefatio (wie Anm. 2), S. CCXI–CCXLVII; Edition: Aristoteles latinus: Ethica Nicomachea, Translatio Roberti Grosseteste Lincolniensis sive ‚Liber Ethicorum', B. Recensio Recognita, hg. v. Renatus Antonius Gauthier (Aristoteles Latinus XXVI, 1–3, Fasciculus quartus), Leiden–Bruxelles 1973.

Rede ablesen, die er 1250 vor der in Lyon versammelten päpstlichen Kurie gehalten hat. Der Bischof von Lincoln zieht in ihr die Gerechtigkeitslehre der *Nikomachischen Ethik* heran, um mit dieser den Legalismus der Kurie anzuprangern. Die von Mercken beschriebene Motivation Robert Grossetestes entspricht durchweg den oben beschriebenen Gründen, die sich für die gesamte mittelalterliche Aristoteles-Rezeption ausmachen lassen.[8]

Was sagt Aristoteles in der *Nikomachischen Ethik* zum Thema der Ehe? Wie bereits erwähnt wurde, behandelt der Stagirit dieses Thema im achten Buch. Dieses Buch stellt, gemeinsam mit dem neunten, eine Abhandlung über die *amicitia*, die Freundschaft, dar. Dabei versteht der Stagirit unter *amicitia* mehr als nur Freundschaft im modernen Sinne des Wortes. Der Begriff der Freundschaft umfasst für ihn allgemein *ethisch gestaltete zwischenmenschliche Beziehungen*. Eine dieser *zwischenmenschlichen Beziehungen*, die er hier behandelt, ist auch die des Mannes zu seiner Frau in einer Lebensgemeinschaft. Dass es Aristoteles nicht allein um eine allgemeine Beschreibung der *Geschlechterbeziehung* geht, sondern ausdrücklich um eine Reflexion über Mann und Frau in einer ehelichen Gemeinschaft, ergibt sich klar aus seinen Ausführungen. Es ergibt sich auch aus dem Wortgebrauch der translatio lincolniensis: vir et uxor. Freilich wird hier diese, wie übrigens fast nirgends im mittelalterlichen *Corpus aristotelicum*, nicht für sich selbst, *secundum intentionem principalem*, sondern innerhalb eines ihr übergeordneten Themas, in diesem Fall des Themas der Freundschaft, behandelt. Die entsprechenden Passagen sollen in der *recensio pura*, d.h. der ursprünglichen *Ethik*-Übersetzung Grossetestes vorgestellt werden, gemeinsam mit der deutsch-griechischen Übersetzung der *Nikomachischen Ethik* von Franz Dirlmeier.[9]

---

[8] Paul Mercken (Hg.): The Greek Commentaries on the Nicomachean Ethics of Aristotle in the Latin translation of Robert Grosseteste, Bishop of Lincoln († 1253), Bd. 3, Leuven 1991, S. 40–45.

[9] Aristoteles Latinus: Ethica Nicomachea, Translatio Roberti Grosseteste Lincolniensis sive ‚Liber Ethicorum', A. Recensio Pura (wie Anm. 6), S. 298–322; Aristoteles: Nikomachische Ethik (wie Anm. 1), S. 170–193.

Die Ehe als „Freundschaft" von Ungleichen
„Altera autem est amicicie species que secundum superhabundanciam..."

Zum ersten Mal taucht in der *recensio pura* der *translatio lincolniensis* der Nikomachischen Ethik die eheliche Gemeinschaft von Mann und Frau im *Capitulum VII* des achten Buches auf (in Moerbekes überarbeiteter Fassung, der sogenannten *recensio recognita*, ist es das *capitulum V*): In den vorangehenden Kapiteln des achten Buches der Ethik hat sich der Philosoph zuerst über Freundschaft allgemein geäußert und danach eine Gliederung der einzelnen „Freundschaftstypen" nach dem Grund der gegenseitigen Zuneigung der Freunde unternommen. So könne Grund einer Freundschaft sein, dass mir der andere angenehm ist. Man könne auch allein um des Nutzens willen, den man daraus zieht, befreundet sein. Vollkommene Freundschaft sei aber erst eine solche, die um der Tugend willen bestehe. Sie sei nur unter Menschen möglich, die gut, d. h. die tugendhaft sind. Sie umfasse sowohl Angenehmes als auch Nutzen.[10]

Am Ende des sechsten Kapitels sagt Aristoteles, die bisher besprochenen Freundschaften beruhten auf *Gleichheit*. Es gäbe aber, fährt er zu Beginn des nächsten, siebten Kapitels fort, noch eine zweite Kategorie von Freundschaft, nämlich diejenige, die auf der Grundlage eines *Überschusses* bzw. der *Überlegenheit* des einen Partners beruht. In der ersten Hälfte dieses *Capitum VII* stellt Aristoteles zuerst eine grundsätzliche Überlegung zu dieser zweiten Kategorie von Freundschaften an. Er beschreibt die Beschaffenheit dieser Kategorie von Freundschaften und nennt die Beziehungsformen, die unter diese Kategorie fallen. Eine der Freundschaftsformen, die er zu diesen *ungleichen Freundschaften* rechnet, ist die eheliche Gemeinschaft von Mann und Frau—in der *translatio lincolniensis* ist explizit von *vir et uxor* die Rede. Die Gemeinschaft von Mann und Frau ist in dieser Passage freilich nicht Gegenstand einer längeren selbstständigen Betrachtung, sondern vielmehr Teil einer allgemeinen Beschreibung der Freundschaft zwischen ungleichen Partnern. Was hier allgemein über diese Kategorie von Freundschaft ausgesagt wird, gilt aber auch für das Verhältnis von Mann und Frau:

---

[10] Aristoteles Latinus: Ethica Nicomachea, Translatio Roberti Grosseteste Lincolniensis sive ‚Liber Ethicorum', A. Recensio Pura (wie Anm. 6), S. 298–307.

„Altera autem est amicicie species que secundum superhabundanciam (seu superexcellenciam), puta patri ad filium et totaliter seniori ad iuniorem, viroque ad uxorem, et omni imperanti ad imperatum. Differunt autem hee ad invicem. Non enim eadem parentibus ad filios et imperantibus ad imperatos, set neque patri ad filium, et filio ad patrem, neque viro ad uxorem, et uxori ad virum. Altera enim unicuique horum virtus et opus. Altera autem et propter que amant, altere igitur et amaciones et amicicie. Eadem quidem utique neque fiunt utrique ab utroque, neque oportet querere. Cum autem parentibus quidem filii retribuunt que oportet generantibus, parentes autem filiis, que oportet filiis, mansiva talium et epieikes erit amicitia. Analogam autem in omnibus secundum superhabundanciam existentibus amiciciis et amacionem oportet fieri, puta meliorem magis amari quam amare, et utiliorem et aliorum unumquemque similiter. Cum enim secundum dignitatem amacio fiat, tunc fit aliqualiter equalitas, quod utique amicicie esse videtur." (EN VIII 8, 1158b11 – 1158b29)[11]

„Eine andere Art der Freundschaft ist die, welche auf Überlegenheit (des einen Partners) beruht, z. B. des Vaters zum Sohn und allgemein: die des Älteren zum Jüngeren; ferner die des Mannes zur Frau und allgemein: die des Gebieters zum Gehorchenden. Diese Freundschaftsformen sind aber auch untereinander verschieden: das Verhältnis der Eltern zu den Kindern ist nicht dasselbe wie das des Gebieters zum Gehorchenden; auch das des Vaters zum Sohn ist nicht dasselbe wie das des Sohnes zum Vater, und das des Mannes zur Frau nicht dasselbe wie das der Frau zu ihrem Manne. Denn jedem von ihnen eignet ein anderer Wesensvorzug und eine eigene Leistung, auch unterscheiden sie sich durch den Grund ihrer Zuneigung. Folglich unterscheiden sie sich auch durch die Art ihres Liebens und ihrer Freundschaft und selbstverständlich empfängt der eine Partner vom anderen weder die gleiche Leistung noch darf er sie fordern. Wenn aber die Kinder den Eltern den Anteil geben, der ihren Erzeugern gebührt, und die Eltern den Söhnen, was den Kindern gebührt, dann muss die Freundschaft unter solchen Menschen dauerhaft und wohlbestellt sein. Bei allen Freundschaften, die durch das Übergewicht des einen Partners charakterisiert sind, muss auch der Grad der Zuneigung proportional sein, nämlich: der wertvollere Teil muss mehr Zuneigung empfangen als selber schenken und der nützlichere auch, und jeder von den übrigen in der gleichen Weise. Denn wenn die Zuneigung dem anderen entsprechend seiner Würdigkeit entgegengebracht wird, dann entsteht in gewissem Sinne Gleichheit, die ja bekanntlich als Merkmal der Freundschaft gilt." (EN VIII 8, 1158b11 – 1158b29)[12]

---

[11] Aristoteles Latinus: Ethica Nicomachea, Translatio Roberti Grosseteste Lincolniensis sive ‚Liber Ethicorum', A. Recensio Pura (wie Anm. 6), S. 308.
[12] Aristoteles: Nikomachische Ethik (wie Anm. 1), S. 179–180.

Das Verhältnis der Ehepartner als aristokratische Herrschaftsform
„Viri autem et uxoris, aristocraticus videtur…"

Das zweite Mal spricht Aristoteles über die Ehe im *Capitulum X* (nach der Zählung der *translatio licolniensis*) des achten Buches. Der Philosoph zieht hier Vergleiche zwischen den Verfassungsformen im Staat und dem (Herrschafts-)Verhältnis der Mitglieder einer Hausgemeinschaft. Im Staat gäbe es drei Verfassungsformen: das Königtum, die Aristokratie und die Timokratie, oder auch Politie genannt. Das Königtum sei unter ihnen die beste. Es sei die Herrschaft eines Einzigen, allen anderen an sämtlichen Gütern Überlegenen. Die Aristokratie sei eine Herrschaft der „Besten" und beruhe auf der Würdigkeit der Herrschenden. Die Timokratie oder Politie schließlich beruhe auf der Einstufung nach dem Vermögen. Alle drei Verfassungsformen hätten ihnen entgegengesetzte Verfallsformen. Entartung und Gegenstück des Königtums sei die Tyrannis. Vom Königtum unterscheide sie sich dadurch, dass ein König auf das Wohl seiner Untertanen, der Tyrann allein auf seinen eigenen Vorteil schaue. Entartung der Aristokratie sei die Oligarchie. Sie entstehe aus der Verderbtheit der Herrschenden, die die Güter des Staates nicht gemäß der Würdigkeit verteilten, sondern meistens unter einander. Es herrschen nicht die Besten, sondern immer eine und dieselbe kleine Schicht von Schlechten und das Ziel ihrer Herrschaft sei der Reichtum. Die Timokratie schließlich entarte in die sogenannte „Demokratie". Unter Demokratie versteht Aristoteles freilich nicht Demokratie im modernen Sinne des Wortes, sondern das, was man als „Herrschaft des Pöbels" bezeichnen könnte.[13]

Analogien zu diesen drei Herrschaftsformen im Staat finde man auch in dem *Verhältnis* (communicacio), in dem die Mitglieder einer Hausgemeinschaft zueinander stehen: Das Verhältnis des Vaters zum Sohn gleiche der Herrschaft eines Königs. Es könne aber auch in eine Tyrannis verkommen. Eine Tyrannis, weil es allein um das Wohl des Herrn gehe, sei schließlich auch das Verhältnis von Herrn und Sklaven. Das Verhältnis von Brüdern zueinander gleiche einer Timokratie,

---

[13] Aristoteles Latinus: Ethica Nicomachea, Translatio Roberti Grosseteste Lincolniensis sive ‚Liber Ethicorum', A. Recensio Pura (wie Anm. 6), S. 313–314.

da unter ihnen, bis auf den Altersunterschied, Gleichheit herrscht. Ein Haus ohne jegliches Oberhaupt sei eine Demokratie.[14]

Das Verhältnis des Mannes zu seiner Ehefrau in einer Hausgemeinschaft gleiche hingegen einer Aristokratie. Es könne auch zu einer Oligarchie verkommen:

> „Viri autem et uxoris, aristocraticus videtur. Secundum dignitatem enim vir principatur, et circa hec que oportet virum. Quecumque autem uxori congruunt, illi reddit. Omnium autem dominans vir, in oligarchiam transponitur. Preter dignitatem enim ipsum facit et non secundum quod melius. Quando autem principantur uxores heredes existentes, non utique fiunt secundum virtutem principatus, set propter divicias et potenciam, quemadmodum in oligarchis." (EN VIII 12, 1160b33 – 1161a3)[15]

> „Das Verhältnis des Mannes zur Frau hat die Merkmale einer Aristokratie. Denn hier herrscht der Mann gemäß dem (ihm eigentümlichen) Rang, und er herrscht in den Dingen, für die er zuständig ist; was aber in den Bereich der Frau gehört, das überlässt er ihr. Wenn aber der Mann im ganzen Hauswesen Herr sein will, so macht er (aus der Aristokratie) eine Oligarchie, denn sein Tun ist eine Verletzung des natürlichen Rangverhältnisses, und er herrscht nicht kraft seines (natürlichen) Vorranges. Es kommt auch vor, dass die Frau das Regiment führt, weil sie ein reiches Erbe mitgebracht hat, aber dieses Regiment entspricht dann nicht dem charakterlichen Wert, sondern beruht auf Reichtum und Einfluss wie in den Oligarchien." (EN VIII 12, 1160b33 – 1161a3)[16]

Aristoteles hat also Analogien zwischen den Herrschaftsformen im Staat und den verschiedenen Verhältnissen, in denen die Hausmitglieder zueinander stehen, hergestellt. Er hat dabei nur über ihr *Verhältnis* als solches gesprochen. Im folgenden elften Kapitel der *recensio pura* der *translatio lincolniensis* weitet er seinen Vergleich von staatlichen und häuslichen Herrschaftsverhältnissen auch auf die *Art der Beziehung* aus, die in diesen Verhältnissen zutage tritt. Der Art des *Verhältnisses*, in dem die Hausmitglieder zueinander stehen, entspreche auch die Art der *Beziehung*, die in diesen Herrschaftsverhältnissen zu bestehen habe. Sie sei analog zu der Art der Beziehung, die unter Herrschenden und Beherrschten in den verschiedenen Staatsformen bestehe.[17]

---

[14] Aristoteles Latinus: Ethica Nicomachea, Translatio Roberti Grosseteste Lincolniensis sive ‚Liber Ethicorum', A. Recensio Pura (wie Anm. 6), S. 314.

[15] Aristoteles Latinus: Ethica Nicomachea, Translatio Roberti Grosseteste Lincolniensis sive ‚Liber Ethicorum', A. Recensio Pura (wie Anm. 6), S. 314.

[16] Aristoteles: Nikomachische Ethik (wie Anm. 1), S. 185.

[17] Aristoteles Latinus: Ethica Nicomachea, Translatio Roberti Grosseteste Lincolniensis sive ‚Liber Ethicorum', A. Recensio Pura (wie Anm. 6), S. 315–316.

Dies gelte auch für das Verhältnis zwischen Mann und Frau, das dieselben Merkmale wie eine Aristokratie aufweist:

> „Set et viri ad uxorem eadem amicicia, et in aristocratia. Secundum virtutem enim et meliori plus bonum et congruens unicuique. Sic autem et iustum." (EN VIII 13, 1161a22 – 1161a25)[18]

> „Das Freundschaftsverhältnis zwischen Mann und Frau ist dasselbe wie in der Aristokratie: Seine Grundlage ist der persönliche Wert: dem wertvolleren (Partner) wird größerer Gewinn zugeteilt: jedem das für ihn Passende—und so auch das Recht." (EN VIII 13, 1161a22 – 1161a25)[19]

Die Ehe—eine natürliche Beziehung

„Viro autem et uxori amicitia videtur secundum naturam existere…"

Das dritte und letzte Mal geht Aristoteles auf die Ehe am Ende des *capitulum XII* (nach der Zählung der *translatio lincolniensis*) ein. Der Stagirit behandelt hier noch einmal etwas ausführlicher die verschiedenen Beziehungen in einer Hausgemeinschaft, besonders die Beziehung zwischen Mann und Frau. Es handelt sich um die inhaltsreichste Äußerung der *Nikomachischen Ethik* zur Ehe:

> „Viro autem et uxori amicicia videtur secundum naturam existere. Homo enim in natura coniugale magis quam politicum, et quanto prius et necessarium magis domus civitate, et filiorum procreacio communius animalibus. Aliis quidem igitur in tantum communicacio est. Homines autem non solum procreacionis filiorum gracia cohabitant, set et eorum que in vitam. Confestim enim divisa sunt opera et sunt altera viri et uxoris. Sufficiunt igitur ad invicem, ad commune ponentes propria. Propter hec autem et utile esse videtur et delectabile in hac amicicia. Erit autem utique et propter virtutem, si epieikees sint. Est enim utriusque virtus, et gaudebunt utique tali. Coniunccio autem filii videntur esse. Propter quod et cicius steriles dissolvuntur. Filii enim commune bonum ambobus. Continet autem commune." (EN VIII 14, 1162a16 – 1162a29)[20]

> „Die Freundschaft zwischen Mann und Frau ist nach allgemeiner Annahme eine Naturgegebenheit. Denn der Mensch ist von Natur ein Wesen, das eher auf die Gemeinsamkeit zu zweien, als auf die (umfassende) der Polis eingestellt ist, und zwar um so mehr, als die Hausgemeinschaft ursprünglicher als die Polis ist und mehr den Charakter der

---

[18] Aristoteles Latinus: Ethica Nicomachea, Translatio Roberti Grosseteste Lincolniensis sive ‚Liber Ethicorum', A. Recensio Pura (wie Anm. 6), S. 315.
[19] Aristoteles: Nikomachische Ethik (wie Anm. 1), S. 186.
[20] Aristoteles Latinus: Ethica Nicomachea, Translatio Roberti Grosseteste Lincolniensis sive ‚Liber Ethicorum', A. Recensio Pura (wie Anm. 6), S. 318.

Notwendigkeit hat und der Trieb nach Fortpflanzung dem Lebewesen in umfassenderer Weise eingepflanzt ist. Während nun bei den Tieren die Gemeinschaft nur so weit (nämlich bis zur Paarung) reicht, schließen die Menschen nicht nur wegen der Fortpflanzung eine Hausgemeinschaft, sondern auch wegen der Bedürfnisse des täglichen Lebens. Denn von vornherein sind die Aufgaben geteilt: die Arbeit des Mannes ist eine andere als die der Frau. Und so helfen sie sich gegenseitig, indem jedes das Seine zum Ganzen beisteuert. Daher ist bekanntlich auch Nutzen und Lust in dieser Freundschaft zu finden. Sie kann aber auch sittliche Vortrefflichkeit als Fundament haben, wenn beide Partner gut sind. Denn jedes hat seinen Wesensvorzug, und an solchem Verhältnis mögen sie dann ihre Freude haben. Kinder sind, wie die Erfahrung zeigt, ein festes Band. Daher tritt bei Kinderlosen rascher die Entfremdung ein. Kinder sind ja ein gemeinsames Gut für die Eltern: das Gemeinsame aber verbindet." (EN VIII 14, 1162a16 – 1162a29)[21]

Der spätantike Kommentar von Aspasius zum achten Buch der Nikomachischen Ethik *und seine Ergänzung durch Robert Grosseteste*

Zusammen mit der *Nikomachischen Ethik* selbst übersetzte Robert Grosseteste 1246/47 mehrere spätantike und byzantinische Kommentare zu deren verschiedenen Büchern aus dem Griechischen. Die Zusammenstellung als Kommentarsammlung war in der ersten Hälfte des 12. Jahrhunderts in Konstantinopel im Umkreis der byzantinischen Kaisertochter Anna Komnena entstanden. Die Kommentare sind in 22 Abschriften überliefert, jedes Mal gemeinsam mit der Übersetzung der *Nikomachischen Ethik*.[22]

Zum achten Buch der *Ethik* und der hier enthaltenen Beschreibung der Gemeinschaft von Mann und Frau übersetzte Robert Grosseteste den nur lückenhaft überlieferten Kommentar des Aspasius, eines Peripatetikers aus dem ersten nachchristlichen Jahrhundert. Es handelt sich bei diesem Kommentar um eine Textparaphrase mit kleinen philosophischen Exkursen. Aspasius erlangte für mittelalterliche Rezipienten des achten Buches der *Nikomachischen Ethik* bald den Rang einer Autorität, eines *Commentator* (wie für andere aristotelische Werke Averroes). Sein Kommentar wird die Art, wie mittelalterliche Kommentatoren

---

[21] Aristoteles: Nikomachische Ethik (wie Anm. 1), S. 188–189.
[22] Paul Mercken (Hg.): The Greek Commentaries on the Nicomachean Ethics, Bd. 1 (wie Anm. 5), S. 3–29, Bd. 3 (wie Anm. 8), S. 3–34.

dieses Buch der *Nikomachischen Ethik* verstehen und auslegen werden, maßgeblich beeinflussen.[23]

Keiner der mittelalterlichen Rezipienten des antiken Kommentars ahnte dabei allerdings, was erst Paul Mercken im letzten Viertel des 20. Jahrhunderts entdeckt hat: In Aspasius' Auslegung verbirgt sich zugleich der erste „Kommentar" zur *Nikomachischen Ethik* des lateinischen Mittelalters. Sein Verfasser ist Robert Grosseteste selbst: Der Übersetzer des lückenhaften antiken Kommentars hat, ohne darauf hinzuweisen, die besonders gegen Ende des Kommentars immer häufigeren Lücken in Aspasius' Auslegung durch *eigene* Texterläuterungen ergänzt.[24]

Grossetestes Vervollständigung des aspasischen Kommentars ist jüngst von James McEvoy untersucht worden: Der Bischof von Lincoln sei zwar offensichtlich bemüht gewesen, die unkommentiert gebliebenen Teile des achten Buches der *Ethik* aus dem aristotelischen Text heraus zu verstehen und die Lücken im aspasischen Kommentar im Sinne des antiken Kommentators zu füllen. Zugleich aber habe er stellenweise Erläuterungen hinzugefügt, in denen klar die theologisch-pastoralen Denkmuster des englischen Bischofs zu Tage treten.[25]

Auch Aspasius' Kommentierung der Passagen über die Ehe war lückenhaft. Ein vollständiger Kommentar lag Grosseteste nur für die erste Passage zur Ehe vor, für jene also, in der Aristoteles die Ehe als eine Beziehung zweier ungleicher Partner beschreibt. („*Altera autem est amicicie species que secundum superhabundanciam...*").[26] Die zweite Textstelle, in der die Ehe als ein aristokratisches Herrschaftsverhältnis beschrieben wird, musste der englische Bischof hingegen allein kommentieren.[27]

---

[23] Paul Mercken (Hg.): The Greek Commentaries on the Nicomachean Ethics, Bd. 13 (wie Anm. 8), S. 27–33 (über Aspasius) und S. 103–195 (Text); Merckens Edition des Kommentars des Aspasius ersetzt die frühere Edition von Wilfried Stinissen (Hg.): Aristoteles over de vriendschap. Boeken VIII en IX van de Nicomachische Etiek met de commentaren van Aspasius Michael in de Latijnse vertaling van Grosseteste, Brussel 1963; zu Aspasius' *Ethik*-Kommentar siehe Antonina Alberti / Robert Sharples (Hgg.): Aspasius: The earliest extant commentary on Aristotle's *Ethics*, Berlin–New York 1999.

[24] Paul Mercken (Hg.): The Greek Commentaries on the Nicomachean Ethics of Aristotle, Bd. I (wie Anm. 5), S. 58–64.

[25] James McEvoy: Grosseteste's Reflections on Aristotelian Friendship: A ‚new' commentary on Nicomachean Ethics VIII,8–14. In: Idem.: Robert Grosseteste: new perspectives on his thought and scholarship, Turnhout 1995, S. 151–168.

[26] siehe oben, S. 45–46.

[27] siehe oben, S. 47–49.

Für die letzte Textstelle, die Passage „*Viro autem et uxori amicicia videtur secundum naturam existere...*",[28] lag ihm von Aspasius' Kommentar lediglich ein Bruchstück vor, das er durch einen eigenen Kommentar ergänzte. Das, was mittelalterliche Rezipienten des spätantiken Kommentars für eine Interpretation von Aspasius hielten, waren also im Falle der Passagen über die Ehe in Wirklichkeit zumeist Gedanken Robert Grossetestes.

Für den Zweck unserer Untersuchung ist es hinreichend, wenn allein der von Grosseteste ergänzte Kommentar des Aspasius zu dieser letzten Ehe-Passage vorgestellt wird („*Viro autem et uxori amicicia videtur secundum naturam existere...*"). Hat nämlich der Bischof von Lincoln Aristoteles' Ausführungen über die Ehe als eine Aristokratie lediglich paraphrasiert, so geht er bei der Kommentierung der Passage „*Viro autem et uxori amicicia videtur secundum naturam existere...*" inhaltlich recht weit über die aristotelische Textgrundlagen hinaus. In seinen Ausführungen zum Thema Ehe tritt der durch die frühscholastisch-augustinische Ehelehre geprägte Theologe klar hervor.

Um die Anteile des Aspasius und Robert Grossetestes deutlich voneinander abzuheben, werden die Teile des Kommentars zur Passage „*Viro autem et uxori amicicia videtur secundum naturam existere...*", die von Aspasius stammen, in Kapitälchen wiedergegeben, diejenigen von Robert Grosseteste in Normalschrift. Beide Kommentatoren gehen vielfach paraphrasierend vor und bauen einzelne Worte der aristotelischen Textgrundlage in ihre(n) Kommentar(e) ein. Die Worte, die dabei von ihnen dem aristotelischen Text entnommen werden, werden *kursiv* wiedergegeben. Da es keine deutsche Übersetzung zum Kommentar des Aspasius/Grosseteste gibt, wird hier der Text neu aus dem Lateinischen übersetzt:

> „Non solum *autem* cognativa amicitia videtur esse naturalis, sed et *amicitia* quae est *viro et uxori videtur secundum naturam existere*. *Homo* namque *natura magis* est *coniugale* quam sit *politicum*; politicum autem est homo natura, quia animal naturaliter communicativum; ergo natura coniugale. ET TANTO MAGIS EST HOMO NATURALITER CONIUGALE QUAM POLITICUM, *QUANTO DOMUS*, IDEST FAMILIA, QUAE EST EX FILIORUM PROCREATIONE, *PRIUS* EST *ET MAGIS NECESSARIUM CIVITATE*. NON POTEST ENIM CIVITAS CONSTITUI NON FACTA DOMO PER FILIORUM PROCREATIONEM, NEQUE VITA HUMANA NEQUE AMICITIA FIET NON GENITIS DILECTISSIMIS FILIIS. Preterea, tanto magis natura est homo coniugale quam politicum, quanto *filiorum procreatio communius* est omnibus *animalibus*. Omnia enim animalia natura

---

[28] siehe oben, S. 49–50.

filios procreant; non tamen natura politica sunt, quia nec etiam communicativa eorum plurima, praeterquam in filiorum procreatione. *Aliis quidem igitur* animalibus, in quantum animalia sunt *in tantum*, id est in filiorum procreationem, *est communicatio. Homines vero non solum procreationis filiorum gratia cohabitant* coniugaliter, *sed et* gratia *eorum quae* conferunt *in vitam* hanc et huius vitae necessitatem. *Confestim enim* postquam convenerunt vir et uxor, habent *opera divisa, et sunt altera* opera *viri* propria *et* altera *uxoris*; referunt tamen utrique *propria* opera *ad* communem ipsorum utilitatem, et per hoc *sufficiunt* sibi ipsi *ad invicem*. Non enim ad invicem sufficerent, nisi *propria ad commune* ponerent. Est igitur haec amicitia naturalis, propter bonum naturale existens, quod est filiorum procreatio. Nec potest esse commixtio maris et feminae penitus carens culpa, nisi que cointendit prolis procreationem. Et cum homo sit animal rationale, ratio autem non perversa intendit optimum, non solum intendit generans homo procreare prolem, sed et procreatam educare et educando provehere usque ad perfectionem, non solum in bonis corporis, sed et in bonis animae, quae sunt virtutes et scientiae. Non est autem solus vir generans neque sola mulier, sed ambo simul sunt unum generans. Oportet igitur quod ambo simul intendant una communi intentione prolis procreationem et educationem et provectionem usque ad perfectum. Oportet igitur quod antequam conveniant, mutuo sibi consenserint in vitam individuam ad prolis procreationem et usque ad perfectum provectionem. Non enim esse potest rationalis generantis intentio recta, nisi utrique generantium in vitam consenserint individuam. Cum igitur finis naturalis virtutis generativae et actus generandi in homine sit proles, perfecta utraque perfectione, et salus speciei non solum in esse primo sed et in esse secundo, quod est vera hominis consummatio, hunc finem autem non possunt intendere communi intentione vir et mulier generantes—qui magis sunt unum generans—, nisi matrimonialiter copulentur, et quod non recto fine fit peccatum est, patet et quod matrimonium est naturale et quod omnis commixtio extra matrimonium peccatum est et transgreditur legem naturae. *In hac* igitur *amicitia* naturali quae, ut iam patet, est propter bonum naturale et magnum bonum, consequitur etiam *utile et delectabile*. Delectabiles enim ad invicem sunt vir et mulier secundum legem matrimonialem conviventes, et multum, ut ex praedictis patet, ad invicem utiles. Licet autem haec amicitia sit naturalis, non excludit tamen, quin sit inter virum et uxorem amicitia propter bonum virtutis, qualis est inter duos amicos, qui sese ad invicem diligunt quia utrique boni. Propter hoc subiungit: *Erit autem utique et propter virtutem* amicitia, scilicet inter virum et uxorem, *si* ambo *sint epieikees*. *Est enim*, id est nihil esse prohibet, *utriusque* ipsorum *virtus* vera et utrique *gaudebunt* de *tali*, scilicet virtute seu virtuoso, et sic tenebunt ad invicem amicitiam, que est propter solam virtutem. Similiter et omnis amicitia naturalis potest habere comitem veram amicitiam moralem, quae est propter virtutem et bonum. Illam autem amicitiam naturalem de qua praedictum est, augentur filii si procreentur. Unde addit: *Coniunctio autem*, id est firmior nexus, amicitiae coniugalis *filii videntur esse. Propter quod et steriles citius dissolvuntur*, coniugali amicitia minus existente firma. *Filii namque sunt commune bonum ambobus. Commune autem continet* et coniungit communicantia ipso."[29]

„Nicht allein die auf Verwandtschaft beruhende Freundschaft scheint natürlich zu sein, sondern auch die Freundschaft des Ehemannes und der Ehefrau ist offenbar in der Natur begründet. Der Mensch ist nämlich mehr ein auf die eheliche als auf die staatliche Gemeinschaft hingeordnetes Wesen. Auf den Staat hingeordnet ist aber der Mensch von Natur her, weil er seiner Natur nach ein gemeinschaftliches Lebewesen ist. Folglich ist er auch natürlicherweise auf die eheliche Gemeinschaft hingeordnet. Und der Mensch ist deshalb noch mehr auf die Ehe als auf den Staat hingeordnet, weil das Haus, dass heißt die Familie, die aus der Erzeugung von Kindern entsteht, dem Staat vorangeht und notwendiger ist als dieser. Ohne die Entstehung eines Hauses durch die Zeugung von Kindern kann nämlich wederein Staat entstehen, noch wird es ein wahrlich menschliches Leben und Freundschaft ohne die Geburt geliebter Kinder geben. Der Mensch ist auch deshalb mehr auf die Ehe als auf den Staat hingeordnet, weil die Zeugung von Nachkommen allen Lebewesen gemeinsam ist. Alle Lebewesen zeugen nämlich natürlicherweise Nachkommen, nicht alle sind aber von Natur aus auf den Staat hingeordnet, weil die meisten von ihnen, abgesehen vom Akt der Kinderzeugung, gar keine Gemeinschaft eingehen. So beschränkt sich etwa bei Tieren die Gemeinschaft allein auf die Kinderzeugung. Die Menschen aber leben nicht nur der Zeugung von Nachkommen wegen in einer Ehe zusammen, sondern auch wegen all dem, was jeder von ihnen zum (gemeinsamen) Leben und den Notwendigkeiten des Lebens beisteuert. Der Ehemann und die Ehefrau, die sich (zu einer Lebensgemeinschaft) zusammengeschlossen haben, haben nämlich verschiedene Aufgaben. Andere sind die Aufgaben des Ehemanns, andere die der Ehefrau. Allerdings legen sie ihre jeweilige Leistung zum gemeinsamen Nutzen zusammen und genügen so einander. Sie könnten gemeinsam keine Autarkie erlangen, wenn sie ihre jeweiligen Leistungen nicht zusammenlegen würden. Diese Freundschaft ist daher natürlich und besteht wegen des natürlichen Guts der Zeugung von Kindern. Auch kann die geschlechtliche Vereinigung von Mann und Frau nicht gänzlich ohne Schuld sein, nur eine solche, die die Zeugung von Kindern mitbeabsichtigt. Und da der Mensch ein vernünftiges Lebewesen ist und die unverkommene Vernunft das Beste anstrebt, beabsichtigt der Mensch im Zeugungsakt nicht nur Kinder zu zeugen, sondern sie, sobald sie geboren sind, auch zu erziehen und sie so bis zur Vollkommenheit zu bringen, und zwar nicht nur zur Vollkommenheit in körperlichen Gütern, sondern auch in seelischen, die aus Tugenden und Wissen bestehen. Außerdem ist es nicht etwa so, dass

---

[29] Paul Mercken (Hg.): The Greek Commentaries on the Nicomachean Ethics of Aristotle, Bd. 3 (wie Anm. 8), S. 182–184.

nur der Mann oder nur die Frau zeugen würden, sondern beide zeugen gemeinsam. Es ist daher erforderlich, dass beide gemeinsam in gemeinsamer Absicht die Zeugung und Erziehung des Kindes bis hin zu seiner Vollkommenheit anstreben. Deshalb ist es notwendig, dass sie, bevor sie eine Geschlechtsgemeinschaft eingehen, gemeinsam einem unauflösbaren, gemeinsamen Leben zustimmen, das auf die Zeugung und Erziehung von Kindern bis zu deren vollkommenem Zustand hingeordnet ist. Das Streben des vernunftgemäß Zeugenden kann nämlich nicht rechtschaffen sein, solange beide Erzeuger nicht einem untrennbaren Zusammenleben zugestimmt haben. Das Ziel der natürlichen Zeugungskraft und des Zeugungsaktes sind also Kinder, die beiderlei [d.h. leibliche und seelische] Vollkommenheit erlangen sollen, da das Wohl der Art nicht nur im ersten, sondern auch im zweiten Sein besteht, das die wahre menschliche Vollendung darstellt.[30] Dieses Ziel aber können der Mann und die Frau als Zeugende (sie sind ja vielmehr ein einziger Zeugender) nur dann gemeinsam und einmütig anstreben, wenn sie sich in der Ehe vereinigen. Und alles, was nicht für ein rechtschaffenes Ziel geschieht, ist Sünde. Es ist daher ersichtlich, dass die Ehe natürlich ist und dass jeglicher außereheliche Geschlechtsverkehr Sünde ist und das Naturgesetz verletzt. Aus dieser natürlichen Freundschaft, die, wie nun klar ist, um eines natürlichen Gutes, und zwar eines großen Gutes willen besteht, entsteht auch Nutzen und Angenehmes. Der Mann und die Frau, die miteinander nach dem Gesetz der Ehe zusammenleben, sind einander angenehm, und, wie aus dem Gesagten hervorgeht, sehr nützlich. Wenngleich diese Freundschaft eine Naturgegebenheit ist, so schließt dies nicht aus, dass die Freundschaft zwischen Ehemann und Ehefrau auch um der Tugend willen besteht, wie dies unter zwei Freunden der Fall ist, die einander lieben, weil beide gut sind. Deshalb fügt er hinzu: Die Freundschaft zwischen Ehemann und Ehefrau wird auch um der Tugend willen bestehen, wenn beide tugendhaft sind. Nichts verbietet nämlich, dass beide wahre Tugend entwickeln und sich beide an der Tugend des Anderen, bzw. sich an ihm selbst als einem tugendhaften Menschen erfreuen. Ähnlich kann jede natürliche Freundschaft mit einer ethischen Freundschaft, die um der Tugend und des Guten willen besteht, einhergehen. Diese natürliche Freundschaft, von der soeben die Rede war, wird durch Kinder vermehrt, sofern sie gezeugt werden. Deshalb fügt er hinzu, die Bindung aber, d.h. ein stärkeres Band, der ehelichen Freundschaft scheinen Kinder zu sein. Daher trennen sich auch die Kinderlosen schneller. Ihre eheliche Freundschaft ist weniger fest. Kinder sind ein gemeinsames Gut beider. Was aber gemeinsam ist, hält zusammen und verbindet die, die daran teilhaben."[31]

---

[30] mit „erstem Sein" ist hier das Leben als solches gemeint, mit „zweitem Sein" das „gute" Leben, d.h. körperliche und seelische Vollendung des Menschen.
[31] eigene Übersetzung.

KAPITEL 6

URSPRUNG DES STAATES: DIE EHE IN WILHELM VON MOERBEKES ÜBERSETZUNG DER *POLITIK*

Etwa ein Jahrzehnt nach der vollständigen Übersetzung der *Nikomachischen Ethik* wird mit der *Politik* der mittelalterlichen Gelehrtenwelt ein weiteres Werk des Stagiriten, in dem die Gemeinschaft von Mann und Frau behandelt wird, zugänglich. Um 1260 übersetzt Wilhelm von Moerbeke zunächst das erste und einen Teil des zweiten Buches der *Politica* ins Lateinische. Einige Jahre später, um 1265, ersetzt er seine *translatio imperfecta* durch eine neue, diesmal vollständige Übersetzung des Traktats: Diese *translatio completa* des flämischen Dominikaners wird bis zur Renaissance *littera communis*.[1]

In der modernen Forschung ist die Frage der Datierung und Autorschaft der Übersetzungen zuletzt maßgeblich von Christoph Flüeler behandelt worden, auf dessen Forschungsergebnisse wir uns hier stützen:[2] Während es an der Zuschreibung der *translatio completa* an Wilhelm von Moerbeke nie Zweifel gegeben hat, gilt seine Verfasserschaft der *translatio imperfecta* erst seit einigen Jahren als weitgehend gesichert. Hatte noch Pierre Michaud-Quantin, als Herausgeber der *translatio imperfecta* eine Zuschreibung der *translatio imperfecta* an den flämischen Dominikaner zunächst nur als These aufgestellt, konnte diese in der Zwischenzeit durch die philologischen Untersuchungen von Fernand

---

[1] Kritische Editon der *translatio imperfecta*: Aristoteles latinus: Politica. Libri I–II,11 Translatio prior imperfecta interprete Guillelmo de Moerbeka(?), hg. v. Pierre Michaud-Quantin, Bruges–Paris 1961; Kritische Editonen der *translatio completa*: Aristoteles: Politicorum libri octo cum vetusta translatione Guilemi de Moerbeka, Hg. v. Franz Susemihl, Leipzig 1872. Eine neue Teiledition der *translatio completa* hat Louis-Jacques Bataillon für seine kritische Editon des *Politik*-Kommentars des Thomas von Aquin erstellt. Es handelt sich um eine kritische Rekonstruktion der Kommentarvorlage des unvollständigen Politik-Kommentars des Thomas von Aquin: Thomas de Aquino, Sententia libri Politicorum, cura et studio fratrum praedicatorum (Sancti Thomae de Aquino Opera omnia, Bd. 48a), Rom 1971. Allerdings bricht diese Edition bei Pol III.8 (1280 a 6) ab, dort also, wo der Kommentar des Thomas aufhört.
[2] Christoph Flüeler, Rezeption und Interpretation der aristotelischen *Politica* im späten Mittelalter. Bd. 1, Amsterdam–Philadelphia 1992, S. 15–29.

Bossier erhärtet werden.[3] Was die Entstehungszeit der beiden Übersetzungen angeht, so kann die Übersetzung der *translatio imperfecta* mit Christoph Flüeler und Fernand Bossier um das Jahr 1260 angesetzt werden.[4] Das bisher angenommene Entstehungsdatum der *translatio completa*, um 1260, wird von Flüeler aufgrund von rezeptionsgeschichtlichen Argumenten revidiert und in die Zeit vor 1267/8 verschoben. Diese spätere Datierung stützen auch die philologischen Untersuchungen von Bossier, der auf die erste Hälfte von 1265 als Entstehungszeit der *translatio completa* schließt.[5]

Aristoteles' *Politik* ist eine aus acht „Büchern" bestehende Untersuchung, vielmehr eigentlich eine Serie von Untersuchungen über den Staat und das Staatswesen. Er beschäftigt sich in ihr mit einer Reihe von Themen, unter denen die Analyse der verschiedenen Staatsverfassungen den größten Raum einnimmt (Bücher 2–6) neben Themen wie die Entstehung des Staates (Buch 1), das Haus- und das Erwerbswesen (Buch 1), die optimale Beschaffenheit des Staates und seine Gesetze (Buch 7), Kinder- und Jugenderziehung (Buch 7 und 8).

Die Gemeinschaft von Mann und Frau wird von Aristoteles unter verschiedenen Aspekten an mehreren Stellen im ersten Buch, und dann noch einmal im zweiten und im siebten Buch thematisiert. Gemäß dem Charakter der *Politik* als einer staatstheoretischen Schrift geschieht dies immer im Hinblick auf den Staat.

---

[3] Aristoteles latinus: Politica. Libri I–II,11 Translatio prior imperfecta interprete Guillelmo de Moerbeka(?) (wie Anm. 1), S. XII–XIV; Jozef Brams und W. Vanhamel: Guillaume de Moerbeke. Recueil d'études à l'occasion du 700e anniversaire de sa mort (1286), Leuven 1989. Hier besonders: Fernand Bossier, Méthode de traduction et problèmes de chronologie, S. 257–294. Cfr. Flüeler, Rezeption und Interpretation (wie Anm. 2), S. 15, n. 46.

[4] Flüeler: Rezeption und Interpretation (wie Anm. 2), S. 16–23; Bossier: Méthode de traduction et problèmes de chronologie. In: Brams/Vanhamel: Guillaume de Moerbeke (wie Anm. 2), cfr. Flüeler, Rezeption und Interpretation, S. 27–28, S. 28 n. 104. Christoph Flüeler versucht zwar die ungefähre Datierung Bossiers „um 1260" weiter zu präzisieren und den Entstehungszeitraum der *translatio imperfecta* auf die Jahre 1255–1261 festzulegen. Vgl. hierzu allerdings die kritische Stellungnahme von René-Antoine Gauthier: Saint Thomas d'Aquin. Somme contre les gentils, Paris 1993, S. 89, n. 43bis, der darauf aufmerksam macht, dass Flüelers rezeptionsgeschichtliche Argumentation hier auf der zweifelhaften Chronologie der Werke Alberts des Großen von F. Pelster beruht. Wir gehen daher sicher, wenn wir bei der ungefähren Datierung der *translatio imperfecta* „um 1260" bleiben.

[5] Flüeler, Rezeption und Interpretation (wie Anm. 2), S. 16, 23–27; Bossier, Méthode de traduction et problèmes de chronologie. In: Brams/Vanhamel: Guillaume de Moerbeke (wie Anm. 3), cfr. Flüeler, Rezeption und Interpretation (wie Anm. 2), S. 28–29, n. 104.

Die folgende Vorstellung der Texte zur Ehe in der *Politik* beruht auf Moerbekes *translatio completa*. Sie werden hier nach der Gesamtedition der *translatio completa* von Franz Susemihl wiedergegeben. Was die deutsche Übersetzung angeht, so wird die neue deutsche Übersetzung der *Politik* aus dem Griechischen von Eckart Schütrumpf verwendet. Die *translatio imperfecta* hat im Mittelalter vermutlich keinen Einfluß ausgeübt und kann deshalb ausgeklammert werden.[6]

Die Verbindung von Mann und Frau als
Ursprung der Haus—und Staatsgemeinschaft

„*Necesse itaque primum combinari since invicem non possibiles esse…*"

Das erste Mal spricht Aristoteles über die Gemeinschaft von Mann und Frau im *Capitulum I* des ersten Buches. Aristoteles beginnt dieses Kapitel zunächst mit einigen allgemeinen Überlegungen über den Staat. Weiter unten untersucht er die Frage der Genese des Staates. Er fragt: Wie und aus welchen Teilen *entsteht* ein Staat. Und gerade im Kontext dieser Untersuchung der Entstehung des Staates kommt er zum ersten Mal auf die Gemeinschaft von Mann und Frau zu sprechen, die er hier zunächst nur als Geschlechtsgemeinschaft thematisiert. Den Ursprung des Staates bildeten zwei Gemeinschaften: Die von Mann und Frau und die Gemeinschaft von Herrn und Sklaven. Aus beiden entstehe zuerst die Hausgemeinschaft, aus dieser dann das Dorf und schließlich der Staat. Diese zwei Verbindungen, die des Mannes zur Frau und die des Herrn zum Sklaven seien strikt auseinander zu halten, weil die Frau und der Sklave eine je unterschiedliche Bestimmung hätten. Frauen und Sklaven nähmen höchstens bei den Barbaren denselben Rang ein, nicht aber bei den Griechen:[7]

> „Necesse itaque primum combinari sine invicem non possibiles esse, puta feminam et masculum generationis gratia (et hoc non ex electione, sed sicut in aliis animalibus et plantis naturale appetere quale ipsum tale derelinquere alterum), principans autem et subiectum natura propter salutem (quod quidem enim potest mente praevidere, principans natura

---

[6] Aristoteles: Politicorum libri octo cum vetusta translatione Guilelmi de Moerbeka (wie Anm. 1); Aristoteles: Politik. Übersetzt und eingeleitet von Eckart Schütrumpf (Aristoteles. Werke in deutscher Übersetzung, 9), Bd. 1: Pol I, Berlin 1991, Bd. 2: Pol II und III, Berlin 1991, Bd. 3: Pol IV–VI, Berlin 1996; Bd. 4: Pol VII–VIII, Berlin 2005.
[7] Aristoteles: Politicorum libri octo cum vetusta translatione Guilelmi de Moerbeka (wie Anm. 1), S. 1–3.

et dominans natura, quod autem potest haec corpore facere, subiectum et natura servum: propter quod domino et servo idem expedit). natura quidem igitur distinguuntur femina et servum (nihil enim natura facit tale quale aeris figuratores Delphicum gladium paupere, sed unum ad unum: sic enim utique perficiet optime organorum unumquodque, non multis operibus, sed uni serviens): inter barbaros autem femina et servum eundem habent ordinem. caussa autem, quia natura principans non habent, sed fit communicatio ipsorum servae et servi: propter quod dicunt poetae ‚barbaris quidem Graecos principari congrue', tamquam sit idem natura barbarum et servum. ex hiis quidem igitur duabus communitatibus domus prima, et recte Hesiodus dixit poetizans: ‚domum quidem praeminenter mulieremque et bovem aratorem', bos enim pro ministro pauperibus est. in omnem quidem igitur diem constituta communitas secundum naturam domus est, quos Charondas quidem vocat homosipyios, Epimenides autem okres homokapnos." (Pol I 2, 1252a26 – 1252b15)[8]

„Zuallererst müssen diejenigen sich als Paar zusammenschließen, die nicht ohne einander leben können, das Weibliche und das Männliche zum Zwecke der Fortpflanzung—sie tun dies nicht aus freier Entscheidung, sondern von Natur ist (ihnen), wie auch den anderen Lebewesen und den Pflanzen, das Verlangen gegeben, ein weiteres Wesen ihresgleichen zu hinterlassen. Aber auch, was von Natur herrscht und beherrscht wird, muss sich zu seiner Erhaltung zusammenschließen; denn was mit dem Verstand weitblickend fürsorgen kann, herrscht von Natur, es gebietet despotisch von Natur, was aber mit dem Körper arbeiten kann, ist beherrscht, ist von Natur Sklave. Deswegen nützt ein und dasselbe dem Herrn und dem Sklaven. Von Natur sind jedenfalls Frau und Sklave unterschieden; denn die Natur geht nicht sparsam vor und stellt nichts von der Art her wie die Schmiede das (vielfältig verwendbare) Delphische Messer, sondern jeweils einen Gegenstand für jeweils einen Zweck. Denn jedes Werkzeug wird dann die höchste Vollendung erhalten, wenn es nicht vielen Aufgaben, sondern einer einzigen zu dienen hat. Bei den Barbaren nehmen dagegen Frau und Sklave den gleichen Rang ein. Der Grund dafür ist folgender: Sie besitzen nicht das, was von Natur die Herrschaft ausübt, sondern bei ihnen wird die eheliche Gemeinschaft zwischen Sklavin und Sklaven geschlossen. Deswegen sagen die Dichter: ‚Es ist wohlbegründet, dass Hellenen über Barbaren herrschen', da Barbar und Sklave von Natur dasselbe ist. Aus diesen beiden Verbindungen entsteht erstmals der Haushalt, und zutreffend bemerkt Hesiod in seinem Dichterwerk: ‚Zuallererst das Haus, Frau und Pflugstier', denn der Stier vertritt bei den Armen den Sklaven. Die Gemeinschaft, die in Übereinstimmung mit der Natur zur Befriedigung der Alltagsbedürfnisse gebildet ist, ist der Haushalt, Personen,

---

[8] Aristoteles: Politicorum libri octo cum vetusta translatione Guilelmi de Moerbeka (wie Anm. 1), S. 3–5.

die Charondas „um den gleichen Brotkorb vereint", der Kreter Epimenides aber „um dieselbe Krippe vereint" nennt." (Pol I 2, 1252a26 – 1252b15)[9]

Die Ehepartner als Teile einer Hausgemeinschaft
„Quoniam autem manifestum, ex quibus partibus civitas constat..."

Das zweite Mal kommt Aristoteles auf die Ehe zu Beginn des *Capitulum secundum* des ersten Buches zu sprechen. Der Stagirit hat sich im ersten und zweiten Kapitel grundsätzlich über den Staat geäußert und skizziert, wie dieser entsteht. Mit dem dritten Kapitel beginnt eine detaillierte Betrachtung des Hauswesens und der Hausverwaltung (*Yconomia*). Der Staat, so Aristoteles' Gedankengang, setze sich ja schließlich aus Häusern zusammen und so müsse zuerst über das Hauswesen gehandelt werden. Aristoteles leitet seine Abhandlung über das Haus zunächst kurz ein. Ähnlich wie in der *Nikomachischen Ethik* sagt er, dass das Haus aus drei Gemeinschaften bestehe: der Gemeinschaft von Herrn und Sklaven, von Ehemann und Ehefrau sowie von Vater und Kindern. Diese drei Teile des Hauses sollen in den weiteren Ausführungen behandelt werden. Daneben gehöre zur Abhandlung über das Haus noch eine Abhandlung über das Erwerbswesen:

> „quoniam autem manifestum, ex quibus partibus civitas constat, necessarium primum de yconomia dicere: omnis enim componitur civitas ex domibus. domus autem partes, ex quibus rursum domus instituta est, domus autem perfecta ex servis et liberis. quoniam autem in minimis primum unumquodque querendum, primae autem et minimae partes domus dominus et seruus, et maritus et uxor, et pater et filii, de tribus hiis considerandum utique erit, quid unumquodque et quale oportet esse. haec autem sunt despotica et nuptialis (innominata enim feminae et viri coniugatio) et tertium teknofactiva (et enim haec non est nominata proprio nomine). sint autem hae tres quas diximus. est autem quedam pars, quae videtur hiis quidem esse yconomia, hiis autem maxima pars ipsius: quomodo autem se habet, considerandum. dico autem de vocata chrematistica." (Pol I 3, 1253b1 – 1253b14)[10]

---

[9] Aristoteles: Politik. Buch I. Übersetzt und eingeleitet von Eckart Schütrumpf, Bd. 1 (wie Anm. 6), S. 12.

[10] Aristoteles: Politicorum libri octo cum vetusta translatione Guilelmi de Moerbeka (wie Anm. 1), S. 11–12.

„Da nun klar ist, aus welchen Teilen der staatliche Verband gebildet ist, ist es notwendig, zuerst die Führung eines Haushalts zu behandeln, denn jeder Staat besteht aus Haushalten. Die Teilbereiche der Führung eines Haushalts entsprechen den Teilen, aus denen der Haushalt seinerseits besteht: ein vollständiger Haushalt wird aus Sklaven und Freien gebildet. Da man nun einen jeden Gegenstand zuerst in seinen kleinsten Einheiten untersuchen muss, die ersten und kleinsten Teile des Haushalts aber Herr und Sklave, Ehemann und Ehefrau, Vater und Kinder sind, muss unsere Untersuchung das Wesen und die richtige Beschaffenheit dieser drei (Verhältnisse) klären, gemeint sind das despotische Verhältnis, zweitens das durch Heirat begründete—denn für die Verbindung von Frau und Mann haben wir keine besondere Bezeichnung—und drittens das beim Aufziehen von Kindern—denn auch dies hat keinen eigenen Namen. Es sollen also diese drei (Verhältnisse), die wir genannt haben, sein. Es gibt aber noch einen Bereich, der manchen als die Führung eines Haushalts selber gilt, anderen dagegen als deren wichtigster Teil, ich meine die sogenannte Kunst, sich Besitz zu verschaffen. Welche Auffassung zutrifft, muss untersucht werden." (Pol I 3, 1253b1 – 1253b14)[11]

Die Ehe als ein „politisches" Herrschaftsverhältnis

„Quoniam autem tres partes yconomicae erant..."

Erst gegen Ende des ersten Buches der *Politik*, im *Capitulum decimum*, kommt der Stagirit ein weiteres Mal auf die Ehe zu sprechen. Aristoteles hat zu Beginn des dritten Kapitels seine Abhandlung mit Überlegungen über die Hausgemeinschaft und deren einzelne Teile—Herr/Sklave, Ehemann/Ehefrau, Eltern/Kinder, (Erwerbwesen)—eingeleitet. Vom dritten bis zum elften Kapitel folgt dann eine ausführliche Untersuchung der Sklaverei und des Erwerbswesens. Im darauf folgenden zehnten Kapitel wendet er sich noch kurz dem zweiten und dem dritten Teil der Hausgemeinschaft, dem Verhältnis von Ehemann und Ehefrau, sowie dem von Vater und Kind zu. Ähnlich wie in der *Nikomachischen Ethik* zieht auch hier Aristoteles Parallelen zwische den Verhältnissen in einer Hausgemeinschaft und Herrschaftsformen in einem Staat. Interessanterweise, und hier liegt der Unterschied zur *Nikomachischen Ethik*, vergleicht er die (Herrschafts-) Beziehung von Mann und Frau mit einer anderen staatlichen Herrschaftsform, als er dies dort getan hat. In der *Nikomachischen Ethik* hatte er die Beziehung von Mann

---

[11] Aristoteles: Politik. Buch I. Übersetzt und eingeleitet von Eckart Schütrumpf, Bd. 1 (wie Anm. 6), S. 14–15.

und Frau mit einer Aristokratie verglichen, d. h. mit einer Herrschaft auf der Grundlage des Wertes, bei der eine Gruppe von Freien aufgrund ihres Wertes ständig über andere Freie herrscht. In der *Politik* vergleicht er die Beziehung zwischen Mann und Frau mit seiner dritten Herrschaftsform, mit einer Politie, d. h. mit einer Wechselherrschaft von gleichrangigen vermögenden freien Bürgern:

> „quoniam autem tres partes yconomicae erant, una quidem despotica, de qua dictum est prius, una autem paterna, tertia autem nuptialis: et enim mulieri praeesse et natis tamquam liberis quidem ambobus, non eodem autem modo principatus, sed mulieri quidem politice, natis autem regaliter: Masculus enim natura femella principalior, nisi aliqualiter constet praeter naturam, et senius et perfectum iuniore et imperfecto. in politicis quidem igitur principatibus plurimis transmutatur principans et subiectum (ex aequali enim vult esse secundum naturam et differe nichil), at tamen, cum hoc quidem dominetur, hoc autem subiciatur, quaerit differentiam esse et figuris et sermonibus et honoribus, quemadmodum Amasis dixit de pedum lotore sermonem: masculus autem semper ad femellam hoc se habet modo". (Pol I 12, 1259a37 – 1259b10)[12]

> „Es gibt, wie wir festgestellt haben, drei Teilbereiche der Leitung eines Haushaltes. Einer ist die despotische Herrschaft, die vorher behandelt wurde, ein (weiterer) die väterliche, ein dritter die eheliche; denn (der Hausherr) gebietet auch über die Gattin und die Kinder—über beide als Freie, jedoch nicht in derselben Herrschaftsweise, sondern über die Gattin, wie man unter Bürgern herrscht, über die Kinder dagegen wie ein König. Denn von Natur hat das Männliche eher die Führung als das Weibliche—wenn sie nicht eine naturwidrige Verbindung eingegangen sind—und das Ältere und in seiner Entwicklung Vollendete eher als das Jüngere und noch nicht fertig Ausgebildete. In den meisten Herrschaftsbeziehungen unter Bürgern wechseln sich Regierende und Regierte (in der Bekleidung eines Amtes) ab, denn sie beanspruchen, in ihrer Natur gleich zu sein und keinen Unterschied aufzuweisen. Jedoch solange der eine Teil herrscht, während der andere beherrscht wird, suchen (die Regierenden) in der äußeren Erscheinung, der Anrede und ehrenden Attributen eine Heraushebung, wie das auch Amasis mit dem Fußwaschbecken zum Ausdruck brachte. In diesem Verhältnis steht aber das Männliche zum Weiblichen (nicht nur zeitweilig, sondern) immer." (Pol I 12, 1259a37 – 1259b10)[13]

---

[12] Aristoteles: Politicorum libri octo cum vetusta translatione Guilelmi de Moerbeka (wie Anm. 1), S. 49–50.

[13] Aristoteles: Politik. Buch I. Übersetzt und eingeleitet von Eckart Schütrumpf, Bd. 1 (wie Anm. 49), S. 30.

Die unterschiedlichen charakterlichen Eigenschaften von Mann und Frau

„*Fere autem idem est quod quaeritur et de muliere et de puero…*"

Als „Ehe-Diskurs" lässt sich auch eine Passage aus dem zweiten Teil des *capitulum decimum* des ersten Buches bezeichnen. Der Stagirit wendet sich hier der Frage zu, ob Mann, Frau, Kind und Sklave, also die zuvor besprochenen Teile einer Hausgemeinschaft, und allgemein— darauf läuft seine Frage hinaus—Herrschende und Beherrschte dieselben oder unterschiedliche charakterliche Eigenschaften haben sollen? Aristoteles stellt zuerst die Frage nach den charakterlichen Eigenschaften in Bezug auf den Sklaven und danach auch in Bezug auf Frauen und Kinder. Dass sich die charakterlichen Eigenschaften des Mannes und der Frau voneinander unterscheiden, lässt sich, glaubt Aristoteles, aus der unterschiedlichen seelischen Verfassung von Mann und Frau ableiten. Die Eigenschaften des Mannes sind die eines Herrschenden, die der Frau die eines Beherrschten.

> „fere autem idem est quod quaeritur et de muliere et puero, utrum et horum sunt virtutes, et oportet mulierem temperatam esse et fortem et iustam, et puer est intemperatus et temperatus aut non. universaliter itaque hoc est considerandum de subiecto natura et principante, utrum eadem virtus aut altera. […] manifestum igitur quia necesse quidem participare utrosque virtute, huius autem esse differentiae, quemadmodum et natura principantium et subiectorum. et hoc statim exemplificatur circa animam: in hac enim est natura hoc quidem principans, hoc autem principatum, quorum alteram dicimus esse virtutem, puta rationem habentis et irrationalis. manifestum igitur, quod eodem modo se habet et in aliis. quare natura quae plura principantia et subiecta. alio enim modo liberum servo principatur et masculus feminae et vir puero: et omnibus insunt quidem partes animae, sed insunt differenter. servus quidem enim omnino non habet quod consiliativum, femina autem habet quidem, sed invalidum, puer autem habet quidem, sed imperfectum. similiter igitur necessarium habere et circa morales virtutes: existimandum oportere quidem participare omnes, sed non eodem modo, sed quantum unicuique ad sui ipsius opus. propter quod principem quidem perfectam habere oportet moralem virtutem (opus enim est simpliciter architectonis, ratio autem architecton), aliorum autem unumquodque, quantum immittit ipsis. itaque manifestum, quoniam et moralis virtus dictorum omnium, et non eadem temperantia mulieris et viri, neque fortitudo et iustitia, quemadmodum putavit Socrates, sed hec quidem principativa fortitudo, haec autem subministrativa, similiter autem se habet et circa alias. palam autem hoc et particulariter magis considerantibus: universaliter enim dicentes decipiunt se

ipsos, quia bene habere animam virtute aut recte operari, aut aliquid talium: multo enim melius dicunt enumerantes virtutes, sicut Gorgias, quam qui sic determinant. propter quod oportet, sicut poeta dixit de muliere, sic putare habere de omnibus: ‚mulieri ornatum silentium prestat,' sed viro non iam hoc." (Pol I 13, 1259b28 – 1259b34; 1260a2 – 1260a31)[14]

„Fast das gleiche Problem wird aber auch für Frau und Kinder gestellt: Besitzen auch sie vollkommene Charakterqualität und muss eine Frau besonnen, tapfer und gerecht sein, und kann es bei Kindern nicht nur Zuchtlosigkeit sondern auch Besonnenheit geben oder nicht? Allgemein und grundsätzlich muss untersucht werden, ob die charakterliche Qualität der von Natur Beherrschten und Herrschenden gleich oder verschieden ist. [...] Es ist also klar, dass beide charakterliche Qualität besitzen müssen, dass es aber darin Unterschiede geben muss, wie dies auch unter den von Natur Beherrschten der Fall ist. Und dies ist unmittelbar an den Bedingungen in der Seele deutlich: in dieser übt nämlich der eine Teil von Natur die Herrschaft aus, der andere wird dagegen beherrscht; ihre jeweilige Qualität ist, wie wir behaupten, verschieden, zum Beispiel die des vernunftbegabten bzw. vernunftlosen Teils. Offensichtlich liegen nun die gleichen Bedingungen auch in den anderen (Verhältnissen) vor, so dass es von Natur mehrere Arten von Herrschenden und Beherrschten gibt; denn auf eine andere Weise herrscht der Freie über Sklaven und das Männliche über das Weibliche und der Vater über das Kind, und in jedem sind die genannten Seelenteile vorhanden, aber sie sind in verschiedener Weise vorhanden: Der Sklave besitzt die Fähigkeit zu praktischer Vernunft überhaupt nicht, die Frau besitzt sie zwar, aber nicht voll wirksam, auch das Kind besitzt sie, jedoch noch nicht voll entwickelt. Genau so muss dies auch bei den charakterlichen Haltungen der Fall sein: Alle Gruppen müssen daran Anteil haben, jedoch nicht in der gleichen Weise, sondern in dem Umfang, in dem jede diese Eigenschaften für ihre Aufgabe braucht. Deswegen muss der Regierende die charakterliche Qualität in ihrer vollendeten Ausprägung besitzen—denn jede Handlung ist schlechthin als Leistung der Instanz, bei der die leitende Planung liegt, anzusehen, die leitende Planung liegt aber bei der Vernunft; jeder der übrigen soll aber so viel besitzen, wie er (für seine Aufgabe) braucht. Damit ist deutlich, dass alle genannten Gruppen die guten charakterlichen Haltungen besitzen, dass aber die besonnene Mäßigung bei Frau und Mann nicht identisch ist, auch nicht Tapferkeit und Gerechtigkeit, wie Sokrates annahm, vielmehr ist die eine (Form von) Tapferkeit dem Herrschenden eigentümlich, eine andere den Dienenden, und das gleiche gilt für die genannten Eigenschaften. Auch eine Betrachtung, die sich mehr auf die jeweils besonde-

---

[14] Aristoteles: Politicorum libri octo cum vetusta translatione Guilelmi de Moerbeka (wie Anm. 1), S. 51–55.

ren Bedingungen richtet, kann dies verdeutlichen; denn diejenigen, die nur sehr allgemeine Bestimmung treffen, charakterliche Qualität sei die richtige Verfassung der Seele oder sei Rechttun oder etwas Ähnliches dieser Art, täuschen sich selbst. Viel genauer als die, die solche Begriffsbestimmungen vornehmen, treffen es nämlich diejenigen, die, wie Gorgias, die einzelnen charakterlichen Haltungen aufzählen. Deswegen muss man voraussetzen, dass für alle Eigenschaften gilt, was der Dichter über die Frau sagt: ,einer Frau gereicht Schweigen zur Zier', für einen Mann trifft das aber nicht mehr zu." (Pol I 13, 1259b28 – 1259b34; 1260a2 – 1260a31)[15]

Platons Ideal der Frauen- und Kindergemeinschaft—eine Alternative zur monogamen Ehe und zur klassischen Familie?

„sed utrum quibuscunque contingit communicare…"

Auch im zweiten Buch behandelt Aristoteles die Gemeinschaft von Mann und Frau. Das gesamte zweite Buch ist einer kritischen Auseinandersetzung mit Staatstheorien anderer Philosophen und mit Verfassungen griechischer Staaten gewidmet. Seine erste Kritik richtet sich gegen Platons Staatstheorie. Nun hat, wie Aristoteles hier berichtet, Platon in seiner *Politeia* gemeint, für den Staat sei es am besten, wenn er maximal einheitlich sei. Um dies zu erreichen, hätte er vorgeschlagen, dass Frauen, Kinder und Besitz allen Bürgern gemeinsam sein sollten. Aristoteles übt hier grundsätzliche Kritik an diesem Gedanken: Der Staat ist für Aristoteles seinem Wesen nach eine Vielheit, und muss diesen Charakter, wenn er nicht zugrunde gehen soll, bewahren. Eine Frauen-, Kinder- und Gütergemeinschaft würde dem Staat nur schaden. Aristoteles wendet sich in den ersten drei *capitula* zuerst einer systematischen Kritik des Ideals einer Frauen- und Kindergemeinschaft zu. Seine Einwände richten sich zwar hauptsächlich gegen die Kindergemeinschaft, allerdings setzt diese die Frauengemeinschaft voraus. Die bisher zitierten Textstellen der *Nikomachischen Ethik* und der *Politik* gingen von der Existenz der Lebensgemeinschaft von Mann und Frau aus und versuchten diese zu beschreiben und zu normieren. Hier wird die Grundsatzfrage erörtert, ob die monogame Gemeinschaft von Mann und Frau und die aus ihr hervorgehende Familie besser sei als die Alternative einer polygamen Gesellschaft ohne monogam-eheliche und familiäre Strukturen.

---

[15] Aristoteles: Politik. Buch I. Übersetzt und eingeleitet von Eckart Schütrumpf, Bd. 1 (wie Anm. 6), S. 31–32.

„sed utrum quibuscunque contingit communicare, melius est communicare futuram habitari civitatem bene, aut quibusdam quidem, quibusdam autem non melius? contingit enim et pueris et mulieribus et possessionibus communicare cives ad invicem, quemadmodum in politia Platonis: ibi enim Socrates ait oportere communes pueros et mulieres esse et possessiones. hoc itaque utrum ut nunc sic melius habere aut secundum in politia scriptam legem? 2. Habet itaque difficultates alias multas omnium esse mulieres communes, et caussam, propter quam inquit oportere lege statui hoc modo Socrates, non videtur accidens ex rationibus. [...] 3. at vero neque si hoc optimum est scilicet unam quam maxime esse communitatem, neque hoc ostendi videtur per sermonem, si omnes simul dicant meum et non meum: hoc enim existimat Socrates signum esse eius quod est civitatem perfecte esse unam. quod enim omnes duplex. si quidem igitur ut unusquisque, forsitan utique erit magis quod vult facere Socrates, unusquisque enim filium sui ipsius dicet eundem et mulierem utique eandem, et de substantia et circa unumquodque utique contingentium similiter: nunc autem non sic dicent communibus utentes uxoribus et pueris, sed omnes quidem, non ut unusquisque autem ipsorum, similiter autem et substantiam quidem, non ut unusquisque autem ipsorum. quod quidem igitur paralogismus quidam est dicere omnes, manifestum (quod enim omnes et utraque et imparia et paria propter duplicitatem et in orationibus litigiosos faciunt syllogismos: propter quod est omnes idem dicere, sic quidem bonum, sed non possibile, sic autem nihil consentaneum): Ad haec autem aliud habet nocumentum quod dicitur. minime enim cura sortitur, quod plurimorum est commune: de propriis enim maxime curant, de communibus autem minus quam quantum unicuique attinet: apud alios enim tamquam altero curante neglegunt magis, sicut in ministerialibus servitiis multi servientes quandoque deterius serviunt paucioribus. fiunt autem unicuique civium mille filli, et isti non ut uniuscuiusque, sed contingentis contingens similiter est filius: quare omnes similiter neglegent. adhuc sic unusquisque meus dicet bene operantem civium aut male, quotuscunque contingit secundum numerum existens, puta meus aut huius filius, hoc modo dicens secundum unumquemque mille aut quorumcumque civitas est, et hoc dubitans: immanifestum enim, cui accidit genuisse filium et salvatum esse genitum. equidem utrum sic melius meum dicere unumquemque idem quidem appellantes duorum millium aut decem millium, aut magis ut nunc in civitatibus meum dicunt? hic quidem enim filium suum, hic autem fratrem suum appellat eundem, hic autem nepotem, aut secundum aliam quandam cognationem aut a sanguine aut secundum familiaritatem et curam ipsius primum aut eorum qui ipsius, ad haec autem alterum fratruelem aut contribulem. melius enim proprium nepotem esse quam per modum istum filium. quin immo sed neque diffugere possibile, non quosdam suspicari sui ipsorum fratres et pueros et patres et matres: secundum similitudines enim, quae fiunt pueris ad generantes, necesssarium accipere de invicem credulitates. quod quidem aiunt accidere quidam terrae periodos

KAPITEL 6

describentium: esse enim quibusdam de superiori Lybia communes uxores, natos tamen pueros dividi per similitudines. sunt autem quaedam etiam femellae etiam aliorum animalium, puta equae et boves, quae valde natae sunt similes reddere natos parentibus, quemadmodum quae in Pharsalo vocata iusta equa. 4. adhuc autem et tales difficultates non facile devitare hanc construentibus communitatem, puta vulnerationes et homicidia involuntaria haec autem voluntaria et pugnas et maledictiones: quorum nullum conveniens est fieri ad patres et matres et eos, qui non longe secundum cognationem sunt, quemadmodum [et] ad eos qui longe: quae plus accidere necessarium ignorantibus quam scientibus, et factorum scientibus quidem contingit putatas fieri solutiones, aliis autem neque unam. inconveniens autem et communes facientes filios coire solum auferre ab amantibus, amare autem non prohibere neque usus alios quos patri ad filium esse omnium est indecentissimum, et fratri ad fratrem, quoniam et amare solum. inconveniens autem et coitum auferre propter aliam caussam quidem neque unam, ut valde vehementi delectatione facta, quia autem hic quidem pater aut filius, hii autem fratres ad invicem nihil putare differre. videtur autem magis terrae cultoribus esse utile communes esse uxores et pueros quam custodibus: minus enim erit amicitia communibus existentibus pueris et uxoribus, oportet autem tales esse subiectos ad oboedire et ad insolescere. totaliter autem accidere necesse propter talem legem contrarium eorum, quorum convenit recte positas leges caussas fieri, et propter quam caussam Socrates sic arbitratus est oportere ordinare quae circa pueros et uxores. [...] De ea quidem igitur quae circa pueros et uxores communione determinatum sit hoc modo." (Pol II 1–3, 1261a2 – 1261a12; 1261b16 – 1262b7; 1262b35 f.)[16]

„Ist es nun besser, dass (die Bürger) des Staates, der richtig regiert werden soll, alle Dinge, die man gemeinsam haben kann, auch tatsächlich gemeinsam besitzen, oder ist es besser einige Dinge gemeinsam zu haben, andere jedoch nicht? Denn es besteht sicherlich die Möglichkeit, dass die Bürger miteinander auch Kinder, Frauen und Besitz gemeinsam haben wie in der Politeia Platons; denn dort fordert Sokrates, dass auch Kinder, Frauen und Besitz allen gemeinsam gehören müssen. Soll dies nun besser so, wie es jetzt üblich ist, geregelt sein, oder nach dem in (Platons) Politeia niedergelegtem Gesetz? Dass die Frauen allen gemeinsam gehören, bringt aber schon sonst viele Missstände mit sich, und der Zweck, um dessentwillen Sokrates eine solche Gesetzgebung für notwendig erklärt, folgt offensichtlich nicht aus den zur Begründung angeführten Argumenten. [...] Jedoch selbst, wenn es das höchste Gut wäre, dass die Gemeinschaft möglichst ‚eins' ist, so scheint doch

---

[16] Aristoteles: Politicorum libri octo cum vetusta translatione Guilelmi de Moerbeka (wie Anm. 1), S. 59–72.

auch dies nicht in logischer Argumentation (aus der Bedingung) „wenn alle zugleich ‚mein eigen‘—nicht mein eigen‘ sagen"—nach Sokrates' Auffassung ist dies ein Indiz für die vollständige Einheit des Staates— abgeleitet zu werden. Das Wort *alle* wird aber hierbei in zweifacher Bedeutung gebraucht. Wenn *alle* im Sinne von *jeder Einzelne* verwandt ist, dann dürfte wohl eher das eintreten, was Sokrates bewirken will: jeder einzelne wird nämlich das gleiche Kind seinen Sohn und die gleiche Person seine Frau nennen und sinngemäß entsprechend beim Besitz und bei den Wechselfällen des Lebens. Nun werden aber Leute, die Frauen und Kinder gemeinsam haben, sich nicht in diesem Sinne ausdrücken, sondern sie werden zwar als Gesamtheit (diese Personen ‚ihr eigen‘ nennen), aber nicht jeder einzelne von ihnen; genauso werden zwar alle zusammen den Besitz (als ihr eigen bezeichnen), aber nicht jeder einzelne als sein eigen. Offensichtlich ist doch hier die Bezeichnung alle eine Irreführung—denn ‚alle‘ und ‚beides‘ wie ‚ungerade‘ und ‚gerade‘ ermöglichen wegen ihrer Doppelbedeutung auch in Disputationen die eristischen Trugschlüsse. Daraus folgt: wenn alle das gleiche (als ihr eigen) bezeichnen, so ist das zwar in dem einen Sinne eine ansprechende Regelung, enthält aber eine Unmöglichkeit, und in dem anderen Sinne bewirkt es keine Eintracht. Außerdem enthält die (dort) empfohlene Maßnahme noch einen weiteren Nachteil: denn wenn die größte Zahl von Menschen etwas gemeinsam besitzt, dann erfährt dies die geringste Pflege und Sorgfalt. Man kümmert sich ja am ehesten um persönliches Eigentum, um das der Allgemeinheit dagegen weniger oder nur in dem Maße, wie es jeden persönlich angeht. Denn— von anderen Gesichtspunkten abgesehen—(wo Besitz allen gemeinsam gehört), ist man eher nachlässig, weil man sich damit beruhigen kann, dass ein anderer da ist, der sich darum kümmern kann—so erledigt manchmal eine große Zahl von Dienern die Dienstaufgaben des Gesindes schlechter als eine kleinere. (Bei Platon) hat nun zwar jeder Bürger tausend Söhne, aber natürlich nicht persönlich jeder einzelne Bürger, sondern jeder beliebige (junge Mann), den man gerade herausgreift, kann ebenso gut von jedem beliebigen Vater abstammen; daher werden alle diese (Väter ihre Söhne) in gleicher Weise vernachlässigen. Außerdem kann jeder seinen Mitbürger, dem es gut oder schlecht geht, nur in dem Bruchteil ‚mein eigen‘ nennen, in dem er selber zur Gesamtzahl der Bürger steht: so sagt er ‚mein eigen‘, oder ‚der Sohn von jenem da‘, und mit dieser Feststellung bezieht er sich auf jeden der tausend (möglichen Väter) oder wie viele der Staat sonst haben mag—und selbst dies (sagt er) noch voller Zweifel; denn es bleibt ja ungeklärt, wem es tatsächlich vergönnt war, dass ihm ein Kind geboren wurde und nach der Geburt am Leben blieb. Ist es aber vorzuziehen, dass jeder ‚mein eigen‘ in dieser Weise sagt, in dem er die gleiche Anrede als einer von zweitausend oder zehntausend benutzt, oder in der Weise, wie man jetzt in den Staaten von ‚mein eigen‘ spricht? Denn da bezeichnet einen und denselben Menschen der eine als seinen Sohn, der andere als seinen Bruder, (ein Dritter) als seinen Neffen oder (mit weiteren Ausdrücken) entsprechend einem anderen Verhältnis der Blutsverwandtschaft, der Familienzugehörigkeit oder Verschwägerung—zu ihm selbst oder zu einem seiner Angehörigen—oder er nennt ihn Mitglied der Sippe oder der Phyle. Denn es ist vorzuziehen, so der wirkliche Neffe zu sein als in jener Weise (in Platons Politeia) Sohn. Unmöglich kann man aber auch verhüten, dass einige ihre Brüder, Kinder, Väter und Mütter zu erkennen glauben. Denn in der Ähnlichkeit, die zwischen Kindern und Eltern besteht, müssen sie Gründe für die Annahme von verwandtschaftlichen Beziehungen finden. Das kommt tatsächlich vor, wie es einige Verfasser von Berichten über Fahrten um die Erde schildern. Nach ihren Berichten haben nämlich einige Stämme des oberen Lybiens die Frauen gemeinsam, die Kinder werden aber aufgrund der Ähnlichkeit (ihren Vätern) zugesprochen. Es gibt aber auch Frauen und unter den anderen Lebewesen weibliche Tiere wie Stuten und Rinder, die die ausgeprägte natürliche Fähigkeit besitzen, Nachkommen zur Welt zu bringen, die den Eltern ähneln, so wie in Pharsalos die Stute mit dem Namen ‚Gerechte'. Außerdem ist es für die Begründer einer solchen Gemeinschaft nicht leicht, schlimmen Vorkommnissen wie Misshandlungen und Tötungsdelikten—seien sie ungewollt oder vorsätzlich—und Auseinandersetzungen und Beleidigungen vorzubeugen. Denn wenn Väter, Mütter und nahe Verwandte betroffen sind, kann keine solche Tat ohne Verletzung geheiligter Gebote begangen werden, während gegenüber Fernstehenden (keine solche Gebote verletzt werden). Ja wenn sich die Angehörigen nicht kennen, müssen solche Vorkommnisse sogar in größerer Zahl eintreten, als wenn sie sich kennen; und wenn so etwas eingetreten ist, dann können unter Leuten, deren (verwandtschaftliche Beziehung) bekannt ist, die traditionellen Entsühnungsriten vollzogen werden, bei Unbekannten aber nicht. Wenn er so die jungen Männer zu gemeinsamen Söhnen aller machte, dann ist es unbegreiflich, dass er den Liebhabern nur das körperliche Zusammensein untersagte, aber ein Liebesverhältnis nicht verbot, auch nicht die Liebkosungen untersagte, die zwischen Vater und Sohn oder Bruder und Bruder das Äußerste an Unschicklichkeit sind, wie allein schon erotische Zuneigung (zwischen ihnen unschicklich ist). Unsinnig ist aber auch folgendes: körperliches Zusammensein hat er nur aus dem Grunde untersagt, weil es zu starke Lust errege; dass die Liebenden aber Vater und Sohn oder Brüder sind, ist dabei nach seiner Auffassung nicht von Bedeutung. Gemeinsamer Besitz von Frauen und Kindern scheint aber eher für die Bauern von Vorteil zu sein, als für die Wächter. Denn freundschaftliche Beziehungen werden sich weniger entwickeln, wenn ihnen die Kinder und Frauen gemeinsam gehören—aber so (ohne freundschaftliche Bindungen) sollten die Regierten leben, damit sie sich den Befehlen fügen und nicht aufsässig werden. Insgesamt muss bei einer solchen gesetzlichen Ordnung das Gegenteil von dem eintreten, was gute Gesetze bewirken sollen und was Sokrates als Begründung für die Notwendigkeit einer solchen Regelung über Frauen und Kinder annimmt. [...] Das soll zur Klärung des gemeinschaftlichen Besitzes an

Kindern und Frauen genügen." (Pol II 1–3, 1261a2 – 1261a12; 1261b16 – 1262b7; 1262b35 f.)[17]

Die gesetzliche Regelung der Ehe

„siquidem igitur a principio legislatorem videre oportet..."

Zum letzten Mal spricht Aristoteles über die Ehe im siebten Buch der *Politik*. Er behandelt dort die Ehe im Kapitel 16. In den Büchern drei bis sechs behandelte der Philosoph die verschiedenen Staatformen (*politie*), im siebten Buch wendet er sich der Frage nach der Beschaffenheit eines wohlgeordneten Staates zu. Er macht hier eine Reihe konkreter Vorschläge etwa bezüglich der Lage eines Staates, der optimalen Einwohnerzahl, der Notwendigkeit bestimmter professioneller Gruppen, der Beschaffenheit des staatlichen Territoriums, der Kindererziehung usw. Einer der bürgerlichen Lebensbereiche, den er in einem wohlgeordneten Staat geregelt wissen will, ist die Ehe. Er fragt vor allem nach dem optimalen Heiratsalter, aber auch nach dem Umgang mit Neugeborenen. Ausschlaggebend sind für ihn dabei eugenische Kriterien.

> „siquidem igitur a principio legislatorem videre oportet, qualiter corpora optima fiant eorum, qui educantur, primo quidem curandum circa coniugium, quando et quales quosdam existentes oportet facere nuptialem collocutionem. oportet autem leges ferre circa hanc communicationem adspicientem ad ipsos et ad tempus vivendi, ut conveniant aetatibus ad idem tempus et non dissonent potentiae hoc quidem adhuc potente generare, hac autem non potente aut hac quidem, viro autem non (haec enim faciunt et dissensiones ad invicem et diversitates): deinde et ad puerorum successionem, oportet enim neque subdeficere pueros aetatibus patrum (sine profectu enim senioribus quidem gratia quae a pueris, quod autem a patribus auxilium pueris) neque valde prope esse (multam enim habet displicentiam, verecundiaque minus existit talibus tamquam coaetaneis, et circa dispensationem querulosum quod propinquum): adhuc autem, unde incipientes huc devenimus, quatenus corpora natorum existant ad legislatoris voluntatem. fere itaque omnia accidunt secundum unam curam. quoniam enim determinatus est finis generationis, ut ad plurimum est dicere, viris quidem numerus septuaginta annorum ultimus, quinquaginta autem mulieribus, oportet principium coniugationis secundum aetatem ad tempora haec descendere. est

---

[17] Aristoteles: Politik. Buch II–III. Übersetzt und eingeleitet von Eckart Schütrumpf, Bd. 2 (wie Anm. 6), S. 11–16.

autem iuvenum coitus pravus ad puerorum procreationem: in omnibus enim animalibus imperfecti iuvenum fetus et femelletoka magis et parvi secundum formam, quare necessarium hoc ipsum et in hominibus accidere. argumentum autem: in quibuscunque enim civitatum lexatur iuvenes coniugari et iuvenculas, imperfecti et parvi corporibus sunt. adhuc autem in partibus quaedam dolent magis et perimuntur plures: propter quod et oraculum quidam aiunt factum fuisse propter talem caussam Troezeniis, tamquam multis pereuntibus propter nubere magis iuvenculas, sed non ad fructuum productionem. adhuc autem et ad temperantiam expedit coitus facere senioribus: intemperantiores enim videntur iuvenculae, quae usae fuerunt coitibus. et masculorum corpora laedi videntur ad augmentum, si adhuc corpore crescente fecerint coitum: et enim huius quoddam tempus determinatum, quod non excedit multum adhuc. propter quod has quidem congruit circa aetatem decem et octo annorum coniugari, hos autem circa triginta septem aut parum. in tanto enim tempore perfectis corporibus coniugatio erit, et ad perfectum puerorum procreationis convenient temporibus opportune: adhuc autem successio puerorum hiis quidem erit inchoante akmes, si fiat secundum rationem mox generatio, hiis autem resoluta iam aetate ad numerum septuaginta annorum. de eo quidem igitur, quod est quando oportet fieri coniugium, dictum est, hiis autem quae circa temporaneitatem temporibus oportet uti, quibus multi utuntur bene etiam nunc, determinantes hieme fieri commorationem hanc. oportet autem et ipsos speculari ad puerorum procreationem et quae a medicis dicuntur et quae a physicis: medici enim tempora corporum dicunt sufficienter et de spiritibus physici, boreales australibus laudantes magis. qualibus autem quibusdam corporibus existentibus maxime utilitas erit hiis, qui generantur, scientibus quidem magis dicendum in hiis quae de disciplina, typo autem sufficiens dicere et nunc. neque enim qui athletarum opportunus habitus ad politicam bonam habitudinem neque ad euexiam neque ad sanitatem et puerorum procreationem neque qui curis indigens et male habens valde, sed medius horum. oportet quidem igitur habere habitum labores passum, passum autem labores non violentos neque ad unum solum sicut athletarum habitus, sed ad actiones liberorum. similiter autem oportet idem existere et viris et mulieribus. oportet autem et praegnates curare de corporibus non desidia torpentes neque subtili cibo utentes. hoc autem facile legislatori facere paecipienti cotidie aliquod iter facere ad deorum reverentiam hiis, quae sortitae sunt eum qui de generatione honorem. intellectum vero e contrario corporibus prigrius congruit deducere: quae enim generantur videntur absumentia ab ea, quae habet, sicut nescentia a terra. de reservatione autem et alimento genitorum sit lex nullum orbatum nutrire, propter multitudinem autem puerorum ordo gentium prohibet nihil reservari genitorum: oportet enim determinatam esse multitudinem puerorum procreationis, si autem aliquibus fiant praeter haec combinatis, antequam sensus insit et vita, fieri oportet aborsum: quod enim sanctum et quod non determinatum sensu et ipso vivere erit. quoniam autem principium quidem aetatis viro et mulieri determinatum est, quando oportet incipere coniugationem, et quanto tempore deservire congruit ad puerorum procreationem, sit determinatum: seniorum enim fetus sicut et iuniorum imperfecti fiunt et corporibus et intellectibus, qui autem decrepitorum debiles. propter quod secundum intellectus akmen: haec autem est in plurimis, quam quidem poetarum aliqui dixerunt mensurantes hebdomadibus etatem, circa tempus quinquaginta annorum, ut quattuor aut quinque annis excedentem aetatem hanc dimittere oportet eam quae ad manifestum generationem: quod autem reliquum sanitatis gratia aut alicuius alterius talis caussae oportet videri facientes collocutionem. de ea autem quae ad aliam et ad alium sit quidem simpliciter non bonum tangentem videri nullatenus nullo modo, cum fuerit et appeletur connubium, circa tempus autem puerorum procreationis si quis appareat tale quid agens damnificetur inhonoratione decenti ad peccatum." (Pol VII 16, 1334b29 – 1336a2)[18]

„Der Gesetzgeber muss von Anfang an dafür sorgen, dass die Körper der Kinder, die aufgezogen werden, möglichst vollkommen werden. Daher muss er zuerst seine Aufmerksamkeit der ehelichen Verbindung zuwenden und darauf achten, wann die Eheleute die Ehe miteinander eingehen und was für Eigenschaften sie besitzen sollen. Er muss gesetzliche Vorschriften über die Ehe erlassen, indem er die Partner und ihre Lebenszeit in Betracht zieht. Sie sollen nämlich zusammen jeweils in dem entsprechenden Alter den gleichen Bedingungen entgegengehen und es darf bei ihrer Fortpflanzungsfähigkeit keinen Missklang geben, da der Mann noch zeugen, die Frau aber nicht mehr gebären kann, oder sie fähig ist, er jedoch nicht; denn ein solches Missverhältnis verursacht unter den Ehepartnern Zwietracht und Auseinandersetzungen. Der Gesetzgeber muss auch darauf achten, in welchem Abstand die Kinder die Nachfolge antreten werden; der Altersunterschied zwischen Söhnen und ihren Vätern darf ja nicht zu groß sein; denn anderenfalls kann den Eltern in höherem Alter der Dank der Kinder nichts mehr nützen ebenso wenig wie den Kindern die Unterstützung durch die Väter (helfen kann). Der Altersunterschied darf aber auch nicht zu eng sein; dies führt ja zu erheblichem Unfrieden: solche Kinder werden (ihre Eltern) mit weniger Respekt behandeln, da sie fast gleichaltrig sind, und der geringe Altersunterschied führt bei der Verwaltung des Haushalts zu gegenseitigen Vorwürfen. Der Gesetzgeber muss aber auch darauf achten, dass die Neugeborenen körperlich nach seinen Vorstellungen geraten; denn das war der Ausgangspunkt, der uns hierher führte. Mit einer einzigen Maßnahme lassen sich so ziemlich alle diese Absichten verwirklichen. Mit dem Höchstalter von siebzig Jahren ist in den meisten Fällen bei Männern und mit fünfzig bei Frauen das Ende der Fortpflanzungsfähigkeit erreicht. Das früheste Alter für geschlechtliche Vereinigung soll (daher für beide so gewählt werden, dass sie) gemeinsam die genann-

---

[18] Aristoteles: Politicorum libri octo cum vetusta translatione Guilelmi de Moerbeka (wie Anm. 1), S. 315–324.

ten Altersgrenzen erreichen. Geschlechtliche Vereinigung in zu jungem Alter hat aber nachteilige Folgen für die Nachkommen. Denn bei allen Tieren sind die Abkömmlinge zu junger Eltern unvollkommen ausgebildet, sie sind eher weiblich und klein an Gestalt, weshalb bei Menschen das gleiche eintreten muss. Das lässt sich leicht bestätigen: in Städten, in denen es üblich ist, Männer und Frauen in jungem Alter zu vermählen, sind die Neugeborenen unterentwickelt und körperlich klein. Außerdem leiden die (zu) jungen Frauen bei der Geburt schlimmer und sie kommen in größerer Zahl um. Daher wurde auch das bekannte Orakel den Troizeniern, wie einige behaupten, aus dem Grunde erteilt, weil dort viele Frauen starben, da sie in zu jugendlichem Alter heirateten—das Orakel bezog sich aber nicht auf die Ernte der Frucht. Frauen nicht in zu jungem Alter zu verheiraten trägt außerdem zu ihrem maßvollen Betragen bei; denn wenn sie früh mit Geschlechtsverkehr beginnen, stehen sie in dem Ruf, sexuell allzu maßlos zu sein. Auch die Körper junger Männer (werden leiden, sie) werden, wie man glaubt, in ihrem Wachstum beeinträchtigt, wenn sie schon Geschlechtsverkehr haben, während ihr Samen noch am Wachsen ist; denn für sein Wachstum gibt es eine fest umrissene Zeitspanne, nach deren Ablauf er nicht mehr zunimmt. Das passende Heiratsalter ist daher bei Frauen etwa achtzehn Jahre, bei Männern dagegen siebenunddreißig oder wenig +...+. Denn in diesem Alter schließen (beide) die eheliche Verbindung in der Blüte ihrer körperlichen Kraft und in einem passenden Alter gehen sie gemeinsam dem Ende des Zeugens oder Gebärens entgegen. Außerdem werden dann die Kinder den Platz ihrer Eltern zum (richtigen) Zeitpunkt einnehmen: sie stehen selber am Anfang ihrer Blütezeit, sofern, wie man erwarten kann, die Kinder gleich (zu Beginn der Ehe) geboren werden, und bei den (Vätern) sind im Alter von ungefähr siebzig Jahren die Kräfte am Schwinden. Damit ist nun erörtert, in welchem Alter man die eheliche Gemeinschaft schließen soll. Die Ehepartner sollen (für die Fortpflanzung) die Jahreszeit bevorzugen, die auch jetzt die meisten zu Recht nutzen, wenn sie den Winter für diese Vereinigung wählen. Für das Kinderzeugen müssen die Ehepartner außerdem die Darlegungen von Ärzten und Naturkundigen beachten; denn die Ärzte geben treffend den Zeitpunkt, der beim Körper (dafür) günstig ist, an ebenso die Naturkundigen bei den Winden: sie geben den Nordwinden klar den Vorzug vor den Südwinden. Was für eine Körperverfassung (der Eltern) am ehesten die Neugeborenen begünstigt, muss ausführlicher und genauer in den Erörterungen über die Behandlung von Kindern dargelegt werden; es reicht aber aus, dies hier knapp zu umreißen. Die Stärke eines Athleten trägt nichts zur Konstitution, wie sie ein Bürger braucht, oder seiner Gesundheit und Fortpflanzungsfähigkeit bei, genauso wenig aber auch eine pflegebedürftige Körperverfassung, die Anstrengungen zu wenig gewachsen ist, sondern eine in der Mitte. Die Eltern brauchen eine Konstitution, die durch Training gekräftigt ist, aber nicht eine, die unter gewaltsamen Anstrengungen oder einseitig trainiert ist wie die der Athleten, sondern eine, die die Handlungen von Freien begünstigt. Dies muss für Männer und Frauen in gleicher Weise gelten. Auch während der Schwangerschaft müssen sich die Frauen um ihren Körper kümmern, sie sollen ihm keine Ruhe gönnen und sollen nicht kärgliche Nahrung zu sich nehmen. Der Gesetzgeber kann dies leicht sicherstellen, indem er anordnet, dass sie sich täglich aufmachen, um den Göttern ihre Verehrung entgegenzubringen, denen die Verehrung für die Geburt der Kinder zufiel. Anders als dem Körper sollen sie aber dem Geist Entspannung gönnen. Denn offensichtlich wird das Kind im Mutterleib von (dem Zustand) seiner Mutter beeinflusst so wie die Pflanzen von der Erde. Zur Aussetzung oder dem Aufziehen der Neugeborenen soll ein Gesetz vorschreiben, dass man kein behindertes Kind aufziehen darf; dagegen wegen Kinderreichtums ein Kind auszusetzen, verbietet die herkömmliche Ordnung; denn die Zahl der Geburten muss man begrenzen, und wenn bei einigen geschlechtliche Vereinigung doch zu weiterer Schwangerschaft führt, dann muss man eine Abtreibung vornehmen, bevor das Ungeborene Wahrnehmung und Leben hat; denn was hierbei göttliches Gebot gestattet oder verbietet, soll danach bestimmt sein, ob das Ungeborene Wahrnehmungsvermögen und Leben besitzt. Für Mann und Frau wurde das Alter bestimmt, in dem man mit der sexuellen Vereinigung beginnen soll. Genauso soll nun auch festgelegt werden, wie lange man sich der Aufgabe widmen soll, Kinder hervorzubringen; denn Kinder von Eltern fortgeschrittenen Alters werden genauso wenig wie diejenigen der zu jungen in ihren körperlichen und geistigen Fähigkeiten vollkommen entwickelt geboren und Kinder von Eltern in hohem Alter sind schwächlich. Deswegen soll man die Zeit der größten geistigen Leistungskraft (als Grenze für das Fortpflanzen setzen), dies ist bei den meisten das Alter etwa um fünfzig Jahre, das auch einige Dichter angeben, die die Lebenszeit nach Altersspannen von je sieben Jahre bemessen. Daher sollen (Männer) im Alter von vier- oder fünfundfünfzig mit dem Zeugen von Kindern, die geboren werden, aufhören. In den folgenden Jahren soll man aber offensichtlich zum gesundheitlichen Wohlbefinden und einem anderen entsprechenden Grund miteinander sexuell verkehren. Wir müssen auch die (außerehelichen) Beziehungen zu einer anderen Frau oder einem anderen Mann ansprechen: es soll grundsätzlich als verwerflich gelten, sich offen überhaupt in irgend einer Weise (mit einem anderen Partner) intim einzulassen, solange man Ehemann ist und so angeredet wird. Wenn aber erkannt wird, dass jemand so etwas in dem Zeitraum tut, in dem man Kinder zeugt, dann soll er mit Ehrverlust, der (der Schwere) des Vergehens entspricht, bestraft werden." (Pol VII 16, 1334b29 – 1336a2)[19]

---

[19] Aristoteles: Politik. Buch VII–VIII. Übersetzt und eingeleitet von Eckart Schütrumpf, Bd. 4 (wie Anm. 6), S. 40–43.

KAPITEL 7

TEIL DER HAUSGEMEINSCHAFT:
DIE EHE IN DER *TRANSLATIO DURANDI* DER
PSEUDO-ARISTOTELISCHEN *ÖKONOMIK*

Als letzte unter den drei Schriften des mittelalterlichen *Corpus aristotelicum*, die von der Ehe handeln, wurde die *Ökonomik* bekannt. Im Mittelalter sah man in ihr (abgesehen von ihrem zweiten Teil, an dessen Authentizität schon damals gezweifelt wurde) ein authentisches Werk des *Philosophus*.

So, wie man sie heute kennt, besteht die *Ökonomik* aus drei Büchern, die jeweils von einem anderen Autor stammen. Die mittelalterliche maßgebliche Übersetzung, von der gleich die Rede sein wird, umfasste hingegen nur das heutige erste und dritte Buch. Die Geschichte der mittelalterlichen Übersetzungen der *Ökonomik* ist dank der eingehenden Untersuchungen Christoph Flüelers gut aufgearbeitet. Die pseudo-aristotelische *Yconomica* wurde im Mittelalter dreimal, möglicherweise sogar viermal aus dem Griechischen ins Lateinische übersetzt.[1]

Die erste lateinische Übersetzung der *Ökonomik* ist wahrscheinlich schon vor 1250 (und nicht erst nach 1280 wie die frühere Forschung angenommen hatte) in Italien entstanden—möglicherweise im Umkreis des süditalienischen Übersetzers Bartholomäus von Messina. Es handelt sich um die sogenannte *translatio vetus*. Sie umfasste alle drei Bücher der *Yconomica*, wobei allerdings das zweite nur lückenhaft, nur etwa zu zwei Dritteln, übersetzt worden ist. Sie ist in elf vollständigen und

---

[1] Editionen der „heutigen" *Ökonomik* (3 Bücher): Franz Susemihl (Hg.): Aristotelis que feruntur Oeconomica, Leipzig 1887; Aristote, Économique. Hg. und ins Französische übers. v. André Wartelle / Bernard van Groningen, Paris 1968 und [Aristoteles]: Oikonomikos. Das erste Buch der Ökonomik—Handschriften, Text, Übersetzung und Kommentar—und seine Beziehung zur Ökonomikliteratur, Hg. v. Ulrich Victor, Königstein 1983, hier auch zum heutigen Stand der *Ökonomik*-Forschung; Zur mittelalterlichen *Yconomica* jetzt vor allem Christoph Flüeler: Die aristotelische Yconomica im lateinischen Mittelalter. Übersetzungen. Die ersten Kommentare, Fribourg 1998 (unveröffentlichte Habilitationsschrift). Ich danke Herrn Doz. Flüeler sehr herzlich für die Zusendung und zur Verfügung Stellung dieser wertvollen Studie und Edition.

drei fragmentarischen Abschriften erhalten—alles Werke italienischer Schreiber. Allem Anschein nach blieb ihre Wirkung auf Italien beschränkt.[2]

In einer Florentiner Abschrift der *Yconomica* aus dem frühen 14. Jahrhundert hat Christoph Flüeler neuerdings eine unvollständige Überarbeitung der *translatio vetus* entdeckt. Ein Vergleich mit anderen Übersetzungen desselben Übersetzers erlaubt es, die Überarbeitung der *translatio vetus* Wilhelm von Moerbeke zuzuschreiben. Die *recensio Guillelmi* umfasst das gesamte erste Buch und einen Teil des zweiten Buches der *Yconomica* und dürfte in der Zeit von 1261–1271, als sich Wilhelm am päpstlichen Hof aufhielt, entstanden sein.[3]

Im August 1295 entstand schließlich in Anagni, am Hof Bonifaz VIII. die dritte und bei weitem wirkungsmächtigste Übertragung der *Yconomica* ins Lateinische. Sie beschränkte sich auf das erste und das dritte Buch der *Yconomica*, wobei hier letzteres folglich zum *Liber secundus* wurde. (Das ursprüngliche zweite Buch scheint bewusst ausgelassen worden zu sein.) Die in 89 bisher aufgefundenen Abschriften und 5 frühen Ausgaben überlieferte *translatio Durandi* wurde an spätmittelalterlichen Universitäten bis zur neuen Übersetzung der *Yconomica* durch Leonardo Bruni in der Renaissance zur *littera communis*. Wie das Explizit in einigen Abschriften der *translatio Durandi* besagt, handelte es sich bei dieser neuen Übersetzung um ein gemeinsames Werk des ehemaligen Rektors der Pariser Universität, Durandus de Alvernia, und zweier *Bischöfe aus Griechenland*. In der älteren Forschung hat sich für diese Übersetzung die Bezeichnung „*recensio*" Durandi eingebürgert. In Wirklichkeit handelt es sich allerdings nicht um eine Überarbeitung, sondern um eine neue Übersetzung. Die Übersetzer benutzten zwar höchstwahrscheinlich dieselbe, wohl am päpstlichen Hof aufbewahrte griechische Textvorlage wie Wilhelm von Moerbeke, allerdings kannten sie seine Überarbeitung nicht. Umstritten bleibt auch ihre Kenntnis der *translatio vetus*.[4]

Von den drei Schriften des mittelalterlichen *Corpus aristotelicum*, die von diesem Thema handeln, geht die *Ökonomik* am ausführlichsten auf die Ehe ein. Die eheliche Gemeinschaft wird hier im ersten und im

---

[2] Flüeler: Die aristotelische Yconomica im lateinischen Mittelalter (wie Anm. 1), S. 1–94.

[3] Flüeler: Die aristotelische Yconomica im lateinischen Mittelalter (wie Anm. 1), S. 2, S. 95–122.

[4] Flüeler: Die aristotelische Yconomica im lateinischen Mittelalter (wie Anm. 1), S. 123–277.

dritten Buch (dem zweiten der *translatio Durandi*) behandelt. Das erste Buch ist eine philosophische Lehre vom Haus (Ökonomik), die in der Tat zahlreiche Berührungspunkte mit dem ersten Buch der *Politik*, das eigentlich auch eine Hauslehre darstellt, enthält. Der Mann und die Frau in der Ehe werden hier, gemäß der thematischen Ausrichtung des ersten Buches als eine Ökonomik, als Teil einer aristotelisch gedachten Hausgemeinschaft thematisiert. Das dritte (bzw. zweite Buch der *translatio Durandi*) stellt als ganzes einen „Ehe-Diskurs" dar. Es ist einer ausführlichen Beschreibung von Verhaltensnormen für Mann und Frau als Ehepartner gewidmet. Es handelt sich eigentlich um die einzige Abhandlung innerhalb des mittelalterlichen *Corpus aristotelicum*, die zur Gänze und hauptsächlich die Ehe behandelt. Sowohl im ersten Buch der *Ökonomik*, als auch in der *Nikomachischen Ethik* und der *Politik* wird schließlich über die Ehe immer nur im Rahmen eines ihr übergeordneten Themas gesprochen.

Die folgende Vorstellung der *Ökonomik* folgt der *translatio Durandi*, da die Übersetzung der *Ökonomik* durch Durandus von Alvernia die am meisten verbreitete mittelalterliche *Ökonomik*-Übersetzung darstellt. Darüber hinaus ist es gerade diese Übersetzung, die die eigentliche Grundlage der mittelalterlichen *Ökonomik*-Rezeption bildet, obwohl im Mittelalter durchaus auch die *translatio vetus* verbreitet war, wenngleich in weit geringerem Maße. Allem Anschein nach setzt aber die aktive Rezeption der *translatio vetus* erst *nach* dem Erscheinen der *translatio Durandi* ein.

Der *liber secundus* der *translatio Durandi* ist bereits im 19. Jahrhundert von Franz Susemihl ediert worden, der *liber primus* liegt seit den sechziger Jahren in einer kritischen Edition von Hermann Goldbrunner vor. Demnächst wird außerdem im *Aristoteles latinus* eine neue, die gesamte handschriftliche Tradition berücksichtigende kritische Edition der *translatio Durandi* von Christoph Flüeler erscheinen.[5]

Anders als bei den Ehe-Texten aus der Nikomachischen Ethik und der Politik, soll jedoch im folgenden Durandus' Übersetzung der Ökonomik nicht auf der Grundlage ihrer modernen kritischen Ausgaben vorgestellt werden, sondern aus einer ihrer mittelalterlichen Abschrif-

---

[5] Hermann Goldbrunner: Durandus de Alvernia, Nicolaus von Oresme und Leonardo Bruni. Zu den Übersetzungen der pseudo-aristotelischen Ökonomik. In: Archiv für Kulturgeschichte 50 (1968), S. 200–239; hier S. 235–238; Franz Susemihl (Hg.): Aristotelis que feruntur Oeconomica (wie Anm. 1), S. 40–62; Flüeler: Die aristotelische Yconomica im lateinischen Mittelalter (wie Anm. 1).

ten. Es handelt sich um die Abschrift der *translatio Durandi*, die sich in der Hs. Paris, Bibliothèque Nationale, lat. 16089, ff. 191^(ra)–194^(rb) befindet. Der Grund hierfür ist folgender: Wie im Einführungsteil erwähnt wurde, bildet den Mittelpunkt dieser Studie der *Ökonomik*-Kommentar des Bartholomäus von Brügge (3. Kapitel). Dieser Aristoteles-Kommentator hat aber, wie Christoph Flüeler nachweisen konnte, die Abschrift der *translatio Durandi* in Paris, BN lat. 16089 als seine *direkte Kommentarvorlage* verwendet. Es erscheint daher als sachgerecht, die *translatio Durandi* dem Leser in der dort überlieferten Fassung, mit ihren Eigenheiten, vorzustellen.

Die von Bartholomäus verwendete Abschrift der *translatio Durandi* in Paris, BN lat. 16089 ist vor allem deshalb interessant, weil sie eine durch Striche gekennzeichnete Einteilung des Textes (*divisio textus*) sowie eine große Anzahl von Marginal- und Interlinearglossen enthält. Es handelt sich dabei um knappe Erläuterungen einzelner Wörter des (pseudo-)aristotelischen Textes (idest..., scilicet...) sowie um Übersetzungsvarianten. Die letzteren werden jeweils als *alia littera* angegeben. Bei den meisten von ihnen handelt es sich um Textvarianten der *translatio Durandi*, bei anderen bleibt ihr Ursprung unklar. Sie stammen weder aus der *translatio vetus* noch aus der *recensio Guilelmi* und könnten daher möglicherweise auf eine vierte, heute verlorene Ökonomik-Übersetzung zurückgehen.[6] Der Kommentar enthält darüber hinaus eine Kapiteleinteilung, die allerdings gegen Ende des *liber primus* abbricht. Da sowohl die Glossen, als auch die *divisio textus* und die Kapiteleinteilung vielfach in Bartholomäus' Kommentar vorkommen, ist es sehr wahrscheinlich, dass sie (oder wenigstens ein Teil von ihnen) vom Kommentator selbst stammen und von ihm eigenhändig in den Text eingetragen wurden. (Die Abschrift enthielt darüber hinaus eine Reihe weiterer Bleistiftnotizen, von denen sich allerdings nur noch Spuren erhalten haben und die nicht mehr lesbar sind.)

In der hier vorgelegten Transkription Bartholomäus' Kommentarvorlage sollen aus ihrem reichhaltigen „Glossenapparat" lediglich die Übersetzungsvarianten und die Kapiteleinteilung wiedergegeben werden. Letztere wird, da unvollständig, durch Bartholomäus' vollständige Kapiteleinteilung aus seinem Ökonomik-Kommentar ergänzt. (Eine Edition des gesamten „Glossenapparats" würde den Rahmen dieser Untersuchung sprengen.) Der deutsche Text der pseudo-aristotelischen

---

[6] Flüeler: Die aristotelische Yconomica im lateinischen Mittelalter (wie Anm. 1), S. 149–165.

Ökonomik, der neben der Edition des lateinischen Textes angeführt wird, ist der neuen deutschen Ökonomik-Übersetzung von Renate Zoepffel entnommen. Ihre Übersetzung des ersten Buches der Ökonomik fußt auf dem bis heute erhaltenen griechischen Text. Die Übertragung des dritten Buches, d. h. des *liber secundus* der *translatio Durandi*, beruht dagegen auf den mittelalterlichen Ökonomik-Übersetzungen, da sich das griechische Original nicht erhalten hat. (Es ist außerdem zu beachten, dass die Übersetzung von Renate Zoepffel eine Einteilung und Nummerierung der Kapitel der Ökonomik enthält, die von der in Paris, BN lat. 16089 überieferten *translatio Durandi* abweicht).[7]

Wie bereits gesagt wurde, stellt der *liber secundus* der Ökonomik als ganzes einen Ehe-Diskurs dar, während der *liber primus* nur teilweise und im Rahmen eines übergeordneten Themas von der Ehe handelt. Aufgrund der Bedeutung der pseudo-aristotelischen Ökonomik für die „Hauptquelle" dieser Untersuchung, den Ökonomik-Kommentar des Bartholomäus, soll hier nicht nur der liber secundus, sondern auch der *liber primus* in Gänze wiedergegeben werden. Der Leser hat so die Möglichkeit, die Ehe-Passagen des *liber primus* im Kontext des gesamten ersten „Buches" kennen zu lernen.

---

[7] Eine komplette, sämtliche Marginal- und Interlinearglossen umfassende Edition Bartholomäus' Kommentarvorlage soll erst im Rahmen der vorbereiteten kritischen Edition seines Kommentars vorgelegt werden. Diese wird auch einen Vergleich mit dem Text der von Christoph Flüeler vorbereiteten kritischen Ausgabe der *translatio Durandi* enthalten. Hier sei lediglich angemerkt, dass (wenn man die als *alia littera* angeführten Textvarianten mitberücksichtigt) die in Paris BN lat. 16089 enthaltene Abschrift der *translatio Durandi* von der von Christoph Flüeler vorbereiteten kritischen Edition zwar an mehreren Stellen stilistisch abweicht, aber kaum sinngemäß.
Ich möchte an dieser Stelle Frau Prof. Zoepffel und dem Akademie-Verlag sehr herzlich für die Zur Verfügung Stellung ihrer, zum Zeitpunkt der Bearbeitung dieser Studie noch unveröffentlichten Untersuchung und neuen deutschen Übersetzung der Ökonomik danken. Ebenfalls danke ich Herrn Christoph Flüeler, der mir freundlicherweise seine eigene Edition der Yconomica-Abschrift aus der Hs. Paris, BN 16089 bereitgestellt hat und mir so ermöglicht hat, meine eigene, hier vorgelegte, Transkription an mehreren Stellen zu emendieren.

INCIPIT LIBER YCONOMICE ARISTOTILIS

Paris, BN lat. 16089, ff. 191ra–194rb

Liber primus

191ra [1] Iconomica et politica differunt non solum tantum quantum domus et ciuitas. Hec autem subiecta sunt eis; verum etiam, quod politica quidem ex multis principibus est, yconomica vero monarchia. Artium quidem alique sunt distincte, et non est eiusdem facere et uti eo quod factum est, puta lira et fistula. Politice vero est et civitatem ab initio 5 construere et existente uti bene. Patet etiam, quod yconomice sit et domum acquirere et uti ea. Ciuitas quidem igitur est domorum pluralitas et prediorum et possessionum habundans ad bene viuendum. Palam est enim, quod quando nequeunt hoc habere, dissoluitur et communicatio. Amplius autem huius causa conueniunt, cuius autem 10 causa unumquodque est ut factum est, et substantia eius est hoc existens. Quare palam, quod yconomica prior politica est, et eius opus;

2–3 quidem] a.l. quedam   11 ut] a.l. et

ARISTOTELES: OIKONOMIKA[1]

Erstes Buch

(1) Der Unterschied zwischen der (Kunst der) Haushaltsführung und der (Kunst der) Stadtverwaltung besteht nicht nur im Hinblick auf den Unterschied zwischen ihrem jeweiligen Gestaltungsmaterial, Hauswesen und Stadt, sondern auch hinsichtlich der in ihr geübten Herrschaftsform. Denn die Leitung eines Stadtstaates geht von vielen Magistraten aus, die Verwaltung eines Haushalts stellt aber eine Monarchie dar.

Einige der | Künste (technai) sind nun in sich untergliedert, und es ist nicht Aufgabe ein und derselben Kunst, (ein Produkt) hervorzubringen und das Hervorgebrachte (dann auch) zu benutzen, wie zum Beispiel bei der Leier und den Flöten. Aufgabe der Politik ist es aber, ein Gemeinwesen sowohl von Anfang an zu begründen, als auch von einem (bereits) vorhandenen den richtigen Gebrach zu machen. Und deshalb ist offenkundig, dass es auch Aufgabe der Oikonomik sein dürfte, einen Haushalt sowohl zu erwerben als auch zu gebrauchen. |

Die Stadt ist nun eine Ansammlung von Häusern, Grundstücken und Besitztümern, die unabhängig von anderen (Hilfsmitteln), für ein gutes Leben ausreicht. Das ist ganz klar, denn die Gemeinschaft löst sich wieder auf, wenn ihre Mitglieder dieses (Ziel) nicht erreichen können. Gerade deswegen sind sie aber zusammengekommen. Das, weswegen etwas existiert und entsteht, pflegt auch das Wesen dieses betreffenden Dinges zu sein. Folglich ist es offensichtlich, | dass die Oikonomik der Entstehung nach früher ist als die Politik, denn sie ist es auch

---

[1] Aristoteles: Oikonomika (Aristoteles Werke in deutscher Übersetzung, 10), übers. und erläutert von Zoepffel, Renate, Berlin 2006, S. 15–20 und 39–45.

pars enim ciuitatis domus est. Videndum ergo de yconomica, et quid sit opus eius.

[2] Pars vero domus homo est et possessio. Cum autem primo in minimis natura singularium reperitur, et de domo etiam utique similiter habet. Unde secundum Ysiodum oportet utique esse dominum quidem prius uxoremque et bouem arantem. Hoc quidem enim nutrimenti gratia primum, illud autem liberorum. Quare oportet utique que de uxoris tractanda sunt bene disponere; hoc autem est, qualem oportet eam esse instruere.

[3] Possessionis autem prima cura ea que secundum naturam. Secundum naturam uero laboratoria prior et secunda que de terra, ut metallica et si qua alia huius. Georgica autem maxime quia iusta; non enim inhumaniter nec violenter, sicut bellice. Amplius etiam et eorum que secundum naturam sunt. Naturaliter enim a matre nutrimentum omnibus est; quare et hominibus a terra. Adhuc autem ad fortitudinem multum confert. Non enim sicut fabriles corpora inuti|lia faciunt, sed potentia foras pergere et laborare. Amplius autem potentia periculare aduersus hostes. Horum enim tantum possessiones sunt extra domum.

[4] Omnibus enim de coniuge prima cura. Communicatio namque naturaliter femine atque masculo est precipue. Suppositum est quidem enim a nobis in aliis, quoniam multa huiusmodi natura operari affectat sicut et animalium unumquodque. Impossibile tamen feminam sine masculo et masculum absque femina hoc efficere, quare de necessitate eorum consistit in communicatione societas. In aliis quippe ani-

---

4 singularium] a.l. singulorum   8 tractanda] a.l. tractatu   9 instruere] a.l. instituere
10 que] a.l. quecunque   13 bellice] a.l. venatiue   19 omnibus] a.l. hominibus

der Sache nach: Das Haus ist nämlich ein Teil der Stadt. Es soll nun die Oikonomik untersucht werden und was ihre (spezifische) Aufgabe ist.

(2) Die Bestandteile des Hauses aber sind der Mensch und der Besitz. Da aber die Natur eines jeden Dinges zuerst in ihren kleinsten Eineheiten betrachtet wird, wird es sich wohl auch | bei dem Haus so verhalten. So dass nach Hesiod vorhanden sein müssten „ganz als Erstes ein Haus und eine Frau". Denn jenes ist das Wichtigste für den Lebensunterhalt, diese (das Wichtigste) unter den Menschen.

Daher dürfte es wohl notwendig sein, das, was Umgang mit der Ehefrau angeht, im Rahmen der Hausverwaltung(skunst) gut zu ordnen. Das heißt aber, dass man die Frau zu dem Wesen formt, das sie sein muss. |

Was den Erwerb (von Besitz) angeht, so ist die wichtigste und beste Betätigung diejenige, die der Natur gemäß ist. Nach der Natur steht aber an erster Stelle die Landwirtschaft, ihr folgen dann alle Fertigkeiten, die etwas aus dem Boden hervorholen, wie der Bergbau und was es sonst derartiges gibt. Die Landwirtschaft steht aber deswegen voran, weil sie gerecht ist. Denn sie zieht ihren Gewinn nicht von Menschen, weder von freiwilligen, wie beim Kleinhandel und bei der Lohnarbeit, noch von gezwungenen, | wie im Kriegswesen. Außerdem ist sie auch deshalb naturgemäß, weil von Natur aus | alle Lebewesen ihre Nahrung von der Mutter erhalten, und so ist es folgerichtig, dass sie den Menschen von der Erde zukommt.

Darüber hinaus aber steuert die Landwirtschaft auch viel zur Tapferkeit bei, denn sie macht den Körper nicht untüchtig, wie die verschiedenen Arten des Handwerks, sondern fähig, Witterung und | Strapazen zu ertragen und darüber hinaus auch Gefahren gegenüber den Feinden zu bestehen. Denn nur der Bauernbesitz liegt außerhalb der Befestigungen.

(3) In dem, was die Menschen angeht, steht an erster Stelle die Sorge für die Frau. Eine Gemeinschaft besteht nämlich von Natur aus am meisten zwischen dem weiblichen und dem männlichen (Lebewesen). Denn andernorts haben wir (als Grundsatz) festgestellt, dass | die Natur insgesamt danach strebt, vieles Gleichartige hervorzubringen, und so ist es auch bei jedem einzelnen Lebewesen. Dies kann das weibliche Geschlecht ohne das männliche oder das männliche ohne das weibliche auf keinen Fall (allein) zustande bringen, so dass sich die Verbindung dieser beiden aus Notwendigkeit ergeben hat.

malibus irrationabiliter id existit, et in quantum nature participant, in tantum, solummodo prolis gratia procreande. In viris autem et prudentioribus magis est dearticulatum. Apparent etiam magis auxilia facta et amicitie et cooperari inuicem. In homine tamen magis, quoniam non solum essendi, verum etiam bene essendi cooperatores sibi inuicem masculus et femina sunt. Et filiorum natura non ministerii causa nature solum, sed etiam utilitatis. Que enim potentes impotentibus fecerint, iterum reportant a potentibus et in senio impotentes effecti. Simul aut et natura replet hac peryodo semper esse, cum per unum nequeat, per speciem tamen. Sic preordinata fuit a diuino utriusque natura, masculi et femine, ad communitatem. Assumpta enim ad hec omnia utilem habere virtutem, sed quedam ad contraria quidem, ad idem vero conuenientia; aliud quidem enim fortius, aliud vero fragilius fecit, ut illud magis se custodiat pre timore, illud vero ulciscatur pre fortitudine, et illud quidem querat que foris sunt, illud vero salvet que sunt intus; et ad operationem illud quidem potens esse robustum, illud vero ad exteriora negotia debile, illud vero | ad quietem deterius, ad motus autem salubrius. Et de filiis generationem quidem propriam, utilitatem vero communem. Horum quidem enim nutrire, horum vero docere est.

    Primo quidem igitur leges ad uxorem, non iniuriari. Sic enim utique nec ipse iniuriam patietur. Hoc etiam et communis lex sequitur, sicut

---

3 dearticulatum] a.l. declaratum   4 cooperari] a.l. cooperationes   11 communitatem] a.l. communicationem

Bei den übrigen Lebewesen geschieht dieses ganz vernunftlos (nur) soweit sie an der Natur teilhaben | und nur um der Kindererzeugung willen. Aber bei den zahmen und vernünftigeren Lebewesen ist das (schon) besser ausgebildet—es zeigen sich nämlich bei ihnen (bereits) eher Hilfeleistungen, gegenseitiges Wohlwollen und Zusammenarbeit.

Am meisten (entwickelt ist es) aber beim Menschen, denn nicht nur für die (bloße) Existenz, sondern für ein menschenwürdiges Leben sind weibliches und männliches Geschlecht einander Mithelfer. |

Und der Besitz von Kindern dient nicht nur dazu, der Natur ihren Tribut zu zahlen, sondern auch dem (eigenen) Nutzen. Denn was sie im Vollbesitz der Kräfte an Mühe für die Hilflosen aufwenden, das erhalten sie, wenn sie im Alter selbst hilflos sind, von denen zurück, die jetzt die Kraft dazu haben.

Zugleich erreicht aber auch die Natur durch diese Art von Kreislauf das ewige Sein, | da sie es der Zahl nach für das Einzelwesen nicht vermag, wohl aber für die Art.

So wurde die Natur eines jeden von beiden, die des Mannes und die der Frau, von der Gottheit von vornherein für die Gemeinschaft eingerichtet. Denn sie hat eine Unterscheidung zwischen ihnen dadurch gemacht, dass Mann und Frau nicht auf den gleichen Gebieten in jeder Beziehung nützliche Kräfte besitzen, sondern zum Teil sogar solche, die einander zwar entgegengesetzt, aber auf das gleiche Ziel hin gerichtet sind.

Den Mann hat sie kräftiger gemacht, die Frau schwächer, damit | diese aufgrund ihrer Furchtsamkeit schutzbedürftiger, jener aber seiner Tapferkeit wegen zur Abwehr fähiger sei, und damit jener herbeischaffe, was von außen notwendig ist, diese aber das beschützt, was innen ist. Und im Hinblick auf ihre Beschäftigung hat sie die Frau befähigt, eine sitzende Lebensweise zu führen, für die Arbeiten draußen auf dem Felde und im Freien aber weniger geeignet, | den Mann aber schlechter für das Stillsitzen geschaffen, dagegen rüstig für alles, was viel Bewegung verlangt. Und was die Kinder angeht, so ist die Zeugung (den Eltern) zwar gemeinsam, die Hilfeleistungen aber, die sie dann (den Kindern) zu gewähren haben, sind verschieden. Denn der Frau obliegt die Ernährung, dem Mann die Erziehung.

(4) Zuerst nun also (feste) Regeln für das Verhalten der Frau gegenüber, und dass man (ihr) nicht Unrecht tun soll. Denn so wird man wohl auch selbst keinen Schaden erleiden. |

et Pithagorici dicunt tamquam famulam ductam de lare nequaquam decet opinari iniuriari. Iniuria quoque viri coniunctiones que foris fiunt. De coitu vero nec indigere nec tanquam absentium continere non posse, sed taliter uti, quod sufficiat presente et non presente. Bene etiam habet quod Ysyodus dicit: Oportet puellam ducere, ut doceat bonos mores. Nam dissimilitudines morum nequaquam amabile. De ornatu vero etiam sicut nec moribus oportet elatos inuicem appropinquare, sic nec corporibus. Ornatus autem nichil differens est locutionis tragediarum in apparatu ad invicem.

[5] De possessionibus autem primum quidem ac magis necessarium quod optimum et principalissimum. Hoc autem est homo. Propter quod oportet primo seruos studiosos ordinare. Seruorum tamen species due: curator et operator. Quia vero videmus, quod doctrine quales quosdam iuuenes faciunt, necesse est ordinantem nutrire, quibus attendendum est operum liberaliora. Colloquium vero ad seruos, ut nec iniuriari nec permittere dissolutos. Et liberalioribus quidem honorandum, operatoribus vero pluralitatem ciborum. Et quando potatio vini iniuriosos etiam liberos facit | et multe gentes recedunt iu a bonis, sicut Carchidonenses in exercitu, manifestum, quod de hoc aut nichil aut parum est dandum. Existentibus vero tribus, opere, pena et victu, aliud quidem nec puniri nec operari, victum habere, iniuriam

---

3 coitu] a.l. collocutione   19 bonis] a.l. liberis

Dies verlangt aber auch der allgemeine Brauch, wie denn die Pythagoreer sagen: Wie einer Schutzflehenden und einer, die man vom Herd aufgenommen hat, dürfe man der Frau kein Unrecht zufügen. Ein Unrecht das Mannes aber sind sexuelle Beziehungen außerhalb des Hauses.

Was aber den täglichen Umgang miteinander angeht, so soll man es weder an etwas fehlen lassen, noch ihn in dem Maße pflegen, dass im Fall einer Abwesenheit (beide) in Unruhe sind, sondern man soll die Frau so erziehen, dass sie sich angemessen | verhält, ob der Mann nun anwesend oder abwesend ist.

Richtig ist aber auch, was Hesiod sagt: „Mann soll ein vorher noch nie verheiratetes Mädchen heiraten, damit man ihm achtbare Sitten beibringen kann." Denn die Ungleichheit der Sitten ist am wenigsten der (ehelichen) Freundschaft zuträglich. Was aber den äußeren Schmuck angeht, so soll man, ebenso wenig wie man im Umgang mit einander | mit (guten) Eigenschaften prahlen darf, körperliche Vorzüge vortäuschen. Ein Umgang miteinander, der (nur) auf äußerlichem Putz beruht, unterscheidet sich in nichts von dem der Schauspieler auf der Bühne.

(5) Von den Besitztümern ist das erste und notwendigste auch das beste und dem Herrn am nächsten stehende: Das aber ist (bekanntlich) der Mensch. Deshalb | muss man sich als erstes taugliche Sklaven beschaffen.

Es gibt aber zwei Arten von Sklaven: den Aufseher und den (einfachen) Arbeiter. Da wir aber sehen, dass Unterweisungen junge (Lebewesen) in bestimmter Weise prägen, ist es nötig, nach dem Kauf diejenigen aufzuziehen und zu unterweisen, denen (später) selbständigere Tätigkeiten zugewiesen werden sollen.

Der Umgang mit den Sklaven aber (soll so sein) dass man sie weder frech | noch nachlässig werden lässt, und denen unter ihnen, die eher Freien ähneln, soll man Anerkennung zukommen lassen, den einfachen Arbeitern aber reichliche Ernährung.

Und da das Weintrinken selbst Freie übermütig oder gar gewalttätig macht und bei vielen Völkern auch von den Freien gemieden wird, wie bei den Karthagern und Feldzügen, so ist es klar, dass man Wein entweder gar nicht oder (nur) selten (den Sklaven) zukommen lassen soll. |

Da es aber dreierlei gibt (was man Sklaven zuteilt): Arbeit, Strafe und Nahrung, so erzeugt es Übermut, wenn man sie weder straft noch

facit; aliud vero opera quidem et penas habere, uictum autem non, violentum et debilitatem facit. Restat ergo opera dare et victum sufficientem. Nam sine merce impossibile dominari. Seruo autem merces victus. Sicut etiam aliis, quando bonis bonum non fit, melioribus melius nec premia bonitatis et malicie, peiores fiunt, sic et de seruis. Propter quod deliberare oportet et distribuere singula condigne et victum et vestitum et otium et penas, verbo et opere imitantes medicorum virtutem in virtute medicine respiciendo, quoniam esca non est farmacia propter continuitatem. Genera vero ad opera sunt optima que nec timida nec fortia valde. Utraque enim inique agunt; et enim valde timidi non patientur et iracundi non bene obediunt. Oportet etiam et omnibus finem facere. Iustum enim et moderatum libertatem meritum poni; volunt enim laborare, quando meritum est et tempus determinatum.

[6] Species vero yconomi quatuor quas circa res oportet habere. Etenim querere possibile oportet esse et custodire. Si vero non, nulla est utilitas acquirendi, nec non esse ornatum et nobilem. Horum enim gratia illis egemus. Distingui tamen oportet singula et magis fructifera quam infructifera esse, et sic operationes distribui. Ad custodiam

---

4 sicut enim aliis] a.l. sicut et in aliis   12 facere] a.l. ponere   16 nobilem] a.l. utilem

zur Arbeit anhält, sie aber Essen haben. | Haben sie dagegen Arbeit und Bestrafungen, aber kein Essen, so ist das gewalttätig und ungerecht und erzeugt Arbeitsunfähigkeit. Es bleibt also übrig, dass man (angemessene) Arbeit und auch ausreichende Ernährung zuteilt. Denn über Leute zu herrschen, die keinen Lohn erhalten, ist unmöglich, für den Sklaven aber ist die Nahrung der Lohn. Wie aber auch bei den anderen Menschen, wenn den Besseren nicht etwas Besseres zuteil wird und es keine Preise für Tüchtigkeit und keine Bestrafungen für Schlechtigkeit gibt, die Leute schlechter werden, so auch beim Gesinde.

Deshalb muss man die Sklaven (genau) beobachten und jeweils nach Verdienst (ein jedes) zuteilen oder wegnehmen: Nahrung, Kleidung, Arbeitspausen, Strafen, indem man in Wort und Tat die Fähigkeit der Ärzte | bei der Dosierung von Medikamenten nachahmt, dabei jedoch bedenkt, dass die Nahrung kein Heilmittel (im eigentlichen Sinne) ist, weil sie (dauernd) benötigt wird.

Am besten für die Arbeit geeignet ist der Sklaventyp, der weder zu zimperlich noch zu draufgängerisch ist. Denn beide Arten fügen Schaden zu. Die allzu zimperlichen nämlich halten nicht aus, und die Draufgänger lassen sich nicht leicht unter Kontrolle halten.

Es ist aber auch nötig, allen ein Ziel | zu setzen. Denn es ist sowohl gerecht als auch nützlich, die Freiheit als Preis auszusetzen. Sie mühen sich nämlich gerne ab, wenn ein Lohn winkt und die Zeit begrenzt ist.

Man muss sich ihrer aber auch durch die Erlaubnis zur Kinderzeugung versichern. Und man darf nicht viele (Sklaven) aus demselben Volksstamm kaufen, wie man das auch in den Städten tut. Und die Opferfeiern und Erholungen muss man eher | um der Sklaven als um der Freien willen veranstalten. Denn die Sklaven haben mehr Bedürfnisse an dem, um dessentwillen solche Gebräuche eingerichtet wurden.

(6) Vier Aspekte (der Tätigkeit) des Hausherrn gibt es aber, was den Besitz angeht. Denn er muss sowohl imstande sein, ihn zu erwerben, als auch zu bewahren: Andernfalls ist auch der Erwerb nutzlos. Denn das | heißt Wasser mit dem Sieb schöpfen und gleicht dem sogenannten durchlöcherten Fass.

Darüber hinaus aber muss er auch das Vorhandene ordnen und nutzen können. Denn zu diesem Zweck brauchen wir ja jene erstgenannten (Fähigkeiten).

Es muss aber der (Gesamt-)Besitz in seine einzelnen Bestandteile aufgegliedert werden. Und der Ertrag bringende Besitz muss größer sein als der unproduktive, und die Unternehmungen müssen so verteilt sein,

uero persianis et laconicis licet uti. Et actica vero dispositio utilis.
Retrib|uentes enim emunt, et orei positio non est in paruioribus dispositionibus. Persiana vero omnia ordinari et omnia ad ipsum respicere, quod Dyon dicebat de Dyonisio: Nemo enim aliena et propria similiter curat. Unde, quotquot convenit per se fieri oportet et curam. Et Persiani et Libii proverbium bene habet. Alius quidem interrogatus quid magis equum impinguat, domini oculus inquit. Libius vero interrogatus quale stercus optimum, domini vestigia dixit.

Custodiendum ergo alia quidem ipsum, alia vero uxorem, ut utriusque distingui opera dispositionis. Et hoc faciendum. In paruis quidem ordinationibus distingui raro, in hiis vero que sub cura sunt sepe; non enim possunt, nisi bene appareant, bene imitari nec in aliis nec in cura. Unde impossibile negligentibus dominis superastatores sollicitos esse. Cum autem hec et ad virtutem bona et ad dispositionem utilia, oportet prius seruis dominos surgere et dormire ultimos. Et numquam sine custodia domum esse, sicut et civitatem. Et quecumque oportet facere nec nocte nec die omittere. Surgere tamen de nocte, hoc enim et ad sanitatem et dispostionem et philosophiam utile.

In modicis quidem rebus atticus modus usu fructuum utilis. In magnis autem diuisis hiis que ad annum et mensem consumuntur. Item etiam de superlectilium usu eorumque que cotidie et eorum que raro, hoc tradendum superastantibus super hiis. Et eorum custodiam per tempus aliquod faciendum, ut non lateat quod saluum est et quod deest. Domum etiam ad rerum custodiam construendum et ad sanitatem et salutem ipsorum. Dico | autem rebus quidem puta victualibus et

dass nicht gleichzeitig | mit allen ein Risiko eingegangen wird. Für die Bewahrung des Besitzes empfiehlt es sich, die persischen Gepflogenheiten anzuwenden und auch die lakonischen. Aber auch die attische Oikonomie ist nützlich. Den wenn sie verkaufen, kaufen sie (auch gleich), und die Einrichtung einer Vorratskammer ist in den kleineren Betrieben nicht vorhanden.

Als (typisch) persisch aber gilt es, selbst alles festzusetzen und alles zu beaufsichtigen, | wie es Dion über Dionysios berichtete. Denn niemand kümmert sich um fremdes Eigentum so wie um das eigene, so dass man, soweit | es möglich ist, persönlich für alles Sorge tragen muss. Und jener Ausspruch des Persers, wie auch der des Libyers hat wohl seine Richtigkeit. Denn ersterer sagte, gefragt, was ein Pferd am meisten fett mache: „Das Auge des Besitzers". Der Libyer aber antwortete auf die Frage, welcher der beste Dünger | sei: „Die Fußspuren des Herrn".

Es muss also Aufsicht geführt werden, teils durch den Hausherrn persönlich, teils durch die Hausfrau, wie jedem von ihnen die (unterschiedlichen) Aufgaben der Hausverwaltung zugeteilt sind. Und diese (Aufsicht) muss in kleinen Haushalten selten (ständig) vorgenommen werden, aber häufig in solchen, die von einem Verwalter beaufsichtigt werden. Denn unmöglich kann etwas, das nicht gut vorgemacht wird, gut nachgeahmt werden, weder im | allgemeinen, schon gar nicht aber in der Verwaltung. Wie es ja auch unmöglich ist, wenn die Herrn sich nicht (um den Besitz) kümmern, dass die Untergebenen sorgfältig sind.

Und da dies auch schön für die Tugend und nützlich für die Hausverwaltung ist, müssen die Herrn früher aufstehen als das Gesinde und später schlafen gehen, und niemals darf das Haus unbewacht sein, (ganz) wie eine Stadt, | und was getan werden muss, darf weder bei Nacht noch bei Tag vernachlässigt werden. Aufstehen aber heißt es auch nachts. Denn dies ist nützlich für die Gesundheit, für die Hausverwaltung, für die Philosophie.

Für kleine Haushalte ist nun die attische Art der Aufteilung der Erträge nützlich. In den großen aber (ist es sinnvoll), den Verbrauch aufzuteilen | nach jährlichem und monatlichem Bedarf und ebenso die Gerätschaften einzuteilen, je nachdem ob sie täglich oder nur selten gebraucht werden, und das alles muss man dann den Aufsehern übergeben. Außerdem muss man eine Kontrolle darüber in bestimmten durchführen, damit klar ersichtlich ist, was vorhanden ist und was fehlt.

Das Haus muss aber | mit Blick auf die (einzelnen) Besitztümer und auf die Gesundheit und das Wohlergehen seiner Bewohner angelegt

indumentis quibus expedit, et victualium qualis sicca et qualis humida aliarumque rerum qualis animatis et seruis et liberis et feminis et masculis et extraneis et ciuibus. Et ad salutem et ad sanitatem oportet esse ciuium quidem pro estate, calidum vero pro hyeme. Hec tamen sit versus boream et non equaliter lata. Videtur autem et in magnis yconomiis utilis hostiarius esse qui in aliis operibus sit inutilis, ad salutem introentium et exeuntium. Ad bonum vero vasorum Laconicium; oportet enim unumquodque in suo loco poni. Sic enim paratum existens non queretur.

Liber secundus

[1] Bonam mulierem eorum que sunt intus dominari oportet curam habentem omnium secundum scriptas leges, non permittentem ingredi nullum, si non preceperit vir, timentem precipue verba forentium mulierum ad corruptionem anime. Et que intus sibi contingunt ut sola sciat, et si quid sinistri ab ingredientibus fiat, uir habet causam. Dominam existentem expensarum et sumptuum ad festiuitates, quas vir promiserit. Expensis et vestimento ac apparatu minori utentem quam eciam leges ciuitatis precipiunt, considerantem quoniam nec questus vestimentorum differens forma nec auri multitudo tanta est ad mulieris uirtutem, quanta modestia in quolibet opere et desiderium honeste atque composite vite. Et enim quilibet talis ornatus et elatio animi est, et multo certius ad senectutem iustas laudes sibi filiisque tribuendo. Talium quidem igitur ipsa se inanimet mulier composite dominari.

---

1 quibus] a.l. qualis   4 ciuium] a.l. cunum, cuprum   12 nullum] a.l. aliquem intus | forentium] a.l. furentium   16 promiserit] a.l. permiserit | Expensis] a.l. uictu | minori] a.l. humiliori   18 forma] a.l. quod nec uestium possessio differens pulchritudine | tanta] supra: tantum   20 et enim] a.l. et enim inuidios⟨us⟩ quilibet huiusmodi ornatus est multo cercior in senectu⟨te⟩ reddens preconia iusta et filiis. In talibus igitur sibi affectet preesse difficile enim viro.

sein. Ich meine mit „Besitz" aber, was für die Ernteerträge und die Kleidung nützlich ist, und bei den Ernteerträgen, was für trockene und was für feuchte passt, und bei dem übrigen Besitz, was für die beseelten und unbeseelten Lebewesen, für Sklaven und | Freie, für Frauen und Männer, für Fremde und Mitbürger gut ist. Und für Behaglichkeit und Gesundheit muss das Haus im Sommer luftig, im Winter sonnig angelegt sein.

Ein solches Haus müsste aber wohl nach Süden gelegen und nicht ebenso lang wie breit sein. Es scheint aber auch in den großen Betrieben ein Torhüter, der zu anderen Arbeiten möglicherweise nicht mehr | tauglich ist, nützlich zu sein, um darüber zu wachen, was hinein- und herausgeht. Für eine bequeme Benutzung des Geräts aber ist die lakonische Art dienlich. Es muss nämlich jedes einzelne an seinem eigenen Ort liegen. Denn so ist es wohl immer griffbereit und müsste nicht gesucht werden.

Drittes Buch[2]

(1) Eine gute Hausfrau soll über das gebieten, was sich innerhalb des Hauses befindet, indem sie sich, den geschriebenen Gesetzen entsprechend, um alles kümmert, (und) nicht erlaubt, dass irgend jemand (das Innere des Hauses) betritt, falls der Hausherr es nicht angeordnet hat, und indem sie vor allem das Gerede der Marktfrauen als verderblich für die Seele fürchtet. | Und das, wofür sie innerhalb des Hauses zuständig ist, soll sie allein wissen, und wenn von Außenstehenden Schaden angerichtet wird, soll der Hausherr sich des Falles annehmen. Als Herrin über die Ausgaben und die Aufwendungen für Festlichkeiten, die der Hausherr gestattet hat, soll sie für die Ausgaben und für Kleidung und Ausstattung noch weniger aufwenden, als die Gesetze der Stadt erlauben, indem sie bedenkt, | dass weder der Besitz von Kleidern, der zwar für das Aussehen einen Unterschied herstellt, noch eine Menge von Gold(schmuck) für die Tugend (bzw. den Ruf der Tugendhaftigkeit) einer Frau so viel bedeuten wie Bescheidenheit in allem Tun und das Streben nach einer ehrenvollen und geordneten Lebensführung. Denn ein derartiger Schmuck der Seele ist nicht beneidenswert, sondern führt auch viel sicherer bis ins Alter zu berechtigtem Ansehen für die Frau selbst und für ihre Kinder. |

---

[2] In der Ökonomik-Übersetzung von Renate Zoepffel entspricht dem *Liber Secundus* der *Translatio Durandi* das dritte Buch. Siehe dazu oben S. 75.

192ᵛᵃ Indecens enim | viro videtur scire que intus fiunt. In ceteris autem omnibus viro parere intendat, nec quicquam ciuilium audiens, nec aliquid de hiis que ad nuptias spectare videntur velit peragere. Sed cum tempus exigit proprios filios filiasue foras tradere aut recipere, tunc autem pareat quoque viro in omnibus et simul deliberet et obediat, si 5 ille preceperit, arbitrans non ita viro esse turpe eorum que domi sunt quicquam peragere, sicut mulieri que foris sunt perquirere.

   Sed arbitrari decet vere compositam mulierem viri mores uite sue leges imponi a deo sibi impositos cum nuptiis et fortuna coniunctos: quos equidem si patienter et humiliter ferat, facile reget domum, si vero 10 non, difficilius. Propter que decet non solum cum contingit virum ad rerum esse prosperitatem et ad aliam gloriam, unanimem esse ac iuxta uelle seruire, verum etiam in aduersitatibus. Si quid autem in rebus deerit, vel ad corporis egritudinem aut ad ignorantiam anime esse manifestam, dicat quoque semper optima et in decentibus obsequatur, pre- 15 terquam turpe quidem agere aut sibi non dignum. Vel memorem esse, si quid uir anime passione ad ipsam peccauerit, de nichilo conqueratur quasi illo hoc peragente, sed hec omnia egritudinis ac ignorantie ponere et accidentium peccatorum. Quantum enim in hiis quis diligentius obsequetur, tanto maiorem gratiam habebit qui curatus extiterit, 20 cum ab egritudine fuerit liberatus. Et si quid ei iubenti non bene haben-
192ᵛᵇ tium non | paruerit mulier, multo magis sentiet et a morbo curatus, propter qua decet timere huiusmodi. In aliis autem multo diligentius

---

4 tunc] a.l. audiat quidem a viro omnia   15–16 preterquam] a.l. preter quam

Über diese Angelegenheiten also soll die Frau aus eigenem Antrieb und Ermessen besonnen herrschen, denn es gehört sich nicht, dass der Mann weiß, was innerhalb des Hauses geschieht. In allem anderen soll sie sich darum bemühen, dem Mann zu gehorchen indem sie nichts | von öffentlichen Dingen hören will und auch nichts im Hinblick auf Eheschließungen zu bewirken versucht. Sondern wenn die Zeit dafür gekommen ist, die eigenen Söhne oder Töchter zur Ehe wegzugeben oder (Schwiegerkinder) zu akzeptieren, soll sie dem Mann in jeder Hinsicht gehorchen. Und sie soll (zwar) mit ihm gemeinsam überlegen, aber auf ihn hören, | wenn er etwas vorschreibt, indem sie sich vor Augen hält, dass es weniger ungehörig ist, wenn der Hausherr in innerhäuslichen Angelegenheiten etwas (nach seinen Vorstellungen) durchsetzt, als wenn die Hausfrau Außerhäusliches in Erfahrung bringen will. Aber eine wahrhaftig besonnene Frau muss der Überzeugung sein, dass die Lebensweise des Mannes ihrem Leben ein Gesetz auferlegt und dass sie ihr von einem göttlichen Wesen auferlegt worden und mit ihrer Verheiratung und dem Schicksal (des Mannes) verbunden ist. Wenn sie sich nun an diese Lebensweise geduldig und demütig | anpasst, wird die Frau das Haus leicht regieren, wenn aber nicht, dann wir sie es schwerer haben. Deswegen gehört es sich, nicht nur dann, wenn der Mann sich gerade in guten finanziellen Verhältnissen und in sonst einer ehrenvollen Position befindet, einträchtig mit ihm zu leben und an seiner Seite dienen zu wollen, sondern wahrhaftig auch im Unglück. Wenn aber in den (häuslichen) Angelegenheiten etwas zu wünschen übrig lässt, das offensichtlich aus einer Krankheit des Körpers oder | Unwissenheit der Seele herrückt, dann soll die Frau (trotzdem) immer nur das Beste (über ihren Mann) sagen und ihm gehorchen, soweit es schicklich ist. Aber sie soll nichts Schändliches tun und nichts, was ihrer selbst nicht würdig ist. Noch soll sie in Erinnerung behalten, wenn der Mann aus einem seelischen Affekt heraus ihr Unrecht tut. Und sie soll sich über nichts beklagen, was der Mann (in diesem Zustand) durchführt, sondern alles dieses mit üblem Befinden oder Unzurechnungsfähigkeit | oder als unabsichtliche Verfehlungen erklären. Denn je bereitwilliger jemandem in solchen (Ausnahme-)Situationen Folge geleistet wird, desto größere Dankbarkeit wird er empfinden, wenn er gesund geworden und von seinem schlechten Befinden befreit ist. Und sollte die Frau ihm nicht gehorcht haben, weil er etwas Ungehöriges verlangte, so wird er das um so höher zu schätzen wissen, wenn er von seiner Krankheit geheilt sein wird. Deswegen soll sie sich | vor derartigem (falschen) Gehor-

obsequi, quam si empta uenisset ad domum. Magno enim pretio empta fuit, societate namque vitae et protectione liberorum, quibus nil maius nec sanctius fieret. Adhuc insuper si quidem cum felici viro uixisset, non quoque similiter fieret deulgata. Et quidem non modicum est non uti bene prosperitate et non humiliter, verum etiam aduersitatem bene sufficere multo magis merito honoratur. Nam in multis iniuriis et doloribus esse nichil turpe peragere fortis animi est. Orare quidem igitur decet in aduersitate virum non peruenire. Si vero quicquam mali sibi contingat, arbitrari huic optimam laudem esse sobriae mulieris, existimantem quoniam nec Alciste tantam acquire sibi gloriam nec Penelope tot et tantas laudes meruisset, si cum felicibus viris vixissent. Nunc autem Amicti et Ulixis aduersitates parauerunt eis memoriam immortalem. Facte enim in malis fideles et iuste viris, a diis nec immerito sunt honorate. Prosperitatis quidem enim [non] (expunx.) facile inuenire participantes, aduersitati non volunt communicare non optime mulierum. Propter que omnia decet multo magis honorare virum et in verecundia non habere, si sacra pudicitia et opes, animositatis filius, secundum Herculem non sequantur. Mulierem quidem ergo in quodam tali typo legum et morum oportet se custodire.

[2] Vir autem leges a similibus adinueniat uxoris in usu, quoniam tamquam socia | filiorum et vitae ad domum viri deuenit, relinquens filios genitorum uiri et sua nomina habituros. Quibus quid sanctius fieret aut circa que magis uir sane mentis studebit, quam ex optima et preciosissima muliere liberos procreare, senectutis pastores quasi optimos et

---

2 protectione] a.l. procreatione   5 uti] a.l. frui   6 sufficere] aliter sufferre   7 quidem] a.l. orare quidem igitur oportet in nullo infortunatum virum fieri   10 Alciste] a.l. Alcestis   14 facile] aliter facile solum   15 volunt] aliter aduersitati uero nolunt   16 virum] a.l. nec pudere sui ipsius viri si non communicetur secundum Orfeum ac diuitie filie euthinociue.   17 sacra] aliter satis   18 sequantur] aliter sequatur   22 sanctius] a.l. diuinius

sam hüten, in allem anderen aber viel bereitwilliger Folge leisten, als wenn sie als gekaufte Sklavin in das Haus gekommen wäre. Denn für einen wahrhaft hohen Preis wurde sie gekauft: nämlich für den Preis einer Lebensgemeinschaft und der (gemeinsamen) Kindererzeugung. Und sollte es etwa Wertvolleres oder Heiligeres geben als dieses? Darüber hinaus hätte eine Frau, die (nur) mit einem von Glück gesegneten Mann zusammenlebt, kaum eine Gelegenheit, (ihren guten Eigenschaften) entsprechend | bekannt zu werden. Denn sich im Glück gut zu verhalten, ist kein Zeichen von Bescheidenheit und Demut, aber selbst Unglück mit Würde zu ertragen, wird mit viel größerem Recht hoch geachtet. Denn in vielem Unrecht und in Schmerzen auszuhalten und sich doch zu nichts Schändlichem hinreißen zu lassen, das ist das Merkmal einer starken Seele. | Beten muss also die Frau freilich, dass der Mann nicht ins Unglück geraten möge. Wenn ihm oder ihr aber doch etwas Schlechtes zustößt, soll sie sich vor Augen halten, dass dies die Situation ist, in der erst eine besonnene Frau das höchste Lob erringen kann. Denn sie muss bedenken, dass weder Alkestis sich so großen Ruhm erworben hätte noch Penelope so viel Lob verdient hätte, wenn sie mit glücklichen Männer zusammengelebt hätten. Nun aber bereiteten das Unglück des Admet | und des Odysseus diesen Frauen unsterblichen Ruhm. Denn da sie sich im Unglück ihren Männern gegenüber als treu und rechtschaffen erwiesen haben, ist ihnen von den Göttern die verdiente Ehre zuteil geworden. Denn Teilhaberinnen am Glück sind immer leicht zu finden, am Unglück aber wollen nur die besten Frauen Anteil nehmen. Aus allen diesen Gründen schickt es sich, | den Mann nur um so höher zu achten und sich seiner nicht zu schämen, wenn ihn „die heilige Sittsamkeit und der Reichtum, der Sohn der Muthaftigkeit"—wie Orpheus sagt—(wie einst den Herakles) nicht mehr begleiten.

Es ist also gut und nützlich, wenn die Frau sich im Rahmen derartiger Regeln und Verhaltensweisen bewegt. [Absatz bei Rose] (2.) Der Mann aber soll für den Umgang mit seiner Frau Verhaltensnormen finden, die von den gleichen Prinzipien ausgehen. | Denn sie ist ja als Teilhaberin an Elternschaft und Leben (wie eine Bittflehende und vom Herd Aufgenommene) zu ihm ins Haus gekommen und wird Kinder hinterlassen, die den Namen der väterlichen Vorfahren und seinen eigenen | tragen werden. Was könnte deshalb wichtiger sein und worum könnte ein Mann, der seine Sinne beisammen hat, sich mehr bemühen, als (nur) mit der besten und wertvollsten Frau Kinder zu

pudicos patris ac matris custodes ac tocius domus conseruatores? Quoniam educati quippe recte a patre et matre, sancte atque iuste ipsis utentium, quasi merito boni fient, hec autem non optinentes patientur defectum. Exemplum enim vite filiis nisi parentes dederint, puram et excusabilem causam adinuicem habere poterant. Timor ne contempti a filiis, cum non bene uiuerent, ad interitum ipsis erunt. Propter que enim nichil decet obmittere ad uxoris doctrinam, ut iuxta posse quasi ex optimis liberos valeant procreare. Etenim agricola nichil omittit studendo, ut ad optimam terram et maxime bene cultam semen consumere expectans ita optimum sibi fructum fieri, et vult pro ea, ut deuastari non possit, si sic contigerit, mori cum inimicis pugnando. Et huius mors maxime honoratur. Ubi autem tantum studium fit pro corporis esca, ad quam anime semen consumitur, quid si pro suis liberis matre atque nutrice nonne omne studium est faciendum? Hoc enim solo omne mortale semper factum immortalitatis participat, et omnes petitiones ac orationes dium permanent paternorum. Unde qui contempuit hoc, et deos videtur negligere. Propter deos itaque, quibus coram sacra mactauit et uxorem duxit, et multo magis se post parentes uxori tradidit ad honorem.

[3] Maximus autem honor sobrie mulieri est, si uidet virum suum obseruantem sibi castitatem et de nulla alia muliere curam magis habentem, sed pre ceteris omnibus propriam et amicam et fidelem existimantem. Tanto etiam magis studebit se talem esse mulier, si cognouerit fideliter atque iuste ad se virum amabilem esse, et ipsa circa virum iuste fidelis erit. Ergo prudentem ignorare non decet nec parentum qui sui honores sunt, nec qui uxori et filii proprii et decentes, ut tribuens unicuique que sua sunt iustus et sanctus fiat. Multo enim maxime grauiter quisque

---

5 poterant] a.l. poterunt   9–10 consumere] a.l. dispenset   13 quam] a.l. in quam | liberis] a.l. suorum liberorum   14 faciendum] a.l. quippe pro suorum filiorum matre ac nutrice in quam anime semen dispensatur omnis opera est adhibenda."   16 dium] aliter diuine, deorum   18 mactauit] a.l. sacrificia immolatur vel immolans | magis] vel maxime   27 iustus] a.l. honestus

zeugen, als Hirten des Alters sozusagen die besten, pflichtbewussten Beschützer von Vater und Mutter und Bewahrer des gesamten Hauses. | Denn Kinder werden ja, wenn sie von Vater und Mutter richtig erzogen worden sind, den Eltern, die selbst fromm und gerecht mit ihnen umgegangen sind, sozusagen zum Lohn gute Menschen werden. Wenn ihnen aber eine gute Erziehung nicht zuteil geworden ist, erleiden sie einen Schaden. Denn wenn die Eltern den Kindern mit ihrer Lebensführung kein (gutes) Vorbild gegeben haben, dann dürften diese ihrerseits wohl einen guten Entschuldigungsgrund den Eltern gegenüber haben. Und die Angst, von den Kindern verachtet zu werden, weil | sie (selbst) nicht gut gelebt haben, wird sie in den Untergang führen.

Deswegen darf der Ehemann bei der Unterweisung der Frau nichts unbeachtet lassen, damit sie von beiden Seiten her sozusagen aus den besten Voraussetzungen Kinder hervorbringen können. Denn auch der Bauer unterlässt nichts in seinem Bemühen, den Samen in die beste und ganz besonders gut bearbeite Erde zu bringen, in der Erwartung, dass ihm so die beste | Erntefrucht erwaschen werde. Und er will dafür, damit ihm das nicht zerstört wird, wenn es sich denn ergibt, im Kampf gegen die Feinde selbst den Tod auf sich nehmen. Und diese Todesart ist die am höchsten geehrte. Wenn man sich aber schon um die Ernährung des Körpers so sehr bemüht, muss da nicht noch viel mehr alle erdenkliche Mühe für die aufgebracht werden, welcher man den Samen der Lebenskraft anvertraut, und das ist im Hinblick auf die Kinder doch die Mutter und Amme? | Denn nur dadurch hat alles Sterbliche, wie es immer wieder erschaffen wird, an der Unsterblichkeit teil und bleiben alle Bitten und Gebete an die väterlichen Götter erhalten. Deshalb vernachlässigt ganz offensichtlich auch derjenige, der diese Aufgabe verachtet, die Götter. Letztlich also um der Götter willen, an deren Altären er Opfer dargebracht hat, führt ein Mann eine Ehefrau ins Haus und hält sie, nach | seinen Eltern, mehr als alles andere in Ehren.

Die größte Ehre aber stellt es für eine besonnene Frau dar, wenn sie sieht, dass der Mann ihr immer treu ist und sich um keine andere Frau mehr als um sie kümmert, sondern sie vor allen anderen als zu sich gehörig, der Freundschaft wert und vertrauenswürdig betrachtet. | Um so mehr wird auch die Frau sich bemühen, sich dementsprechend zu verhalten: Wenn sie wahrnimmt, dass der Mann sich ihr gegenüber in Treue und Zuverlässigkeit liebenswürdig erweist, wird auch sie ihm gegenüber treu und zuverlässig sein. Deshalb darf der beson-

fert honore suo privatus, nec etiam si aliorum quid multa dederit propria auferendo, libenter acceperit. Nichil maius nec proprius est uxori ad minus, quam societas honorabilis et fidelis. Propter que non decet hominem sanae mentis ut ubicumque contingit ponere semen suum, nec ad qualemcunque accesserit, proprium immittere semen, ut 5 non de generibus et iniquis similia liberis ligitimis fiant, et quidem uxor honore suo priuetur, filiis vero obprobrium adiungatur. De hiis ergo omnibus reuerentia iure debetur.

Appropinquare vero decet eius uxori cum honestate et cum multa modestia et timore, dando verba coniunctionis eius qui bene habet, 10 ac liciti operis et honesti, multa modestia et fide utendo, parua quidem spontanea remittendo peccata. Et si quid autem per ignorantiam deliquerit | moneat, nec metum incutiat sine verecondia et pudore. Nec etiam sit negligens nec seuerus. Talis quidem enim passio meretricis adulterium est, cum verecundia autem et pudore equaliter diligere 15 et timere libere mulieris ad proprium virum est. Duplex enim timoris species est, alia quidem fit cum verecondia et pudore, qua utuntur ad patres filii sobrii et honesti et ciues compositi ad benignos rectores. Alia vero cum inimicitia et odio, sicut serui ad dominos et ciues ad tyrannos iniuriosos et iniquos. Ex hiis quoque omnibus eligens meliora, uxorem 20 sibi concordem et fidelem et propriam facere decet, ut presente viro et non, utatur semper non minus ac si presens adesset, ut tanquam rerum communium curatores. Et quando vir abest, ut sentiat uxor, quod

---

1 aliorum] a.l. ex aliis | quid] a.l. quis   3 minus] aliter virum   6 generibus] aliter vilibus   8 iure] aliter viro   9 appropinguare] a.l. habendum uero mulieri sui honeste, ac modestia et pudore sermones ⟨...⟩ exhibentem. Bene ⟨...⟩ pudici, multa ⟨...⟩ fidelitate utentem modicorum peccatorum indul⟨gentiam⟩ habentem. | uxori] a.l. composite   10 timore] a.l. pudore   11–12 quidem] a.l. et

nene Mann weder die den Eltern zustehende Ehrerbietung | noch die jeweils der Frau und den Kindern angemessene Achtung je vernachlässigen, auf dass er sich als gerecht und fromm erweist, indem er jedem das Seine zuteilt. Denn nichts erträgt ein Mensch so schwer, als dessen beraubt zu werden, was ihm zusteht, und er wird auch statt dessen viele Gaben, die eigentlich anderen gebühren, nicht gerne annehmen, wenn derweil das ihm Zustehende verwehrt wird. Und nichts ist wichtiger und steht einer Frau seitens ihres Mannes mehr zu als | eine ehrenhafte und treue Lebensgemeinschaft. Deswegen ziemt es sich nicht, dass ein Mann, der bei klarem Verstand ist, wo auch immer es sich gerade trifft seinen Samen ablegt oder bei jeder Person, zu der er gerade Zugang findet, seinen Samen einpflanzt, damit nicht aus gemeinem und unebenbürtigem Geschlecht Kinder erwachsen, die den ehelichen Kindern ähnlich sind. Damit wird auch die Ehefrau nicht der ihr gebührenden Achtung beraubt, und den Kindern wird kein | Makel angehängt werden.

(3) Auf alles dieses also muss der Mann mit Besonnenheit Rücksicht nehmen. Er muss sich seiner Frau auf würdige Art nähren, mit großer Zurückhaltung und Behutsamkeit (Scheu), indem er so zu ihr spricht, wie es ihrer ehelichen Verbindung und einer statthaften und ehrenvollen Aufgabe angemessen ist. Er soll große Zurückhaltung üben und Vertrauen beweisen, indem er ihr kleine | Fehler und Eigenwilligkeiten zugesteht. Und wenn sie etwas aus Unwissenheit verschuldet hat, soll er sie ermahnen und ihr nicht bloße Angst einjagen, die ohne Respekt und Schamgefühl wäre, und er soll weder nachlässig sein noch streng strafen. So eine Strafe wäre nämlich der Ehebruch mit einer Prostituierten (oder: ein solches Verhalten nämlich muss eine Prostituierte im Ehebruch erleiden). Eine freie Frau aber soll den eigenen Mann, der ihr nahe steht, mit Respekt und Schamgefühl gleichermaßen lieben und fürchten. | Denn es gibt zwei Arten von Furcht: Die eine ist verbunden mit Respekt und Schamgefühl, wie sie zum Beispiel besonnene und anständige Kinder ihren Vätern oder gesittete Bürger wohlgesonnenen Obrigkeiten gegenüber empfinden. Die andere Art aber | geht mit Feindschaft und Hass einher, wie sie Sklaven gegen ihre Herren und Bürger gegen unrechtmäßige und feindselige Tyrannen fühlen. Indem er sich in allen diesen Fragen stets für das Bessere entscheidet, soll der Mann seine Frau dazu bewegen, mit ihm eines Sinnes zu sein, treu und anhänglich. Dann wird sie, ob ihr Mann nun anwesend ist oder nicht, sich immer genau so verhalten wie in seiner | Anwesen-

nullus sibi melior nec modestior nec magis proprius viro suo, et ostendet hoc in principio, ad commune bonum respiciens, quamuis nouitia sit in talibus. Et si ipse sibi maxime dominetur, optimus totius uite rector existet et uxorem talibus uti docebit.

 Nam nec amicitiam nec timorem absque pudore nequaquam honorauit Homerus, sed ubique amare precipit cum modestia et pudore. Timere autem sic Helena ait sic dicens Priamum: „Metuendus et reverendus es michi et terribilis, amantissime socer", nil aliud dicens quam cum timore ipsum diligere et pudore. Et rursus Vlixes ad Nausicam dicit hoc: „Te, mulier, valde miror et timeo." Arbitratur enim Homerus sic ad | inuicem virum et uxorem habere, putans ambos bene fieri taliter se habentes. Nemo enim diligit nec miratur unquam peiorem nec timet etiam cum pudore, sed huiusmodi passiones contingunt ad invicem melioribus et natura benignis, minoribus scientia ad se meliores. Hunc habitum Ulixes ad Penelopem habens in absentia nil deliquit. Agamemnon autem propter Criseidem ad eius uxorem peccauit in ecclesia dicens mulierem captiuam et non bonam, immo ut dicam barbaram, in nullo deficere in virtutibus Cliemnistre, non bene quidem ex se liberos habente, neque nisi cohabitare usus est. Qualiter enim recte, qui antequam sciret illam, qualis fieret erga se, nuper per violentiam duxit? Vlixes autem rogante ipsum Athlantis filia sibi cohabitare et promittente semper facere immortalem, nec ut fieret immortalis, prodire presumpsit uxoris affectum et dilectionem et fidem, maximam arbitrans penam suam fieri, si malus existens immortalitatem mereatur habere. Nam cum Circe iacere noluit, nisi propter amicorum salutem. Immo respondit ei, quod nichil dulcius eius patria posset videri quam aspera existente. Et oravit magis mortalem uxorem fili-

---

8 es] a.l. est 12 Nemo] a.l. Nemo enim neque diliget neque amabit neque mirabitur unquam peiorem se nec metuet cum pudore. Sed huius passiones contingunt optimis ad inuicem et naturaliter bonis. Minoribus autem scientia ad potiores se hunc habitum, et cetera. 17 ecclesia] a.l. in consilio 18 Cliemnistre] a.l. Clithemestre 25 mereatur] a.l. fortiretur | nisi] *add.* ibi

heit, nämlich als Verwalter gemeinsamer Angelegenheiten. Und wenn der Mann fort ist, soll die Frau spüren, dass niemand besser zu ihr ist, niemand rücksichtsvoller oder zuverlässiger als ihr eigener Mann. Und er soll ihr das gleich von Anfang an zeigen, immer mit Rücksicht auf das gemeinsame Wohl, auch wenn sie in solchen Angelegenheiten noch keine Erfahrung hat. Und wenn er sich selbst am meisten beherrscht, dann wird er sich als der beste | Lenker ihres ganzen Lebens erweisen und die Frau lehren, sich ebenso zu verhalten. Denn Homer hat nicht Liebe oder Frucht ohne Schamgefühl gepriesen, sondern wo er zu lieben vorschreibt, da soll es mit Zurückhaltung und Schamgefühl geschehen, wo er aber zu fürchten rät, da nach der Art der Helena, die zu Priamos sagt: „zu fürchten und scheuen bist du mir und furchterregend, liebster | Schweigervater". Dabei meint sie nichts anderes, als dass sie ihn mit Respekt und Schamgefühl liebe. Und Odysseus wiederum sagt zu Nausikaa Folgendes: „Dich, Frau, bewundere und fürchte ich sehr". Denn Homer war der Ansicht, dass so Mann und Frau sich gegenseitig verhalten sollten, weil er glaubte, beide würden gut dabei fahren, wenn sie sich so verhielten. Denn einen, der | schlechter ist als man selbst, liebt und bewundert niemand, und niemand fürchtet so jemanden mit Respekt. Sondern Gefühle dieser Art entstehen zwischen Besseren und von Natur aus Wohlgesonnenen, bei Geringeren aber höchstens aus dem Bewusstsein, dass ihnen Bessere gegenüberstehen. Aus dieser Haltung ließ sich Odysseus in seiner Abwesenheit Penelope gegenüber nichts zu Schulden kommen. Agamemnon aber tat seiner Frau Unrecht wegen Chryseis, als er | in der Versammlung sagte, diese kriegsgefangene und keineswegs gesittete, fast möchte ich sagen, barbarische Frau stünde Klytaimnestra in keiner Weise an Tugenden nach. Das war nicht recht, wo er doch von Klytaimnestra Kinder hatte und andererseits mit einer Sklavin | zusammenlebte, als sei sie seine Ehefrau. Denn wie könnte man sein Handeln als gerecht bezeichnen, wo er Chryseis doch erst ganz von kurzem, ohne zu wissen, wie sie sich ihm gegenüber verhalten würde, gewaltsam zu seiner Frau machte. Odysseus hingegen, den die Tochter des Atlas bat, mit ihr zu leben, und dem sie dafür die Unsterblichkeit versprach, nahm es sich selbst | um der Unsterblichkeit willen nicht heraus, die Zuneigung, Liebe und Treue seiner Frau zu verraten, weil er es für sich selbst als die größte Strafe ansah, als schlechter Mensch Unsterblichkeit erlangt haben zu sollen. Denn er hätte sich auch nicht zu Kirke gelegt, wenn es nicht um die Rettung der Freunde gegangen wäre. Und er antwortete ihr vielmehr, für ihn gebe es nichts Süßeres, als seine Heimat

umque videre quam viuere, sic firmiter in uxore fidem suam seruabat. Pro quibus recipiebat equaliter ab uxore.

[4] Patet etiam et actor in oracione Ulixis ad Nausicam, honorare maxime viri et uxoris cum nuptiis pudicam societatem. Orauit enim deos sibi dare virum et domum et unanimitatem optatam ad | virum, non quamcunque, sed bonam. Nichil enim maius ipsa in hominibus ait esse quam cum concordes vir et uxor in uoluntatibus domum regunt. Hinc patet rursus quod non laudat unanimitatem ad inuicem, que circa parua seruitia fit, sed eam que animo et prudencia iuste coniuncta est. Nam voluntatibus domum regere id significat. Et iterum dicens, quia cum huiusmodi dilectio fit, multe quidem tristicie inimicis fiunt, in ipsis amicis vero gaudia multa, et maxime audiunt ipsum sicut vera dicentem. Nam viro et uxori circa optima concorditer existentibus necesse et utriusque amicos sibi ad inuicem concordare. Deinde fortes existentes esse terribiles inimicis, suis autem utiles. Hiis uero discordantibus, different et amici. Deinde uero infirmos esse maxime huiusmodi ipsos sentire. In istis autem manifeste precipit actor, ea quidem que parua sunt et impudica inuicem inhibere, ea vero que iuxta posse et pudica et iusta sunt, indifferenter sibimet ipsis seruire. Studentes primo quidem curam parentum habere, vir quidem eorum que sunt uxoris non minus quam suorum, uxor vero eorum que sunt viri. Deinde filiorum et amicorum et rerum et totius domus tamquam communis curam habeant, colluctantes ad inuicem, ut plurimum bonorum ad commune uterque causa fiat et melior atque rectior, dimittentes quidem superbiam, regens autem recte et habens humilem modum et mansuetum, ut cum ad senectutem venerint, liberati a beneficio multaque cura

---

2 Pro quibus recipiebat equaliter ab uxore] a.l. pro eo quod secundum rationem ipsi que a muliere occurrebant   6 maius] add. bonum   7 uoluntatibus] a.l. intellectibus   8 Hinc patet rursus] a.l. hic manifestat rursus poeta, quod non quis erga praua obsequia inuicem consensum commendat, sed qui intellectu et prudencia iuste coaptatus est, nam intellectus agere domum hoc manifestat."   11 ipsis] a.l. ipsa   12 ipsum] a.l. ipsam   17 parua] aliter praua   19–20 primo quidem] a.l. uterque omnem

wiederzusehen, | wie rau sie auch sei, und er betete mehr darum, als Sterblicher seine Frau und seinen Sohn wiederzusehen als zu leben. So unverbrüchlich hielt er seiner Frau die Treue. Wofür er dieselbe Treue von seiner Frau erfuhr.

(4) Offensichtlich preist der Dichter auch in den Worten des Odysseus gegenüber Nausikaa besonders eine auf gegenseitiger Achtung beruhende Verbindung von Mann und Frau in der Ehe. | Er bittet nämlich die Götter, ihr einen Mann zu geben, sowie ein Haus und ein erstrebenswertes Einvernehmen mit dem Mann, also nicht irgendeines, sondern ein sittlich gutes. Es gebe nämlich kein höheres Gut unter den Menschen, sagt er, als wenn Mann und Frau einträchtig in ihren Wünschen das Haus regieren. Daraus geht klar hervor, dass der Dichter nicht dasjenige gegenseitige Einvernehmen preist, das es auch | bei unschicklichen Sklavendiensten gegeneinander geben kann, sondern nur eines, das auf rechte Art und Weise mit Herz und Verstand einher geht. Denn das bedeuten ja die Worte: „(einträchtig) in ihren Wünschen das Haus zu regieren". Und er fährt fort, die Eheleute würden mit einer solchen Eintracht ihren Feinden viel Kummer bereiten, ihren Freunden große Freude, und am meisten würden sie selbst die Wahrheit dieser Worte begreifen. | Denn wenn Mann und Frau sich als einig erweisen hinsichtlich des für sie Besten, dann werden notwendigerweise auch ihre gegenseitigen Freunde ihnen gegenüber einig sein, und sie werden dann in ihrer gemeinsamen Stärke den Feinden Furcht einflößen, allem, was ihnen nahe steht, aber nützen. Leben sie aber im Zwietracht, werden auch die Freunde sich entzweien, | und schließlich werden sie selbst am meisten spüren, dass sie dadurch schwach sind. In diesen Versen ermahnt der Dichter die Eheleute ganz klar, sich gegenseitig an Schändlichem und Unpassendem zu hindern, dagegen mit aller Kraft und Mühe (?) gleichermaßen sich im Schicklichen und Gerechten zu fördern. | An erster Stelle ihrer Bemühungen wird die Sorge für die Eltern stehen, und zwar soll der Mann sich um die Eltern seiner Frau kümmern wie um seine eigenen, die Frau aber ebenso um die des Mannes. An zweiter Stelle soll die gemeinsame Sorge für die Kinder, die Freunde, den Besitz und das ganze Haus stehen. Und dabei sollen sie in einen Wettstreit darum eintreten, wer von ihnen beiden mehr beiträgt zum gemeinsamen Wohl | und besser und gerechter ist, indem sie allen Hochmut fahren lassen, sondern das Haus gerecht leiten und auf bescheidene und milde Art und Weise. Und wenn sie dann so in ihre alten Jahre gekommen und frei sind von aller Verpflichtung

194rb et concupiscentiarum et uoluptatum, que interdum fiunt in iuuentu|te, habeant inuicem et filiis respondere, uter eorum ad domum plurimum bonorum rector factus est, et statim scire aut per fortunam malum aut per uirtutem bonum. In quibus qui uicerit, maximum meritum a diis consequitur, ut Pindarus ait: „Dulce enim sibi cor et spes mortalium multiplicem voluntatem gubernat"; secundum autem a filiis feliciter ad senectutem depasci. Propter que proprie et communiter decet iuste considerantes ad omnes deos et homines eum qui uitam habet et multum ad suam uxorem et filios et parentes.

Explicit yconomica aristotilis translata de greco in latinum per unum archiepiscopum et unum episcopum de grecia et magistrum durandum de aluernia, latinum procuratorem uniuersitatis tunc temporis in curia romana. actum anagnie in mense augusti, pontificatus domini bonifacii VIII. anno primo.

---

2 ... et filiis respondere] a.l. ut cum ad senectutem venerint exempti ⟨...⟩ per etatem a collationibus et cura pluri et voluptatibus et desideriis ut quandoque in inuentute fiant habeant inuicem et filiis respondere."   4 uicerit] a.l. vincerint   7 depasci] a.l. depasti

und Rücksichtnahme auf die, die etwas von ihnen zu verlangen haben, und auf die Wünsche, die sie in der Jugend in Anspruch genommen haben, dann werden sie den Kindern gegenüber Rede und | Antwort stehen können, wer von ihnen zum Urheber größerer Güter für das Haus geworden ist, und sie werden genau Wissen, ob Übles durch Schicksalsschläge oder Gutes durch eigenes Verdienst eingetreten ist. Wer hier den Sieg davonträgt, der wird von den Göttern den größten Lohn erlangen, und den „geleitet, erquickend das Herz, als Freundin/ Süßes Hoffnung, die menschlichen Sinns/ des wankelmütigen, Steuer ist", wie Pindar sagt. Und außerdem wird er glücklich von den Kindern | wie von Hirten im Alter behütet werden. Deshalb muss jeder, so lange er lebt, sowohl innerhalb seines Hauses als auch in der Öffentlichkeit allen Göttern und Menschen die gebührende Achtung zollen, besonders seiner Frau und den Kindern und Eltern.

TEIL III

VON THEOLOGISCHER INDIENSTNAHME ZU DIDAKTISCHER REDUKTION. REZEPTIONSFORMEN UND REZEPTIONSFUNKTIONEN DER ARISTOTELISCHEN TEXTE ZUR EHE VOM 13. BIS INS FRÜHE 14. JAHRHUNDERT

KAPITEL 8

QUELLEN UND GATTUNGEN

Die aristotelischen Ausführungen über die Ehe waren ein Produkt der griechischen, vorchristlichen Antike. Mit der Übersetzung der *Nikomachischen Ethik*, der *Politik* und der *Ökonomik* ins Lateinische im Verlauf des 13. Jahrhunderts gelangten sie in einen historisch-kulturellen Kontext, der sich von jenem ihrer Entstehung grundsätzlich unterschied.

In den folgenden Kapiteln soll nun das *geschichtlichen Fortleben* dargestellt werden, das diese Gedanken in ihrem neuen historischen Umfeld des lateinischen Mittelalters, konkret in der Zeit zwischen der vollständigen Übersetzung der *Nikomachischen Ethik* im Jahre 1246/7 und dem *Ökonomik*-Kommentar des Bartholomäus von Brügge aus dem Jahr 1309, entfaltet haben. Die Fragestellungen und Untersuchungskriterien, die dieser Darstellung zugrunde liegen, sind bereits eingehend im ersten Kapitel vorgestellt worden und brauchen hier deshalb nicht erneut dargelegt zu werden.

Jede historische Untersuchung ist in erster Linie eine Frage der Quellen. In welchen Schriften mittelalterlicher Autoren wurden im Zeitraum von 1246/7 bis 1309 die aristotelischen Gedanken über die Ehe rezipiert? Eine aktive Rezeption konnte bisher in 30 Schriften festgestellt werden. Als „Rezeption" wurde dabei entweder eine aktive *Auseinandersetzung* mit den Passagen über die Ehe (so etwa in Kommentaren) verstanden, oder eine *explizite* Bezugnahme auf sie, wobei auch jene Schriften berücksichtigt wurden, die nicht *direkt* aus den aristotelischen Texten zitieren, sondern nur vermittelt über andere Autoren. Bei Aristoteles-Kommentaren wurde auch unediertes Quellenmaterial herangezogen, bei Texten anderer Gattungen haben wir uns hingegen auf edierte Quellen beschränkt. (Unser Quellenüberblick kann allein schon deshalb keine Vollständigkeit beanspruchen). Bei der oftmals schwierigen Frage der Datierung der Quellen versucht sich der Überblick an den neuesten Forschungsstand zu halten. Es wird daher in Kauf genommen, dass bei manchen der hier erwähnten Schriften, deren Datierung unsicher ist, möglicherweise die Zeitgrenze von 1309 überschritten wird. Doch kann dies aus guten Gründen bezweifelt werden.

Die ersten mittelalterlichen Schriften, die die aristotelischen Texte über die Ehe rezipierten, griffen logischerweise auf die *Nikomachische Ethik* zurück, da zunächst nur diese bekannt war. Der erste mittelalterliche „aktive Rezipient" der Passagen über die Ehe aus der *Nikomachischen Ethik* war ihr Übersetzer, Robert Grosseteste, selbst. Zum einen ergänzte der Bischof von Lincoln, wie gesehen, den lückenhaften antiken Kommentar des Aspasius. Zum anderen versah er den Text der *Nikomachischen Ethik* mit explikativen Glossen, den sogenannten *Notulae*. Außerdem verfasste er ein Kompendium der Ethik, die sogenannte *Summa Ethicorum*. Sowohl in seinem Aristoteles-Kompendium als auch in seinen *notulae* berücksichtigte er die Passagen des achten Buches, die von der Ehe handeln. Der zeitlich nächste Autor, der Ehe-Passagen des *liber Ethicorum* rezipierte, war Albert der Große. 1249 beendete der dominikanische Theologe und Philosoph am Kölner *Studium generale* der Dominikaner seinen Kommentar zu den Sentenzen des Petrus Lombardus und verwertete in ihm die Passage *Viro autem et uxori* der *Nikomachischen Ethik* für eine Theologie der Ehe. Parallel dazu, oder etwas später, wandte er sich den Ausführungen über die Ehe aus der Ethik ein zweites Mal zu: zwischen ca. 1248 und 1252 verfasste er den ersten mittelalterlichen Kommentar zur vollständigen *Nikomachischen Ethik*, sein „*Super Ethica*". Der Kölner Dominikaner kommentierte darin die Ehe-Passagen und machte sie zugleich zur Grundlage selbstständiger philosophischer Überlegungen über die Ehe. Nur wenig später, in den Jahren 1252 bis 1254, griff auch Alberts Schüler Thomas von Aquin in Paris auf die Ehe-Gedanken zurück, und zwar verwertete er sie in seinem Sentenzenkommentar ähnlich wie sein Lehrer für eine theologische Betrachtung der Ehe. Rund ein Jahrzehnt später, zwischen 1259 und 1265, rezipierte der nunmehr in Italien weilende Aquinate die Ehelehre der *Nikomachischen Ethik* ein zweites Mal in seiner *Summa contra gentiles*. Etwa zu derselben Zeit, um 1262, verfasste Albertus Magnus, vermutlich während seines Aufenthalts an der päpstlichen Kurie in Orvieto, einen zweiten Ethikkommentar, der ebenfalls auf die einschlägigen Textstellen einging, die sogenannte „*Ethica*". Auch Thomas von Aquin sollte einige Jahre später auf diese Textstellen in einem Ethik-Kommentar eingehen: Seine *Sententia libri Ethicorum* entstand um 1270, während seines zweiten Pariser Lehraufenthalts (1269–1272). Etwa in derselben Zeit erstellte der Aquinate zudem ein alphabetisches Florilegium aus der *Nikomachischen Ethik* und dem ersten Ethik-Kommentar Alberts, in das er ebenfalls Auszüge aus den Passagen über die Ehe aufnahm. Nicht näher zu datieren sind weitere drei philosophische Kommentare *modo quaestionis* zur *Nikomachischen Ehtik* aus dem letzten Viertel des 13. Jahrhunderts. Alle drei sind das Werk Pariser Magister der Artes, alle drei nehmen die aristotelischen Ausführungen über die Ehe zum Anlass, sich philosophisch mit dem Phänomen der Beziehung von Mann und Frau auseinander zusetzen. Der erste Kommentar ist das Werk des Radulphus Brito, der zweite das des Aegidius von Orléans, der dritte gilt als anonym. Er könnte von Jakob von Douai stammen.[1]

In der Zwischenzeit, um 1265, hatte Wilhelm von Moerbeke die zweite aristotelische Schrift, die die Ehe thematisiert, ins Lateinische

---

[1] Für Robert Grossetestes *notulae* siehe z.B. folgende Handschrift: Paris, Bibiothèque de l'Arsenal 698, f. 121^{ra-rb}; Robert Grossetestes *Summa Ethicorum*: Paris, BN lat. 17832, ff. 283^r–299^r (auf diese Handschriften bin ich freundlicherweise von Charles Lohr aufmerksam gemacht worden, dem ich hiemit danken möchte); Albertus Magnus: Commentarium in IV Sententiarum. Distinctio XXIII–L (B. Alberti Magni Opera Omnia, Bd. 30), hg. v. Auguste Borgnet, Paris 1894; zur Datierung Alberts Sentenzenkommentar vgl. Walter Senner: Albertus Magnus als Gründungsregens des Kölner *Studium generale* der Dominikaner. In: Jan Aertsen / Andreas Speer (Hgg.): Geistesleben im 13. Jahrhundert, Berlin–New York 2000, S. 149–169; Albertus Magnus: Super Ethica, Bd. I: Bücher I–V, hg. v. Wilhelm Kübel, Münster 1968/1972; Bd. 2: Bücher VI–X, hg. v. Ders, Münster 1987 (Alberti Magni Opera Omnia, XIV) (zur Frage der Datierung des Kommentars siehe Prolegomena); Thomas de Aquino: Scriptum in quatuor libros sententiarum (S. Thomae Aquinatis Opera Omnia. ut sunt in indice thomistico, Bd. 1), Stuttgart 1981 (= Re-Edition von Thomas de Aquino, Super quartum sententiarum, Parma 1858); Zur Datierung Thomas' Sentenzenkommentar siehe Jean-Pierre Torrell: Initiation à saint Thomas d'Aquin. Sa personne et son œuvre, Paris 1993, S. 485; Thomas de Aquino: Summa contra gentiles, Hg. v. Pierre Marc / Ceslao Pera / Pietro Caramello, 3 Bde., Torino–Paris 1961–1967; Zur Datierung der SCG siehe Jean-Pierre Torrell: Initiation à saint Thomas d'Aquin (wie oben), S. 486 und René-Antoine Gauthier: Saint Thomas d'Aquin. Somme Contre Les Gentils, Paris 1993, S. 101–108; Albertus Magnus: Ethica, hg. v. Auguste Borgnet (B. Alberti Magni Opera Omnia, Bd. 7), Paris 1891; Datierung der Ethica: James Weisheipl: The life and works of St. Albert the Great. In: Ders. (Hg.): Albertus Magnus and the Sciences, Toronto 1980, S. 13–51, hier S. 39; Thomas de Aquino: Sententia libri Ethicorum, hg. v. René-Antoine Gauthier (Sancti Thomae de Aquino Opera Omnia, Bd. 47), Roma 1969 (Datierung in den Prolegomena); Thomas de Aquino: Tabula libri Ethicorum (Sancti Thomae de Aquino Opera omnia, Bd. 48b), Rom 1971 (Datierung in den Prolegomena); Radulphus Brito: Questiones in Ethicam, Rom, Bibl. Vat., Vat. lat. 2172, f. 1ra–57rb (Eine kritische Edition des Kommentars wird von Iacopo Costa vorbereitet) Aegidius Aurelianensis (et continuator anonymus): Questiones libri Ethicorum, Paris, BN lat. 16089, f. 195ra–233va (continuatio anonyma: 233vb–237va); Iacobus de Duaco(?): Questiones libri Ethicorum, BN lat. 14698, f. 130ra–165vb; zu den drei unedierten Ethik-Kommentaren und zu deren Datierung siehe: René-Antoine Gauthier: Trois Commentaires Averroistes sur l'Ethique a Nicomaque. In: Archives d'Histoire Doctrinale et Littéraire du Moyen Age 22–23 (1947–1948), S. 167–336; zur Frage der Zuschreibung des vatikanischen Kommentars an Radulphus Brito siehe Iacopo Costa: La dottrina della felicita nel „Commento del Vaticano" all'Etica Nicomachea. In: Maria Bettini e Francesco Paparella (Hgg.): Le felicità nel Medioevo, Louvain-La-Neuve 2005, S. 325 ff.

übersetzt, die *Politik*. Auch hier waren es Albertus Magnus und Thomas von Aquin, die sich den einschlägigen Passagen als erste zuwandten. Sie taten es zunächst wieder in Form von Aristoteles-Kommentaren. Die Frage der Datierung ihrer Kommentare ist noch nicht gänzlich geklärt, jedenfalls geht höchstwahrscheinlich der Alberts dem des Aquinaten zeitlich voran. Während Alberts *Politik*-Kommentierung vollständig ist, bricht die *Sententia libri Politicorum* des Aquinaten im dritten Buch ab. Seine Textauslegung der *Politik* sollte später der Magister der Pariser Fakultät der Artes, Petrus von Alvernia fortführen und dabei auf die Aussagen über die Ehe im siebten Buch der *Politik* eingehen. Darüber hinaus schloss der Artes-Magister an die wörtliche Auslegung der *Politik* einen zweiten Kommentar in Form von *Quaestiones* an und machte in diesen mehrfach Aristoteles' Ausführungen über die Ehe zur Grundlagen eigener philosophischer Reflexion zu diesem Thema. Seine zwei *Politik*-Kommentare sind nicht leicht zu datieren, jedenfalls steht fest, dass sie nicht später als 1295 entstanden sind, da Petrus die *Ökonomik* nicht zu kennen schien. Um 1270 verwendete Thomas von Aquin die aristotelischen Gedanken über die Ehe aus der *Nikomachischen Ethik* und der *Politik* ein weiteres Mal, diesmal in zwei bibelexegetischen Schriften: seinem Kommentar zu den Paulusbriefen und seiner Auslegung des Matthäus-Evangeliums. Rund ein Jahrzehnt später, um 1280, entstand, vermutlich in Frankreich, ein weiteres Werk, das die Ehelehre der *Nikomachische Ethik* und der *Politik* rezipierte, die Schrift *De regimine principum* des Augustiner-Eremiten Aegidius Romanus. Es handelt sich um einen dem französischen Dauphin gewidmeten Fürstenspiegel; die Ehelehre der *Ethik* und der *Politik* wird hier zu pädagogischen Zwecken eingesetzt. Um die Jahrhundertwende, vielleicht auch etwas später, entstanden zwei weitere anonyme *Politik*-Kommentare (Mailand, Biblioteca Ambrosiana; Rom, Biblioteca Vaticana), die die Äußerungen der *Politik* über die *combinatio* des Mannes und der Frau zur Grundlage philosophischer *Quaestiones* über die Ehe machen. Es handelt sich dabei vermutlich wieder um Werke Pariser Artisten.[2]

---

[2] Albertus Magnus: Politica, hg. v. Auguste Borgnet, Paris 1891; zur Frage der Datierung siehe James Weisheipl: The life and works of St. Albert the Great, S. 39; Thomas de Aquino: Sententia Libri Politicorum (Sancti Thomae de Aquino Opera omnia, Bd. 48a), Roma 1971 (zur Frage der Datierung siehe Prolegomena); zur immer noch offenen Frage, welcher der beiden Politik-Kommentare früher entstanden ist, siehe Francis Cheneval: Considérations presque philosophiques sur les commentaires de la *Politique* d'Albert le Grand et de Thomas d'Aquin. In: Freiburger Zeitschrift für Philosophie und Theologie 45 (1998), S. 56–83; Fortesetzung des Politik-Kommentars des Thomas durch

Der erste, der nach der Übersetzung der *Ökonomik* ins Lateinische im Jahre 1295 die dortigen Aussagen über die Ehe aktiv rezipierte, war ihr Übersetzer selbst: Der Pariser Magister der Artes, Durandus von Alvernia, setzte sich mit ihnen kurz nach seiner Übersetzung in einem philosophischen Aristoteles-Kommentar auseinander. Einige Zeit später, um 1300, entstand die nächste Schrift, oder besser Kompilation, die auf die Textstellen über die Ehe in der *Ökonomik* zurückgriff. Es handelt sich um das Aristoteles-Florilegium mit dem Titel *Parvi Flores* (später auch als *Auctoritates Aristotelis* bekannt) des franziskanischen Lektors aus Montpellier Ioannes de Fonte. Etwa um dieselbe Zeit wurden außerdem Aristotelische Konzepte der Ehe aus der *Nikomachischen Ethik* wieder in einem theologischen Werk rezipiert, im Sentenzenkommentar des Ioannes Duns Scotus. Schwer zu datieren sind zwei Werke eines weiteren Rezipienten der Ehelehre der *Ethik*, *Politik* und *Ökonomik*, des österreichischen Benediktiners Engelbert von Admont (ca. 1250–1331). Bald nach 1295 dürfte sein *Compendium Philosophiae*, ein Kompendium aristotelischer Schriften, das auch die Textstellen der *Politik* und *Ökonomik* zur Ehe zusammenfasst, entstanden sein. Noch schwieriger zu datieren ist sein philosophisches Traktat über die Gelehrtenehe, *Utrum sapienti competat ducere uxorem*, das ebenfalls die Ehelehre der drei aristotelischen Schriften rezipiert. Zumal in Engelberts späterem literarischen Werk eine eindeutige Interessenverlagerung von philosophischen zu theologischen Themen zu beobachten ist, dürfte dieses Traktat zu seinen früheren Werken zu rechnen sein. Bald nach der Jahrhundertwende, 1302/3 setzte sich ein weiterer Pariser Artes

---

Petrus von Alvernia in der Marietti-Ausgabe Thomas' Politik-Kommentars: Thomas de Aquino (Petrus de Alvernia): In octo Libros Politicorum Aristotelis Expositio, hg. v. Raimondo Spiazzi, Torino–Roma 1966; Petrus de Alvernia: Quaestiones super libros Politicorum (unediert), Paris BN lat. 16089, ff. 274^r–319^r; zur Datierung der Politik-Kommentare des Petrus von Alvernia siehe Christoph Flüeler: Rezeption und Interpretation der Aristotelischen *Politica* im späten Mittelalter, Teil 2, Amsterdam–Philadelphia 1992, S. 42–43; Thomas de Aquino: Super Epistolas s. Pauli Lectura, hg. v. Raffaele Cai (Hg.), 2 Bde, Torino–Roma 1953; Thomas de Aquino: Super Evangelium S. Matthaei lectura, hg. v. Raffaele Cai, Torino 1951; zur Datierung beider Bibelkommentare des Thomas von Aquin siehe Jean-Pierre Torrell: Initiation à saint Thomas d'Aquin (wie Anm. 1), S. 495–497; Aegidius Romanus: De Regimine Prinicipum, Roma 1556; Zur Datierung des *De regimine Principum* siehe Francesco Del Punta / Silvia Donati / Concetta Luna: Egidio Romano. In: Dizionario Biografico degli Italiani XLII, S. 319–341 (Roma 1993); Anonymus: Questiones in libros Politicorum, Milano, Biblioteca Ambrosiana, A 100 inf., f. 1ra–54vb; Anonymus: Questiones super libros Politicorum, Rom, Bibl. Vat., Pal. lat. 1030, ff. 14^a–19vb; zur Datierung beider anonymer Politik-Kommentare siehe: Christoph Flüeler: Rezeption und Interpretation, Teil 2 (wie oben), S. 75 und 85.

Magister, es handelt sich vermutlich um Ferrandus von Hispania, mit den Ehe-Passagen der *Ökonomik* in seinem *Ökonomik*-Kommentar auseinander. Irgendwann zwischen 1280 und 1311, genauer lässt sich sein Entstehungsdatum nicht bestimmten, verfasste ein Magister aus Bologna, Bartholomäus von Varignana, einen weiteren Kommentar zur *Yconomica*. 1309 entstand schließlich der philosophische Kommentar zur Yconomica, der diese Untersuchung zeitlich abgrenzt und in ihrem Mittelpunkt steht das *Scriptum et Quaestiones Yconomice* des Pariser Artes-Magisters Bartholomäus von Brügge. Erwähnt sei noch ein letzter Yconomica-Kommentar, der Lilienfelder Anonymus. Dieser steht im Zusammenhang mit dem Kommentar des Bartholomäus, allerdings lässt sich die Frage nicht mit Sicherheit beantworten, ob er diesem zeitlich vorangeht oder folgt.[3]

---

[3] Durandus de Alvernia: Scriptum supra Yconomiam Aristotelis, hg. v. Christoph Flüeler: Die aristotelische Yconomica im lateinischen Mittelalter. Übersetzungen. Die ersten Kommentare, Fribourg 1998 (unveröffentlichte Habilitationsschrift), zur Datierung des Kommentars siehe ebenda S. 311–312; Ioannes de Fonte: Les Auctoritates Aristotelis, hg. v. Jacqueline Hamesse, Louvain–Paris 1974; Datierung der Auctoritates Aristotelis: Jacqueline Hamesse: Johannes de Fonte, Compilateur des „Parvi Flores". In: Archivum Franciscanum Historicum 88 (1995), S. 515–531; Ioannes Duns Scotus: Quaestiones in librum quartum Sententiarum (Ioannes Duns Scotus: Opera omnia, Bd. 9), Lyon 1639 [Nachdruck 1968]; George Fowler: Manuscript Admont 608 and Engelbert of Admont (c. 1250–1331). In: Archives d'histoire doctrinale et littéraire du Moyen Age 44 (1977), S. 149–242; 45 (1978), S. 225–306; 49 (1982) S. 195–252; 50 (1983), S. 195–222; Engelbert von Admont: De eo utrum sapienti competat ducere uxorem, Hg. v. Dominicus Huber. In: Engelberti Abbatis Admontensis Opuscula philosophica, Regensburg 1725, S. 104–142; Reedition der Ausgabe des 18. Jahrhunderts mit einer deutschen Übersetzung: Engelbert von Admont: Utrum sapienti competat uxorem ducere. In: Engelbert von Admont. Vom Ursprung und Ende des Reiches und andere Schriften. Hg. v. Wilhelm Baum, Graz 1998, S. 136–197; zur Datierung beider Schriften von Engelbert von Admont siehe Karl Ubl: Engelbert von Admont. Ein Gelehrter im Spannungsfeld von Aristotelismus und christlicher Überlieferung, Wien–München 2000, hier S. 21–24; Ferrandus de Hispania: Scriptum Yconomice, Paris BN lat. 16133, ff. 62ra–73vb; zur Datierung des Kommentars siehe Christoph Flüeler: Rezeption und Interpretation, Teil 2 (wie Anm. 2), S. 11; Bartholomaeus de Varignana: Expositio tocius Yconomice Aristotelis, Venezia, S. Maria della Fava, Ms. 3 (445), ff. 33^r–50^r (eine kritische Edition des Kommentars wird von Roberto Lambertini vorbereitet); zur Frage der Datierung des Yconomica-Kommentars des Bartholomäus da Varignana siehe Roberto Lambertini: L'arte del Governo della Casa. Note sul Commento di Bartolomeo da Varignana agli *Oeconomica*. In: Medioevo 17 (1991), S. 347–389, hier S. 356–364; Bartholomaeus de Brugis, Scriptum et Questiones Yconomice Aristotilis (siehe Kapitel III); Anonymus: Expositio super Yconomicam cum Questionibus, Lilienfeld, Stiftsbibliothek 155, f. 253va–261rb.

Bereits dieser Überblick über die Quellen lässt einige Beobachtungen zur Rezeption der aristotelischen Gedanken zu Beginn des späteren Mittelalters zu: Sie erfolgte in den damals gängigen literarischen Formen. Die aristotelischen Gedanken wurden in den üblichen Textformen des damaligen „Literaturbetriebs" wie Sentenzenkommentaren, Bibelkommentaren, Summen, Fürstenspiegeln, Florilegien und Kompendien rezipiert. Die bei weitem häufigste „Rezeptionsform" blieben während des gesamten Zeitraums Aristoteles-Kommentare. Wie noch zu zeigen sein wird, war dabei die Art und Weise, wie die mittelalterlichen Autoren die aristotelischen Gedanken über die Ehe rezipierten, wesentlich von den *Merkmalen* und *Funktionen* dieser literarischen Rezeptionsformen abhängig.

Es würde selbstverständlich zu kurz greifen, die Rezeption der aristotelischen Ehelehre in den genannten literarischen Formen nur als ein Phänomen der *Literaturgeschichte* verstehen zu wollen. Die literarischen Formen, in denen in unserem Untersuchungszeitraum die aristotelischen Gedanken über die Ehe rezipiert wurden, waren mehr als nur *literarische* Vehikel der Texttransmission. Sie waren vor allem *historische* Zeugen ihrer Zeit. Dass in unserem Untersuchungszeitraum diese literarischen Formen *überhaupt* und in der zeittypischen Weise gepflegt wurden, und dass gerade in *diesen* literarischen Formen Aristoteles rezipiert wurde, rührt von der spezifischen geistigen und kulturellen Situation des beginnenden späteren Mittelalters her und bringt diese zugleich zum Ausdruck.

In einigen dieser Textsorten, denen die erwähnten Schriften zuzuordnen sind, gab es bereits vor der Rezeption der aristotelischen Ehelehre einen ausgeprägten „Diskurs" über die Ehe. Dies trifft für Sentenzenkommentare, Fürstenspiegel, Bibelkommentare, aber auch für die Traktate *An uxor ducenda*, der Engelberts Abhandlung über die Gelehrtenehe angehört, zu. Eine der konkreten Fragen, die im weiteren Verlauf der Untersuchung beantwortet werden soll, lautet: Wie wirkte sich die Rezeption der aristotelischen Gedanken über die Ehe auf den in diesen Gattungen praktizierten „Ehediskurs" aus?

Aus dem Quellenüberblick geht außerdem hervor, dass es sich bei der Rezeption der aristotelischen Gedanken über die Ehe um eine fast ausschließlich *akademische Angelegenheit* handelte. Die meisten Schriften, die die aristotelische Ehelehre rezipieren, waren Werke mittelalterlichen „Wissenschaftsbetriebs". Dies gilt sowohl für Aristoteles-, als auch für Sentenzen- und Bibelkommentare. Es gilt auch für Aristoteles-Florilegien und Kompendien. Viele dieser Schriften sind im Zusammenhang mit dem Lehrbetrieb an mittelalterlichen Universitäten, vor allem an den Artes-Fakultäten, oder an den *Studia* der Mendikanten entstanden.

Das Epizentrum, von dem die Rezeption dieser Gedanken ausging, war in unserem Untersuchungszeitraum eindeutig die Universität Paris. Sehr viele der Schriften, die die aristotelische Ehelehre rezipierten, sind in Paris entstanden, bzw. ihre Autoren hatten vor der Abfassung dieser Schriften in Paris gewirkt.

Es mag überraschen, aber in Werken, die *nicht* auf irgendeine Weise für den Wissenschafts- oder Lehrbetrieb bestimmt sind, wurden in unserem Untersuchungszeitraum die aristotelischen Gedanken über die Ehe kaum rezipiert. Die einzige Ausnahme bildet der Fürstenspiegel *De regimine principum* des Aegidius Romanus. Er ist nicht mit einer wissenschaftlichen oder wissenschaftlich-didaktischen Absicht verfasst worden, sondern mit einer paränetischen, zur Unterweisung von Königen und Prinzen, also von Laien. Trotzdem ist auch das *De regimine principum* ein wissenschaftliches Werk in dem Sinne, dass es Aegidius um eine Art popularisierende Vermittlung gelehrt-wissenschaftlichen Diskurses ging. Eine gewisse Ausnahme, darauf soll an dieser Stelle aber nicht eingegangen werden, bildet das Traktat über die Gelehrtenehe von Engelbert von Admont. Es scheint aber bezeichnend zu sein, dass das *De regimine principum* im Mittelalter, wie kürzlich Charles Briggs gezeigt hat, vor allem an Universitäten, und nur in weit geringerem Maße an Fürstenhöfen, rezipiert wurde.[4]

Im Folgenden soll anhand von sechs ausgewählten Beispielen auf die Rezeption der aristotelischen Ausführungen zur Ehe näher eingegangen werden. Wie gesagt erfolgte die mittelalterliche Rezeption der aristotelischen Ehelehre in den damals gängigen literarischen Textsorten und war von deren historischen Funktionen und literarischen Eigenschaften abhängig. Dieser zentrale Befund bildet auch den Schlüssel für die Auswahl der sechs Texte mittelalterlicher Autoren. Die Textbeispiele wurden so gewählt, dass jeweils ein Vertreter einer jeden Textsorte, in der die aristotelischen Gedanken damals rezipiert wurden, zur Sprache kommt. Dort, wo in unserem Untersuchungszeitraum *mehrere* Texte einer bestimmten literarischen Textsorte die aristotelischen Gedanken über die Ehe rezipieren, wurde der zeitlich erste bzw. der einflussreichste Text gewählt. Dies betrifft Sentenzen- und Aristoteles-

---

[4] Charles Briggs: Giles of Rome's *De regimine principum*. Reading and writing Politics at Court and University, c. 1275 – c. 1525, Cambridge 1999.

Kommentare sowie Florilegien. Die sechs Textbeispiele werden in chronologischer Ordnung angeführt.

Die ersten zwei Texte, die hier vorgestellt werden sollen, stammen von Albertus Magnus. Der erste ist sein Kommentar zu den Sentenzen des Petrus Lombardus aus dem Jahre 1249. Die literarische Gattung des Sentenzenkommentars wurde im Mittelalter im Zusammenhang mit dem Theologieunterricht an theologischen Fakultäten mittelalterlicher Universitäten, sowie an den theologischen *Studia* der Dominikaner und der Franziskaner gepflegt. Es handelt sich um spekulativ-theologische, in der Regel auf Vorlesungen zurückgehende Qualifikationsschriften. Albertus Magnus ist der erste mittelalterliche Kommentator der Sentenzen, der in seinem Kommentar auf die aristotelischen Gedanken über die Ehe aus dem damals erst seit wenigen Jahren bekannten Buch der *Nikomachischen Ethik* zurückgreift.

Der zweite Text ist das *Super Ethica*, Alberts erster philosophischer Kommentar zur *Nikomachischen Ethik*. Der Dominikaner hat ihn zwischen 1248 und 1252 verfasst. Abgesehen von der Ergänzung des Ethik-Kommentars des Aspasius durch Robert Grosseteste handelt es sich um die erste mittelalterliche Kommentierung des achten Buches der *Nikomachischen Ethik*. Sein Kommentar hat einen beachtlichen Einfluss auf die spätere Kommentierung dieser aristotelischen Schrift ausgeübt.

Als drittes Beispiel der Rezeption der aristotelischen Gedanken über die Ehe wird hier auf den um 1270 entstandenen Kommentar zu den Paulus-Briefen des Thomas von Aquin eingegangen. Der Aquinate scheint in unserem Untersuchungszeitraum der einzige Kommentator der Heiligen Schrift zu sein, der die aristotelischen Gedanken über die Ehe rezipiert hat.

Eine recht intensive Rezeption der Gedanken über die Ehe aus der *Nikomachischen Ethik* und der *Politik* lässt sich im vierten Text, der hier präsentiert wird, beobachten. Es handelt sich um den Fürstenspiegel *De regimine principum* von Aegidius Romanus (um 1280). Das äußerst einflussreiche *De regimine principum* ist der einzige Fürstenspiegel unseres Untersuchungszeitraum, der die aristotelische Ehelehre rezipiert.

Als weiteres Beispiel einer Aristoteles-Rezeption wird hier das Traktat *Utrum sapienti competat ducere uxorem* des gelehrten Benediktiners Engelbert von Admont vorgestellt. Das Traktat behandelt das im Mittelalter beliebte topische Thema der Gelehrtenehe. Engelbert ist der erste mittelalterliche Verfasser einer Abhandlung zu diesem Thema, der auf die aristotelischen Texte zur Ehe zurückgreift.

Zuletzt soll noch im Rahmen dieses Kapitels auf die Rezeption der aristotelischen Ehelehre im Aristoteles-Florilegium *Auctoritates Aristotelis* des Franziskaners Ioannes de Fonte eingegangen werden. Es ist um 1300 entstanden und stellt eines der frühesten Beispiele der Rezeption der Gedanken über die Ehe aus der pseudo-aristotelischen *Ökonomik* dar. Ioannes' Florilegium ist zwar nicht die erste kompendienartige Schrift, die die aristotelischen Gedanken über die Ehe rezipiert, es ist aber die bei weitem am meisten verbreitete.

KAPITEL 9

ARISTOTELES UND DIE THEOLOGIE DER EHE: DER SENTENZEN-KOMMENTAR DES ALBERTUS MAGNUS (1249)

Unter den drei aristotelischen Schriften, die sich mit dem Thema Ehe beschäftigen, wurde, wie bereits gesehen, als erste die *Nikomachische Ethik*, im Jahre 1246/7, ins Lateinische übertragen. Ihr Übersetzer, Robert Grosseteste, war zugleich der erste Rezipient der Übersetzung. Er versah den lateinischen Text der *Nikomachischen Ethik* mit explikativen Glossen, den *notulae*, und erstellte darüber hinaus eine Art *Ethik*-Kompendium, die *Summa Ethicorum*.

Der erste, der *nach* Robert Grosseteste die vollständige *Nikomachische Ethik* und die dort enthaltenen Ausführungen zur Ehe rezipiert hat, war der Dominikaner Albertus Magnus. Er griff auf sie im Rahmen seines 1249 beendeten Kommentars zu den Sentenzen des Petrus Lombardus zurück. Alberts Sentenzen-Kommentar ist der erste mittelalterliche Text, dessen Rezeption der aristotelischen Gedanken über die Ehe hier vorgestellt werden soll.

Albertus Magnus ist um 1200 im schwäbischen Lauingen geboren und war 1223 in Padua, wohin er zum Studium der *Artes Liberales* gegangen war, dem damals noch sehr jungen Dominikanerorden beigetreten. Es lässt sich nicht genau bestimmen, wann und wo der junge Dominikaner angefangen hat, sich für aristotelische Philosophie zu interessieren. Fest steht, dass er bereits in seinem Frühwerk, der theologisch-philosophischen Schrift *De natura boni* (vor 1243/4), explizit aus 10 Werken des Stagiriten zitiert. 1243/4 wurde Albert zur Weiterbildung an das damals einzige *Studium generale* der Dominikaner in Paris geschickt. Hier hielt er als *Baccalaureus Sententiarum* Vorlesungen über die Sentenzen des Petrus Lombardus. Die heute überlieferte schriftliche Fassung dieser Vorlesungen beendete er aber erst 1249 in Köln, wohin er 1248 geschickt worden war, um das dortige neugegründete Ordensstudium der Dominikaner zu leiten.[1]

---

[1] Vgl. James Weisheipl: The life and works of St. Albert the Great. In: Ders.: Albertus Magnus and the Sciences, Toronto 1980, S. 13–51; Siehe auch Walter Senner:

KAPITEL 9

Die Sentenzen des Petrus Lombardus, die die Grundlage von Alberts Vorlesungen und deren späterer schriftlicher Fassung bildeten, waren ein zwischen 1155 und 1158 entstandenes theologisches Kompendium. Der Pariser Bischof und Theologe Petrus Lombardus hatte in ihnen Bibel- und Väterzitate, sowie Zitate aus Konzilien und päpstlichen Beschlüssen zu zentralen theologischen Themen zusammengestellt und diskutiert. Eines dieser Themen war die erst im 12. Jahrhundert voll ausgebildete theologische Lehre von den sieben Sakramenten, zu denen er und andere Theologen auch die christliche Ehe rechneten. Petrus Lombardus behandelte das Sakrament der Ehe in den *distinctiones* 26-42 des vierten Buches der Sentenzen. Der Theologe versuchte hier, das Wesen einer christlichen, sakramentalen Ehe herauszuarbeiten und die Modalitäten zu bestimmen, unter welchen eine solche Ehe zustande kommen und bestehen kann.[2]

Die Sentenzen des Petrus Lombardus waren seit der ersten Hälfte des 13. Jahrhunderts zum Standardlehrbuch der Theologie schlechthin aufgestiegen. Die Kommentierung der Sentenzen galt als zentrales Element des mittelalterlichen Theologieunterrichts und als Voraussetzung für die Erlangung einer Theologieprofessur. Gerade dieser Tatsache verdankt sich auch Alberts Sentenzen-Kommentar.[3]

Albert ist der erste mittelalterliche Theologe, der im Rahmen eines Sentenzen-Kommentars von den Gedanken über die Ehe aus dem erst rund drei Jahre zuvor ins Lateinische übersetzten achten Buch der *Nikomachischen Ethik* Gebrauch macht. Er tut dies insgesamt an drei Stellen seines Kommentars. Hinsichtlich des Gesamtumfangs des Kommentars ist das freilich sehr wenig, dennoch verdient seine Rezeption der ari-

---

Albertus Magnus als Gründungsregens des Kölner *Studium generale* der Dominikaner. In: Jan Aertsen / Andreas Speer (Hg.): Geistesleben im 13. Jahrhundert, Berlin–New York 2000, S. 149–169; Albertus Magnus: De natura boni, Hg. v. Ephrem Filthaut (Alberti Magni Opera Omnia, XXV,1), Münster 1974, S. VI.

[2] Petrus Lombardus: Sententiae in IV libris distinctae, Bd. I, Grottaferrata 1971 (Prolegomena, Buch I und II), Bd. II (Buch III und IV), Grottaferata 1981; Zu Petrus Lombardus vgl. Marcia Colish: Peter Lombard, 2 Bde., Leiden–New York–Köln 1994, hier bes. S. 628–698 (zum Ehetraktat in den Sentenzen); zu Petrus Lombardus siehe auch Hans Zeimentz: Ehe nach der Lehre der Frühscholastik, Düsseldorf 1973.

[3] Zu mittelalterlichen Sentenzenkommentaren siehe Friedrich Stegmüller: Repertorium commentariorum in Sententias Petri Lombardi, 2 Bde., Würzburg 1947 (Quellenverzeichnis); Ruedi Imbach und Thomas Ricklin: Sentenzenkommentare. In: Lexikon des Mittelalters VII, col. 1767–1769; John van Dyk: The Sentence Commentary: a Vehicle in the Intellectual Transition of the Fifteenth Century. In: Fifteenth Century Studies 8 (1983), S. 227–238; John Marenbon: Later Medieval Philosophy (1150–1350). An Introduction, London 1987, hier S. 16–26.

stotelischen Gedanken Aufmerksamkeit. Alle drei Stellen befinden sich logischerweise in jenem Teil seines Sentenzen-Kommentars, in dem Albert Petrus Lombardus' Ausführungen über das Sakrament der Ehe kommentiert.[4]

Alberts Verwendung der Passagen über die Ehe aus der *Nikomachischen Ethik* in seinem Sentenzen-Kommentar soll exemplarisch anhand der letzten der drei Stellen vorgestellt werden, da hier Albert diese am intensivsten verwendet. Er kommentiert hier das erste Kapitel der *distinctio* 33 der Sentenzen, in dem Petrus das Problem der Polygamie der alttestamentlichen Patriarchen behandelt, ein Thema, das christliche Denker schon seit Augustinus immer wieder beschäftigt hatte. Das polygame Verhalten Abrahams und Loths ist für Petrus ein Mittel, um *ex negativo* die universale Gültigkeit der christlichen monogamen Ehe-Auffassung theologisch zu rechtfertigen: Dass die Ehe monogam sein solle, liege nämlich, wie Petrus am Beispiel Adam und Evas beweist, in der Schöpfungsordnung selbst begründet. Die polygame Lebensform der biblischen Patriarchen stelle hingegen nichts anderes dar als eine *historisch bedingte Ausnahme* von der monogamen Norm—eine Ausnahme, die Gott angesichts des Risikos des Aussterbens seines Volkes zeitweilig zugelassen habe.[5]

---

[4] Albertus Magnus: Commentarium in IV Sententiarum. Distinctio XXIII–L (B. Alberti Magni Opera Omnia, Bd. 30), Hg. v. Auguste Borgnet, Paris 1894, S. 140, S. 156, S. 280–290.

[5] Petrus Lombardus: Sententiae in IV libris distinctae, Bd. II (wie Anm. 2), d. 33, c. 1, S. 456: „1. De diversis legibus coniugii. Queritur hic de antiquis Patribus, qui plures simul leguntur habuisse uxores et concubinas, utrum peccaverint.—Ad quod dicimus: Pro varietate temporum varia invenitur dispensatio Conditoris. 2. Ab exordio enim temporis inter duos tantum, Adam scilicet et Evam, inchoatum est coniugium, Deo per os Adae dicente: *Homo adhaerebit uxori suae, et erunt duo in carne una.* Et secundum inchoationis modum, inter duos tantum per omnes successionem temporum contraheretur, si primi homines in obedientia perstitissent.—Post eorum vero copulam, filii et filiae eorum matrimonio coniuncti sunt, sed unus uni tantum. Ideo autem fratres sororibus sunt copulati, quia non erant aliae mulieres vel viri, quibus Adae filii vel filiae iungerentur.—Primus omnium Lamech duas legitur simul habuisse uxores; et hoc in eo arguitur quia pro expletione carnalis voluptatis id fecisse perhibetur.—Postea vero, cum iam pene omnes homines falsis diis servirent, paucis in cultu Dei permanentibus, consultum est a Deo plures in matrimonium copulare sibi, ne illis paucis deficientibus, cultus et notitia Dei deficeret. 3. Unde Abraham vivente uxore ad ancillam intravit, et filiae Lot patre ebrio usae sunt. Cum enim, ceteris in idolatria relictis, Abraham et filios eius in peculiarem sibi populum Dominus delegisset, rite multarum fecunditate mulierum populi Dei multiplicatio quaereretur, quia in successione sanguinis erat successio religionis. Unde etiam in Lege maledicta erat sterilis quae non reliquebat semen super terram. Hinc etiam sacerdotibus coniugia decreta sunt, quia in successione familiae successio est officii.—Non igitur Abraham vel Iacob deliquit, quia praeter uxorem

Der Kommentar Alberts zu den Sentenzen des Petrus Lombardus besteht im wesentlichen aus *Quaestiones*, die auf irgendeine Weise, manchmal direkt, manchmal nur bedingt, mit dem Inhalt der Sentenzen zusammenhängen. Alberts Sentenzen-Kommentar darf man sich nämlich nicht als bloße Textauslegung vorstellen. Vielmehr stellt er ein eigenwertiges theologisches Werk dar, in dem der Inhalt der Sentenzen oftmals nur als Anregung weitgehend eigenständiger theologischer Reflexionen dient. Die Form der Quaestiones in Alberts Sentenzen-Kommentar variiert die typische scholastische Quaestio: Formulierung der Fragestellung—Argumente *gegen* die Position, für die Albert eintreten möchte—Argumente *für* die Position, die auch Albert vertritt—Lösung der Fragestellung (Solutio)—Widerlegung der eingangs formulierten Gegenargumente.

Im Bezug auf das erwähnte erste Kapitel der *distinctio* 33 diskutiert Albert, neben anderen fünf, auch folgende Quaestio: *Utrum coniugium sit naturale?* Ist die Ehe natürlich? Wie hängt diese Quaestio mit Petrus Lombardus' Überlegungen über die Polygamie der biblischen Patriarchen zusammen? Die Quaestio bezieht sich zweifelsohne auf Petrus' Ausführungen über die Ehe in der *Schöpfungsordnung*. Dass Albert diese Stelle der Sentenzen zum Anlass einer Frage nach der *Natürlichkeit* der Ehe nehmen kann, verdankt sich einer geistesgeschichtlichen Entwicklung des 12. und 13. Jahrhunderts, die die Frage nach der *Schöpfungsordnung* zunehmend als eine Frage nach der *Naturordnung* zu begreifen und zu stellen begann. Die Ursache hierfür ist die seit dem 12. Jahrhundert verstärkt stattfindende Rezeption des antiken philosophischen Konzepts der *Natur* (natura) und der römischen juristischen Denkfigur des Naturrechts (*ius naturale, lex naturalis*), die beide als Verweis auf eine vom Schöpfer gestiftete universalgültige Ordnung verstanden wurden. In diesem Zusammenhang ist besonders die Rezeption einer Aussage Ulpians von Bedeutung, in der der römische Jurist als Beispiel einer naturrechtlichen Kategorie explizit die Verbindung von Mann und Frau, sowie die Zeugung und Erziehung von Kindern nennt. An Ulpians etwas uneindeutiger Aussage entfachte sich seit dem

---

filios ex ancilla quaesivit; nec illorum exemplo praeter coniugale debitum fecunditatem in aliqua licet alicui quaerere, cum illorum coniugia nostrorum aequantur virginitati, et immoderatus usus coniugii nostri temporis fere imitetur fornicationis illius temporis...". Zum Thema der Paradiesehe vgl. Michael Müller: Die Lehre des hl. Augustinus von der Paradiesehe und ihre Auswirkungen in der Sexualethik des 12. und 13. Jahrhunderts bis Thomas von Aquin, Regensburg 1954.

12. Jahrhundert vor allem unter Dekretisten eine Diskussion über den naturrechtlichen Charakter der Ehe. Einige Dekretisten vertraten die Ansicht, dass nur die Veranlagung zum ehelichen Zusammenleben von Mann und Frau, oder nur die geschlechtliche Vereinigung von Mann und Frau in der Ehe (und sogar außerhalb der Ehe) in den Bereich des universal gültigen Naturrechts gehören, während die Ehe als Institution dem positiven Recht zuzuordnen sei und somit regionalem und zeitlichem Wandel unterliege. Andere Dekretisten, wie etwa der in der zweite Hälfte des 12. Jahrhunderts in Bologna wirkende Rufin, behaupteten hingegen, dass die Ehe als solche, d. h. als institutionalisierte Lebensform zwischen Mann und Frau, in den Bereich des universalen Naturrechts fällt. Von den Kanonisten übernahmen die Frage nach der Natürlichkeit bzw. der Naturrechtlichkeit der Ehe alsbald auch die Theologen. So beschäftigt sich mit ihr in einer eigenständigen Quaestio um 1245 Johannes von La Rochelle mit der Absicht, zwischen der Ehe im Naturrecht und der Ehe als Sakrament zu unterscheiden.[6]

Diese Auseinandersetzung um die Natürlichkeit, bzw. Naturrechtlichkeit der Ehe bildet den direkten Hintergrund für Alberts Quaestio *Utrum coniugium sit naturale*. Albert teilt dabei die Meinung jener Kanonisten und Theologen, die die Ehe als solche, d. h. als institutionali-

---

[6] Albertus Magnus: Commentarium in IV Sententiarum. Distinctio XXIII–L (B. Alberti Magni Opera Omnia, Bd. 30), Hg. Auguste Borgnet, Paris 1894, S. 288: „Incidunt autem circa principium ratione primi capituli hic quaerenda sex. Primum est, An matrimonium sit naturale? Secundum est...". So wird in Borgnets Edition die Frage in der Einleitung zu den sechs Quaestiones dieses Kapitels formuliert. Die Quaestio ist dann aber mit einem Titel überschrieben, der von dem in der Einleitung genannten abweicht: „Utrum coniugium sit naturale, vel de jure gentium". Da in der Quaestio selbst nur von der Natürlichkeit der Ehe die Rede ist und der zweite Teil der in der Überschrift formulierten Frage, ob nämlich die Ehe nicht vielmehr dem Völkerrecht unterliege, nicht thematisiert wird, kann der in der Einleitung genannte Titel als der maßgebliche verstanden werden. Zur Naturrechtslehre bei Albertus Magnus siehe Alfons Hufnagel: Albertus Magnus und das Naturrecht. In: Theodor W. Köhler (Hg.) Sapientiae procerum amore, (Studia Anselmiana, 63) Rom 1974, S. 123–148; Zur „Entdeckung" der Natur im 12. Jahrhundert siehe Andreas Speer: Die Entdeckte Natur. Untersuchungen zu Begründungsversuchen einer „scientia naturalis" im 12. Jahrhundert, Leiden–New York–Köln 1995; Zur Rezeption der antiken Naturrechtslehre bei mittelalterlichen Legisten und Kanonisten siehe Rudolf Weigand: Die Naturrechtslehre der Legisten und Dekretisten von Irnerius bis Accursius und von Gratian bis Johannes Teutonicus, München 1967, hier S. 78–85 und S. 283–306 (zur Frage nach der Ehe im Naturrecht); zu Ciceros Naturkonzept im Mittelalter siehe Cary Nederman: Nature, Sin and the Origins of Society: The Ciceronian Tradition in Medieval Political Thought. In: Journal of the History of Ideas 49 (1988), S. 3–26; Johannes von La Rochelles Quaestio „*Utrum matrimonium sit de lege naturali?*" ist ediert in Alexander von Hales, Summa Theologica, Bd. 4, Quaracchi 1948, S. 358–359.

siertes Dauerverhältnis zwischen einem Mann und einer Frau, in der Natur bzw. im Naturrecht begründet sahen. Ziel seiner Quaestio ist es, diesen naturrechtlichen Charakter der Ehe zu beweisen. Alberts Bemühung, die Natürlichkeit der Ehe nachzuweisen, erfüllt dabei im Kontext seines Sentenzen-Kommentars eigentlich dieselbe theologische Funktion wie Petrus Lombardus' Verweis auf die Ehe Adams und Evas: Beides sind letztendlich Argumentationsstrategien, deren eigentlicher Sinn es ist, die Universalität der christlichen Auffassung von der Ehe herauszustellen.

Im Gegensatz zu Petrus Lombardus' biblisch-patristischer Argumentation konstruiert Albert seine Abhandlung—dies ist für einen theologischen Sentenzen-Kommentar eher ungewöhnlich—ausschließlich mit Zitaten aus antiker Philosophie und römischem Recht, die er zu Autoritätsbeweisen für die Natürlichkeit der Ehe ausformt. Und gerade für dieses Beweisverfahren greift er intensiv auf die Passagen über die Ehe aus dem erst kürzlich übersetzten achten Buch der *Nikomachischen Ethik* und auf Aspasius' *Ethik*-Kommentar zurück, um sie als Argumente für die Natürlichkeit der Ehe einzusetzen. Ja, seine Argumentation für die Natürlichkeit der Ehe beruht im wesentlichen auf diesen neuentdeckten Gedanken.

Gemäß der dialektischen Struktur seiner Quaestiones, beginnt Albert seine Abhandlung über die Natürlichkeit der Ehe mit vier Autoritätsargumenten, die den Zweck haben, die Natürlichkeit der Ehe in Frage zu stellen (*rationes contra*). Es folgt eine Reihe von sechs Argumenten (*in contrarium*), in denen Autoritätsbeweise *für* die Natürlichkeit der Ehe angeführt werden. Die ersten zwei der sechs Argumente *für* die Natürlichkeit der Ehe als institutionalisierter Lebensgemeinschaft bestehen aus bekannten Zitaten aus dem römischen Recht und aus Ciceros Rhetorik.[7]

Mit dem dritten Argument beginnt eine Serie von drei, aus der neuentdeckten *Nikomachischen Ethik* abgeleiteten „Beweisen" für die Natürlichkeit der Ehe. Alle drei sind der Passage „*Viro autem et uxori amicicia videtur secundum naturam existere*" entnommen. Im ersten der „aristotelischen Argumente" versucht Albert die Natürlichkeit der Ehe vom

---

[7] Albertus Magnus: Commentarium in IV Sententiarum (wie Anm. 4), S. 289 (die ersten zwei nicht-aristotelischen Sed-contra-Argumente): „In contrarium hujus est, quod dicitur in principio *Pandectarum*: ‚Ius naturale est maris et foeminae conjunctio, quod *matrimonium* nos appellamus', ergo est naturale. Idem dicitur omnino in *Institutis*. Item, Tullius in *Rhetorica* dicit, quod, jus naturale est, quod non opinio genuit, sed innata quaedam vis inseruit, ut maris foeminaeque conjunctionem, ergo, etc.".

zweiten Satz dieser Passage der *Nikomachischen Ethik* abzuleiten: „*Denn der Mensch ist von Natur ein Wesen, das eher auf die Gemeinsamkeit zu zweien als auf die (umfassende) der Polis eingestellt ist, und zwar um so mehr, als die Hausgemeinschaft ursprünglicher als die Polis ist und mehr den Charakter der Notwendigkeit hat.*" Der Sinn dieses Gedankengangs, so Albert, sei folgender: Wenn der Mensch natürlicherweise ein politisches Lebewesen ist, muss er, wenn doch die Ehegemeinschaft der politischen Gemeinschaft notwendigerweise vorangeht, noch in größerem Maße natürlicherweise ein eheliches Lebewesen sein. Demzufolge, so Alberts Fazit, ist die Ehe natürlich.[8]

Den zweiten aristotelischen Beweis der Natürlichkeit der Ehe gewinnt Albert aus dem nächsten Satz der *Nikomachischen Ethik*, in dem Aristoteles sagt, dass das Zeugen von Nachkommen allen Tieren gemeinsam sei. Albert versteht und verwendet auch diesen Satz als ein Argument für die Natürlichkeit der Ehe. Aristoteles wolle hier folgendes ausdrücken: Nicht nur die Zeugung von Nachkommen sei allen Tieren gemeinsam und damit natürlich, sondern auch die Art, wie man über die gezeugten Nachkommen Gewissheit erlange. Dies geschehe beim Menschen so, dass sich ein bestimmter Mann mit einer bestimmten Frau in einem bestimmten Haus vereinige. Diese Art der Vereinigung sei aber die Ehe und somit sei sie natürlich.[9]

Als drittes Argument für die Natürlichkeit der Ehe verwendet Albert den weiteren Gedankengang der Passage, den er, genauso wie die vorangehenden zwei Sätze, als einen von Aristoteles selbst hervorgebrachten Beweis für die Natürlichkeit der Ehe versteht: „*Die Menschen schließen nicht nur wegen der Fortpflanzung eine Hausgemeinschaft, sondern auch wegen der Bedürfnisse des täglichen Lebens. Denn von vornherein sind die Aufgaben geteilt. Die*

---

[8] Albertus Magnus: Commentarium in IV Sententiarum (wie Anm. 4), S. 289 (erstes aristotelisches Sed-contra-Argument): „Item, Aristoteles in IX (*sic*) *Ethicorum* dicit haec verba: ‚Homo animal naturale conjugale magis quam politicum, et quanto prius et necessarium magis domus civitate.' Et sensus est, quod homo magis naturaliter est conjugalis, quam politicus, et tanto magis, quanto necessarior et prior est ordinatio domus ordine civitatis: sed homo naturaliter est politicus, ut probant Aristoteles et Avicenna, ergo magis naturaliter est conjugalis: ergo conjugium est naturale."

[9] Albertus Magnus: Commentarium in IV Sententiarum (wie Anm. 4), S. 289 (zweites aristotelisches Sed-contra-Argument): „Item, ad idem inducit Aristoteles aliam rationem, sic dicens: ‚Et filiorum procreatio communis animalibus': et intendit sic arguere: Quibuscumque naturaliter communis est procreatio filiorum, illis etiam modus quo certificentur filii, est naturalis, sicut avibus conjugi ad unam in speciali nido: ergo et homini conjugi ad unam sibi debitam in speciali domo: sed hoc est conjugium: ergo conjugium est naturale."

Arbeit des Mannes ist eine andere als die der Frau. Und so helfen sie sich gegenseitig, indem jedes das Seine beisteuert." Worin liegt hier für Albert Aristoteles' Nachweis der Natürlichkeit der Ehe? Alles, was der Aufrechthaltung des Lebens dient, ist natürlich. Da aber Mann und Frau verschiedene Fähigkeiten hätten und nicht getrennt leben könnten, müssten sie sich um der Aufrechthaltung ihres Lebens willen vereinigen. Diese Vereinigung aber sei die Ehe und weil sie der Aufrechthaltung des Lebens diene, sei sie natürlich.[10]

Das letzte der sechs Argumente für die Natürlichkeit der Ehe ist Aspasius' Kommentar entnommen und stellt nur eine Variation des ersten, aus der *Nikomachischen Ethik* abgeleiteten Arguments dar.

Es folgt die *responsio*, jener Teil der Quaestio, in dem Albert, nachdem er Autoritätsbeweise gegen und für die Natürlichkeit der Ehe angeführt hat, *seine* Lösung der Frage nach der Natürlichkeit der Ehe vorstellt. Auch hier benutzt er die neuentdeckten aristotelischen Texte, diesmal allerdings nicht, wie oben, direkt die Passage über die Freundschaft zwischen Mann und Frau aus der *Nikomachischen Ethik*, sondern Aspasius' Kommentar zu dieser Passage. Die ganze *responsio* besteht eigentlich aus einem einzigen langen Zitat aus Aspasius. Albert interpretiert Aspasius' Kommentar zu Aristoteles' Ausführungen über die Freundschaft zwischen Mann und Frau als eine „Lösung" der Frage nach der Natürlichkeit der Ehe („*verba Aspasii solventis hanc quaestionem*") und macht sich diese „Lösung" völlig zu eigen. Dabei ahnt er natürlich nicht, dass sich hinter dem Text, den er hier als Aspasius' Beschreibung der Ehe in der *Naturordnung* versteht und empfiehlt, eigentlich großenteils das christliche, augustinisch geprägte Eheverständnis seines Zeitgenossen Robert Grosseteste verbirgt.[11]

---

[10] Albertus Magnus: Commentarium in IV Sententiarum (wie Anm. 4), S. 289 (drittes aristotelisches Sed-contra-Argument): „Item, tertiam rationem inducit Philosophus, ibidem, sic dicens: ‚Homines autem non solum procreationis filiorum gratia cohabitant, sed et eorum quae in vitam: confestim enim divisa sunt opera, et sunt altera viri et uxoris: sufficiunt igitur ad invicem ad commune ponentes propria.' Est autem haec ratio: Quidquid confert ad vitam salvantem naturam, naturale est: matrimonium est hujusmodi: ergo matrimonium est naturale. Prima autem a Philosopho per se nota supponitur. Secunda autem probatur: quia cum nati sunt homines et adolescunt, divisa habent opera, et insufficientia sibi ad naturae salutem et domus providentiam. Cum autem vir et uxor conferunt sua opera, erunt sufficientia in domus aedificationem et naturae salutem: sed non conferunt nisi matrimonio conjuncti: ergo matrimonium est naturale: et sic constat propositum."

[11] Albertus Magnus: Commentarium in IV Sententiarum (wie Anm. 4), S. 289–290 (auf Aspasius zurückgehendes, letztes Sed-contra-Argument): „Item, Aspasius super eumdem locum in *commento* dicit, quod magis est naturale quod est a genere, quam

Wie gezeigt werden konnte, haben wir es in Alberts Sentenzen-Kommentar mit einer *Indienstnahme* der Aristotelischen Gedanken über die Ehe für ein zeitgenössisches *theologisches* Problem zu tun. Vergleicht man Albert mit älteren Autoren, wird der Ertrag der Rezeption der *Nikomachischen Ethik* und des zugehörigen Kommentars des Aspasius für die mittelalterlichen Überlegungen über die Stellung der Ehe in der Naturordnung bzw. im Naturrecht sichtbar: Die Rezeption der aristotelischen Gedanken über die Ehe liefert Albert eine Fülle neuer Möglichkeiten, die Natürlichkeit der Ehe, und zwar der Ehe, verstanden als Dauerverhältnis zwischen Mann und Frau, philosophisch zu beweisen. Versteht man die Diskussion über die Natürlichkeit der Ehe zudem als eine Bemühung, dem christlichen Eheverständnis mittels seiner naturphilosophischen Begründung Universalität zu verleihen, ist besonders Alberts Rezeption Aspasius' Kommentars wichtig. In diesem Kommentar hat Robert Grosseteste, wovon Albert allerdings nichts weiß, das christliche, augustinisch geprägte Ehe-Ideal formuliert. Albert, der die Ausführungen in Aspasius' Kommentar als autoritative, philosophische Aussagen über die Ehe in der Naturordnung liest, kann anhand die-

---

quod est a differentia, cum tamen utrumque sit naturale: sed homo naturale habet a differentia quod est animal civile et politicum: et propter hoc unius solius vita, ut dicit Avicenna, non est nisi pejor quam potest: a genere autem habet, quod sit coniugale, sicut prius in avibus et leone ostensum est: ergo coniugium est magis naturale quam politicum."

(Es folgt die Lösung der Quaestio): „Responsio. Dicendum, quod verba Aspasii solventis hanc quaestionem in commento super nonum *Ethicae*, valde notanda sunt, et sunt ista: ,Non potest esse commixtio maris et foeminae penitus carens culpa, nisi quae intendit prolis procreationem: et cum homo sit animal rationale, et ratio non perversa intendat optimum, non solum intendit generans homo procreare prolem, sed et procreatam educare, et educando provehere usque ad perfectionem non solum in bonis corporis, sed etiam in bonis animae, quae sunt virtutes et scientiae: non est autem solus vir generans, nec sola mulier, sed ambo simul sunt unum generans: oportet ergo quod ambo simul intendant una communi intentione prolis procreationem et educationem et provectionem usque ad perfectum: oportet igitur antequam conveniant, imutuo sibi consenserint in unam individuam vitam ad prolis procreationem et educationem et provectionem usque ad perfectum: non enim esse potest rationalis intentio generantis recta, nisi uterque generantium in vitam consenserint individuam: cum igitur finis naturalis virtutis generativae, et actus generandi in homine sit proles perfecta utraque perfectione, et salus speciei non solum est in esse primo, sed etiam in esse secundo, quod est vera hominis consummatio: hunc autem finem non possunt intendere vir et mulier communi intentione generantes, qui magis sunt unum generans, nisi matrimonialiter copulati: et quod non recto fine fit, peccatum est, patet quod matrimonium sit naturale, et quod omnis commixtio extra matrimonium, peccatum est, et transgreditur legem naturae.' Huc usque sunt verba Aspasii: et determinant totam quaestionem, nec indigent expositione."

ses philosophischen „Autoritätsbeweises" das gesamte zeitgenössische christliche Eheverständnis als naturgegeben begründen und somit seine universale Gültigkeit herausstellen.[12]

Zum Schluss sei noch erwähnt, dass Albert der Große freilich nicht der einzige damalige Kommentator der Sentenzen des Petrus Lombardus ist, der die aristotelischen Gedanken über die Ehe verwendet. Wie aus unserer Quellenübersicht zu Beginn des zweiten Teils der Studie deutlich geworden ist, tun dies in unserem Untersuchungszeitraum auch andere Kommentatoren. So nehmen, betrachtet man einige Kommentare aus dem 13. Jahrhundert, die in Editionen vorliegen, auch Alberts Schüler Thomas von Aquin und Johannes Duns Scotus in ihren Sentenzen-Kommentaren auf die aristotelischen Gedanken über die Ehe Bezug. Hingegen kommt Bonaventura in seinem Sentenzen-Kommentar ohne die aristotelischen Gedanken aus. Ohne auf die Verwendung der aristotelischen Gedanken über die Ehe in Thomas' und Scotus' Sentenzen-Kommentaren näher eingehen zu können, sei lediglich angemerkt, dass ihre Aristoteles-Benutzung ähnliche Merkmale wie jene Alberts aufweist. Auch bei Thomas und Scotus ist die Rezeption der aristotelischen Ehe-Texte im Ganzen des Kommentars marginal. Genauso wie bei Albert und gemäß der Gattung des Sentenzen-Kommentars wird Aristoteles mit einer *theologischen* Intention benutzt und für die Ausarbeitung einer *Theologie* der Ehe in Dienst genommen.[13]

---

[12] James McEvoy: Grosseteste's Reflections on Aristotelian Friendship: A ‚new' commentary on Nicomachean Ethics VIII,. In: Ders.: Robert Grosseteste: new perspectives on his thought and scholarship, Turnhout 1995, S. 8–14.

[13] Thomas de Aquino: Scriptum in quatuor libros sententiarum (S. Thomae Aquinatis Opera Omnia. ut sunt in indice thomistico, Bd. 1), Stuttgart 1981, S. 581 (Thomas erörtert hier bezüglich der distincitio 26 die Quaestio *Utrum coniugium sit naturale* und greift dabei auf die amicitia-coniugalis-Passage aus EN VIII zurück); Ioannes Duns Scotus: Quaestiones in librum quartum Sententiarum (Ioannes Duns Scotus: Opera omnia, Bd. 9), Lyon 1639 [Nachdruck 1968], hier S. 576 (Scotus erörtert hier bezüglich der distinctio 26 des vierten Buches der Sentenzen die Quaestio „*Utrum matrimonium fuerit immediate institutum a Deo?*". Dabei verwendet in seiner Argumentation zweimal Gedanken aus aristotelischen Texten zur Ehe: NE VIII und Pol II); Bonaventura: Commentaria in quatuor libros sententiarum Magistri Petri Lombardi. In quartum librum Sententiarum (Bonaventura: Opera omnia, Bd. 4), Quarracchi 1889.

KAPITEL 10

ARISTOTELES UND DIE ANFÄNGE EINER MITTELALTERLICHEN PHILOSOPHIE DER EHE: ALBERTS ERSTER KOMMENTAR ZUR NIKOMACHISCHEN ETHIK (1248–1252)

Zwischen 1250 und 1252, also kurz nach der Beendigung seines *theologischen Kommentars* zu den Sentenzen des Petrus Lombardus, verfasste Albertus Magnus in Köln einen *philosophischen Kommentar* zur *Nikomachischen Ethik*. Sein Kommentar ist die zeitlich nächste mittelalterliche Schrift, die auf die aristotelischen Gedanken über die Ehe eingeht, und soll hier als zweites Beispiel der Rezeption dieser Gedanken vorgestellt werden. Der Kommentar stellt eine schriftliche Fassung von Vorlesungen dar, die der Dominikaner im gleichen Zeitraum im Kölner *Studium generale* gehalten hat; er ist die Frucht redaktioneller Zusammenarbeit mit seinem Schüler Thomas von Aquin.[1]

Die Kommentierung aristotelischer Schriften (sei es im Hörsaal, sei es in der Schreibstube) gehörte im 13. Jahrhundert eigentlich in den Aufgabenbereich der *magistri* der neuentstandenen Fakultäten der *Artes liberales*. Dass sich der Dominikaner Albert entschloss, im neugegründeten dominikanischen *Studium generale* in Köln eine Philosophievorlesung über die *Nikomachische Ethik* zu halten, muss als Ausnahme betrachtet werden. Die dominikanischen *Studia generalia* waren nämlich zur theologischen Ausbildung geschaffen worden und sahen eine pädagogische Beschäftigung mit paganer Philosophie nicht vor, jedenfalls damals noch nicht.[2]

Der Grund, weshalb Albert trotzdem die *Nikomachische Ethik* auch im Rahmen eines theologischen Studiums zum Gegenstand einer Vorlesung machte, ist in der großen Bedeutung, die er aristotelischer Philosophie allgemein, und konkret der *Nikomachischen Ethik* beimaß, zu sehen.

---

[1] Albertus Magnus: Super Ethica, Bd. I: Bücher I–V, hg. v. Wilhelm Kübel, Münster 1968/1972; Bd. 2: Bücher VI–X, hg. v. Ders., Münster 1987 (Alberti Magni Opera Omnia, XIV 1 und 2).

[2] Walter Senner: Albertus Magnus als Gründungsregens des Kölner *Studium generale* der Dominikaner. In: Jan Aertsen / Andreas Speer (Hg.): Geistesleben im 13. Jahrhundert, Berlin–New York 2000, S. 149–169.

Seine Vorstellung vom Nutzen der *Nikomachischen Ethik* ähnelt derjenigen, die Mercken bereits bei Robert Grosseteste beobachtet hat. Der Dominikaner fand in Aristoteles' ethischer Hauptschrift eine wahre moralwissenschaftliche Abhandlung, die diesen Namen verdiente. Die *Nikomachische Ethik* begründet nach seiner Auffassung rational richtiges menschliches Handeln und trägt so zur Besserung des Menschen und zu seinem Glück bei. Sie steht nicht im Widerspruch zu christlichen Wertvorstellungen. Ganz im Gegenteil, sie vermag sie rational zu begründen und ihnen Einsichtigkeit zu verschaffen. Diese Überzeugung vom moralischen Nutzen der *Nikomachischen Ethik* für den Christen dürfte das Hauptmotiv seiner *Ethik*-Vorlesung gewesen sein.[3]

Nur am Rande sei bemerkt, dass Albert etwa ein Jahrzehnt nach seinem *Super Ethica* die *Nikomachische Ethik* noch ein zweites Mal kommentieren wird. Die *Ethica*, so der Titel seines zweiten *Ethik*-Kommentars, ist als *Textparaphrase* mit *digressiones*, also kurzen, auf den Text bezogenen philosophischen Abhandlungen, konzipiert. Im Unterschied zu seinem ersten *Ethik*-Kommentar geht die *Ethica* allerdings nicht auf eine pädagogische Tätigkeit zurück.[4]

Alberts *Super Ethica* ist der erste mittelalterliche Kommentar zur *translatio lincolniensis* und damit zu allen zehn Büchern der *Nikomachischen Ethik*. In unserem Zusammenhang ist er deshalb von Bedeutung, weil es sich um die erste mittelalterliche Kommentierung des achten Buches handelt, das die Passagen über die Gemeinschaft von Mann und Frau enthält.

Das bedeutet freilich nicht, dass Alberts Kommentar der erste mittelalterliche *Ethik*-Kommentar überhaupt wäre. Aus der Zeit vor seiner Entstehung sind fünf ältere Kommentare zur *Nikomachischen Ethik* überliefert. Allerdings umfassen sie alle höchstens eine Auslegung der ersten drei Bücher der *Nikomachischen Ethik*. Das liegt daran, dass sie sich nicht auf die vollständige *Ethik*-Übersetzung von Robert Grosseteste stützen, sondern lediglich auf die als *Ethica Vetus* (Bücher II und III) und *Ethica*

---

[3] zur philosophischen Ethik bei Albertus Magnus siehe vor allem die umfassende neue Untersuchung von Jörn Müller: Natürliche Moral und philosophische Ethik bei Albertus Magnus, Münster 2001; Mechthild Dreyer: Ethik als Wissenschaft nach Albertus Magnus. In: Jan Aertsen / Andreas Speer (Hgg.): Was ist Philosophie im Mittelalter?, Berlin u. a. 1998, S. 1017–1023.

[4] Albertus Magnus: Ethica (Alberti Magni Opera Omnia, Bd. 7), hg. v. Auguste Borgnet, Paris 1891; zu Alberts zwei *Ethik*-Kommentaren siehe auch: Jean Dunbabin: The Two Commentaries of Albertus Magnus on the Nicomachean Ethics. In: Recherches de Théologie ancienne et médiévale 30 (1963), S. 232–250.

nova (Buch I) verbreitete Übersetzung der ersten drei Bücher der *Ethik* von Burgundio von Pisa.[5]

Alberts *Super Ethica* ist nicht nur der *erste* Kommentar zur vollständigen *Nikomachischen Ethik*; er ist auch rezeptionsgeschichtlich bedeutend. Eine Abhängigkeit von ihm lässt sich in unserem Untersuchungszeitraum beispielsweise in den *Ethik*-Kommentaren seines Schülers Thomas von Aquin, von Petrus von Alvernia sowie in den Kommentaren des Erfurter Anonymus (Wissenschaftliche Allgemeinbibliothek, Cms 2°13, ff. 85ra–120ra) und des Aegidius von Orléans nachweisen (Paris BN lat. 16089, ff. 195ra–233va). Der Herausgeber des Kommentars nennt darüber hinaus mehrere spätmittelalterliche Kurzfassungen des Kommentars. Auch Bartholomäus von Brügge kannte den *Ethik*-Kommentar Alberts und zitiert ihn in seinem Kommentar zur *Yconomica*.[6]

Alberts *Super Ethica* ist ein typischer philosophischer Aristoteles-Kommentar, so wie man diesem im 13. Jahrhundert vor allem an der Pariser Fakultät der Artes begegnet. Über philosophische Aristoteles-Kommentare als einer literarischen Gattung soll weiter unten im Zusammenhang mit dem *Yconomica*-Kommentar von Bartholomäus von Brügge ausführlich die Rede sein. Der Form nach handelt es sich um ein *commentum cum quaestionibus*. Albert gliedert den Text der zehn Bücher der *Nikomachischen Ethik* in eine Serie von kleineren Texteinheiten, die er in *lectiones* auslegt. Jede *lectio* besteht aus einem laufenden, dem Text der Passage folgenden Kommentar und aus *Quaestiones*, die sich auf einzelne Stellen der Passage beziehen. Derartige Textauslegungen mit Quaestiones waren, wie Olga Weijers zeigen konnte, als Kommentarform vor allem im Zeitraum von 1230 bis 1260 verbreitet. Später werden sich laufender Textkommentar und Kom-

---

[5] vgl. Aristote: l'Éthique à Nicomaque, hg. v. René-Antoine Gauthier und Jean Yves Jolif, 2. überarbeitete Auflage, Louvain–Paris Bd. 1, 1970, S. 111–120; Georg Wieland: Ethica–Scientia practica. Die Anfänge der Philosophischen Ethik im 13. Jhd., Münster 1981.

[6] zum Einfluss des *Super Ethica* siehe: Albertus Magnus: Super Ethica, Bd. I (wie Anm. 1), S. XI–X; Aristote: l'Éthique à Nicomaque (wie Anm. 5), S. 124; Thomas de Aquino: Sententia libri Ethicorum, hg. v. René-Antoine Gauthier (Sancti Thomae de Aquino Opera Omnia, Bd. 47), Rom 1969; Anthony Celano: Peter of Auvergne's Questions on Book I and II of the *Ethica Nicomachea*: A Study and Critical Edition. In: Mediaeval Studies 48 (1986), S. 1–110, hier S. 30 und *passim*; Antony Celano: The „finis hominis" in the thirteenth century commentaries on Aristotle's *Nicomachean Ethics*. In: Archives d'Histoire Doctrinale et Littéraire du Moyen Age 53 (1986) S. 23–53, hier S. 40.

mentar durch Quaestiones zu zwei selbstständigen Kommentartypen auseinanderentwickeln.[7]

In seiner laufenden Textauslegung verwendet Albert zwei exegetische Methoden: die Methode der *divisio textus* und die Methode der „kommentierenden Paraphrase". Mit der ersteren gliedert er den jeweils kommentierten Textabschnitt in seine kleinsten gedanklichen Einheiten und gibt knapp den Inhalt dieser Einheiten an. Zweck dieser Methode ist die *Verdeutlichung der inhaltlichen Struktur* der kommentierten Passage. Mit der „kommentierenden Paraphrase" hingegen legt er die kleinsten gedanklichen Einheiten aus, in die er den Text mit der *divisio textus* „zerlegt". Er geht dabei so vor, dass er die kommentierte Texteinheit paraphrasierend wiedergibt und ihren Sinn erläutert. Dabei versucht er, die einzelnen Worte der Textgrundlage in seine Paraphrase einzubinden. Die kommentierende Paraphrase schließt also an die *divisio textus* an und vollendet die Auslegung des Textes im Detail.

Wie die meisten mittelalterlichen Aristoteles-Kommentatoren verfolgt Albert mit seinem *Ethik*-Kommentar eine doppelte Absicht: Sein Ziel ist einerseits die *Auslegung* des Textes der *Nikomachischen Ethik*, also das, was man heute von einem Kommentar erwartet. Zugleich aber geht er anderseits intentional über diese rein interpretative Funktion hinaus und nutzt den Rahmen seines Kommentars, um *über* den Inhalt der *Nikomachischen Ethik* selbstständig zu philosophieren. Diese zweite Funktion seines Kommentars kommt insbesondere in den *Quaestiones* zum Tragen. Sein Kommentar steht folglich im Spannungsfeld zwischen einer philologisch-philosophischen Textauslegung, wie sie in den meisten modernen Kommentaren zu Aristotelischen Werken betrieben wird, und einem eigenständigen philosophischen Diskurs.[8]

---

[7] zur Kommentartechnik des Albertus siehe: Albertus Magnus: Super Ethica, Bd. I (wie Anm. 1), S. VII; zur Gattung und Technik der Aristoteles-Kommentare: Francesco Del Punta: The Genre of Commentaries in the Middle Ages and its Relation to the Nature and Originality of Medieval Thought. In: Aertsen / Speer (Hg.): Was ist Philosophie im Mittelalter? (wie Anm. 3), S. 138–151; Olga Weijers: Le maniement du savoir. Pratiques intellectuelles à l'époque des premières universités (XIIIe–XIVe siècles), Turnhout 1996, hier S. 39–46; Dies.: The Evolution of the Trivium in University Teaching: The Example of the *Topics*. In: John Van Engen (Hg.): Learning Institutionalized. Teaching in the Medieval University, Notre Dame 2000, S. 43–67, hier S. 44–45; Dies.: La structure des commentaires à la faculté des arts. In: Gianfranco Fioravanti / Claudio Leonardi: Il commento filosofico nell'occidente latino (secoli XIII–XV) (Rencontres de Philosophie Médiévale, 10), Turnhout 2002, S. 16–41.

[8] Die Methoden und Funktionen mittelalterlicher Aristoteleskommentare werden ausführlich im dritten Kapitel am Beispiel des *Ökonomik*-Kommentars des Bartholomäus von Brügge untersucht. Dort auch weitere Literaturangaben.

Im Folgenden soll gezeigt werden, wie Albert mit den Ausführungen des achten Buches der *Nikomachischen Ethik* über die Ehe umgeht. Unsere Beobachtungen werden sich dabei auf seinen Umgang mit der letzten und längsten Ehepassage der *Ethik*, „*Viro autem et uxori amicitia videtur secundum naturam existere*", beschränken.[9]

Die Art und Weise, wie Albert diese längste Passage über die Ehe im achten Buch der *Nikomachischen Ethik* behandelt, entspricht den exegetischen Methoden und der doppelten Zielsetzung seines Kommentars. Seine Kommentierung dieser Passage ist insofern den Kommentierungs-Methoden verpflichtet, als sich Albert bei seiner Interpretation dieser Textstellen gerade der oben beschriebenen exegetischen Vorgänge der *divisio textus*, der „kommentierenden Paraphrase" und der Quaestio bedient. Sie trägt der doppelten Zielsetzung seines Kommentars Rechnung, indem es ihm einerseits um die Auslegung ihres Inhalts geht, andererseits aber um das *Philosophieren über sie* und *anhand* von ihr.

Albert kommentiert die Passage „*Viro autem et uxori amicitia videtur secundum naturam existere*" in der *lectio XII* seines Kommentars zum achten Buch. Im Textabschnitt, der in dieser *lectio* behandelt wird (1161b11 bis 1162a34), bildet die Ehe-Passage nur etwa ein Viertel des gesamten Textes. Neben der Beziehung von Mann und Frau nennt Aristoteles in der Texteinheit, auf die sich diese *lectio* bezieht, einige genossenschaftliche Beziehungsformen und setzt sich eingehend mit der Art der Beziehung, die zwischen Eltern und Kindern sowie zwischen Geschwistern herrscht, auseinander.[10]

Albert beginnt die lectio XII mit einer allgemeinen, knappen Inhaltsangabe. Auf diese folgt zuerst eine Serie von acht Quaestiones zum Inhalt des Textabschnitts. Auf die Passage „*Viro autem et uxori amicicia videtur secundum naturam existere*" beziehen sich die letzten davon. Nach den Quaestiones folgt schließlich der laufende Kommentar des Textes.

Da sich die Quaestiones vielfach aus seinem Verständnis des Textabschnitts ergeben, soll zuerst auf seinen laufenden Kommentar eingegangen werden. Wie legt hier Albert die Passage über die Ehe aus? Wie bereits gesagt wurde, verwendet der Kommentator bei seiner laufenden Auslegung der *Nikomachischen Ethik* zwei aneinander anknüpfende

---

[9] Für die Passage „*Viro autem et uxori amicitia videtur secundum naturam existere*" siehe oben, S. 49–50; Alberts Kommentar dazu: Albertus Magnus: Super Ethica, Bd. 2 (wie Anm. 1), S. 641–644.

[10] Albertus Magnus: Super Ethica, Bd. 2 (wie Anm. 1), S. 638–644.

exegetische Methoden: die *divisio textus* und die Methode der „kommentierenden Paraphrase". Die erstere dient der Darstellung der inhaltlichen Struktur des Textes. Albert's *divisio textus* zufolge besteht der Textabschnitt der *lectio XII* im wesentlichen aus einer Abhandlung über zwei Arten von Freundschaft: *politische* und *natürliche*. Erstere Freundschaftsform sieht Albert in Aristoteles' knapper Nennung verschiedener genossenschaftlicher Beziehungsformen erörtert, letztere in dessen Ausführungen über die verwandtschaftlich-familiären Beziehungen und über die Beziehung zwischen Mann und Frau. Diese *amicitiae naturales* werden der *divisio textus* zufolge in drei aufeinander folgenden Abschnitten erörtert: Im ersten Textabschnitt wende sich Aristoteles zuerst der natürlichen Freundschaft von Vater und Sohn (*amicitia paterna*) zu, es folge eine zweite Texteinheit, die aus der Beschreibung der zweiten natürlichen Freundschaft, der Beziehung unter Brüdern (*amicitia fraterna*) bestehe, die Untersuchung der drei *amicitiae naturales* schließe mit einer Betrachtung der letzten *amicitia naturalis*, der Beziehung zwischen Mann und Frau (*amicitia coniugalis*). Diese dritte Texteinheit bildet die uns interessierende Passage *viro autem et uxori amicitia videtur secundum naturam existere*.[11]

Alberts Gesamtinterpretation des Textabschnitts der *lectio XII* als einer Beschreibung von *politischen*, im Gegensatz zu *natürlichen* Freundschaften findet in dieser Form keinen direkten Rückhalt im Aristotelischen Text. Der Grund für diese Interpretation ist im Kommentar des Aspasius zu suchen, auf den Albert hier zurückgreift. Die Deutung, dass Aristoteles mit seiner Beschreibung der Beziehung unter Blutsverwandten und der Beziehung zwischen Mann und Frau *natürliche Freundschaften* beschreibe und davor *politische Freundschaften* beschrieben habe, geht nämlich auf den von Grosseteste ergänzten spätantiken Kommentar zurück.[12]

Soweit das von Albert erarbeitete „Grundschema" der Texteinheit der *lectio XII*. Die Vorstellung der weiteren Feingliederung des Textes durch die *divisio textus* soll sich nur noch auf die Passage „*Viro autem et uxori amicicia videtur secundum naturam existere*" beschränken. Die Passage stellt gemäß der *divisio textus*, wie gesagt, eine Abhandlung über die dritte Art natürlicher Freundschaft, die *amicitia coniugalis*, dar. Albert

---

[11] Albertus Magnus: Super Ethica, Bd. 2 (wie Anm. 1), S. 643–644.
[12] Paul Mercken (Hg.): The Greek Commentaries on the Nicomachean Ethics of Aristotle in the Latin translation of Robert Grosseteste, Bd. III, Leuven 1991, S. 176.

gliedert die Passage weiter und fasst zugleich den Inhalt dieser einzelnen Texteinheiten zusammen. Im ersten Satz der Passage, „*Viro autem et uxori amicicia videtur secundum naturam existere*", nenne der Stagirit die dritte natürliche Freundschaft. Der weitere Verlauf der Ehe-Passage bestehe der *divisio textus* zufolge aus zwei Abschnitten: Im ersten Abschnitt begründe Aristoteles zuerst mit vier Vernunftargumenten, *quatuor rationibus*, die Natürlichkeit dieser Freundschaftsform. Die erste *ratio* sieht er im zweiten Satz der Passage zum Ausdruck gebracht: „*Homo enim in natura coniugale magis quam politicum.*" Der nächste Satz, „*et quanto prius et necessarium magis domus civitate*", stelle das zweite Vernunftargument für die Natürlichkeit der *amicitia coniugalis* dar. Die dritte *ratio* glaubt er in folgenden Sätzen zu entdecken: „*et filiorum procreacio communius animalibus. Aliis quidem igitur in tantum communicacio est. Homines autem non solum procreacionis filiorum gracia cohabitant, set et eorum quae in vitam*". Die letzte der vier Begründungen der Natürlichkeit der Ehe sei in folgenden Worten enthalten: „*confestim enim divisa sunt opera et sunt altera viri et uxoris. Sufficiunt igitur ad invicem ad commune ponentes propria.*" Nachdem Aristoteles im ersten Teil der Passage über die *amicitia coniugalis* die Natürlichkeit der Beziehung von Mann und Frau begründet habe, folge, gemäß der *divisio textus*, ihr zweiter und letzter Teil. Aristoteles zeige in ihm, so wörtlich, dass die *amicitia coniugalis* alle drei Arten von Freundschaft, die er oben beschrieben hat, umfasse. Albert verweist hier auf Aristoteles' Gliederung der Freundschaft zu Beginn des achten Buches in Freundschaften um des Nutzens, der Lust und um der Tugend willen. Aristoteles wolle hier also zeigen, und das ist es, was Albert in seiner *divisio* zum Ausdruck bringen möchte, dass die Beziehung von Mann und Frau sowohl um des Nutzens, als auch um der Lust und um der Tugend willen bestehe.[13]

---

[13] Albertus Magnus: Super Ethica, Bd. 2 (wie Anm. 1), S. 644: „Deinde cum dicit: *Viro autem*, ponit tertiam naturalem *amicitiam*, quae est inter *virum et uxorem*. Et primo probat hanc amicitiam esse *naturalem* quattuor rationibus, quarum prima est: Quidquid est naturalius naturali, est naturale; sed homo est politicum natura; cum igitur sit *magis in natura hominis*, quod sit *coniugale*, quam quod sit *politicum*, erit etiam coniugale naturaliter. Quod autem naturaliter sit politicum, INFRA probabit. Secundam ponit ibi: *et quanto prius*, quae probat, quod sit magis secundum naturam coniugale quam politicum, quia quod prius est, naturalius est; sed *prius et magis necessarium* est *domus*, ad quam ordinatur coniugium, quam *civitas*, ad quam ordinatur politicum; ergo etc. Tertiam ponit ibi: *et filiorum*, quae talis est: Illud quod est communius pluribus animalibus, est magis naturale; sed communicatio coniugii, que est in *procreatione filiorum*, est *communis aliis animalibus, sed* commorari propter alias utilitates ad *vitam* vel secundum oeconomicum vel secundum politicum, convenit *hominibus* proprie; ergo coniugium est magis naturale quam politicum. Quartam ponit ibi: *Confestim enim*, quae talis est: Quorumcumque

Auch seine detaillierte *divisio textus* der Passage über die Ehe ist durch den Kommentar des Aspasius (der an dieser Stelle großteils von Robert Grosseteste selbst stammt) beeinflusst. Wenngleich Aspasius/Grosseteste nicht explizit von vier *rationes* zur Begründung der Natürlichkeit der Ehe spricht, legt er in seinem Kommentar, der eine Paraphrase darstellt, den entsprechenden Textteil doch teilweise auch als eine Abfolge von logischen „argumentativen Schritten" aus.[14]

Die Interpretation der Passage „*Viro autem et uxori amicicia videtur secundum naturam existere*", zu der Albert in seiner *divisio textus* mit Hilfe des Kommentars von Aspasius/Grosseteste gelangt ist, lässt sich folgendermaßen zusammenfassen: Die Passage „*Viro autem et uxori amicicia videtur secundum naturam existere*" ist eine rational-argumentativ vorgehende, philosophische „Abhandlung" über die dritte von drei Arten „natürlicher Freunschaft": die *amicitia coniugalis*.

Alberts *divisio textus* des ganzen Textabschnitts und konkret der Passage über die Beziehung von Mann und Frau ist nicht ganz aus der Luft gegriffen. Der Text kann so gelesen werden. Für einen modernen Leser mag allerdings überraschend sein, wie viel „strukturell-argumentative Strenge" Albert bereit ist, in den aristotelischen Text hineinzulesen. Diese Art von Interpretation ist einem Vorverständnis aristotelischer Schriften verpflichtet, das für die mittelalterliche Aristoteles-Kommentierung typisch ist (und dem letztendlich auch die Methode der *divisio textus* als solche ihre Existenz verdankt): Die *Nikomachische Ethik* ist für Albert, und dies trifft allgemein für den mittelalterlichen Zugang zu aristotelischen Schriften zu, ein *einheitliches* Werk eines systematisch und analytisch vorgehenden Geistes. Sie ist nicht, wie sie vielfach die moderne, philologisch geprägte Aristotelesforschung zu lesen neigt, ein *Patchwork* verschiedener notizenhafter Kurzabhandlungen, sondern ein durchdachtes, systematisch gegliedertes, wissenschaftliches Werk eines Genies.[15]

---

opera redacta in commune sufficiunt sibi, ita quod neutri sufficiunt per se opera *propria*, coniunctio est naturalis; sed *viri et uxoris opera divisa sunt*, quae utrique *sufficiunt*, quando in *commune ponuntur*; ergo etc. Secundo ibi: *Propter haec autem*, ostendit, quod ista amicitia complectitur tres primas species amicitiae. Est enim propter *utile*, inquantum communicant sua opera, *et iterum patet, quod propter delectabile et* etiam *propter virtutem*; sed principalis *coniunctio est* propter *filios*, et ideo, quando sunt *steriles* privati *filiis*, quod est *commune bonum*, quod eos *continet*, quandoque *dissolvuntur*."

[14] Mercken (Hg.): The Greek Commentaries on the Nicomachean Ethics of Aristotle, Bd. III (wie Anm. 12), S. 182–184.

[15] zum Vorverständnis mittelalterlicher Aristoteles-Kommentatoren siehe unten, S. 240–241.

An die *divisio textus* knüpft die „kommentierende Paraphrase" an. Die Texteinheiten, in die Albert in der *divisio* die Passage „*Viro autem et uxori...*" gegliedert hat, werden hier nun erläutert. Man muss bedenken, dass er einen Text kommentiert, der eine *wort-wörtliche Übersetzung* einer inhaltlich sehr anspruchsvollen, sprachlich schwerfälligen und rhetorisch äußerst kargen griechischen Textvorlage ist. In seiner Kommentierung der einzelnen Texteinheiten der Passage lassen sich zwei Ebenen unterscheiden, die fließend ineinander übergehen. Albert versucht einerseits, die einzelnen Texteinheiten der Passage verständlich zu machen, indem er sie paraphrasiert. Dabei erzählt er den Text nicht einfach nach, wie man sich gewöhnlicher Weise eine Paraphrase vorstellt, sondern er versucht, so weit wie möglich die einzelnen Worte der Textvorlage in seinen eigenen Sätze wiederzuverwenden, ähnlich wie dies Robert Grosseteste in seiner Ergänzung des Kommentars von Aspasius (und schließlich auch dieser selbst) getan hat. Dass er durch seine Paraphrase dem Text zugleich eine bestimmte Interpretation auferlegt, versteht sich von selbst. Darüber hinaus, das ist die zweite Interpretationsebene, versucht er aber auch den Gedankengang und den Sinn der einzelnen Texteinheiten zu erläutern. Hier ist sein intepretatorischer Eingriff in den Text noch größer.

In der *divisio textus* hat er etwa die erste Hälfte der Passage über die Ehe als eine Serie von vier *rationes* für die Natürlichkeit der Ehe interpretiert. In der „kommentierenden Paraphrase" deutet er diese *rationes* aus. Seine Interpretation soll hier in Übersetzung wiedergegeben werden. (Leider lässt sich in der Übersetzung nicht darstellen, wie er in seine Interpretation und Paraphrase die Worte der aristotelischen Textgrundlage einbindet. Dies wird in der Fußnote anhand des lateinischen Originaltextes des Kommentars dargestellt.) Der erste Satz „*homo enim in natura coniugale magis quam politicum*" besage Folgendes und beinhalte folgendes Vernunftargument: „*Alles was natürlicher als natürlich ist, ist natürlich. Nun ist der Mensch von Natur ein Lebewesen, das auf den Staat hingeordnet ist. Zugleich ist aber der Mensch naturgemäß noch mehr ein auf die Geschlechtsgemeinschaft als auf die staatliche Gemeinschaft hingeordnetes Lebewesen. Folglich muss er von Natur auch ein auf die Geschlechtsgemeinschaft hingeordnetes Lebewesen sein.*" Mit dem nächsten Satz, „*quanto prius et necessarium magis domus civitate*", wolle Aristoteles die Natürlichkeit der Geschlechtsgemeinschaft folgendermaßen begründen: „*Das genetisch frühere ist auch das natürlichere. Früher und notwendiger als der Staat, auf den der Mensch als Bürger hingeordnet ist, ist aber das Haus, auf das die Ehe hingeordnet ist.*" Folglich, so die unausgesprochene logische Konsequenz, ist er von Natur aus mehr ein auf die Ehe als auf den Staat hingeordnetes Lebewesen und die Ehe ist somit natürlich. Dem dritten Vernunftargument für die Natürlichkeit der Ehe gibt er eine besonders eigenwillige Interpretation. Es besteht für ihn, wie gesehen, aus folgenden Sätzen der Passage: „*et filiorum procreacio communius animalibus. Aliis quidem igitur in tantum communicatio est. Homines autem non solum procreacionis filiorum gratia cohabitant, set et eorum que in vitam.*" Aristoteles wolle damit folgendes sagen: „*Dasjenige entspricht mehr der Natur, was mehreren Arten von Lebewesen gemeinsam ist. Nun kommt die Geschlechtsgemeinschaft (communicatio coniugii), die dem Zweck der Zeugung von Nachkommen dient, auch bei anderen Lebewesen vor. Hingegen ist das Zusammenleben in Haus und Staat nur dem Menschen eigentümlich. Folglich ist die Ehe natürlicher als das bürgerliche Zusammenleben.*" Das letzte der vier Argumente für die Natürlichkeit der Ehe, der Satz „*Confestim enim divisa sunt opera et sunt altera viri et uxoris. Sufficiunt igitur ad invicem, ad commune ponentes propria*" besage schließlich folgendes: „*Diejenige Gemeinschaft ist natürlich, die alleine und ohne das Zusammenlegen ihrer jeweiligen Fähigkeiten (opera) nicht selbstgenügsam leben können. Mann und Frau haben aber unterschiedliche Fähigkeiten und können beide nur dann selbstgenügsam leben, wenn sie diese zusammenlegen.*" Deshalb müsse die Ehe natürlich sein.[16]

Was hat es mit dieser eigenwilligen Interpretation der vier „Begründungen" der Natürlichkeit der Ehe auf sich? Albert hat in der kommentierenden Paraphrase nicht nur den Wortlaut der jeweiligen Sätze erklärt, sondern auch ihre *argumentative Logik* offen zulegen versucht. Er hat dabei bezeichnenderweise die vier „rationes" als vier *syllogistische*, d. h. von „allgemein einsichtigen" Aussagen und Prinzipien auf konkrete Sachverhalte schließende Beweise gedeutet. Seiner Interpretation zufolge handelt es sich also bei den vier „rationes" um vier, die Natürlichkeit der Ehe „wissenschaftlich" beweisende *Syllogismen*. Das syllogistische Beweisverfahren, das in der aristotelischen Logik beschrieben wird, war in der spätmittelalterlichen Philosophie die am meisten verbreitete Form wissenschaftlichen Diskurses.

Auch diese Art von Interpretation ergibt sich aus dem oben beschriebenen, typisch mittelalterlichen Vorverständnis aristotelischer Texte als streng strukturierter wissenschaftlicher Abhandlungen. Albert ist mit seiner Interpretation dieses Teils der Ehe-Passage als einer Serie von

---

[16] siehe oben, Anm. 13.

vier Syllogismen aber nicht ganz originär. Auch hier greift er nämlich auf eine Deutung des Textes zurück, die bereits, wenngleich nur andeutungsweise, im Kommentar des Aspasius vorhanden ist.

Als eine Serie von syllogistischen *rationes* für die Natürlichkeit der Ehe hat Albert diesen Teil der Passage „*Viro autem et uxori amicicia videtur secundum naturam existere*" übrigens auch in der Quaestio *Utrum coniugium sit naturale* in seinem Sentenzen-Kommentar verstanden und argumentativ eingesetzt. Allerdings sind die syllogistischen Beweise, die er hier aus dem aristotelischen Text „herausholt", nur zum Teil mit denen in seinem Sentenzen-Kommentar identisch und gleichzeitig weniger durch den Kommentar des Aspasius beeinflusst.

Den zweiten Teil der Passage „*Viro autem et uxori amicicia videtur secundum naturam existere*" bildete Alberts *divisio textus* zufolge folgender Abschnitt: „*Propter hec autem et utile esse videtur et delectabile in hac amicicia. Erit autem utique et propter virtutem si epieikees sint. Est enim utriusque virtus, et gaudebunt utique tali. Coniunccio autem filii videntur esse. Propter quod et cicius steriles dissolvuntur. Filii enim commune bonum ambobus, continet autem comune.*"[17]

Albert interpretiert in seiner kommentierenden Paraphrase die Textstelle folgendermaßen: Die Freundschaft zwischen Mann und Frau „*besteht insofern um des Nutzens willen, als beide ihre jeweiligen Fähigkeiten zusammenlegen. Es ist auch klar, dass sie um des Angenehmen und um der Tugend willen bestehe, wenn beide tugendhaft sind. Denn dann werden sich beide an einander freuen, weil beide über Tugend verfügen. Der Hauptgrund (!) ihrer Verbindung aber sind die Kinder. Deshalb trennen sich manchmal die Zeugungsunfähigen und damit Kinderlosen, denn Kinder sind ein gemeinsames Gut, das sie zusammenhält.*"[18]

Im Vergleich zu seiner Auslegung des ersten Teils der Textpassage, liest Albert in diese Textstelle keine syllogistische Struktur hinein. Dennoch hat man es auch hier mit einem signifikanten interpretatorischen Eingriff zu tun. Albert deutet hier nämlich in die Textstelle eine *Hierarchie der Ehemotive* hinein, die so im aristotelischen Text nicht vorhanden ist. Dass die Kinder der *Hauptgrund der Ehe* seien („*principalis coniunctio est propter filios*"), gemeint ist im Unterschied zu den davor genannten drei Gründen *propter utile, propter delectabile, propter virtutem*, wird an dieser Stelle von Aristoteles nicht explizit behauptet. Alberts Kommen-

---

[17] siehe oben, Anm. 13.
[18] siehe oben, Anm. 13.

tar steht demnach hier ebenfalls unter dem Einfluss von Grossetestes Ergänzung des *Ethik*-Kommentars des Aspasius, der das Zeugen von Kindern in seinem Kommentar ebenso stark gewichtet hat.[19]

Dass allerdings Aristoteles explizit sage, dass die Kinder das *Hauptmotiv* der Ehe seien, und damit andeute, dass die *coniunctio propter utile, delectabile et virtutem* nur als *Nebenmotive* zu verstehen seien, ist eine selbstständige Deutung Alberts, die über das hinausgeht, was Grosseteste gesagt hat. Es handelt sich hierbei um eine *theologisch* motivierte und aus Alberts theologischem Verständnis der Ehe heraus verständliche Interpretation des aristotelischen Textes. Albert deutet nämlich diese Passage vor dem Hintergrund seiner theologischen Lehre von den „Ehezwecken". Die Frage nach den Zwecken der Ehe hat ihren Ursprung bei Augustinus und gehörte zu den zentralen Themen scholastischer Theologie der Ehe. Auch Albert hat sie in seinem Sentenzenkommentar behandelt. Als wichtigsten natürlichen Zweck der Ehe hat er dort, im Einklang mit der theologischen Tradition, die Zeugung von Nachkommen betrachtet. Wie wir gesehen haben, kannte er aber bereits die hier kommentierte Ehepassage aus der *Nikomachischen Ethik* und die dort formulierte Ansicht, die Beziehung von Mann und Frau sei für deren Alltagsbewältigung und ihr Tugendstreben nützlich. Albert las den Text mit den Augen eines Theologen und stellte die Frage, ob „gegenseitige Hilfeleistung" nicht ebenfalls als „Ehezweck" definiert werden könnte. Schließlich definiert er ihn, um die traditionelle Lehre von der Kinderzeugung als wichtigsten Zweck der Ehe nicht zu beeinträchtigen, als eine Art *zweitrangigen* Zweck der Ehe. Es ist genau diese theologische Hierarchie der Ehezwecke, die er hier in den aristotelischen Text hineinliest.[20]

Soweit zum Umgang mit der Passage *Viro autem et uxori* im laufenden Kommentar, der den zweiten Teil der *lectio XII* bildet. Der erste Teil der *lectio* besteht, wie gesagt, aus einer Serie von sechs textbezogenen „philosophischen Kurztraktaten" in der Form von Quaestio-

---

[19] Mercken (Hg.): The Greek Commentaries on the Nicomachean Ethics of Aristotle, Bd. III (wie Anm. 12), S. 183–184.

[20] zur Ehezwecklehre des Albertus Magnus siehe: Leopold Brandl: Die Sexualethik der Heiligen Albertus Magnus, Regensburg 1955, passim, bes. S. 118–127 und S. 197; zu Alberts und allgemein der mittelalterlichen Ehezwecklehre siehe auch Hans-Günter Gruber: Christliches Eheverständnis im 15. Jahrhundert. Eine moralgeschichtliche Untersuchung zur Ehelehre Dionysius' des Karthäusers, Regensburg 1989, S. 99–109; Hans Zeimentz: Ehe nach der Lehre der Frühscholastik, Düsseldorf 1973, S. 141–162.

nes. Die ersten fünf bestehen aus je einer Quaestio, das sechste aus drei. Sie beziehen sich auf Teile und Aspekte des Textabschnitts, so wie ihn Albert versteht, und ergeben sich aus ihm. Die Quaestiones setzen die *Auslegung* des Textabschnitts der *lectio XII* fort. Zugleich aber haben sie den Charakter eigenständigen Philosophierens *über* den aristotelischen Text, oder zum Teil sogar nur *vor seinem Hintergrund*.[21]

Die Wahl der in den Quaestiones behandelten Themen ergibt sich aus Alberts, durch Aspasius' Kommentar geprägtem Verständnis des Textes als eine Abhandlung über *natürliche* versus *politische* Freundschaften: So setzt er sich in der ersten Quaestio mit der Frage auseinander, ob die Unterteilung der Freundschaften in natürliche und politische gerechtfertigt sei. In der zweiten Quaestio behandelt er die Frage, ob die Aufteilung der natürlichen Freundschaften in eine väterliche, eine brüderliche und eine eheliche richtig sei. Die fünfte Quaestio setzt sich mit der Frage der Natürlichkeit der Beziehung unter Brüdern auseinander.

In unserem Zusammenhang ist vor allem die sechste, aus drei Quaestiones bestehende Abhandlung von Bedeutung. Sie ist es nämlich, die sich auf die Passage *Viro autem et uxori amicitia videtur secundum naturam existere* bezieht. Albert leitet sie folgendermaßen ein: *Bezüglich der Natürlichkeit der Ehe sind drei Fragen zu erörtern: Erstens, ob die Ehe natürlich sei, zweitens, ob die Monogamie natürlich sei, drittens, ob die Unauflösbarkeit der Ehe natürlich sei.*[22]

Die Motivation, die hinter diesen drei Fragestellungen steht, ist komplexer als bei den anderen fünf Quaestiones der *lectio XII*. Dass er zur Passage „*Viro autem et uxori…*" drei Fragen, wie er selbst sagt, „*circa naturalitatem coniugii*" erörtert, ergibt sich zunächst aus dem Aristotelischen Text und dessen Interpretation durch Aspasius/Grosseteste. Albert hat in seinem laufenden Kommentar diese Passage im Anschluss an Aspasius als eine Abhandlung über die *natürliche Freundschaft zwischen Mann und Frau* gedeutet. Aus dem (durch Aspasius interpretierten) aristotelischen Text ergibt sich logischerweise auch die erste der drei Teilfragen, *ob die Ehe natürlich sei*. Die zwei weiteren Teilfragen, *Natürlichkeit der Monogamie* und *Natürlichkeit der Unauflösbarkeit der Ehe*, haben hingegen *keinen* direkten Rückhalt im Text der Nikomachischen Ethik. Für

---

[21] Albertus Magnus: Super Ethica, Bd. 2 (wie Anm. 1), S. 639–643.
[22] ibid. S. 641–643.

die letzte der drei Teilfragen, *ob die Ehe unauflösbar sei*, liefert der Kommentar des Aspasius/Grosseteste den „textuellen Anlass". Aspasius ist es (in Wirklichkeit handelt es sich hier um den von Robert Grosseteste ergänzten Teil seines Kommentars), der an dieser Stelle von der *Unauflösbarkeit der Ehe* spricht, und diese kontextgemäß als ein Merkmal der Ehe im „natürlichen Zustand" erscheinen lässt.

Warum stellt aber Albert auch die Frage nach der *Natürlichkeit der Monogamie*, für die weder die Passage „*Viro autem et uxori…*" selbst noch der Kommentar von Aspasius/Grosseteste einen expliziten „textuellen Anlass" bieten? Die Antwort auf diese Frage erhält man, wenn man die zeitgenössischen *theologischen Diskussionen* über die Ehe betrachtet. Alberts drei Quaestiones zur Passage „*Viro autem et uxori…*" sind nämlich nicht *nur* durch die *Nikomachische Ethik* und den Kommentar des Aspasius veranlasst, ihren Hintergrund bildet *auch* der zeitgenössische theologisch-rechtliche Ehediskurs. Damit nehmen sie unter den Quaestiones zur *lectio XII* gewissermaßen eine Sonderstellung ein. Diese „doppelte Veranlassung" im Falle der Quaestiones über die Ehe hat einen ganz bestimmten Grund: Zum Zeitpunkt der Rezeption der *Nikomachischen Ethik* gab es bereits eine ausgeprägte Tradition eines theologischen und rechtlichen Diskurses über die Ehe, die die Art, wie die aristotelischen Aussagen über die Ehe rezipiert wurden, mitbeeinflussen konnte (Dies zeigt schließlich auch seine Lektüre der Ehepassage in der kommentierenden Paraphrase vor dem Hintergrund der theologischen Ehezwecklehre). Einen ähnlich ausgeprägten Diskurs über die Beziehung von Eltern und Kindern oder die Beziehung zwischen Geschwistern, der sich auf die Quaestiones dieser lectio hätte vergleichbar auswirken können, gab es hingegen nicht.

Sowohl die Natürlichkeit der Ehe als auch ihre Unauflösbarkeit und die Monogamie sind Themen, die noch vor der Aristoteles-Rezeption von Theologen und Rechtsgelehrten behandelt wurden. Wie in der Darstellung von Alberts Aristoteles-Rezeption in seinem Sentenzen-Kommentar gezeigt werden konnte, ist das Thema der Natürlichkeit der Ehe im 12. Jahrhundert durch die Rezeption Ulpians zunächst bei Rechtsgelehrten aufgetaucht und wurde später auch von Theologen rezipiert. Albert selbst hat, wie gesehen, dieses Thema in seinem Sentenzen-Kommentar aufgegriffen. Er wollte dort zeigen, dass sich die *natürliche* Ehe in der *christlichen* voll verwirklicht. Auch die Themen der Unauflösbarkeit der Ehe und der Monogamie gehörten zum traditionellen Repertoire scholastischer Ehetheologie vor der Aristoteles-

Rezeption. Petrus Lombardus hatte sie im Anschluss an Augustinus in seinen Sentenzen behandelt und zwar im Zusammenhang mit der Frage nach der Legitimität der Polygamie der biblischen Patriarchen und der Zulässigkeit der Scheidung im Alten Bund. In seiner Auslegung dieser Textstelle im Sentenzen-Kommentar hat Albert, genauso wie im Falle seiner dortigen Quaestio nach der *naturalitas* der Ehe, die *historisch-theologische* Frage des Petrus Lombardus in eine *naturphilosophische* und *naturrechtlich-theologische* gewendet, indem er nach der *Natürlichkeit der Monogamie* und der *Natürlichkeit der Unauflösbarkeit* der Ehe gefragt hat. Obwohl er zu diesem Zeitpunkt bereits die *Nikomachische Ethik* und den Kommentar von Aspasius kannte und ihn auch benutzte, scheint Aristoteles *nicht* die *causa efficiens* dieser Fragestellungen gewesen zu sein, jedenfalls nicht die einzige. Genau diese drei Quaestiones kommen nämlich in der *Summa Halensis* vor, und zwar in jenem Teil, der nicht von Alexander von Hales direkt stammt, sondern in den 1240er Jahren (vermutlich) von seinem Pariser Kollegen, dem Theologen Jean de la Rochelle, vervollständigt wurde. Die *Summa Halensis* ist seit langem als eine Quelle Alberts bekannt. Jean de la Rochelle untersucht hier in einer Abhandlung *De matrimonio in lege naturali*, ohne Aristoteles zu kennen, naturrechtlich-theologisch die drei Fragen, die sowohl in Alberts Sentenzen-Kommentar als auch in seinem *Ethik*-Kommentar auftauchen: *Utrum matrimonium sit de lege naturali? Utrum de dictamine legis naturalis sit quod una sit unius? Utrum inseparabilitas coniugii sit de lege naturali?*[23]

Soweit zu den Hintergründen der Themenwahl in Alberts Quaestiones zur Passage „*Viro autem et uxori amicicia videtur secundum naturam existere*". Sie tragen also einer doppelten Motivation Rechnung: der *Nikomachischen Ethik* und deren Kommentar von Aspasius/Grosseteste selbst, sowie dem zeitgenössischen theologisch(-rechtlichen) Ehediskurs.

Die Quaestiones dienen, wie gesagt, einem doppelten Zweck: Albert möchte einerseits durch philosophische Reflexion den Inhalt der Passage *Viro autem et uxori* und den Kommentar von Aspasius/Grosseteste philosophisch vertiefen und gewissermaßen denkerisch weiterführen

---

[23] Petrus Lombardus: Quatuor libri Sententiarum, liber IV, Bd. 2, Grottaferrata 1981, S. 456–462; zur Ehelehre des Petrus Lombardus siehe Marcia Colish: Peter Lombard, Bd. 2, Leiden–New York–Köln 1994, S. 628–698; Alexander de Hales: Summa Theologica, Bd. 4, Quaracchi 1948, hier S. CCXXXV–CCXL (zur Abhängigkeit Alberts von der Summa Halensis), S. 358–362 (Quaestiones zum *coniugium in lege naturali*); Miguel Lluch-Baixauli: Le mariage dans la „Summa Halensis". In: Archives d'Histoire Doctrinale et Littéraire du Moyen Age 60 (1993), S. 103–131.

(das ist der „kommentierende Aspekt" der Quaestiones). Zugleich aber nimmt er diese Passage lediglich zum Anlass, um *selbstständig* über die Ehe zu philosophieren. Dies sieht man sowohl an der Auswahl seiner Themen als auch an seiner Argumentation, die nun vorgestellt werden soll. Die beiden „Funktionen" der Quaestiones sind miteinander eng verknüpft und der Übergang von der einen zur anderen ist fließend.

Welches Ziel verfolgt er aber mit seinem „Philosophieren über die Ehe"? Weitgehend dasselbe, welches für seine Aristoteles-Benutzung im Sentenzen-Kommentar ausgemacht werden konnte. Nur der Kontext und die „Rolle", in der hier Albert spricht, sind verschieden. Dort zog Albert die Passage „*Viro autem et uxori…*" als *Theologe* heran, um mit ihr seine Theologie der Ehe philosophisch zu untermauern und die *Natürlichkeit*, das heißt die *Allgemeingültigkeit und Verbindlichkeit* des christlich-abendländischen Eheverständnisses als einer monogamen und unauflösbaren Beziehung aufzuzeigen. Hier verfolgt er eigentlich dieselbe Absicht, mit dem Unterschied, dass er es hier in der Rolle eines Philosophen und im Kontext einer rein philosophischen Schrift tut. Auch hier geht es ihm nämlich letztendlich darum, mit *philosophischen* Argumenten die christlich-abendländische Ehe zu rechtfertigen und philosophisch zu untermauern. Das ist die „Grundintention" seines Philosophierens. Darüber hinaus versucht er hier, *philosophisch* (mit rein philosophischen Vernunftargumenten, die zumeist von aristotelischen Schriften abgeleitet sind) Stellung zu einigen Fragen des damaligen rechtlich-theologischen Ehediskurses zu beziehen.

An manchen Stellen greift er in seiner Argumentation auf Gedanken aus der Passage *Viro autem et uxori* zurück, allerdings interessanterweise viel weniger als in der Quaestio zur Natürlichkeit der Ehe seines Sentenzenkommentars. Dort hat er fast seine gesamte Argumentation auf der Passage *Viro autem et uxori* aufgebaut. Hier tut er es nicht und geht viel selbstständiger vor. Der Grund dafür könnte sein, dass er nicht einfach den aristotelischen Text wiederholen möchte, der ohnehin in paraphrasierter Form in seinem Kommentar vorkommt. Vielmehr möchte er eine eigenständige Argumentation entwickeln, die die „Argumente für die Natürlichkeit der Ehe" aus der Passage *Viro autem et uxori* um neue ergänzt.

Utrum coniugium sit naturale? In der ersten der drei Quaestiones erörtert er zuerst die Natürlichkeit der Ehe als solche. Er beginnt mit zwei Gegenargumenten: Es sei ein Merkmal von Naturgegebenheiten, argumentiert er in der ersten *ratio contra* unter Berufung auf Aristoteles' *Physik*, daß sie überall auf gleiche Weise in Erscheinung treten. Die Ehe aber unterliege unterschiedlicher Gesetzgebung und habe folglich unterschiedliche Erscheinungsformen. Daher könne sie auch nicht natürlich sein.[24]

Dieselbe *ratio contra* hat Albert bereits in der Quaestio zu demselben Thema in seinem Sentenzenkommentar vorgebracht. Das Gegenargument ist deshalb wichtig, weil hier Albert eine der *zentralen Herausforderungen* anspricht, die ihn und andere mittelalterliche Philosophen und Theologen dazu bewegt haben, die Frage nach der Natürlichkeit der Ehe überhaupt zu erörtern: Wo liegt, angesichts der Vielgestaltigkeit der Ehe—und Heiratsgewohnheiten, in der Ehe das Unveränderbar-Verbindliche und damit Gottgewollte?

Die zweite *ratio contra* ergibt sich aus Alberts Lektüre des Textabschnitts über verwandtschaftliche und eheliche Beziehungen als einer Abhandlung über *natürliche Freundschaften*. Sie trägt aber zugleich dem im zeitgenössischen theologischen und rechtlichen Ehediskurs so prominenten Thema des Inzests Rechnung: Eine *natürliche* Freundschaft (*amicitia naturalis*), adaptiert Albert Gedanken aus Aspasius' Kommentar, beruhe auf *natürlicher Verwandtschaft*. Nun stehen aber Mann und Frau in keinem natürlichen Verwandtschaftsverhältnis, sonst könnten sie ja nicht heiraten. Folglich könne die Ehe nicht naturgemäß sein.[25]

Es folgt nun das *Contra*, ein Argument *für* die Natürlichkeit der Ehe. Albert leitet es syllogistisch von einem Prinzip aus der aristotelischen *Physik* ab: Alles, was von Natur aus unvollkommen ist, binde sich an das, wodurch es Vollkommenheit erlangen kann. Nun seien, jeder für sich genommen, der Mann und die Frau unvollkommen, da sie ohne einander keine Nachkommen zeugen könnten. Daher entspreche die Verbindung von Mann und Frau durchaus der Natur.[26]

Als nächster und zentraler Schritt der Quaestio folgt die *solutio*, Alberts philosophische Beantwortung der Frage. Albert beweist hier

---

[24] Albertus Magnus: Super Ethica, Bd. 2 (wie Anm. 1), S. 641: „Quod enim est naturale, eodem modo se habet apud omnes, sicut ‚ignis similiter ardet hic et in Perside'; sed coniugium contrahitur inter diversis secundum diversas leges contrahentium, sicut etiam iura dicunt; ergo non est naturale."

[25] ibid.: „Praeterea, amicitia naturalis fundatur super aliquem gradum naturae; sed vir et uxor non sunt in aliquo gradu naturae consanguinitatis, aliter non possent coniugi; ergo coniugalis amicitia non est naturalis."

[26] ibid.: „Contra: Omne imperfectum secundum naturam coniungit sibi illud per quod potest perfici; sed vir imperfectus est ad generationem secundum se, similiter et mulier; ergo naturale est, quod vir coniungatur mulieri et e converso."

eigentlich nicht mehr, *dass* die Ehe natürlich ist. Die Natürlichkeit der Ehe als solcher hat er im vorangehenden *Contra* aus der aristotelischen *Physik* abgeleitet. Hier reflektiert er, *in welchem Sinne* die Ehe natürlich ist. Er entwickelt dabei seine „Theorie der Natürlichkeit der Ehe" anhand der aristotelischen Unterscheidung einer zweifachen Natur im Menschen, einer *generischen* und einer *spezifischen*. Erstere teilt der Mensch mit allen Tieren, letztere eignet nur ihm als Mensch. Die Ehe, sagt er, beinhalte zweierlei: zum einen die *Geschlechtsgemeinschaft*, und diese entspreche der *generischen Natur* des Menschen. Zum anderen beinhalte die Ehe die *Unauflösbarkeit und alles, was sie ehrbar mache*. Diese zweite „Ebene" der Ehe entspreche aber der artspezifischen Natur des Menschen (*natura speciei*).[27]

Nicht nur die Geschlechtsgemeinschaft zum Zweck der Fortpflanzung ist also in der Ehe natürlich, sondern auch die Unauflösbarkeit und alles andere, was eine „ehrbare" Ehe ausmacht. Was eine „ehrbare" Ehe ausmacht, wird hier von Albert zwar nicht ausdrücklich gesagt, allerdings ist im Hinblick auf das, was er im Sentenzen-Kommentar *explizit* über die Natürlichkeit der Ehe ausgesagt hat, und im Hinblick auf die nächsten zwei Quaestiones klar, was er meint: eine den christlich-abendländischen Vorstellungen entsprechende monogame und unauflösbare Ehegemeinschaft. Auf seine Beantwortung der beiden eingangs formulierten Gegenargumente braucht an dieser Stelle nicht eingegangen zu werden.

Utrum coniugium unius ad unam sit naturale? In der zweiten Quaestio zur Passage „*Viro autem et uxori…*" versucht Albert philosophisch zu beweisen, dass die Monogamie der menschlichen Natur entspricht.

Am Anfang der Quaestio stehen wieder drei *rationes contra*, in denen Albert zuerst Argumente gegen die von ihm vertretene Position anführt. Sie verdanken sich Alberts Kenntnis der damals bereits übersetzten *Metaphysik* und den zoologischen Schriften des Aristoteles.

Das Männchen, so sein Gedankengang in der ersten *ratio contra*, verhalte sich zum Weibchen wie eine „höhere Natur" zu einer „niedrigeren", in dem Sinne, dass das Männchen dem Weibchen seine Form aufpräge. Albert wendet hier das hylemorphische Prinzip auf

---

[27] ibid.: „Dicendum, quod in coniugio duo sunt, scilicet commixtio maris et feminae, et quantum ad hoc est naturale ex natura generis. Est etiam ibi plus individua consuetudo vitae et alia, quae faciunt ad hoc quod sint nuptiae honorabiles, et quantum ad hoc est naturale homini quantum ad naturam speciei. Unde dicit Tullius, quod quando homines erant silvestres, non erant nuptiae honorabiles, quamvis esset coniunctio maris et feminae. Unde concedimus, quod coniugium est naturale."

die Geschlechter an und behauptet, Männchen und Weibchen verhielten sich zueinander wie Form zu Materie. Nun könne sich aber Platon zufolge (Albert greift hier auf Aristoteles' *Metaphysik* zurück) eine einzige Form mehreren Materien aufprägen. Genauso, führt er seinen Vergleich fort, könne aber ein Männchen mehrere Weibchen befruchten. Folglich könne die Monogamie nicht natürlich sein.[28]

Außerdem, fährt Albert im zweiten Gegenargument fort, sei doch die Ehe in erster Linie auf die Zeugung von Nachkommen hingeordnet. Nun bedürfe es aber für die Zeugung von Nachkommen beim Männchen des Heranreifens seines Samens, beim Weibchen der Zeit der Schwangerschaft. Beim Männchen können aber bekanntlich öfter Samen heranreifen, als es bei einem Weibchen zu Schwangerschaften kommen kann. Entspricht polygames Verhalten daher nicht in größerem Maße der Natur?[29]

Darüber hinaus, so die dritte *ratio contra*, könne man beobachten, dass zwar einige Tierarten monogam lebten, andere aber nicht. Warum könnte es eine derartige Vielfalt nicht auch beim Menschen geben?

Auf die drei *rationes contra* folgt eine lange *solutio* der Frage, die hier lediglich inhaltlich zusammengefasst werden soll: Die drei rationes contra waren alle von der generischen Natur des Menschen ausgegangen. Aus der Perspektive der generischen Natur des Menschen besteht die Ehe allein um der Kinderzeugung willen, wobei polygames Verhalten diesem Zweck in der Tat mehr zu dienen scheint. Vollkommen naturgemäß ist aber beim Menschen nur das, was sowohl seiner generischen (Mensch als Teil des Tierreichs), als auch seiner spezifischen (Mensch als Mensch) Natur entspricht. Nun strebt aber der Mensch, insofern er Mensch ist, nicht nur die Zeugung von Nachkommen an, sondern auch die Sicherheit, dass es sich bei diesen gerade um *seine* Nachkommen handelt (*certitudo prolis*).

Diese Sicherheit, so seine Schlussfolgerung, könnte er aber nie erlangen, wenn eine Frau mehrere Männer hätte. Deshalb ist Polyandrie

---

[28] ibid. S. 642: „Masculus enim se habet ad feminam sicut natura superior ad inferiorem quasi sigillans et imprimens suam formam in ipsam; sed secundum Platonem, qui posuit formas separatas, una forma sufficit sigillare multas materias, et similiter unus mas sufficit ad fecundationem multarum; ergo etc."

[29] ibid.: „Praeterea, constat, quod coniugium non ordinatur principaliter nisi ad prolis procreationem; sed in patre ad generationem exigitur vis maturativa seminis in muliere impraegnationis tempore; cum igitur plures maturationes seminis fiant in viro quam impraegnationes in muliere, videtur, quod unus plures naturaliter debeat habere."

auch widernatürlich und kein Gesetz erlaubt sie. Ebenso ist aber die Ehe eines Mannes mit mehreren Frauen widernatürlich. Der Mann und die Frau gehen doch nicht nur um der Zeugung von Nachkommen willen eine Verbindung ein, sondern auch, um einander bei der Bewältigung des täglichen Lebens Hilfe zu leisten, ganz entsprechend ihrer Hinordnung auf die Hausgemeinschaft. Albert greift mit dieser Argumentation auf den Gedanken aus der Passage „*Viro autem et uxori...*" zurück, demzufolge die eheliche Gemeinschaft auf gegenseitige Hilfeleistung hingeordnet ist. Dies erfordere aber eine monogame Beziehung. Albert begründet diesen Schluss mit der Theorie der *natürlichen Freundschaft*: Eine derartige Form von ehelicher Hilfeleistung kann der Mann unmöglich mehreren Frauen gewähren. Der Grund dafür ist, dass diese Frauen nicht zueinander in einem natürlichen Freundschaftsverhältnis stehen, das hierzu erforderlich wäre.[30]

Utrum individuitas coniugii sit naturalis? Albert hat nun begründet, dass die Ehe als solche, und spezifisch die monogame Ehe, natürlich sind. In der letzten Quaestio zur Passage „*Viro autem et uxori*" begründet Albert schließlich noch die Natürlichkeit der Untrennbarkeit der Ehe. Auch hier beginnt er zuerst mit zwei Gegenargumenten.

Die Ehe sei doch, argumentiert er, auf die Zeugung von Nachkommen hingeordnet. Manchmal komme es aber vor, dass einer der beiden Partner nicht zeugungsfähig ist. Es könne auch vorkommen, dass zwar beide *an sich* zeugungsfähig seien, aber nicht in Bezug auf *diesen* konkre-

---

[30] ibid.: „Solutio: Dicendum, quod perfecta natura rei non est tantum in natura generis nec tantum in natura differentiae, sed in natura utriusque simul, et ideo, quod convenit homini secundum naturam generis et differentiae simul, scilicet secundum quod rationalis est, perfecte et proprie naturale est. Unde coniunctio maris et feminae, quae naturalis est ex natura generis, non dicitur simpliciter naturalis homini, sed talis coniunctio, quae completur secundum bonum rationis. Est autem coniunctio maris et feminae naturaliter ordinata ad prolis procreationem et non solum ad hoc, sed ad bonum prolis, et ideo etiam alia animalia natos suos et nutriunt et defendunt. Est autem hoc bonum quod quaeritur ab hominibus in prole, certitudo prolis. Hoc autem non posset esse, si una mulier haberet plures viros, et ideo hoc non est naturale nec in aliqua lege umquam permissum. Similiter etiam, cum homo coniungatur uxori non solum propter actum generationis, sed propter alias cooperationes, quae sunt ad vitam, secundum quod sunt ordinati ad oeconomicum statum, oportet, quod unus habeat tantum unam, quia tales cooperationes non posset habere ad multas, eo quod illae multae non habent aliquam rationem naturalis amicitiae ad invicem ex hoc quod habent relationem ad unum virum, quia non referuntur ad aliquid, sicut ex quo propagetur natura ipsarum. Et ideo naturale est, quod unus habeat unam sicut e converso, etsi propter aliquam aliam causam in aliquibus secundum aliquam legem aliter dispensatum fuerit."

ten Partner. Es scheint daher, dass eine Ehe, die ihrem Ziel, der Zeugung von Nachkommen, nicht gerecht werden kann, aufgelöst werden muss.[31]

Albert nimmt hier auf eine im mittelalterlichen rechtlichen und theologischen Ehediskurs sehr verbreitete Problematik Bezug, der der Impotenz und der Zeugungsunfähigkeit. Spätantike und mittelalterliche christliche Theologen und Juristen hatten die Ehe, gemäß der Forderung des Evangeliums, für untrennbar erklärt. Gleichzeitig hatten sie aus der Zeugung von Nachkommen den zentralen Eheschließungsgrund gemacht. Durch die gleichzeitige Aufstellung dieser zwei Prinzipien ergab sich aber die damals vieldiskutierte Frage, wie mit Ehen zu verfahren sei, die keine Kinder zeugen können. Wann sind solche Ehen auflösbar, wann hingegen nicht?

In der zweiten *ratio contra* führt Albert als Beispiel einer moralisch legitimen Scheidung den lateinischen Schriftsteller Cato (234–149 v.Chr.) an. Dieser sei ein äußerst tugendhafter Mann gewesen und habe seine Frau Marcia einem anderen gegeben, damit sie auch andere Häuser mit Nachwuchs fülle.[32]

Hiernach folgt die *solutio*, die auch gleich eine Antwort auf das erste Gegenargument enthält: Die Ehe ist von Natur untrennbar. Mann und Frau sind nämlich nicht allein auf die Zeugung von Kindern hingeordnet, sondern auch auf das gemeinsame Wirtschaften im Hause. Albert argumentiert hier ganz aristotelisch. Ziel der Hauswirtschaft aber ist der Reichtum. Nun erfordert aber das Erwirtschaften von Reichtum viel Zeit. Eine häufige Trennung würde also der Hauswirtschaft schaden.

Allerdings, fährt er fort, kann man Trennung durch einen Dispens erlangen. Albert denkt hier ganz eindeutig in mittelalterlich-kirchenrechtlichen Kategorien. Hierfür sei aber ein legitimer Grund und eine Autorität vonnöten. Die Festigkeit der Ehen der Christen und Juden beruht auf göttlichen Geboten, und deshalb kann ein solcher Dispens nur aus göttlicher Autorität erteilt werden. Aus diesem Grund habe Gott im Alten Bund die Scheidung gestattet. Die Festigkeit der

---

[31] ibid.: „Coniugium est ordinatum ad propagationem prolis; sed quandoque est unus coniugum sterilis et alter non, et quandoque neuter sterilis et secundum se, sed ex utroque simul non potest generari aliquis conceptus; ergo videtur, quod talia coniuga, ubi perit finis coniugii, naturaliter sunt separanda."
[32] ibid.: „Praeterea, hoc videtur per exemplum Catonis, qui fuit valde virtuosus, qui Marciam, uxorem suam, fecit alii nubere, ut impleret alienas domos."

Ehen der Heiden hingegen beruht auf herrscherlichen Erlassen. Deshalb hätten heidnische Herrscher die Ehen getrennt, wenn sie dafür einen legitimen Grund sahen.[33]

Soviel zu Alberts Kommentar zur Passage „*Viro autem et uxori amicitia videtur secundum naturam existere*" Wie gezeigt werden konnte, entspricht der Umgang mit dieser Passage in Alberts *Super Ethica* den Methoden und Funktionen mittelalterlicher Aristoteles-Exegese. Seine Interpretation dieser Textstelle trägt sowohl zeitgenössischen Vorstellungen von der Beschaffenheit aristotelischer Texte, als auch seinen theologischen Auffassungen von der Ehe Rechnung. Eine ähnliche Interaktion des neuentdeckten Aristoteles-Textes mit älteren „Ehediskursen" lässt sich gleichfalls an Alberts Auswahl der drei Quaestiones beobachten, die er in Bezug auf die Passage „*Viro autem et uxori...*" erörtert. Diese ist nämlich nicht nur durch den aristotelischen Text (bzw. durch den Kommentar von Aspasius/Grosseteste) motiviert, sondern auch durch zeitgenössische theologische und rechtliche Ehediskurse.

Worin liegt der „Ertrag" der Rezeption dieser Passage in Alberts *Super Ethica* im Hinblick auf mittelalterliche Ehediskurse? Zum einen liegt er, ähnlich wie in seinem Sentenzenkommentar, in der Einsetzbarkeit der aristotelischen Ehelehre für eine rationale, philosophische Begründung zentraler Elemente des christlichen Eheverständnisses. Im Unterschied zum Sentenzenkommentar ist aber hier seine philosophische Beweisführung nicht Teil einer primär *theologischen* Argumentation, sondern sie gewinnt an *philosophischer Eigenständigkeit*. Und gerade darin liegt der zweite, möglicherweise noch bedeutendere „Ertrag" der Rezeption der aristotelischen Ehetexte in seinem Kommentar. Wie gezeigt werden konnte, haben mittelalterliche Aristoteles-Kommentare eine doppelte Dimension und Funktion. Sie verstehen sich einerseits als *Textauslegungen*. Andererseits, und dies gilt vor allem für Quaestio-

---

[33] ibid. S. 642–643: „Solutio: Dicendum, quod coniugium naturaliter habet vitam annexam, secundum quod ad perfectiones morales sunt in natura naturales aptitudines. Vir enim et uxor non ordinantur in coniugio tantum ad statum generationis, sed etiam ad oeconomicam, cuius finis sunt divitiae; non autem ex cooperatione secundum parvum tempus domus cum familia et divitiis aedificari potest, et ideo oportet ad finem oeconomicae, quod per totam vitam convivant, quia frequens separatio multum efficeret propter separationem substantiae ad finem domus. Sed in hoc potest esse dispensatio, ad dispensationem autem exigitur causa legitima et auctoritas. Matrimonia enima fidelium firmitatem habent ex legibus divinis, et ideo non potest fieri dispensatio nisi ex auctoritate dei, cuius auctoritate datus fuit libellus repudii in vetere lege. Sed matrimonia gentilium habent fimitatem ex legibus principum; unde auctoriate ipsorum causa legitima interveniente gentiles matrimonia dissolvebant."

Kommentare, bilden sie aber zugleich *Orte eines selbständigen philosophischen Diskurses*, wobei dieser allerdings thematisch (weitgehend) an den Inhalt des aristotelischen Textes gebunden ist. (In unserer Darstellung der Aristoteles-Rezeption bei Bartholomäus von Brügge soll darauf näher eingegangen werden). Die Rezeption der aristotelischen Ehetexte innerhalb Alberts Ethik-Kommentare hat also zugleich die Herausbildung eines *autonomen philosophischen Ehediskurses* in einer Form, wie dies davor unbekannt war, zur Folge.

Abschließend sei noch bemerkt, dass sich dieselbe Art von Rezeption der aristotelischen Ehelehre (mit vergleichbaren Resultaten für den mittelalterlichen Ehediskurs) auch in anderen Quaestio-Kommentaren zur *Nikomachischen Ethik* beobachten lässt, so etwa in den Ethik-Kommentar Radulphus Brito und des Aegidius von Orléans. Dasselbe gilt schließlich auch für Quaestio-Kommentare zur *Politik* und zur *Ökonomik*. In Teil vier soll darauf noch näher eingegangen werden. In allen diesen Aristoteles-Kommentaren werden die aristotelischen Ehetexte nicht nur kommentiert, sondern zugleich als Grundlage einer eigenständigen Philosophie der Ehe rezipiert.[34]

---

[34] siehe unten, S. 199–386.

KAPITEL 11

ARISTOTELES UND DIE BIBELEXEGESE:
DER PAULINEN-KOMMENTAR
DES THOMAS VON AQUIN (1271–1272?)

Rund zwei Jahrzehnte nach dem *Ethik*-Kommentar Alberts des Großen greift sein berühmter Schüler und Ordensbruder Thomas von Aquin (1224/5–1274) auf die aristotelischen Gedanken über die Ehe in seinem Paulinen-Kommentar zurück. Der aus dem süditalienischen Grafengeschlecht der Aquino stammende Thomas trat in Neapel in den Dominikanerorden ein, der ihn zum Studium nach Paris sandte. Von dort aus begleitete er 1248 den damals bereits etablierten Theologen Albert den Großen für vier Jahre als dessen Assistent an das neugegründete dominikanische Studium generale in Köln. Hier beteiligte er sich an der schriftlichen Ausarbeitung von Alberts Kölner Vorlesungen zur *Nikomachischen Ethik* und kam somit zum ersten Mal nachweisbar mit den in der *Ethik* formulierten Gedanken über die Ehe in Berührung. 1252 kehrte Thomas nach Paris zurück, um dort als *baccalaureus Sententiarum* die obligaten Vorlesungen über die Sentenzen des Petrus Lombardus zu halten. 1259 wurde der Dominikaner, der in der Zwischenzeit Magister der Theologie geworden war, zurück nach Italien geschickt, um in den Dominikanerkonventen in Orvieto (1261–1265) und in Rom (1265–1268) für die pastoraltheologische Grundausbildung der dortigen Mitbrüder zu sorgen.[1]

Aus der Zeit seines Wirkens als Lektor im römischen Dominikanerkonvent dürfte seine Vorlesungsreihe über die Briefe des Heiligen Paulus datieren. Sie ist (abgesehen von seinem erst später entstandenen Kommentar zum Römerbrief) in einer *reportatio* seines Mitarbeiters Reginald von Piperno überliefert.[2]

---

[1] Vgl. Jean-Pierre Torrell: Initiation à saint Thomas d'Aquin. Sa personne et son œuvre, Paris 1993, S. 1–206.
[2] Thomas von Aquin: Super Epistolas s. Pauli Lectura, Hg. v. Raphael Cai, 2 Bde., Turin–Rom 1953; Zur Datierung des Paulinenkommentars vgl. Jean-Pierre Torrell: Initiation à saint Thomas d'Aquin (wie Anm. 1), S. 365–376 und S. 496–497.

Die Auslegung der Heiligen Schrift gehörte im 13. Jahrhundert, gemeinsam mit der Kommentierung der Sentenzen des Petrus Lombardus, zu den Hauptaufgaben eines Theologieprofessors. Neben seinem Paulinenkommentar sind von Thomas sechs weitere Kommentare zu verschiedenen Büchern der Bibel überliefert. Sie haben alle ihren Ursprung im theologischen Lehrbetrieb. Thomas ist nicht der einzige, der im Mittelalter die Briefe des Heiligen Paulus kommentiert hat. Allein zum Römerbrief sind aus dem 12. und 13. Jahrhundert 26 Kommentare bekannt.[3]

Er ist aber der erste mittelalterliche Kommentator, und in unserem Untersuchungszeitraum der einzige, der bei seiner Paulusexegese auf die neuentdeckten Aristotelischen Gedanken über die Ehe zurückgreift. Insgesamt macht der Theologe in ihm von den Ausführungen des Stagiriten über die Ehe sechsmal Gebrauch, an drei Stellen im Kommentar zum Epheserbrief, zweimal im Kommentar zum Kolosserbrief und einmal im Kommentar zum Brief an Timotheus. Der Kommentar ist vor allem deshalb von Bedeutung, weil Thomas in ihm erstmals explizit auch die Gedanken des Aristoteles über die Ehe in der *Politik* zitiert. Dabei ist der Paulinenkommentar nicht das einzige exegetische Werk des Thomas, in dem der Theologe die aristotelischen Gedanken über die Ehe heranzieht. Gegen Ende seines Lebens wird er sie noch einmal in seinem Kommentar zum Matthäusevangelium verwenden.[4]

Seine Rezeption der Aristotelischen Gedanken über die Ehe soll im folgenden exemplarisch an zwei Stellen seines Kommentars zum Epheserbrief gezeigt werden: Der Theologe macht hier von ihnen

---

[3] Zur Bibel an mittelalterlichen Schulen vgl. Gilbert Dahan: L'exégèse chrétienne de la Bible en Occident médiéval. XIIe–XIVe siècle, Paris 1999, S. 91–120; Zur theologisch-pastoralen und biblischen Ausbildung in dominikanischen Konventen vgl. Leonard Boyle: Notes on the education of the *Fratres Communes* in the Dominican order in the thirteenth century. In: Ders.: Pastoral Care, Clerical Education and Canon Law, 1200–1400 (Variorum reprints), London 1981, S. 249–267 (Aufsatz VI), hier bes. S. 257 (zur biblischen Ausbildung). Zu den Bibelkommentaren des Thomas von Aquin siehe Jean-Pierre Torrell: Initiation à saint Thomas d'Aquin. Sa personne et son œuvre, Paris 1993, bes. S. 493–498. Zur mittelalterlichen Paulusexegese siehe: Werner Affeldt: Verzeichnis der Römerbriefkommentare der lateinischen Kirche bis zu Nikolaus von Lyra. In: Traditio 13 (1957), S. 369–406.

[4] Thomas von Aquin: Super Epistolas s. Pauli Lectura (wie Anm. 2), S. 73, S. 74, S. 76, S. 157 (zweimal), S. 229; Zur Aristoteles-Benutzung im Matthäuskommentar siehe Ignatius Eschmann: The Quotations of Aristotle's *Politics* in St. Thomas' *Lectura Super Matthaeum*. In: Medieval Studies 18 (1956), S. 232–240.

zweimal in seiner Auslegung der Verse V, 22 – VI, 9 des Briefes Gebrauch. Paulus ermahnt dort die Mitglieder seiner Adressatengemeinde zu einem christlichen Umgang miteinander in den Familien: Die Frauen sollen ihren Männern ergeben sein, wie die Kirche Christus ergeben sei. Die Männer sollen ihre Frauen lieben wie ihren eigenen Leib und so wie Christus seine Kirche geliebt habe. Die Kinder sollen ihren Eltern gehorchen. Die Väter sollen ihre Kinder nicht reizen, sondern sie im Herrn erziehen. Die Sklaven sollen ihren Herren in Ehrfurcht gehorchen, so wie wenn sie Christus selbst dienten. Die Herren sollen ihren Sklaven gegenüber Milde walten lassen, weil ja schließlich beide, Sklaven und Herren, einen und denselben himmlischen Herrn hätten.[5]

In seiner Auslegung der Passage verwendet Thomas die Methoden scholastischer Bibelexegese des 13. Jahrhunderts, die in ihren Grundzügen durchaus vergleichbar ist mit der zeitgenössischen Aristoteles-Kommentierung. Den ersten exegetischen Schritt bildet die *divisio textus*, d. h. die Unterteilung des Textes, in der Thomas die Struktur der Passage und ihrer einzelnen Abschnitte herauszuarbeiten versucht. Diesem exegetischen Schritt liegt die auch von Thomas geteilte Vorstel-

---

[5] Eph V, 22 – VI, 9 (Biblia Sacra iuxta vulgatam versionem, Hg. Robert Weber, Bd. 2, Stuttgart 1969, S. 1813–1814): „Mulieres viris suis subditae sint sicut domino—quoniam vir caput est mulieris—sicut Christus caput est ecclesiae—ipse salvator corporis—sed ut ecclesia subiecta est Christo—ita et mulieres viris suis in omnibus—viri diligite uxores—sicut et Christus dilexit ecclesiam—et seipsum tradidit pro ea—ut illam sanctificaret—mundans lavacro aquae in verbo—ut exhiberet ipse sibi gloriosam ecclesiam—non habentem maculam aut rugam—aut aliquid eiusmodi—sed ut sit sancta et inmaculata—ita et viri debent diligere uxores suas—ut corpora sua—qui suam uxorem diligit se ipsum diligit—nemo enim umquam carnem suam odio habuit—sed nutrit et fovet eam—sicut et Christus ecclesiam—quia membra sumus corporis eius—de carne eius et de ossibus eius—propter hoc relinquet homo patrem et matrem suam—et adherebit uxori suae—et erunt duo in carne una—sacramentum hoc magnum est—ego autem dico in Christo et in ecclesia—verumtamen et vos singuli—unusquisque suam uxorem sicut se ipsum diligat—uxor autem timeat virum—filii oboedite parentibus vestris in Domino—hoc enim est iustum—honora patrem tuum et matrem—quod est mandatum primum in promissione—ut bene sit tibi et sis longevus super terram—et patres nolite ad iracundiam provocare filios vestros—sed educate illos in disciplina et correptione Domini—servi oboedite dominis carnalibus cum timore et tremore—in simplicitate cordis vestri sicut Christo—non ad oculum servientes quasi hominibus placentes—sed ut servi Christi—facientes voluntatem Dei ex animo cum bona voluntate servientes—sicut Domino et non hominibus—scientes quoniam unusquisque quodcumque fecerit bonum hoc percipiet a Domino—sive servus sive liber—et domini eadem facite illis remittentes minas—scientes quia et illorum et vester Dominus est in caelis—et personarum acceptio non est apud eum."

lung der Bibelexegese des 13. Jahrhunderts zugrunde, dass die Schriften der Bibel (wie übrigens auch die Schriften des Aristoteles) einen sehr klaren Aufbau haben, der sich vom Exegeten herausarbeiten lässt. Auf die *divisio textus* folgt zumeist die *expositio*, eine kommentierende Paraphrase der einzelnen Abschnitte der Passage. Den letzten exegetischen Schritt bilden kurze, selbstständige Bemerkungen zu den Abschnitten der Passage, in denen Thomas den Text entweder weiter erläutert oder verschiedene Schwierigkeiten, wie etwa vermeintliche Widersprüche zu anderen biblischen Stellen, zu erklären versucht.[6]

Zum ersten Mal benutzt Thomas einen von Aristoteles übernommenen Gedanken bereits in der allgemeinen *divisio textus* dieser Passage (Lectio VIII). Thomas zieht hier das Aristotelische Konzept aus dem neuentdeckten ersten Buch der *Politik* heran, demzufolge eine Hausgemeinschaft aus drei Beziehungen bestehe, der Beziehung von Herr und Sklave, von Mann und Frau und von Vater und Kind:

> „Im vorangehenden Abschnitt seines Briefes hat der Apostel allgemeine Verhaltensvorschriften (*praecepta*) an alle erteilt, hier erteilt er nun solche Vorschriften, die bestimmte Personen- und Standesgruppen betreffen. Nun besteht aber das Haus, wie Aristoteles in seiner *Politik* schreibt, aus drei Verbindungen, ohne die es nicht vollkommen ist, nämlich der Verbindung von Mann und Frau, von Vater und Sohn und von Herrn und Sklaven. Deshalb wendet sich Paulus mit seiner Belehrung nacheinander an diese drei Gruppen: erstens an Mann und Frau; zweitens an Vater und Sohn (im sechsten Kapitel, wo er sagt *Ihr Kinder, gehorchet* usw.); drittens an Sklaven und Herren (dort, wo er sagt: Ihr Sklaven, gehorchet)..."[7]

Thomas' Interpretation zufolge liegt der Grund, weshalb Paulus in dieser Passage nacheinander Mann und Frau, Vater und Sohn und Herrn und Diener unterweist, in der dreigliedrigen Beschaffenheit

---

[6] Für eine detaillierte Untersuchung Thomas' exegetischer Methoden anhand seines Römerbriefkommentars vgl. Thomas Domanyi: Der Römerbriefkommentar des Thomas von Aquin. Ein Beitrag zur Untersuchung seiner Auslegungsmethoden, Bern u. a. 1979; Zur Technik scholastischer Bibelexegese vgl. Gilbert Dahan: L'exégèse chrétienne de la Bible en Occident médiéval (wie Anm. 3), S. 161–297.

[7] Thomas von Aquin: Super Epistolas s. Pauli Lectura (wie Anm. 2), S. 73–74: „Supra Apostolus posuit praecepta generalia ad omnes, hic ponit ea, quae pertinent ad speciales quasdam personas et status. Et quia secundum Philosophum in *Politicis* domus habet tres connexiones, sine quibus non est perfecta, scilicet viri et mulieris, patris et filii, domini et servi; ideo haec tria prosequens, instruit: Primo mulierem et virum; secundo patrem et filium, cap. VI, ibi ‚Filii obedite', etc.; tertio servos et dominos, ibi ‚Servi, obedite', etc."

einer vollkommenen Hausgemeinschaft, wie sie Aristoteles in seiner *Politik* beschreibt. Thomas benutzt hier also das Aristotelische Konzept einer aus drei Beziehungen bestehenden Hausgemeinschaft als Interpretationsschlüssel, um mit ihm die Logik und die intendierte Struktur dieser Passage des Paulusbriefes herauszuarbeiten.[8]

Gleich im Anschluss an diese *divisio textus* verwendet Thomas nochmals die Aristotelischen Gedanken über die Ehe, wenn diesmal auch nur implizit. Diesmal zieht er das Aristotelische Konzept aus der *Nikomachischen Ethik* VIII, 12 heran. Es handelt sich um Aristoteles' Parallelisierung der Herrschaftsformen im Staat zu den Beziehungsformen im Hause, die er auch als Formen von Herrschaft versteht. Im Staat gibt es nach Aristoteles drei richtige Herrschaftsformen und jeweils drei Verfallserscheinungen. Die Verfallsform der Königsherrschaft ist die Tyrannis, die der Aristokratie die Oligarchie, die Verfallsform der Politie ist die Demokratie. Der Unterschied zwischen einer richtigen Herrschaftsform und ihrer Verfallsform besteht nach Aristoteles darin, dass in einer richtigen Herrschaftsform der Herrschende zum Wohle der Beherrschten handelt, in ihrer Verfallsform hingegen nur zum eigenen Wohl. Dieses „Herrschaftssystem" hat sein Pendant in den Beziehungen im Hause. So gleicht die Beziehung zwischen Vater und Sohn, insofern der Vater zum Wohl seines Sohnes herrscht, einer königlichen Herrschaft, die Beziehung des Mannes zu seiner Frau einer Aristokratie. Die Beziehung des Hausherrn zu den Sklaven hat hingegen bei Aristoteles ihr Pendant in der Tyrannis, der Verfallsform der königlichen Herrschaft. Der Hausherr herrscht über seine Sklaven nur zum eigenen Wohle und *nicht* zu dem der Sklaven.[9]

---

[8] Dass ein Haus aus drei Lebensgemeinschaften (Mann-Frau, Eltern-Kinder, Herr-Sklave) besteht, sagt Aristoteles explizit in Pol I 3 (1253b1 – 1253b14). Siehe oben, S. 61–62 (Textpassage: „Quoniam autem manifestum, ex quibus partibus civitas constat").

[9] Für den Vergleich der Herrschaftsformen im Hause mit den Herrschaftsformen im Staat und deren Verfallserscheinungen vgl. Aristoteles latinus: Ethica Nicomachea. Translatio Roberti Grosseteste Lincolniensis sive ‚Liber Ethicorum'. A. Recensio Pura (Aristoteles Latinus XXVI, 1–3), hg. v. René-Antoine Gauthier, Leiden–Bruxelles 1972, S. 313–314 [= N.E. VIII, 12 (1160b1 – 1161a10)]: „Politie autem, sunt species tres. Equales autem et transgressiones, puta corrupciones harum. Sunt autem politie quidem regnum, et aristocratia, tercia autem que a preciis, quam timocraticam dicere conveniens videtur, politiam autem consueverunt ipsam plures vocare. Harum autem optima quidem regnum, pessima autem timocratia. Transgressio autem regni quidem, tirannis. Ambo enim monarchie. Differunt autem plurimum. Tirannus quidem enim, sibi ipsi conferens intendit; rex autem, quod subditorum […] Similitudines autem ipsarum [d. h. *der drei Herrschaftsformen und ihrer Verfallsformen*] et velud exemplum

Thomas zieht diese Aristotelische Unterscheidung der „Herrschaftsformen" in einer Hausgemeinschaft in seiner *expositio* des ersten Satzes der Passage heran. Paulus ermahnt dort die Frauen, sich ihren Männern *wie dem Herrn* unterzuordnen: *Ihr Frauen, ordnet euch euren Männern unter wie dem Herrn* (Eph V,22). Thomas (der hier eigenartigerweise den Ausdruck „Herr" nicht als ein Synonym für Christus, sondern im Sinne von „Sklavenhalter" versteht) interpretiert diese paulinische Textstelle folgendermaßen:

> „Paulus sagt, *ihr Frauen, ordnet euch euren Männern unter*. Wenn nämlich die Frau die Führung innehat, ist sie aufsässig, wie in Ekklesiastes 25, 30 gesagt wird. Deshalb ermahnt er hier die Frauen zur Unterwerfung, und zwar *wie dem Herrn*. Das Verhältnis nämlich zwischen Mann und Frau ist gewissermaßen wie das eines Sklaven zum Herrn, insofern sich der Sklave durch die Gebote des Herrn beherrschen lassen soll. Der Unterschied besteht aber darin, dass der Herr über seine Sklaven zu seinem eigenen Nutzen herrscht. Über Frau und Kinder hingegen herrscht der Mann zum gemeinsamen Nutzen. Aus diesem Grunde sagt Paulus *wie dem Herrn* (*sicut Domino*). Der Mann ist nämlich [in Bezug auf seine Frau] nicht wirklich ein Herr, sondern nur *wie ein Herr*."[10]

Thomas liest hier die paulinische Aufforderung an Ehefrauen eindeutig auf dem Hintergrund von NE VIII, 12. Er legt dabei dem Apostelfürsten gewissermaßen eine „aristotelische Intention" in den Mund. Seiner Interpretation zufolge war sich Paulus, als er die Ehefrauen zur Unterordnung mahnte, des Unterschiedes der Herrschaft über Sklaven und der Herrschaft über Frau und Kind bewusst, den Thomas aus der *Nikomachischen Ethik* kennt. Er habe deshalb bewusst die Worte *„sicut"*

---

accipiet aliquis utique et domibus. Patris quidem enim ad filios communicacio regni, habet figuram; filiorum enim, patri est cura. Hinc autem et Homerus Iovem patrem appellat. Paternus enim principatus vult regnum esse. In Persis autem qui patris, tirannicus. Utuntur enim ut servis, filiis. Tirannicus autem et qui domini ad servos. Domini enim conferens, in ipso operatur. Ipse quidem igitur rectus videtur. Persicus autem, peccans. Differencium enim, principatus differentes. Viri autem et uxoris, aristocraticus videtur…"

[10] Thomas von Aquin: Super Epistolas s. Pauli Lectura (Wie Anm. 2), S. 74: „Dicit ergo ‚Mulieres viris suis subditae sint', quia certe mulier, si primatum habeat, contraria est viro suo, ut dicitur Eccli. c. XXV, 30. Et ideo specialiter monet eas de subiectione. Et hoc ‚sicut domino', quia proportio viri ad uxorem quodammodo est sicut servi ad dominum, quantum debet regi mandato domini; sed differentia est in hoc, quod dominus utitur servis suis quo ad id quod est sibi utile: sed vir utitur uxore et liberis ad utilitatem communem. Et ideo dicit ‚sicut domino'; non quia vere sit dominus, sed sicut dominus."

Domino, „wie" dem Herrn, gewählt. Er wollte dadurch deutlich machen, dass sich die Art der Unterordnung der Frau unter ihren Mann von jener eines Sklaven unter seinen Herrn unterscheide und dass er diese zwei unterschiedlichen Herrschaftsformen nicht miteinander *gleichsetzt*, sondern sie nur vergleicht und parallelisiert.

Thomas ist der erste (und in unserem Untersuchungszeitraum offenbar einzige) mittelalterliche Verfasser eines Paulinen-Kommentars, der bei der Auslegung der paulinischen Familien- und Eheparänese die neu entdeckten aristotelischen Ehetexte heranzieht. Er tut dies freilich nur an wenigen Stellen seines Kommentars und eher sporadisch. Nichtsdestotrotz ist, wie exemplarisch gezeigt werden konnte, das Resultat seiner Bezugnahme auf die Ehetexte des Stagiriten eine exegetisch innovative, nämlich „aristotelische" Lektüre der Paulinischen Haus- und Ehelehre. Thomas kann in seiner *divisio textus* und seiner *expositio* deshalb so problemlos Aristoteles benutzen, weil seiner Exegese eine ganz bestimmte Vorstellung von Aristotelischer Philosophie auf der einen und von paulinischer Unterweisung auf der anderen Seite zugrunde liegt. Thomas scheint nämlich davon auszugehen, dass Paulus in seiner Unterweisung der Mitglieder einer Hausgemeinschaft der *Naturordnung* folgt, die ja schließlich nichts anderes als ein Synonym für den Schöpferwillen ist. Zugleich scheint er Aristoteles als denjenigen zu verstehen, der kraft seiner Vernunft gerade diese Naturordnung, hier konkret die Beschaffenheit einer Hausgemeinschaft und die Natur des Verhältnisses der Hausmitglieder, richtig beschrieben hat. Dies ermöglicht ihm, Paulus mit Aristoteles auszulegen.

Abschließend sei noch bemerkt, dass der Paulinen-Kommentar nicht das erste eigenständige Werk des Aquinaten ist, in dem er die aristotelischen Gedanken über die Ehe benutzt. Wie bereits erwähnt, hatte er zum ersten Mal—ganz in der Tradition seines Lehrers Albert—die aristotelischen Gedanken in den 1250er Jahren in seinem umfangreichen Sentenzen-Kommentar benutzt. Während seines späteren Aufenthaltes in Orvieto griff er ein zweites Mal auf die aristotelischen Gedanken zurück, diesmal für die Ausarbeitung seines nächsten monumentalen Werkes, der *Summa contra Gentiles* (ca. 1259–1265). Ähnlich wie in seinem und Alberts Sentenzen-Kommentar verwendete er hier einige Gedanken über die Ehe aus der *Nikomachischen Ethik*, um mit ihnen, wider verschiedene falsche Überzeugungen, naturphilosophisch die Richtigkeit und Vernünftigkeit einiger Kernpunkte des zeitgenössischen christlichen Eheverständnisses einsichtig zu machen. (Unauflösbarkeit der

Ehe, Monogamie, christliche Inzestverbote usw.) Im Unterschied zu Alberts Sentenzenkommentar zitierte er aber dort die einschlägigen Passagen der *Nikomachischen Ethik*, möglicherweise auch aus der *Politik*, nicht direkt, sondern machte nur sehr freie Anleihen bei ihnen.[11]

---

[11] vgl. René-Antoine Gauthier: Saint Thomas d'Aquin. Somme contre les gentils, Paris 1993, S. 10, 101–108 (zur Datierung der SCG), S. 59–100 (zur Aristoteles-Benutzung in der SCG), S. 143–176 (zur Funktion der SCG).

KAPITEL 12

ARISTOTELES UND DIE EHE DES DAUPHINS: DAS *DE REGIMINE PRINCIPUM* DES AEGIDIUS ROMANUS (CA. 1280)

Ein weiterer Autor, der im 13. Jahrhundert die aristotelischen Gedanken über die Ehe rezipiert hat, ist Aegidius Romanus (1243–1316). Sein Lebensweg hat mit dem der beiden bisher vorgestellten Autoren zweierlei gemeinsam: Genauso wie Albert und Thomas gehörte auch er einem der neuen Bettelorden an, studierte und wirkte als Theologe in Paris. Die lange Zeit tradierte Überzeugung, Aegidius habe der berühmten römischen Familie der Colonna angehört, hat sich als ein später entstandener Irrtum herausgestellt. Der gebürtige Römer trat bereits im Jugendalter in das römische Augustinereremitenkloster ein. Der Orden der Augustinereremiten war 1256 auf Betreiben Papst Alexanders IV. durch den Zusammenschluss mehrerer italienischer Eremitorien entstanden und entwickelte sich rasch zum dritten großen Bettelorden neben den Franziskanern und Dominikanern. Um 1260 wurde Aegidius nach Paris zum Studium der Theologie und Philosophie geschickt. Während Thomas von Aquins letztem Parisaufenthalt, von 1268 bis 1272, war Aegidius sein Schüler. Die 1270er Jahre standen für Aegidius im Zeichen einer intensiven Auseinandersetzung mit Aristoteles. Aus diesem Jahrzehnt stammt eine Reihe von Aristoteles-Kommentaren, von denen mehrere im Zusammenhang mit seiner Lehre am Pariser Augustinereremitenkonvent entstanden sein dürften. Einen tiefen Einschnitt in Aegidius' universitäre Laufbahn stellte das Jahr 1278 dar. Im Zuge der großen Verurteilung philosophischer Thesen durch den Pariser Erzbischof Stephan Tempier (1268–1279) im Jahre 1277 war auch der Augustinereremit in den Ruf eines Irrlehrers geraten, wurde 1278 verurteilt und von der Universität ausgeschlossen. Der Grund war, neben persönlichen Animositäten, Aegidius' Nähe zu bestimmten radikal-aristotelischen Positionen der Pariser Artisten, sowie zu Thesen seines ebenfalls von der großen Verurteilung von 1277 betroffenen Lehrers Thomas von Aquin.[1]

---

[1] zu Aegidius' Lebenslaufs siehe Francesco del Punta / Silvia Donati / Concetta

In die Zeit nach seinem Ausschluss von der Pariser Universität, um 1280, fällt die Entstehung seines berühmten Fürstenspiegels *De regimine principum*. Das Werk ist dem französischen Kronprinzen Philipp dem Schönen gewidmet. Es lässt sich nicht mit Sicherheit belegen, wo sich Aegidius in der Zeit seiner Abfassung aufhielt. Die ältere Forschung hat angenommen, dass Aegidius als Hauserzieher des Prinzen gewirkt hat. Heute neigt man hingegen zur Ansicht, dass sich Aegidius nicht persönlich an Philipps Erziehung beteiligt hat, sondern auf den Dauphin nur mittelbar, durch seinen Fürstenspiegel, einen pädagogischen Einfluss ausüben wollte.[2]

Aegidius' *De regimine principum* gehört zu der im Mittelalter beliebten literarischen Gattung der Fürstenspiegel. Fürstenspiegel waren der Belehrung von Herrschern oder Regenten bestimmte Traktate. Obwohl schon aus der Antike vereinzelt paränetische Schriften für Herrscher bekannt sind, entfaltete sich die Gattung des Fürstenspiegels eigentlich erst im Mittelalter. Die ersten mittelalterlichen Fürstenspiegel datieren bereits aus der Karolingerzeit. Eine besondere Dichte erreichte die Produktion von Fürstenspiegeln im Frankreich des 13. Jahrhunderts, im Umkreis König Ludwigs des Heiligen—Wilhelm Berges spricht im Zusammenhang mit den um den französischen König gruppierten Autoren regelrecht von einer „politischen Akademie": Zwischen 1245 bis 1249 verfasste der Dominikaner Vincenz von Beauvais für den zweiten Sohn Ludwigs, Philipp, die Erziehungsschrift *De eruditione filiorum nobilium*. Einige Jahre später, nach 1260, widmete derselbe Vincenz Philipps Vater den Fürstenspiegel *De morali principis eruditione*. Kurz zuvor, 1259, hatte sein Ordensbruder, Gilbert von Tournai, eine weitere Belehrungsschrift für Herrscher mit dem Titel *Eruditio regum et principum* geschrieben. Um 1265 verfasste schließlich ein dritter, diesmal anonymer Dominikaner aus derselben, um den französischen König gruppierten „politischen Akademie" einen fälschlicherweise Thomas

---

Luna: Egidio Romano. In: Dizionario Biografico degli Italiani XLII, S. 319–341 (Roma 1993). Zum Vergleich wurde folgende weitere Lebensbeschreibung des Aegidius herangezogen: John R. Eastman: Das Leben des Augustiner-Eremiten Aegidius Romanus (c. 1243–1316). In: Zeitschrift für Kirchengeschichte 100 (1989), S. 318–339. Eastmans Aufsatz ist weniger ausführlich und in einigen Punkten vom oben zitierten Artikel aus dem Dizionario Biografico degli Italiani überholt. Zur Entstehung des Ordens der Augustiner-Eremiten vgl. Kaspar Elm: „Augustiner-Eremiten". In: Lexikon des Mittelalters I (1980), col. 1220–1221.

[2] Aegidius Romanus: De regimine Prinicipum, Roma 1556; Eastman: Das Leben des Augustiner-Eremiten Aegidius Romanus (wie Anm. 1), S. 323.

von Aquin zugeschriebenen *Liber eruditionis principum*. Auch der Aquinate widmete 1267 dem König von Zypern sein unvollendet gebliebenes De regno.³

Das *De regimine principum* ist mit seinen rund 350 erhaltenen Handschriften der konkurrenzlos am meisten verbreitete spätmittelalterliche Fürstenspiegel und, wie Wilhelm Berges sagt, eines der meistgelesen profanen Bücher des Spätmittelalters überhaupt. Von seiner außerordentlichen Popularität zeugen auch die 24 spätmittelalterlichen Übersetzungen und Adaptationen in neun europäische Volkssprachen.⁴

Das Werk ist in drei Bücher unterteilt. Im ersten Buch legt Aegidius dar, wie ein Herrscher über sich selbst herrschen soll. Der Augustinereremit behandelt hier die Frage, worin das Glück besteht, das ein Herrscher als sein Ziel anstreben soll, welche Tugenden (*virtutes*) er an den Tag legen muss, wie er mit seinen Gemütsbewegungen (*passiones*) umgehen und welche alters- und standesgemäßen Sitten (*mores*) er beherrschen soll. Im zweiten Buch legt Aegidius dar, wie ein Herrscher über seinen Hof herrschen soll. Seine Aufmerksamkeit gilt zuerst der Frage, wie die Ehe eines Herrschers beschaffen sein soll und wie ein Herrscher über seine Frau zu herrschen hat. Im Anschluss daran wendet er sich dem Thema der Kindererziehung und dem Thema des richtigen Umgangs eines Herrschers mit seinen Hausdienern und mit seinem Besitz zu. Im dritten und letzten Buch spricht Aegidius von der Herrschaft über den Staat. Er fragt hier nach dem Wesen der staatlichen Gemeinschaft und ihrer optimalen Verfassung und stellt Überlegungen über die richtige Herrschaft im Staate und über Kriegsführung an.

Die Art der Diskurses, die Aegidius in seinem Fürstenspiegel wählt, hat einiges mit den oben vorgestellten Quaestiones im Ethik-Kommentar Alberts des Großen gemeinsam, unterscheidet sich aber zugleich von diesen. Genauso wie Albert argumentiert Aegidius rein naturphilosophisch, und genauso wie bei Albert ist seine naturphilosophische Beweisführung vielfach identisch mit einer aristotelischen Beweisführung. Er unterscheidet sich hingegen von Albert darin, dass er nicht die übliche Form der scholastischen Quaestio und der syllogistischen Vorgehensweise verwendet, sondern den Charakter einer wissenschaft-

---

[3] Wilhelm Berges: Die Fürstenspiegel des hohen und späten Mittelalters, Stuttgart 1938; Hans Hubert Anton: Fürstenspiegel. Lateinisches Mittelalter. In: Lexikon des Mittelalters IV (1989), col. 1040–1048.

[4] Charles Briggs: Giles of Rome's *De regimine principum*. Reading and writing Politics at Court and University, c. 1275 – c. 1525, Cambridge 1999; Berges: Die Fürstenspiegel des hohen und späten Mittelalters (wie Anm. 3), hier S. 211–228.

lichen *narratio* wählt. Der Grund dafür ist, dass er sich nicht an ein universitäres, sondern an ein Laienpublikum wendet und es ihm nicht primär um die Erörterung wissenschaftlicher Sachverhalte geht, sondern hauptsächlich um die „Popularisierung" von scholastischem Wissen.[5]

Aegidius ist der erste, und in unserem Untersuchungszeitraum offenbar einzige mittelalterliche Verfasser eines Fürstenspiegels, der die Gedanken über die Ehe aus der *Nikomachischen Ethik* und *Politik* rezipiert. (Die pseudo-aristotelische Ökonomik ist ihm noch nicht bekannt.) Im Vergleich zu Alberts Sentenzenkommentar und zum Kommentar zu den Paulinen des Thomas von Aquin spielen diese Gedanken im *De regimine principum* eine weit größere Rolle. Der Augustinereremit greift auf die Passagen der *Politik* und der *Nikomachischen Ethik*, in denen Aristoteles über die Beziehung von Mann und Frau spricht, in größerem oder geringeren Maße überall dort zurück, wo er selbst in seinem Fürstenspiegel die Themen Ehe und Familie thematisiert. Ja man kann sagen, dass Aegidius den Ehediskurs in seinem *De regimine principum* vielfach mit der aristotelischen Ehelehre (und mit anderen aristotelischen Texten) konstruiert (was freilich, wie zu zeigen sein wird, nicht bedeutet, dass die aristotelische Ehelehre und Aristoteles allgemein seine einzige Quelle wären).

Am intensivsten rezipiert er diese folgerichtig im ersten Teil des zweiten Buches, der als ganzer dem Thema der Ehe des Königs gewidmet ist. Aber auch im zweiten und im dritten Teil des zweiten Buches, in denen sich der Augustinereremit mit den Themen Kindererziehung und Dienerschaft beschäftigt, verweist er einige Male auf die aristotelischen Passagen über die Ehe. Außerhalb des zweiten Buches greift Aegidius auf Aristoteles' Ausführungen zum Thema der Ehe noch im 10. Kapitel des ersten Teils des dritten Buches zurück, in dem er, im Anschluss an Aristoteles, Platons Lehre von der Frauengemeinschaft kritisiert.

Die intensive und vielschichtige Aristoteles-Rezeption im *De regimine principum* ist vor wenigen Jahren detailliert von Roberto Lambertini durchleuchtet worden. An dieser Stelle soll sie deshalb nur noch

---

[5] zur „diskursiven Struktur" des De regime vgl. auch Briggs: Giles of Rome's *De regimine principum* (wie Anm. 4), S. 12. Zum „modus narrativus" siehe Theodor W. Köhler: Processus narrativus. Zur Entwicklung des Wissenschaftskonzepts in der Hochscholastik. In: Salzburger Jahrbuch für Philosophie 39 (1994), S. 109–127; zum Unterschied von *Ethica docens* und *Ethica utens* vgl. Georg Wieland: Ethica–Scientia practica. Die Anfänge der philosophischen Ethik im 13. Jahrhundert, Münster 1981, passim.

zusammenfassend und ausschließlich im Hinblick auf Aegidius' Rezeption der aristotelischen Ehelehre im zweiten Buch des *De regimine*, das, wie gesagt, eine Hauslehre (Ökonomik) darstellt, behandelt werden.[6]

In Aegidius' Rezeption der Gedanken über die Ehe aus der neu entdeckten *Nikomachischen Ethik* und *Politik* im zweiten Buch des *De regimine principum* lassen sich vier verschiedene Ebenen unterscheiden: Der Augustinereremit zieht die aristotelischen Gedanken bereits bei der *inhaltlichen Gliederung* des zweiten Buches heran. Darüber hinaus lässt er sich vielfach von der aristotelischen Ehelehre auch bei der *Auswahl der Themen* inspirieren, die er in Form von einzelnen Kapiteln im zentralen Ehetraktat des *De regimine*, das den ersten Teil des zweiten Buches darstellt, erörtert. Auf die aristotelischen Gedanken über die Ehe greift er freilich nicht nur bei der Auswahl seiner Themen zurück, sondern auch in der *inhaltlichen Ausarbeitung* dieser Kapitel. Als letzter Aspekt seiner Aristoteles-Rezeption wäre zu nennen, dass er die Ausführungen zum Thema der Ehe, die bei Aristoteles im Kontext einer allgemeinen Abhandlung über den Staat und über die Freundschaft stehen, speziell auf die *Ehe eines Herrschers* zu beziehen versucht.

Obwohl die aristotelische Ehelehre im *De regimine principum* eine maßgebliche Rolle spielt, bedeutet dies bei weitem nicht, dass die Ehelehre des *De regimine* aus einer einfachen Adaptation des Aristoteles bestünde. Neben der *Nikomachischen Ethik* und *Politik* ist nämlich Aegidius' Ehediskurs noch durch eine weitere „Quelle" maßgeblich beeinflusst: durch die Tradition mittelalterlicher Fürstenspiegel. Dies betrifft vor allem die Auswahl der im Ehetraktat des zweiten Buches behandelten Themen.

Die Ehe eines *princeps* wird nämlich in einem mittelalterlichen Fürstenspiegel nicht erstmals im *De regimine principum* thematisiert. Auch einige der erwähnten älteren Fürstenspiegel gehen bereits auf dieses

---

[6] Roberto Lambertini: A proposito della „costruzione" dell'Oeconomica in Egidio Romano. In: Medioevo 14 (1988), S. 315–370; weitere Arbeiten Roberto Lambertinis zur Aristoteles-Rezeption im *De regimine principum* sind: Ders.: Philosophus videtur tangere tres rationes. Egidio Romano lettore ed interprete della Politica nel terzo libro des *De regimine principum*. In: Documenti e studi sulla tradizione filosofica medievale I (1990), S. 277–326; Ders.: Il filosofo, il principe e la virtù. Note sulla ricezione e l'uso dell'Etica Nicomachea nel *De regimine principum* di Egidio Romano. In: Documenti e studi sulla tradizione filosofica medievale II (1991), S. 239–279; Zur antiken und mittelalterlichen Ökonomikliteratur allgemein vgl. Sabine Krüger: Zum Verständnis der Oeconomica Konrads von Megenberg. In: Deutsches Archiv für Erforschung des Mittelalters 20 (1964), S. 475–561; zur (vor allem frühneuzeitlichen und modernen) Geschichte der Ökonomik siehe die bemerkenswerte Studie von Irmintraut Richarz: Oikos, Haus und Haushalt. Ursprung und Geschichte der Haushaltsökonomik, Göttingen 1991.

Thema ein. Man begegnet ihm sowohl im De eruditione filiorum nobilium des Vincenz von Beauvais als auch im *Liber eruditionis principum* des Pseudo-Thomas. Kurz wird auf die Ehe auch im Fürstenspiegel *Eruditio regum et principum* des Franziskaners Gilbert von Tournai eingegangen. Wie zu zeigen sein wird, ist die Auswahl der im Ehetraktat des *De regimine* behandelten Themen neben der aristotelischen Ehelehre auch dem Themenkanon dieser zeitgenössischen Fürstenspiegel verpflichtet.[7]

Im Folgenden sollen lediglich zwei „Ebenen" in Aegidius' Rezeption der aristotelischen Ehelehre näher vorgestellt werden, seine Rezeption der aristotelischen Gedanken in der Struktur des zweiten Buches und bei der Themenauswahl des dortigen Ehe traktats.

Eine Rezeption der aristotelischen Gedanken lässt sich, wie gesagt, bereits in Aegidius' struktureller Gliederung des zweiten Buches des *De regiminine prinicipum* beobachten. Aegidius orientiert sich bei seiner inhaltlichen Gliederung des zweiten Buches bewusst am Aristotelischen Konzept aus der *Nikomachischen Ethik* und der *Politik*, demzufolge eine Hausgemeinschaft aus drei Gemeinschaften besteht: der Gemeinschaft von Herrn und Sklaven, von Mann und Frau und von Vater und Sohn. Zu Beginn des zweiten Buches schreibt er in bewusster Anlehnung an die *Politik* I,3:

> „In einer perfekten Hausgemeinschaft gibt es drei Herrschaftsformen, die eheliche, in der der Mann der Frau vorsteht, zweitens die väterliche, in der der Vater dem Sohne vorsteht und drittens die herrische und despotische, in der der Herr dem Diener vorsteht...Es ist leicht ersichtlich, welche Teile dieses zweite Buch [des *De regimine principum*], das über die Herrschaft im Hause handelt, haben soll. Da es nämlich in einem vollkommenen Hause drei Herrschaftsformen gibt, muss dieses Buch drei Teile enthalten. Der erste Teil handelt über die eheliche Herrschaftsform, der zweite über die väterliche, der dritte über die despotische."[8]

Diese Gliederung hält er auch tatsächlich ein: Auf die *prima pars secundi libri*, in der beschrieben wird, *„quo regimine debeant principes suas coniuges regere"*, folgt ein zweiter Teil, in dem es darum geht, *„quomodo parentes*

---

[7] Vincentius Bellovacensis: De eruditione filiorum nobilium, Hg. v. Arpad Steiner, Cambridge (Mass.) 1938, S. 146–151; Pseudo-Thomas: Liber eruditionis Principum. In: Opusculorum D. Thomae Aquinatis doctoris Angelici volumen secundum, Napoli 1851, S. 1–103; Guibert de Tournai: Eruditio regum et principum, hg. v. Alphonse de Poorter, Louvain 1914 (Les Philosophes Belges, IX), hier S. 16–18.

[8] Aegidius Romanus: De regimine Principum (wie Anm. 64), f. 141^{r-v}.

circa proprios filios curam de eis habeant" und schließlich ein dritter Teil, in dem sich Aegidius mit dem Thema beschäftigt „*quo regimine a regibus regendi sunt ministri et familia cetera*". In Wirklichkeit behandelt freilich Aegidius in diesem dritten Teil mehr als nur die im Titel angekündigte *familia cetera* und die *ministri*. Er schließt in diesen Abschnitt zusätzlich eine Abhandlung über den Besitz des Hauses ein. Bereits Thomas von Aquin hatte in seinem Paulinen-Kommentar dasselbe Aristotelische Konzept verwendet, um mit ihm die Struktur der Hauslehre des heiligen Paulus herauszuarbeiten.

Vollständig treu ist Aegidius dem Stagiriten aber nicht. Der Augustinereremit erwähnt und behandelt nämlich die drei *communitates in domo* in einer anderen Reihenfolge als es Aristoteles getan hat. In *Politik* I,3 nennt Aristoteles bei seiner Aufzähung der *communitates domesticae* zuerst die Gemeinschaft von Herrn und Sklaven, dann die von Mann und Frau und zuletzt die von Vater und Sohn. Im weiteren Verlauf des ersten Buches der *Politik* setzt er sich auch tatsächlich mit diesen drei Gemeinschaften in der angekündigten Reihenfolge auseinander, wobei er seine Beschreibung der Beziehung von Herrn und Sklaven in eine ausführliche Abhandlung über die Sklaverei ausbaut, während er die Beziehung von Mann und Frau und von Vater und Sohn nur am Rande behandelt.

Der Grund, weshalb sich Aegidius in seiner Ökonomik, die ja das zweite Buch des *De regimine* darstellt, nicht an die Reihenfolge der Hauslehre im ersten Buch der *Politik* hält, sondern diese modifiziert, dürfte in der älteren Tradition mittelalterlicher Ökonomiken zu suchen sein. Wie Roberto Lambertini gezeigt hat, war die Vorstellung, dass eine Hauslehre von der Ehe, der Kindererziehung und vom Umgang mit Dienern handeln solle, schon vor dem Bekanntwerden der *Nikomachischen Ethik* und der *Politik* bekannt.[9]

Der offenbar erste mittelalterliche Autor, von dem eine (summarische) Beschreibung des Inhalts einer Ökonomik bekannt ist, war Dominicus Gundissalinus. Dieser definiert in seiner wissenschaftstheoretischen Schrift *De divisione philosophiae* die Ökonomik, die er als *ordinacio familiaris* bezeichnet, als eine *scientia disponendi domum et familiam propriam*. Durch diese Wissenschaft, so Gundissalinus, erkenne man, wie der Mann mit seiner Frau, seinen Söhnen, sowie mit den Dienern (servi) und *cum omnibus domesticis suis* leben soll. Der Herausgeber der

---

[9] Lambertini: A proposito della „costruzione" dell'Oeconomica in Egidio Romano (wie Anm. 6), S. 318–324.

De Divisione Philosophiae gibt den arabischen Philosophen Al-Gazel als Gundissalinus' Quelle an.[10]

Dagegen war der erste mittelalterliche Verfasser einer selbstständigen Hauslehre Vincenz von Beauvais, der hier bereits im Zusammenhang mit seinen zwei Fürstenspiegeln erwähnt worden ist. Sie ist Teil seines in den 1240er Jahren entstandenen *Speculum doctrinale*. Ähnlich wie sein Fürstenspiegel ist auch das *Speculum doctrinale* ein mit biblischen, klassischen, patristischen und mittelalterlichen Autoren konstruierter Text. Noch vor der Aristoteles-Rezeption gliedert Vincenz seine Ökomik folgendermaßen: Die Ökonomik im *Speculum doctrinale* gliedert sich in zwei Teile. Der erste von ihnen behandelt die eigene *familia sive personas familiares*. Vincenz behandelt in ihm zuerst die Gemeinschaft und die Liebe der Ehegatten, dann die Erziehung der Kinder und schließlich den Umgang mit Freunden.[11]

Sowohl bei Dominicus Gundissalinus, und zum Teil auch bei Vincenz von Beauvais (Vinzenz' dritte Gruppe bilden nicht Diener, aber Freunde) hat die Hauslehre eine Struktur, der man gleichfalls im zweiten Buch des *De regimine* begegnet. Die Art und Weise, wie Aegidius seine Hauslehre strukturiert hat, scheint sich also aus einem Zusammenspiel der Ausführungen über die *communicationes domestice* aus der *Politik* und älteren Traditionen zu ergeben.

Eine Rezeption der Ehelehre der *Politik* und der *Nikomachischen Ethik* lässt sich ebenfalls bei der Auswahl der im Ehetraktat des zweiten Buches des *De regimine* behandelten Themen beobachten. Dies ist die oben genannte, zweite „Ebene" von Aegidius' Rezeption der aristotelischen Ehelehre.

Die *Prima pars secundi libri* des *De regimine principum* besteht aus insgesamt vierundzwanzig Kapiteln. Die ersten sechs davon stellen, wie bereits Roberto Lambertini gezeigt hat, eine Art Einführung zum gesamten zweiten Buch dar. Erst ab dem siebten Kapitel beginnt dann die eigentliche Bearbeitung des Themas „*quo regimine prinicipes debeant suas coniuges regere*".

Betrachtet man die ersten sieben einleitenden Kapitel, so stellt man fest, dass hier Aegidius thematisch recht genau dem Inhalt von *Poli-*

---

[10] Dominicus Gundissalinus: De divisione philosophiae, hg. v. Ludwig Baur, Münster 1903, hier S. 16: „Secunda est sciencia disponendi domum et familiam propriam; per quam cognoscitur qualiter uiuendum sit homini cum uxore et filiis et seruis et cum omnibus domesticis suis et hec sciencia uocatur ordinacio familiaris."

[11] Lambertini: A proposito della „costruzione" dell'Oeconomica in Egidio Romano (wie Anm. 6), S. 321–323.

tik I, 1–3 folgt. Seine Einleitung zum zweiten Buch des *De regimine* hat hier, thematisch betrachtet, den Charakter einer dem Textverlauf folgenden Adaptation des ersten Buches der *Politik*. Dabei lässt er aber bewusst die dort enthaltenen Ausführungen zur Ehe beiseite, da er sich diese für die späteren Kapitel vorbehält. Im ersten Kapitel behandelt er die natürliche Geselligkeit des Menschen, im zweiten Kapitel, die Beziehung der Hausgemeinschaft zu anderen Gemeinschaften, im dritten Kapitel behandelt er die Natürlichkeit der Hausgemeinschaft, im vierten Kapitel wendet er sich der Frage nach dem Wesen der Hausgemeinschaft zu. Im fünften und sechsten Kapitel befasst er sich schließlich mit der Zusammensetzung einer Hausgemeinschaft.[12]

Einen etwas anderen Charakter hat hingegen seine Aristoteles-Rezeption bei der thematischen Konstruktion des eigentlichen Ehetraktats, also in den Kapiteln sieben bis vierundzwanzig. Hier folgt Aegidius nicht mehr dem inhaltlichen Aufbau der *Politik*, sondern stellt die die behandelten Themen selbstständig zusammen. Aegidius greift zwar so viel wie möglich auf Themenstellungen aus den Ehepassagen der *Nikomachischen Ethik* und der *Politik* zurück, dennoch sind die meisten Themen, die er hier behandelt (zwei Drittel aller Kapitel), *nicht* von den aristotelischen Texten zur Ehe abgeleitet. Der Grund, weshalb Aegidius seinen Ehediskurs nicht vollständig mit Aristoteles konstruieren kann, scheint folgender zu sein: Die Ausführungen aus der *Nikomachischen Ethik* und *Politik* zur Ehe reichen für eine „vollständige" Unterweisung über die Ehe, so wie er sie sich vorstellt, inhaltlich nicht aus.

Sein Ehetraktat besteht aus drei thematischen Blöcken: In den Kapiteln 7 bis 10 behandelt er zunächst grundlegende Merkmale der Ehe: Im Kapitel sieben spricht er über die Natürlichkeit der Ehe, im Kapitel acht über deren Unauflösbarkeit, im Kapitel neun über die Ehe als eine monogame Beziehung. Genau dieselben drei Themen hat auch Albert in den Quaestiones seines *Ethik*-Kommentars behandelt und sie kommen gleichfalls in der *Summa contra Gentiles* des Thomas von Aquin vor. Sie sind freilich nicht genuin Aristotelisch, sondern rühren, wie im Zusammenhang mit der Untersuchung des Sentenzen- und *Ethik*-Kommentars Alberts gezeigt werden konnte, von einer älteren, rechtlich-theologischen Tradition her.[13]

---

[12] Aegidius Romanus: De regimine Principum (wie Anm. 2), ff. 128^r–141^v.

[13] Aegidius Romanus: De regimine Prinicipum (wie Anm. 2), ff. 141^v–149^r; Thomas de Aquino: Summa contra gentiles, Hg. v. Pierre Marc / Ceslao Pera / Petro Caramello, Bd. 3, Torino–Paris 1961, S. 181–187.

Den zweiten großen Block bildet das Thema der Partnerwahl des Königs. Aegidius behandelt es in den Kapiteln 11 bis 13. Das Kapitel elf beschäftigt sich mit dem Thema „*Quod decet omnes ciues, et maxime reges et principes, non ducere coniuges sibi nimia consanguineitate coniunctas*". Aegidius greift mit dieser Themenstellung wieder eine prominente Problematik aus dem damaligen theologisch-rechtlichen Ehediskurs auf, die des Inzests. Ein Kapitel über dasselbe Thema findet sich auch in der *Summa contra gentiles* des Thomas von Aquin. Im Kapitel zwölf wird das Thema behandelt „*Quod reges et principes et uniuersaliter omnes ciues, deceat uxores accipere ornatas exterioribus bonis*". Das Kapitel dreizehn hingegen spricht darüber, „*Quod decet omnes ciues, et maxime reges et principes, quaerere in suis coniugibus non solum bona exteriora, sed etiam interiora tam corporis quam animae*". Diese zwei Kapitel sind die ersten im eigentlichen Ehetraktat des Aeigidius (Kapitel 7–24), die thematisch *direkt* von Aristoteles abgeleitet sind, wenngleich nicht von Aristoteles' Ausführungen zur Ehe. Das Thema der *bona interiora* und *bona exteriora mulierum* wird nämlich in der *Rhetorik* des Aristoteles behandelt.[14]

Die letzten elf Kapitel (14–24) des Ehetraktats des *De regimine principum* beschäftigen sich schließlich mit dem richtigen Umgang eines princeps mit seiner Frau. Fünf von ihnen sind thematisch eindeutig von den Ausführungen der *Politik* und der *Nikomachischen Ethik* zur Ehe abgeleitet. So grenzt er in den Kapiteln 14 und 15 zuerst die Art der Herrschaft des Königs über seine Frau von der Herrschaft über Kinder und über die Dienerschaft ab. Die Inspiration für diese zwei Kapitel bildet eindeutig die Beschreibung der drei Herrschaftsformen in einer Hausgemeinschaft aus der *Nikomachischen Ethik* und *Politik* („königliche" Herrschaft über Söhne, „despotische" Herrschaft über Sklaven, „aristokratische" bzw. „politische" Herrschaft über die Ehefrau).[15]

In den Kapiteln 16 und 17 behandelt er die Themen „*Quod detestabile est in omnibus ciuibus, et maxime in regibus et principibus in aetate nimis iuuenili uti copula coniugali*" und „*Quod tempore frigido, quo flant venti boreales, magis est danda opera procreationi filiorum quam tempore calido, quo flant australes*". Auch diese beiden Themenstellungen sind eindeutig aus den aristotelischen Texten zur Ehe entlehnt. Und zwar greift hier der Augustinereremit

---

[14] Aegidius Romanus: De regimine Principum (wie Anm. 2), ff. 149^r–154^r; Thomas de Aquino: Summa contra gentiles (wie Anm. 13), S. 186–187; Aristoteles latinus: Rhetorica, h.g. v. Lorenzo Minio-Paluello / Georges Lacombe / Gerardus Verbeke, Bruges–Leiden 1978.

[15] Aegidius Romanus: De regimine Principum (wie Anm. 2), ff. 154^r–157^v.

zwei Gedanken aus der im siebten Buch der *Politik* von Aristoteles vorgeschlagenen Ehegesetzgebung auf. In der Tat rät dort der Stagirit vom zu vorzeitigen Geschlechtsverkehr ab und untersucht zugleich, welche Windverhältnisse für die *procreatio filiorum* am geeignetsten sind. Aegidius Romanus scheint in unserem Untersuchungszeitraum der einzige mittelalterliche Rezipient dieser Passagen aus dem 7. Buch der *Politik* zu sein.[16]

Vom ersten Buch der *Politik*, und zwar von jener Stelle, in der Aristoteles über die unvollkommene Urteilskraft der Frau spricht, ist auch das Thema des Kapitels 23 abgeleitet: „*Quale sit consilium mulierum et quod eorum consilio non est utendum simpliciter sed in casu.*"[17]

Betrachtet man den dreiteiligen Aufbau des Ehe-Traktats des Aegidius—Grundmerkmale der Ehe (Kap. 7–10), Partnerwahl (Kap. 11–13), Umgang mit der Frau (Kap. 14–24)—so fällt darüber hinaus auf, dass es genau dieselbe Struktur hat wie die Ehe-Kapitel in den älteren Fürstenspiegeln *Liber eruditionis Principum* des Pseudo-Thomas und im *De eruditione filiorum nobilium* des Vincenz von Beauvais. Beide Autoren beginnen mit einer Abhandlung über das Wesen der Ehe, sprechen anschließend über die richtige Auswahl des Ehepartners und beenden ihre Ausführungen mit einer Reihe von Anweisungen, wie die Beziehung zur Ehefrau zu gestalten sei. Aegidius folgt also in seinem Ehe-Trakat eindeutig der strukturellen Vorgabe älterer zeitgenössischer Fürstenspiegel. Zugleich versucht er aber dort, wo es ihm die aristotelischen Texte zur Ehe erlauben, Themen aus diesen aufzugreifen und sie in sein Schema einzufügen.

Wie gezeigt werden konnte, greift Aegidius auf die aristotelische Ehelehre auf mehreren Ebenen seines Fürstenspiegels zurück, im Vergleich zu den bisher untersuchten Texten allerdings auf eine viel intensivere Weise: Der Augustinereremit rezipiert sie in der Gesamtstruktur des zweiten Buches, er lässt sich durch die aristotelischen Ehetexte bei der Auswahl der in seinem Ehetraktat behandelten Themen inspirieren, er greift auf sie vielfach in seiner philosophischen Beweisführung zurück, er bezieht das, was Aristoteles über die Ehe im Allgemeinen sagt, konkret auf den Herrscher. Man kann durchaus sagen, dass Aegidius den Ehediskurs seines Fürstenspiegels in großem Maße mit der aristotelischen Ehelehre konstruiert. Freilich wäre es übertrieben zu behaup-

---

[16] Aegidius Romanus: De regimine Principum (wie Anm. 2), ff. 157ᵛ–160ʳ.
[17] Aegidius Romanus: De regimine Principum (wie Anm. 2), ff. 168ᵛ–169ʳ.

ten, dass die aristotelische Ehelehre seine einzige Inspirationsquelle bildet. Genauso, und vielleicht noch mehr, wird sein Ehediskurs durch literarisch-thematische Vorgaben aus Fürstenspiegeln seiner unmittelbaren Vorgänger bestimmt. Wir haben es hier also mit einer Vermengung und Interaktion der aristotelischen Philosophie der Ehe mit anderen Traditionen, die Ehe zu thematisieren, zu tun.

Dabei zeigt gerade der Vergleich mit den älteren Fürstenspiegeln seiner Zeitgenossen am besten, worin der eigentliche Beitrag der Aristoteles-Rezeption im *De regimine* liegt. Der Ehediskurs in den Fürstenspiegeln seiner Vorgänger ist hauptsächlich biblisch-patristisch, also weitgehend theologisch, geprägt. Die Rezeption der aristotelischen Texte zur Ehe ermöglicht es Aegidius, über ähnliche Themen rein philosophisch, *ohne* Rückgriff auf die Bibel oder auf patristische und theologische Ehediskurse zu sprechen.

KAPITEL 13

ARISTOTELES UND DIE GELEHRTENEHE:
ENGELBERT VON ADMONT UND SEIN TRAKTAT
*UTRUM SAPIENTI COMPETAT UXOREM
DUCERE* (UM 1300)

Eine weitere Schrift, in der in unserem Untersuchungszeitraum die aristotelischen Gedanken über die Ehe rezipiert werden, ist die Abhandlung *Utrum sapienti competat uxorem ducere*. Ihr Verfasser ist der österreichische Benediktiner Engelbert von Admont (ca. 1250 bis 1331). Er studierte von ca. 1278 bis ca. 1287 Artes an der damals noch weitgehend unbedeutenden Artistischen Fakultät in Padua und Theologie am *Studium particulare* der Dominikaner. Nach seiner Rückkehr nach Österreich leitete er als Abt die Benediktinerklöster St. Peter in Salzburg und Admont in der Steiermark. In Salzburg begann er mit der Abfassung seines außerordentlich umfangreichen Œuvres, in dem theologische und devotionale Werke Seite an Seite mit philosophischen Traktaten stehen, und in denen Engelbert eine weite Kenntnis aristotelischer Philosophie an den Tag legt.[1]

Unter den zahlreichen Schriften, die Engelbert nach seiner Rückkehr aus Italien verfasste, befindet sich auch die vorgenannte Abhandlung *Utrum sapienti competat uxorem ducere*, „*Ob es einem Weisen geziemt zu heiraten*". Sie ist in nur einer Handschrift überliefert und ihr genaues Entstehungsdatum lässt sich nicht mit Sicherheit bestimmen. Wie die Überschrift des Traktats verrät, setzt sich Engelbert in ihm mit der Frage auseinander, ob ein Gelehrter eine Ehe eingehen soll oder nicht.[2]

---

[1] Vgl. Karl Ubl: Engelbert von Admont. Ein Gelehrter im Spannungsfeld von Aristotelismus und christlicher Überlieferung 37, Wien–München 2000, S. 12–24; Ich möchte an dieser Stelle Herrn Ubl herzlich für seine wertvollen kritischen Bemerkungen und Hinweise zu diesem Kapitel danken.

[2] Die Handschrift befindet sich in Zwettl, Cod. 269, ff. 176^v–184^r; siehe dazu Felix Kucher: Handschriftenverzeichnis der Werke Engelberts von Admont, In: Wilhelm Baum (Hg.): Engelbert von Admont. Vom Ursprung und Ende des Reiches und andere Schriften, Graz 1998, S. 276–300; der Text des Traktats liegt in einer Edition des 18. Jahrhunderts vor: Engelbert von Admont: De eo utrum sapienti competat ducere uxorem, Hg. v. Dominicus Huber, In: Engelberti Abbatis Admontensis Opuscula philosophica, Regensburg 1725, S. 104–142 (Wie mir Herr Ubl mitgeteilt hat, stimmen die in

Es lässt sich nicht genau bestimmen, in welchem Zusammenhang Engelbert die Schrift verfasst hat. Möglicherweise war aber das Traktat für ein Hochzeitspaar bestimmt. Für diese Vermutung spricht jedenfalls die Tatsache, dass die Schrift in eine Art Ermahnung an Eheleute mündet, einander gute Ehepartner zu sein.[3]

Mit seiner Abhandlung *Utrum sapienti competat uxorem ducere* greift Engelbert ein traditionelles literarisches Thema auf. Die Frage nach der Gelehrtenehe hat ihren Ursprung in der Antike und ist auch im Mittelalter mehrmals in verschiedenen literarischen Formen, historisch-funktionalen Kontexten und Variationen verarbeitet worden. Sie ist Teil eines breiteren topischen literarischen Themenkomplexes, den Detlef Roth unter dem Oberbegriff *An uxor ducenda* zusammengefasst hat: Neben der Frage, ob ein *Gelehrter* heiraten soll, sind aus Antike und Mittelalter Schriften überliefert, in denen erörtert wird, ob *man*—allgemein—heiraten soll, ob *dieser oder jener* heiraten soll, ob ein *Herrscher* oder ein *alter Mann* heiraten sollen. Die meisten Bearbeitungen des Themas *An uxor ducenda*—es handelt sich dabei um Briefe, Dialoge, scholastische Quaestiones und Versgedichte—haben den Charakter literarisch-rhetorischer Plädoyers für, meistens aber gegen die Ehe, sehr oft mit satirisch-ironischen Untertönen und sind in ihrer Argumentation dementsprechend überspitzt.[4]

---

der Edition enthaltenen Kapitelüberschriften nicht mit dem Text der Zwettler Handschrift überein); Reedition der Ausgabe des 18. Jahrhunderts mit einer deutschen Übersetzung: Engelbert von Admont: Utrum sapienti competat uxorem ducere. In: Engelbert von Admont. Vom Ursprung und Ende des Reiches und andere Schriften. Hrsg. v. Wilhelm Baum, Graz 1998, S. 136–197 (auf diese Reedition stützt sich die vorliegende Studie).

[3] Die Quaestio ist bisher in der Forschung zweimal behandelt worden: Detlef Roth: Wahrheit und Aussagefunktion. Zu Engelberts von Admont Traktat ‚Utrum sapienti competat ducere uxorem'. In: Frühmittelalterliche Studien 32 (1998), S. 288–306; Ubl: Engelbert von Admont (wie Anm. 1), S. 36–40.

[4] Es ist weitgehend ein Verdienst Detlef Roths den Textkorpus der Schriften zum Thema *An uxor ducenda* definiert, zusammengestellt und seine Merkmale beschrieben zu haben. Vgl. Detlef Roth: An uxor ducenda. Zur Geschichte eines Topos von der Antike bis zur Frühen Neuzeit. In: Rüdiger Schnell (Hg.), Geschlechterbeziehungen und Textfunktionen, Tübingen 1998, S. 171–232; Ders.: Mittelalterliche Misogynie—ein Mythos? Die antiken *molestiae nuptiarum* im *Adversus Iovinianum* und ihre Rezeption in der lateinischen Literatur des 12. Jahrhunderts. In: Archiv für Kulturgeschichte 80 (1998), S. 39–66; Ders.: Von der *dissuasio* zur *quaestio*. Die Transformation des Topos *An vir sapiens ducat uxorem* in Wittenwilers ‚Ehedebatte'. In: Euphorion 91 (1997), S. 377–396; siehe auch: Katharina Wilson / Elizabeth Makowski: Wykked wives and the woes of marriage. Misogamous literature from Juvenal to Chaucer, Albany 1990.

Die älteste bekannte Bearbeitung des Themas der Gelehrtenehe stammt vom Aristotelesschüler Theophrast. Seine Schrift ist eine ironisches Abraten (*dissuasio*) eines Philosophen von der Heirat. Theophrast malt das Zusammenleben mit einer Frau in den schwärzesten Farben und parodiert die in der Antike immer wieder beschworenen Vorzüge der Ehe, wie etwa den Beistand der Ehefrau bei Krankheit, die Fortsetzung der Familie usw. Die Schrift ist in lateinischer Überarbeitung im Traktat *Adversus Iovinianum* (393) des heiligen Hieronymus überliefert.[5]

Die ersten mittelalterlichen Schriften, die die Frage nach der Gelehrtenehe thematisieren, stammen aus dem 12. Jahrhundert. Die Gründe für die Wiederbelebung des antiken Topos sind unter anderem in dem damals stärker denn je erwachten Interesse an klassischer Literatur zu suchen, infolgedessen auch das bei Hieronymus überlieferte Theophrastfragment neu entdeckt und als literarische Vorlage rezipiert wurde. Die meisten Bearbeitungen des Themas der Gelehrtenehe aus dem 12. und 13. Jahrhundert sind, entsprechend Theophrasts Vorlage, literarisch-rhetorische *dissuasiones* eines Gelehrten von der Ehe zugunsten eines der Gelehrsamkeit und/oder Gott geweihten, zölibatären Lebens. Der erste, der im Mittelalter das antike Thema *An uxor ducenda* aufgegriffen hat, ist Peter Abaelard. Der französische Gelehrte schloss 1132 in seinem als *Historia calamitatum* bekannten ersten Brief an Heloisa eine dissuasio eines Philosophen von der Ehe ein. Der selbstbewusste Philosoph und Theologe erinnert in dem Brief Heloisa an ein Gespräch, in dem sie ihm von einer Eheschließung mit ihr abgeraten haben und ihm die Unvereinbarkeit von Ehe und Philosophie vor Augen geführt haben soll. Die Argumente, die er dabei seiner Geliebten in den Mund legt, sind Variationen Theophrasts. Dem Zweck gelehrter Unterhaltung sollten die zwei in Briefform verfassten, satirischen *dissuasiones* eines Gelehrten von der Ehe dienen, die in den 1180er Jahren am Hofe des englischen Königs Heinrichs II. entstanden sind,

---

[5] Der Text ist ediert bei Hieronymus, Adversus Iovinianum, in: Jacques-Paul Migne (Hg.): Patrologie cursus completus. Series latina, [PL] Bd. 23, Paris 1883, S. 313–315. Deutsche Übersetzung des Theophrast-Fragments bei Konrad Gaiser: Für und wider die Ehe. Antike Stimmen zu einer offenen Frage, München 1974, S. 30–33; Textanalysen des Theophrast-Fragments: Philippe Delhaye: Le Dossier Anti-Matrimonial de l'*Adversus Jovinianum* et Son Influence sur Quelques Ecrits Latins du XIIe Siècle. In: Mediaeval Studies 13 (1951), S. 65–86, hier S. 66–70; Wilson / Makowski: Wykked wives and the woes of marriage (wie Anm. 4), S. 44–60; Roth: Mittelalterliche Misogynie— ein Mythos? (wie Anm. 4), S. 42–45.

die *dissuasio Valerii ne ducat uxorem* (1180) des Walter Map und die *Epistula ad amicum suum* (1184) des Petrus von Blois. Im 13. Jahrhundert gelangte das Thema der Gelehrtenehe auch an die neuentstehenden Universitäten: Im Jahre 1274 behandelte es der Philosoph und Magister der Pariser Artistenfakultät, Siger von Brabant, in einer universitären Quaestio mit dem Titel *Qualis status magis competat philosophis, an virginalis*. Im Unterschied zu den literarisch-rhetorischen *dissuasiones* von der Ehe aus dem 12. Jahrhundert, ist seine Quaestio die erste mittelalterliche Bearbeitung des Themas der Gelehrtenehe, die den Charakter einer wissenschaftlichen Erörterung des für und wider einer Gelehrtenehe hat. Siger benutzt in der Quaestio mehrere aristotelische Argumente, wenn auch nicht speziell die Aristotelischen Gedanken über die Ehe. In wissenschaftlich-syllogistischer Argumentation gelangt er, ähnlich wie Abaelard, Walter Map und Petrus von Blois im vorangehenden Jahrhundert, zu der Auffassung, dass einem Philosophen die Heirat nicht gezieme.[6]

Engelbert von Admont ist der erste und in unserem Untersuchungszeitraum einzige mittelalterliche Verfasser einer Schrift über das Thema der Gelehrtenehe, der dabei die aristotelischen Gedanken über die Ehe rezipiert. Engelberts Schrift hat den Charakter eines dialektischen, in der Manier eines *Sic et non* verfassten philosophischen Traktats, wenngleich sie nicht die typische Form universitärer, syllogistisch strukturierter Quaestiones aufweist, sondern als philosophische Prosa konzipiert ist.

Bevor wir beginnen, Beobachtungen über die Art und Weise seiner Rezeption der aristotelischen Ehelehre anzustellen, sei sein Traktat zunächst inhaltlich vorgestellt. Wir werden dabei seinem Gedankengang folgen und dabei besonders jene Textstellen hervorheben, in denen der Benediktiner die aristotelischen Texte zur Ehe rezipiert.

Engelbert beginnt seine Abhandlung *Utrum sapienti competat uxorem ducere* mit einer Überlegung über das Wesen des Weisen. Ein Weiser sei derjenige, der sich theoretischer Betrachtung widmet und zugleich

---

[6] Delhaye: Le Dossier Anti-Matrimonial de l'*Adversus Jovinianum* (wie Anm. 5), hier S. 70–86; Wilson / Makowski: Wykked wives and the woes of marriage (wie Anm. 84), S. 61–108; Roth: An uxor ducenda (wie Anm. 4), S. 179–197; Roth: Mittelalterliche Misogynie—ein Mythos? (wie Anm. 4), S. 45–66; zur Quaestio des Siger von Brabant siehe: Alain de Libera: Penser au Moyen Âge, Paris 1991, S. 220–227; Ubl: Engelbert von Admont (wie Anm. 1), S. 36–37.

ein tugendhaft vollkommenes Leben führt. Hindert aber die Ehe nicht an einer solchen Lebensweise?[7]

Engelbert führt zunächst eine Reihe von Zitaten an, darunter auch das bereits erwähnte Theophrast-Fragment, aus denen hervorgeht, dass ein Weiser *nicht* heiraten sollte. Das Leben eines verheirateten Mannes, so der Grundton von Engelberts Zitatenauswahl, sei nämlich die reinste Hölle. Er werde permanent von seiner Frau beschuldigt, verdächtigt, müsse ihre Untreue und sonstigen Laster ertragen.[8]

Wenn aber—denkt Engelbert weiter—die Ehe so unerträglich sei, wie diese Philosophen und Dichter behaupten, wäre es dann konsequenterweise nicht besser, nicht nur der Gelehrte, sondern gar niemand würde heiraten? Hier kommt er zum erstenmal auf die pseudoaristotelische *Ökonomik* zu sprechen, die er als Autorität gegen die oben angeführten ehefeindlichen Aussagen ausspielt: Wenn man nämlich aus den ehefeindlichen Aussagen der vorgenannten Philosophen folgere, dass die Ehe für *niemanden* ratsam sei, „*wo ist dann jene so höchst angenehme und heilige Gemeinschaft von Mann und Frau in einer rechtmäßigen Verbindung, von der Aristoteles in seiner Ökonomik spricht?*". Es handelt sich hier freilich nicht um ein wörtliches Zitat. Vielmehr versucht Engelbert den ehefreundlichen Grundton der *Ökonomik* wiederzugeben, wobei er aber Ausdrücke benutzt (am deutlichsten wird dies im Ausdruck „rechtmäßige Verbindung" spürbar), die mehr mit dem zeitgenössischen kanonistisch-theologischen Ehediskurs als mit Aristoteles' *Ökonomik* zu tun haben.[9]

Die Diskrepanz zwischen Aristoteles' ehefreundlicher Haltung und den ehe- und frauenfeindlichen Äußerungen Theophrasts und anderer, so Engelberts Lösung des Problems, sei nur eine scheinbare: Die vorgenannten Philosophen und Dichter hätten nämlich nicht die Ehe *schlecht-*

---

[7] Engelbert von Admont: Utrum sapienti competat uaxorem ducere (wie Anm. 2), S. 138–140.

[8] Engelbert von Admont: Utrum sapienti competat uxorem ducere (wie Anm. 2), S. 140–150.

[9] Engelbert von Admont: Utrum sapienti competat uxorem ducere (wie Anm. 2), S. 152: „Quod si ita sit, ubi est illa secundum Aristotelem in su Iconomica iucundissima et sanctissima societas viri et mulieris coniunctione legitima copulata? Ubi legalis et honesta ac rationabilis hominum generatio et multiplicatio et filiorum dilectio et successio et amicorum ampliatio et cunctorum bonorum propagatio et comunicatio, quae ex legitima viri et mulieris copula oriuntur et augentur et hactenus ac in futurum per saecula conservantur?"; auf die Ähnlichkeit zwischen Engelberts freiem *Ökonomik*-Zitat und dem damaligen kanonistisch-theologischen Ehediskurs ist in der Forschung bereits hingewiesen worden: Roth: Wahrheit und Aussagefunktion (wie Anm. 3), S. 295.

hin, sondern nur die Ehe mit einer schlechten Frau verschmäht. Denn mit einer schlechten Frau verheiratet zu sein, sei in der Tat für niemanden ratsam. Als Beispiele solcher schlechten Frauen führt er unter anderem die biblische Batseba und Jesabel sowie die antike Phyllis an. Es gäbe aber eben nicht nur schlechte, sondern auch viele gute Frauen. Man denke beispielsweise an die biblische Judith und Esther, oder auch an Odysseus' treue Penelope. Die Tatsache allein, so Engelberts Zwischenbilanz, dass es schlechte Frauen gibt, die zu heiraten niemandem zu empfehlen wäre, kann noch kein hinreichender Grund sein, um dem Weisen von einer Ehe abraten zu wollen.[10]

Engelbert geht nun in seiner Argumentation noch einen Schritt weiter: Die Ehe sei aber nicht etwa nur deshalb schlecht oder gut, je nachdem, ob man eine gute oder eine schlechte Frau geheiratet habe. Die Ehe sei vielmehr gut *an sich*. Sie entspreche nämlich dem Naturrecht und sei notwendig. Um die Notwendigkeit und das Naturgemäße, und damit die Gutheit der Ehe zu beweisen, führt Engelbert mehrere naturphilosophische Begründungen an, die großenteils aus aristotelischen Schriften entlehnt sind.[11]

In einer dieser Begründungen greift er explizit auf eine Stelle aus dem ersten Buch der *Politik* zurück, in der Aristoteles über die Beziehung von Mann und Frau spricht. Es handelt sich um Pol. I,2, wo der Stagirit die Ehe als Teil und Grundlage einer Hausgemeinschaft und diese wiederum als Grundlage einer Staatsgemeinschaft beschreibt:

Der Mensch, argumentiert Engelbert, ist, wie die Philosophen sagen, ein bürgerliches Lebewesen. Der Anfang und der Ursprung aller Bürgerschaft der Menschen sei aber, wie Aristoteles am Anfang der *Politik* schreibe, das Haus. Dieses bestehe aus Mann und Frau, Kindern und Dienern. Die Eheleute, aus deren Verbindung Kinder entstünden, bildeten dabei den Hausvorstand. Wenn aber der Mensch (natürlicherweise) ein bürgerliches Lebewesen darstelle und die Grundlage der Staatsgemeinschaft die Hausgemeinschaft sei, dann schließe dies konsequenterweise mit ein, dass auch die Ehe als wesentlicher Bestandteil der Hausgemeinschaft natürlich sein müsse. Folglich müsse es auch schlechthin gut sein, zu heiraten.[12]

---

[10] Engelbert von Admont: Utrum sapienti competat uxorem ducere (wie Anm. 2), S. 154–168.
[11] Engelbert von Admont: Utrum sapienti competat uxorem ducere (wie Anm. 2), S. 180–188.
[12] Engelbert von Admont: Utrum sapienti competat uxorem ducere (wie Anm. 2), S. 182: „Unde si homo naturaliter est civile animal, ut philosophi dicunt, princi-

Dass es *„für jeden Menschen gut ist, zu heiraten, weil es für den Menschen schlechthin gut ist"* belegt er weiter unten auf eine etwas andere Weise noch einmal. Nicht nur ist die Ehe gut an sich, weil sie eine natürliche Notwendigkeit darstellt, sie ist die beste Lebensform überhaupt. Er setzt dazu, wie er es schon einmal getan hat, die *Ökonomik* als Autoritätsbeweis ein. Wieder zitiert er die *Ökonomik* nicht wörtlich, sondern versucht, den allgemein ehefreundlichen Ton der *Ökonomik* wiederzugeben:

Dem Menschen stehe, als dem besten unter allen Tieren, das Beste zu. Das Beste für den Menschen sei aber das Leben in Gemeinschaft. Unter den Lebensgemeinschaften, *„ist aber die rechtmäßige Verbindung von Mann und Frau, wie Aristoteles in seiner Ökonomik sagt, die angenehmste, erhabenste und ehrbarste"*. Deshalb stehe dem Menschen unter allen Lebewesen die Ehe am meisten an und sei für ihn ein Gut schlechthin.[13]

Engelbert kehrt nun zu seiner Ausgangsfrage nach der Gelehrtenehe zurück: Wenn, wie er soeben gezeigt hat, die Ehe dem Naturrecht entspricht, ja wenn es notwendig ist, dass der Mensch heiratet, muss dann konsequenterweise nicht auch der Weise heiraten, zumal auch er ein Mensch ist?[14]

---

pium autem et origo omnis civilitatis hominum est domus, quae constituitur ex viro et muliere vel uxore et liberis ac servis ita, quod vir et uxor sunt caput domus, liberi vero ex viro et uxore sunt, servi vero propter virum et liberos et uxorem, ut dicit Philosophus in principio Politicorum, ergo lex naturalis omnibus animalibus et hominibus communis masculum exigit et feminam uniuscuiusque speciei sibi invicem convenire et commanere ad procurationem [procreationem?] et multiplicationem et conservationem singularum specierum et animalium et ipsius hominis. Si autem animalium et hominum procuratio [procreatio?] et multiplicatio ac conservatio non debet deficere, secundum naturam simpliciter bonum est hominem ducere uxorem."

[13] Engelbert von Admont: Utrum sapienti competat uxorem ducere (wie Anm. 2), S. 182–184: „Praeterea tamquam optimo in genere animalium competunt optima; optimum autem in genere animalium vel delectabilium secundum virtutem et naturam est iucunditas societatis eo, quod sine socio nullius boni sit iucunda possessio. Propter quod dicit Tullius in libro De amicitia, quod si homini alicui divino munere esset concessum, ut ad coelestia corporaliter translatus totam pulchritudinem ordinis et ornatus coelestium cum suis causis et causarum cursibus contemplaretur, illa tanta contemplatio non tantum hominem illum delectaret, quantum si vel unum socium haberet cui sua gaudia communicaret. *Viri autem et mulieris legitime coniunctio, sicut dicit Aristoteles in sua* Iconomica, *iucundissima et sanctissima et honestissima est* [Kursive von mir]. Ergo videtur, quod homini, in quantum homo, tale bonum prae aliis animalibus maxime et dignissime competat et conveniat ad sectandum et sic uxorem ducere sit omni homini bonum, idcirco, quod simpliciter homini est bonum."

[14] Engelbert von Admont: Utrum sapienti competat uxorem ducere (wie Anm. 2), S. 188.

Engelbert löst das Problem, indem er auf eine aus dem achten Buch der *Nikomachischen Ethik* abgeleitete Unterscheidung von den drei menschlichen Naturen zurückgreift. Auf der untersten Stufe stünden die sogenannten tierischen Menschen. Diese lebten wider das Maß und die Regel der menschlichen Vernunft und zeichneten sich durch ein maßloses und ungeordnetes Sexualleben, durch den Verzehr rohen Fleisches, Kannibalismus und das Kauen von Kohlen aus. Sie seien vor allem in den äußersten Gebieten der Welt, im kalten Norden und in den heißen Einöden Äthiopiens anzutreffen. Ihr Verhalten werde nämlich von diesen extremen klimatischen Verhältnissen beeinflusst.[15]

Zweitens gäbe es sogenannte menschliche Menschen. Diese zeichneten sich durch ein Leben gemäß den Regeln und dem Maß der menschlichen Natur und den Vorschriften der Vernunft aus. Sie lebten in den gemäßigten Klimazonen, wie etwa die Italiener und Griechen und ihre seitlichen Nachbarn. Für diese Sorte von Menschen sei es gut und notwendig zu heiraten.[16]

Schließlich gäbe es aber eine dritte Art von Menschen, die sogenannten göttlichen Menschen. Diese hielten sich über das menschliche Maß hinaus von allem sinnlichen Genuss zurück und lebten in intellektueller Tätigkeit und göttlicher Betrachtung. Ihr Leben richte sich nach dem, was intellektueller Kontemplation dienlich ist und setze hingegen das hintan, was daran hindert. Für diese Art von Menschen sei aber die Ehe nicht geeignet. Genau diese Sorte von Menschen sei es auch, die die antiken Philosophen und Dichter als Weise bezeichneten und denen sie von der Ehe abraten wollten.[17]

Damit hat Engelbert naturphilosophisch den Einwand widerlegt, der Weise widersetze sich dem Naturgesetz, wenn er ehelos bleibe. Der Weise, so Engelberts Lösung, lebe durchaus gemäß der Natur, aber nicht gemäß der Natur der *homines humani*, für die zu heiraten gut ist, sondern gemäß der Natur der *homines divini*, zu deren Lebensweise eine Ehe nicht passt.[18]

---

[15] Engelbert von Admont: Utrum sapienti competat uxorem ducere (wie Anm. 82), S. 188–190.

[16] Engelbert von Admont: Utrum sapienti competat uxorem ducere (wie Anm. 82), S. 190.

[17] Engelbert von Admont: Utrum sapienti competat uxorem ducere (wie Anm. 82), S. 190–192.

[18] Engelbert von Admont: Utrum sapienti competat uxorem ducere (wie Anm. 82), S. 192–194.

Die Frage *Utrum sapienti competat uxorem ducere* könnte damit eigentlich schon als beantwortet gelten: Dem Weisen stehe die Heirat nicht gut an, weil seine Natur auf Kontemplation angelegt ist und sich von der Natur des normalen Menschen unterscheidet. Engelbert belässt es aber nicht bei diesem Fazit, sondern gibt dem Traktat einen eher überraschenden Ausklang: Er stellt zum Schluss die gesamte Problemstellung „ob ein Weiser heiraten solle" in Frage und führt sie auf eine individuell-moralische Ebene zurück. Die wirkliche Ursache der Frage nach dem Für und Wider einer Gelehrtenehe liege eigentlich darin, „*dass es oft in gleicher Weise vorkommt, dass ein rechtschaffener und guter Mann eine nichtswürdige und schlechte Frau hat und umgekehrt eine rechtschaffene und gute Frau einen nichtswürdigen und schlechten Mann hat. Wenn es nämlich immer so wäre, dass ein rechtschaffener und guter Mann eine rechtschaffene und gute Frau hätte und umgekehrt, dann hätte die vorgenannte Fragestellung keine Berechtigung*". Mann und Frau sollen sich daher bemühen, so das endgültige Fazit, einander die besten Ehepartner zu sein, dadurch erübrige sich die Frage nach der Gelehrtenehe von selbst.[19]

Soweit Engelberts Traktat *Utrum sapienti competat uxorem ducere*. Wie und in welchem Umfang rezipiert er darin die aristotelischen Gedanken über die Ehe und wie setzt er sie in seiner Argumentation ein? Engelberts Aristoteles-Benutzung dürfte großenteils schon in der vorangehenden Zusammenfassung des Traktats deutlich geworden sein. Der Benediktiner verwendet die aristotelischen Gedanken zum Thema Ehe eigentlich recht wenig: Einmal adaptiert er Aristoteles' Hauslehre aus der *Politik*, zweimal erwähnt er die *Ökonomik*. Bei seinem sehr vagen Zitat aus der *Ökonomik* scheint er sich auf keine konkrete Stelle der pseudo-aristotelischen Schrift beziehen zu wollen, sondern es geht ihm offensichtlich nur darum, den ehefreundlichen Charakter der *Ökonomik* zusammenfassend zum Ausdruck zu bringen.

Das Motiv seines Rückgriffs auf die aristotelischen Texte zur Ehe ist eindeutig: Engelbert verwendet die *Ökonomik* und die Haushaltslehre des ersten Buches der *Politik* zu einem philosophisch-rational begründeten Plädoyer *für* die Ehe. Konkret kommt dabei der Erwähnung der *Ökonomik* die Funktion eines Autoritätsbeweises für die Güte der Ehe zu. Das adaptierte Zitat aus Aristoteles' erstem Buch der *Politik* hinge-

---

[19] Engelbert von Admont: Utrum sapienti competat uxorem ducere (wie Anm. 2), S. 194–196.

gen ist ein Autoritäts- und Vernunftargument zugleich und soll die Notwendigkeit und die Natürlichkeit der Ehe naturphilosophisch begründen.

Innerhalb seines dialektisch aufgebauten Traktats über die Gelehrtenehe spielt dabei dieses mit aristotelischen Gedanken konstruierte rationale Plädoyer für die Ehe (und damit gegen die freiwillige Ehelosigkeit des Gelehrten) dieselbe Rolle wie ein *contra*-Argument in einer universitären *Quaestio*: Es steht im *Gegensatz* zur Meinung, auf die Engelbert eigentlich hinaus möchte und schärft diese ein. Die Meinung aber, auf die Engelbert im dialektischen Beweisgang hinarbeitet, ist ganz eindeutig die, dass einem Weisen die Ehe *nicht* zusteht (wenngleich er in dem etwas überraschenden Schlusskapitel des Traktats diese Meinung gewissermaßen wieder relativiert, indem er die gesamte Fragestellung als rhetorisch hintanstellt und sie auf die Unvollkommenheit der Ehepartner als ihren angeblich wahren Grund zurückführt).

Damit ist bereits auch unsere letzte Frage weitgehend beantwortet, diejenige nach dem Ertrag der Rezeption der aristotelischen Ehetexte für Engelberts Traktat. Engelbert bleibt in seinem Traktat ganz der älteren mittelalterlichen Tradition einer *Ablehnung der Gelehrtenehe* verpflichtet. Seine Rezeption der durchaus „ehefreundlichen" aristotelischen Texte führt also bei ihm keinen Meinungswechsel im Sinne einer Befürwortung des Ideals einer Gelehrtenehe herbei (wenngleich der letztendlich neutrale Ausklang seines Traktats im Schlusskapitel möglicherweise doch auf eine aristotelische Beeinflussung zurückzuführen sein könnte). Der eigentliche „Ertrag" der Rezeption des durchaus „ehefreundlichen" Aristoteles in Engelberts *Quaestio in utramque partem* ist vielmehr ein anderer: Er liegt in der *intellektuellen Herausforderung* an das von Engelbert vertretene Ideal der Ehelosigkeit des Gelehrten, die ihn zwingt, dieses neu argumentativ zu begründen. Indem Engelbert innerhalb des dialektisch-argumentativen Verfahren der Quaestio eine so bedeutende *Auctoritas* wie den Stagiriten als vernunftphilosophisches Argument *für* die Gelehrtenehe heranzieht, wird er gezwungen, seine eigene, entgegengesetzte Position möglichst effizient zu rechtfertigen und zu begründen. Er tut dies, wie gezeigt werden konnte, indem er auf die (letztendlich ebenfalls von Aristoteles abgeleitete) Unterscheidung der drei verschiedenen Menschenarten zurückgreift.

Abschließend sei hinzugefügt, dass Aristoteles eine durchaus ähnliche Rolle auch in der zweiten bekannten Abhandlung über die Gelehrtenehe aus der zweiten Hälfte des 13. Jahrhunderts spielt, in der bereits erwähnten universitären Quaestio *Qualis status magis competat philoso-*

phis des Pariser Artes-Magisters Siger von Brabant von 1274. Auch Siger möchte argumentativ beweisen, dass die Ehe dem Gelehrten nicht geziemt und verwendet dabei Aristoteles als *ratio contra*. Allerdings unterscheidet sich Siger von Engelbert dadurch, dass er seine Aristotelischen Argumente gegen die von ihm vertretene Position nicht aus den Ehetexten des Stagiriten bezieht, sondern diese aus anderen Aristotelischen Konzepten ableitet.[20]

---

[20] Siger von Brabant: Écrits de logique, morale et physique. Hg. v. Bernardo Bazàn, Louvain–Paris 1974, S. 102–103.

KAPITEL 14

ARISTOTELES' EHELEHRE KOMPAKT:
DIE *AUCTORITATES ARISTOTELIS* DES
IOANNES DE FONTE (UM 1300)

Der letzte Text, der hier vorgestellt werden soll, ist ein Florilegium aristotelischer Schriften, die sogenannten *Auctoritates Aristotelis* des Ioannes de Fonte. Über das Leben dieses Minoriten ist relativ wenig bekannt. Ioannes de Fonte wirkte als Lektor des franziskanischen *Studium generale* in Montpéllier. Ähnlich wie sein Lehrer, Vital von Four, engagierte er sich aktiv im franziskanischen Armutsstreit. Er stand dabei auf der Seite der Konventualen, die ein gemäßigtes Armutskonzept vertraten. Der Spirituale Ubertino da Casale, ein Vertreter radikaler Armut, will Ioannes 1309 im Franziskanerkonvent in Montpéllier gegen das Armutsgelübde predigen gehört haben.[1]

Um 1300—das genaue Entstehungsdatum ist nicht bekannt—erstellte dieser Franziskaner eine umfangreiche Blütenlese hauptsächlich antiker philosophischer Schriften. In der handschriftlichen Überlieferung trägt sie oftmals den Titel *Parvi Flores*, in Inkunabeln ist sie hingegen meistens als *Auctoritates Aristotelis* überliefert. Mit seinem philosophischen Florilegium wollte der Lektor offensichtlich seinen franziskanischen Studenten, denen philosophische Grundkenntnisse vermittelt werden sollten, das Wichtigste aus dem damals bekannten philosophischen Schrifttum in Form eines Handbuchs zugänglich machen. Jedenfalls äußert er eine solche Absicht im Explizit des Prologs der *Parvi Flores*, sowie im zweiten, von ihm überlieferten Handbuch, einer Kurzfassung der Sentenzen des Petrus Lombardus.[2]

---

[1] Zu Ioannes de Fonte vgl. Jacqueline Hamesse: Johannes de Fonte, Compilateur des „*Parvi Flores*". In: Archivum Franciscanum Historicum 88 (1995), S. 515–531.

[2] Jacqueline Hamesse (Hg.): Les *Auctoritates Aristotelis*. Un florilège médiéval. Étude historique et édition critique, Louvain–Paris 1974; zu den Auctoritates Aristotelis siehe: Jacqueline Hamesse: Les Florilèges Philosophiques du XIIIe au XVe siècle. In: Les Genres Littéraires dans les Sources Théologiques et Philosophiques Médiévales, Louvain-la-Neuve 1982, S. 181–191; Jacqueline Hamesse: La diffusion des Florilèges Aristotéliciens en Italie du XIVe au XVIe siècle. In: Giuseppe Roccaro (Hg): Platonismo e Aristotelismo nel Mezzogiorno d'Italia (secc. XIV–XVI), Palermo 1989, S.

Exzerptsammlungen solcher Art erfreuten sich im Mittelalter großer Beliebtheit. Aufgrund der hohen Herstellungskosten von Büchern dienten sie häufig als „Originalersatz". Darüber hinaus wurden sie als Mittel zur Wissensbewältigung und als Zitatenreservoire für Schriftsteller und Prediger geschätzt.[3]

Die Bedeutung der *Auctoritates Aristotelis* besteht vor allem darin, dass sie das konkurrenzlos am meisten verbreitete mittelalterliche Florilegium philosophischer Schriften darstellen. Jacqueline Hamesse konnte bisher über 300 Abschriften und etwa 50 Inkunabeln ausfindig machen. Für viele dürften die *Parvi Flores* die einzige Quelle ihrer Aristoteles-Kenntnis gewesen sein. Die *Parvi Flores* des Ioannes de Fonte waren vor allem in Mitteleuropa verbreitet, wo sie häufig als Lehrbücher der Philosophie an den neuen Artistenfakultäten benutzt wurden. Sie verschwanden auch nicht mit der Erfindung des Buchdrucks, sondern wurden bis ins 17. Jahrhundert immer wieder neu gedruckt.[4]

Den Großteil der philosophischen Werke, die Ioannes in seinem Florilegium verarbeitet hat, bilden aristotelische und pseudo-aristotelische Schriften. Daneben sind in den *Parvi Flores* aber auch beispielsweise Platons *Timaios* oder verschiedene Schriften Senecas und Boethius' vertreten. Das Florilegium besteht aus Zitaten aus diesen Schriften, die unter

---

41–54; Jacqueline Hamesse: Le vocabulaire des florilèges médiévaux. In: Olga Weijers (Hg.): Méthodes et instruments du travail intellectuel au moyen âge, Turnhout 1990, S. 209–230; Jacqueline Hamesse: Les Florilèges Philosophiques, Instruments de Travail des Intellectuels à la Fin du Moyen Âge et à la Renaissance. In: Filosofia et Teologia nel Trecento, hg. v. Luca Bianchi, Louvain-la-Neuve 1994, S. 488–508; Jacqueline Hamesse: Les manuscrits des „Parvi Flores". Une nouvelle liste de témoins. In: Scriptorium 48 (1994), S. 299–332; Jacqueline Hamesse: Parafrasi, Florilegi e compendi. In: Guglielmo Cavallo / Claudio Leopardi / Enrico Menestò: Lo spazio letterario del Medioevo. 1. Il Medioevo latino, Bd. 3: La ricezione del testo, Roma 1995, S. 197–220; Pavel Blažek: Das Florilegium als Textinterpretation: Zur Rezeption der pseudo-aristotelischen *Oeconomica* in den *Auctoritates Aristotelis*. In: František Šmahel (Hg.): Geist, Kirche, Gesellschaft im 13.-16. Jahrhundert (Colloquia mediaevalia Pragensia 1), Praha 1999, S. 23–38; zur im Prolog der *Conclusiones Sententiarum* und im Explizit des Prologs der *Auctoritates Aristotelis* formulierten „Werkabsicht" siehe: Hamesse: Johannes de Fonte (wie Anm. 1), S. 521 und Hamesse (Hg.): Les *Auctoritates Aristotelis* (wie oben), S. 20.

[3] vgl. Hamesse: Les Florilèges Philosophiques (wie Anm. 2), S. 481; Hamesse: Les manuscrits des „Parvi Flores" (wie Anm. 2), S. 300–301; zu anderen Florilegien siehe: Mary Rouse / Richard Rouse: Florilegia of Patristic Texts. In: Les Genres Littéraires dans les Sources Théologiques et Philosophiques Médiévales, Louvain-la-Neuve 1982, S. 165–180; Pietro Rossi: Un Florilegio Aristotelico degli Inizi del Trecento. In: Aevum 66 (1992), S. 257–317.

[4] vgl. Hamesse: Les Florilèges Philosophiques (wie Anm. 2), S. 491–491; Blažek: Das Florilegium als Textinterpretation (wie Anm. 2), S. 27–30.

dem Titel des jeweiligen Werkes angeführt werden. Die Reihenfolge, in der die so exzerpierten Schriften im Florilegium wiedergegeben werden, ist nicht zufällig, sondern entspricht dem damaligen Verständnis von Philosophie als einem System hierarchisch geordneter Disziplinen. Den ersten Teil der *Parvi Flores* bilden Aristoteles' *libri naturales*, es folgen Exzerpte aus aristotelischen und anderen moralphilosophischen Schriften, der letzte Block besteht aus logischen Schriften. Einer ähnlichen Anordnung kann man (freilich mit vielen Unterschieden im Detail) beispielsweise auch in universitären *Divisiones philosophiae* begegnen—auch dies ein Verweis auf das schulische Entstehungsmilieu des Florilegiums.[5]

Unter den aristotelischen Schriften, die Ioannes in Zitatform in sein Florilegium eingearbeitet hat, befinden sich nacheinander auch die *Nikomachische Ethik*, die *Ökonomik* und die *Politik*. Sie stehen am Anfang des Blocks der moralphilosophischen Schriften, und die Reihenfolge, in der sie angeordnet sind, verweist auf das im Hoch—und Spätmittelalter verbreitete Schema einer dreigliedrigen Moralwissenschaft: Ethik, als Wissenschaft vom Einzelmenschen, gefolgt von der Ökonomik, als Wissenschaft vom Menschen in einer Hausgemeinschaft und, an letzter Stelle, von der Politik, als Wissenschaft vom Menschen im Gemeinwesen.[6]

---

[5] Hamesse (Hg.): Les *Auctoritates Aristotelis* (wie Anm. 2), S. 115–334 (Reihenfolge der Exzerpte in den *Auctoritates Aristotelis*: (1)Metaphysica, (2)Physica, (3)De caelo et mundo, (4)De generatione et corruptione, (5)Meteora, (6)De anima, (7)Parva naturalia, (8)De motibus animalium, (9)De animalibus, (10)De substantia orbis et lunae, (11)Liber de causis, (12)Ethica Nicomachea, (13)De bona fortuna, (14)Oeconomica, (15)Politica, (16)Rhetorica, (17)Poetria, (18)Rhetorica ad Alexandrum, (19)Secretum secretorum, (20)De pomo, (21–30) Exzerpte aus verschiedenen Schriften von Seneca, Boethius, Platon, Apuleius, Empedocles und Porphyrios, (31)Praedicamenta, (32) Peri Hermeneias, (34) Analytica Priora, (35)Analytica Posteriora, (36)Topica, (37)liber Elenchorum); zu mittelalterlichen Divisiones philosophiae vgl. z.B.: James Weisheipl: Classification of the Sciences in Medieval Thought. In: Mediaeval Studies 27 (1965), S. 54–90; Claude Lafleur (Hg.): Quatre Introductions à la Philosophie au XIIIe Siècle, Montréal–Paris 1988; Josef Schneider: Wissenschatseinteilung und institutionelle Folgen. In: Martin Hoenen / Josef Schneider / Georg Wieland (Hgg.): Philosophy and Learning. Universities in the Middle Ages), Leiden–New York–Köln 1995, S. 63–121.

[6] Hamesse (Hg.): Les *Auctoritates Aristotelis* (wie Anm. 2), S. 232–263; zur Vorstellung einer dreiteiligen Moralwissenschaft siehe: Francisco Bertelloni: Zur Rekonstruktion des politischen Aristotelismus im Mittelalter. In: Jan Aertsen / Andreas Speer (Hgg.): Was ist Philosophie im Mittelalter?, Berlin u.a. 1998, S. 999–1111; Theodor W. Köhler: Grundlagen des philosophisch-anthropologischen Diskurses im dreizehnten Jahrhundert. Die Erkenntnisbemühungen um den Menschen im zeitgenössischen Verständnis, Leiden–Boston–Köln 2000, hier S. 401–414.

Ioannes' Rezeption der aristotelischen Texte zur Ehe soll im folgenden exemplarisch an seinen Exzerpten aus der pseudo-aristotelischen Ökonomik dargestellt werden. Die Ehe-Passagen der Nikomachischen Ethik kommen nämlich in seinem Florilegium überhaupt nicht vor, die der Politik sind mit nur sechs Exzerpten vertreten.[7]

Die pseudo-aristotelische *Ökonomik* ist in den *Parvi Flores* insgesamt mit 22 Exzerpten präsent, von denen 13 aus jenen Teilen der *Ökonomik* stammen, die von der Ehe handeln. Die Exzerpte sind alle nachweisbar der *translatio Durandi* entnommen. Die *Parvi Flores* stellen damit ein sehr frühes Zeugnis der Rezeption dieser lateinischen Übersetzung der *Ökonomik* dar.[8]

Wir werden zunächst seine *Ökonomik*-Exzerpte als Ganzes untersuchen und anschließend näher auf diejenigen Exzerpte eingehen, die aus den Ehepassagen der Ökonomik entnommen sind. Ioannes führt in den *Parvi Flores* aus der *Ökonomik* folgende Exzerpte an:[9]

(1) Civitas est domorum pluralitas praediis et possessionibus abundans ad bene vivendum ordinata.

(2) Communicatio viri et feminae in animalibus irrationabilibus est solum gratia prolis procreandae, in hominibus vero non solum gratia illius, sed etiam gratia alterius utilitatis.

(3) Quae parentes potentes existentes fecerunt filiis impotentibus, iterum reportant a potentibus filiis parentes impotentes et senio confecti.

(4) Natura facit unum animalium conjugabilium forte, scilicet masculum ut ulciscatur prae fortitudine sibi illata, aliud vero debile, scilicet feminam ut magis se custodiat prae timore.

(5) Vir non debet injuriari feminae ut femina non iniurietur ei. Injuriari feminae est virum cum extranea muliere coire, sed injuriari viro feminam est feminam coire cum extraneo viro.

(6) Secundum Hesiodum poetam, virum oportet, id est expetit, viro puellam ducere in uxorem ut doceat eam bonos mores, quia juvencula est flexibilior vidua.[10]

---

[7] Hamesse (Hg.): Les *Auctoritates Aristotelis* (wie Anm. 2), S. 252–254 und 261.

[8] Die Yconomica-Exzerpte in der kritischen Ausgabe der *Auctoritates Aristotelis* von Jacqueline Hamesse, sind, da es sich um eine Inkunabel-Edition handelt mit mehreren mittelalterlichen Abschriften verglichen worden. Siehe dazu Blažek: Das Florilegium als Textinterpretation (wie Anm. 2), S. 25–26.

[9] Hamesse [Hg.]: Les *Auctoritates Aristotelis* (wie Anm. 2), S. 250–252.

[10] Der Nebensatz *quia juvencula est flexibilior vidua* kommt in keiner der eingesehenen Handschriften vor.

(7) Dissimilitudines morum inter virum et uxorem nequaquam sunt amandae.
(8) Duae sunt species servorum, scilicet procurator et operator.
(9) Oportet servis tria dare, opera et poenam, id est disciplinam et victum sufficientem, quia sine mercede impossibile est operari.
(10) Victus autem est merces servorum qui tamen sine aliis duobus facit servum protervum
(11) Nemo aliorum bona et propria similiter curat et aequaliter.
(12) Quidam interrogatus quid magis impinguat equum, respondit oculus domini. Alius interrogatus quale stercus optimum ad pinguandum agrum, respondit vestigia domini.
(13) Impossibile est negligentibus dominis servos esse sollicitos.
(14) Numquam oportet dominum[11] esse sine custodia, sic nec civitatem.
(15) Surgere de nocte ad sanitatem, ad philosophiam, ad bonam dispositionem utile est.
(16) Nec quaestus vestimentorum, nec forma, nec auri multitudo tanta est ad mulieris virtutem, quanta est modestia in quolibet opere et desiderium honestae ac compositae vitae.
(17) Quanto quis diligentius obsequitur, tanto majorem gratiam obtinebit.
(18) Nisi parentes pueris exemplum probitatis vitae dederint, incusabilem ad invicem possunt habere causam.
(19) Maximus honor sobriae mulieri si virum suum scit sibi servare castitatem et de nulla alia curare sed ipsam propriam et fidelem existimare.[12]
(20) Si mulier cognovit virum sibi justum ac fidelem esse, ipsa etiam circa ipsum justa et fidelis erit.
(21) Multo gravius aliquis fert, si honore privetur, quam si bona sua auferantur.
(22) Non debet homo sanae mentis ubicumque et ad quamlibet mulierem mittere semen suum.

Wie geht Ioannes beim Exzerpieren der *Ökonomik* vor und von welchen Kriterien lässt er sich dabei leiten? Er führt alle 22 Zitate in der Reihenfolge des Originaltextes an, 15 davon stammen aus dem *liber primus*, die restlichen sieben aus dem *liber secundus*. Der Franziska-

---

[11] In mehreren Abschriften *domum* statt *dominum*.
[12] Dieses Exzerpt fehlt in der kritischen Edition. Es ist allerdings in allen eingesehenen vollständigen Abschriften der *Parvi Flores* enthalten.

ner exzerpiert dabei die Ökonomik sehr ungleichmäßig. Aus manchen Textabschnitten entnimmt er sehr viel, andere überspringt er vollständig. Die Abstände zwischen den exzerpierten Textstellen werden dabei immer größer. Das letzte Zitat stammt etwa aus der Mitte des zweiten Buches, danach bricht Ioannes seine Arbeit ab. Diese Ungleichmäßigkeit zeugt offensichtlich weniger von einer bestimmten Absicht, als vielmehr von einer gewissen Eile und einer nicht durchweg konsistenten Arbeitsweise.

Trotz seiner ungleichmäßigen Arbeitsweise lässt sich an der Auswahl der Zitate ein besonderes Interesse an bestimmten Themen der *Ökonomik* ablesen. Ioannes bezieht seine Exzerpte nämlich vor allem aus den uns hier besonders interessierenden Ehepassagen des pseudoaristotelischen Textes. Seine Exzerpte verraten aber zugleich ein Interesse an jenen Textstellen der Ökonomik, die sich zum Thema „Gesinde" äußern, bzw. die allgemeine Ratschläge für den Hausherrn enthalten. Hingegen lässt er, abgesehen vom ersten Exzerpt, jene Passagen des Textes beiseite, in denen Haus als vom einem philosophisch-wissenschaftlichen Objekt, von Landwirtschaft und vom Haus als Gebäude die Rede ist (Anfang und Ende des ersten Buches).

Darüber hinaus lässt sich in Ioannes' Auswahl der Zitate eine gewisse Tendenz ablesen, der *Ökonomik* vorrangig solche Gedanken zu entnehmen, die einen moralisierend-erbaulichen Inhalt haben und zu einem bestimmten sittlichen Verhalten ermahnen. Offenbar wollte der Franziskaner seinen Studenten nicht nur Kopfwissen vermitteln, sondern dachte auch an ihre sittliche Unterweisung. Möglicherweise hatte er außerdem ihre künftige Tätigkeit als Prediger und Seelsorger im Sinn.

Wie bereits erwähnt, stammen von den 22 Zitaten 13 aus jenen Teilen der *Ökonomik*, die von der Ehe handeln. Der längsten Passage über die Ehe im *liber primus* hat der Franziskaner die Zitate 2 bis 7 entnommen, dem *liber secundus*, das vollständig dem Thema des Zusammenlebens von Mann und Frau gewidmet ist, die Zitate 16–22. Wie gesagt, liegen die Exzerpte aus dem ersten Buch im Originaltext sehr dicht beieinander, während das zweite Buch viel weniger und eher punktuell exzerpiert worden ist.

Die Exzerpte aus den Passagen über die Ehe geben den Originaltext nur teilweise wortgetreu wieder; eher handelt es sich um mehr oder weniger wort- und sinngetreue Paraphrasen der exzerpierten Textstellen: Ioannes fasst zusammen, er ersetzt ungewohnte Wörter, er lässt die meisten philosophischen Elemente aus...mit einem Wort, er versucht, die exzerpierten Zitate aus den Ehepassagen der *Ökonomik* so weit wie möglich zu vereinfachen und sie so wiederzugeben, dass sie auch außerhalb des Zusammenhangs des Originaltextes verständlich sind. Die Absicht, die sich in diesem Umgang mit den Ehepassagen der Ökonomik spiegelt, ist offenkundig: Der franziskanische Lektor möchte seinen jungen Studenten des franziskanischen *Studium generale* in Montpéllier einen leicht verständlichen, möglichst unkomplizierten Auszug aus dem pseudo-aristotelischen Text zur Verfügung stellen.

Angesichts seiner ungleichmäßigen Arbeitsweise ist bei der Beantwortung der Frage, ob der Exzerpt-Auswahl aus den Ehepassagen der Ökonomik auch Intentionen und Interessen *inhaltlicher Art* zugrunde liegen, natürlich Vorsicht geboten. Es ist allerdings auffällig, dass allein vier der 13 Exzerpte aus den Ehepassagen *eheliche Treue* zum Inhalt haben (5, 19, 22, 22), und dies, obwohl dieses Thema innerhalb des Ehediskurses der pseudo-aristotelischen Ökonomik selbst keinen allzu großen Raum einnimmt.

Damit ist bereits die Frage nach der Interaktion von Ioannes' Rezeption der Ehetexte der Ökonomik mit überlieferten Ehediskursen angesprochen. Es scheint, dass sein Interesse vor allem solchen Themen gilt, die ein *Pendant* in der *zeitgenössischen* Eheparänese haben (und für diese somit verwertbar sind.) Dies dürfte um so weniger überraschen, als sich Ioannes mit seinem Florilegium an Franziskanerstudenten und somit an künftige Prediger und Beichtväter wendet. So dürfte etwa der eher überproportionale Anteil von Exzerpten, die eheliche Treue zum Inhalt haben, dadurch bedingt sein, dass es sich, wie man an Ehepredigten und Exempla ersehen kann, um ein durchaus zentrales Thema der zeitgenössischen Ehedidaxe handelt. Ähnliches dürfte auch für das Exzerpt 18 zutreffen (Eltern sollen ihren Kindern ein gutes Beispiel geben), das ebenfalls ein Pendant in einem vielverbreiteten mittelalterlichen Exemplum hat.[13]

Abschließend sei noch bemerkt, dass Ioannes' Florilegium nicht die einzige mittelalterliche Exzerptsammlung darstellt, in die die aristotelischen Gedanken über die Ehe Eingang gefunden haben. Ohne an dieser Stelle näher darauf eingehen zu können, sei nur erwähnt, dass

---

[13] vgl. Frederic Tubach: Index Exemplorum. A Handbook of medieval religious tales, Helsinki 1969, passim; Letizia Pellegrini: Specchio di donna. L'Immagine femminile nel XIII secolo: gli *exempla* di Stefano di Borbone, Roma 1989, siehe z.B. S. 115–119 und S. 145–146; Jacques Berlioz: „Maître-vite-oublié" et l'enfant noyé. Les rapports entre père et enfant dans deux *exempla* inédits d'Étienne de Bourbon (+ v. 1261). In: Cahiers de recherches médiévales (XIIIe–XVe s.) IV (1997) (Être père à la fin du Moyen Age), S. 127–131, hier S. 128–129.

bereits um 1270 Thomas von Aquin eine alphabetische Zitatensammlung aus der *Nikomachischen Ethik* erstellt hat, die *Tabula libri Ethicorum*, und hier auch einige Zitate über das Zusammenleben von Mann und Frau aufgenommen hat. Vermutlich im siebten oder achten Jahrzehnt des 13. Jahrhunderts hatte sich außerdem Engelbert von Admont in Padua eine Art Kompendium verschiedener philosophischer Schriften angelegt und darin auch mehrere aristotelische Textstellen über die Ehe zusammengefasst. Vergebens sucht man hingegen die *Nikomachische Ethik*, die *Politik* und die *Ökonomik* in den um 1300 kompilierten *Notabilia super libros Aristotelis*, einem nach der Art der *Parvi Flores* zusammengestellten Florilegium. Der Kompilator des Florilegiums, ein Franziskaner namens Conradus Beginus, hat sich offensichtlich nur für die naturphilosophischen Schriften des Aristoteles interessiert.[14]

---

[14] Thomas von Aquin: Tabula libri Ethicorum (Editio Leonina, Bd. 48) 1971, Das nur in einer Handschrift überlieferte philosophische Kompendium Engelberts wurde ediert von George Fowler: Manuscript Admont 608 and Engelbert of Admont (c. 1250–1331). In: Archives d'histoire doctrinale et littéraire du Moyen Age 44 (1977), S. 149–242 (hier findet man beispielsweise auf den S. 191–194 Zusammenfassungen der Gedanken über die Ehe aus dem ersten und zweiten Buch der *Politik*); 45 (1978), S. 225–306; 49 (1982), S. 195–252; 50 (1983), S. 195–222; Edition des Florilegiums des Conradus Beginus bei Rossi, Pietro: Un Florilegio Aristotelico degli Inizi del Trecento. In: Aevum 66 (1992), S. 257–317.

TEIL IV

DIE REZEPTION DER ARISTOTELISCHEN
EHELEHRE IM KOMMENTAR DES
BARTHOLOMÄUS VON BRÜGGE ZUR
PSEUDO-ARISTOTELISCHEN ÖKONOMIK (1309)

KAPITEL 15

DER ARTES-MAGISTER UND SEIN KOMMENTAR

Im Jahre 1309 verfasste Bartholomäus von Brügge, Magister der Pariser Artes-Fakultät, einen philosophischen Kommentar zur pseudo-aristotelischen *Ökonomik*, die die zweifelsohne inhaltsreichste und umfassendste „aristotelische" Abhandlung zum Thema der Ehe enthält. Der bisher unedierte Kommentar bildet den zeitlichen Endpunkt unserer Studie, inhaltlich steht er aber in ihrem Zentrum. Wie bereits im ersten Kapitel erwähnt worden ist, handelt es sich nämlich (neben dem *De regimine principum* des Aegidius Romanus) quantitativ gesehen um die umfangreichste „Quelle" zur mittelalterlichen Rezeption der aristotelischen Philosophie der Ehe. Zugleich handelt es sich um eine Schrift, die (im Unterschied zu den im vorangehenden Kapitel untersuchten Texten) noch nie einer systematischen inhaltlichen Auswertung unterzogen worden ist und deren Existenz und philosophiegeschichtliche Bedeutung noch nicht hinreichend in das allgemeine Bewusstsein der philosophischen Mediävistik aufgestiegen sind. Bartholomäus' Kommentar und seine Rezeption der aristotelischen Philosophie der Ehe sollen hier deshalb ausführlicher und umfassender vorgestellt werden als die im vorangehenden Kapitel präsentierten Texte.

Bartholomäus von Brügge ist als historische Persönlichkeit und als Schriftsteller erst von der historisch-kritischen Mediävistik des 20. Jahrhunderts entdeckt worden. Im Gegensatz zu vielen anderen mittelalterlichen Denkern, insbesondere Thomas von Aquin oder Albertus Magnus, deren Œuvre ohne größere Kontinuitätsbrüche im Verlauf der Jahrhunderte bekannt war und rezipiert wurde, scheint Bartholomäus von Brügge an der Schwelle zur Neuzeit in Vergessenheit geraten zu sein. Dies könnte damit zusammenzuhängen, dass er im Vergleich zu den Großen der mittelalterlichen Geistesgeschichte eher zu den *minores* zählt; es hängt aber auch damit zusammen, dass (im Unterschied zu anderen, ebenfalls „kleineren" Philosophen des Mittelalters) keine seiner Schriften in der frühen Neuzeit einen Verleger gefunden hat (was wiederum dadurch verursacht gewesen sein könnte, dass Bartholomäus ein Weltgeistlicher war und somit keinen Orden hinter sich hatte, der sich in der frühen Neuzeit der Herausgabe seiner Werke angenommen hätte).

Es ist das Verdienst von vier Mediävisten, Leben und Werk des Bartholomäus von Brügge rekonstruiert und ihn als bedeutende geschichtliche Persönlichkeit für die mittelalterliche Geistesgeschichte wiedergewonnen zu haben. 1934 veröffentlichte der bedeutende belgische Mediävist August Pelzer den ersten, auf sorgfältiger Quellenanalyse beruhenden Versuch einer Rekonstruktion des Lebens und Werkes seines mittelalterlichen Landsmanns. Die bahnbrechende Untersuchung Pelzers bleibt, insbesondere was den Lebenslauf von Bartholomäus angeht, bis heute unübertroffen. Daneben verfasste der Franzose Charles-Victor Langlois in den letzten Jahren vor seinem Tod 1929 eine weitere Darstellung des mittelalterlichen Arztes und Philosophen, die allerdings erst 1936 in der *Histoire littéraire de la France* veröffentlicht wurde. Beide Studien scheinen unabhängig voneinander entstanden zu sein. Die Studie von Langlois ist zwar weniger inhaltsreich als die seines belgischen Kollegen, jedoch erweitert sie dieselbe um einige neue Befunde. In der Folgezeit war es vor allem Adriaan Pattin, der die von Pelzer und Langlois begonnene systematische Beschäftigung mit Bartholomäus von Brügge fortsetzte. 1967 veröffentlichte er einen grundlegenden Aufsatz zu Bartholomäus. Er fasste darin den von Pelzer und Langlois erstellten Lebenslauf des Brüggers noch einmal zusammen und bestätigte ihn durch neue Quellenbelege. Darüber hinaus erstellte er hier einen wertvollen Werkkatalog der Schriften des Brüggers, der über die Ergebnisse seiner beiden Vorgänger weit hinausreichte. Der letzte umfassende Aufsatz zu Leben und Werk des Bartholomäus von Brügge stammt von Cornelius O'Boyle und ist im Jahre 1996 erschienen. Es handelt sich im wesentlichen um eine, um einige kleinere Neufunde erweiterte Zusammenfassung der bisherigen Forschung.[1]

Die folgenden Ausführungen zum Leben und Werk des Brüggers stützen sich auf die gerade erwähnten vier Arbeiten: Bartholomäus von Brügge darf weder mit seinem Zeitgenossen, dem Philosophen und

---

[1] Auguste Pelzer: Barthélemy de Bruges. Philosophe et médecin du XIVe siècle († 1356). In: Revue Néoscolastique de Philosophie 36 (1934), S. 459–474. Zum zweiten Mal erschienen, mit Ergänzungen von Léopold Briquet in: Auguste Pelzer (†): Études d'Histoire Littéraire sur la Scolastique Médiévale, hg. und emendiert von Adrien Pattin und Emile van de Vyver, Louvain–Paris 1964, S. 520–537; Charles-Victor Langlois: Barthélemy de Bruges, maître ès arts et en médecine. In: Histoire littéraire de la France, Bd. XXXVII, Paris 1936, S. 238–250; Adriaan Pattin: Bartholomaeus van Brugge. Vlaams Wijsgeer en Geneesheer. In: Tijdschrift voor Filosofie 30 (1968), S. 118–150; Cornelius O'Boyle: An updated survey of the life and works of Bartholomew of Bruges († 1356). In: Manuscripta 40 (1996), S. 67–95.

Arzt Bartholomäus de Alkeriis de Brixia (*alias* de Brescia oder de Brice), noch mit dem Kanonisten Bartholomäus von Brescia verwechselt werden. Zum ersten Mal taucht er in den Quellen im ersten Jahrzehnt des 14. Jahrhunderts auf, und zwar in der Rolle eines Magisters der Artes an der Artistischen Fakultät der Pariser Universität.[2]

Die Pariser Fakultät der Artes war als Institution im frühen 13. Jahrhundert aus einem allmählichen korporativen Zusammenschluss von Magistern der traditionellen sieben *artes liberales*—daher ihr Name—aus verschiedenen Pariser Schulen entstanden. Es handelte sich um einen Prozess, der parallel zum korporativen Zusammenschluss der Pariser Theologen in eine Theologische Fakultät verlief. Die erste Hälfte des 13. Jahrhunderts stellte in der Geschichte der Pariser Artistischen Fakultät eine Zeit der *institutionellen* Verfestigung und Selbstbehauptung dar. Eine wichtige Etappe in diesem Prozess war die Bulle *Parens scientiarum* Papst Gregors IX. aus dem Jahre 1231, die der Artistischen Fakultät weitreichende Autonomie zusicherte. Die zweite Hälfte des 13. Jahrhunderts lässt sich hingegen als eine Zeit der *geistigen* Emanzipation und Bewusstwerdung der nunmehr institutionell entwickelten Artes-Fakultät beschreiben. Die Pariser Magister der Artes waren immer weniger bereit, sich mit der Rolle einer propädeutischen Vorstufe zur Theologie zu begnügen, die zuvor den sieben Artes liberales zugewiesen worden war, sondern begannen sich zunehmend als *professionelle Philosophen* zu verstehen. Als solche wollten sie im Rahmen der nunmehr etablierten Universität ein selbstständig-eigenwertiges und zur Theologie *komplementäres* Wissen verwalten. In diesem Prozess kam der Aristoteles-Rezeption, vor allem der Lehre der *Nikomachischen Ethik* von der Glückseligkeit des philosophischen Lebens eine maßgebliche Rolle zu. Kurzum: Wir haben es im 13. Jahrhundert, vor allem in der zweiten Hälfte, mit der Verwandlung der *Artes*-Fakultät in eine—im wahren Sinne des Wortes—*Philosophische* Fakultät und mit der Verwandlung der ehemaligen Magister der sieben *Artes liberales* in professionelle Philosophen zu tun. Der Lobpreis der Philosophie und der *vita philosophica*, dem man in mannigfacher Form und Intensität in mehreren Schriften der Artes-Magister des 13. Jahrhunderts begegnet, ist nichts anderes als ein Ausdruck dieses Identifikationsprozesses. Die große Verurteilung verschiedener philosophischer Lehrmeinungen durch Etienne Tempier im

---

[2] Pelzer: Barthélemy de Bruges (wie Anm. 1). S. 460; Langlois: Barthélemy de Bruges (wie Anm. 1), S. 239–242; Pattin: Bartholomaeus van Brugge, S. 119–120; O'Boyle: Bartholomew of Bruges (wie Anm. 1), S. 68.

Jahre 1277, die auch eine Verurteilung einer Überbewertung der Philosophie enthält, entspringt in nicht geringem Maße einer Verunsicherung konservativer Theologen *vis-à-vis* dieser artistisch-philosophischen Emanzipationsbewegung. Diese Entwicklung der Pariser Artes-Fakultät zu einem Ort *institutionalisierter, wissenschaftlicher Philosophie*, die von professionellen Philosophen betrieben wird, stellt in großem Maße den Schlüssel zum Verständnis des Bartholomäus von Brügge und seines Kommentars zur *Ökonomik* dar.[3]

Bartholomäus wird für uns zum ersten Mal quellenmäßig greifbar bei der Ausübung der typischen Aufgabe eines damaligen Pariser Artes-Magisters, der Kommentierung aristotelischer Schriften. Den ersten Anhaltspunkt für das Leben und Wirken des Gelehrten aus Flandern bietet eine erhaltene *reportatio* seiner Vorlesungen über die Aristotelische *Physik*, die Bartholomäus im akademischen Jahr 1307–1308 am Kolleg der Sorbonne gehalten hat. Zuvor, so der Augenzeugenbericht des Verfassers der reportatio, Franciscus de Civitate Castelli, vermutlich 1306, hatte Bartholomäus über *De anima* gelesen. Im Jahre 1308 beendete er außerdem einen nicht mehr erhaltenen, sondern nur noch bezeugten Kommentar zu den *Metheora*, sowie zwei Kommentare zum bis dahin unkommentierten (pseudo-)aristotelischen Traktat *De inundatione Nili* und zur *Poetik* des Aristoteles, genauer: zur Poetik-Paraphrase durch Averroes. Besonders wichtig für die hier vorgelegte Untersuchung ist das Jahr 1309. Damals beendete Bartholomäus nämlich seinen Kommentar zur *Ökonomik*, die in dieser Zeit in Paris noch recht wenig verbreitet war. Hat er die *Ökonomik* nur schriftlich kommentiert oder auch eine Vorlesung über sie gehalten? Wie noch zu zeigen sein wird, bestehen gute Gründe für die Annahme, dass sein *Ökonomik*-Kommentar

---

[3] Pearl Kibre: Scholarly privileges in the Middle Ages, London 1961, S. 94–96; Jacques Verger: Les universités au Moyen Âge, Paris 1973; Charles Lohr: The medieval interpretation of Aristotle. In: Norman Kretzmann / Anthony Kenny / Jan Pinborg (Hgg.): The Cambridge history of later medieval philosophy, Cambridge 1982, hier S. 95–96; Alain de Libera: Penser aus Moyen Âge, Paris 1991, S. 143–179 und 220–245; Hilde de Ridder-Symoens (Hg.): A history of the university in Europe, Bd. 1: Universities in the Middle Ages, Cambridge u. a. 1992, hier bes. S. 307–336; Gianfranco Fioravanti: *Philosophi* contro *legistae*: un momento dell'autoaffermazione della filosofia nel Medioevo. In: Jan Aertsen / Andreas Speer (Hgg.): Was ist Philosophie im Mittelalter?, Berlin u. a. 1998, S. 421–427; Carlos Steel: Medieval Philosophy: An Impossible Project? Thomas Aquinas and the „Averroistic" Ideal of Happiness. In: Aertsen / Speer (Hgg.): Was ist Philosophie im Mittelalter? (wie oben), S. 152–174; Andreas Speer: Zum Verhältnis von philosophischer und theologischer Weisheit in den Pariser Debatten am Ende des 13. Jahrhunderts. In: Jan Aertsen / Kent Emery / Andreas Speer (Hgg.): Nach der Verurteilung von 1277, Berlin–New York 2001, S. 248–275.

eine überarbeitete Fassung von Vorlesungen darstellt. Die Kommentierung der zuletzt genannten (Pseudo-)Aristotelica, von denen keines, so weit es sich belegen lässt, im Lehrplan vorgeschrieben war, bringt möglicherweise etwas vom geistigen Profil des Brüggers zum Vorschein: Sie zeigt einen wissbegierigen, ehrgeizigen Philosophen, der neugierig auf Neues und Unbekanntes im *Corpus Aristotelicum* war und sich nicht allein mit der Pflichtlektüre der damals vielfach überkommentierten großen Lehrschriften des Aristoteles begnügen wollte. Möglicherweise wollte sich Bartholomäus durch die Kommentierung dieses *neuen Aristoteles* auch profilieren. Neben den bereits erwähnten Aristoteles-Kommentaren hat Bartholomäus noch einen Kommentar zur aristotelischen Schrift *De generatione et corruptione* verfasst, der sich allerdings nicht datieren lässt.[4]

Dass die pädagogische und literarische Tätigkeit des Artes-Magisters vielfach gerade in der Kommentierung Aristotelischer Schriften bestand, hängt mit der Form des Lehrbetriebs an der Pariser Artes-Fakultät und zugleich mit dem Selbst- und Philosophieverständnis der dortigen Artes-Magister zusammen: Im Verlauf der ersten Hälfte des 13. Jahrhunderts lässt sich in den Lehrplänen der artistischen Fakultät eine allmähliche Verdrängung der traditionellen Textbücher der *artes liberales* durch die neuentdeckten Aristotelischen Schriften beobachten—ein Prozess, der alles andere als reibungslos verlief und vielfach Widerstand hervorrief. Der 1255 fixierte Lehrplan der Artes-Fakultät stellt gewissermaßen den Abschluss dieses Prozesses dar: Aristoteles hat nun vielfach die alten *Autoritäten* der *artes liberales* verdrängt und volle Legitimität, ja Verbindlichkeit erlangt. Ohne diesen Prozess hätten die Pariser Artes-Fakultät und die vielfach von ihr beeinflussten späteren Artistischen Fakultäten kaum zum Hauptträger der spätmittelalterlichen Aristoteles-Rezeption und damit auch der Rezeption der aristotelischen Gedanken über die Ehe werden können. Die Arbeit der Pariser Artes-Magister wird nun immer mehr zu einem Kommentieren des als *Philosoph* schlechthin verstandenen Aristoteles. Philosophieren

---

[4] Pelzer: Barthélemy de Bruges (wie Anm. 1), S. 460–461 und 471–474; Langlois: Barthélemy de Bruges (wie Anm. 1), S. 239–241 und 245–247; Pattin: Bartholomaeus van Brugge, S. 119–129; O'Boyle: Bartholomew of Bruges (wie Anm. 1), S. 68–70; Gilbert Dahan: Notes et Textes sur la Poétique au Moyen Âge. In: Archives d'Histoire littéraire et doctrinale du Moyen Age 1980, S. 171–239, hier bes. S. 221–239 (Teiledition des Poetik-Kommentars des Bartholomäus); Johannes Thijssen: The Commentary on the Physics of Bartholomew of Bruges (d. 1356). In: Manuscripta 31 (1987), S. 89–101 (mit einer Edition der *tabula quaestionum* des Physik-Kommentars).

wird vielfach gleichbedeutend mit dem Kommentieren aristotelischer Schriften, ein Philosoph ist automatisch Kommentator des Aristoteles.[5]

Aus der Zeit der Lehrtätigkeit des Bartholomäus an der Artes-Fakultät stammen höchstwahrscheinlich auch seine undatierten Sophismata. Die Gattung der Sophismata war an der damaligen Pariser Fakultät der Artes recht verbreitet. In der ersten Hälfte des 13. Jahrhunderts wurden als Sophismata zunächst nur logisch-grammatikalische Schulübungen bezeichnet, bei denen es um die Auflösung einer scheinbar widersprüchlichen Proposition ging. Um 1300, in der Zeit des Bartholomäus von Brügge, ist aber der Sophisma-Begriff allgemein auf wissenschaftliche Traktate und Dispute nicht nur logischen, sondern auch naturphilosophischen Inhalts ausgeweitet worden. Einige der Sophismata des Bartholomäus liegen in kritischen Ausgaben vor und sind zum Gegenstand kritischer Untersuchungen gemacht worden. Die bei weitem größte wissenschaftliche Aufmerksamkeit hat bisher sein Sophisma *Logici loquntur de omnibus* gefunden. Es ist im Zusammenhang mit einer philosophischen Kontroverse entstanden, die sich zwischen Bartholomäus von Brügge und seinem berühmteren Kollegen Johannes von Jandun um die Beschaffenheit des *sensus agens* entfacht hat. Diese Kontroverse des Bartholomäus, wie auch die zweite, weniger bekannte, die der Brügger mit einem anderen Kollegen, Radulphus Brito, geführt hat, zeigen uns einen engagierten Philosophen und Intellektuellen, der mitten in den philosophischen Diskussionen seiner Zeit steht.[6]

---

[5] Edition der Urkunde von 1255: Henri Denifle (Hg.): Chartularium universitatis Parisiensis, Bd. 1, Paris 1889, S. 278; Charles Lohr: The medieval interpretation of Aristotle (wie Anm. 3), hier S. 84–91; Roberto Lambertini: A proposito della „costruzione" dell'Oeconomica in Egidio Romano. In: Medioevo 14 (1988), S. 315–370, hier bes. S. 315–324; De Ridder-Symoens (Hg.): A history of the university in Europe, Bd. 1 (wie Anm. 3), hier bes. S. 316–325; Olga Weijers: Le maniement du savoir. Pratiques intellectuelles à l'époque des premières universités (XIIIe–XIVe siècles), Turnhout 1996, hier bes. S. 9–79; dass aristotelische Texte an der mittelalterlichen Artes-Fakultät immer mehr zur Unterrichtsgrundlage wurden, bezeugen auch die in dieser Zeit an dieser Fakultät entstandenen *divisiones philosophiae* und Studienführer. Siehe z. B.: Quatre Introductions à la Philosophie au XIIIe siècle. Hg. v. Claude Lafleur, Montréal–Paris 1988; Ruedi Imbach: Einführungen in die Philosophie aus dem XIII. Jahrhundert. Marginalien, Materialien und Hinweise im Zusammenhang mit einer Studie von Claude Lafleur. In: Freiburger Zeitschrift für Philosophie und Theologie 38 (1991), S. 471–493.

[6] zur Sophismata-Literatur siehe: Weijers: Le maniement du savoir (wie Anm. 5), hier S. 94–102; zu den Sophismata von Bartholomäus von Brügge: Pelzer: Barthélemy de Bruges (wie Anm. 1), S. 465–470; Charles-Victor Langlois: Barthélemy de Bruges (wie Anm. 1), S. 248–249; Pattin: Bartholomaeus van Brugge (wie Anm. 1), S. 130–134 und S. 138–150 (hier: Edition des Sophismas *Utrum genus possit salvari in una specie*);

Der im Kolophon datierte Kommentar des Bartholomäus zur *Ökonomik* ist der letzte zeitliche Nachweis des Wirkens des Bartholomäus an der *facultas artium*. Nach 1309 verliert sich an der Pariser Artistenfakultät die Spur des Philosophen. Die zeitlich nächste Erwähnung zeugt von einem in der Zwischenzeit stattgefundenen Karrierewechsel: 1328 taucht er, wie Langlois in Ergänzung zu Pelzer feststellen konnte, als Medizinprofessor an der Universität in Montpéllier auf. Ein solcher Wechsel der Karriere war bei Pariser Magistern der Artes zu dieser Zeit nichts Ungewöhnliches. Auch nach seinem Übergang von der Philosophie zur Medizin hat Bartholomäus seine schriftstellerische Tätigkeit—nunmehr im Bereich der neuen Disziplin—fortgesetzt. Bartholomäus ist als Verfasser von Kommentaren zu medizinischen Schriften von Avicenna, Galen und Hippokrates bekannt. Im Unterschied zu seinem philosophischen Werk ist aber sein zwar weniger umfangreiches, trotzdem beachtliches medizinisches *Œuvre* bisher fast gänzlich unberücksichtigt geblieben.[7]

In der Folgezeit begegnet man Bartholomäus mehrmals in den Quellen als Arzt im Dienst des Grafen von Blois, Guy I. von Châtillon. Durch eine Bulle Papst Johannes XXII. vom 12. Mai 1331 wird Bartholomäus zum Kanoniker und Pfründeninhaber an der Kathedrale

---

O'Boyle: Bartholomew of Bruges (wie Anm. 1), S. 70–74; Sten Ebbesen / Jan Pinborg: Bartholomew of Bruges and his Sophisma on the Nature of Logic. Introduction and text. In: Cahiers de l'Institut du moyen-âge grec et latin 39 (1981), S. iii–xxvi und 1–80; Besonders Bartholomäus' Kontroverse mit Johannes von Jandun, und damit sein Sophisma zum sensus agens, haben in der Forschung relativ viel Beachtung gefunden: vgl. Stuart McClintock: Perversity and Error. Studies on the Averroist John of Jandun, Bloomington 1956, hier bes. S. 26–78; Ludwig Schmugge: Johannes von Jandun (1285/9–1328), Stuttgart 1966, hier S. 6–7; vor allem: Adriaan Pattin: Pour l'histoire du sens agent. La controverse entre Barthélemy de Bruges et Jean de Jandun. Ses antécédents et son évolution, Leuven 1988, hier bes. S. 32–110 (Edition des Sophismas); zur Kontroverse mit Radulphus Brito siehe: Heinrich Roos: Bartholomaeus de Brugis: ‚Quaestio circa significatum generis'. In: Henrici Roos in Memoriam (Cahiers de l'Institut du Moyen Âge Grec et Latin 24), Copenhague 1978, S. 65–84 (Edition).

[7] Langlois: Barthélemy de Bruges (wie Anm. 1), S. 242–243 und 249–250; Pattin: Bartholomaeus van Brugge (wie Anm. 1), S. 120–121 und 134–138; O'Boyle: Bartholomew of Bruges (wie Anm. 1), S. 74–76; von seinen medizinischen Werken sind lediglich seine Pestregeln ediert, die er vermutlich im Zusammenhang mit der Seuche von 1348/9 verfasst hat: Karl Sudhoff: Pestschriften aus den ersten 150 Jahren nach der Epidemie des „schwarzen Todes" 1348. In: Archiv für Geschichte der Medizin 5 (1912), S. 36–87, hier S. 39–41; Cornelius O'Boyle: Discussions on the Nature of Medicine at the University of Paris, ca. 1300. In: John van Engen (Hg.): Learning Institutionalized. Teaching in the Medieval University, Notre Dame 2000, S. 197–227 (untersucht Bartholomäus' Stellungnahme zur Frage des Wissenschaftsobjekts der Medizin aus dessen Kommentaren zu Avicenna und zu Galen).

in Cambrai ernannt. Neben diesem Kanonikat verfügt Bartholomäus zu diesem Zeitpunkt als Kaplan in Vieux-Ville in der Diözese Lüttich und als Kanoniker in Andenne-sur-Meuse über zwei weitere Pfründe. Um die Jahrhundertmitte spürt der alternde Gelehrte wohl sein Ende nahen. Jedenfalls deuten darauf die geistigen und materiellen Vorkehrungen hin, die er zu dieser Zeit trifft: Im Jahre 1350 lässt er am College de Saint-Nicolas du Louvre und am College de Bourgogne der Pariser Universität zwei Studienstiftungen errichten, mit denen jeweils drei und vier Studenten versorgt werden sollen. Im letzteren der beiden Kollegien sollen außerdem nach seinem Ableben regelmäßig Seelenmessen für den Stifter gehalten werden. Der wohlhabende Arzt und Philosoph gedenkt seiner *Alma mater* noch ein zweites Mal, und zwar mit einer Schenkung von 680 goldenen Gulden an das Kolleg der Sorbonne, das sich seinerseits zu drei wöchentlichen Gottesdiensten für den Stifter verpflichtet. Der Tod ereilt den flämischen Gelehrten im Frühjahr 1356, wohl im März. Neben zwei Todesanzeigen vom 15. und 31. März gibt eine Generalversammlung des Kollegs der Sorbonne am 20. März 1356, während der eine endgültige Entscheidung über das Vermächtnis des *soeben verstorbenen (nunc defuncti)* getroffen wird, darüber Auskunft.[8]

Der Kommentar zur *Ökonomik* ist das meistverbreitete und einflussreichste Werk des Artes-Magisters aus Flandern. Er ist, bis auf einen knappen Abschnitt, unediert und liegt in acht spätmittelalterlichen Abschriften vor, in denen er entweder zur Gänze oder nur teilweise überliefert ist. Der Kommentar besteht aus drei Teilen: einem Prolog, auf den das sogenannte Scriptum und schließlich die Quaestiones folgen. In vier Abschriften sind alle drei Teile gemeinsam überliefert. Es sind dies Bologna, BU 1625, ff. 80ra–113ra; Venedig, BMarc. lat. VI 82, ff. 105va–154rb; Mailand, BAmbros. R. 36 sup. ff. 1ra–38va und Erfurt, Wiss. Allgemeinbibl. CA. Q.188, ff. 57ra–70vb. Der Text des dritten Teils des Kommentars, der Quaestiones, ist in den zwei letztgenannten Handschriften, Mailand und Erfurt, nur zu rund einem Drittel überliefert. Von den insgesamt 30 Quaestiones enthalten diese zwei Handschriften nur die ersten elf. Die handschriftliche Überlieferung beweist jedoch, dass Prolog und Scriptum auf der einen und Quaestiones auf der anderen Seite auch getrennt zirkulierten. Das zeigt, dass die

---

[8] Pelzer: Barthélemy de Bruges (wie Anm. 1). S. 461–465; Langlois: Barthélemy de Bruges (wie Anm. 1), S. 242–245; Pattin: Bartholomaeus van Brugge (wie Anm. 1), S. 120–121; O'Boyle: Bartholomew of Bruges (wie Anm. 1), S. 76–78.

Teile des Kommentars nicht unbedingt als eine untrennbare Einheit verstanden wurden. So ist das Scriptum selbstständig in Paris, BN lat. 14704, ff. 37ra–50vb überliefert. Eine weitere, heute verlorene Abschrift des Scriptums befand sich bis zum zweiten Weltkrieg im Würzburger Minoritenkloster I.47, ff. 2^{r}–35^{v}. Von den Quaestiones gibt es hingegen drei selbstständige Abschriften. Es sind: Paris, BN lat. 16089 ff. 116ra–133^{v}; Padua, BU 1472, ff. 245rb–259vb, Rom, BAV Vat. lat. 2167, ff. 140^{r}–171^{v}. Alle Abschriften des *Ökonomik*-Kommentars stammen aus dem 14. Jahrhundert. Die einzigen zwei Ausnahmen bilden die Abschrift aus Venedig und die heute verlorene Handschrift aus Würzburg, die beide aus dem 15. Jahrhundert stammen.[9]

Die vorliegende Untersuchung stützt sich, was den Prolog und das Scriptum angeht, auf die Abschrift Bologna, BU 1625, ff. 80ra–96ra. Was hingegen die Quaestiones angeht, so wird hier die Abschrift Paris, BN lat. 16089, ff. 116ra–133^{v} herangezogen. Wie aus der künftigen (vom Verfasser der Untersuchung vorbereiteten) kritischen Edition deutlich werden wird, stellen diese beiden Abschriften für die jeweiligen Teile des Kommentars die besten und am wenigsten fehlerbehafteten Textzeugnisse dar.

Der *Ökonomik*-Kommentar als das bei weitem einflussreichste Werk des Bartholomäus ist nach seiner inhaltlichen Tiefe sowie seinem Umfang und späteren Einfluss der bedeutendste spätmittelalterliche Kommentar zur *Yconomica* überhaupt. Christoph Flüeler kommt das Verdienst zu, erkannt zu haben, dass die mittelalterliche Aristoteles-Kommentierung weitgehend auf dem Prinzip von „Standardkommentaren" beruht. Das bedeutet: Bestimmte Aristoteles-Kommentare haben für einen kürzeren oder längeren Zeitraum den Rang von Vorlagen für spätere Kommentare desselben Werkes eingenommen. Die Art und Intensität des Einflusses konnte dabei freilich von Kommentar zu Kommentar variieren. Der Kommentar des Bartholomäus zur *Yconomica* stellt zweifellos einen solchen „Standardkommentar" dar. Er bildet, wie Christoph Flüeler nachweisen konnte, die Grundlage fast der gesamten spätmittelalterlichen Tradition der *Yconomica*-Kommentierung an Artes-Fakultäten vom frühen 14. bis zum frühen 16. Jahrhundert. Dies gilt in besonderer Weise für seinen Quaestiones-Teil. Dieser bildet in der Tat

---

[9] Christoph Flüeler: Rezeption und Interpretation der Aristotelischen *Politica* im späten Mittelalter, 2 Bde., Amsterdam–Philadelphia 1992, Bd. 2: S. 5–6; Christoph Flüeler hat hier eine Quaestio des Kommentars sowie die *tabula quaestionum* ediert: siehe: Bd. 1, S. 303–307, Bd. 2, S. 168–170.

die einzige Grundlage spätmittelalterlicher Kommentare in Quaestio-Form zur *Yconomica*. Dies gilt weithin auch für das Scriptum. Allerdings wird um 1330 Bartholomäus' Scriptum zur *Ökonomik* weitgehend durch einen anderen Standardkommentar abgelöst, durch die *Expositio Yconomice* des Pariser Artes-Magisters Albert von Sachsen. Besonders an den zahlreichen neugegründeten mitteleuropäischen Universitäten wird Alberts Kommentar eine große Verbreitung finden. Bei genauem Hinsehen stellt aber Alberts von Sachsen einflussreiche *Expositio Yconomice* nur eine gekürzte und überarbeitete Fassung von Bartholomäus' Scriptum dar. Wenn auch nur indirekt über die Neufassung im Literalkommentar Alberts von Sachsen hat also auch Bartholomäus' Scriptum die gesamte spätmittelalterliche *Ökonomik*-Kommentierung beeinflusst.[10]

Ein weiteres beredtes Zeugnis der langanhaltenden Wirkung von Bartholomäus' Kommentar zur *Yconomica* stellt der *Livre d'Yconomique d'Aristote* des Nicole Oresme aus dem Jahre 1380 dar. Es handelt sich um eine altfranzösische Übersetzung der *translatio Durandi* der *Yconomica* mit altfranzösischen Kommentarglossen. Der *Livre d'Yconomique d'Aristote* ist dem französischen König Karl V. gewidmet. Oresme ist bei seiner Übersetzung des schwierigen und nicht immer eindeutigen lateinischen Textes der Textinterpretation des Bartholomäus gefolgt. Viele seiner Kommentarglossen sind fast wörtliche Übersetzungen aus dem Scriptum des Bartholomäus. Davor, noch im Jahre 1346, hat der Benediktiner Johannes Bernier de Fayt in seiner unedierten *Tabula moralium*, einem Florilegium der aristotelischen Moralphilosophie, das Scriptum des Bartholomäus exzerpiert.[11]

---

[10] Christoph Flüeler: Die stemmatischen Verhältnisse der Aristoteleskommentare. Dargelegt anhand der Kommentare zur *Yconomica*. In: Freiburger Zeitschrift für Philosophie und Theologie 48 (2001), S. 182–190; [Albert von Sachsen]: Vincente Beltrán de Heredia (Hg.): Comentarios de San Alberto Magno a los Económicos de Aristóteles. In: La Ciencia Tomista 46 (1932), S. 299–329 (Beltrán de Heredia hielt den *Ökonomik*-Kommentar von Albert von Sachsen für ein Werk Alberts des Großen).

[11] Nicole Oresme: Le Livre de Yconomique d'Aristote. Hg. v. Albert Douglas Menut (Transactions of the American Philosophical Society. NS 47, 1957) Philadelphia 1957, S. 785–853; Zu der handschriftlichen Verbreitung der Tabula moralium des Johannes Bernier von Fayt siehe: Flüeler: Rezeption und Interpretation (wie Anm. 9), Bd. 2, S. 26–27. Hier auch Transkription des Incipits: „...Eapropter ut quorundam librorum ipsius [sc. Aristotelis] scilicet rhetorice, ethicorum, politice, yconomice, poetrie magnorumque moralium notabiliora dicta per manibus facilius habeantur ea fauente domino de prefatis libris, prout potui, diligenter excerpsi et in unum manipulum, quem *tabulam moralium* aristotelis vocari cupio secundum ordinem alphabeti redigi...Quarto premitto, quod ubi ad intelligentiam Aristotelis aliqua verba superaddidi sub illis posui lineam de incausto. In quorum verborum superaddicione et eciam in verborum aristotelis exposi-

Obwohl der *Ökonomik*-Kommentar des Bartholomäus nicht der *erste* mittelalterliche Kommentar zu diesem pseudo-aristotelischen Traktat ist, stellt er in der Geschichte der mittelalterlichen *Ökonomik*-Kommentierung einen Neubeginn dar. Die *Ökonomik* ist vor Bartholomäus mindestens fünfmal kommentiert worden, einmal (kurz nach 1295) von ihrem Übersetzer ins Lateinische, Durandus von Alvernia, und dann von vier weiteren Kommentatoren, die sich alle intensiv auf Durandus stützen. Obwohl mittelalterliche Aristoteles-Kommentatoren, wie soeben gesagt wurde, in der Regel ältere Kommentare als Vorlage benutzen, lässt sich bis auf einen bestimmten Aspekt, von dem weiter unten die Rede sein wird, beim *Ökonomik*-Kommentar des Bartholomäus *keine* Abhängigkeit von Durandus' Kommentar nachweisen. Zu Beginn seines Kommentars schreibt Bartholomäus ausdrücklich, dass *niemand* vor ihm die *Ökonomik* kommentiert habe (*nec a prioribus expositus*).[12]

Dass Bartholomäus offenbar keinen der älteren *Ökonomik*-Kommentare (direkt) als Vorlage benutzt hat, bedeutet freilich nicht, dass ihm bei seiner Auslegung der *Ökonomik* keine anderen Werke Pate gestanden hätten. Erst eine kritische Edition des Kommentars wird Aufklärung über die *fontes* des Bartholomäus verschaffen können. Hier seien nur die wichtigsten genannt. Bartholomäus verweist gemäß der noch zu besprechenden Usance der mittelalterlichen Aristoteles-Kommentierung, Aristoteles mit Aristoteles zu erklären, durchweg auf andere aristotelische und pseudo-aristotelische Werke. Unter den arabischen und griechischen Kommentatoren des Aristoteles zitiert er mehrmals die von Robert Grosseteste übersetzten und ergänzten Kommentare zur *Nikomachischen Ethik*. Bartholomäus ist auch einer der wenigen mittelalterlichen Philosophen, die auf den mittleren Kommentar des Aver-

---

cione sentenciam egidii super rhetoricam, thome et galteri burley super ethicam, petri de alvernia super politicam, bartholomei de brugis super *Yconomica* sum sequutus…".

[12] Eine kritische Edition des *Yconomica*-Kommentars des Durandus von Alvernia hat Christoph Flüeler in seiner unveröffentlichten Habilitationsschrift vorgelegt: Christoph Flüeler: Die aristotelische *Yconomica* im lateinischen Mittelalter. Übersetzungen. Die ersten Kommentare, Fribourg 1998 (unveröffentlichte Habilitationsschrift), S. 278–412, hier bes. S. 299–309 (zur Wirkungsgeschichte des Kommentars des Durandus. Flüeler formuliert die Hypothese, dass Bartholomäus den Kommentar seines älteren Vorgängers Durandus zwar gekannt, ihn aber aus einem gewissen Ehrgeiz und aus dem Verlangen etwas gänzlich Neues zu schaffen, bewußt ignoriert habe.); Bartholomaeus de Brugis: Scriptum Yconomice Aristotilis, Bologna, BU 1625, ff. 80ra–96vb, f. 80ra: „…et quod liber non erat consuetus, nec a prioribus expositus…"

roes zur *Nikomachischen Ethik* zurückgreifen. Von den philosophischen Schriften mittelalterlicher Autoren zieht er mehrmals explizit den ersten Ethik-Kommentar des Albertus heran und kennt auch dessen späteren Kommentar zur *Nikomachischen Ethik*. Einige Male verweist er außerdem auf Robert Grossetestes Kommentar zu den *Analytica Posteriora*.[13]

Der Kommentar des Bartholomäus ist Annibaldus von Ceccano (gest. 1350) gewidmet, einem aus der Familie der Caetani stammenden Pariser Theologieprofessor und Prokurator der finanziellen Mittel des Kollegs der Sorbonne, der unter Papst Johannes XXII. (1316–1334) zu dessen theologischem Berater und Kardinal aufsteigen sollte. Der in der Widmung des Kommentars ebenfalls erwähnte Onkel des Annibaldus, Jakob Caetani, war bereits 1295 von Bonifaz VIII. zum Kardinal ernannt worden. Über die genauen Gründe, weshalb Bartholomäus seinen Kommentar ausgerechnet Annibaldus gewidmet hat, lässt sich nur mutmaßen. Allerdings dürften dabei der kirchen- und universitätspolitische Einfluss, vielleicht auch der Reichtum des für sein Mäzenatentum bekannten Annibaldus eine Rolle gespielt haben.[14]

Der Kommentar besteht aus drei Teilen: Den ersten Teil bildet ein ausführlicher Prolog. Dieser hat den Charakter einer umfassenden Einführung zur *Ökonomik*, in der Bartholomäus die aristotelische Schrift einleitet und sie philosophisch und wissenschaftlich verortet. Was das *in concreto* bedeutet, wird weiter unten deutlich werden. Der zweite Teil des Kommentars wird im Explizit der Bologneser Abschrift als „Scriptum" bezeichnet, Bartholomäus selbst verwendet aber im Kommentar dafür den Ausdruck „Expositio". Das Scriptum ist eine dem Verlauf des Textes folgende, nach festen exegetischen Regeln gestaltete Auslegung der aristotelischen Schrift. Den dritten Teil des Kommentars bilden 30 Quaestiones, die dialektisch strukturierte kleine Abhandlungen zu ver-

---

[13] Auf Bartholomäus' Rezeption des mittleren Ethik-Kommentars des Averroes hat in einem Aufsatz jüngst auch Roberto Lambertini hingewiesen: Roberto Lambertini: Zur Frage der Rolle des Averroes in der praktischen Philosophie des Spätmittelalters: Vorbemerkungen zur Rezeption seines Ethik-Kommentars. In: Raif Georges Khoury (Hg.): Averroes (1126–1198) oder der Triumph des Rationalismus, Heidelberg 2002, S. 243–253, hier S. 250.

[14] Bartholomaeus de Brugis: Scriptum Yconomice Aristotilis, Bologna, BU 1625, ff. 80ra–96vb, f. 80ra: „Magne sapientie ac nobili uiro, domino Anibaldo de Ceccano, attrebatensi canonico ac reuerendi in christo patris ac domini Jacobi Gaietani Cardinalis nepoti Magister Bartholomeus de Brugis cum recumendatione sui salutem et id quod est…"; Zu Annibaldus von Ceccano siehe: Bernard Guillemain: Caetani, Annibaldo. In: Dizionario biografico degli Italiani, 16 (1973), S. 111–114, vgl. auch: Ludwig Schmugge: Johannes von Jandun (1285/9–1328), Stuttgart 1966, S. 21–22.

schiedenen, mit dem Text der *Ökonomik* zusammenhängenden Fragen darstellen. Sinn und Funktion dieser Quaestiones sollen weiter unten erklärt werden. Das Scriptum und die Quaestiones bilden somit zwei eigenständige, wenngleich zusammengehörende Teile. Beide verfügen über ein eigenständiges Explizit. Bartholomäus selbst spricht von *duo volumina*.[15]

Mit der Zweiteilung des Kommentars in einen Kommentar *modo scripti*, bzw. *modo expositionis* und einen Kommentar *modo quaestionum* trägt Bartholomäus einer bestimmten Entwicklung des Aristoteles-Kommentars an der Pariser Artes-Fakultät Rechnung. Während die ersten Aristoteles-Kommentare wörtliche Auslegungen, also *expositiones* waren, verbreitete sich im Zeitraum von 1230–1260 immer mehr eine neue Form von Kommentaren, die sogenannte *expositio cum quaestionibus*. Es handelt sich um Kommentare, in denen sich eine wörtliche Auslegung des aristotelischen Textes mit auf den Text bezogenen Quaestiones abwechselt. Ein Beispiel einer solchen *expositio cum quaestionibus* stellt der im dritten Teil besprochene erste Ethik-Kommentar des Albertus Magnus dar. Im späteren 13. Jahrhundert beginnt sich jedoch die Auslegung des aristotelischen Textes in Form von Quaestiones von der wörtlichen Texterklärung (*Expositio*) allmählich zu emanzipieren, bis sie sich zu einer eigenständigen Kommentarform entwickelt. In der Zeit des Bartholomäus, um 1300, stehen bereits Kommentare *modo scripti* und Kommentare *modo quaestionum* als zwei separate Kommentarformen nebeneinan-

---

[15] Bartholomaeus de Brugis: Scriptum Yconomice Aristotilis, Bologna, BU 1625, ff. 80ra–96vb, f. 96vb: „Hec quidem igitur et tot ad expositionem yconomice Aristotilis modo philosophico dicta sint. In cuius complemento deus, a quo et per quem est omne complementum, sit benedictus et laudatus. [Es folgt in größerer Schrift:] Explicit Scriptum supra librum yconomice Aristotilis editum a magistro Bartholomeo de Brugis anno domini millesimo trecentesimo nono"; Explizit der Quaestiones: Bartholomaeus de Brugis: Questiones Yconomice, Paris, BN lat. 16089, 116ra–133va, f. 133va: „Et in hoc secundum stilum philosophicum sit consumatio secundi voluminis, scilicet questionum supra librum Yconomice Aristotilis, quod una cum volumine expositionis eiusdem libri ob reuerentiam vestram, domine Anibalde de Ceccano compilaui... [Es folgt in größerer Schrift:] Expliciunt questiones supra Yconomicorum Aristotilis edite a magistro Bartholomeo de Brugis anno domini millesimo trecentesimo nono." In der Terminologie der mittelalterlichen Aristoteles-Kommentare wird mit „Expositio" meistens eine im Zusammenhang mit dem Unterricht entstandene Aristoteles-Auslegung bezeichnet, während der Begriff „Scriptum" einen am Schreibtisch verfassten Kommentar meint. Zu den verschiedenen Bezeichnungen mittelalterlicher Aristoteles-Auslegungen siehe: Christoph Flüeler: Die verschiedenen literarischen Gattungen der Aristoteleskommentare: Zur Terminologie der Überschriften und Kolophone. In: Jacqueline Hamesse (Hg.): Manuels, Programmes de cours et Téchniques d'Enseignement dans les universités médiévales, Louvain-la-Neuve 1994, S. 75–116.

der, wobei die letztere überwiegt. Der Kommentar des Bartholomäus zur *Ökonomik* stellt also auch in formal-literarischer Hinsicht ein besonders vollständiges Werk dar. Indem er nicht nur *eine* der zwei Kommentarformen wählt, wie es Durandus von Alvernia tut, sondern beide verwendet, und zudem seinem Kommentar einen ausführlichen Prolog voranstellt, schöpft er alle Möglichkeiten der damaligen Aristoteles-Kommentierung aus.[16]

Um richtig verstehen zu können, welche Funktionen der *Ökonomik*-Kommentar des Bartholomäus erfüllt, ist es notwendig, sich von einer zu engen Auslegung des Begriffs „Kommentar" zu lösen. Wir haben darüber bereits im Zusammenhang mit Alberts *Super Ethica* gesprochen. Der Kommentar des Bartholomäus ist mehr als nur ein Versuch, einen Text zu interpretieren. Er zeichnet sich durch zwei miteinander eng verbundene Dimensionen aus: Einerseits beinhaltet er eine inhaltliche *Erschließung* des Textes der *Yconomica*, also das, was auch die moderne Funktion eines Textkommentars ausmacht. Andererseits bildet er aber ein *eigenwertiges philosophisches Werk*; er besitzt also eine Funktion, die von einem modernen Kommentar normalerweise nicht zu erwarten ist. Die erste Dimension des Kommentars, die Erschließung des Textes, kommt vor allem im Scriptum zum Ausdruck, die zweite Dimension des Kommentars als eines eigenständigen philosophischen Werkes überwiegt hingegen in den Quaestiones. Sein Kommentar hat also nicht nur die Funktion des Verständlichmachens eines sprachlich und inhaltlich anspruchsvollen Textes, so wie es in der Regel bei der modernen Aristoteles-Exegese der Fall ist. Er bildet auch ein selbständiges philosophisches Werk. Dieses Philosophieren beginnt bereits beim Auslegen des Textes und findet seine Fortsetzung in den mit dem Text der *Ökonomik* vielfach nur bedingt zusammenhängenden und auf ihm aufbauenden Quaestiones. Kurzum: Der Kommentar ist ein Werk *philosophischer Hermeneutik*, sein Ort liegt im Spannungsfeld zwischen der Interpretation des philosophischen Werkes eines *anderen Philosophen*, des Aristoteles, und *eigener* schöpferischer philosophischer Tätigkeit.

Mit dieser Doppelfunktionalität steht der Kommentar des Bartholomäus in einer Tradition der Aristoteles-Kommentierung und des phi-

---

[16] Weijers: Le maniement du savoir (wie Anm. 5), S. 39–56; Francesco del Punta: The Genre of Commentaries in the Middle Ages and its Relation to the Nature and Originality of Medieval Thought. In: Aertsen / Speer (Hgg.): Was ist Philosophie im Mittelalter? (wie Anm. 3), S. 142–144; Olga Weijers: The Evolution of the Trivium in University Teaching: The Example of the *Topics*. In: John van Engen (Hg.): Learning Institutionalized (wie Anm. 7), S. 43–67.

losophischen Kommentars überhaupt, die bis in die Spätantike zurückreicht und gerade an der mittelalterlichen Artes-Fakultät zu neuer Blüte gelangte. Bereits in der Spätantike lässt sich ein Prozess beobachten, in dem das Betreiben von Philosophie immer mehr zum *Kommentieren* von autoritativen philosophischen Texten wurde. Ein beredtes Beispiel hierfür ist der Kommentar des Aspasius zum achten Buch der *Nikomachischen Ethik*. Mit der Renaissance philosophischer Studien im 12. Jahrhundert wurde diese Tradition des philosophischen Kommentars wieder belebt. Philosophie zu betreiben bedeutete seitdem vor allem das Glossieren und Kommentieren antiker *Auctoritates*. Diese Methode wissenschaftlichen Arbeitens besaß ein Pendant durchaus auch auf anderen Gebieten: So war im Mittelalter lange Zeit Theologie gleichbedeutend mit Bibelexegese (nicht umsonst war der im Früh- und Hochmittelalter gängige Begriff für Theologie „*sacra pagina*"). Seit dem 13. Jahrhundert gestaltete sich dann theologisches Schaffen wiederum vor allem als Kommentieren der sogenannten Sentenzen des Petrus Lombardus, einer Sammlung von Auctoritates. Eine außerordentlich wichtige Rolle bei der Entstehung und Verbreitung des philosophischen Aristoteles-Kommentars spielte die Institutionalisierung der Aristoteles-Kommentierung an der Pariser Artes-Fakultät. Philosophieren wird hier zunehmend gleichbedeutend mit dem Kommentieren Aristotelischer Schriften.[17]

Der Kommentar des Bartholomäus liegt also im Spannungsfeld zwischen Textinterpretation, einem *Kommentar* im modern-philologischen Sinne des Wortes, und einem eigenständigen Werk der Philosophie. Aber auch im Scriptum als jenem Teil des Kommentars, der in seiner Funktion *vorwiegend* Textauslegung, also „Kommentar" im modernen Sinne des Wortes ist, liegt ein Spannungsverhältnis begründet, das eigentlich das einer jeden Textinterpretation in jeder historischen Epoche ist. Die Tätigkeit des Auslegens eines Textes hat zumeist eine *passive* Konnotation, als sei sie nur das An-den-Tag-bringen eines im kommentierten Text immanenten Sinnes. In Wirklichkeit birgt aber jede Textauslegung *ipso facto* auch ein aktiv-schöpferisches Element. Der Kommentator enthüllt nicht nur den Sinn eines Textes, er ist es, der in gewissem Maße dem Text einen Sinn *verleiht*. Dies scheint besonders dort der Fall zu sein, wo der Text schwer verständlich und kompliziert ist. Textauslegung bewegt sich also immer in einem Spannungsverhält-

---

[17] zur Entwicklung des Kommentars zu einem Ort der Philosophie siehe: Del Punta: The Genre of Commentaries in the Middle Ages (wie Anm. 16), hier S. 139–144.

nis zwischen *Sinnfindung* und *Sinngebung*. Wenn man sich dieser Tatsache bewusst wird, kann man auch angemessener die exegetische Leistung des Bartholomäus würdigen.

Wir haben den Kommentar des Bartholomäus als ein Werk beschrieben, das im Spannungsfeld zwischen Textauslegung und eigenständigem Philosophieren angesiedelt ist. In welchem Verhältnis steht dieses Philosophieren zur historischen Wirklichkeit? Mit anderen Worten: Wie lässt sich der „Sitz im Leben" des Kommentars charakterisieren? Im Unterschied etwa zu *De regimine principum* des Aegidius Romanus, der für ein konkret-praktisches Ziel verfasst ist, nämlich dem der Unterweisung des Fürsten, besitzt der Kommentar des Bartholomäus keine derartige *praktisch-konkrete* Funktion. Es handelt sich um ein rein *spekulatives* Werk, das auf keine konkrete Anwendung hin zielt. Seine „historische Funktion" besteht darin, dass es im Kommentieren des Aristotelischen Textes und im Philosophieren auf der Grundlage dieses Textes auf abstrakt-theoretischer Ebene über die historisch-soziale Wirklichkeit seiner Zeit reflektiert.

Im folgenden sollen die drei Teile des Kommentars näher vorgestellt werden. Die Leitfrage soll auch hier sein: Wie geht Bartholomäus mit den in der *Ökonomik* formulierten Gedanken über die Ehe um, d.h. wie und für welche Zwecke interpretiert und rezipiert er sie und welchen Beitrag leistet er damit zu mittelalterlichen Ehediskursen. Nun hat der Kommentar des Bartholomäus, wie übrigens jeder mittelalterliche Aristoteles-Kommentar, gewissermaßen zwei Seiten, eine „genusbezogene" und eine „individuelle": Er ist einerseits Repräsentant der damaligen, an der Pariser Artes-Fakultät beheimateten Tradition der Aristoteles-Kommentierung. Dies betrifft sowohl die Form als auch den Inhalt seines Kommentars. In dieser Hinsicht ist die Art und Weise, wie Bartholomäus mit den aristotelischen Gedanken über die Ehe umgeht, gewissermaßen Fallbeispiel für die *Ökonomik*-Rezeption in einer bestimmten Textsorte und in einem bestimmten geschichtlich gewachsenen mittelalterlichen Milieu, der Fakultät der Artes. Andererseits hat der Kommentar freilich auch eine „individuelle" Seite: Bartholomäus erweist sich hier als durchaus selbstständiger Denker, der *innerhalb* der Tradition der „artistischen" Aristoteles-Kommentierung und mit den ihm zu Verfügung stehenden hermeneutischen Möglichkeiten ein nicht geringes Maß an intellektueller Selbstständigkeit und Innovationsfähigkeit aufweist. Gemäß der Grundintention dieser Untersuchung, die Rezeptionsformen und Rezeptionsfunktionen der aristotelischen Philosophie der Ehe in einer bestimmten historischen Epoche, der 2. Hälfte des 13. und des frühen 14. Jahrhunderts zu analysieren, soll die „genusbezogene" Dimension des Kommentars des Bartholomäus im Vordergrund stehen. Zugleich soll aber, wo dies möglich ist, auch der Versuch unternommen werden, den spezifisch-individuellen Beitrag des Bartholomäus herauszuarbeiten.

KAPITEL 16

DER PROLOG:
VERORTUNG UND BESTIMMUNG DER
PSEUDO-ARISTOTELISCHEN ÖKONOMIK

Den ersten Teil des *Ökonomik*-Kommentars des Bartholomäus bildet ein langer Prolog. Die Bedeutung von Prologen in mittelalterlichen Aristoteles-Kommentaren (und von mittelalterlichen Prologen schlechthin) wird in der geistes- und philosophiegeschichtlichen Mediävistik erst allmählich entdeckt. Nicht selten werden sie, so scheint es, für ein bloßes „Vorwort" gehalten, mit geringem Belang für die eigentliche Auslegung des aristotelischen Textes. Betrachtet man aber den Prolog in Bartholomäus Kommentar näher, so wird sofort deutlich, dass es sich um alles andere als nur ein belangloses Vorwort handelt: Vielmehr haben wir es mit einer grundlegenden Einleitung zu tun, in der der mittelalterliche Philosoph dem zu kommentierenden pseudo-aristotelischen Text eine *grundsätzliche Gesamtinterpretation* aufprägt. Diese reicht von einer wissenschaftlichen Verortung der *Ökonomik* bis hin zu ihrer Wesensbeschreibung.[1]

Es ist eine Interpretation der *Ökonomik*, die in ihrem Ansatz durchweg der Tradition damaliger, an der Pariser Fakultät der Artes praktizierter Hermeneutik aristotelischer Texte verpflichtet ist. Es ist zudem eine Interpretation, die dem Selbstverständnis und Sendungsbewusstsein eines sich als *professioneller Philosoph* verstehenden Magisters der Artes Rechnung trägt.

Was bietet der Prolog für die Leitfrage dieser Studie, für die Frage nach dem *Umgang* mit den aristotelischen Gedanken über die Ehe und hier speziell dem Umgang des Bartholomäus mit den einschlägigen Ausführungen in der *Yconomica*? Wenngleich der Magister der Artes hier noch *nicht* konkret auf die Passagen über die Ehe eingeht, so betrifft die Deutung, die Bartholomäus der *Ökonomik als ganzer* auferlegt, auch

---

[1] Bartholomaeus de Brugis: Scriptum Yconomice Aristotilis, Bologna, BU 1625, ff. 80ra–96vb, ff. 80ra–81vb; Zur Bedeutung von Prologen siehe: Thomas von Aquin: Prologe zu den Aristoteleskommentaren. Hg. und übers. v. Francis Cheneval u.a., Frankfurt 1993; Jacqueline Hamesse (Hg.): Les prologues médiévaux, Turnhout 2000 (allerdings werden hier keine Prologe von Aristoteleskommentaren behandelt).

diese Textstellen. Darüber hinaus bliebe die Art und Weise, wie der mittelalterliche Philosoph im zweiten und dritten Teil des Kommentars (Scriptum und Quaestiones) mit den Passagen über die Ehe umgeht, ohne den Prolog weitgehend unverständlich, zumal seine dortige Interpretation und Rezeption dieser Passagen eine Konsequenz gerade jenes Grundverständnisses der *Yconomica* ist, das er im Prolog zum Ausdruck bringt.

Der Prolog beruht auf zwei wichtigen Grundannahmen, die hier vorab erwähnt seien: Die erste, unausgesprochene Grundannahme ist die, dass die Ökonomik ein *philosophischer Text* ist und somit zum Bereich der „Philosophie" gehört. Dies ist nur eine scheinbar banale Feststellung, wenn man bedenkt, dass in der modernen Forschung manchmal nur dem ersten Buch der *Yconomica* der Status historischer Philosophie zugestanden wird, während der *liber secundus*, das heutige dritte Buch, mehrmals in den Bereich der „Eheliteratur" verwiesen worden ist.

Die zweite, nicht minder wichtige Grundannahme kommt ebenfalls nur implizit zum Ausdruck: Die pseudo-aristotelische *Yconomica* stellt nach Bartholomäus nicht nur *irgendeinen* philosophischen Text dar, sie bildet für ihn die *Textgrundlage* einer eigenständigen, gleichnamigen wissenschaftlich-philosophischen Disziplin, der *scientia yconomica*, der Ökonomik—der Wissenschaft von der Hausgemeinschaft (*scientia de communitate domestica*). Mehr noch: Die pseudo-aristotelische Ökonomik ist für ihn, wie wir sehen werden, mit dieser gleichnamigen philosophischen Disziplin weitgehend *identisch*.

Das Ziel, das der mittelalterliche Philosoph im gesamten Prolog verfolgt, ist es, die pseudo-aristotelische *Ökonomik*, die er von vornherein als einen *philosophischen Text* und zugleich als Textgrundlage der Ökonomik als philosophischer Disziplin versteht, vorzustellen und so deren eigentliche Auslegung einzuleiten. Der Artes-Magister verfährt dabei dergestalt, dass er mit einer allgemeinen Beschreibung der Philosophie beginnt und sich schrittweise, den Gegenstand seiner Betrachtung immer mehr einengend, zur *Yconomica* hinarbeitet, *ex universali ad particularem*. Dabei bedient er sich verschiedener literarischer Gattungen, die in der literarisch-philosophischen Produktion der damaligen Pariser Fakultät der Artes regelmäßig gepflegt wurden, entweder im Rahmen von Prologen oder auch selbstständig.

Da es sich bei Bartholomäus' Kommentar um einen in der Forschung bisher weitgehend unbekannten Text handelt, sollen im Folgenden zuerst zusammenfassend (und an einigen zentralen Stellen paraphrasierend) die Struktur und der Inhalt des Prologs vorgestellt werden. An- und abschließend soll dann der so vorgestellte Inhalt des Prologs auf das ihm zugrundeliegende Verständnis der pseudo-aristotelischen *Ökonomik* (und damit der in ihr enthaltenen Texte zur Ehe) befragt werden.

Der Prolog besteht aus drei Abschnitten. Den ersten und längsten Abschnitt bildet eine Überlegung über den Nutzen der Philosophie. Zweck dieser Überlegung ist es, insbesondere auf die Nützlichkeit und die Bedeutung der *Moralphilosophie* hinzuweisen. Es ist nämlich gerade diese Kategorie von Philosophie, der Bartholomäus die *Yconomica* im zweiten Abschnitt des Prologs zuordnen wird. Die literarische Gattung, auf die Bartholomäus in diesem Teil des Prologs zurückgreift, ist die eines Lobes der Philosophie, einer „laus philosophiae". Einer solchen *laus philosophiae* kann man häufig in Aristoteles-Kommentaren Pariser Artes-Magister begegnen. Sie ist hier immer auch ein Stück Selbstdarstellung und Lob des eigenen *métiers*.[2]

Bartholomäus beginnt den ersten Teil des Prologs mit einem Zitat aus der pseudo-aristotelischen *Epistula ad Alexandrum*: „*Conseruatiuum autem anime est eruditio*", „Bildung", gemeint ist hier Philosophie, „ist der Seele Erhalt". Dieses Zitat hat für die Ausführungen dieses Teils des Prologs eine Funktion, die quasi mit jener eines biblischen *Lemmas* in damaligen Predigten vergleichbar ist: Es ist ein Motto, von dem sich die gesamten weiteren Überlegungen ableiten und auf das sie sich beziehen. Bartholomäus begründet in einem ersten Schritt die Aussage *Conservatiuum autem anime est eruditio* recht ausführlich mit drei Argumenten. Im Hinblick auf des Brüggers Verständnis und Interpretation der pseudo-aristotelischen *Yconomica* sind insbesondere die ersten zwei von Bedeutung. Erstens: Bildung *alias* Philosophie sei deshalb der Seele Erhalt, weil sie sich zur Seele wie ein Arzt zum Körper verhalte. Sie habe eine „heilende" Wirkung. Diese bestünde darin, dass durch Philosophie die positiven Anlagen (*virtutes*) der Seele, die hier zunächst nur *in potentia* vorhanden seien, d. h. in einer Art Wartezustand verharrten, aktiviert würden. Zweitens: Philosophie schütze die Seele vor Fehlver-

---

[2] Bartholomaeus de Brugis: Scriptum Yconomice Aristotilis, Bologna, BU 1625, ff. 80ra–81ra; Als Beispiele der „Gattung" der *laus philosophiae* wären zu nennen: Iohannes Dacus: Opera. Hg. v. Alfredus Otto, Kopenhagen 1955, S. 5–8 (Anfang der ‚diuisio scientiae' des Pariser Artes-Magisters Ioannes Dacus, um 1280); Achille Zoerle (Hg.): Il Prologo di un Commento Anonimo alla *Politica* di Aristotele. In: Rivista di Storia della Filosofia 1 (1978), S. 499–517 (Edition des Prologs zum in Mailand verwahrten anonymen *Politik*-Kommentar. Enthält auch eine *laus philosophiae*).

halten, denn durch sie wüsste die Seele, was sie tun und was zu unterlassen habe, was gut und was schlecht sei.[3]

Wie kommt es aber, fragt jetzt Bartholomäus in einem zweiten Schritt, einer Art *dubitatio*, dass es so viele sittlich schlechte Gelehrte gibt? Wenn die Philosophie die soeben genannten positiven Wirkungen habe, dürfte es doch, so der Gedankengang, der im Hintergrund seiner Fragestellung steht, eigentlich keine schlechten Gelehrten geben. Die *dubitatio* dient einer Apologie der Philosophie gegen den Vorwurf, die Gelehrten seien gerade deshalb schlecht, weil sie Philosophie betreiben. Im Rahmen des ersten Teils des Prologs stellt diese *dubitatio* gewissermaßen ein *Intermezzo* dar, das aber kein Selbstzweck ist, sondern zum dritten und letzten Schritt des ersten Teils des Prologs überleitet, in dem Bartholomäus konkret auf den Nutzen der *Moralphilosophie* eingehen wird. Nicht die Philosophie *als solche* sei schuld daran, argumentiert Bartholomäus, dass es so zahlreiche schlechte Gelehrte gibt. Diese Gelehrten seien nämlich *unabhängig von der Philosophie*, innerlich, in ihrer *inneren Veranlagung*, verdorben—Bartholomäus macht hier von einem Fachkonzept aristotelisch-scholastischer Philosophie Gebrauch und spricht im Bezug auf diese Gelehrten von einem verdorbenen

---

[3] zur Epistula ad Alexandrum vgl. Marian Plezia / Josef Bielawski: Lettre d'Aristote à Alexandre sur la politique envers les cités, Wrocław 1970. Bartholomaeus de Brugis: Scriptum Yconomice Aristotilis, Bologna, BU 1625, f. 80ra: „*Conseruatiuum autem anime est eruditio*. Hec propositio scribitur a Philosopho in Epistula ad Alexandrum. Et declaratur tripliciter…Primo sic: Quemadmodum sanatio se habet ad corpus, sic eruditio ad animam, ut dicit Philosophus in eadem epistula. Et declaratur, quia sicut per sanationem acquiruntur virtutes et bona dispositio corporis, sic per eruditionem acquiruntur virtutes et bona dispositio anime. Quare palam est, quod sicut sanatio se habet ad corpus, quod et sic eruditio ad animam. Sanatio vero est corporis male se habentis conseruatiua. Unde corpore existente infirmo querimus medicum, qui sciat in eo efficere sanitatem lapsum eius reparando. Quare manifestum est, quod eruditio sit anime infirme, cuiusmodi est anima humana, conseruatio. Et dico animam humanam esse infirmam, quia solum est in potentia ad perfectiones suas, scilicet virtutes et scientias, ante eius eruditionem. Unde est sicut tabula rasa, in qua nihil pictum est, ut dicit Philosophus in tertio De anima. Et est infirma intelligentiarum, ut dicit in eodem tertio Commentator, quare et cetera.

Secundo probatur…sic: Illud, quo anima vitat errores et peccata in suis actionibus et operationibus est anime conseruatiuum. Peccatum enim moraliter loquendo est mors anime, quod sentiens Philosophus in libro De morte sua dicit: *Ve anime peccatrici, que non habet virtutem, nec posse redeundi ad locum suum*. Et per hoc, quod dicit *non habet virtutem nec posse*, dat intelligere, quod est sicut mortua. Patet igitur, quod illud, quo anima vitat peccata et errores in suis actionibus est eius conseruatiuum. Per eruditionem autem anima vitat peccata et errores in suis actionibus. Per eam enim scit, quid debet agere et quid non, et quid bonum et quid malum, sine quo non potest fugere mala, nisi causa…"

appetitus sensitivus. Und gerade weil sie in ihrer inneren Veranlagung verdorben seien, *missbrauchten* sie die Philosophie. Mit einem Philosophen, illustriert der Artes-Magister seinen Gedankengang, sei es wie mit einem Arzt, der, je nachdem, ob er innerlich gut oder schlecht ist, heilen oder auch töten kann. Interessant ist auch sein Argument, weshalb es so viele innerlich verdorbene Philosophen gibt: Die Gelehrten seien erstens deshalb verdorben, weil sie mit den *vulgares*, den einfachen Leuten verkehrten, zweitens deshalb, weil die Mächtigen der Erde sie nicht zu schätzen wüssten und sie nicht unterstützen.[4]

Damit aber hat Bartholomäus den Weg für den nächsten Schritt des ersten Teils des Prologs geebnet. Er kehrt darin zu seiner Reflexion über den Nutzen der Philosophie zurück und beweist nun, dass sich das eingangs zitierte Dictum „Philosophie ist der Seele Erhalt" insbesondere auf die Moralphilosophie (deren ja die *Ökonomik* als Text und als Disziplin, wie er später erklären wird, ein Teil ist) beziehe. Die Moralphilosophie vermittle nämlich nicht nur Wissen, sondern sie korrigiere auch jenen *appetitus sensitivus*, von dem unser Verhalten abhängt und von dem in der vorangehenden *dubitatio* die Rede war. Mit anderen Worten, die Moralphilosophie besitze die Macht, den Menschen zu bessern. Sie sei dazu da, sagt Bartholomäus im Rück-

---

[4] Bartholomaeus de Brugis: Scriptum Yconomice Aristotilis, Bologna, BU 1625, ff. 80rb–80vb: „Et si queratur, quomodo contingit plures eruditos huius temporis esse pessimos, ymo multo peiores aliis? Hoc enim, ut videtur, non deberet contigere secundum dicta. Dicendum est, quod hoc non accidit eis ex parte eruditionis…Sed ista malitia contigit eis ex parte appetitus sensitiui. Scientia enim eadem est contrariorum, ut habetur nono Metaphisice, quemadmodum et medicina est sani et egri, et grammatica congrui et incongrui. Determinatur autem ad alterum eorum efficiendum per appetitum, ut habetur in nono Metaphisice. Quapropter si appetitus fuerit rectus, determinabit eam ad bonum, si uero non rectus, ad malum. Quemadmodum patet, quod medicus secundum varium eius appetitum sanat et interficit, et grammaticus loquitur congrue et incongrue…Quapropter manifestum est, quod si eruditio debeat esse ad bonum, opportet appetitum hominis esse rectum, et per consequens virtute morali perfectum. Et hoc modo fuerint dispositi antiquitus omnes, vel plures philosophantes…Sed prochdolor totum contrarium accidit pluribus eruditis huius temporis. Non enim sunt virtuosi, sed omni vicio infecti…Et accidit hiis hominibus talis corruptio in appetitu propter duas causas. Primo quidem propter conuersationem eorum cum volgaribus. Vident enim volgares totaliter declinare ad viles voluptates et ad lucrum seu bona exteriora et quod non appreciatur aliud bonum. Et ideo conuersantes cum eis et cupientes honorari ab eis ad similia se applicant et eis similes efficiuntur…Alia quidem causa et precipua, que corrumpit dictorum appetitum, sunt plures principes et prelati huius mundi, qui non reputant, nec honorant hominem iustum et scientem precipue in speculatiuis, ymo arbitrantur ipsum nullo honore esse dignum, sed esse fatuum et melancolicum… Patet ex hiis igitur, quod malitia non accidit scientibus huius temporis ex eruditione, sed ex corruptione appetitus."

griff auf den Kommentar des Eustratius zur *Nikomachischen Ethik*, dass der Mensch gut, ja perfekt werde. Die Moralphilosophie lehre nämlich, welche menschlichen Handlungen richtig und lobenswert, welche dagegen falsch und tadelnswert seien. Ohne diese „Wissenschaft" handle der Mensch weder gut noch schlecht. Vielmehr handle er wie ein *Unbeseelter*, der die *ratio*, die *Logik* seiner Handlung nicht kennt (*non habet rationem sui operis*). Mit anderen Worten: Moralphilosophie macht dem Menschen *bewusst*, was richtiges und was falsches Handeln ist und korrigiert es dadurch.[5]

Der erste Teil des Prologs, die *laus philosophiae*, endet hier. Bartholomäus hat bisher, noch ohne explizit über die Ökonomik zu sprechen, die Funktionen der Philosophie und vor allem der Moralphilosophie beschrieben. Im zweiten Teil, der nun folgt, führt der mittelalterliche Philosoph nunmehr explizit eine systematischen *Verortung* der Ökonomik (verstanden, wie gesagt, sowohl als Text, als auch als Disziplin) im Rahmen der philosophischen Wissenschaft durch, so wie er diese versteht.[6]

Die literarische Gattung, auf die er hierbei zurückgreift, ist die einer *divisio philosophiae*. Von mittelalterlichen *divisiones philosophiae* war kurz bereits am Anfang des zweiten Kapitels und im Zusammenhang mit der Ökonomik-Rezeption in den *Auctoritates Aristotelis* die Rede. Es handelt sich um Schriften, deren Ziel es ist, die Philosophie in ihrer Binnengliederung in einzelne Disziplinen vorzustellen. Erste mittelalterliche *divisiones philosophiae* stammen zwar bereits aus dem 12. Jahrhundert, aber erst im Milieu der Pariser Artes-Fakultät gelangte diese Schriftgattung zur Blüte. Die *divisiones philosophiae*, denen man hier begegnet, haben zumeist den Charakter von „Einführungen" in das „Fach" Philosophie, die insbesondere für Studenten geschrieben sind. Sie sollen

---

[5] Bartholomaeus de Brugis: Scriptum Yconomice Aristotilis, Bologna, BU 1625, f. 80vb: „...per consequens manifestum est, quod *conseruatium anime est eruditio* et precipue eruditio moralis. Ista enim rectificat appetitum, et per consequens totam vitam. Et ideo dicit Eustratius in prologo sui commenti supra librum primum Ethicorum, quod ista scientia est propter meliorationem hominis, ut bonus fiat et optimus...Moralis igitur eruditio conuenientissime dicitur anime conseruatiua. Ista enim docet, que actiones humane sunt recte et laudabiles, et que non recte et vituperabiles, qua scientia non existente homo non agit bonum vel malum, nisi quodam modo sicut inanimatum. Quamuis enim agat, tamen rationem sui operis non habet. Et sic inanimata agunt, non habentes rationem sui operis. Et ideo patet hanc philosophiam ad bene uiuere fore homini valde utilem et neccesariam ac appetendam."

[6] Bartholomaeus de Brugis: Scriptum Yconomice Aristotilis, Bologna, BU 1625, ff. 80vb–81rb.

in Kürze die Struktur und die einzelnen „Disziplinen" des „Studienfaches" darstellen. Darüber hinaus kann man aber *divisiones philosophiae*, oder besser einer an das *procedere* der *divisiones philosophiae* angelehnten Vorgehensweise auch in Prologen zu Aristoteles-Kommentaren begegnen. So verhält es sich auch im Falle des Bartholomäus. Hier dienen sie der Einordnung der philosophischen Disziplin und des ihr zugrundeliegenden aristotelischen Textes in das philosophische System. *Divisiones philosophiae* sind ein wertvolles Zeugnis mittelalterlichen Philosophieverständnisses und dokumentieren zugleich dessen Wandel.[7]

Ganz in der Tradition einer *divisio philosophiae* beginnt Bartholomäus zunächst mit der Unterteilung der (als strukturiertes System) verstandenen Philosophie in ihre zwei größten Teile und arbeitet sich dann in einem Ausschlussverfahren bis hin zur *scientia yconomica* durch. Die Philosophie, so Bartholomäus, unterteile sich in eine *philosophia organica* und eine *philosophia principalis*, wobei die Erstere die Funktion einer Hilfswissenschaft der Letzteren einnehme. Die *philosophia principalis* gliedere sich ihrerseits in eine spekulative Philosophie und eine praktische Philosophie, die *philosophia organica* in Logik und Grammatik.[8]

Bartholomäus korrigiert an dieser Stelle eine ältere Einteilung der Philosophie, derzufolge nur die spekulative Philosophie Logik als Hilfs-

---

[7] Editionen von *divisiones scientiae* (mit Studien): Dominicus Gundissalinus: De Divisione Philosophiae. Hg.v. Ludwig Baur, Münster 1903; Iohannes Dacus: Opera. Hg.v. Alfred Otto, Bd. 1, Teil 1, Kopenhagen 1955; Quatre Introductions à la Philosophie au XIIIe Siècle. Hg.v. Claude Lafleur, Montréal/Paris 1988; Studien: James Weisheipl: Classification of the Sciences in Medieval Thought. In: Mediaeval Studies 27 (1965), S. 54–90; Ruedi Imbach: Einführungen in die Philosophie aus dem XIII. Jahrhundert. Marginalien, Materialien und Hinweise im Zusammenhang mit einer Studie von Claude Lafleur. In: Freiburger Zeitschrift für Philosophie und Theologie 38 (1991), S. 471–493; Josef Schneider: Wissenschaftseinteilung und institutionelle Folgen. In: Martin Hoenen / Josef Schneider / Georg Wieland (Hgg.): Philosophy and Learning. Universities in the Middle Ages, Leiden–New York–Köln 1995, S. 63–121; Claude Lafleur: Les ‚Guides de l'Étudiant' de la Faculté des Arts de l'Université de Paris au XIIIe siècle. In: Ibid., S. 137–199; Theodor W. Köhler: Grundlagen des philosophisch-anthropologischen Diskurses im dreizehnten Jahrhundert. Die Erkenntnisbemühungen um den Menschen im zeitgenössischen Verständnis, Leiden 2000, S. 246–486.

[8] Bartholomaeus de Brugis: Scriptum Yconomice Aristotilis, Bologna, BU 1625, ff. 80vb–81ra: „Quia vero quandam partem philosophie moralis deo annuente intendimus exponere gratia manifestationis dicendorum et ut partis intente ad alias pateat ordo et proportio, diuidendum est philosophiam in communi. Circa quod sciendum est, quod philosophia communiter sumpta diuiditur tanquam in primas eius partes in organicam seu instrumentalem, quod idem est, et in principalem. Et voco omnem principalem, que non est de organo, vel instrumento philosophie. Organicam voco, que est de organo, quo acquiritur philosophia... Philosophia organica diuiditur in gramaticam et logicam...philosophia principalis diuiditur in speculatiuam et practicam..."

wissenschaft habe. Diese Ansicht sei falsch, denn auch die praktische Philosophie brauche notwendigerweise eine Logik als Hilfswissenschaft. Autoren älterer Wissenschaftseinteilungen hätten deshalb der praktischen Philosophie keine logische Wissenschaft zugeordnet, weil damals jene Teile der Logik, derer sich die praktische Philosophie vorrangig bedient, noch nicht bekannt gewesen seien. Diese seien die *Poetik* und die *Rhetorik* des Aristoteles.[9]

Bartholomäus hat die Poetik und die Rhetorik als Teile der Logik vorgestellt und sie der praktischen Philosophie als deren Hilfswissenschaft zugeordnet. Er lässt jetzt die *philosophia organica* beiseite und fährt zunächst fort mit einer Unterscheidung zwischen der spekulativen und der praktischen Philosophie. Die *philosophia practica* unterscheide sich von der *speculativa* auf dreifache Weise. Alle drei Unterscheidungen sind aristotelischen Werken entnommen: Erstens unterscheide sich praktische und spekulative Philosophie durch den Gegenstand ihrer Betrachtung: Die *philosophia speculativa* befasse sich mit Dingen, deren Ursprung in der Natur liege, hingegen befasse sich die praktische Philosophie mit Dingen, deren Ursprung der menschliche Wille sei. Dazu gehörten beispielsweise Gesetze und verschiedene vom Menschen hervorgebrachte Satzungen (*constitutiones humanae*). Zweitens unterschieden sich praktische und spekulative Philosophie durch das Ziel, um dessentwillen sie betrieben würden. Ziel der spekulativen Philosophie sei Wahrheitserkenntnis, praktische Philosophie werde hingegen um einer Tat, eines Werkes willen betrieben. Schließlich unterschieden sich spekulative und praktische Philosophie durch das Subjekt, in dem sie sich befänden, durch ihren Träger: Bartholomäus greift hier auf die aristo-

---

[9] Bartholomaeus de Brugis: Scriptum Yconomice Aristotilis, Bologna, BU 1625, f. 81ra: „Et non est dicendum, sicut quidam dicunt, quod philosophia communiter sumpta diuiditur primo in practicam et speculatiuam, et quod speculatiua diuiditur in principalem, scilicet in matematicam, naturalem et diuinam, et in adminiculatiuam, scilicet logicam et gramaticam, tamen quia logica et gramatica non solum adminiculantur, nec organa sunt philosophie speculatiue, sed etiam philosophie practice, quod patet per Simplicium in Antepredicamentis, ubi dicit, quod logica est pars organica totius philosophie. Idem vult Albertus Supra Porphirium, ubi dicit, quod logica defendit animam a falsis in speculatiuis et a malo in practicis. Etiam patet cuicumque consideranti. Oportet enim alica esse organa, quibus intellectus acquirat philosophiam practicam, quemadmodum sunt organa, quibus acquirit speculatiuam. Et ideo cum ita sit, manifestum est, quod proprie loquendo organica philosophia debet diuidi contra utramque. Unde nomen philosophie de speculatiua et organica philosophia non dicitur uniuoce, sed secundum prius et posterius. Causa autem erroris fuit, quod partes logice, que ordinatur ad scientiam practicam, scilicet rethorica et poetria nondum erant note nec consuete, quemadmodum nec adhuc sunt."

telische Unterscheidung des menschlichen Intellekts in einen spekulativen und einen praktischen Teil zurück: So sei die spekulative Philosophie eine Vervollkommnung des spekulativen Intellekts, die praktische Philosophie sei hingegen eine Vervollkommnung des sogenannten praktischen Intellekts.[10]

Bartholomäus lässt sodann die spekulative Philosophie beiseite und fährt mit einer Gliederung der praktischen Philosophie fort. Die praktische Philosophie lasse sich in eine *philosophia activa* und eine *philosophia factiva* unterteilen. Zur ersteren gehörten die Disziplinen der Moralphilosophie (*scientiae morales*), zur letzteren verschiedene Handwerke wie beispielsweise die Baukunst. Der Unterschied zwischen diesen beiden Zweigen der praktischen Philosophie sei folgender: Die *philosophia factiva* befasse sich mit jenen, vom menschlichen Willen gesteuerten Handlungen, die vom handelnden Subjekt, also dem Menschen, in den behandelten Gegenstand übergehen, wie z. B. die Baukunst oder das Weben. Dagegen befasse sich die *philosophia activa* mit Handlungen, die im handelnden Subjekt, d. h. im Menschen bleiben: Hierzu gehöre moralisches Handeln, etwa wenn jemand großmütig oder gerecht handelt. Bartholomäus lässt weiter die *philosophia factiva* beiseite und wendet sich einer Gliederung der *philosophia activa* zu. Die *philosophia practica activa* ist im Grunde genommen nichts anderes als ein *terminus technicus* für die im ersten Teil des Prologs erwähnte Moralphilosophie.[11]

---

[10] Bartholomaeus de Brugis: Scriptum Yconomice Aristotilis, Bologna, BU 1625, f.: „…philosophia principalis diuiditur in speculatiuam et practicam, que differunt tripliciter: Primo quidem penes materiam de qua sunt, quia philosophia speculatiua est de rebus constitutis a natura, per se dico. Multa enim in ea per accidens considerantur de aliis. Philosophia autem practica est de rebus operatis a nobis, seu quarum principium est nostra voluntas, sicut sunt leges et constitutiones humane. Et hanc differentiam ponit Philosophus sexto Metaphisice, et utuntur ea Auicenna et Algazel in suis philosophiis. Alio autem modo differunt penes finem, quia finis philosophie speculatiue est veritas seu cognitio. Finis autem philosophie practice est opus. Unde non inquirit proprietates et principia sui scibiles ad hoc finaliter, quod ipsum cognoscat, quemadmodum facit philosophia speculatiua, sed ut ipsum agat. Et similiter hec differentia habetur a Philosopho secundo Metaphisice. Tertio vero differunt penes subiectum, in quo sunt. Philosophia enim speculatiua est perfectio intellectus speculatiui et practica intellectus practici. Et hoc potest haberi et ex tertio De anima et ex sexto Ethicorum."

[11] Bartholomaeus de Brugis: Scriptum Yconomice Aristotilis, Bologna, BU 1625, ff. 81[ra]–81[rb]: „Sciendum, quod practica diuiditur in actiuam, sub qua continentur scientie morales et in factiuam, sub qua continentur scientie factiue, ut ars edificatiua et alie artes mecanice. Et differunt hee partes philosophie practice, quia philosophia actiua est de actionibus voluntariis hominis secundum quod subicitur huiusmodi actionibus. Et dico voluntariis, quia actiones, que non sunt voluntarie, non sunt hominis unde homo. Factiua autem est de factionibus hominis, secundum quod homo. Circa quod sciendum

Mit der *philosophia practica activa* ist Bartholomäus zu jenem Teil seines philosophischen Systems gelangt, der den eigentlichen Ort der zu kommentierenden *Yconomica* darstellt. Er fährt mit seiner Unterteilung fort: Die *philosophia practica activa* gliedere sich in drei Teile oder Disziplinen: in eine *scientia monastica*, eine *scientia politica* und eine *scientia yconomica*. Der Grund dieser Dreiteilung der Moralwissenschaft sei, dass ein Mensch auf dreifache Weise betrachtet werden könne: als Einzelner (*homo secundum se et absolute consideratus*), als Mitglied einer Staatsgemeinschaft (*homo ut est pars multitudinis civilis*) und als Mitglied einer Hausgemeinschaft (*homo ut est pars multitudinis domesticae*). Mit den willentlichen Handlungen eines selbstständig betrachteten Menschen befasse sich die *Monastik*; wenn man das willentliche Handeln eines Menschen in seiner sozialen Rolle als Mitglied einer Staatsgemeinschaft betrachtet, dann falle das in den Bereich der *scientia politica*; betrachte man schließlich die willentlichen Handlungen eines Menschen in seiner Rolle als Teil einer Hausgemeinschaft, so bewege man sich im Bereich der *scientia yconomica*. Diese *scientia yconomica* lehre, so Bartholomäus wörtlich „*das Haus, d.h. die Hausgemeinschaft, richtig und gemäß der rechten Vernunft zu regieren, so dass jedem Hausmitglied das zuteil wird, was ihm zusteht und niemand des ihm Zustehenden beraubt wird.*"[12]

Beinahe als wäre dies eine Selbstverständlichkeit, fügt Bartholomäus noch etwas hinzu, was für unser Verständnis seiner Auffassung der pseudo-aristotelischen *Ökonomik* von größter Bedeutung ist. Die Wis-

---

est, ut habetur nono Metaphisice et sexto Ethicorum, quod actio dicit operationem manentem in agente ut in subiecto, sicut sunt opera virtutum moralium, sicut liberaliter agere, iuste agere et huiusmodi. Factio autem dicit operationem transeuntem in materiam exteriorem ut in subiectum, ut est sanare, edificare, texere et huius. Si enim medicus sanet se, hoc est per accidens, ut dicitur secundo Phisicorum."

[12] Bartholomaeus de Brugis: Scriptum Yconomice Aristotilis, Bologna, BU 1625, f. 81rb: „Sciendum, quod actiua diuiditur tanquam in primas partes in monosticam, yconomicam et politicam. Cuius ratio est, quia ista est de operationibus volutariis hominis. Conuenit autem hominem considerare vel secundum se, vel secundum quod est pars alicuius mulititudinis. De operationibus autem eius voluntariis ut consideratur secundum se, est scientia monastica, que traditur in decem libris Ethicorum Aristotelis...Alio modo consideratur homo ut est pars alicuius multitudinis, et hoc dupliciter, scilicet, vel domestice, vel ciuilis. De operationibus autem hominis ut est pars multitudinis ciuilis, est scientia politice, seu politica, que traditur in octo libris Politice Aristotelis...De operationibus autem hominis ut est pars mulititudinis domestice est scientia que dicitur yconomica, idest domus dispensatiua. Docet enim hec regere domum, idest multitudinem domesticam recte et secundum rationem, ita, scilicet, quod unumquodque pertinentium ad domum adipiscatur quod sibi competit et nullum priuetur sibi conveniente. Et de ista ad presens intendimus."

senschaft der *monastica* werde, so Bartholomäus, in der *Nikomachischen Ethik* des Aristoteles wiedergegeben und die *scientia politica* in der *Politik* des Aristoteles. Obwohl er es hier noch nicht explizit formuliert, wird doch bereits implizit gesagt: Die dritte Disziplin der philosophia practica activa, d. h. die *scientia yconomica*, werde in dem zu kommentierenden Text, der pseudo-aristotelischen *Ökonomik*, wiedergegeben.[13]

Bartholomäus hat nun die Ökonomik im System philosophischer Disziplinen verortet und zum ersten Mal implizit das ausgedrückt, worauf ohnehin seine gesamten Ausführungen beruhen, nämlich die Auffassung, dass die pseudo-aristotelische *Ökonomik* den *Grundtext der Ökonomik als Disziplin* darstellt. Im dritten und zugleich letzten Abschnitt des Prologs wendet sich nun Bartholomäus ausschließlich der *scientia yconomica* zu (und damit zugleich der Yconomica als Text, d. h. der zu kommentierenden pseudo-aristotelischen *Ökonomik*). Er geht dabei auf acht verschiedene Aspekte und Eigenschaften dieser Disziplin ein. Die Ausführungen dieses Teils des Prologs stehen in der Tradition mittelalterlicher Einleitungsliteratur zu antiken Autoren, den sogenannten „accessus ad auctores."[14]

Die erste Frage, auf die Bartholomäus eingeht, ist die Frage nach dem Gegenstand (*subiectum*) der *scientia yconomica*. Er meint damit den Erörterungsbereich, auf den sich die *scientia yconomica* bezieht. Manche behaupteten, ihr Gegenstand sei das Haus, im Sinne eines Gebäudes, andere, die Tätigkeiten beziehungsweise das zu tätigende Gute eines Menschen, verstanden als Teil einer Hausgemeinschaft. In Wirklichkeit aber sei der Gegenstand (*subiectum*) der *scientia yconomica* die Hausgemeinschaft (*communicatio domestica*). Bartholomäus beruft sich bei dieser Definition des Gegenstandes der Ökonomik auf Eustratius, den griechischen Kommentator der *Nikomachischen Ethik*, dessen Kommentar Robert Grosseteste übersetzt hatte, und auf die *Yconomica* selbst.[15]

---

[13] ibid.

[14] Bartholomaeus de Brugis: Scriptum Yconomice Aristotilis, Bologna, BU 1625, ff. 81rb–81vb, f. 81rb: „Circa quam more gratiose exponencium antequam ad litteram accedamus, aliqua sunt prelibanda: Primo quidem, quid est subiectum, vel obiectum eius…Secundo que sit causa efficiens eius…Tercio que utilitas…Quarto cui parti philosophie supponatur…. Quinto quis sit ordo eius ad alias partes illius philosophie cui supponitur…Sexto quot sunt partes huius scientie…Septimo qualis sit modus procedendi in ista scientia…Octauo quis titulus." Zu mittelalterlichen Accessus ad auctores vgl. Edwin Quain: The medieval accessus ad auctores. In: Traditio 3 (1945), S. 215–264.

[15] Bartholomaeus de Brugis: Scriptum Yconomice Aristotilis, Bologna, BU 1625, ff. 81rb–81va: „De primo sciendum, quod quidam dicunt, quod subiectum huius scientie est domus, quidam autem quod operatio hominis, ut est pars multitudinis domestice.

Der zweite Punkt, den Bartholomäus behandelt, ist die sogenannte „causa efficiens", d.h. die sogenannte Wirkursache, der *sciencia yconomica*. Mit der Wirkursache meint Bartholomäus den Urheber der Ökonomik. Mit anderen Worten: Auf wen geht die Ökonomik zurück? Die *sciencia yconomica* habe, so Bartholomäus, zwei *causae*, eine *causa principalis* und eine *causa instrumentalis*—ersteren Begriff kann man mit *Haupturheber*, letzteren mit *Vermittler* übersetzen. Der Haupturheber, sei der *intellectus agens*. Dieser *intellectus agens*, fährt Bartholomäus fort, habe sich Aristoteles als einer *causa instrumentalis*, also als eines Vermittlers bedient, um die *scientia yconomica* zu spenden. Aristoteles habe nämlich, erleuchtet vom *intellectus agens*, diese Wissenschaft niedergeschrieben. (Ohne an dieser Stelle auf die mittelalterliche Diskussion um die Definition und Beschaffenheit des *intellectus agens* eingehen zu können, sei lediglich angemerkt, dass hier Bartholomäus eine Konzeption des *intellectus agens* zu vertreten scheint, die diesen mit dem göttlichen Intellekt gleichsetzt. Im Verständnis des Bartholomäus, so wie es sich in dieser Textstelle äußert, ist also der *intellectus agens* so etwas wie ein philosophisches Synonym für *göttlichen Intellekt*.). Übersetzt man diesen Gedankengang in eine nicht-philosophische Sprache, so hat hier Bartholomäus folgendes gesagt: Der Ursprung der wissenschaftlichen Disziplin der Ökonomik liegt bei Gott selbst. Dieser hat Aristoteles gewissermaßen zu seinem Sprachrohr gemacht, um den Menschen diese Wissenschaft zu vermitteln. Diese Konzeption der Autorschaft der *Yconomica* macht deutlich, weshalb Bartholomäus die *Yconomica* mit einer wissenschaftlichen Disziplin gleichsetzen kann. Darüber hinaus fügt er den bisher getroffenen Bestimmungen der *Yconomica* eine weitere hinzu: Die *scientia yconomica* ist nicht irgendeine Wissenschaft, sie geht letztendlich auf den göttlichen Intellekt selbst zurück.[16]

Alii autem quod bonum agibile ab homine, ut est pars multitudinis domestice. Sed opinor, quod communitas domestica sit hic subiectum. Hec enim est hic primo nota et eius sunt partes et passiones prime hic determinate, ut patebit in processu libri et in questionibus. Et hoc videtur sentire Eustracius supra primum Ethicorum, qui dicit quod domus est hic subiectum; et accipit domum pro communitate domestica et non pro habitaculo solo, ut patet perscrutanti sua dicta. Et hoc etiam modo loquitur Philosophus in principio huius scientie."

[16] Bartholomaeus de Brugis: Scriptum Yconomice Aristotilis, Bologna, BU 1625, f. 81rva: „Ad secundum dico, quod duplex fuit causa efficiens eius, scilicet principalis et instrumentalis. Causa efficiens principalis fuit agens intelligentia. Hoc enim est omnia intelligibilia facere (*cod.* infacere), ut habetur tertio De anima. Et hoc sentit Linconiensis (sic) supra primum Posteriorum, ubi dicit, quod verus doctor est qui interius mentem illuminat et veritatem ostendit. Causa vero efficiens instrumentalis fuit Aristotiles Stragelica (sic), qui illustratus ab agente intellectu hanc scientiam composuit."

Das dritte Thema, das der Philosoph behandelt, ist die *utilitas*, der Nutzen der Ökonomik. Bartholomäus schreibt der *Yconomica* bestimmte Funktionen zu, wobei er konkretisiert und über das hinaus geht, was er eingangs allgemein über die Funktionen der Moralphilosophie gesagt hat: Der Nutzen der *scientia yconomica* sei vielfältig. Sie ermögliche vollkommene Herrschaft über das Haus. Darüber hinaus führe sie zu einem besseren Verständnis der aristotelischen *Politik*. Damit aber sei sie eine große Hilfe für die Herrschaft im Staat und ohne sie wäre die Moralphilosophie unvollständig.[17]

Im fünften Punkt (der vierte braucht hier nicht vorgestellt zu werden) erörtert Bartholomäus die Stellung der *scientia yconomica* unter den drei in der *divisio philosophiae* erwähnten Disziplinen der *philosophia practica*. Die Ökonomik sei der zweite Teil der Moralphilosophie, und das sowohl in der Hierarchie des Wissens (*ordine doctrine*) als auch gemäß ihrer Würde (*ordine dignitatis*). In der Hierarchie des Wissens nehme sie eine Zwischenstellung zwischen der Ethik und der Politik ein. Bevor man die willentlichen Taten des Menschen, verstanden als Mitglied einer Hausgemeinschaft, kennen könne, müsse man zuerst die willentlichen Taten des Menschen, verstanden als Einzelmensch, kennen. Wiederum sei es zuerst vonnöten die Taten des Menschen, verstanden als Mitglied einer Hausgemeinschaft, zu kennen, bevor man den Menschen, verstanden als Mitglied eines Staates, kennen könne. Auch betrachtet unter dem Aspekt der Würde der Wissenschaft komme der Ökonomik eine Mittelstellung zwischen Politik und Ethik zu. Allerdings verlaufe diesmal die Reihenfolge genau umgekehrt: Je allgemeiner das Gute ist, das eine Wissenschaft betrachtet, desto mehr Würde komme ihr zu. Deshalb sei die Politik, die das Wohl der staatlichen Gesellschaft behandelt, die Erhabenste unter den moralphilosophischen Wissenschaften, an zweiter Stelle folge die Ökonomik und erst an dritter Stelle die Ethik.[18]

---

[17] Bartholomaeus de Brugis: Scriptum Yconomice Aristotilis, Bologna, BU 1625, f. 81ʳᵛᵃ: „Ad tertium dicendum, quod utilitas multiplex, scilicet, perfectum regimen domus et intellectus facilior Politice Aristotilis. Et per consequens patet, quod confert magnum iuuamentum ad regimen ciuile, et omnino sine hac scientia non esset complementum scientie moralis."

[18] Bartholomaeus de Brugis: Scriptum Yconomice Aristotilis, Bologna, BU 1625, f. 81ʳᵛᵃ: „Ad quintum dicendum, quod est secunda pars scientie moralis et ordine doctrine et dignitate. Prius enim oportet cognoscere operationes voluntarias hominis secundum se quam ut est pars multitudinis alicuius, et prius, ut est pars multitudinis domestice quam ciuilis. Unde ordine doctrine prior est monostica et deinde yconomica et ultimo politica. Sed ordine perfectionis et dignitatis est econuerso. Quanto enim bonum est communius, tanto est dignius, ut patet ex primo Ethicorum."

Sechstens wendet sich Bartholomäus der Frage zu, aus welchen Teilen die *scientia yconomica* bestehe. Bartholomäus formuliert hier nun *explizit*, was er weiter oben bereits implizit zum Ausdruck gebracht hat und was wir bereits eingangs erwähnt haben, nämlich die Auffassung, dass der Text der *Yconomica* in sich die *scientia yconomica*, verstanden als wissenschaftliche Disziplin, berge. Gleichzeitig definiert er zum ersten Mal den Inhalt der *Yconomica*. Auf seine Deutung des Inhalts soll näher erst später in der Vorstellung des Scriptum eingegangen werden. Die *scientia yconomica* werde, so Bartholomäus, in den zwei Büchern der *Yconomica* wiedergegeben: Im ersten Buch werde über die natürlichen und gegenständlichen (*partes subiectiuae*) Teile der *scientia yconomica* gesprochen, sowie über die Beziehung von Hausherrn und Diener und von Vater und Sohn. Im zweiten Buch werde über die *communicatio nuptialis* gehandelt, also über jene Beziehung, die zwischen Mann und Frau besteht.[19]

Der siebte Punkt, auf den Bartholomäus eingeht, ist die Frage nach der wissenschaftlichen Vorgehensweise, die der *scientia yconomica* zugrundeliegt. Bartholomäus definiert hier die Art des wissenschaftlichen *procedere* in der *scientia yconomica* und legt ihren wissenschaftlichen Charakter fest: Der wissenschaftliche *modus procedendi*, der der *Yconomica* zugrunde liege sei, wie übrigens in der gesamten Moralphilosophie, *grossus et exemplaris*, „grob" und „beispielhaft". Was Bartholomäus damit sagen will, ist, dass in der *scientia yconomica* mittels verallgemeinernder Aussagen und mit Beispielen vorgegangen werde. Die Feststellungen, erklärt Bartholomäus in Bezugnahme auf die Ethik-Paraphrase des Averroes, die in der *Yconomica* gemacht werden, treffen in den *meisten*, wenn auch nicht notwendigerweise in *allen* Fällen zu. Dies liege am Charakter der Dinge, von denen die *Yconomica* handelt, selbst. Diese seien auch nicht absolut notwendig und feststehend und dem entspreche, wie Bartholomäus in Bezug auf die Aussagen des Aristoteles zu Beginn der *Nikomachischen Ethik* sagt, auch notgedrungen die wissenschaftliche Vorgehensweise.[20]

---

[19] Bartholomaeus de Brugis: Scriptum Yconomice Aristotilis, Bologna, BU 1625, f. 81va: „Ad sextum dicendum, quod hec scientia traditur in duobus libris. In primo enim determinat de partibus materialibus et subiectiuis yconomice et de communicatione domini et servi et patris et filii. In secundo autem determinat de communicatione, que est inter virum et uxorem, que dicitur nuptialis."

[20] Bartholomaeus de Brugis: Scriptum Yconomice Aristotilis, Bologna, BU 1625, f. 81[va]: „Ad septimum dicendum, quod modus huius scientie, quemadmodum et tocius scientie moralis, est grossus et exemplaris, idest, ex hiis, que sunt vera in pluribus, quamuis non necessario inueniatur in omnibus, ut dicit Auueroys supra primum Ethicorum. Oportet enim modum procedendi esse conuenientem generi subiecto. Res

Achtens und zuletzt bespricht Bartholomäus noch den Titel der pseudo-aristotelischen Ökonomik. Der Titel dieser *scientia* laute *Yconomica Aristotilis*. *Aristotilis*, um sie von anderen Abhandlungen über die Hausgemeinschaft zu unterscheiden. Das Wort *Yconomica* versucht Bartholomäus hingegen etymologisch zu erklären. Manchen zufolge komme es vom Worte *icos*, was Haus bedeute, und von *nomos*, was Regel bedeute, also *scientia regitiva domus*. Eine abweichende, im Resultat aber auf dasselbe hinaus laufende Etymologie lasse sich auch bei Huguccio von Pisa finden (Bartholomäus verweist hier auf dessen *Liber deriuationum*, ein damals weit verbreitetes etymologisches „Wörterbuch"). In *Yconomica* stecke aber auch das Wort *yconomicus*, Hausherr, bzw. *yconomia*, Hauswirtschaft, sowie das Wort *ycos*, Wissenschaft—also Wissenschaft von der Hauswirtschaft.[21]

Soweit Bartholomäus in seinem Prolog. Es sei dazu noch Stelle kurz erwähnt, dass dieser gemeinsam mit den ersten fünf Quaestiones des dritten Teils des Kommentars, den Quaestiones Yconomice, gelesen werden muss. Sie sind als einleitende Fragen zur Ökonomik konzipiert und stellen als solche eine Fortsetzung des Prologs dar. Sie bilden eine Art Einleitung zu den restlichen 25 Quaestiones, die auf einzelne Textstellen der *Yconomica* bezogen sind. Ihr Ziel ist es, genauso wie im Prolog die *Yconomica* als wissenschaftliche Disziplin vorzustellen und sie zu verorten. Bartholomäus wiederholt hier vielfach das, was er bereits im Prolog gesagt hat, und vertieft und erweitert es in einigen Punkten.

---

autem, de quibus est ista scientia non habent omnimodam necessitatem et firmitatem, quapropter nec diffinitiones, nec demonstrationes date de eis. Et hoc declaratur Philosophus in prologo libri Ethicorum."

[21] Bartholomaeus de Brugis: Scriptum Yconomice Aristotilis, Bologna, BU 1625, ff. 81[va]–81[vb]: „Ad octauum dicendum, quod titulus talis: *Incipit yconomica Aristotilis Stragelice* (sic). Et dicitur Aristotilis ad differentiam editionum aliorum de communitate domestice. Et dicitur Stragelice (sic), idest, de opido vocato Stragaria ad differentiam aliorum eiusdem nominis, qui forte fuerunt aut possunt esse. Unde fuit cognomen eius. Et dicitur yconomica secundum quosdam ab *icos*, quod est domus et *nomos*, quod est regula, quasi, scientia regitiua domus. Sed hec ethimologia non inuenitur in auctoribus gramatice. Unde aliter dicitur Hugutio, quod dicitur ab *ycon*, quod est signum, et *noma*, quod est lex, vel norma, quod est regula, quasi, signacilis lex vel regula, quia ad yconomi signum, legem vel regulam tota familia dicitur dispensari. Vel forte dicitur ab *yconomus, -mi*, quod est dispensator domus, vel ab *yconomia, -mie*, quod est idem, quod dispensatio domus, et *ycos*, quod est scientia, ergo, scientia dispensatoris domus, vel de dispensatione domus. Et hoc videtur melius." Zu Huguccio (ca. 1140–1210) siehe: Peter Schulthess / Ruedi Imbach: Die Philosophie im lateinischen Mittelalter, Zürich 1996, S. 472; Rudolf Weigand: Huguccio. In: Lexikon des Mittelalters V (1991), Sp. 181–182.

Auf eine detaillierte Vorstellung des Inhalts dieser Quaestiones, wie sie für den Prolog vorgenommen wurde, soll hier verzichtet werden, da dies den Rahmen der Untersuchung sprengen würde. In der ersten Quaestio, *„Utrum Yconomica sit scientia?"*, erörtert der Artes-Magister den Wissenschaftscharakter der Ökonomik. In der zweiten Quaestio fragt er, ähnlich wie im Prolog, nach dem Nutzen dieser Wissenschaft für den Menschen: *„Utrum Yconomica sit scientia homini necessaria?"* In der dritten und vierten Quaestio, *„Utrum Yconomica sit scientia speculativa vel practica?"* und *„Utrum Yconomica sit activa vel factiva?"* verortet er, ähnlich wie in der *divisio scientiae* des Prologs, die *scientia yconomica* im aristotelischen Wissenschaftssystem und erörtert die sich aus ihrer Stellung in diesem System ergebenden wissenschaftlichen Eigenschaften. In der fünften und bei weitem ausführlichsten Quaestio, *„Quid sit subiectum in Yconomica?"*, fragt Bartholomäus schließlich nach dem wissenschaftlichen Gegenstand, dem *subiectum*, der *Yconomica*.[22]

Die Tatsache, dass der Quaestiones-Teil mit diesen fünf einleitenden Quaestiones beginnt, ist ein weiterer Beleg dafür, dass Bartholomäus das Scriptum und die Quaestiones zwar als eine Einheit konzipiert hat, aber als eine Einheit von zwei weitgehend selbstständigen Teilen. Ähnliche einleitende Quaestiones, die die Funktion haben, den wissenschaftlichen Charakter des zu kommentierenden aristotelischen Werkes herauszuarbeiten, findet man regelmäßig auch in anderen zeitgenössischen Aristoteles-Kommentaren *modo quaestionum*. Sie sind nichts anderes als eine spezifische Ausformung des mittelalterlichen *Accessus ad auctores*.

Welches Verständnis der pseudo-aristotelischen Ökonomik kommt im Prolog und in den ersten fünf Quaestiones zum Ausdruck? Wie wir gesehen haben, versteht Bartholomäus den pseudo-aristotelischen Traktat nicht nur als *irgendeinen* Text, sondern als Textgrundlage einer eigenständigen philosophischen Disziplin, der *scientia yconomica*. Mehr noch, die pseudo-aristotelische Ökonomik *enthält*, ja *verkörpert* für Bartholomäus diese Disziplin. Einer derartigen Gleichsetzung von Text und Wissenschaft kann man auch bei anderen mittelalterlichen Aristoteles-Kommentatoren beobachten. Sie erklärt, weshalb an der spätmittelalterlichen Artes-Fakultät das Praktizieren philosophischer Disziplinen weitgehend identisch war mit dem Kommentieren (gleichnamiger) aristotelischer Schriften. Sie erklärt auch die bereits erwähnte Doppel-

---

[22] Bartholomaeus de Brugis: Questiones Yconomice, Paris BN lat. 16089, ff. 116ra–133v, hier ff. 116ra–120ra.

funktion des Kommentars des Bartholomäus als einer Schrift im Spannungsfeld zwischen Textauslegung und einem eigenständigen philosophischen Werk. Indem Bartholomäus die pseudo-aristotelische Ökonomik kommentiert, legt er nicht nur einen *historischen Text* aus, er praktiziert zugleich, im Anschluss an Aristoteles, eine *philosophische Disziplin*, die *scientia yconomica*.[23]

Den Hintergrund dieser eigenartigen Gleichsetzung von Text und philosophischer Disziplin bildet, wie wir gesehen haben, seine Vorstellung von der Urheberschaft (*causa efficiens*) der pseudo-aristotelischen *Ökonomik*. Die pseudo-aristotelische *Ökonomik* stellt für ihn einen quasi göttlich inspirierten Text dar. Es stellt sich die Frage, ob wir es hier nicht mit einer Übertragung von Zugängen zum biblischen Text, so wie wir ihnen an der damaligen Theologischen Fakultät in der Bibelexegese begegnen, auf das *corpus aristotelicum* zu tun haben. Es wäre jedenfalls zu prüfen, inwiefern ein ähnliche Auffassung der Autorschaft aristotelischer Texte auch bei anderen Aristoteles-Kommentatoren der Pariser Artes-Fakultät vorkommt.[24]

Den Erörterungsbereich (*subiectum*) der in der pseudo-aristotelischen *Ökonomik* enthaltenen *scientia yconomica* bildet, wie Bartholomäus im Prolog und in der Quaestio „*Quid sit subiectum in yconomica?*" sagt, die Hausgemeinschaft (*communitas domestica*). Bartholomäus meint damit nicht nur einen Personenverband, sondern auch die zum Haus gehörenden materiellen Güter. Die Ökonomik ist also eine Wissenschaft von der Hausgemeinschaft. Sie lehrt, wie er im Prolog sagt, „*das Haus, d. h. die Hausgemeinschaft, richtig und gemäß der rechten Vernunft zu regieren...*". Ihr Ziel ist das *perfectum regimen communitatis domestice* und ihr *perfectus ordo*.[25]

Diese *scientia yconomica* ist für Bartholomäus freilich keine allein stehende wissenschaftliche Disziplin, sondern Teil eines hierarchisch geordneten Systems von Wissenschaften. Sie stellt hier die mittlere der drei *scientiae practicae activae* (Ethik, Ökonomik, Politik) dar, die ihrer-

---

[23] Zur Gleichsetzung von aristotelischen Texten mit philosophischen Disziplinen siehe: Sten Ebbesen / Jan Pinborg: Bartholomew of Bruges and his Sophisma on the Nature of Logic. Introduction and text. In: Cahiers de l'Institut du moyen-âge grec et latin 39 (1981), S. iii–xxvi, 1–80, hier viii–ix.

[24] Vgl. Gilbert Dahan: L'exégèse chrétienne de la Bible en Occident médiéval, XIIe–XIVe siècle, Paris 1999, S. 28–65, Thomas Prügl: Die Bibel als Lehrbuch: Zum „Plan" der Theologie nach mittelalterlichen Kanon-Auslegungen. In: Archa Verbi 1 (2004), S. 42–66.

[25] Bartholomaeus de Brugis: Questiones Yconomice, Paris BN lat. 16089, f. 119vb: „Finis autem verus yconomice est perfectus ordo et perfectum regimen communitatis domestice."

seits Teil der *philosophia principalis* sind. Mit dieser Art der wissenschaftlichen Verortung der *Yconomica* trägt Bartholomäus einer Vorstellung vom Inhalt und Aufbau philosophischen Wissens Rechnung, die an der damaligen Pariser Artes-Fakultät beheimatet war. Die Vorstellung, dass sich die Philosophie in Logik, spekulative und praktische Philosophie gliedere, und dass die letztere aus drei Teildisziplinen, einer Ethik, einer Ökonomik und einer Politik bestehe, ist in Ansätzen bereits in Aristoteles selbst enthalten. Im Mittelalter lässt sie sich bis zu Boethius zurückverfolgen. Im Zuge der Rezeption aristotelischer Schriften sowie arabischer wissenschaftstheoretischer Werke ist sie dann mehrfach konkretisiert, adaptiert und um neue Elemente erweitert worden.[26]

Als Teil eines von Aristoteles abgeleiteten Wissenschaftssystems unterliegt die in der pseudo-aristotelischen Ökonomik enthaltene Wissenschaft von der Hausgemeinschaft den Kriterien einer aristotelischen *Scientia*. Welche dies sind, bringt Bartholomäus in der Quaestio „*Utrum yconomica sit scientia?*" zum Ausdruck. Ohne darauf näher eingehen zu können, sei hier nur gesagt, dass der Artes-Magister dort zu zeigen versucht, dass die *scientia yconomica* völlig den in den *Analytica Posteriora* und in anderen aristotelischen Schriften formulierten Wissenschaftskriterien entspricht (Universalität, Intelligibilität, Notwendigkeit). Ihre Vorgehensweise ist dabei die einer demonstrativen Wissenschaft. Sie geht definierend (*diffinendo*), „gliedernd" (*diuidendo*) und argumentierend (*argumentando*) vor. Ihr wichtigstes argumentatives Instrument ist dabei der Syllogismus, aber teilweise werden auch andere, den *scientiae morales* angemessene „Methoden" wissenschaftlicher Beweisführung verwendet, so etwa das Beispiel (*exemplum*), oder das Entimem (*entimema*), eine Art gekürzter Syllogismus.[27]

Als eine *scientia practica activa* teilt sie schließlich die Spezifika dieser Kategorie von Wissenschaften und partizipiert an ihrem „Projekt":

---

[26] vgl. James Weisheipl: Classification of the Sciences in Medieval Thought (wie Anm. 7); Francisco Bertelloni: Zur Rekonstruktion des politischen Aristotelismus im Mittelalter. In: Jan Aertsen, / Andreas Speer (Hgg.): Was ist Philosophie im Mittelalter?, Berlin u.a. 1998, S. 999–1111; Theodor W. Köhler: Grundlagen des philosophisch-anthropologischen Diskurses im dreizehnten Jahrhundert. (wie Anm. 7) Leiden 2000, hier S. 383–441.

[27] Bartholomaeus de Brugis: Questiones Yconomice, Paris BN lat. 16089, ff. 116ra–117ra (Quaestio: Utrum Yconomica sit scientia?), hier f. 116rb: „…modi sciendi sunt tres in communi, scilicet argumentatio, diffinitio et diuisio, ut vult Algazel in sua Logica…argumentationis sunt quatuor species, scilicet sillogismus, entimema, inductio et exemplum, ut habetur primo Topicorum." und f. 117vb: „Dicendum, quod… Philosophus hic utitur diuisione, diffinitione et argumentatione."

Ihre „wissenschaftlichen Aussagen" treffen nur in den *meisten* Fällen zu (*ut in pluribus*), nicht aber in allen. Auch ist, im Unterschied zu den spekulativen Wissenschaften, das Ziel, um dessentwillen sie betrieben wird, nicht allein Wissenserwerb sondern *richtiges Handeln*, konkret richtiges Handeln im Rahmen und in bezug auf die Hausgemeinschaft.

Sie trägt dazu insofern bei, als sie dem Menschen, hier dem Hausherrn, die *ratio propter quid*, die „Logik" richtigen Handelns in einer Hausgemeinschaft aufzeigt und ihm dieses rationell einsichtig macht. In diesem Sinne ist sie auch, wie er in der Quaestio „*Utrum yconomica sit scientia homini necessaria?*" argumentieren wird, eine für den Hausherrn notwendige Wissenschaft.[28]

---

[28] Bartholomaeus de Brugis: Questiones Yconomice, Paris BN lat. 16089, ff. 117rb–117va (Quaestio: Utrum Yconomica sit scientia homini necessaria?), hier f. 117va: „Dicendum, quod bonis rectoribus ... est necessaria, ut habeant *rationem propter quid sui operis* et ut agant artifitiose. Unde non possunt regere optime sine ea."

KAPITEL 17

DAS *SCRIPTUM*:
PHILOSOPHISCHE HERMENEUTIK DES
ARISTOTELISCHEN TEXTES

„Hiernach gehen wir zur Auslegung des Textes über, den wir ob seines obskuren und fragmentarischen Charakters und um seines besseren Verständnisses willen ohne rhetorischen Zierat Wort für Wort nach unserem besten Können kommentieren werden, mit den nötigen Hinzufügungen."[1]

Mit diesen Worten beendet Bartholomäus seinen Prolog und leitet damit den zweiten Teil des Kommentars, das Scriptum, ein. Das Scriptum ist der eigentliche „Kommentar" der *Yconomica* im modernen Sinne des Wortes. Bartholomäus legt hier den Text in seiner Reihenfolge aus.[2]

Die Antwort auf die Leitfrage dieser Studie, auf die Frage nach dem *Umgang* mit den aristotelischen Gedanken über die Ehe, ergibt sich bei diesem Teil des Kommentars fast von selbst. Bartholomäus versucht hier, wie man es von einem Kommentar schließlich erwartet, den Text der *Yconomica* und damit die in ihm enthaltenen Passagen über die Ehe zu *erklären*.

Die Schwierigkeit dieses Unterfangens wird spätestens dann in vollem Maße deutlich, wenn man sich vor Augen führt, dass es sich um einen Text handelt, dessen Sprache weniger Latein als vielmehr latinisiertes Griechisch und der an mehreren Stellen uneindeutig ist. Nicht ohne Grund nennt Bartholomäus die *Yconomica* obskur. Darüber hinaus hat der mittelalterliche Philosoph damit einen bisher unkommentierten Text vor sich und kann sich auf keine älteren Auslegungen stützen, weil er (offenbar) den Kommentar des Durandus de Alvernia nicht kennt.

---

[1] Bartholomaeus de Brugis: Scriptum Yconomice Aristotilis, Bologna, BU 1625, ff. 80ra–96vb, f. 81vb: „Hiis visis ad expositionem littere transeamus, quam quidem propter eius magnam obscuritatem et truncationem, gratia melioris intelligentie retoricis coloribus omissis de verbo ad verbum pro posse glosabimus cum debitis supplementis."

[2] Bartholomaeus de Brugis: Scriptum Yconomice Aristotilis, Bologna, BU 1625, ff. 81vb–96vb.

Freilich ist das *Erklären* eines Textes—darin liegt schließlich der aktive exegetische Beitrag des Bartholomäus—immer auch ein *Deuten*, ein *Interpretieren*. Dies trifft bei einem sprachlich so schwierigen und in Teilen gedanklich anspruchsvollen Text wie der *Yconomica* besonders zu. Jedenfalls ist bei einem solchen Text der interpretatorische Eigenanteil *ipso facto* weit größer als bei Schriften, die gewissermaßen in sich selbst verständlich sind.

Das *Deuten* des Textes ist zwar der zentrale, trotzdem jedoch nur ein Aspekt des Umgangs des Bartholomäus mit der *Yconomica* im Scriptum. Das Scriptum ist nämlich zugleich ein Ort *selbstständiger* philosophischer Überlegungen. Diese gehen zwar vom Inhalt des Textes aus, haben aber oftmals keine direkt *interpretatorische Funktion* mehr. Dass eine Textauslegung gleichzeitig Ort eigenständiger philosophischer Reflexion sein kann, liegt im Charakter des mittelalterlichen *philosophischen Kommentars* begründet. Die *Interpretation* des aristotelischen Textes ist hier in sich selbst bereits ein Akt der Philosophie, ja das Praktizieren einer philosophischen Disziplin, und kann damit problemlos in eigene, weiterführende philosophische Überlegungen übergehen.

Die Art und Weise, wie Bartholomäus bei der Erläuterung der *Yconomica* vorgeht, ist einer langen Tradition der universitären Aristoteles-Kommentierung verpflichtet und entspricht ihrem Entwicklungsstand um 1300. Die Struktur und die Vorgehensweisen mittelalterlicher Literalkommentare zu aristotelischen Schriften sind in letzter Zeit verstärkt ins Blickfeld der Forschung gerückt. Vor allem dank der wertvollen Studien von Olga Weijers und Francesco del Punta ist man zunehmend über das *procedere* mittelalterlicher Aristoteles-Kommentatoren und dessen historische Entwicklung informiert.[3]

Bartholomäus' Textexegese weist ein klares Schema auf. Dieses besteht in einer regelmäßigen Abfolge dreier exegetischer Schritte: der *divisio textus*, der *expositio litterae* und drittens der *Notanda* und *dubia*. Die ersten zwei sind bereits im Zusammenhang mit Alberts *Super Ethica* kurz vorgestellt worden. In der *divisio textus*, der ersten Komponente

---

[3] Olga Weijers: Le maniement du savoir. Pratiques intellectuelles à l'époque des premières universités (XIIIe–XIVe siècles), Turnhout 1996, S. 39–75; Francesco del Punta: The Genre of Commentaries in the Middle Ages and its Relation to the Nature and Originality of Medieval Thought. In: Jan Aertsen / Andreas Speer (Hgg.): Was ist Philosophie im Mittelalter?, Berlin u. a. 1998, S. 138–151; Olga Weijers: The Evolution of the Trivium in University Teaching: The Example of the *Topics*. In: John van Engen (Hg.): Learning Institutionalized. Teaching in the Medieval University, Notre Dame 2000, S. 43–67.

seiner Aristotelesexegese, gliedert Bartholomäus den Text der *Yconomica* bis in seine kleinsten gedanklichen Einheiten. Ziel dieses exegetischen Vorgangs ist es, die inhaltliche *Struktur* des Textes der *Yconomica* herauszuarbeiten. Es folgt dann als zweiter exegetischer Schritt die *expositio litterae*, eine Auslegung jener kleinsten gedanklichen Einheiten, in die Bartholomäus den Text gegliedert hat. Der (nicht nur) auf Grund der wörtlichen griechisch-lateinischen Übersetzungen schwer verständliche aristotelische Text wird darbei erklärt und verständlich gemacht. Die exegetischen Methoden, die Bartholomäus hier einsetzt, sind im Regelfall *Paraphrase* sowie knappe ergänzende Erklärungen, die in Form von Nebensätzen eingeführt werden. Auf die *expositio litterae* folgt dann eine Serie von *notanda* und *dubia*. Es handelt sich um kürzere oder längere Anmerkungen zum Text. Die erste dieser Anmerkungen dient oft dazu, die Aussage der soeben ausgelegten Textstelle auf den Punkt zu bringen und ihre logisch-argumentative Struktur deutlich zu machen. Die weiteren Anmerkungen können unterschiedlichen Inhalts sein. Oftmals versucht Bartholomäus, die jeweilige Passage der *Yconomica* mit Stellen aus anderen aristotelischen Schriften auszudeuten bzw. Inkohärenzen zwischen diesen Passagen und Gedanken aus anderen aristotelischen Werken aus dem Weg zu räumen. Ebenso wird manchmal der Versuch unternommen, scheinbare Inkohärenzen zwischen den Gedanken des Aristoteles und der „empirischen Wirklichkeit" zu beseitigen. Nicht selten aber sind die *notanda* Orte weiterführender, vom Text höchstens nur noch angeregter, selbstständiger Reflexionen. In den *dubia* werden manchmal sogar kleinere, mit dem aristotelischen Text mehr oder minder zusammenhängende philosophische Streitfragen ausgetragen. Es sind jene Stellen des Scriptum, in denen Bartholomäus die Textinterpretation *strictu sensu* verlässt und zum eigenständigen Philosophieren übergeht. Allerdings sind die Grenzen zwischen eigentlicher Textinterpretation und eigenen philosophischen Überlegungen immer fließend. Die *notanda* und *dubia* bilden damit bereits einen Übergang zum dritten Teil des Kommentars, den Quaestiones.

Die Bezeichungen für diese drei exegetischen Schritte, denen man *mutatis mutandis* in den meisten damaligen Aristoteles-Kommentaren begegnen kann, sind freilich der modernen Forschung entnommen und kommen bei Bartholomäus in diesem Wortlaut nicht vor. Um den Vorgang der *divisio textus* einzuleiten, verwendet der Artes-Magister in der Regel das Verb *dividere* (z. B.: *dividitur* hic liber in duas partes). Am Anfang des Vorgangs der *expositio litterae* stehen zumeist die Worte *dicit sic*, oder … *dicens* (z. B.: In prima parte dicit sic; in prima parte proponit descriptionem ciuitatis sic dicens). Die *notanda* beginnen zumeist mit *notandum*, aber auch mit *intelligendum* oder *sciendum*, die *dubia* nicht selten mit *forte aliquis dubitaret*.[4]

Die exegetische Vorgehensweise des Bartholomäus bezieht ihre Logik aus einer Reihe von Grundannahmen über den Charakter der pseudo-aristotelischen Ökonomik (sowie anderer aristotelischer Schriften.) Es handelt sich um solche, die im größeren oder geringeren Maße die gesamte mittelalterliche Aristoteles-Exegese bestimmen. Die wichtigsten sind bereits in der Untersuchung des Prologs deutlich geworden: Bartholomäus versteht die *Yconomica* in der *translatio durandi*, im Gegensatz zur modernen Aristoteles-Forschung, als eine Schrift des *Stagiriten*. Sie stellt für ihn den *Basistext* einer *wissenschaftlichen* Disziplin dar, wobei in seiner Vorstellung die *Yconomica* als *Text* und die *Ökonomik* als *Wissenschaft* weitestgehend identisch sind. Ferner ist für ihn die *Yconomica* nicht nur ein vereinzelter Traktat, sondern Teil eines gesamten *Systems* aristotelischer philosophischer Schriften–Disziplinen. Wie aus seinen Deutungen der *Yconomica* hervorgehen wird, versteht er die Philosophie des Aristoteles als vollständig kohärent und widerspruchsfrei. Die moderne, vor allem auf die Arbeiten Jaegers zurückgehende Vorstellung, dass Aristoteles eine philosophische *Entwicklung* durchgemacht hat, ist Bartholomäus fremd. Kohärent und innerlich widerspruchsfrei ist für den Magister der Artes freilich nicht nur die aristotelische Philosophie als ganze, sondern sind auch die zwei Bücher der *Yconomica* in der *translatio durandi*. Er geht davon aus, dass diese einen *stringent aufgebauten* und in sich *vollständig kohärenten* wissenschaftlichen Traktat aus einem Guss darstellt. (In der heutigen philologisch-textkritisch geprägten Aristoteles-Forschung hat sich hingegen ein ganz anderes Verständnis aristotelischer Texte durchgesetzt. Man begegnet häufig der Vorstellung, dass aristotelische Schriften eine Art *Patchwork* aus verschiedenen kleinen Traktaten darstellen. Mit dieser Theorie werden Wiederholungen und Ungereimtheiten in diesen Schriften erklärt.) Die pseudo-aristotelische Ökonomik ist als Text nicht nur kohärent und widerspruchsfrei, sie gehorcht auch, wie wir bei der Untersuchung des Prologs gesehen haben, den Kriterien einer aristotelischen scientia. Das heißt, sie geht *diffinendo*, *diuidendo* und *argumentando* vor und bedient

---

[4] zur Terminologie der Aristoteles-Kommentare siehe Del Punta: The Genre of Commentaries in the Middle Ages (wie Anm. 3), *passim*.

sich bei ihrer Beweisführung des Syllogismus sowie einiger anderer Beweismethoden.[5]

Gerade diesen Grundannahmen über die *Yconomica* trägt auch die exegetische Vorgehensweise von Bartholomäus Rechnung: So beruht die *divisio textus* auf der Prämisse (und bestätigt diese zugleich), dass der *Yconomica* als wissenschaftlichem Text eine klar-durchdachte Struktur zugrunde liegt und dass sie *diffinendo, diuidendo* und *argumentando* vorgeht. Die *expositio litterae* geht wiederum von der Annahme aus, dass sich der Text der *Yconomica* trotz seiner *Obscuritas* durch einen klaren Gedankenfluss auszeichnet. Die verschiedenen exegetischen Vorgänge, denen man in den *notanda* begegnet, tragen ebenfalls den beschriebenen Vorstellungen von einem aristotelischen Text Rechnung. Im ersten *notandum* versucht Bartholomäus zumeist die syllogistische Struktur der jeweiligen Passage aufzuschlüsseln. Dieses Vorgehen beruht freilich auf der Annahme, dass der Ökonomik als einer aristotelischen scientia eine derartige logische Struktur prinzipiell eignet (und eignen muss). Ähnlich ist dies beim zweiten wichtigen exegetischen Vorgang in den *notanda*: dem Auslegen der *Yconomica* mit Gedanken aus anderen aristotelischen Schriften (*Aristoteles ex Aristotele*) und dem Auflösen von „scheinbaren" Widersprüchen der *Yconomica* zu anderen aristotelischen Texten. Dieser Vorgang gründet auf der soeben beschriebenen Vorstellung, dass die aristotelischen Schriften ein kohärentes und widerspruchsfreies „Wissenschaftssystem" darstellen. Es ist genau jenes System, das Bartholomäus in der *divisio philosophiae* vorgestellt hat. Dies betrifft auch die Bemühungen des Autors, die Widersprüche im Text der *Yconomica* selbst aufzuheben. Dieses exegetische *procedere* beruht wiederum auf der Annahme, dass der Text des Aristoteles aus einem Guss ist und daher widerspruchsfrei sein muss.

Es wäre ein wenig ertragreiches Unterfangen, eine Untersuchung von Bartholomäus' Auslegung der *Yconomica* darauf auszurichten, ob der Magister der Artes die Passagen über die Ehe in der *Yconomica richtig* oder *falsch* interpretiert hat. Das ist schon deshalb nicht möglich, weil das moderne Grundverständnis aristotelischer Texte vom mittelalterlichen abweicht. Dies gilt im Falle der *Yconomica* noch mehr, zumal es sich aus heutiger Perspektive um ein Pseudograph handelt. Viel inter-

---

[5] Bartholomaeus de Brugis: Questiones Yconomice Aristotilis, Paris BN lat. 16089, ff. 116ra–117ra (Quaestio *Utrum Yconomica sit scientia*); grundlegend für den modernen „entwicklungstheoretischen" Zugang zu Aristoteles: Werner Jaeger: Aristoteles: Grundlegung einer Geschichte seiner Entwicklung, Berlin 1923.

essanter ist es hingegen zu betrachten, welche *interpretatorischen Gedankengänge* dieses unterschiedliche Grundverständnis der *Yconomica* und die auf ihm beruhenden exegetischen Methoden ermöglichten und hervorgebracht haben und diese spezifische Art von Interpretation als eigenwertige Leistung zu würdigen. Die vorliegende Studie versucht sich an dieser Aufgabe.

17.1. *Die* Divisio textus

Die Auslegung der *Yconomica* durch Bartholomäus besteht, wie gesagt, aus einer regelmäßigen Abfolge dreier exegetischer Schritte. Der erste von ihnen ist die *divisio textus*. Der flämische Philosoph unternimmt hier eine detaillierte Gliederung des Textes. Diese beginnt mit der Aufteilung der *Yconomica* in ihre größten inhaltlich-thematischen Abschnitte und reicht bis zu deren Feingliederung in die kleinsten argumentativen Einheiten. Dabei beschränkt sich freilich Bartholomäus nicht nur darauf, den Text kommentarlos zu gliedern, er definiert zugleich jedes Mal den *Inhalt* der jeweiligen Texteinheiten. Bartholomäus verfolgt mit diesem Vorgang das Ziel, den inhaltlichen Aufbau und die argumentative Struktur des Textes herauszuarbeiten. Die *divisio textus* stellt demnach eine Strukturanalyse des Inhalts der *Yconomica* dar. Im Anhang dieser Untersuchung befindet sich eine schematische Darstellung dieses ersten exegetischen Schritts.[6]

Die *divisio textus* gründet, wie gesagt, auf der Annahme, dass die *Yconomica* ein einheitliches, inhaltlich sinnvoll aufgebautes und argumentativ klar und logisch strukturiertes Werk darstellt und dass sie als Textgrundlage einer aristotelischen scientia *diuidendo, diffinendo* und *argumentando* vorgeht. Und Bartholomäus findet seine Annahme durchaus bestätigt: Es gelingt ihm in der Tat, in der *Yconomica* eine klare inhaltliche Gliederung und Argumentation herauszuarbeiten. Es gelingt ihm, die Yconomica als ein wissenschaftlich-systematisches Traktat vorzustellen, das seinen Untersuchungsgegenstand, die Hausgemeinschaft, in ihre kleinsten Teile gliedert und über diese in einer Abfolge von „moralwissenschaftlichen Aussagen" und deren „moralwissenschaftlichen Beweisen" handelt. Als besondere interpretatorische Leistung ist zu würdigen, dass es ihm mittels der *divisio textus* gelingt, eine Brücke

---

[6] Für die schematische Darstellung der divisio textus des Bartholomäus siehe unten (Anhang), S. 397–415.

zwischen dem *liber primus* und dem *liber secundus* zu schlagen und beide doch recht disparaten „Bücher" in einen intentionalen Zusammenhang zu stellen. Dies ist bemerkenswert, zumal—nach moderner Auffassung jedenfalls—das zweite (heutige dritte) Buch der *Yconomica* viel später entstanden ist, einem ganz anderen literarischen Genus angehört und mit Aristoteles und seiner Schule sehr wenig zu tun hat.

Bei der Lektüre der *divisio textus* des Bartholomäus drängt sich dem modernen Leser der Eindruck auf, dass der Magister der Artes den aristotelischen Text überinterpretiert. Bartholomäus *findet* nicht nur die Struktur der *Yconomica*, bis zu einem gewissen Grade *erfindet* er sie. Das soll freilich nicht bedeuten, dass der Textaufbau, den Bartholomäus nachweisen zu können glaubt, ein völliges *Konstrukt* des Kommentators wäre, als habe erst er aus der *Yconomica* einen strukturierten Text *gemacht*. Vielmehr ist seine *divisio textus* das Produkt eines aufmerksamen Dialogs des Kommentators mit seinem Text. Seine Gliederung der *Yconomica* entspringt freilich einem Vorverständnis, das dann allerdings ständig vom Text selbst korrigiert wird. Auch für einen modernen Leser der *Yconomica* ist seine *divisio textus* vielfach durchaus nachvollziehbar.

In der bisherigen Forschung ist die *divisio textus* als exegetische Vorgehensweise in mittelalterlichen Aristoteles-Kommentaren auf nur geringes Interesse gestoßen. Francesco del Punta geht auf sie kurz im Rahmen seiner Untersuchungen zur mittelalterlichen Kommentartechnik ein. Vor wenigen Jahren hat Francis Cheneval den interessanten und methodisch ertragreichen Versuch unternommen, die *divisio textus* in den *Politik*-Kommentaren Alberts des Großen und des Thomas von Aquin zu vergleichen und aufgrund dieses Vergleichs vorsichtig für eine Abhängigkeit des letzteren vom ersteren zu plädieren.[7]

Mehr wissenschaftliche Aufmerksamkeit wurde hingegen der *divisio textus* in Bibelkommentaren geschenkt. Die Methode der *divisio textus* beschränkte sich nämlich nicht nur auf die mittelalterliche Aristoteles-Auslegung, sondern wurde auch in der Bibelexegese verwendet. Gilbert Dahan handelt über diese exegetische Vorgehensweise in seiner monumentalen *L'exégèse chrétienne de la Bible en Occident médiévale*. Außerdem ist einige Male auf die *divisio textus* in Untersuchungen zur Bibelexegese

---

[7] Del Punta: The Genre of Commentaries in the Middle Ages (wie Anm. 3), S. 148; Francis Cheneval: Considérations presque philosophiques sur les commentaires de la *Politique* d'Albert le Grand et de Thomas d'Aquin. In: Freiburger Zeitschrift für Philosophie und Theologie 45 (1998), S. 56–83, hier S. 64–74.

von Thomas von Aquin eingegangen worden. Besonders erwähnenswert ist der 1994 erschienene Aufsatz von Margherita Maria Rossi, der exklusiv der *divisio textus* in den Bibelkommentaren des Thomas von Aquin gewidmet ist. Die Autorin plädiert dafür, in der *divisio textus* des Thomas nicht allein eine „exegetische Methode" zu sehen, sondern sie als eine *hermeneutische Strategie* zu verstehen. Rossi zufolge ist die *divisio textus* eine Vorgehensweise, die der Systematisierung der im biblischen Text enthaltenen Offenbarung diene und daher in einem Zusammenhang mit der systematischen Theologie des Aquinaten stehe.[8]

Die *divisio textus* hat ihre volle Ausprägung erst im dreizehnten Jahrhundert erhalten. Der Franziskaner Roger Bacon beschreibt sie als einen exegetischen Vorgang der *artistae*. War die Fakultät der Artes wirklich der Entstehungsort dieser Methode? Jedenfalls begegnen wir ihr auch in Bibel- und Sentenzenkommentaren. Die Herausbildung der *divisio textus* scheint im Zusammenhang mit jenem Trend zur Systematisierung und argumentativen Stringenz zu stehen, die das philosophische und theologische Denken des 13. Jahrhunderts insgesamt kennzeichnen. Die systematischen Ansprüche, die die Autoren an ihre eigene „wissenschaftliche" Arbeit stellen, möchten sie auch in ihren *Auctoritates*, d.h. der Bibel und Aristoteles verwirklicht sehen.[9]

Die folgende Darstellung der *divisio textus* im *Yconomica*-Kommentar des Bartholomäus hat zweierlei Absicht: Sie möchte zunächst die *Grundstruktur*, die der Magister der Artes in der *Yconomica* zu finden glaubt, vorstellen. Im Anschluss daran möchte sie an einigen ausgewählten Stellen detailliert auf die *divisio textus* der Teile der *Yconomica*, in denen von der Ehe die Rede ist, eingehen.

Welche Grundstruktur glaubt Bartholomäus in der *Yconomica* zu finden? Die erste große Gliederung des Textes nimmt Bartholomäus am Anfang seines Kommentars vor. Die *Yconomica* unterteile sich in zwei *partes*: Ihren ersten Teil bilde die Einleitung (*Prohemium*). Diese sei, wie im dritten Buch der Rhetorik des Aristoteles stehe, wie das Vorspiel in einem Musikstück (*in fistulatoria*). Den zweiten Teil bilde hingegen die

---

[8] Gilbert Dahan: L'exégèse chrétienne de la Bible en Occident médiéval. XIIe–XIVe siècle, Paris 1999, S. 271–275; Thomas Domanyi: Der Römerbriefkommentar des Thomas von Aquin. Ein Beitrag zur Untersuchung seiner Auslegungsmethoden, Bern–Frankfurt a. M.–Las Vegas 1979, S. 197–201; Margherita Maria Rossi: La *„divisio textus"* nei commenti scritturistici di S. Tommaso d'Aquino: Un procedimento solo esegetico? In: Angelicum 71 (1994), S. 537–548.

[9] Dahan: L'exégèse chrétienne (wie Anm. 8), S. 272; Del Punta: The Genre of Commentaries in the Middle Ages (wie Anm. 3), S. 148, n. 23.

Ausführung (executio)—später wird er hinzufügen: Ausführung der Wissenschaft *(executio scientie)*. Aristoteles führe hier das aus, was er im Prolog als die Absicht *(intentio)* seines Werkes formuliert hat. Dieser zweite Teil beginne dort, wo Aristoteles schreibt *Pars vero domus* usw.[10]

Diese allgemeinste Gliederung der *Yconomica* beruht weniger auf inhaltlichen als auf literarisch-formellen Erwägungen. Ein wissenschaftlicher Text, wie ihn die *Yconomica* darstellt, sollte nun einmal nicht *in medias res* gehen, sondern eine Einleitung haben. Dies verlangt schließlich Aristoteles selbst in seiner *Rhetorik*. Bartholomäus ist hier durchaus einer weitverbreiteten Sichtweise verhaftet: Denn von der Existenz einer Einleitung gehen auch andere mittelalterliche Kommentatoren aristotelischer Werke aus.[11]

Mit dieser ersten großen *divisio* der *Yconomica* in zwei Teile „schafft" aber Bartholomäus nicht nur ein Prohemium: Indem er den gesamten „zweiten Teil" der *Yconomica* als *executio scientiae* definiert, interpretiert er zugleich das erste und das zweite Buch als ein *einheitliches Traktat*. In der *divisio textus* der *executio scientiae* wird Bartholomäus diese Einheit begründen.

Es folgt nun in dieser und den weiteren *divisiones textus* des ersten Kapitels eine weitere Binnengliederung des Prohemium. Da in diesem Teil der *Yconomica* noch nicht von der Beziehung von Mann und Frau die Rede ist, sei hier nur dessen allgemeinste Unterteilung erwähnt: Das Prohemium selbst bestehe aus zwei Teilen: Im ersten Teil stelle Aristoteles der eigentlichen Darlegung seiner Werkabsicht *(intentio)* einige Überlegungen voran, im zweiten Teil folgere er dann diese Werkabsicht aus ihnen. Der „zweite Teil" der Einleitung besteht eigentlich nur aus dem letzten Satz des gesamten Abschnitts: *Videndum ergo de Yconomica et quid sit opus eius*. In der Kapiteleinteilung des Bartholomäus stellt das Prohemium das erste Kapitel dar.[12]

---

[10] Bartholomaeus de Brugis: Scriptum Yconomice Aristotilis, Bologna, BU 1625, f. 81vb: „Et diuiditur hoc liber in duas partes, scilicet in prohemium, in quo manifestat quedam preambula ad propositionem, et simul cum hoc, de quo est intentio, unde prohemium est sicut in fistulatoria preludium, ut habetur tertio Rhetorice, et in executionem, in qua exequitur de intento. Secunda pars incipit ibi: *Pars vero domus*, et cetera." Siehe unten (Anhang), S. 397–398.

[11] siehe z.B.: Thomas de Aquino: Sententia Libri Politicorum, Roma 1971, S. A72; auch gemäß dem *Ökonomik*-Kommentar des Durandus von Alvernia enthält die *Yconomica* ein Vorwort. Siehe: Christoph Flüeler: Die aristotelische Yconomica im lateinischen Mittelalter. Übersetzungen. Die ersten Kommentare, Fribourg 1998 (unveröffentlichte Habilitationsschrift), S. 321.

[12] Bartholomaeus de Brugis: Scriptum Yconomice Aristotilis, Bologna, BU 1625,

Mit dieser Gliederung hat es eine ganz besondere Bewandtnis. Sie ist, wie auch die weiteren größeren Einteilungen der *Yconomica* nur *zum Teil* originell. Es wurde gesagt, dass Bartholomäus den Kommentar des Durandus von Alvernia (höchstwahrscheinlich) nicht kannte und somit keine direkte Kommentarvorlage für seine *Yconomica*-Auslegung besaß. Dem scheint eine wichtige Bemerkung entgegenzustehen, die Bartholomäus weiter unten, in einem der *notanda* in Bezug auf die oben erwähnte *divisio* der *Yconomica* macht. Es ist übrigens das erste und letzte Mal in seinem Kommentar, dass man einer derartigen Bemerkung begegnet: Er verweist darauf, dass einige Bücher (*aliqui libri*) anzudeuten schienen, dass mit dem Satz „*Videndum ergo de Yconomica et quid sit opus eius*" bereits die *Ausführung* (*executio*) beginne. Dies sei aber unlogisch. Damit wäre nämlich die Formulierung der Werkabsicht (*intentio*) nicht in der Einleitung enthalten, sondern in der Ausführung selbst, was aber lächerlich sei.[13]

Was meint Bartholomäus aber mit *aliqui libri*? Betrachtet man die *divisio textus* im *Yconomica*-Kommentar des Durandus von Alvernia, so fällt auf, dass Durandus die *Yconomica* auch in eine Einleitung und eine Ausführung gliedert. Dabei tut er gerade das, worauf sich die Kritik des Bartholomäus richtet. Er lässt die Ausführung bereits mit dem Satz *Videndum ergo quid sit Yconomica et quid sit opus eius* beginnen, mit jenem Satz also, den Bartholomäus noch zur Einleitung rechnet. Meint Bartholomäus mit den *aliqui libri* also den Kommentar des Durandus?[14]

Vergleicht man außerdem die weitere Binnengliederung des Prohemium bei Durandus mit der des Bartholomäus, so fällt auf, dass beide, bis auf eine kleine Ausnahme, identisch sind. Hat Bartholomäus den rund ein Jahrzehnt älteren Kommentar seines Kollegen also doch gekannt? Dehnt man den Vergleich der *divisio textus* der beiden Kommentare auf den weiteren Text der *Yconomica* aus, so bemerkt man allerdings, dass die Gemeinsamkeiten sehr rasch wieder geringer werden.

---

f. 81vb: „Adhuc prima diuiditur in duo partes, quia primo ponit quedam preambula ad manifestationem intentionis sue. Et in secunda parte ex hiis conludit intentionem eius. Secunda ibi: *Videndum ergo*, et cetera." Siehe unten (Anhang), S. 395–396.

[13] Bartholomaeus de Brugis: Scriptum Yconomice Aristotilis, Bologna, BU 1625, f. 82vb: „Sciendum autem est, quod aliqui libri videntur innuere, quod incipit hic executio, quod non videtur rationale, quia sic in prohemio non habetur intentio, sed in executione, quod videtur ridiculum."

[14] Durandus von Alvernia: Scriptum supra Yconomiam Aristotilis, Hg. v. Flüeler: Die aristotelische Yconomica im lateinischen Mittelalter (wie Anm. 11), S. 321: „Diuiditur autem iste liber in duas partes: in prohemium et executionem. Et incipit secunda pars ibi: *Videndum ergo*…"

Einige große Einteilungen der *Yconomica* sind in beiden Kommentaren zwar noch ähnlich, in der Feingliederung des Textes unterscheiden sie sich aber dann doch erheblich voneinander. Darüber hinaus sind auch die *notanda* in beiden Kommentaren inhaltlich sehr unterschiedlich.[15]

Wie lässt sich also der Verweis auf die *aliqui libri* und die Gleichheit der *divisio textus* des Prologs bei Durandus und Bartholomäus erklären? Wie bereits erwähnt, hat Bartholomäus bei der Abfassung seines Kommentars als Textvorlage die in Paris BN lat. 16089 verwahrte Abschrift der *translatio Durandi* verwendet und hier *eigenhändig*, mit einer Tintenfeder, seine Kapiteleinteilung sowie eine Reihe von Marginal- und Interlinearglossen eingetragen. Nun enthält aber bei sehr genauem Hinsehen dieselbe Abschrift, neben denen des Bartholomäus, noch zahlreiche Spuren weiterer, heute völlig unlesbarer mittelalterlicher *Bleistiftnotizen*. Diese sind deshalb unlesbar, weil Bleistift viel weniger zeitresistent ist als Tinte. Es ist nicht auszuschließen, dass diese Bleistiftnotizen zumindest einige der *divisiones textus* des Ökonomik-Kommentars des Durandus enthielten. Doch bleibt dies Spekulation des Historikers. Wie schon eingangs gesagt, lässt sich die Frage, ob Bartholomäus den Kommentar des Durandus tatsächlich nicht gekannt hat, oder ihn nur (weitgehend) ignoriert hat, zu diesem Zeitpunkt nicht mit Sicherheit beantworten.

Doch zurück zur *divisio textus* des Bartholomäus. Auf die *divisio* des Prologs folgt nun am Anfang des zweiten Kapitels des Kommentars die Gliederung der *executio scientiae*, also des restlichen Teils der *Yconomica*. Dieser beginnt, Bartholomäus zufolge, mit dem Satz *Pars vero domus homo et possessio*. Hier beginne, schreibt Bartholomäus, die Ausführung der Wissenschaft. Die *executio scientiae* gliedere sich wiederum in zwei Abschnitte. Der erste ende mit dem ersten Buch der *Yconomica*, der zweite umfasse das gesamte zweite Buch. Im ersten Abschnitt, also in jenem, der bis zum Ende des *liber primus* reicht, behandle Aristoteles die sogenannten *partes materiales* und die sogenannten *partes subiectiue* der *Yconomica*. Was damit gemeint ist, soll weiter unten verdeutlicht werden. Gleichzeitig, so Bartholomäus, behandle Aristoteles in diesem ersten Teil der *executio* teilweise auch (*aliqualiter determinat*) die Beziehung zwischen Mann und Frau, Vater und Sohn sowie Herrn und Diener, also die sogenannte „eheliche", „väterliche" und „despotische" Beziehung. Im zweiten Teil der *executio* (der für Bartholomäus, wie gesagt, identisch mit dem zweiten Buch ist) kehre Aristoteles zur Beziehung von

---

[15] zur *divisio textus* im Kommentar des Durandus von Alvernia siehe Flüeler: Die aristotelische Yconomica im lateinischen Mittelalter (wie Anm. 11), S. 285–290.

Mann und Frau zurück. Der Stagirit habe nämlich, erklärt Bartholomäus, diese Beziehung im ersten Buch nur unvollständig behandelt. Im zweiten Buch untersuche er sie nun vollständig. Bartholomäus vergisst nicht zu erklären, *weshalb* Aristoteles auf die Beziehung von Mann und Frau noch ein zweites Mal eingeht. Diese habe nämlich vor den anderen Beziehungen der Hausgemeinschaft Vorrang, weil sie ihnen vorstehe und diese ihr dienten. Zugleich füge in diesem zweiten Teil Aristoteles einiges, wenn auch nicht vieles, über die anderen zwei Beziehungsformen hinzu.[16]

Bartholomäus greift hier auf zwei Konzepte zurück, die ihren Ursprung in aristotelischen Schriften haben, und wendet sie *parallel* als Einteilungskriterien auf den Text der *Yconomica* an. Das erste Konzept stellt eine Ausformung der aristotelischen Materie-Form-Lehre dar. Es ist die Vorstellung, dass eine Wissenschaft aus sogenannten *partes materiales* und aus *partes subiectivae* oder *formales* besteht. Unter den *partes materiales* sind hier die *Grundbestandteile* der Hausgemeinschaft zu verstehen, also das, woraus eine Hausgemeinschaft besteht und worauf sich die *scientia yconomica* folglich bezieht. Mit den *partes subiectiuae* sind hier die *Arten* oder die *Formen* ökonomischen Handelns gemeint.[17]

Das zweite aristotelische Konzept, das Bartholomäus als Einteilungsprinzip verwendet, entnimmt er der *Nikomachischen Ethik* und der *Politik*. Es ist die aristotelische Vorstellung, dass eine Hausgemeinschaft aus drei *communitates* (oder *communicationes*) besteht: aus der Gemeinschaft von Mann und Frau, von Vater und Sohn und von Herrn und Sklaven.[18]

Aus der Perspektive des *Umgangs* mit der *Yconomica* ist diese *divisio textus* der *executio scientiae* von zweifacher Bedeutung: Zum einem erfährt hier der Text der *Yconomica* eine im wahren Sinne des Wortes *aristo-*

---

[16] Bartholomaeus de Brugis: Scriptum Yconomice Aristotilis, Bologna, BU 1625, f. 82vb: „Et diuiditur in duas partes, quia primo determinat de materia et partibus materialibus et etiam subiectiuis yconomice, et simul cum hoc aliqualiter determinat de communicatione viri et uxoris, que dicitur nuptialis, et parentum et filiorum, que dicitur paterna, et domini et serui, que dicitur despotica. Et quia principalior communicatio habet esse inter virum et uxorem, illa enim principatur aliis et alie sibi famulantur, ideo secundo, quia de ea incomplete in primo libro determinauit, regreditur ad determinandum de ea complete. Et cum hoc aliqua, licet pauca, interferit de aliis communicationibus. Secunda pars incipit in principio secundi libri, cum dicit: *Bonam mulierem*, et cetera." Siehe unten (Anhang), S. 398 und 405.

[17] zu Aristoteles' Materie-Form-Lehre einleitend David Ross: Aristotle (6. ergänzte Auflage) London–New York 1995, S. 173–179.

[18] siehe oben, S. 45–49 und 61–62.

telische Ausdeutung. Er wird aristotelisiert. Dem Aufbau der *Yconomica* liegen also in der Interpretation des Bartholomäus zwei aristotelischem Schrifttum entlehnte Konzepte zugrunde: die Materie-Form-Lehre und die Vorstellung, dass eine Hausgemeinschaft aus drei *communicationes* besteht.

Noch bemerkenswerter ist aber folgendes: Dank der parallelen Verwendung dieser zwei aristotelischen Konzepte als Einteilungskriterien gelingt es Bartholomäus, die zwei Bücher der *Yconomica* inhaltlich plausibel miteinander zu verbinden, ohne dabei ihren Inhalt forcieren zu müssen. Indem er dem Text als erstes Gliederungsprinzip die aristotelische Lehre von den drei *Communitates* einer Hausgemeinschaft zugrundelegt, rechtfertigt er die Existenz des zweiten Buches der *Yconomica* und macht es zur logischen Folge des ersten Buches: Eine Ökonomik als Wissenschaft vom Hause muss, so der zugrundeliegende Gedankengang, die *commicatio nuptialis*, *paterna* und *despotica* behandeln. Da aber, so die Begründung der Existenz des *liber secundus*, die *communicatio nuptialis* die wichtigste der drei aristotelischen Beziehungen in einer Hausgemeinschaft darstellt, kehrt Aristoteles zu ihr noch einmal im zweiten Buch zurück und behandelt sie dort ausführlich. Indem der Kommentator ferner *parallel* zum aristotelischen Konzept der drei *communitates domesticae* im ersten Buch der *Ökonomik* das ebenfalls aristotelische *Materia-Forma*-Konzept als Gliederungsprinzip verwendet, kann er zugleich dem Inhalt des ersten Buches der *Yconomica* besser gerecht werden. Dieser ließe sich nämlich nur schwer *allein* im Schema der drei *Communitates domesticae* unterbringen.

Wie sieht im Verständnis des Bartholomäus die weitere Binnenstruktur der *Yconomica* aus? Auf seine Gliederung des *liber secundus* soll weiter unten detailliert eingegangen werden, hier seien lediglich die wichtigsten *divisiones* des ersten Buches erwähnt. Wie bereits gesagt wurde, behandelt der Stagirit, Bartholomäus zufolge, im ersten Buch die Grundbestandteile der Hausgemeinschaft (*partes materiales*) und die *partes subiectivae*, mit denen er hier, frei übersetzt, *Arten ökonomischen Handelns* meint. Die Abhandlung über die *partes materiales* beginne, so Bartholomäus, sofort nach dem Prolog, diejenige über die *partes subiectivae* an der Stelle, wo Aristoteles sagt „*Species vero yconomi quatuor etc.*", also erst im letzten Viertel des *liber primus*. Bartholomäus lässt nun eine weitere Gliederung des Teils, in dem es um die Formen ökonomischen Handelns gehen soll (*partes subiectivae*), vorerst auf sich beruhen und wendet sich einer weiteren Gliederung der Abhandlung über die *partes materiales* zu. Diese gliedere sich in zwei Abschnitte. Der erste Abschnitt beginne mit dem Satz „*Pars vero domus homo et possessio*", also mit jenem Satz, der nach dem Prolog folgt, und reiche bis zum Satz „*Hoc autem est, qualem oportet eam esse instruere*". In der Kapiteleinteilung des Bartholomäus ist es das zweite Kapitel der *Yconomica*. Aristoteles, erklärt Bartholomäus in der *divisio textus*, zähle hier die Bestandteile der Hausgemeinschaft auf. Der Artes-Magister wird diese Passage in der *expositio litterae* und den *notanda* im folgenden Sinne interpretieren: Der Stagirit nenne hier zuerst die ersten und universellen Bestandteile einer Hausgemeinschaft, *Mensch* und *Besitz* (homo et possessio). Anschließend gliedere er diese in deren Teile. Dies seien beim Menschen Mann und Frau und beim Besitz die Besitzungen *außerhalb* des Hauses, wie etwa Felder und der Besitz *im* Hause, darunter in erster Linie die Diener.[19]

Am Anfang des dritten Kapitels seines Kommentars befindet sich die *divisio textus* des zweiten Abschnitts der Abhandlung über die *partes materiales*: Im zweiten Abschnitt, der sich vom Satz „*Possessionis autem prima cura*" bis hin zum Beginn der Abhandlung der *partes subiectivae* erstreckt, behandle (*determinat*) nun Aristoteles diese soeben aufgelisteten *partes materiales* der Hausgemeinschaft. Diese *determinatio* der *partes materiales* gliedere sich selbst in drei größere Abschnitte: Mit dem Satz „*Possessionis autem prima cura*" beginne die Erörterung des *Besitzes außerhalb des Hauses*. Bartholomäus bezieht sich hier auf die knappen Ausführungen des *liber primus* zum Thema Landwirtschaft. In seiner Kapiteleinteilung bilden sie das dritte Kapitel. Besonders wichtig ist im Zusammenhang mit dieser Untersuchung der zweite große Abschnitt der *determinatio* über die *partes materiales* der *Yconomica*. Dieser reiche vom Satz „*Ominibus des coniuge prima cura*" bis „*Ornatus autem nichil differens est locutionis tragediarum in apparatu ad invicem*". Er umfasst also genau jene Passage des ersten Buches der *Yconomica*, in der der Autor des *liber primus* die Lebensgemeinschaft von Mann und Frau thematisiert. Der *divisio textus* des Bartholomäus zufolge handle hier Aristoteles *de homine*. In seiner Kapiteleinteilung ist dies das vierte Kapitel. Später wird Bartholomäus seine Bestimmung des Inhalts dieses Teils noch einmal präzisieren und sagen, Aristoteles handle hier „*de homine communiter, sive generaliter sumpto,*

---

[19] Bartholomaeus de Brugis: Scriptum Yconomice Aristotilis, Bologna, BU 1625, f. 82vb: „Adhuc prima diuiditur in duo, quia primo determinat de materia et partibus materialibus yconomice et secundo determinat de eius partibus subiectiuis. Secunda ibi: *Species vero yconomi quatuor*. Ad huc prima in duo, quia primo enumerat partes materiales yconomice et secundo de eis determinat. Secunda ibi: *Possessionis autem prima cura*." Zur *expositio litterae* und den *notanda* zu dieser Passage: Ibid., ff. 83ra–83rb; siehe unten (Anhang), S. 398 und 403.

scilicet prout comprehendit virum et mulierem". Der dritte und letzte Abschnitt der *determinatio* der *partes materiales* reiche schließlich vom Satz „*De possessionibus autem primum quidem ac magis necessarium quod optimum et principalissimum*" bis zum Satz „*volunt enim laborare, quando meritum est et tempus determinatum*". Es ist nach Bartholomäus das fünfte Kapitel der *Yconomica*. Es handelt sich um jene Passage der *Yconomica*, in der vom Umgang mit Dienern die Rede ist. Der *divisio textus* des Bartholomäus zufolge, erörtere hier Aristoteles den *Besitz im Hause*. Am Anfang des fünften Kapitels wird er dies noch näher ausführen: Nachdem Aristoteles im ersten Abschnitt seiner Erörterung der *partes materiales* der Hausgemeinschaft die Besitzungen außerhalb des Hauses behandelt habe, beginne er hier, um seine Abhandlung über den Besitz zu vervollständigen, den Besitz im Hause zu behandeln. Da die wichtigste der „internen" Besitzungen der Diener (*servus*) sei, behandle er in diesem Kapitel vor allem und fast ausschließlich den Diener.[20]

Die Einteilung des *liber primus* in eine Abhandlung über die *partes materiales* und die *partes subiectiuae* resultiert bei Bartholomäus aus der Anwendung des Materia–Forma–Prinzips auf die Hausgemeinschaft. Dass Bartholomäus den Inhalt jenes Teils des *liber primus*, den er als eine Abhandlung *de partibus materialibus* definiert hat, als eine Erörterung des Besitzes außerhalb des Hauses, des Menschen und des Besitzes im Hause verstehen kann, hat hingegen folgende Gründe: Der Magister der Artes liest den Satz „*Pars vero domus homo et possessio*", „die Teile des Hauses sind Mensch und Besitz", als eine quasi *programmatische Aufzählung* der Grundbestandteile einer Hausgemeinschaft. Er

---

[20] Bartholomaeus de Brugis: Scriptum Yconomice Aristotilis, Bologna, BU 1625, f. 83va: „Hic incipit tertium capitulum huius primi, quod sic continuatur ad precedens: Postquam Philosophus in capitulo precedenti enumerauit partes materiales yconomice, hic incipit determinare de eisdem. Et diuiditur in tres partes, quia primo determinat de possesione exteriori, uel extra domum, eo quod preuia est ad alias partes naturales yconomice. Secundo determinat de homine, et tertio, ut compleat tractatum de possessione, redit et determinat de possessione interiori vel intra domum. Secunda ibi: *Omnibus enim de coniuge*. Tertia ibi: *De possessionibus autem*."; siehe unten (Anhang), S. 398–401; ibid., f. 84[ra]: „Postquam Philosophus superius diuisit communitatem domesticam in hominem et possessionem tamquam in suas partes primas et determinauit de possessione extra domum, in isto capitulo incipit determinare de homine communiter, seu generaliter sumpto, scilicet, prout comprehendit virum et mulierem." und ibid.: f. 86[ra]: „Hoc est quintum huius primi, quod sic continuatur ad precedentia. Postquam Philosophus superius determinauit de possessionibus extra domum, seu exterioribus, in ista parte, ut compleat tractatum de possessione, regreditur (om.) ad determinandum de possessione interiori seu intra domum. Et quia principalissima possessionum interiorum est seruus, ideo in hoc capitulo maxime et quasi totaliter determinat de seruo."

erwartet, dass im folgenden Text Aristoteles genau diese zwei „Teile" der Hausgemeinschaft, *homo et possessio*, behandeln wird. Seine *divisio textus* entspringt dieser Erwartungshaltung. Dadurch wird auch verständlich, weshalb er die Passage über die Beziehung von Mann und Frau als ein Traktat *de homine* deuten kann. Dieser Erwartungshaltung entspricht außerdem, dass er die zwei Abschnitte des *liber primus*, in denen von der Landwirtschaft und den Umgang mit Dienern die Rede ist, als Traktate über *äußere* und *innere Besitzungen* deuten kann. Seiner Deutung kommt freilich entgegen, dass der Autor der *Yconomica* am Anfang beider Passagen, einmal im Bezug auf die Landwirtschaft, einmal im Bezug auf die Diener, tatsächlich den Ausdruck *possessio* verwendet.

Außerdem bildet den Hintergrund dieser Deutung des Textes die Bartholomäus gut bekannte *Politik* des Aristoteles, in deren Lichte er hier die *Ökonomik* interpretiert. Aus der *Politik* weiß Bartholomäus nämlich, dass ein Diener ein *beseeltes Ding* seines Herrn, und damit Besitzstück ist, und dass ein Haus aus Mann, Frau und Diener bestehen muss. Auf die Parallelität der *Politik* und der *Ökonomik* weist er übrigens explizit in einem *notandum* hin.[21]

Wie schon gesagt wurde, hat Bartholomäus die *divisio textus* des Durandus von Alvernia bis zu einem gewissen Grade gekannt, ohne allerdings (wahrscheinlich) den Kommentar selbst zu kennen. An dieser Stelle sei lediglich ein knapper Vergleich des Grundschemas, das die *divisiones textus* beider Kommentare in die *Yconomica* hineindeuten, durchgeführt. Zunächst fällt auf, dass Durandus die *Yconomica* in genau dieselben großen Textabschnitte einteilt wie Bartholomäus. Der einzige Unterschied besteht darin, dass Durandus den Satz *Videndum ergo de Yconomica et quid sit opus eius* nicht mehr zum Prohemium rechnet. Jedoch unterscheidet sich die *divisio textus* des Durandus von der des Bartholomäus in der *Interpretation* dieser Abschnitte. Beide stimmen noch darin überein, dass sich die *Yconomica* aus einer Einleitung und einer *executio scientiae* zusammensetzt, wenngleich sie die Einleitung unterschiedlich enden lassen. Die Unterschiede fangen in der inhaltlichen Definierung der einzelnen Teile der *executio* an. Auch Durandus legt seiner Interpretation der *Yconomica* als Deutungsschema das aristote-

---

[21] siehe oben, S. 59–61.; Aristoteles: Politicorum libri octo cum vetusta translatione Guilelmi de Moerbeka, Hg. v. Franciscus Susemihl, Leipzig 1872, S. 14: „…seruus [est] res possessa animata…"

lische Konzept der Beziehungsformen einer Hausgemeinschaft sowie die Materia–Forma–Lehre zugrunde. Beide Autoren verwenden aber diese Konzepte auf eine unterschiedliche Weise. Für Durandus stellen die Ausführungen des ersten Buches, die nach der Einleitung folgen, eine Abhandlung über die *communitas despotica*, also über die Beziehung zwischen Herrn und Diener dar. Diese sei, so Durandus, die *Yconomica proprie dicta* und die Voraussetzung der anderen zwei Beziehungen einer Hausgemeinschaft. Das zweite Buch sei hingegen eine Abhandlung über die *Yconomica specialis*, d.h. über die Beziehung von Vater und Sohn bzw. von Mann und Frau. Erst *innerhalb* dieser Abhandlung über die *communicatio despotica* im *liber primus* der *Yconomica* unterscheidet Durandus genauso wie Bartholomäus einen Teil, der von den *partes materiales* und einen zweiten Teil, der von den *partes subiectivae* handelt. Hier liegt also der erste große Unterschied zur *divisio textus* des Bartholomäus. Dieser verwendet in seiner *divisio textus* die zwei aristotelischen Gliederungsprinzipien *parallel*. Durandus hingegen versucht, die gesamte *Yconomica* in das Schema der *communicationes domesticae* zu zwingen.

Auch in der Interpretation der Binnengliederung des Traktats über die *partes materiales* unterscheiden sich beide Kommentatoren voneinander: Bartholomäus hat die Abhandlung *de partibus materialibus* in drei Teile aufgeteilt. Durandus gliedert sie zwar in dieselben Teile, er gibt ihnen aber eine andere Interpretation. Bartholomäus hat in den Passagen des Traktats *de partibus materialibus* eine Untersuchung der *possessiones extra domum*, des *homo prout includit virum et mulierem* und schließlich *der possessiones in domo* gesehen. Anders bei Durandus: Auch er verwendet die Aussage der *Yconomica*, Teile eines Hauses seien *Mensch* und *Besitz*, als Deutungsschema für den gesamten Abschnitt der *Ökonomik*. Während aber Bartholomäus in ihm einen separaten Abschnitt *de homine* und zwei Abschnitte *de possessione* identifiziert, liest Durandus den gesamten Teil *De partibus materialibus* als eine *tractatio de possessione*. Die Ausführungen über die Landwirtschaft sind für ihn genauso wie für Bartholomäus eine Abhandlung *de possessione extra domum*. Anders als bei Bartholomäus folgt bei Durandus aber sofort danach eine *tractatio de possessione in domo*. Diese sei *zugleich* eine Abhandlung *de homine*. Aristoteles behandle hier nämlich, so Durandus, den Menschen, verstanden als Ehefrau und als Diener. In diesem Sinne könne der Mensch als *possessio*, Besitz, verstanden werden. Durandus gliedert nun diese Erörterung *de possessione in domo*, die *zugleich* eine Erörterung *de homine* ist, in zwei Teile: Im ersten Teil (Bartholomäus' Traktat *de homine*) spreche er, Durandus zufolge, über die *possessio*, die die Ehefrau darstellt, im zweiten Teil, dem Dienertraktat, über die *possessio*, die der Diener darstellt.[22]

Es wäre freilich wenig sinnvoll, die divisiones textus beider Autoren nach heutigen Kriterien beurteilen zu wollen. Man kann allerdings, vom gemeinsamen Textverständnis beider Autoren ausgehend, die Frage stellen, wer von ihnen dem Text der *Yconomica* besser gerecht geworden ist. Nun gehen beide davon aus, dass die *Yconomica* eine wissenschaftliche und streng strukturierte Abhandlung darstellt, in der einerseits von den *partes materiales* und den *partes subiectivae* der *Ökonomik*, andererseits von den drei *communicationes* eines aristotelischen *Oikos* die Rede ist. Vergleicht man, wie die zwei Kommentatoren in ihren *divisiones textus* diese Deutungsmuster auf den Text der *Yconomica* anwenden, so muss eindeutig gesagt werden, dass die Art und Weise, wie Bartholomäus es tut, dem Inhalt der *Yconomica* besser gerecht wird als die *divisio* seines älteren Kollegen.

Soweit zur Grundstruktur, die Bartholomäus in der *Yconomica* vorzufinden glaubt. Im folgenden soll nun detailliert auf die *divisio textus* jener Teile des aristotelischen Traktats eingegangen werden, in denen konkret über die Beziehung zwischen Mann und Frau gesprochen wird. Der Gliederung des Textes der *Yconomica* in ihre größeren Abschnitte lagen, wie gesehen, gewisse Erwartungen an einen wissenschaftlichen Text zugrunde. Dies trifft genauso bei der detaillierten *divisio* der Passagen über die Beziehung von Mann und Frau zu.

Bartholomäus interpretiert die Passage des ersten Buches der *Yconomica*, in der die Beziehung von Mann und Frau thematisiert wird, als ein Traktat *de homine*, da er in seiner *divisio textus* diese Passage der *Yconomica* als einen Teil der Untersuchung der sogenannten *partes materiales*, d. h. der Grundbestandteile der Hausgemeinschaft versteht.

Dieses vierte Kapitel besteht, Bartholomäus zufolge, aus drei *partes*. Den ersten Teil bilde der erste Satz der Passage: „*Omnibus enim de coniuge prima cura*", die erste Sorge aller gilt der Ehefrau. Der griechische Philosoph, so Bartholomäus, formuliere in diesem ersten Satz den Hauptgedanken (*proponit quod intendit*) des gesamten Traktats *de homine*. Der zweite Teil bestehe aus dem folgenden Satz: „*Communicatio namque naturaliter femine atque masculo est precipue*", „*die Beziehung von Mann und Frau ist nämlich natürlich*". Aristoteles *begründe*, so die Deutung des Bartholomäus, in

---

[22] zur *divisio textus* im Kommentar des Durandus von Alvernia Flüeler: Die aristotelische Yconomica im lateinischen Mittelalter (wie Anm. 11), S. 285–290.

diesem Teil den im vorhergehenden Satz formulierten Hauptgedanken (*propositum probat*). Der dritte Teil bestehe schließlich aus dem Rest der Passage *de homine*. Aristoteles erkläre hier, was er in der Begründung der Hauptaussage vorausgesetzt habe (*quoddam in probatione suppositum declarat*). Weiter unten wird Bartholomäus den Inhalt dieses dritten „Teils" näher erläutern: Weil Aristoteles in der vorangehenden Begründung des ersten Teils nur *vorausgesetzt* habe, dass die Beziehung von Mann und Frau natürlich sei, erläutere er es hier.[23]

Den dritten und längsten Teil des Traktats *de homine* bildet also gemäß der *divisio textus* die Erläuterung des Postulats der Natürlichkeit der Ehe. Aristoteles beginne, Bartholomäus zufolge, zuerst damit, dass er zunächst drei „Vernunftbeweise" für die Natürlichkeit der Ehe (*tribus rationibus probat propositum*) erbringt.[24]

Im ersten und längsten „Vernunftbeweis" begründe Aristoteles die Natürlichkeit der Gemeinschaft von Mann und Frau mit den Worten: *„Suppositum est quidem enim a nobis in aliis, quoniam multa huiusmodi natura operari affectat sicut et animalium unumquodque. Impossibile tamen feminam sine masculo et masculum absque femina hoc efficere, quare de necessitate eorum consistit in communicatione societas."* Im Anschluss daran führe er, immer noch innerhalb des ersten Beweises der Natürlichkeit der Ehe, einen Vergleich mit der Geschlechtergemeinschaft in der Tierwelt an: *„In aliis quippe animalibus irrationabiliter id existit, et in quantum nature participant, in tantum, solummodo prolis gratia procreande. In viris autem et prudentioribus magis est dearticulatum. Apparent etiam magis auxilia facta et amicitie et inuicem. In homine tamen magis, quoniam non solum essendi, verum etiam bene essendi cooperatores sibi inuicem masculus et femina sunt."*[25]

Die Worte, die nun folgen, stellen, gemäß der *divisio textus* den zweiten Beweis der Natürlichkeit der Lebensgemeinschaft von Mann und Frau dar: *„Et filiorum natura non ministerii causa nature solum, sed etiam utilitatis. Que enim potentes impotentibus fecerint, iterum reportant a potentibus in senio impotentes effecti."*[26]

---

[23] Bartholomaeus de Brugis: Scriptum Yconomice Aristotilis, Bologna, BU 1625, f. 84^(ra); siehe unten (Anhang), S. 399; In den meisten Abschriften der *Translatio durandi* ist zu lesen: *Hominibus enim de coniuge prima cura*. In der Abschrift, auf die sich Bartholomäus stützt, steht hingegen *Omnibus enim*...
[24] Bartholomaeus de Brugis: Scriptum Yconomice Aristotilis, Bologna, BU 1625, f. 84^(rb); siehe unten (Anhang), S. 399–400.
[25] Bartholomaeus de Brugis: Scriptum Yconomice Aristotilis, Bologna, BU 1625, f. 84^(rb); siehe unten (Anhang), S. 391.
[26] Bartholomaeus de Brugis: Scriptum Yconomice Aristotilis, Bologna, BU 1625, f. 84^(rb); siehe unten (Anhang), S. 391.

Gleich darauf folge schließlich der dritte und letzte Beweis: „*Simul aut et natura replet hac peryodo semper esse, cum per numerum nequeat, per speciem tamen. Sic preordinata fuit a divino utriusque natura masculi et femine ad communitatem*".[27]

Aristoteles hat damit, der Interpretation des Bartholomäus zufolge, die Natürlichkeit der Ehe mit drei *rationes* bewiesen. Inwiefern diese drei Textstellen „Vernunftbeweise" darstellen, wird er näher in den *notanda* erklären. Als nächsten Punkt in seiner Erläuterung der *naturalitas* der Lebensgemeinschaft von Mann und Frau zeige Aristoteles im weiteren Textverlauf, dass Mann und Frau für ihr Zusammenleben mit aufeinander hingeordneten Fähigkeiten (*virtutes*) ausgestattet seien: „*assumpta enim ad hec omnia utilem habere virtutem, sed quedam ad contraria quidem, ad idem vero conuentientia; aliud quidem enim fortius, aliud vero fragilius fecit, ut illud magis se custodiat pre timore, illud vero ulciscatur pre fortitudine, et illud quidem querat que foris sunt, illud vero salvet que sunt intus; et ad operationem illud quidem potens esse robustum, illud vero ad exteriora negotia debile, illud vero ad quietem deterius, ad motus autem salubrius.*"[28]

In den *notanda* wird Bartholomäus diese *divisio textus* noch einmal korrigieren. Demnach enthält dieser Teil nicht drei *rationes* für die Begründung der Natürlichkeit der Ehe, sondern fünf: Die soeben zitierte Aussage über die komplementären Fähigkeiten von Mann und Frau wären damit kein fortführender Gedanke, sondern eigentlich eine weitere Begründung (*ratio*) für die Natürlichkeit der Ehe. Genauso wäre jener Abschnitt, in dem Aristoteles den Unterschied zwischen der *communicatio* bei Menschen und bei Tieren hervorhebt, nicht nur ein Anhang der ersten *ratio* sondern ein eigenständiger Beweis der Natürlichkeit der Ehe. An dieser Korrektur wird deutlich, dass die *notanda* einen späteren Arbeitsschritt darstellen, der folgte, als die *divisio textus* bereits abgeschlossen war.[29]

Schließlich folgere Aristoteles, fährt Bartholomäus in der *divisio* der Passage *de homine* fort, aus dem, was er bis dahin über die Natürlichkeit

---

[27] Bartholomaeus de Brugis: Scriptum Yconomice Aristotilis, Bologna, BU 1625, f. S. 84rb; siehe unten (Anhang), S. 400.
[28] Bartholomaeus de Brugis: Scriptum Yconomice Aristotilis, Bologna, BU 1625, f. 84rb; siehe unten (Anhang), S. 400.
[29] Bartholomaeus de Brugis: Scriptum Yconomice Aristotilis, Bologna, BU 1625, f. 84va (in bezug auf die Passage *In aliis quippe animalibus*): „Et sciendum, quod posset rationabiliter dici, quod hec est secunda ratio ad ostendendum propositum." und f. 85rb (in Bezug auf die Passage *assumpta enim ad hec*): „Sciendum autem est, quod posset dici conuenienter, quod hoc est quarta vel quinta ratio ad propositum…"

der Beziehung von Mann und Frau gesagt habe, ein sogenanntes *correlarium*. Unter einem *correllariüum* versteht Bartholomäus eine beiläufige Aussage: „*Et de filiis generationem quidem propriam, utilitatem vero communem. Horum quidem enim nutrire, horum vero docere est*"[30]

Aristoteles hat damit Bartholomäus zufolge *bewiesen*, dass die Gemeinschaft von Mann und Frau eine Naturgegebenheit darstellt. Den weiteren Ablauf des Traktats *de homine* bilden gemäß der *divisio textus* vier sogenannte *documenta*. Mit dem Begriff „*documentum*" meint hier Bartholomäus *ethische Handlungsanweisungen*. Sie stellen für ihn den zweiten Teil und damit eine Art Fortsetzung seiner Abhandlung über die Natürlichkeit der Ehe dar. Die erste *Handlungsanweisung* werde in folgendem Satz zum Ausdruck gebracht: „*Primo quidem igitur leges ad uxorem, non iniuriari. Sic enim utique nec ipse iniuriam patietur. Hoc etiam et commmunis lex sequitur, sicut et Pithagorici dicunt tamquam famulam ductam de lare nequaquam decet opinari iniuriari. Iniuria quoque viri coniunctiones que foris funt.*" Hierauf folge das zweite *documentum*: „*De coitu vero nec tanquam indigere nec absentium continere non posse, sed taliter uti, quod sufficiat presente et non presente.*" Die dritte Handlungsanweisung formuliere der nächste Satz: „*Bene etiam habet quod Ysiodus dicit: Oportet puellam ducere, ut doceat bonos mores. Nam dissimilitudines morum nequaquam amabile.*" Das Traktat *de homine* ende mit dem vierten und letzten *documentum*: „*De ornatu vero etiam sicut nec moribus oportet elatos invicem appropinquare, sic nec corporibus. Ornatus autem nichil differens est locutiones tragediarum in apparatu ad invicem.*"[31]

Durch seine *divisio textus* prägt Bartholomäus dem Abschnitt des ersten Buches, das die Beziehung von Mann und Frau behandelt, eine ganz bestimmte Deutung auf: Die Passage erhält in der Interpretation des Bartholomäus den Charakter einer *deduktiv vorgehenden moralwissenschaftlichen Beweisführung*. Aristoteles stelle zuerst eine *Behauptung* auf (*proponit quod intendit*), nämlich die, dass der Mann am meisten für seine Ehefrau zu sorgen habe. Zweitens *begründe* er sie (*propositum probat*), und zwar mit dem Verweis auf die *Natürlichkeit* der ehelichen Beziehung. Drittens *erläutere* er die Annahme, auf der diese Begründung beruht (*quodam in probatione suppositum declarat*), eben das Postulat der Natürlichkeit der Ehe. Dieser dritte Teil, die Erläuterung der Natürlichkeit der Ehe, ist in der Interpretation des Bartholomäus der längste. Das Postulat der

---

[30] Bartholomaeus de Brugis: Scriptum Yconomice Aristotilis, Bologna, BU 1625, f. 85va; siehe unten (Anhang), S. 401.
[31] Bartholomaeus de Brugis: Scriptum Yconomice Aristotilis, Bologna, BU 1625, f. 85va; siehe unten (Anhang), S. 401.

Natürlichkeit der Beziehung von Mann und Frau wird nun selbst zu einer *propositio*, die mit drei (bzw. fünf) *Vernunftbeweisen* begründet wird. Hierauf folgt schließlich eine Serie von *vier ethischen Handlungsanweisungen* (documenta). Aristoteles geht also in der Ehepassage genau so vor, wie in einer moralwissenschaftlichen Abhandlung vorzugehen ist: Es werden ethische Prinzipien aufgestellt und rational begründet; aus ihnen werden konkrete ethische Handlungsanweisungen gefolgert. Bartholomäus überträgt hier auf die Ehepassage der *Yconomica* seine Vorstellung vom *procedere* der *scientia practica*. Dieselbe Vorgehensweise—eine *Propositio*, gefolgt von einer *probatio per rationes* und zum Schluss eine Serie von *documenta*—wird Bartholomäus auch in anderen Teilen des Textes vorfinden.

Bemerkenswert ist außerdem, dass Bartholomäus in seiner *divisio* den Großteil der Passage (Teil 3) als eine „wissenschaftliche Abhandlung" über die Natürlichkeit der Ehe deutet. Freilich erwähnt der Autor der *Yconomica* die *naturalitas* der *communicatio* von Mann und Frau. Dass aber Bartholomäus fast die gesamte Passage als eine Abhandlung über die Natürlichkeit der Ehe liest, entspringt der Tradition des philosophischen und theologischen Ehediskurses, in der er steht. Wie die Ausführungen im dritten Teil der Untersuchung gezeigt haben, war die Frage nach der Natürlichkeit der Ehe eines der zentralen Themen, die Philosophen und Theologen damals beschäftigte. Bartholomäus reagiert hier also auf die Ehepassage der *Yconomica* wie ein mittelalterlicher Leser und bindet sie durch seine Interpretation in die zeitgenössischen Ehediskurse ein.[32]

Wie gliedert Durandus von Alvernia diese Passage? Es soll hier nicht ein detaillierter Vergleich der beiden *divisiones textus* dieser Passage durchgeführt, sondern lediglich auf die bedeutendsten Ähnlichkeiten und Unterschiede hingewiesen werden. Beide Kommentatoren reagieren auf die Textpassage ähnlich. Auch Durandus versteht die Passage großenteils als eine Erörterung der *Natürlichkeit* der *communicatio viri et uxoris*. Außerdem deutet auch er in den Text der Passage eine rational-argumentative Struktur hinein. Im einzelnen weicht allerdings die *divisio textus* des Durandus von der seines jüngeren Kollegen deutlich ab. Sowohl seine *Gliederung* des Textes ist vielfach eine ganz andere als auch seine *Interpretation* der jeweiligen Textabschnitte. Grundsätzlich gilt, dass die Argumentationsstruktur, die Bartholomäus im Text zu

---

[32] Zum Konzept der Natürlichkeit der Ehe im Mittelalter siehe oben, S. 126–128 und 145–147.

identifizieren glaubt, wesentlich deutlicher und klarer ist, als die *divisio textus* des Durandus.[33]

Dieselbe Bestrebung, den Text als eine wissenschaftlich-rationale und systematisch strukturierte aristotelische Abhandlung zu deuten, charakterisiert auch die *divisio textus* des zweiten Buches der *Yconomica*, das als Ganzes von der Ehe handelt. Im Unterschied zum *liber primus* soll die *divisio textus* des zweiten Buches nur noch zusammenfassend vorgestellt werden.[34]

Wie Bartholomäus das zweite Buch der *Yconomica* allgemein deutet, ist bereits gesagt worden. Er verwendet als Deutungsschema der beiden Bücher der *Yconomica* das aristotelische Konzept der *domus* aus der *Nikomachischen Ethik* und der *Politik*, die sich aus drei Beziehungen zusammensetzt: Mann–Frau, Vater–Sohn, Herr–Diener. Das zweite Buch der *Yconomica* ist in seiner Interpretation eine Abhandlung über die erste der drei Beziehungsformen. Weil sie unter den dreien die wichtigste sei und weil er sie im ersten Buch nur unvollständig behandelt habe, komme hier Aristoteles auf sie noch ein zweites Mal zu sprechen und behandle sie vollständig und *secundum intentionem principalem*. Dabei füge er einiges, wenn auch nur weniges, über die weiteren zwei Beziehungsformen hinzu.[35]

Für die Frage nach der Interpretation der aristotelischen Texte über die Beziehung von Mann und Frau ist hierbei insbesondere die Bemerkung, Aristoteles behandle im zweiten Buch der *Yconomica* die Ehe *secundum intentionem principalem* von Bedeutung: Bartholomäus versteht demnach das zweite Buch der *Yconomica* als Abhandlung, in der die Ehe im *Mittelpunkt des Interesses* steht, und dies im Gegensatz zu den Ausführungen über die *communicatio viri et uxoris* im *liber primus*, wo demnach nur *beiläufig*, im Rahmen eines übergeordneten Themas, über die Beziehung von Mann und Frau die Rede ist.

Zunächst sei wieder auf die Grundstruktur, die Bartholomäus im zweiten Buch zu entdecken glaubt, eingegangen. Das zweite Buch

---

[33] Für die *divisio textus* im Kommentar des Durandus von Alvernia siehe Flüeler: Die aristotelische Yconomica im lateinischen Mittelalter (wie Anm. 11), S. 285–290.

[34] Bartholomaeus de Brugis: Scriptum Yconomice Aristotilis, Bologna, BU 1625, ff. 89va–96ra; siehe unten (Anhang), S. 405–415.

[35] Bartholomaeus de Brugis: Scriptum Yconomice Aristotilis, Bologna, BU 1625, f. f. 82vb: „Et quia principalior communicatio habet esse inter virum et uxorem, illa enim principatur aliis et alie sibi famulantur, ideo secundo, quia de ea incomplete in primo libro determinauit, regreditur ad determinandum de ea complete. Et cum hoc aliqua, licet pauca, interferit de aliis communicationibus. Secunda pars incipit in principio secundi libri, cum dicit: *Bonam mulierem*, et cetera."

besteht nach seiner Interpretation aus zwei sehr ungleichmäßigen Abschnitten. Im ersten, weit längeren Teil behandle Aristoteles das dem Ehemann und der Ehefrau jeweils *Eigene*, im zweiten Teil das beiden *Gemeinsame*. Dieser beginne im letzten Viertel des *liber secundus*, mit dem Satz „*Patet etiam et actor*". Der erste Teil gliedere sich wiederum in zwei weitere größere Abschnitte. Im ersten lege Aristoteles fest, wie die Ehefrau beschaffen sein soll („*determinat qualem oportet esse mulierem, siue dispositiones mulieris*"). Weiter unten wird er diesen Abschnitt noch etwas genauer bestimmen, und zwar als eine Abhandlung über die Sitten (*mores*) der Ehefrau und der für sie bestimmten Verhaltensnormen (*leges*). Der zweite große Abschnitt beginne mit dem Satz „*Vir autem leges a similibus adinueniat uxoris in usum*". Aristoteles bestimme hier, wie der Mann beschaffen sein solle, oder, wie er später sagen wird, welche Sitten er haben und welche Verhaltensnormen er einhalten müsse.[36]

Der *divisio textus* zufolge beginnt also das zweite Buch der *Yconomica* mit einer Abhandlung über das Verhalten der Ehefrau. In der Kapiteleinteilung des Bartholomäus bildet dieser Teil des *liber secundus* zugleich dessen erstes Kapitel. Welche inhaltliche Struktur glaubt Bartholomäus in diesem Kapitel vorfinden zu können? Aristoteles gehe der *divisio textus* zufolge nicht gleich auf das Verhalten der Ehefrau zu ihrem Mann ein, sondern bestimme zuerst, wie sich die Frau im Bezug auf verschiedene andere Dinge verhalten solle. Er zeige dabei zuerst, welches Verhältnis die Frau zu ihrem Haus und den Dingen des Hauses haben, zweitens, wie sie sich im Anschaffen von Kleidung und Nahrung verhalten solle. Drittens lege er schließlich dar, wie sie sich in außerhäuslichen und großen Angelegenheiten (*exteriora et magna negotia*) verhalten solle.[37]

---

[36] Bartholomaeus de Brugis: Scriptum Yconomice Aristotilis, Bologna, BU 1625, f. 89va: „Et diuiditur iste liber in duo partes, quia primo determinat quedam propria utrisque, scilicet tam viro, quam uxori. Et secundo determinat quedam communia eis, siue de quibusdam communibus eis. Secunda ibi: *Patet etiam actor*, versus finem libri. Adhuc prima in duo, quia primo determinat qualem oportet esse mulierem, siue dispositiones mulieris, secundo determinat, qualem oportet esse virum, seu dispositiones viri. Secunda ibi: *Vir autem leges.*" Siehe unten (Anhang), S. 405, 408, 413.

[37] Bartholomaeus de Brugis: Scriptum Yconomice Aristotilis, Bologna, BU 1625, f. 89va: „Ad huc prima in tres, quia primo ostendit, quomodo mulier se debet habere ad domum, et ad ea, que sunt in domo. Secundo, quomodo se debet habere ad victum et ad ornatum. Tertio, quomodo se debet habere ad exteriora et magna negotia. Secunda ibi: *Expensis*. Tertia ibi: *In ceteris autem.*" Siehe unten (Anhang), S. 405–406.

Darauf folge der zweite Teil des „Ehefrauenkapitels", in dem Aristoteles darlege, wie sich die Frau ihrem eigenen Mann gegenüber zu verhalten habe. In der Bologneser Abschrift beginnt hier der Kommentar mit einer neuen Initiale, wie beim Beginn eines neuen Kapitels. Aristoteles zeige hier zuerst, dass sich die Frau den Sitten ihres Mannes angleichen und sich nach ihnen richten müsse. Daraus folgere er in einem weiteren, recht langen Abschnitt ein sogenanntes *correlarium*. Frei übersetzt: er füge dem Gesagten noch eine beiläufige Überlegung hinzu. Bartholomäus bezieht sich hier auf jenen Teil des zweiten Buches, in dem sein Verfasser über den Beistand spricht, den eine Ehefrau ihrem Mann in schwierigen Zeiten leisten soll. Weiter unten wird er für diesen Teil der *Yconomica* noch eine zweite Interpretationsmöglichkeit vorschlagen: Demnach hätten wir es hier nicht allein mit einer *beiläufigen Überlegung* (*correllarium*) zu tun, sondern vielmehr mit einem *documentum*, d. h. einer auf den zuvor aufgestellten ethischen Prinzipien aufbauenden *ethischen Handlungsanweisung* („*ponit quodam documentum iuxta dicta*"). Die Struktur dieses *Documentum* ist der Analyse des Bartholomäus zufolge recht kompliziert: Aristoteles formuliere zuerst als ethisches Prinzip, dass eine Frau ihrem Mann in schwierigen Zeiten beistehen solle (*ponit correlarium, seu documentum*). Anschließend begründe er dieses durch drei Vernunftbeweise (*probat…tribus rationibus*). Der zweite und der dritte Vernunftbeweis enthalten dabei mehrere Teile. Zum Schluss füge er diesem Beweisverfahren noch ein Nachwort hinzu (*epilogat circa dicta*).[38]

Der folgende Satz „*Vir autem leges a similibus adinueniat uxoris in usum*" markiert in der *divisio textus* des Bartholomäus den Beginn des zweiten großen Abschnitts des ersten Teils des *liber secundus*. Aristoteles bestimme hier, wie der Ehemann beschaffen sein solle, mit anderen Worten, er lege die *leges* und die *mores* des Mannes fest. Dabei gehe er folgendermaßen vor: Er zeige zuerst, dass sich der Mann bemühen müsse, seine Frau „perfekt zu machen" („*debet curare facere mulierem optimam*"). Zweitens stelle er, beginnend mit dem Satz „*Maximus autem honor sobrie mulieri…*" Regeln für den Mann auf („*determinat leges vel documenta*"), wie er hierbei zu verfahren habe. In der Kapiteleinteilung des Bartholomäus stellen diese zwei Teile jeweils das *capitulum secundum* und das *capitulum tertium* des zweiten Buches dar.[39]

---

[38] Bartholomaeus de Brugis: Scriptum Yconomice Aristotilis, Bologna, BU 1625, ff. 90rb–91rb; siehe unten (Anhang), S. 406–408.
[39] Bartholomaeus de Brugis: Scriptum Yconomice Aristotilis, Bologna, BU 1625,

Aristoteles lege also zunächst in einem ersten Abschnitt dar, ein Mann seine Frau „vervollkommnen" (*facere optimam*) solle. Die weitere *divisio textus* dieses Abschnitts ist recht kompliziert. Aristoteles stelle wieder zuerst ein ethisches Prinzip auf (*proponit quod intendit*). Er tue dies mit einem einzigen Satz: „*Vir autem leges a similibus adinveniat uxoris in usum*". In den Ausführungen, die nun folgen, beweise Aristoteles diese Forderung (*probat propositum*). Dabei stütze er sich auf zwei *rationes*. Die erste *ratio*, die für Bartholomäus den Charakter eines Syllogismus hat, werde zunächst vorgestellt (*ponit rationem*). Anschließend werden in einem zweiten Schritt, der selbst noch aus mehreren kleineren Teilschritten besteht, die argumentativen Prämissen, auf denen der Vernunftbeweis beruht, offengelegt. Eine ähnlich komplizierte Struktur hat die zweite *ratio*.[40]

Mit dem Satz *Maximus autem honor* folgt darauf der zweite Abschnitt des Traktats des *liber secundus* über den Ehemann. In der Kapiteleinteilung ist dies, wie gesagt, das *capitulum tertium libri secundi*. Aristoteles habe nunmehr bewiesen, dass der Mann die Frau vervollkommnen müsse. Im Folgenden lege er konkrete ethische Handlungsanweisungen fest, wie er dies tun solle und bestimme dadurch, wie sich ein Mann seiner Frau gegenüber konkret zu verhalten habe („*Et in hoc determinat leges viri ad uxorem*"). Auch dieser Teil weist eine exakte argumentative Struktur auf. Aristoteles beginne mit der Bestimmung dieser ethischen Handlungsanweisungen („*ponit leges vel documenta*"). Die erste ethische Regel betreffe außereheliche geschlechtliche Beziehungen („*respicit coniunctionem carnalem exterius*"). Aristoteles formuliere diese Regel zuerst (*primo ponit documentum*). Anschließend begründe er sie (*secundo probat ipsum*). Drittens und zuletzt ziehe er aus dem Gesagten einen Schluss, bzw., so Bartholomäus' zweite Deutungsvariante, lasse er auf die Begründung eine beiläufige Überlegung folgen (*concludit intentum, vel posset dici quod est correlarium*). Die zweite ethische Handlungsanweisung, die nun folge, betreffe den Beischlaf des Mannes mit seiner Frau, die dritte die Sünden und Verfehlungen der Frau. Bezüglich der dritten und letzten

---

f. 91rb: „Postquam Philosophus inferius ostendit qualem (*cod. om.* ostendit qualem) oportet esse mulierem, seu determinauit leges et mores mulieris, hic ostendit, qualem oportet esse virum, seu determinat leges et mores viri. Et diuiditur in duas partes, quia primo ostendit, quod vir debet curare facere mulierem optimam et secundo dat documenta, vel leges, quibus contingit hoc fieri. Secunda ibi: *Maximus autem honor.*" Siehe unten (Anhang), S. 408–410.

[40] Bartholomaeus de Brugis: Scriptum Yconomice Aristotilis, Bologna, BU 1625, f. 91va; siehe unten (Anhang), S. 408–410.

ethischen Verhaltensregel gehe Aristoteles so vor, dass er sie zuerst formuliere (*ponit documentum*), sie dann begründe (*secundo ipsum probat*) und schließlich die Begründung erläutere (*tertio probationem manifestat*).[41]

Nachdem Aristoteles nunmehr seine drei Regeln, wie ein Mann seine Frau zum Besseren erziehen könne, aufgestellt habe, ziehe er aus dem Gesagten einen Schluss (*secundo concludit intentum quantum ad dicta in hoc capitulo*). Schließlich und drittens bekräftige er die ethischen Vorschriften, die er formuliert habe noch durch Beispiele und Zitate anderer (*tertio confert, seu manifestat dicta per sentencias aliorum et per exempla*). Es sei nämlich, so Bartholomäus, für die Vorgehensweise des Aristoteles typisch, dass er zunächst immer die Wahrheit *beweise* und sie dann durch Zeugnisse anderer *bekräftige*. Aristoteles führe hier, der *divisio textus* zufolge insgesamt sechs solcher „autoritativer Belege" (*confirmationes*) an. In der Bologneser Abschrift beginnt der Kommentar dieses Teils der *Yconomica* mit einer neuen kalligraphischen Initiale.[42]

Im bisherigen Verlauf des zweiten Buches der *Yconomica* hat Aristoteles laut der *divisio textus* über das dem Mann und der Frau jeweils Eigentümliche gesprochen. Im nun folgenden zweiten großen Teil behandle er das beiden Gemeinsame, anders gesagt, er bestimme einige Dinge, die beide betreffen (*secundo determinat quedam communica eis, siue de quibusdam communibus eis*). Dieser Teil beginnt mit dem Satz *Patet etiam et actor* und stellt in Bartholomäus' Kapiteleinteilung das vierte und letzte Kapitel des zweiten Buches dar. Aristoteles zeige hier, dass Mann und Frau einmütig sein müssen (*ostendit quod vir et uxor debent esse unanimes*). Dabei verfahre er folgendermaßen: Erstens formuliere er als ethisches Prinzip seine Forderung nach der Einmütigkeit des Mannes und der Frau (*proponit quod intendit*). Zweitens begründe er diese Forderung (*secundo probat*), und zwar mit drei Vernunftsbeweisen (*tripliciter probat*). In ihnen gehe Aristoteles so vor, dass er zunächst die Forderung nach Eintracht begründe und dann seine Begründung erläutere. Schließlich lege er fest, in welchen Dingen Mann und Frau einmütig sein müssen (*determinat in quibus hoc debet esse*). Aristoteles habe nun gezeigt, dass Mann und Frau einträchtig sein müssen, mit dem Satz „*Studentem primo quidem curam parentum habere*" beginne er ethische Regeln aufzustellen, *wie* Mann und Frau zu der geforderten Einmütigkeit gelangen können

---

[41] Bartholomaeus de Brugis: Scriptum Yconomice Aristotilis, Bologna, BU 1625, ff. 92^(va)–92^(vb); siehe unten (Anhang), S. 410–411.
[42] Bartholomaeus de Brugis: Scriptum Yconomice Aristotilis, Bologna, BU 1625, f. 94^(ra); siehe unten (Anhang), S. 411-413.

(„*ponit quedam documenta ad habendam huius unanimitatem*"). Dabei verfahre er so, dass er zunächst zwei solche Regeln aufstelle und sie dann in einem zweiten Teil begründe. Das ganze Kapitel schließe wieder mit einem *correlarium*, einer beiläufigen Überlegung.[43]

Die Struktur, die Bartholomäus in seiner *divisio textus* in den *liber secundus Yconomice* hineinliest, ist dieselbe wie im ersten Buch. Er macht den Text (großenteils) zu einer klar strukturierten, rational-wissenschaftlichen *moralphilosophischen* Abhandlung über die Ehe. Der Aristoteles des Bartholomäus geht hier dergestalt vor, dass er ethische *propositiones* aufstellt, sie rational begründet, von ihnen konkrete ethische Verhaltensregeln für die Eheleute ableitet und diese mit *exempla* und Zitaten aus autoritativen Texten bekräftigt. Damit enthält in Bartholomäus' Interpretation auch das zweite Buch den Charakter einer deduktiv vorgehenden *Scientia practica*. Dass hier Bartholomäus, aus moderner Perspektive zumindest, eine wissenschaftliche Struktur nicht nur *findet*, sondern großenteils *erfindet*, muss als eigenständige exegetische Leistung gewürdigt werden.

Welche Schlüsse lässt die Untersuchung der *divisio textus* im Bezug auf unsere Leitfrage, die Frage nach dem „Umgang" des Bartholomäus mit den Gedanken über die Ehe aus der *Yconomica* zu? Wie bereits gesagt wurde, besteht der „Umgang" mit der *Yconomica* im Scriptum großenteils in der *Auslegung* des Textes. Dabei ist *Auslegung* nicht als ein Auffinden eines dem Text immanenten Sinnes zu verstehen. Vielmehr handelt sich um eine *Deutung* des Textes, die im Spannungsfeld zwischen Sinnfindung und Sinngebung zu verorten ist. Die Deutung, die die *Yconomica* durch die *divisio textus*, den ersten exegetischen Vorgang, erfährt, ist eine ganz besondere. Bartholomäus macht hier die *Yconomica* mit ihren Passagen über die Ehe zu einem streng strukturierten, deduktiv aufgebauten moralwissenschaftlichen Traktat über die Hausgemeinschaft, das vollends den Anforderungen aristotelischen wissenschaftlich-ethischen Diskurses gehorcht. Diese Art von Interpretation ergibt sich großenteils aus dem exegetischen Mittel der *divisio textus* selbst. Die *divisio textus* als Methode beruht nämlich auf der Annahme, dass dem kommentierten Text eine Struktur innewohnt und entspricht somit den zeitgenössischen Erwartungen an einen aristotelischen Text. Bartholomäus kann sich bei seiner *divisio textus* zwar teilweise auf die seines Vorgängers, Durandus von Alvernia stützen (die er aber, wie obern erläutert

---

[43] Bartholomaeus de Brugis: Scriptum Yconomice Aristotilis, Bologna, BU 1625, f. 95ra; siehe unten (Anhang), S. 413–415.

wurde, höchstwahrscheinlich nicht direkt aus Durandus' Kommentar kennt). Er überarbeitet sie allerdings tiefgründig und zwar in einem Sinne, der—aus mittelalterlicher Perspektive betrachtet—dem Inhalt der *Yconomica* besser gerecht wird. Die Passage über die Ehe im *liber primus* wird als ein moralwissenschaftliches Traktat über den Menschen „*prout comprendit virum et mulierem*" gedeutet. Ihren größten Teil versteht Bartholomäus jedoch als eine wissenschaftliche Abhandlung über die Natürlichkeit der Ehe. Mit dieser Inhaltsbestimmung projiziert Bartholomäus auf den aristotelischen Text ein im damaligen theologischen und philosophischen Ehediskurs viel diskutiertes Thema. Das zweite Buch deutet er ebenfalls als eine deduktive moralwissenschaftliche Abhandlung. Der *liber secundus Yconomice* wird dabei von Bartholomäus als eine vertiefte „Spezialabhandlung" über die *communicatio viri et uxoris*, also die dritte der drei Beziehungen einer aristotelischen *domus* gedeutet. Mit der Anwendung des aristotelischen Konzepts des aus drei *communicationes* bestehenden Hauses gelingt es Bartholomäus, die beiden aus moderner Sicht disparaten Bücher *liber primus* und *liber secundus* miteinander zu verbinden und sie in einen Sinnzusammenhang zu stellen.

17.2. *Die* Expositio litterae

Der zweite exegetische Schritt der *Ökonomik*-Auslegung des Bartholomäus ist die *expositio litterae*. Sie schließt jeweils an die *divisio textus* an. Die kleinsten Einheiten, in die der Kommentator die *Yconomica* in der *divisio textus* gegliedert hat, werden hier ausgelegt.

Wie zu Beginn der Untersuchung gesagt wurde, ist die *translatio durandi* der *Yconomica* eine *verbum-de-verbo*-Übersetzung aus dem Griechischen. Sie gibt den aristotelischen Text genau so lateinisch wieder, wie er sich im griechischen Original darstellt: notizenhaft und lakonisch. Darüber hinaus entsprechen viele Sätze nicht lateinischer Grammatik und Syntax und sind daher schwer verständlich. An mehreren Stellen ist der Sinn des Textes nicht eindeutig, einige Textstellen sind geradezu kryptisch. Manchmal tut man sich schwer, dem gedanklichen *ductus* des Autors zu folgen.

Ziel der *divisio textus* ist es, den Aufbau und die Struktur der *Yconomica* offen zu legen; Ziel der *expositio litterae* ist es, den Wortlaut des schwierigen Textes verständlich zu machen. *Mutatis mutandis* leistet Bartholomäus mit der *expositio litterae* eigentlich das, was heutzutage bereits auf der Ebene der Übersetzungen geleistet wird, da es sich im Unterschied zu den mittelalterlichen *Verbum-de-Verbo*-Übersetzungen bei modernen Übertragungen aristotelischer Texte immer um eine Art „Aristoteles-Paraphrasen" handelt, die den schwerfälligen aristotelischen Text in ein modernes sprachlich-syntaktisches System umwandeln.

Methodisch betrachtet könnte man die *expositio litterae* als eine kommentierende Paraphrase der *Yconomica* bezeichnen. Bartholomäus geht hier in der Regel folgendermaßen vor: Zu Beginn der *expositio* der jeweiligen Texteinheit benennt er zuerst noch einmal die Stellung der zu kommentierenden Texteinheit innerhalb des gesamten Argumentationsvorgangs, so wie er sie in der *divisio textus* festgelegt hat. Zum Beispiel: „Deinde cum dicit, *et filiorum natura*, ostendit propositum secunda…ratione". Mit den Worten *Et dicit sic*, oder, häufiger noch, mit dem Wort „…*dicens*" fängt die eigentliche kommentierende Paraphrase an. Zum Beispiel: „Deinde cum dicit, *bene etiam habet*, ponit tertium documentum sic dicens". Bartholomäus formuliert dann paraphrasierend und erläuternd den jeweiligen Textabschnitt neu, so dass dieser sprachlich und gedanklich verständlich wird. Er geht dabei so vor, dass er die einzelnen Worte seiner Textvorlage in seine Paraphrase mit einbezieht und grammatikalisch oder inhaltlich schwer verständliche Worte oder Satzteile durch die Einfügung erklärender Nebensätze erläutert. Diese beginnen zumeist mit *idest*, oder *scilicet*. Manchmal fügt er noch selbstständig einige weitere erklärende Sätze hinzu, die den Inhalt des kommentierten Satzes erklären sollen.

Auffallend ist, mit welcher Sorgfalt der Kommentator arbeitet. An mehreren Stellen führt er mehrere Deutungsmöglichkeiten an. Hinzu kommt, dass Bartholomäus mit Übersetzungsvarianten arbeitet, die er als *alia littera* angibt. In seiner Kommentargrundlage, der in Paris BN lat. 16089 erhaltenen Abschrift der *translatio Durandi*, hat er diese *aliae litterae* jeweils am Textrand angeführt. Wie im zweiten Teil der Untersuchung dargelegt worden ist, ist der Ursprung dieser *aliae litterae* unklar. Es handelt sich jedenfalls nicht um Verweise auf die *translatio vetus* oder die *recensio Guilelmi* der Ökonomik. Der Artes-Magister versucht, wo dies möglich ist, den Sinn beider Übersetzungsmöglichkeiten zu harmonisieren, wo dies nicht geht, entscheidet er sich für jene Übersetzung, die seiner Ansicht nach die Gedanken des Aristoteles am besten wiedergibt.[44]

Auch bei der *expositio litterae* gilt, dass Bartholomäus nicht allein einen dem Text der *Yconomica* gewissermaßen immanenten Sinn „offen legt".

---

[44] Siehe oben S. 77–78.

Wenngleich hier Bartholomäus sehr nahe am Text arbeitet und um eine möglichst exakte Auslegung bemüht ist, ist die *expositio*, genauso wie die *divisio textus*, eine *Deutung* des Textes. Auch hier prägt Bartholomäus der *Yconomica* eine Interpretation auf, in der sich sein Vorverständnis dieses aristotelischen Textes niederschlägt. Dies trifft nicht nur für die erläuternden Neben—und Hauptsätze zu, sondern auch für die Paraphrase selbst, besonders dort, wo der Sinn der Textgrundlage nicht eindeutig ist. Als Faustregel kann festgehalten werden: Je kryptischer die zu kommentierende Textstelle der *Yconomica*, desto kreativer und eigenständiger die Interpretation des Bartholomäus.

Wir haben die *expositio litterae* eine erläuternde bzw. erklärende Paraphrase genannt. Um eine „Paraphrase" handelt es sich aber eigentlich nur bedingt. Der Text wird nämlich nicht, wie man es von einer solchen erwartet, in *eigenen Worten* wiedergegeben. Wo es möglich ist, versucht Bartholomäus die einzelnen Worte des aristotelischen Textes beizubehalten und sie in seine Paraphrase einzubauen. Es wird hier also *mit den Worten* des Aristoteles und *um diese Worte herum* ein neuer Text geschaffen.

Wie legt Bartholomäus in seiner *expositio litterae* die Passagen der *Yconomica*, die von der Ehe handeln, aus? Beginnen wir mit der Ehe-Passage des *liber primus*. Die *expositio litterae* knüpft, wie gesagt, an die *divisio textus* an. Das heißt, die in der *expositio litterae* paraphrasierten Texteinheiten entsprechen jenen, in die der Text in der *divisio textus* gegliedert worden ist. Nun hat Bartholomäus in seiner *divisio textus* die Passage über die Ehe (die in seinem Kommentar das *capitulum quartum* darstellt) in insgesamt zwölf Texteinheiten gegliedert. Betrachten wir zuerst nacheinander die *expositio litterae* der ersten drei:

Der Mann als Erzieher seiner Frau

Die expositio litterae *der ersten Texteinheit „Omnibus enim de coniuge prima cura"*[45]

Bartholomäus beginnt seine *expositio litterae* dieser ersten Texteinheit der Ehe-Passage des *liber primus* mit einem Verweis auf die *divisio textus*: *In prima parte dicit sic*. In der *divisio textus*, die dem Kommentar dieser Texteinheit vorangeht, stellte dieser erste Satz des *capitulum quartum* eine *propositio intentionis* dar. Der Satz ist eindeutig. Bartholomäus ver-

---

[45] Siehe unten (Anhang), S. 399; Bartholomäus' *expositio* dieser Textstelle: Bartholomaeus de Brugis: Scriptum Yconomice Aristotilis, Bologna, BU 1625, f. 84ra: „In prima

steht ihn so, wie ihn vermutlich jeder moderne Leser auch verstehen würde: *Die erste Sorge aller gelte der Ehefrau*. Er lässt es aber nicht dabei bewenden, sondern fügt noch drei erklärende Nebensätze hinzu, die den Sinn dieser ersten Texteinheit näher bestimmen. So interpretiert er das „Omnibus" als einen Verweis auf den *Ehemann* (vir) oder den *Hausherrn* (yconomus). Zur Bekräftigung dieser Auslegung verweist er in einem weiteren Nebensatz auf eine andere Übersetzung, *alia littera*. In dieser stehe nämlich statt „Omnibus", „Hominibus". (Es handelt sich hier um eine Variation der *translatio durandi*. In den meisten mittelalterlichen Abschriften der *translatio durandi* steht in der Tat „hominibus" statt „omnibus".) Inhaltlich interessant ist besonders sein letzter erklärender Nebensatz. Hier geht er nämlich über die einfache Erklärung des Wortlauts des Textes hinaus und versucht zu erklären, *weshalb* die erste Sorge der Frau zukomme: „*... damit sie* (d.h. die Ehefrau) *sich selbst und im Bezug auf die Dinge des Hauses gut verhalte.*" Bartholomäus gibt damit der von Aristoteles geforderten „Sorge" (cura) des Mannes um seine Ehefrau eine ganz spezifische Deutung. Er interpretiert sie als einen Aufruf zur *Erziehung* der Frau durch den Mann. Sorge um die Frau heißt somit ihre Erziehung zu einem guten Menschen und zu einer guten Haushälterin. Diese Vorstellung vom Ehemann als „Erzieher" seiner Frau klingt zwar an einigen Stellen der *Yconomica* in der Tat an, Bartholomäus interpretiert in diesem Sinne aber auch Textstellen, in denen diese Vorstellung nicht explizit vorkommt.

Die „propositio minor" eines Syllogismus

Die expositio litterae *der Texteinheit „communicatio namque naturaliter femine atque masculo est precipue"*[46]

Bartholomäus beginnt die *expositio litterae* dieser zweiten Texteinheit des *capitulum quartum* wieder mit einem Verweis auf die *divisio textus*: Aristoteles begründe hier das, was er soeben als Hauptgedanken und ethisches Prinzip formuliert habe (*probat propositum*). Der Sinn dieses

---

parte dicit sic: *Omnibus enim*, supple viris siue yconomis—unde alia littera habet *hominibus*—debet esse *prima cura de coniuge*, idest de uxore, scilicet ut bene se habeat in se et ad ea, que sunt in domo."

[46] Siehe unten (Anhang), S. 399; Bartholomäus' *expositio* dieser Textstelle: Bartholomaeus de Brugis: Scriptum Yconomice Aristotilis, Bologna, BU 1625, ff. 84^(ra)–84^(rb): „Deinde cum dicit, *communicatio namque*, et cetera, probat propositum. Continuetur sic: Dictum est, quod yconomo debet esse prima cura de coniuge, *namque communicatio masculo atque femine precipue*, idest maxime, *est naturaliter*. De illo autem debet esse prima cura yconomi, cum quo maxime secundum naturam communicat, quare sequitur, quod

Satzes ist recht gut verständlich, so dass Bartholomäus in ihn nicht paraphrasierend eingreifen muss. Er erklärt hier lediglich das wenig geläufige Wort „*precipue*". „*Precipue*", erläutert er, sei ein Synonym für „*maxime*", „*höchst*". Der Wortlaut der zweiten Texteinheit des *capitulum quartum* bedeute somit: „*Die Beziehung zwischen dem Männchen und Weibchen ist in höchstem Maße* (maxime) *natürlich*".

Der Magister der Artes lässt es aber nicht bei dieser einfachen Erklärung bewenden, sondern versucht darüber hinaus die *argumentative Logik*, die dieser Texteinheit zugrunde liegt, zu erläutern. Damit nimmt er eigentlich einen exegetischen Schritt vorweg, den er üblicherweise erst in den *notanda* vornimmt. Der Magister der Artes interpretiert die Aussage dieser Texteinheit als den zweiten Teil eines *Syllogismus*, die sogenannte *propositio minor*. Bei Syllogismen handelt es sich bekanntnlich um logische Argumentationsfiguren, in denen von einer allgemein gültigen Aussage auf eine besondere Aussage geschlossen und so deren Gültigkeit bewiesen wird (z. B. 1. „Alle Menschen sind weiß"; 2. „Sokrates ist ein Mensch"; 3. Schlussfolgerung: „Sokrates ist weiß"). Die erste, allgemeinere Aussage des Syllogismus („Alle Menschen sind weiß") wird in lateinischer Terminologie als *propositio maior* bezeichnet, die zweite („Sokrates ist ein Mensch") als *propositio minor*, der dritte Teil des Syllogismus („Sokrates ist weiß") stellt die Schlussfolgerung, *conclusio*, dar. An der mittelalterlichen Artes-Fakultät war die syllogistische Argumentationsweise sehr verbreitet, ja sie bildete geradezu den Prototyp philosophisch-wissenschaftlicher Argumentation. Bartholomäus erklärt, dass Aristoteles in diesem Fall die *propositio maior* des Syllogismus weggelassen habe, weil diese ohnehin klar sei. Diese hätte heißen müssen: „*Der Hausherr muss für das Sorge tragen, womit er naturgemäß am meisten in Beziehung steht.*" Die *propositio minor* sei hingegen in der Aussage der zweiten Texteinheit enthalten: „*Am natürlichsten ist aber die Beziehung von Mann und Frau*". Wo aber formuliert Aristoteles nach Bartholomäus den fehlenden dritten Teil des Syllogismus, die *conclusio*? Diese habe er, erklärt er, bereits in der ersten Texteinheit vorweggenommen. Die erste Texteinheit, der Satz „*Die erste Sorge aller gelte daher der Ehefrau*", war also dieser Interpretation zufolge die *conclusio* eines Syllogismus.

Die erste und zweite Texteinheit bilden demnach gemäß der *expositio litterae* gemeinsam die *propositio minor* und die *conclusio* eines Syllogis-

---

prima cura yconomi debet esse de eius uxore. Maiorem huius rationis subiacet, eo quod est quasi manifesta per se et quia satis intelligitur ex dictis. Conclusionem autem huius rationis prius posuit."

mus, in der „wissenschaftlich" die „Sorgepflicht des Mannes für seine Frau" bewiesen wird. Einem modernen Leser mag diese Interpretation eigenartig erscheinen. Es sei dahingestellt, ob Bartholomäus' Interpretation dieser zwei Textstellen *tatsächlich* der Intention des Verfassers der *Yconomica* entspricht. Das, worauf es ankommt, ist etwas ganz anderes: Wir haben es hier mit demselben Phänomen zu tun wie bei der *divisio textus*: Bartholomäus interpretiert den Text der *Yconomica* im Lichte seines *Vorverständnisses* von der Beschaffenheit einer „wissenschaftlichen Abhandlung" und zu einer solchen gehört für ihn nun einmal, dass sie syllogistisch vorgeht.

Der Fortbestand der Art

> *Die* expositio litterae *der Texteinheit „suppositum est quidem enim a nobis in aliis, quoniam multa huiusmodi natura operari affectat, sicut et animalium unumquodque. Impossibile tamen feminam sine masculo et masculum absque femina hoc efficere, quare de necessitate eorum consistit in communicatione societas"*[47]

Auch die *expositio litterae* dieser dritten Texteinheit der Ehepassage des *liber primus* beginnt mit einem Verweis auf die *divisio textus*: „*In prima parte dicit sic*". In der *divisio textus*, die der *expositio* dieser Textstelle vorangeht, hat Bartholomäus gesagt, Aristoteles lege hier dar, dass die Beziehung zwischen Männchen und Weibchen eine natürliche sei. Damit wolle er begründen, was er im vorangehenden syllogistischen Beweisverfahren nur vorausgesetzt habe. Den ersten Satz der Texteinheit, „*suppositum est quidem enim a nobis in aliis, quoniam multa huiusmodi natura affectat operari*", liest und interpretiert der Artes-Magister folgendermaßen: „*Anderenorts haben wir gesagt, dass die Natur vieles tun wolle.*" Mit *anderenorts* (in aliis),

---

[47] Siehe unten (Anhang), S. 400; Bartholomäus' *expositio* dieser Textstelle: Bartholomaeus de Brugis: Scriptum Yconomice Aristotilis, Bologna, BU 1625, f. 84rb: „In prima parte dicit sic: *Quidem enim suppositum est a nobis in aliis*, scilicet secundo De anima, aut secundo De generatione animalium, aut secundo De generatione et corruptione—vel forte intendit omnia hec loca, *quoniam natura*, scilicet uniuersalis aut particularis—aut forte intendit utramque, *affectat operari huius multa*, idest multa singularia sub una specie, ut perpetuetur species. Aut aliter: *Multa huius*, idest multa opera naturalia. Sed primum videtur melius. *Sicut et unumquodque* genus *animalium*, in quibus est masculus et femella, supple hoc appetit, scilicet operari multa indiuidua in una specie, facere aut aliter multa opera naturalia. Quamuis autem ita sit, *tamen impossibile* est *femellam sine masculo et masculum absque femella hoc efficere*, scilicet plura indiuidua sub una specie facere, aut aliter multa opera naturalia facere. *Quare sequitur, quod de neccessitate in communicatione eorum*, scilicet masculi et femelle adinuicem, *consistit societas*, supple naturalis."

erklärt er in einem Nebensatz, meine Aristoteles das zweite Buch *De anima*, das zweite Buch *De generatione animalium*, das zweite Buch *De generatione et corruptione* oder alle diese Textstellen zugleich. Unter „*Natur*" (natura) verstehe der Stagirit entweder das *Naturprinzip schlechthin* (natura universalis) oder die *Natur des Einzelnen* (natura particularis). Er könnte aber auch *beide* Formen von „Natur" auf einmal gemeint haben. Unter „*vieles*" (multa) verstehe Aristoteles hingegen *viele „Mitglieder einer Art"*, damit diese Art fortbestehen könne („*multa singularia sub una specie, ut perpetuetur species*"). Genauso, fährt er fort, könnte Aristoteles mit *vieles* (multa) auch „*viele natürliche Werke*" (multa opera naturalia) gemeint haben. Erstere Interpretation scheine aber besser zu sein.

Bis dahin hat Bartholomäus in seiner *expositio litterae* dieser Texteinheit nur mit dem exegetischen Mittel erklärender Einschübe in Form von einzelnen Worten und Nebensätzen gearbeitet. Bei der Interpretation der weiteren Ausführungen der Texteinheit beginnt er, sich zusätzlich des zweiten exegetischen Mittels der *expositio litterae*, der kommentierenden Paraphrase, zu bedienen, d.h., er bezieht die einzelnen Worte des aristotelischen Textes in seinen *eigenen* Text mit ein. Den Satz *sicut et animalium unumquodque* paraphrasiert Bartholomäus folgendermaßen (Die Worte, die er aus der *translatio durandi* übernimmt, sollen *kursiv* wiedergegeben werden): *So* strebe *auch jede*—Bartholomäus ergänzt „Art"—*von Tieren*, in denen es ein Männchen und ein Weibchen gibt, danach, viele Individuen in einer Gattung zu schaffen, oder—zweite Interpretationsmöglichkeit—viele natürliche Werke zu vollbringen. Der Folgesatz, „*Impossibile tamen feminam sine masculo et masculum absque femina hoc efficere*", wird hingegen folgendermaßen ausgebaut: Obwohl dem so sei, „ist es unmöglich, dass das Weibchen dies ohne das Männchen und das Männchen ohne das Weibchen vollbringe." D.h., erklärt Bartholomäus in einem Nebensatz, es ist unmöglich, dass Männchen und Weibchen ohne einander viele Individuen einer Gattung bzw. viele natürliche Werke schaffen. Den letzten Satz der Texteinheit, „*Quare de necessitate eorum consistit in communicatione societas*", paraphrasiert er folgendermaßen: *Hieraus* folge, dass die natürliche *Gemeinschaft in einem notwendigen Zusammenleben* des Männchens und des Weibchens *bestehe*.

Beachtenswert ist hier vor allem die *inhaltliche* Deutung, die Bartholomäus dem aristotelischen Text aufprägt: Bartholomäus bringt nämlich die Aussagen der *Yconomica* mit Aussagen *anderer* aristotelischer Schriften in Verbindung und deutet sie mit Konzepten aus diesen Schriften aus. Diesem *procedere* liegt eine Vorstellung zugrunde, die Bartholomäus auch mit anderen mittelalterlichen Aristoteles-Kommentatoren teilt: Es ist die bereits erwähnte Vorstellung, dass Aristoteles ein in sich durchweg *kohärentes* Schrifttum geschaffen hat und dass sich folglich dessen einzelne Teile durch je andere aristotelische Schriften auslegen lassen.

Er wendet dieses exegetische Prinzip gleich bei der Auslegung des ersten Satzes an: *„suppositum est quidem nobis in aliis"*. Bartholomäus sieht in diesem Satz einen direkten Verweis auf die Schriften *De anima* und *De generatione et corruptione*. Konkret hat er das in diesen (und anderen) aristotelischen Schriften formulierte philosophische Konzept der *perpetuatio speciei* im Sinn: Diesem Konzept zufolge sichert die Natur den ewigen Fortbestand der verschiedenen *Arten (species)*, wie etwa der Art „Mensch", oder der verschiedenen Tier- und Pflanzenarten, durch einen *fortwährenden Zeugungsprozess* der an sich vergänglichen *Individuen* dieser Art. Bei zweigeschlechtlichen *species* erfolgt diese *perpetuatio speciei* durch die geschlechtliche Vereinigung des Männchens und des Weibchens. Bartholomäus macht dieses philosophische Konzept der *perpetuatio speciei* zum Schlüssel für die Interpretation der gesamten Passage.[48]

Im Folgenden soll nur noch eine Auswahl inhaltlich und methodisch besonders interessanter Interpretationen des aristotelischen Textes in der *expositio litterae* vorgestellt werden:

Proportionale Hilfeleistung

> *Die* expositio litterae *des Satzes „que enim [parentes] potentes impotentibus [filiis] fecerint, iterum reportant a potentibus et in senio impotentes effecti."*[49]

Der Satz stammt ebenfalls aus der Ehe-Passage des *liber primus*. Der Autor der *Yconomica* spricht hier vom „Nutzen" der Kinder für die Eltern. Der *divisio textus* des Bartholomäus zufolge ist dieser Satz ein Teil des dritten Vernunftbeweises der Natürlichkeit der Ehe. Bartholomäus kommentiert ihn in der *expositio litterae* so, dass er ihn in eine Paraphrase einbindet. *Die* Güter *(benefitia)* und die Hilfeleistungen *(auxilia)*, die die Eltern, *als sie noch stark waren*, ihren damals noch schwachen

---

[48] Sabine Föllinger: Differenz und Gleichheit. Das Geschlechterverhältnis in der Sicht griechischer Philosophen des 4. bis 1. Jahrhunderts v. Chr., Stuttgart 1996, hier S. 123.

[49] Siehe unten (Anhang), S.; Bartholomäus' *expositio* dieser Textstelle: Bartholomaeus de Brugis: Scriptum Yconomice Aristotilis, Bologna, BU 1625, f. 84vb: „*...que enim* benefitia et auxilia parentes *potentes fecerint* filiis cum fuerint impotentes, eadem, vel proportionalia *iterum reportaberunt* et parentes *in senio effecti impotentes* a filiis eorum iam potentibus *effectis*."

Kindern *zukommen ließen,* dieselben, bzw. proportionale Güter und Hilfeleistungen *werden* die *aufgrund ihres Alters schwach gewordenen* Eltern von ihren nunmehr erstarkten Kindern *erhalten.*

Interessant ist an dieser *expositio litterae* vor allem die Bemerkung des Bartholomäus, die Kinder sollen ihren Eltern „*gleiche, bzw. proportionale*" (eadem, vel proportionalia) *benefitia* und *auxilia* zukommen lassen. Wir haben es auch hier mit einer Ausdeutung der *Yconomica* durch Konzepte und Gedanken aus anderen aristotelischen Schriften zu tun. Bartholomäus trägt dabei, ohne seine Quelle anzugeben, an den Text der *Yconomica* das Konzept der *Proportionalität* aus dem achten Buch der *Nikomachischen Ethik* heran. Diesem Konzept zufolge beruhen Beziehungen in Freundschaften unter Ungleichen, und zu diesen rechnet Aristoteles die Beziehung von Eltern und Kindern, nicht auf *Gleichheit,* sondern auf *Proportionalität.*[50]

Der aktive Mann und die passive Frau

Die expositio litterae *des Satzes* „*assumpta enim ad hec omnia utilem habere virtutem, sed quedam ad contraria quidem, ad idem vero convenientia*"[51]

Der Satz ist jener Passage des ersten Buches der *Yconomica* entnommen, in der von den verschiedenen Fähigkeiten (virtutes) von Mann und Frau die Rede ist. Bartholomäus kommentiert ihn paraphrasierend und gibt ihm folgende Deutung. Der erste Teil des Satzes, „*assumpta enim ad hec omnia utilem habere virtutem*", hat für ihn folgende Bedeutung: Alle Tierarten, in denen es eine Gemeinschaft (*communicatio*) zwischen Männchen und Weibchen gibt, müssen Fähigkeiten aufweisen, die für diese Gemeinschaft nützlich sind. Der nächste Teil des Satzes, „*sed quedam ad contraria quidem*", wird folgendermaßen ausgedeutet und erweitert: Wenn man aber Männchen und Weibchen getrennt nimmt, haben

---

[50] siehe oben S. 45–49.
[51] Siehe unten (Anhang), S. 400; Bartholomäus' *expositio* dieser Textstelle: Bartholomaeus de Brugis: Scriptum Yconomice Aristotilis, Bologna, BU 1625, f. 85ra: „Deinde cum dicit, *assumpta autem,* ostendit quod tam masculus quam femella ad communicationem habent debitas et conuenientes virtutes sic dicens: *Omnia autem* animalia *assumpta,* supple ad huius communicationem, que est inter masculum et femellam, oportet *habere utilem virtutem ad hoc,* idest ad communicationem huius. *Sed quedam* eorum *ad contraria quidem,* supple habent virtutem, si secundum se considerentur. Masculus enim et femella, si secundum se et absolute considerentur, habent virtutes contrarias quemadmodum actiuum et passiuum. Illa tamen *conuenientia ad* communicationem habent virtutem ad *idem,* scilicet ad bonum, quod resultat ex tali communicatione."

sie genau entgegengesetzte Fähigkeiten. Weiter unten wird er noch eine andere Deutungsvariante vorschlagen, die uns aber an dieser Stelle nicht zu interessieren braucht. Bartholomäus schiebt nun einen eigenständigen erklärenden Satz ein, der die soeben genannte Ausdeutung von *sed quedam ad contraria quidem* noch einmal vertieft: An und für sich hätten Männchen und Weibchen entgegengesetzte Fähigkeiten (*virtutes contrarias*). Sie verhielten sich nämlich wie ein *aktives* und *passives* Prinzip (*quemadmodum actiuum et passiuum*). Jetzt fährt er mit der Paraphrase des restlichen Teils des Satzes fort, „... *ad idem vero convenientia*": Wenn sich aber Männchen und Weibchen in einer Gemeinschaft zusammenschließen, zielen ihre Fähigkeiten auf dasselbe, nämlich auf das Gute (*bonum*), das aus dieser Gemeinschaft resultiert.

Die *expositio* dieses Satzes ist ein weiteres Beispiel dafür, wie Bartholomäus die Aussagen der *Yconomica* durch Konzepte aus anderen aristotelischen Werken ausdeutet. Obwohl die *exakte* Bedeutung dieses Satzes in der *translatio durandi* nicht vollständig klar ist, kann ein moderner Leser, wenn er ihn im Kontext der weiteren Ausführungen über die verschiedenen Fähigkeiten von Mann und Frau liest, den allgemeinen Sinn des Satzes durchaus verstehen: Mann und Frau, oder allgemeiner Männchen und Weibchen, sind mit unterschiedlichen Fähigkeiten ausgestattet, die für ihre gemeinsame Beziehung nützlich sind. Auch Bartholomäus versteht diesen Satz so. Er deutet ihn aber zusätzlich mit einem Konzept aus Aristoteles' *De Generatione Animalium* aus. Dieses Konzept stellt letztendlich nichts anderes dar als eine Übertragung des hylemorphischen Modells auf die Beziehung von Mann und Frau. Aristoteles spricht hier über die Zeugung bei zweigeschlechtlichen Species und beschreibt den Zeugungsbeitrag des Männchens als *aktiv* und den des Weibchens als *passiv*. Gerade auf diese Vorstellung, dass sich Männchen und Weibchen als *aktiv* und *passiv* verhalten und ihren je eigenen Beitrag zur Zeugung beisteuern, greift Bartholomäus in seiner *expositio* zurück. Er verwendet ihn, um mit ihm die Ausführungen der *Yconomica* über die unterschiedlichen, zugleich aber auf ein Zusammenleben hingeordneten Fähigkeiten von Mann und Frau auszudeuten.[52]

---

[52] Föllinger: Differenz und Gleichheit (wie Anm. 48), hier S. 125 und 165–166; Prudence Allen: The Concept of Woman. The Aristotelian Revolution 750 B.C. – A.D. 1250), Michigan 1997² (1. Auflage: 1985), S. 92–93.

Ein Verweis auf den liber secundus

Die expositio litterae *des Satzes "Primo quidem igitur leges ad uxorem, non iniuriari."*[53]

Der *divisio textus* zufolge beginnt mit diesem Satz des *liber primus* die Reihe der *documenta*, d. h. der vier ethischen Handlungsvorschriften *circa communicationem viri et uxoris*. Bartholomäus bindet diesen Satz in seiner *expositio litterae* wieder in eine kommentierende Paraphrase ein und erweitert diese zusätzlich um einige weitere explikative Bemerkungen: Aristoteles habe gezeigt, dass die Beziehung von Mann und Frau eine natürliche sei. Es sei daher *erstens* (*primo!*) nötig, einige Vorschriften darzulegen, die der Mann in Bezug auf seine Frau einhalten müsse. Die erste davon besage, dass der Mann seine Frau nicht beleidigen dürfe. Das Interessante an Bartholomäus' *expositio litterae* ist die nun folgende Deutung des Wortes *primo, erstens*: Aristoteles sage hier deshalb *erstens* (primo), weil er im zweiten Buch (*in secundo huius*) vollständig die Vorschriften, wie sich ein Mann seiner Frau gegenüber verhalten solle, behandeln wird. Das, was hier gesagt wird, erklärt Bartholomäus, sei also im Bezug auf das im zweiten Buch Gesagte ein *erstes* (*est quasi primum ad dicta ibidem*). Gleich darauf schlägt er aber eine zweite Deutungsvariante vor. Man könne das *primo* aber auch anders lesen: Das *primo* bezöge sich damit auf die Vorschriften (documenta). Aristoteles wolle hier einfach sagen, die Vorschrift, dass ein Mann seine Frau nicht beleidigen solle, sei hier die erste.

Auch diese *expositio* ist ein Beispiel dafür, wie die nicht sonderlich klare Verbum–de–verbo–Übersetzung des Durandus auf der einen, und die Pflicht, jedes Wort möglichst exakt zu erklären, auf der anderen Seite, interessante Interpretationen hervorbringen kann. In den vorangehenden Beispielen hat Bartholomäus versucht, den schwierigen Text mit Konzepten aus anderen aristotelischen Schriften auszudeuten. Hier beruht seine Interpretation einfach auf eigenen Überlegungen zum Sinn des Textes. Bartholomäus versucht zu verstehen, weshalb Aristote-

---

[53] Siehe unten (Anhang), S. 401; Bartholomäus' *expositio* dieser Textstelle: Bartholomaeus de Brugis: Scriptum Yconomice Aristotilis, Bologna, BU 1625, f. 85va: „Cum ostensum sit, quod communicatio viri et uxoris est naturalis *quidem igitur* oportet ponere *primo leges* quasdam viri *ad uxorem*, idest quas vir debet obseruare ad uxorem. Et est prima, quod vir *non* debet *iniuriari* uxori. Et dicit *primo*, eo quod in secundo huius perfecte determinabit leges viri ad uxorem. Quod autem dicit hic est quasi primum ad dicta ibidem. Vel potest legi aliter sic: *Quidem igitur* inter leges viri *ad uxorem primo*, idest prima lex est *non iniuriari* uxori."

les das Wort *primo* verwendet und schlägt zwei Deutungsmöglichkeiten vor: Aristoteles verweise mit „*primo*" entweder auf das zweite Buch der *Yconomica*, oder er meine damit die Vorschriften, von denen in dieser Passage die Rede ist. Die erste Deutungsvariante ist etwas eigentümlich und würde einem modernen Leser der *translatio durandi* wohl kaum einfallen. Sie ergibt sich aber aus der Tatsache, dass Bartholomäus beide Bücher der *Yconomica* als ein einheitliches Werk eines einzigen Autors versteht. Mit dieser Deutung setzt er auf der Ebene der *expositio litterae* das fort, womit er in der *divisio textus* begonnen hat: Er stellt den *liber primus* und den *liber secundus* in einen Sinnzusammenhang.

Geschlechtsdifferenz als Begründung

> Die expositio litterae *des Satzes „Custodiendum ergo alia quidem ipsum, alia vero uxorem, ut utriusque distingui opera dispositionis."*[54]

Der Satz stammt aus dem letzten Teil des *liber primus*, in dem verschiedene Wirtschaftsformen in einer Hausgemeinschaft beschrieben werden. Sein Autor sagt hier, dass Mann und Frau verschiedene Bereiche der Hauswirtschaft behüten und verwalten müssen. Zu beachten bei Bartholomäus' *expositio litterae* dieses Satzes ist vor allem seine Auslegung des uneindeutigen Wortes *dispositio*. Der Artes-Magister kommentiert den Satz folgendermaßen: „Es ist klar, dass der Mann andere Dinge (gemeint ist im Hause) hüten und die Frau wiederum andere Dinge hüten muss, damit so im Hause die Aufgaben der ‚*dispositio*', d. h. *des Mannes und der Frau*, auseinander gehalten werden." Der Artes-Magister interpretiert das Wort „*dispositio*" also als einen Verweis auf die *Geschlechtsdifferenz*. Gleich darauf erläutert er es in diesem Sinne noch ein zweites Mal: „Männlich und weiblich sein nämlich zwei verschiedene *dispositiones* derselben Art, wie im zehnten Buch der Metaphysik steht."

Was hat es mit dieser eigenartigen Auslegung auf sich? Auch hier werden zur Auslegung des Textes der *Yconomica* Konzepte aus anderen aristotelischen Werken herangezogen und der Text wird dadurch *aristotelisiert*. Während der Anfang des kommentierten Satzes keine grö-

---

[54] Siehe unten (Anhang), S. 404; Bartholomäus' *expositio* dieser Textstelle: Bartholomaeus de Brugis: Scriptum Yconomice Aristotilis, Bologna, BU 1625, f. S. 81: „*Ergo, cum ita sit, manifestum est, quod custodiendum est alia quidem ipsum,* scilicet virum, *alia vero uxorem,* supple custodiendum est, *ut distingui,* supple habeant in domo, *opera dispositionis,* idest viri et mulieris. Masculinum enim et femininum sunt diuerse dispositiones in eadem specie, ut habetur decimo Metaphisice.*"

ßeren Verständnisschwierigkeiten bereitet, ist das Wort *dispositio* recht unklar. Bartholomäus gibt ihm genau die Bedeutung, die es in der lateinischen Übersetzung der Metaphysik hat. Hier werden mit dem Wort *dispositio* entgegengesetzte, wesentliche Eigenschaften von Individuen *innerhalb* ein und derselben Art bezeichnet. Eine solche *dispositio* ist auch das *Geschlecht*. Männlich und weiblich sind zwar zwei wesentliche und gegensätzliche Ausprägungen der Art Mensch; sie zerbrechen aber zugleich nicht die Einheit der Art Mensch in zwei *eigenständige* Arten. Es ist gerade dieser Sinn des Wortes *dispositio* als wesentliche, aber zugleich nicht „artkonstituierende" Eigenschaft, den Bartholomäus hier auf diesen Satz der *Yconomica* überträgt, und mit dem er ihn ausdeutet. Dieser Interpretation zufolge will der Autor der *Yconomica* sagen, Hausherr und Hausfrau hätten deshalb unterschiedliche ökonomische Aufgaben, *weil sie zwei gegensätzliche Ausformungen der Art Mensch darstellen*. Die Interpretation, die Durandus von Alvernia in seinem Kommentar dem Wort „*dispositio*" gibt, ist eine andere und weniger spitzfindige. Er liest den Begriff *dispositio* einfach als ein Synonym für „Hauswirtschaft".[55]

Ein poetisches Argument

> *Die* expositio litterae *der Passage „existimantem quoniam nec Alciste tantam acquiret sibi gloriam nec Penelope tot et tantas laudes meruisset, si cum felicibus uiris uixissent: nunc autem Amicti et Ulixis aduersitates parauerunt eis memoriam immortalem. Facte enim in malis fideles et iuste viris, a diis nec immerito sunt honoratae. Prosperitatis quidem enim facile inuenire participantes, adversitati non volunt communicare non optime mulierum."*[56]

Dieser längere Absatz stammt aus dem langen Abschnitt des *liber secundus*, in dem die Rede davon ist, dass die Frau ihrem Mann auch in schwierigen Zeiten Beistand leisten soll. Der *divisio textus* des Bartholomäus zufolge wird hier die Forderung, dem Manne in schweren Zeiten Beistand zu leisten, durch *Beispiele* (*exempla*) bekräftigt. Es sei hier

---

[55] Föllinger: Differenz und Gleichheit. (wie Anm. 48), hier S. 128–129.

[56] Siehe unten (Anhang), S. 408; Bartholomäus' *expositio* dieser Textstelle: Bartholomaeus de Brugis: Scriptum Yconomice Aristotilis, Bologna, BU 1625, ff. 91ra–91rb: „Oportet, supple esse bonam mulierem *existimantem*, quod *nec Asiste* [Alcestis], idest uxor Amicti, *tantam acquiret*, idest acquisiuisset, *sibi gloriam; nec Penelope*, idest uxor Ulixis, qui fuit quidam dux grecorum, *tot*, quantum ad meritum, *et tantas*, quantum ad magnitudinem, *laudes meruisset, si cum felicibus*, idest bene fortunatis, *viris vixisset*, supple utraque. *Nunc Amicti et Ulixis aduersitates parauerunt eis*, scilicet illis mulieribus, *memoriam*, supple bonam et laudabilem, *inmortalem*, idest indefectibilem. Et probat hoc dicens *enim*, pro quia, ipse, scilicet mulieres predicte, *facte fideles et iuste viris* suis *in malis*,

lediglich auf einen Aspekt der *expositio litterae* des gesamten Abschnitts eingegangen. Bartholomäus tut hier nämlich dasselbe, was er bereits in der *expositio litterae* der zweiten Texteinheit des *capitulum quartum* getan hat: Er versucht, die *argumentativ-wissenschaftliche Vorgehensweise* der Textstelle herauszuarbeiten. Aristoteles argumentiere hier folgendermaßen: Er führe zuerst sein moralisches *exemplum* an: Penelope und Alkestis hätten von ihren Männern Odysseus und Admetos niemals soviel Ehrerbietung erfahren, wenn diesen Männern ein glückliches Leben zuteil geworden wäre. Darauf liefere Aristoteles einen *Beweis* für das soeben Gesagte: Diese Frauen seien nämlich ihren Männern gegenüber auch in Unglück und widrigem Geschick treu gewesen und hätten hierfür die Huld der Götter erhalten. Schließlich *begründe* Aristoteles, was er soeben gesagt hat: Diese Frauen hätten nämlich bewiesen, dass sie *optimae*, „die Besten", seien. Dem Mann im Glück beizustehen sei leicht, ihm aber in Widrigkeiten beizustehen, das täten nur die besten Frauen. Damit hat Bartholomäus die argumentative Struktur der Passage dargelegt. Er schließt seine *expositio litterae* mit einer wichtigen Bemerkung ab, nämlich mit einem Hinweis darauf, *welche* Argumentationsfigur Aristoteles hier verwendet habe: Der Abschnitt stelle ein sogenanntes *poetisches Argument* dar (*ratio poetica*) und werde zu Beginn der *Poetik* des Aristoteles *assimilatio* oder *exemplificatio* genannt.

Die *expositio litterae* dieses Abschnitts ist wieder ein Beispiel dafür, wie Bartholomäus die *Yconomica* als einen Text liest, dem er eine wissenschaftliche Vorgehensweise unterlegt. Dies lässt sich bereits daran beobachten, wie er in diesem Abschnitt verschiedene argumentative Schritte identifiziert. So werde in den ersten zwei Sätzen das *Beispiel* (exemplum) vorgestellt. Obwohl er dies nicht *expressis verbis* sagt, geht dies aus dem Kontext hervor. Im Satz „*Facte enim in malis fideles et iustae viris, a diis nec immerito sunt honoratae*", werde dieses Beispiel einer Beweisprobe (*probatur hoc*). Im letzten Satz, *Prosperitatis quidem enim facile invenire participantes, adversitati vero non volunt communicare non optime mulierum*, werde das im vorangehenden Beweis Vorgebrachte begründet (*dat causam huius*). Der Abschnitt der *Yconomica* wird in der Analyse des Bartholomäus

---

idest in infortuniis et aduersitatibus, *a diis nec immerito sunt honorate*. Et dat causam huius dicens: *Quidem enim facile* est *inuenire*, supple mulieres, *participantes prosperitatis*, idest que volunt participare prosperitate et bona fortuna. Sed *communicare aduersitati*, supple viri sui, *non volunt non optime mulierum*, idest mulieres, que non sunt optime. Cum igitur hee se bene habuerint in aduersitatibus virorum suorum, manifestum est, quod erant optime et per consequens perpetuo laudande. Hoc est ratio poetica et vocatur assimilatio seu exemplificatio in principio Poetrie."

zu einem wissenschaftlichen Argument, einer „*ratio*". Besonders wichtig ist aber seine Schlussbemerkung, in der er die *Art* des wissenschaftlichen Arguments benennt: Dieser Abschnitt stelle ein sogenanntes *poetisches Argument* (*ratio poetica*) dar. In der aristotelischen *Poetik* werde es als *exemplificatio* oder *assimilatio* bezeichnet. Die wissenschaftliche Vorgehensweise, die Aristoteles hier anwendet ist also, Bartholomäus zufolge, nicht die übliche syllogistische, sondern die in der Poetik beschriebene *exemplarische*, d. h. auf Beispielen beruhende. Bartholomäus beruft sich hier höchstwahrscheinlich nicht direkt auf die *Poetik* des Aristoteles, sondern verweist auf die Poetik-Paraphrase durch Averroes. Diese war 1256 von Hermannus Alemannus aus dem Arabischen ins Lateinische übersetzt worden und Bartholomäus verfasste zu ihr 1307 einen Kommentar. Dieser Kommentar liegt in einer Teiledition von Gilbert Dahan vor. In der Tat beschäftigt er sich in ihm auch mit der in Averroes' Paraphrase beschriebenen *poetischen Argumentation*.[57]

Der grausame Sohn

> *Die* expositio litterae *der Passage* „*Exemplum enim vitae filiis nisi parentes dederint, puram et excusabilem causam adinuicem habere poterant. Timor (que) ne contempti a filiis, cum non bene uiuerent, ad interitum ipsis erunt.*"[58]

Die Passage stammt aus dem zweiten Kapitel des *liber secundus*. Den ersten Satz legt Bartholomäus folgendermaßen aus: Wenn die Eltern ihren Kindern in der Kindheit kein Beispiel rechtschaffenen Lebens geben, werden sie als Erwachsene einmal gerechtfertigterweise für ihre

---

[57] Gilbert Dahan: Notes et Textes sur la Poétique au Moyen Âge. In: Archives d'Histoire littéraire et doctrinale du Moyen Age 1980, S. 171–239, hier S. 227.

[58] Siehe unten (Anhang), S. 409; Bartholomäus' *expositio* dieser Textstelle: Bartholomaeus de Brugis: Scriptum Yconomice Aristotilis, Bologna, BU 1625, f. 92ra: „*Exemplum enim vite*, supple *bone*, idest bene vivendi, *nisi parentes dederint filiis*, supple in eorum pueritia, *puram*, idest iustam, *et excusabilem habere poterant*(sic) *ad inuicem*, supple filii potentes quantum ad corpus, et mali quantum ad animam effecti de suis malis moribus. Idest: excusare poterunt se iuste de suis malis moribus dicendo: ‚Hoc non fecimus, sed nostri maledicti parentes.' Et tunc *timor* debet esse parentibus, *ne* ipsi *contempti in senio a suis filiis, cum non bene viuerent*, supple in iuuentute eorum, idest propter hoc, quod non bene vixerint in sua iuuentute, quasi *ad interitum ipsis*, scilicet parentibus, *erunt*, supple sui filii. Non enim curabunt pascere, nec custodire, nec honorare parentes in senio, nec etiam custodire domum, sed dissipabunt bona domus. Erunt enim mali et contempnentes parentes ex defectu neccessariorum et pro dolore. Quapropter multum debent curare parentes bona exempla tradere suis filiis. Vel aliter: *Ad interitum*, idest causa interitus et mortis, quia propter malitia sua forte exterminabuntur et tunc maledicent parentibus. Unde audiui de quodam prope terram nostram, qui instigatus ad furtum a matre, cum duceretur ad patibulum, dixit matri quod vellet eam osculari.

schlechten Sitten ihre Eltern verantwortlich machen können. Bartholomäus geht nun in direkte Rede über. Sie werden sagen: „Das haben nicht wir getan, sondern unsere verfluchten Eltern". Den zweiten Satz, „*Timor contempti a filiis, cum non bene uiuerent, ad interitum ipsis erunt*", interpretiert er folgendermaßen: Deshalb müssten sich die Eltern davor fürchten, dass sie von ihren Kindern, denen sie in der Kindheit Schlechtes vorgelebt haben, im Alter verachtet und gewissermaßen zu Tode geplagt werden (*ad interitum ipsis erunt*). Solche Kinder, denkt Bartholomäus den Satz weiter, werden nämlich ihre Eltern im Alter weder beschützen noch ehren, noch werden sie das Haus bewahren, sondern sie werden die Güter des Hauses verschwenden. Sie werden schlecht sein und ihre schmerz- und notgeplagten Eltern verachten. Deshalb, schließt Bartholomäus seine weiterführenden Gedanken ab, müssten die Eltern die Mühe aufbringen, ihren Kindern ein gutes Beispiel zu geben.

Bartholomäus lässt es nicht bei dieser Interpretation bewenden, sondern macht noch auf eine zweite Deutungsmöglichkeit aufmerksam. Die Worte des zweiten Satzes „*ad interitum ipsis erunt*" könne man nicht nur, wie er es oben getan hat, auf die Eltern beziehen, sondern auch auf die Kinder. „*Ad interitum ipsis erunt*" müsste dann folgendermaßen interpretiert werden: Die Eltern werden den Kindern zur Todesursache, weil diese aufgrund ihrer Bosheit möglicherweise zum Tode verurteilt werden und dann ihre Eltern verfluchen werden. Und Bartholomäus illustriert diese zweite Deutungsvariante mit einem Verweis auf einen Vorfall aus seiner eigenen Zeit: Er habe gehört, schreibt er, jemand aus unserem Land (*prope terram nostram*) sei von seiner Mutter zum Diebstahl angestachelt worden. Später, als er zum Galgen geführt worden sei, habe er seiner Mutter gesagt, er wolle sie küssen. Als er sie berührte, biss er ihr aber die Nase ab und sagte: „Du hast mich an den Galgen gebracht, hier ist Dein Lohn!"

Dies ist die einzige Stelle in der *expositio litterae* und eine der wenigen Stellen im Kommentar, in dem Bartholomäus *explizit* auf seine Gegenwart eingeht. Über den Vorfall, über den hier Bartholomäus berichtet und in dessen Licht er die *Yconomica* interpretiert, wird er am ehesten in einer Predigt gehört haben. Bartholomäus variiert hier nämlich ein weit verbreitetes mittelalterliches Predigtexemplum.[59]

Et cum tangeret eam, amordebat sibi nasum dicens: ‚Vos fecistis me suspendi, teneatis salarium vestrum'. Prima autem expositio videtur mihi rectior."

[59] Das Exemplum kommt in einer Reihe mittelalterlicher Exempla-Sammlungen

Die vorangehenden Textbeispiele verdeutlichen hinreichend, wie Bartholomäus in der *expositio litterae* mit den Passagen über die Ehe aus der *Yconomica* umgeht. Im ersten exegetischen Schritt seines Scriptum, der *divisio textus*, hat er versucht, den Aufbau und die argumentative Struktur dieser Passagen herauszuarbeiten. Vorrangiges Bestreben des zweiten exegetischen Schritts, der *expositio litterae*, ist es, den *Wortlaut* und den *Sinn* dieser oftmals obskuren Passagen zu erschließen. Er arbeitet dabei außerordentlich präzise. Er folgt dem Text Wort für Wort, Satz für Satz und kommentiert ihn mit Hilfe von erklärenden Neben- und Hauptsätzen bzw. mittels einer kommentierenden Paraphrase, in die er konsequent jedes einzelne Wort der Vorlage einbindet. An mehreren Stellen führt er auch Interpretationsvarianten an. An einigen Stellen greift er bei seiner Interpretation des diffizilen Textes auch auf eine zweite Übersetzung (*alia littera*) oder Übersetzungsvariante zurück. Eine weitere exegetische Methode, auf die er im Verlauf des Kommentars an einigen Stellen zurückgreifen wird, sind etymologische Erklärungen schwieriger Wörter.

Inhaltlich lassen sich in seiner *expositio litterae* zwei Tendenzen ausmachen: Erstens werden durch die *expositio litterae* die Passagen über die Ehe aus der *Yconomica* gewissermaßen *aristotelisiert*, da Bartholomäus mehrmals zu deren Deutung Konzepte und Textstellen aus *anderen* aristotelischen Schriften heranzieht. Es ist eine Vorgehensweise, die typisch für die mittelalterliche Aristoteles-Kommentierung ist und die der damaligen Vorstellung von einer absoluten Kohärenz aristotelischer philosophischer Schriften Rechnung trägt. Genau diesem exegetischen Ansatz verdankt sich etwa die eigenwillige Interpretation des Wortes „*dispositio*" als „Geschlechtsdifferenz", oder auch die Ausdeutung der dritten Texteinheit der Ehe-Passage des ersten Buches mit dem Konzept der *perpetuatio speciei*.

Zweitens werden in der *expositio litterae* die Passagen über die Ehe aus der *Yconomica* gewissermaßen verwissenschaftlicht. Die *expositio* des Bartholomäus beruht nämlich, genauso wie die *divisio textus*, auf der Annahme, dass es sich bei der *Yconomica* um eine *wissenschaftliche Abhandlung* handelt, die den Anforderungen *wissenschaftlichen* Diskurses gehorcht. Das bedeutet hier, dass sich ihr Autor jener Argumentations-

---

vor (z. B. Speculum laicorum, Scala coeli, Tabula exemplorum, Compilatio singularis exemplorum, Alphabetum narrationum). Vgl. dazu Frederic Tubach: Index Exemplorum. A Handbook of medieval religious tales, Helsinki 1969, passim.

figuren bedient, die für Bartholomäus einen genuin wissenschaftlichen Text ausmachen. Dies ist in erster Linie der *Syllogismus*, das wissenschaftliche Beweismittel *par excellence*. Gerade dieser Erwartungshaltung entspringt etwa seine eigenartige Interpretation der ersten zwei Sätze der Ehe-Passage des ersten Buches als eine *conclusio* und eine *propositio minor* eines syllogistischen Beweisverfahrens. Dies sind aber auch die eher *persuasiven* Argumentationsmittel, die Aristoteles in seiner *Poetik* und seiner *Rhetorik* beschrieben hat. In einem Werk der *philosophia practica*, wie sie die *Yconomica* darstellt, sind nämlich auch diese eine legitime Form wissenschaftlichen Diskurses, ja es sind, wie Bartholomäus im Prolog gesagt hat, die der *philosophia practica eigenen* Argumentationsmittel. Schließlich geht es in der *philosophia practica* nicht nur darum, Wahrheit zu beweisen. Es geht vor allem darum, zu richtigem Handeln zu bewegen. Gerade dieser Vorstellung vom *procedere* einer *Philosophia practica* entspricht seine Interpretation des Odysseus–Penelope-Beispiels im zweiten Buch der *Yconomica* als einer *ratio poetica*. Ohne Bartholomäus' tiefgründige Kenntnis der im Mittelalter ansonsten *wenig* rezipierten *Poetik* des Aristoteles, bzw. deren Paraphrase durch Averroes, wäre diese Art von Interpretation dieser Textstelle kaum möglich gewesen.

Beide Grundtendenzen von Bartholomäus' Interpretation der Passagen über die Ehe, d. h. deren *Verwissenschaftlichung* und deren *Aristotelisierung*, werden noch stärker in den *notanda* zum Ausdruck kommen.

Ein Vergleich mit der *expositio litterae* derselben Passagen im Kommentar des Durandus von Alvernia lässt folgende Schlüsse zu: Die *expositio litterae* des Durandus ist wesentlich knapper. Da beide, Bartholomäus und Durandus, ein ähnliches Vorverständnis an den Text der *Yconomica* herantragen, ist die Art und Weise, wie sie die *Yconomica* interpretieren, dieselbe. Beide gehen davon aus, dass die *Yconomica* wissenschaftlich strukturiert ist und einen Teil des *Corpus aristotelicum* darstellt. Beide bringen deshalb den Text mit Gedanken aus anderen aristotelischen Werken in Verbindung und beide deuten in ihn eine wissenschaftliche Struktur hinein. Manchmal ist ihre Auslegung dem Sinn nach gleich oder verwandt, manchmal unterscheiden sie sich deutlich. Es lässt sich allerdings bei der *expositio litterae* nirgends eine direkte Abhängigkeit des Bartholomäus von Durandus feststellen.

17.3. *Die* notanda

In der *divisio textus* hat Bartholomäus die Ehepassagen der *Ökonomik* in ihre kleinsten Einheiten gegliedert und so deren Struktur herausgearbeitet. In der *expositio litterae* hat er den Wortlaut und den Gedankengang dieser Texteinheiten verständlich zu machen versucht. Im dritten und letzten exegetischen Schritt versieht er diese nunmehr verständlichen Texteinheiten mit einer Reihe von erklärenden Anmerkungen.

Die Anzahl dieser Anmerkungen pro Texteinheit kann variieren. Bartholomäus leitet sie zumeist mit den Worten „*notandum est*" ein, nicht selten auch mit „*sciendum est*" oder „*intelligendum*". Manche dieser Anmerkungen werden mit „*dubitandum*", bzw. „*dubium est*" eingeleitet. Es handelt sich hierbei um kleine Streitfragen, die in Form von *Pro-und-contra*-Argumenten behandelt werden. Die *dubia* stellen damit eine Art *Vorstufe* zu den Quaestiones dar.

Genauso wie die *divisio textus* und die *expositio litterae* gehören auch diese erklärenden Anmerkungen zum traditionellen methodischen Repertoire der mittelalterlichen Aristoteles-Exegese. In der Forschung werden sie manchmal mit dem Überbegriff „*notanda*" bezeichnet.[60]

Genauso wie bei den ersten beiden exegetischen Schritten dienen die meisten *notanda* einer vertieften *Erläuterung* des aristotelischen Textes. Die Deutung, die Bartholomäus hier den Ehepassagen der *Yconomica* verleiht, ist genau jenem Vorverständnis des aristotelischen Textes verpflichtet, auf das weiter oben eingegangen worden ist. Der Artes-Magister versteht die *Yconomica* als eine wissenschaftlich-rational strukturierte Abhandlung, die Teil eines in sich kohärenten und widerspruchsfreien Systems aristotelischer Wissenschaften ist.

Die einzelnen *notanda* haben unterschiedliche exegetische Funktionen, sie rühren aber letztendlich von eben diesem mittelalterlichen Aristotelesverständnis her. Im ersten *notandum* arbeitet Bartholomäus häufig die logisch-argumentative Struktur der jeweiligen Texteinheit heraus. Er tut hier also genau das, was er an manchen Stellen bereits in der *expositio litterae* getan hat. In den weiteren *notanda* interpretiert der Artes-Magister oftmals die kommentierte Passage indem er zu deren Erläuterung andere Textstellen der *Yconomica* bzw. Gedanken und Konzepte aus *anderen* aristotelischen Werken heranzieht. Darüber hinaus versucht er in manchen *notanda* etwaige Ungereimtheiten zwischen der kom-

---

[60] Del Punta: The Genre of Commentaries in the Middle Ages and its Relation to the Nature and Originality of Medieval Thought (wie Anm. 3), S. 138–151, hier S. 148.

mentierten Texteinheit und anderen Stellen der *Yconomica* bzw. anderen aristotelischen Werken aus dem Weg zu räumen. Manchmal tut er dies in der Form von kleinen Streitfragen, *dubia*. Alle diese exegetischen Ansätze sind für die mittelalterliche Aristoteles-Exegese durchaus typisch. Wie an Beispielen ersichtlich werden soll, führen sie manchmal zu höchst interessanten und philosophisch innovativen Gedankengängen.

Während die meisten *notanda* eine *exegetische* Funktion haben, geht Bartholomäus in einigen zur oben beschriebenen zweiten Funktion des Kommentars über: zur Funktion des Kommentars als eines selbstständigen philosophischen Werkes. In einigen *notanda* verlässt er nämlich die Textinterpretation im engeren Sinne des Wortes und lässt sich auf selbstständige philosophische Überlegungen ein, die vom Text höchstens nur noch angeregt sind. Damit bilden die *notanda* eine Art Übergang zum Quaestio-Teil des Kommentars, in dem die selbstständig-philosophische Funktion gegenüber der rein interpretativen deutlich überwiegt. Jedoch bleiben die Grenzen zwischen Textinterpretation und eigenen philosophischen Überlegungen in den *notanda* immer fließend.

Es wäre zu einseitig, die *notanda* ausschließlich als das Resultat eines bestimmten Ansatzes der Aristoteles-Auslegung zu betrachten. Manche von ihnen, unabhängig davon, ob es sich „nur" um rein exegetische *notanda*, oder um selbstständige philosophische Reflexionen handelt, tragen nämlich deutlich zeitgenössischen Vorstellungen über die Ehe Rechnung und bringen diese klar zum Ausdruck. Auch auf diese kulturell-historische Dimension soll bei der Vorstellung der *notanda* eingegangen werden.

Bei der Vorstellung der *notanda* soll ähnlich verfahren werden wie bei der Vorstellung der *expositio litterae*. Wir werden mit den *notanda* zum Beginn der Ehepassage des *liber primus* beginnen und von den weiteren *notanda* zum ersten und zweiten Buch nur eine Auswahl inhaltlich besonders interessanter Anmerkungen vorstellen. Insgesamt sollen an dieser Stelle zehn *notanda* vorgestellt werden. Ein solcher *modus exemplaris* erscheint für die Darstellung der *notanda* geeigneter als der Versuch einer Systematisierung nach philosophisch-inhaltlichen Kriterien. Die Beschaffenheit der *notanda* als selbstständige, inhaltlich recht unterschiedliche *Anmerkungen* zum aristotelischen Text verweigert sich nämlich einer inhaltlich-systematisierenden Darstellung.

Die Hierarchie hausherrlicher Zuwendung

Das notandum *zur Texteinheit "Omnibus enim de coniuge prima cura"*[61]

In den vorangehenden zwei exegetischen Schritten hat Bartholomäus diesen Satz als die erste Texteinheit der Ehepassage des *liber primus* gedeutet. Aristoteles habe in ihm die moralphilosophische Forderung aufgestellt, ein Mann und Hausherr müsse sich in erster Linie um seine Frau kümmern. Bartholomäus versieht diese Textstelle mit einem einzigen *notandum*. Er setzt sich in ihm mit zwei möglichen Einwänden (obiectiones) *gegen* den hier formulierten Grundsatz der Priorität der Sorge des Mannes um seine Frau auseinander. Jemand könnte einwenden, schreibt er, das, was Aristoteles hier fordere, sei falsch. An erster Stelle müsse nämlich der Hausherr für *sich selbst* Sorge tragen.

Dieser merkwürdige Einwand ist Ausdruck jener soeben erwähnten Vorstellung, dass das gesamte *Corpus aristotelicum* vollständig *widerspruchsfrei* sein muss und dass es gerade Aufgabe des Kommentators ist, Widersprüche interpretativ zu beheben. Obwohl es hier Bartholomäus nämlich nicht explizit sagt, bildet den Hintergrund dieses Einwands der im neunten Buch der *Nikomachischen Ethik* formulierte Gedanke des Primats der Selbstliebe. Aristoteles stellt dort die Liebe zu sich selbst (nicht in einem narzisstisch-egoistischen Sinn, sondern im Sinne eines Strebens nach eigener Tugendhaftigkeit) über die Liebe zu den Mitmenschen. Selbstliebe geht der Nächstenliebe voraus und bildet ihre *conditio sine qua non*. Bartholomäus sieht hier einen Widerspruch.[62]

---

[61] Siehe unten (Anhang), S. 399; Bartholomäus' *notandum* zu dieser Textstelle: Bartholomaeus de Brugis: Scriptum Yconomice Aristotilis, Bologna, BU 1625, f. 46: „Sed forsan aliquis obiceret sic dictis, quia primo yconomus debet curare de se quam de uxore, quare male dicit. Item superius dixit, quod prima cura debet esse circa agriculturam. Ergo videtur, quod sibi contradicat.
Et dicendum ad primum, quod sermo eius intelligitur de aliis ab yconomo. Bene enim verum est, quod maxime debet curare de bona dispositione eius, quia ex hoc maxime dependet bonum domus, cum sit princeps et regula totius domus. Sed inter omnia alia a se, primo debet curare de bona dispositione uxoris, eo quod est secunda pars domus post eum, ut patet ex predictis et primo Politice.
Ad secundum dicendum, quod illud dictum intelligitur in genere possessionum et non respectu omnium, que sunt in domo. Unde bene verum est, quod curarum, que sunt circa possessiones, prima est agricultura. Et hoc ostendit prius et nihil contrariatur iam dictis."

[62] Aristoteles Latinus: Ethica Nicomachea. Translatio Roberti Grosseteste Lincolniensis sive ‚Liber Ethicorum', A. Recensio Pura, Hg. v. René-Antoine Gauthier (Aristoteles latinus XXVI, 1–3, Heft 3), Leiden–Bruxelles 1972, S. 334–337.

Auch der zweite Einwand weist auf einen vermeintlichen Widerspruch hin, diesmal im Text der *Yconomica* selbst: Wie kann Aristoteles hier behaupten, der Mann müsse sich vorrangig um seine Ehefrau kümmern, wenn er doch weiter oben gesagt hat, die erste Sorge gelte der Landwirtschaft. Bartholomäus bezieht sich hier auf den Satz der *Yconomica* „*Possessionis autem prima cura ea que secundum naturam*". Der Magister der Artes hatte ihn in der *divisio textus* und der *expositio litterae* als einen moralphilosophischen Grundsatz gedeutet, demzufolge die erste Aufmerksamkeit des Hausherrn seinen Ländereien zu gelten habe.[63]

Bartholomäus hat seine zwei Einwände geäußert und widerlegt sie nun. Er zeigt zuerst, dass der hier geforderte Primat der Zuwendung des Mannes zu seiner Frau durchaus nicht der (in der *Nikomachischen Ethik* formulierten) Vorrangstellung der Selbstliebe widerspricht. Um die beiden gegensätzlichen Positionen zu harmonisieren, bedient sich der mittelalterliche Philosoph des exegetischen Mittels der „Unterscheidung" (*distinctio*). Aristoteles beziehe hier seine Aussage lediglich auf Dinge und Personen *jenseits* des Hausherrn („*sermo eius intelligitur de aliis ab yconomo*"). Freilich müsse der Hausherr in erster Linie für sein *eigenes* Wohlergehen sorgen („*maxime debet curare de bona dispositione eius*"). Schließlich sei er doch der Vorsteher (*princeps*) und die „Regel" (*regula*) des ganzen Hauses. *Jenseits seiner selbst* müsse er sich aber vorrangig um das Wohlergehen seiner Frau kümmern. Diese sei nämlich der zweite „Teil" des Hauses und komme in der Hierarchie des Hauses sofort nach ihm. Dies gehe schließlich aus dem zuvor Gesagten sowie dem ersten Buch der *Politik* hervor.

Bartholomäus bezieht sich hier auf einen vorausgehenden Satz der *Yconomica*: „*Unde secundum Ysiodum oportet utique esse dominum quidem prius uxoremque et bovem arantem.*" In der *exposito litterae* hatte er ihn als eine Beschreibung der drei hierarchisch geordneten Teile einer Hausgemeinschaft verstanden: Hesiod, den Aristoteles an dieser stelle als Autorität zitiert habe, habe sagen wollen, die *prior pars domus* sei der Haus-

---

[63] Siehe unten (Anhang), S. 399; Bartholomaeus de Brugis: Scriptum Yconomice Aristotilis, Bologna, BU 1625, f. 83va: „Adhuc prima in tres, quia primo proponit, quod intendit... In prima parte dicit, quod *prima cura possessionis*, idest de possessione, est *ea*, supple, cura, *que est secundum naturam*, idest in quam inclinamur naturaliter. Vel aliter: *Ea, que est secundum naturam*, idest de ea possessione, que est naturalis. *Vero*, pro sed, *secundum naturam*, idest naturaliter, *laboratoria*, idest agricultura, est *prior*. Et secuna post hanc est illa, que est *de terra*, ut *metallica, et si quedam alia* est *huius*, utpote generatiua et inscisiua lignorum."

herr (*dominus*), ihm folge als *zweiter* Teil des Hauses die Ehefrau (*uxor*) und schließlich der pflügende Ochse (*bos arans*), der hier für „Besitz" im aristotelischen Sinne des Wortes stehe, d. h. für Sklaven und alle sonstigen Besitzungen. Dasselbe Hesiodzitat befindet sich auch im ersten Buch der *Politik*.[64]

Damit hat Bartholomäus den ersten Einwand widerlegt und wendet sich dem zweiten zu. Auch hier harmonisiert er beide gegensätzlichen Positionen mittels einer *distinctio*. Das, was Aristoteles weiter oben über den Vorrang der Sorge um die Landwirtschaft gesagt habe, treffe nicht allgemein auf die Hausgemeinschaft zu, sondern nur im Hinblick auf die *Besitzungen eines Hauses*. Bei der Sorge um die Besitzungen stehe selbstverständlich die Sorge um die Landwirtschaft an oberster Stelle, nicht aber, wenn von der gesamten Hausgemeinschaft die Rede sei.

Das *notandum* ist nicht nur *exegetisch* interessant, es ist auch ein Beispiel dafür, wie das Bestreben, vermeintliche Widersprüche im *corpus aristotelicum* zu beseitigen, durchaus philosophisch innovative Gedanken hervorbringen kann, die über das von Aristoteles Gesagte deutlich hinaus gehen. Indem Bartholomäus versucht, die drei „Primate der Fürsorge" (Primat der Selbstliebe, der Sorge um die Frau und der Sorge um die Ländereien) miteinander zu harmonisieren, entwickelt er ein ethisches Konzept, das man als „Hierarchie hausherrlicher Zuwendung" beschreiben könnte. An erster Stelle muss sich der Hausherr um sein eigenes moralisches Wohlergehen kümmern, an zweiter Stelle um das seiner Frau und erst an dritter um seine Besitzungen. Ein derartiges Konzept sucht man in der *Ökonomik* vergebens.

Die Hierarchie häuslicher Herrschaft

Das notandum *zum Satz „communicatio namque naturaliter femine atque masculo est precipue"*[65]

Die zweite, durch die *divisio textus* geschaffene Texteinheit des Eheteils des *liber primus Yconomice*, bildet der Satz „*communicatio namque naturaliter femine atque masculo est precipue*". Bartholomäus hat in der *expositio litterae* das Wort „precipue" als ein Synonym für „*maxime*" gele-

---

[64] Siehe unten (Anhang), S. 399; Bartholomaeus de Brugis: Scriptum Yconomice Aristotilis, Bologna, BU 1625, f. 83ra: „*Unde secundum Ysiodum oportet dominum quidem* esse *prius* in domo, idest dominus est prior pars domus. Denum autem oportet esse *uxorem* et postea *bouem arantem*." Für das Hesiod-Zitat in der Politik siehe oben, S. 60.

[65] Siehe unten (Anhang), S. 399; Bartholomäus' *notandum* zu dieser Textstelle: Bartholomaeus de Brugis: Scriptum Yconomice Aristotilis, Bologna, BU 1625, f. 84rb: „*Notan-*

sen: Dieser Lektüre zufolge habe hier Aristoteles sagen wollen, die Beziehung zwischen Männchen und Weibchen sei *höchst* natürlich.[66] Gerade mit diesem „*maxime*" befasst sich das einzige *notandum* zu dieser Textstelle. Bartholomäus versucht hier zu erklären, *weshalb* Aristoteles meint, die *communicatio viri et mulieris* sei *höchst* natürlich („*est maxime secundum naturam*"): Aristoteles, argumentiert Bartholomäus, sage dies deshalb, weil alle anderen Beziehungsformen in einer Hausgemeinschaft auf sie, als die wichtigste unter ihnen, hingeordnet seien. Sowohl die Kinder als auch die Diener und der Besitz seien nämlich um ihretwillen da und nicht umgekehrt. Dem Mann aber komme bei der Herrschaft über das Haus der Vorrang zu. Die Frau müsse ihm gehorchen und sich von ihm leiten lassen. Schließlich sage Aristoteles im ersten Buch der *Politik*, dass der Mann über die Frau eine „politische Herrschaft" ausübe. Eine solche Herrschaftsform bestehe aber, wie dort gesagt werde, entweder unter Gleichen, oder unter fast Gleichen.

Im *notandum* zur vorangehenden Texteinheit hat Bartholomäus den Text der Ehe-Passage kritisch *hinterfragt*. In diesem *notandum* hinterfragt er den Text nicht, sondern er *erläutert* ihn. Und zwar tut er dies mittels einer Kombination mehrerer aristotelischer Konzepte zum Thema Ehe. Ziel des *notandum* ist zu erklären, *weshalb* die Beziehung von Mann und Frau „*maxime*", höchst naturgemäß sei (Das *notandum* macht in der Tat nur deshalb Sinn, weil er das Wort „*precipue*" in der *expositio litterae* als „*maxime*" gelesen hat.) Um dies zu erklären, greift Bartholomäus auf das in der *Nikomachischen Ethik* und in der *Politik* formulierte Konzept der drei Beziehungsformen in einer Hausgemeinschaft zurück. Dabei stellt er aber zweckgemäß diese drei aristotelischen *communicationes* in ein hierarchisches Verhältnis, das in der *Politik* und in der *Nikomachischen Ethik* so nirgends formuliert ist, jedenfalls nicht explizit: Die Beziehung von Mann und Frau sei deshalb „*maxime secundum naturam*", weil sie die wichtigste Beziehungsform sei. Die Ehepartner übten nämlich Herrschaft über alle anderen Beziehungsformen im Hause aus. Die anderen *communicationes domestice* seien auf sie hingeordnet (*ordinantur ad illam*)

---

dum, quod dicit, quod communicatio viri et mulieris est maxime secundum naturam, quia omnes alie communicationes domestice ordinantur ad illam sicut ad principalem. Filii enim, serui et possesio sunt propter illam et reguntur ab illa et non econuerso. Vir tamen debet regere domum principaliter et mulier debet sibi obedire et ab eo regulari. Unde dicitur primo Politice, quod vir regit uxorem regimine politico. Talis autem principatus vel est equalium, vel quasi equalium, ut patet ibidem."

[66] Siehe oben, S. 268–269.

und bestünden ihretwegen (*sunt propter illam*). Eine derartige Hierarchisierung des Hauses mag zwar dem Geist der aristotelischen Hauslehre der *Politik* und der *Nikomachischen Ethik* nicht widersprechen, ausdrücklich formuliert ist sie dort allerdings nicht.[67]

Anschließend setzt er das *notandum* mit einer Überlegung fort, die das soeben Gesagte zwar inhaltlich weiter ausführt, die aber nicht mehr *direkt* den Inhalt der Passage der *Yconomica* erklärt. Bartholomäus hat die Beziehung von Mann und Frau als diejenige definiert, die über das Haus Herrschaft ausübt. Er erklärt nun, wie sich die Hausherrschaft der zwei „Teile" dieser ranghöchsten *communicatio*, des Hausherrn und seiner Frau also, voneinander unterscheidet. Dabei geht er so vor, dass er die unterschiedliche Hausherrschaft des Mannes auf der einen und der Frau auf der anderen Seite von dem *Verhältnis* der Ehepartner *zueinander* ableitet. Dazu greift er zum zweiten Mal auf ein aristotelisches Erklärungsmodell zurück, nämlich auf jene Vorstellung aus der *Politik*, derzufolge die Beziehung von Mann und Frau ein Herrschaftsverhältnis darstelle, in dem der Mann über seine Frau auf die Weise eines *Staatsmannes* herrsche. Das staatsmännische, oder auch politische Herrschaftsverhältnis ist nach Aristoteles das von Freien über gleichwertige Freie. Bartholomäus zieht daraus für die Herrschaftsausübung der Ehepartner über das Haus folgende Konsequenzen: Der Mann herrscht über das Haus *vorrangig* (*principaliter*), die Frau hingegen muss ihm gehorchen und sich nach ihm richten.

Mit dieser Interpretation geht er aber über das, was Aristoteles in der *Politik* über die Ehe als eine politische Herrschaftsform sagt, deutlich hinaus. In der *Politik* wird nämlich das Herrschaftsverhältnis von Mann und Frau nur *für sich selbst* beschrieben, ohne dessen Bezug auf die anderen Herrschaftsverhältnisse in der Hausgemeinschaft zu analysieren. Bartholomäus hingegen zieht selbstständig aus der Natur des Verhältnisses von Mann und Frau Schlüsse für die Art der Herrschaft des Mannes und der Frau über die anderen Beziehungsformen im Hause.[68]

Bei diesem *notandum* trifft also dasselbe wie im *notandum* zur ersten Texteinheit des *capitulum quartum* zu. Auch hier lässt sich nämlich beobachten, wie der exegetische Ansatz, den Bartholomäus in den *notanda*

---

[67] Zum aristotelischen Konzept der drei Beziehungen in einer Hausgemeinschaft siehe oben, S. 60–61.
[68] Zur Beschreibung der Beziehung von Mann und Frau als ein „regimen politicum" in der *Politik* siehe oben, S. 62–63.

bei der Erklärung der Passagen über die Ehe anwendet, inhaltlich durchaus innovative philosophische Gedanken zum Thema Ehe generiert. Es sind Gedanken, die zwar in einem aristotelischen Rahmen bleiben, aber dennoch über den Inhalt sowohl der Ehepassagen der *Yconomica*, als auch der zur Erklärung herangezogenen Ehepassagen der *Politik* und der *Nikomachischen Ethik* hinausgehen.

Ein versteckter Syllogismus

> *Das erste* notandum *zur Texteinheit „suppositum est quidem enim a nobis in aliis, quoniam multa huiusmodi natura operari affectat, sicut et animalium unumquodque. Impossibile tamen feminam sine masculo et masculum absque femina hoc efficere, quare de necessitate eorum consistit in communicatione societas"*[69]

Hat Bartholomäus die ersten zwei Texteinheiten der Ehepassage (*capitulum quartum*) des ersten Buches mit nur je einem *notandum* kommentiert, so sind es bei dieser dritten Texteinheit des *capitulum quartum* insgesamt fünf. Daraus soll lediglich das erste vorgestellt werden. Wie bei der Untersuchung der *divisio textus* dieser Texteinheit deutlich geworden ist, versteht Bartholomäus diese Texteinheit als den ersten *Vernunftbeweis* (ratio) der Natürlichkeit der Ehe. In der *expositio litterae* hat er dann den Wortlaut dieser Passage erläutert, wobei er zu ihrer Erklärung auf Konzepte aus anderen aristotelischen Schriften zurückgegriffen hat.[70]

Hier, im ersten *notandum*, versucht Bartholomäus die logisch-argumentative Struktur dieses ersten „Vernunftbeweises für die Natürlichkeit der Ehe" offen zu legen. Aristoteles beabsichtige, Bartholomäus' erstem *notandum* zufolge, in dieser Passage folgenden syllogistischen Beweis (*ratio*) zum Ausdruck zu bringen:

> *Propositio maior*: „Deren Beziehung ist natürlich, die ohne sie jene Handlungen nicht vollbringen können, die sie naturgemäß anstreben."

---

[69] Siehe unten (Anhang), S. 400; Bartholomäus' erstes *notandum* zu dieser Textstelle: Bartholomaeus de Brugis: Scriptum Yconomice Aristotilis, Bologna, BU 1625, f. 84rb: „Intelligendum est hic primo, quod talem rationem intendit: Illorum communicatio est naturalis, que sine ea non possunt efficere operationes, quas appetunt secundum naturam. Et hanc subiacet, eo quod satis intelligitur ex dictis et quia est quasi per se nota. Masculus autem et femella non possunt efficere multas operationes, quas appetunt secundum naturam sine eorum communicatione. Hanc ponit in littera. Quare sequitur, quod eorum communicatio est naturalis."

[70] Siehe oben, S. 270–272.

Propositio minor: „Männchen und Weibchen können aber die Handlungen, nach denen sie verlangen, nicht vollbringen, ohne miteinander in Beziehung zu treten."

Solutio: „Hieraus folgt, dass die Beziehung von Mann und Frau eine natürliche ist."

Die *Propositio maior* werde in der Passage nicht ausdrücklich erwähnt. Sie sei nämlich fast selbstverständlich (*quasi per se nota*) und gehe ohnehin aus dem zuvor Gesagten hervor. Aristoteles lasse sie deshalb unerwähnt und setze sie einfach voraus. Anders die *Proposito minor* und die *solutio*. Diese werden explizit in der *littera* erwähnt. Bartholomäus bezieht sich hier auf die Sätze der littera „*impossibile tamen feminam sine masculo et masculum absque femina hoc efficere*" und „*quare de necessitate eorum consistit in communicatione societas*".

Bartholomäus interpretiert also in diesem *notandum* die Textpassage als ein „versteckstes" syllogistisches Argument. Eine derartige „logische" Deutung des aristotelischen Textes war bereits an einigen Stellen der *expositio litterae* zu beobachten. Sie beruht auf der nunmehr mehrfach erwähnten Grundannahme des Kommentators, derzufolge die *Yconomica* ein *wissenschaftliches* Traktat darstellt und sich dementsprechend *wissenschaftlicher Argumentationsstrategien* bedient, vor allem des Syllogismus. Einer derartigen wissenschaftlich-logischen Interpretation der *Yconomica* begegnet man im Scriptum Yconomice recht oft, meist (wie hier) gleich im ersten *notandum* zu der jeweils kommentierten Passage. Freilich wird dadurch, zumindest aus der Perspektive des modernen Lesers, weniger eine wissenschaftliche Struktur *gefunden* als vielmehr *erfunden*. Damit wird aber auch in den *notanda* jener Prozess fortgesetzt, der bereits bei der Untersuchung der *divisio textus* und der *expositio litterae* begonnen hat: nämlich die Ausdeutung der *Yconomica* und ihrer Passagen über die Ehe zu einer streng strukturierten und den damaligen wissenschaftlichen Ansprüchen entsprechenden *philosophisch-wissenschaftlichen Abhandlung*.

Soviel über die *notanda* zu den ersten drei Texteinheiten des Ehe-Abschnitts des ersten Buches. Die weiteren *notanda* zu den Ehe-Kapiteln der *Yconomica* sollen nur noch in einer Auswahl vorgestellt werden. Und zwar soll insbesondere auf solche *notanda* eingegangen werden, die die Gedanken über die Ehe aus der *Yconomica* auf eine besonders interessante Weise ausdeuten bzw. philosophisch weiterentwickeln.

Ähnlichkeit der Sitten als Merkmal der ehelichen Freundschaft

Das erste notandum *zur Texteinheit* „*Bene etiam habet quod Ysyodus dicit: Oportet puellam ducere, ut doceat bonos mores. Nam dissimilitudines morum nequaquam amabile.*"[71]

Ein weiteres *notandum*, das hier vorgestellt werden soll, bezieht sich auf jene Textstelle des *capitulum quartum libri primi*, die Bartholomäus in der *divisio textus* als dritte ethische Handlungsanleitung (*tertium documentum*) für Eheleute interpretiert hat. In der *expositio litterae* hat Bartholomäus diese Passage folgendermaßen erläutert: Aristoteles sage hier in Anschluss an Hesiod, der Mann solle eine Jungfrau heiraten, damit er ihr gute Sitten beibringen könne. Es sei nämlich nicht wünschenswert, dass Mann und Frau *ungleiche* Sitten hätten.[72]

Bartholomäus versieht diese Passage im Scriptum mit zwei *notanda*. Im ersten kommentiert er sie folgendermaßen: „Zwischen Mann und Frau muss eine perfekte Freundschaft (*perfecta amicitia*) bestehen. Das ist offenkundig und steht auch im achten Buch der *Nikomachischen Ethik*. Freundschaft erfordert aber, wie Aristoteles in demselben achten Buch [d. h. der *Ethik*] schreibt, eine Ähnlichkeit der Sitten. Folglich müssen Mann und Frau ähnlich in ihren Sitten sein bzw. müssen sie proportionale Sitten haben."[73]

Ziel dieses *notandum* ist es zu erklären, *weshalb* Aristoteles in der *littera* behauptet, die Ungleichheit der Sitten von Mann und Frau sei nicht wünschenswert. Bartholomäus geht dabei so vor, dass er seine Begründung syllogistisch von zwei Gedanken zum Thema Ehe aus der *Nikomachischen Ethik* herleitet (*Aristoteles ex Aristotele*). So zieht er zum einen für seine Begründung die im achten Buch der Ethik mehrmals formulierte Beschreibung der Beziehung zwischen Mann und Frau als einer Freundschaft, *amicitia*, heran. Das dort beschriebene Konzept der

---

[71] Siehe unten (Anhang), S. 401.

[72] Bartholomaeus de Brugis: Scriptum Yconomice Aristotilis, Bologna, BU 1625, f. S. 85vb: „Deinde cum dicit, *bene etiam habet*, ponit tertium documentum sic dicens, quod *etiam bene se habet*, supple ad communicationem viri et uxoris, *quod dicit Ysiodus*. Dicit enim, quod *oportet puellam ducere* in uxorem, *ut doceat bonos mores, nam dissimilitudines morum*, supple viri et uxoris, *nequaquam est amabile*, supple in communicatione nuptiali, que est viri et uxoris."

[73] Bartholomaeus de Brugis: Scriptum Yconomice Aristotilis, Bologna, BU 1625, f. S. 85vb: „Notandum est, quod inter virum et uxorem debet esse perfecta amicicia, ut manifestum est, et habetur octauo Ethicorum. Amicitia requiritur morum similitudinem, ut habetur in eodem octauo, quare (*cod.* quia) sequitur, quod vir et uxor debent esse similes secundum mores, seu habere mores proportionales."

„*amicitia inter virum et uxorem*" dient ihm zur Konstruktion der *propositio maior* seines Syllogismus.[74]

Der zweite Gedanke aus der *Nikomachischen Ethik*, der zur syllogistischen Ausdeutung der *littera* adaptiert wird, ist die dort an mehreren Stellen behandelte Lehre von den *mores*. Bartholomäus legt Aristoteles' Lehre von den *mores* der *propositio minor* seines Syllogismus zugrunde.[75]

Mit Hilfe dieser zwei Gedanken aus der *Nikomachischen Ethik* kann er nun „wissenschaftlich" begründen, *weshalb* Aristoteles in der *Yconomica* ungleiche Sitten von Mann und Frau nicht für wünschenswert hält. Sein *notandum* beinhaltet also folgenden Syllogismus:

> *Propositio maior*: Zwischen Mann und Frau muss eine perfekte Freundschaft bestehen.
>
> *Propositio minor*: Zu einer perfekten Freundschaft gehört aber Ähnlichkeit der Sitten.
>
> *Conlusio*: Also müssen Mann und Frau ähnliche Sitten haben.

Inhaltlich ist dieses *notandum* auf zweifache Weise interessant. Zum einem *modifiziert* er hier gleich zweimal zweckgemäß das von ihm herangezogene Konzept einer *amicitia coniugalis* aus dem achten Buch der Ethik. In der *Nikomachischen Ethik* wird nämlich die *amicitia inter virum et uxorem* zunächst nur einfach als eine natürliche Beziehungsform *beschrieben*. Bartholomäus macht hingegen aus dieser *Beschreibung* eine *moralische Forderung*: Zwischen Mann und Frau *muss* (debet) es eine perfekte Freundschaft geben. Zusätzlich geht er über die *Nikomachische Ethik* ein zweites Mal hinaus, wenn er sagt, die Freundschaft zwischen Mann und Frau müsse *perfekt* (perfecta) sein. Eine derartige Bewertung der Beziehung zwischen Mann und Frau sucht man dort vergebens. Es ist denkbar, dass den Hintergrund dieser Steigerung des aristotelischen Konzepts der *amicitia coniugalis* die mittelalterliche Hochschätzung der Ehe als Sakrament bildet.

Die zweite philosophische Leistung des Bartholomäus besteht hier in der Verbindung des *amicitia-coniugalis*-Gedankens aus der *Nikomachischen Ethik* mit der Forderung der *similitudo morum* aus der Ökonomik. Indem Bartholomäus diese zwei Gedanken miteinander argumentativ verkettet, entwickelt er einen neuen Gedanken, der über das im Öko-

---

[74] Zum Konzept der „amicita inter virum et uxorem" aus der *Nikomachischen Ethik* siehe oben, S. 45–50.
[75] Aristoteles Latinus: Ethica Nicomachea. Translatio Roberti Grosseteste Lincolniensis sive ‚Liber Ethicorum', A. Recensio Pura (wie Anm. 62), passim.

nomik-Text Gesagte hinausgeht: Er macht dadurch nämlich die *Ähnlichkeit der Sitten* zu einem wesentlichen Bestandteil der *amicitia coniugalis*. Damit trägt er an das in der *Nikomachischen Ethik* doch recht knapp und allgemein formulierte Konzept der ehelichen Freundschaft eine konkrete inhaltliche Bestimmung heran. Einer derartigen Spezifizierung des Gedankens der ehelichen Freundschaft aus der *Nikomachischen Ethik* mit *konkreten*, der *Ökonomik* entlehnten Inhalten begegnet man in den *notanda* mehrmals.

Die Metaphysik der Witwenehe

> *Das zweite* notandum *zur Texteinheit „Bene etiam habet quod Ysyodus dicit: Oportet puellam ducere, ut doceat bonos mores. Nam dissimilitudines morum nequaquam amabile."*[76]

Bemerkenswert ist auch das zweite *notandum* zu derselben Texteinheit:

> „Es ist anzumerken, dass ein formloser Gegenstand (*subiectum informe*) sehr gut alle Formen annehmen kann. Dies sagt Platon im *Timaios* und Aristoteles im dritten Buch *De caelo*. Wenn aber ein Gegenstand bereits eine andere (*contraria*) Form hat, kann er keine andere mehr annehmen, bevor er die erste Form abgestoßen hat. Eine Jungfrau aber verhält sich zu den Sitten, die für die Ehe nötig sind, wie ein formloser Gegenstand. Eine Witwe oder eine Geschiedene (*alias maritata*) verhält sich hingegen wie ein Gegenstand, der bereits eine entgegengesetzte Form angenommen hat. Sie hat nämlich bereits Sitten aus der ersten Ehe. Deshalb kann der Mann eine Jungfrau leicht seinen Sitten und seinem Willen unterstellen, die Witwe hingegen nie, oder nur schwer. Dies ist der Grund, weshalb Witwen ständig herrschen wollen und den Mann ihrem eigenen Willen zu unterwerfen suchen. Das Fazit ist, dass es besser ist eine Jungfrau zur Frau zu nehmen. Dies hat schließlich auch Hesiod, ein Weiser, der vor Aristoteles gelebt hat und ein theologisierender Dichter war, auszudrücken versucht."[77]

---

[76] Siehe unten (Anhang), S. 399.
[77] Bartholomaeus de Brugis: Scriptum Yconomice Aristotilis, Bologna, BU 1625, f. 85vb: „Item notandum, quod subiectum informe optime recipit omnes formas, ut vult Plato in Thymeo et Philosophus tertio Celi et mondi. Si autem subiectum habeat formam contrariam, non recipit aliam formam, quousque illa fuerit abiecta. Puella autem est sicut subiectum informe respectu morum, qui requiruntur ad communicationem nuptialem. Vidua autem, seu alias maritata, se habet ad modum subiecti informati contrario. Habet enim mores ex primis nuptiis. Et ideo vir puellam poterit faciliter ducere ad suos mores et suam voluntatem, viduam autem nequamquam, vel difficiliter. Unde semper vidue petunt dominari et ducere virum secundum suam voluntatem. Sequitur igitur, quod melius sit ducere puellam in uxorem. Et hoc voluit Ysiodus, qui fuit quidam sapiens ante tempus Aristotilis et fuit poeta theologizans."

Im ersten *notandum* zu dieser Texteinheit hat Bartholomäus begründet, weshalb die Ehepartner ähnliche Sitten haben müssen. Hier versucht er zu erklären, weshalb Aristoteles im Anschluss an Hesiod behauptet, der Mann solle, um ihr gute Sitten beizubringen, eine Jungfrau heiraten. Freilich hätte er das Wort „puella" der *translatio durandi* auch einfach als „Mädchen" oder „junge Frau" lesen können. Bartholomäus versteht aber *puella* als „Jungfrau". Das ist die Voraussetzung für dieses *notandum*. Damit wird nämlich in seiner Lektüre die Textstelle zu einer Anweisung, eine *Jungfrau* und somit keine Witwe oder Geschiedene zu heiraten. Bartholomäus versucht in diesem *notandum* diese „Lehre" des Aristoteles zu begründen. Er tut es, indem er auf die Beziehung von Mann und Frau die Lehre von Form und Materie aus Platons Timaios und aus des Aristoteles *De caelo* bezieht. Der Mann wird hier mit „Form", die Frau mit „Materie" in Verbindung gebracht. (Diese Art von Parallelisierung von Mann und Frau mit Form und Materie ist nicht neu, sondern kommt bereits bei Aristoteles vor). Neu ist aber die Konsequenz, die er daraus für die Witwenehe ableitet: So wie eine Materie, die bereits „informiert" ist, keine andere Form mehr annimmt, so nimmt eine Witwe, die bereits über Sitten aus der ersten Ehe verfügt, nicht die Sitten ihres neuen Mannes an. Dies sei der Grund, weshalb Witwen so eigenwillig seien. Bartholomäus liefert in diesem *notandum* also eine philosophisch-metaphysische Begründung, weshalb es nicht ratsam sei, eine Witwe zu heiraten.[78]

Die Entscheidungsbefugnisse der Ehefrau

> *Die ersten drei* notanda *zur Texteinheit „In ceteris autem omnibus viro parere intendat, nec quicquam civilium audiens, nec aliquid de hiis que ad nuptias spectare videntur velit peragere. Sed cum tempus exigit proprios filios filiasue foras tradere aut recipere, tunc autem pareat quoque viro in omnibus et simul deliberet et obediat, si ille preceperit, arbitrans non ita viro esse turpe eorum que domi sunt quicquam peragere sicut mulieri que foris sunt perquirere."*[79]

Die drei weiteren *notanda*, die hier vorgestellt werden sollen, beziehen sich auf diese dritte Texteinheit des *liber secundus*. In der *divisio textus* hat sie Bartholomäus als eine Abhandlung *„quomodo se debet habere mulier*

---

[78] Zur Parallelisierung des Gegensatzpaars von mänlich/weiblich mit dem Gegensatzpaar Form und Materie siehe Föllinger: Differenz und Gleichheit (wie Anm. 48), S. 122–131.

[79] Siehe unten (Anhang), S. 406.

ad exteriora et magna negotia" definiert. Es handelt sich um jene Passage zu Beginn des zweiten Buches, in der Aristoteles (der *expositio litterae* zufolge) der Frau ans Herz legt, sie solle in allen „außerhäuslichen" Angelegenheiten ihrem Mann gehorchen, keine öffentlichen Geschäfte tätigen und nichts betreffs der Eheschließung ihrer Kinder unternehmen. Vielmehr solle sie in dieser Frage zwar gemeinsam mit ihrem Mann überlegen, was zu tun sei, wenn ihr dann aber seine Entscheidung missfalle, solle sie ihm gehorchen.[80]

Bartholomäus versieht diese Passage mit insgesamt fünf *notanda*. Wir beschränken uns hier auf die ersten drei. Im ersten *notandum* zu dieser Passage versucht Bartholomäus deutlich zu machen, *weshalb* Aristoteles behaupte, die Frau müsse sich aus öffentlichen Angelegenheiten heraushalten:

> „Die Frau darf deshalb keine außerhäuslichen und öffentlich-rechtlichen Angelegenheiten bewerkstelligen, noch darf sie über die Ehen ihrer Kinder entscheiden, weil alle diese Angelegenheiten sehr kompliziert sind und es bei ihnen vieles zu bedenken gibt. Das aber erfordert ein großes Urteils- und Entscheidungsvermögen (,*requiruntur magnum consilium et magnam deliberationem*'). Das Urteils- und Entscheidungsvermögen [Bartholomäus meint hier beides] der Frau ist aber eingeschränkt (,*Mulier autem consilium habet inualidum*'), wie im ersten Buch der *Politik* gesagt werde."[81]

Wie in den meisten bisher vorgestellten *notanda*, versucht Bartholomäus also, den Text der *Yconomica* mit Hilfe von Konzepten aus anderen aristotelischen Schriften auszudeuten. Das Konzept, auf das er hier zurückgreift, um zu erläutern, weshalb sich die Frau aus „außerhäuslichen" und öffentlichen Angelegenheiten heraushalten soll, stammt aus dem ersten Buch der *Politik*. Es handelt sich um die dort formu-

---

[80] Bartholomaeus de Brugis: Scriptum Yconomice Aristotilis, Bologna, BU 1625, f. 90ra: „Deinde cum dicit: *in ceteris autem*, ostendit quomodo mulier se debet habere ad exteriora et magna negocia dicens: *in ceteris autem omnibus*, scilicet ab illis, que sunt intra domum et precipue, que pertinent ad eius secreta, *intendat mulier parere*, idest obedire, viro. *Nec debet esse audiens quicquam* negotiorum *ciuilium*, nec similiter *velit peragere aliquid de hiis, que videntur pertinere ad nuptias*, supple filiorum suorum, aut filiarum. *Sed cum tempus exigit proprios filios...foris tradere...tunc quidem* mulier *pareat*, idest obediat *viro suo in omnibus et simul* cum eo *deliberet* quid sit agendum. Et quamuis sibi non videatur bonum quod vir ordinat, tamen *obediat* viro..."

[81] Bartholomaeus de Brugis: Scriptum Yconomice Aristotilis, Bologna, BU 1625, f. 90[ra]: „Sciendum est, quod mulier non debet peragere exteriora et ciuilia negocia, nec similiter nuptias, quia in omnibus huius negociis sunt multe intricationes et multa consideranda, que requiruntur magnum consilium et magnam deliberationem. Mulier autem consilium habet inualidum, ut habetur primo Politice."

lierte Auffassung, die Frau habe ein, wie Moerbeke übersetzt hat, *consilium inualidum*. Was damit Aristoteles konkret gemeint haben könnte, ist bis heute umstritten. Bartholomäus scheint, dem Kontext nach, den Begriff *consilium inualidum* als einen Mangel an Urteilskraft zu verstehen. Der Artes-Magister bringt dieses Konzept mit der kommentierten *Ökonomik*-Stelle in Verbindung und liefert so deren wissenschaftlich-autoritative Begründung. Die hier formulierte Forderung an die Frau, sich aus öffentlichen Angelegenheiten herauszuhalten, bezieht demnach ihre Logik aus der mangelnden Urteilskraft der Frau.[82]

Von besonderem Interesse sind in unserem Zusammenhang die nächsten zwei *notanda*. Bartholomäus verlässt in ihnen nämlich die Textinterpretation *strictu sensu* und beginnt selbstständig zu philosophieren. Es ist eine jener Stellen in den *notanda*, in denen die Textauslegung der *Yconomica* im engeren Sinne des Wortes in eigenständige, weiterführende philosophische Reflexionen über die Ehe übergeht.

Im ersten *notandum* hat Bartholomäus die in der *Ökonomik* geforderte Zurückhaltung der Ehefrau bei „außerhäuslichen" Entscheidungen philosophisch begründet. Davon ausgehend reflektiert Bartholomäus im zweiten *notandum* zwei Fragen. Erstens: Inwieweit kann die Ehefrau trotz ihres (nunmehr philosophisch begründeten) Ausschlusses von Entscheidungen in öffentlichen Angelegenheiten zum Entscheidungsprozess beitragen? Und zweitens: Wie soll sich bei derartigen Entscheidungen eine Frau verhalten, die keinen Mann hat?

Im ersten Teil des *notandum* schreibt er: Aristoteles sage bewusst, die Frau dürfe nichts Öffentlich-Rechtliches *durchführen* (peragere), im Sinne von „*eigenständig zu Ende bringen*" (perficere). Es könne nämlich durchaus vorkommen, dass ihr eine andere Frau über eine Geschäftsangelegenheit oder Heiratsmöglichkeit berichte. In diesem Fall dürfe sie sehr wohl ihrem Mann darüber berichten und anschließend nach seinem Ratschluss handeln. Das, worauf es lediglich ankomme, ist, dass sie nichts dergleichen von *sich aus durchführt* („*De se tamen nichil horum debet perficere.*")[83]

Bartholomäus gesteht also der Ehefrau bei öffentlich-rechtlichen Angelegenheiten die Rolle der „Vermittlerin" von guten Vorschlägen

---

[82] Zum Konzept des „consilium invalidum" der Frau aus der *Politik* siehe oben, S. 10 und 64–65.

[83] Bartholomaeus de Brugis: Scriptum Yconomice Aristotilis, Bologna, BU 1625, f. 90ra: „Item, notandum, quod dicit *peragere*, idest perficere quia si aliqua mulier mulieri nunciarentur aut de nuptiis, aut de exterioribus negociis, bene posset referre viro suo et agere secundum consilium eius. De se tamen nichil horum debet perficere…"

zu. Wir haben es dabei mit einem selbstständigen, weiterführenden Gedanken des Artes-Magisters zu tun, den dieser allerdings mittels seiner Interpretation des Wortes *peragere* geschickt Aristoteles selbst in den Mund legt.

Im zweiten Teil dieses *notandum* erörtert Bartholomäus, wie gesagt, in der Form einer *obiectio*, wie sich eine Frau, die keinen Mann hat, in Entscheidungen zu verhalten habe: Was aber, wirft er die Frage auf, wenn eine Frau keinen Mann habe? Was solle sie dann tun? In dem Falle, löst Bartholomäus das Problem, müsse sie sich mit ihren Freunden und den Freunden ihres Mannes, zu denen sie das größte Vertrauen hat, beraten und müsse dann nach deren Rat handeln.[84]

Die eigenartige *obiectio* sowie die Art, wie sie Bartholomäus beantwortet, bezieht ihre Logik aus dem im ersten *notandum* herangezogenen Konzept des *consilium inualidum* der Frau. Wenn eine Frau, wie Bartholomäus im ersten *notandum* in Rückgriff auf die *Politik* behauptet hat, tatsächlich über eine nur unzureichende Urteilskraft verfügt, dann stellt sich natürlich die Frage, wie sie sich bei Entscheidungen verhalten soll, wenn sie keinen Mann hat.

Auch im dritten *notandum* zu der Textpassage setzt Bartholomäus seine Reflexion über die Rolle der Ehefrau bei Entscheidungen fort. Er setzt sich in ihm mit der Frage auseinander, wie sich die Ehefrau zu verhalten habe, wenn sie meint, die Entscheidung, die ihr Mann treffen wolle, sei falsch. Das *notandum* bedarf keiner weiteren Erläuterung:

> „Ferner sei folgendes angemerkt: Wenn der Mann in Heiratsabkommen oder anderen derartigen Angelegenheiten etwas tun will, was der Frau nicht richtig erscheint, darf sie ihm nicht hartnäckig Widerstand leisten, wie das bei schlechten Frauen Sitte ist. So werde sie nämlich nur den Zorn des Mannes auf sich ziehen. Vielmehr soll sie ihn auf freundschaftliche Weise auf die Gefahren und die Übel hinweisen, die ihrer Ansicht nach seine Entscheidung nach sich ziehen könnte. Sie soll ihn bitten, seine Entscheidung reifen zu lassen und sich mit seinen Freunden zu beraten. Wenn sich aber der Mann trotzdem weigert, dann soll sie ihm gehorchen und tun, was er verlangt."[85]

---

[84] ibid.: „...Et si dicas, si non habeat virum, quid faciet? Dicendum, quod tunc super huius consulere debet amicos suos et amicos viri, de quibus ipsa plus confidit, et tunc debet agere secundum eorum consilium (*cod.* concilium).“

[85] ibid., ff. 90ra–90rb: „Item, notandum, quod si vir de nuptiis aut aliis huius velit aliquid facere, quod mulieri non videtur bonum, non debet pertinaciter resistere, sicut faciunt male mulieres. Sic enim incurret indignationem viri. Sed debet sibi amicabiliter mostrare pericula et mala, que concipit posse euenire ex hoc, et rogare eum, quod

Dass sich Bartholomäus in diesen drei *notanda* so eingehend mit dem Thema der Rolle der Frau bei „öffentlich-(rechtlichen) Entscheidungen" auseinandersetzt, geschieht freilich nicht ohne Grund. Jedenfalls beschäftigt er sich mit ihm intensiver, als mit manch einem anderen Thema der *Yconomica*, das er nur beiläufig kommentiert und dem er nicht viel Aufmerksamkeit schenkt. Der Autor des *liber secundus* spricht hier nämlich eine Problematik an, die auch in Bartholomäus' eigener Zeit Aktualität besaß und gegenüber der der Artes-Magister dementsprechend aufmerksam war. Die Frage nach der öffentlich-rechtlichen Entscheidungsgewalt der Frau wurde vom 12. bis zum 14. Jahrhundert mehrfach und unter verschiedenen Gesichtpunkten thematisiert. So beschäftigten sich in dieser Zeit mehrere Kanonisten und Legisten mit der Frage nach der *Prozessfähigkeit* der Frau. Darüber hinaus kommen Bestimmungen, inwiefern die Frau eigenmächtig Kaufverträge schließen darf und prozessfähig ist, auch mehrmals in damaligen Stadtrechten vor. Der mittelalterliche Philosoph benutzt hier also den Kommentar, um zu dieser aktuellen gesellschaftlich-rechtlichen Problematik philosophisch Stellung zu beziehen. Aus diesem Grund wird er im Quaestiones-Teil seines Kommentars zum Thema der öffentlich-rechtlichen Entscheidungsgewalt eine eigenständige Quaestio erörtern.[86]

---

super hoc maturius deliberet et consulat amicos. Quod si non velit vir facere, debet obedire sibi et facere, que precipit."

[86] Olivier Martin: Histoire de la coutume de la prévôté et vicomté de Paris, Bd. 2, Heft 1, Paris 1926, S. 199–206; Robert Génestal: La femme mariée dans l'ancien droit normand. In: Revue historique de droit français et étranger, Paris 1930, S. 472–505, hier bes. S. 477–490; Pierre Petot: Le statut de la femme dans les Pays coutumiers français du XIIIe au XVIIe siècle. In: La femme (Recueils de la societe Jean Bodin pour l'histoire comparative des institutions XII), Bruxelles 1962, S. 243–254; John Gilissen: Le statut de la femme dans l'Ancien droit belge. In: ibid., S. 255–321; Philippe Godding: Le droit privé dans les Pays-Bas méridionaux du 17e au 18e siècle, Bruxelles 1987, S. 77–81; Giovanni Minnucci: La capacità processuale della donna nel pensiero canonistico classico. Bd. I: Da Graziano a Uguccione da Pisa, Milano 1989, Bd. II: Dalle Scuole d'oltralpe a S. Raimondo di Pennaforte, Milano 1994; Christina Danusso: La donna e i feudi: Uno sguardo alla prassi successoria dell'Italia centro-settentrionale fra Tre e Quattrocento. In: Rivista di Storia del Diritto Italiano 65 (1992), S. 181–239; Maria T. Guerra Medici: L'aria di città. Donne e diritti nel comune medievale, Napoli 1996, hier S. 112–123; Susanne Degenring: Die Frau die (wider-)spricht: Gelehrte Juristen über Frauen als Zeuginnen in Prozessen ihrer Männer. In: Zeitschrift der Savigny-Stiftung für Rechtsgeschichte. Hundertsechzehnter Band. Kanonistische Abteilung 85 (1999), S. 203–224.

Die Vorrangstellung zölibatärer vita philosophica

Das notandum *zur rhetorischen Frage* „Circa que magis uir sane mentis studebit, quam ex optima et preciosissima muliere liberos procreare?"[87]

Bemerkenswert ist auch das *notandum*, mit dem Bartholomäus auf folgende rhetorische Frage des capitulum secundum des zweiten Buches der *Yconomica* eingeht: *„Circa que, magis uir sane mentis studebit, quam ex optima et preciosissima muliere liberos procreare?"* Der *divisio textus* zufolge ist diese rhetorische Frage Teil eines wissenschaftlichen Beweises (*ratio*) eines weiter oben formulierten ethischen Grundsatzes (*propositio*). In der *expositio litterae* hat er den Wortlaut dieser rhetorischen Frage folgendermaßen erläutert: *„Wonach soll ein kluger Mann mehr streben, als mit einer sehr guten und sehr wertvollen Frau beste und wertvollste Kinder zu zeugen? Als wolle er sagen"*, fügt Bartholomäus erklärend hinzu, *„nach nichts anderem solle er mehr streben."*[88]

Bartholomäus formuliert in den *notanda* in Bezug auf diese rhetorische Frage zwei Einwände, *obiectiones*. An dieser Stelle sei nur der erste vorgestellt: Jemand könnte hier, argumentiert er, möglicherweise einwenden, der Mann müsse sich mehr als um alles andere um die eigene Glückseligkeit kümmern. Diese bestehe aber nicht in der Zeugung guter Kinder, wie hier Aristoteles sagt, sondern vielmehr in geistiger Tätigkeit und in Gottesliebe. Dies habe schließlich Aristoteles im zehnten Buch der *Nikomachischen Ethik* nachgewiesen.[89]

Bartholomäus gibt auf die von ihm selbst vorgebrachte *obiectio* folgende Antwort: Aristoteles spreche vom Menschen im Sinne eines „Hausmenschen" (*loquitur hic de homine secundum quod domesticus*) und im Sinne eines Menschen, der für das Gut des Hauses zu sorgen habe. Das was hier Aristoteles sage, betreffe also lediglich den so betrachteten Menschen (*quod dicit, intelligendum est de eo sic considerato*). Man müsse nämlich Aussagen stets im Kontext des Untersuchungsgegenstandes verste-

---

[87] Siehe unten (Anhang), S. 409.
[88] Bartholomaeus de Brugis: Scriptum Yconomice Aristotilis, Bologna, BU 1625, f., 91va: „*Aut circa que vir sane mentis*, idest prudens, *magis* (cod. om. magis) *studebit, quam ex optima et preciosissima muliere liberos*, idest filios, supple optimos et preciosissimos, *procreare*, idest generare? Quasi dicens: circa nihil magis studebit."
[89] Bartholomaeus de Brugis: Scriptum Yconomice Aristotilis, Bologna, BU 1625, f. 91va: „Sed forsan aliquis obiciet sic: Vir magis debet curare ut fiat beatus, quam de quocumque alio. Generare autem optimos filios non est sua felicitas, sed speculari et diligere deum, ut probatur decimo Ethicorum, quare et cetera."

hen. An und für sich sei freilich die Glückseligkeit besser und erstrebenswerter. Im Hinblick auf die Sorge um das *bonum domus* aber sei das Zeugen von Kindern erstrebenswerter. Bartholomäus illustriert schließlich das Gesagte durch einen Vergleich: Ähnlich verhalte es sich, sagt er, mit der Vernunft und dem Sehvermögen. Die Vernunft sei zwar an und für sich erstrebenswerter als das Sehvermögen, wenn es aber darum gehe, bestimmte schöne Farben wahrzunehmen, so sei das Sehvermögen erstrebenswerter.[90]

Das, worauf—zunächst nur aus exegetischer Perspektive betrachtet—diese *obiectio* zielt, ist die Auflösung eines vermeintlichen Widerspruchs im aristotelischen System: Wie kann Aristoteles hier behaupten, der Mensch müsse vorrangig danach trachten, gute Kinder zu zeugen, wenn er doch im zehnten Buch der *Nikomachischen Ethik* behauptet hat, das oberste Ziel des Menschen sei intellektuelle Tätigkeit. Der *obiectio* liegt natürlich die bereits mehrfach erwähnte Vorstellung von einer absoluten Kohärenz der aristotelischen Wissenschaften zugrunde. Bartholomäus löst diese Aporie mit dem exegetischen Mittel der *distinctio*, Unterscheidung. Betrachtet man den Menschen als *homo domesticus*, dann ist die Zeugung guter Nachkommen sein oberstes Ziel, betrachtet man ihn *per se*, qua Mensch, dann sind intelektuelle Tätigkeit und Gottesliebe sein oberstes Ziel und Gut. Das, was Bartholomäus diese *distinctio* ermöglicht, ist sein Wissenschaftsverständnis, namentlich seine Auffassung der drei *scientiae morales*. Bartholomäus hat sie bereits in seinem Prolog dargelegt: Die Nikomachische Ethik, die er als Gegenargument ins Feld geführt hat, behandle den Menschen und das vom Menschen zu tätigende Gute *per se*, die *Ökonomik* behandle den Menschen hingegen nur in seiner Eigenschaft als ein „*häusliches Lebewesen*", die *Politik* schließlich in seiner Eigenschaft als „*politisches Lebewesen*". Weil sie sich nur auf den Menschen qua *domesticus* beziehe, widerspreche daher die Behauptung der *Yconomica*, das Ziel des Menschen sei die Zeugung guter Kinder, nicht der ihr übergeordneten Lehre der *Nikomachischen Ethik*, das Ziel des Menschen als solchen (*per se*) sei intelektuelle Kontemplation.

---

[90] Ibid.: „Et dicendum, quod ipse loguitur hic de homine secundum quod domesticus est et secundum quod habet procurare bonum domus. Et ideo, quod dicit, intelligendum est de eo sic considerato. Sermones enim intelligendi sunt secundum materiam subiectam. Unde quamuis simpliciter loquendo, felicitas sit sibi melior et eligibilior, tamen quantum ad procurandum bonum domus filii sunt eligibiliores. Sicut quamuis simpliciter loquendo (*cod. om.* loquendo) intellectus sit magis eligibilis quam visus, tamen, quantum ad apprehendendum hos colores pulcros visus est eligibilior."

Bartholomäus' exegetisches Bestreben, einen vermeintlichen Widerspruch im aristotelischen System zu lösen, scheint in diesem Fall zusätzlich einen lebensgeschichtlichen Hintergrund zu haben. Der Magister der Artes liest die *Yconomica* nicht, wie viele moderne Leser, als ein Zeugnis philosophischen Denkens einer *vergangenen* Epoche, sondern als einen autoritativ-normativen philosophischen Text mit einem bis in seine Gegenwart *fortwährenden Gültigkeitsanspruch*. Als *zölibatärer Philosoph* sieht er daher durch die Aussage der *Ökonomik*, der Mensch solle in erster Linie danach trachten, mit einer guten Frau gute Kinder zu zeugen, seine eigene Lebensform in Frage gestellt. Bartholomäus' *obiectio* und die *distinctio*, mit der er sie löst, sind deshalb zugleich ein Versuch der Rechtfertigung der zölibatären *vita philosophica*.

Sexuelle Zurückhaltung als Erziehungsmaßnahme

Das dritte notandum zur Texteinheit „Appropinquare vero decet eius uxori cum honestate et cum multa modestia et timore, dando verba coniunctionis eius qui bene habet, ac liciti operis et honesti, multa modestia et fide utendo"[91]

Das letzte *notandum*, das hier vorgestellt werden soll, stammt aus dem dritten Kapitel des zweiten Buches, in dem Aristoteles, der *divisio textus* zufolge, Verhaltensregeln für den Mann aufstellt, wie sich dieser seiner Frau gegenüber zu verhalten habe und wie er sie zu erziehen habe. Der in der Überschrift zitierte Textabschnitt stellt, der *divisio textus* zufolge, die zweite „Verhaltensregel" dar. Der Autor des *liber secundus* äußert sich darin darüber, wie sich der Ehemann beim Beischlaf zu verhalten habe. Bartholomäus liest in der *expositio litterae* den ersten Teil dieser Texteinheit folgendermaßen: „Es geziemt sich, dass sich der Mann seiner Frau mit Ehre (oder, gemäß der *alia littera*, *ehrenhaft*) nähere, sowie mit viel Demut und Ehrfurcht (*timor*) bzw., wie die *alia littera* sagt, mit Schamhaftigkeit (*pudor*)".[92]

Im dritten *notandum* zu dieser Passage stellt Bartholomäus bezüglich ihres Inhalts folgende Überlegung an: Aristoteles lege bewusst Wert darauf, der Mann solle sich seiner Frau im Beischlaf mit Ehrfurcht

---

[91] Siehe unten (Anhang), S. 411.
[92] Bartholomaeus de Brugis: Scriptum Yconomice Aristotilis, Bologna, BU 1625, f. 93ra: „*Appropinquare vero decet*, supple virum, *eius uxori cum honestate*, idest *honeste*, ut habet alia littera, *et cum multa modestia et timore*, vel *pudore*, ut habet alia littera…".

(*cum timore*) nähern. Wenn er nämlich auf sie heftig (*audaciter*) losgehe, mache er sie nur schamlos und begierig. Andere Männer werden dann über sie herfallen und sie werde sich ihnen willig hingeben. Dies aber müsse der Ehemann fürchten. Er müsse sich darum seiner Frau mit Schamhaftigkeit und Zurückhaltung nähern. Schließlich sage man auch von den Pygmäen, die mangels Vernunft keine Menschen sind, dass sie sich beim *coitus* schämen. Um wieviel mehr müssten sich dann die Menschen, denen Vernunft innewohnt, bei einer derartigen Tat schämen? Dies scheine auch der Grund zu sein, weshalb die Natur dieser so schamhaften Tat ein derart starkes Lustempfinden beigefügt hat: nämlich damit sich die Menschen ihrer nicht gänzlich enthielten, denn so würde die Menschheit zugrunde gehen. Sie lebe nämlich durch Fortpflanzung fort.[93]

Das *notandum* beginnt—exegetisch betrachtet—zunächst als eine Erklärung der *littera* und geht dann in eine selbstständige weiterführende Reflexion über. Bartholomäus versucht zuerst zu erklären, weshalb Aristoteles behauptet, der Mann müsse sich seiner Frau im Beischlaf *cum pudore et timore* nähern und geht anschließend zu einer allgemeineren Überlegung über Scham- und Lustempfinden beim *coitus* über.

Das *notandum* ist vor allem mentalitäts- und geschlechtergeschichtlich interessant. Die Forderung des *liber secundus*, der Mann solle beim Beischlaf Zurückhaltung üben, wird hier nämlich als *Erziehungsmaßnahme* für die Frau gedeutet. Der Mann muss nach Bartholomäus nur deshalb gemäßigt sein, damit er die Frau nicht schamlos mache und diese sich dann nicht anderen Männern hingebe. Nicht die Sittsamkeit

---

[93] Bartholomaeus de Brugis: Scriptum Yconomice Aristotilis, Bologna, BU 1625, f. 93rb: „Item, notandum, quod dicit *cum timore*, quia si aliter, scilicet audaciter uxori appropinquet, faciet eam inuerecundam quantum ad carnalis coniunctionis concupiscentiam et petitionem. Et sic audax effecta, inuadetur ab extraneis viris et quasi se sponte offeretur eis, quod viro est timendum. Debet igitur appropinquare uxori cum pudore et verecundia. Unde dicitur, quod et pigmei, qui non sunt homines cum intellectum non habent, coeuntes verecundantur. Quare multo magis et homines, qui rationem habent in huius opere debent verecundari. Unde videtur natura huic tam verecundo operi delectationem intensam adiunxisse ne homines se ab ea totaliter abstineant, quia sic periret species humana. Perpetuatur enim per generationem." Zum Thema der Pygmäen siehe: Theodor Wolfram Köhler: Anthropologische Erkennungsmerkmale menschlichen Seins. Die Frage der „Pygmei" in der Hochscholastik. In: Albert Zimmermann / Andreas Speer (Hg.): Mensch und Natur im Mittelalter (Miscellanea Mediaevalia 21/2), Berlin–New York 1992, S. 718–735.

des Mannes ist Ziel seines gemäßigten Verhaltens, sondern die seiner Frau. Auch hier lässt sich also jene Vorstellung beobachten, die bereits in der Untersuchung der *expositio litterae* festgestellt werden konnte: Der Mann ist der Erzieher seiner Frau.

Bereits diese wenigen Beispiele genügen, um zu veranschaulichen, wie Bartholomäus im dritten exegetischen Schritt des Scriptum, den *notanda*, mit den Ausführungen der *Yconomica* zur Ehe umgeht. Er versucht einerseits den Inhalt der Passagen zu erklären, andererseits geht seine Textexegese in manchen Fällen in selbstständige philosophische Überlegungen über.

Sein exegetischer Ansatz ist dabei, wie bereits mehrfach erwähnt, einer Serie von Annahmen über die Beschaffenheit der *Yconomica* und aristotelischer philosophischer Werke insgesamt verpflichtet. Er betrachtet die *Yconomica* als eine weitgehend syllogistisch vorgehende, wissenschaftliche Abhandlung, als Teil eines vollständig kohärenten und widerspruchsfreien Systems aristotelischer wissenschaftlicher Traktate/Disziplinen. Diesem Vorverständnis tragen seine Bemühungen Rechnung, die einzelnen Aussagen über die Ehe mit Gedanken aus anderen aristotelischen Werken auszudeuten und vermeintliche Widersprüche zwischen ihnen und anderen aristotelischen Konzepten aufzulösen. Dem entspringen auch seine Versuche, die logische Struktur der einzelnen Passagen über die Ehe herauszuarbeiten.

Dieses exegetische Kombinieren und Harmonisieren der Gedanken der *Yconomica* zur Ehe mit Aussagen aus anderen aristotelischen Schriften führt manchmal zur Entwicklung durchaus innovativer philosophischer Konzepte, die über das von Aristoteles in seinen Schriften Gesagte inhaltlich hinausgehen. So entwickelt etwa Bartholomäus im ersten vorgestellten *notandum* die ethische Theorie von einer „Hierarchie häuslicher Sorgepflichten" (an erster Stelle die Sorge um sich selbst, an zweiter um die Frau und an dritter um den Besitz), indem er drei divergierende Aussagen aus der *Ökonomik* und der *Nikomachischen Ethik* zu harmonisieren versucht. In einem anderen *notandum* füllt er das recht allgemeine Konzept der „*amicitia inter virum et uxorem*" aus der *Nikomachischen Ethik* mit konkretem Inhalt, indem er die in der *Yconomica* geforderte Ähnlichkeit der Sitten zwischen Mann und Frau zu dessen Merkmal erklärt. Eine derartige Auffüllung des Konzepts der ehelichen Freundschaft aus der Ethik mit konkreten, aus der *Ökonomik* entlehnten Inhalten nimmt er auch in anderen *notanda* des Scriptum vor. So definiert er als Merkmal der „*amicitia inter virum et uxorem*" die in der *Ökonomik* geforderte eheliche Treue und Einmütigkeit, sowie den dort extensiv beschriebenen Beistand der Frau für ihren vom Schicksal heimgesuchten Mann.

Neben diesen „exegetischen" *notanda* finden sich im *Scriptum Yconomice* aber auch solche, in denen Bartholomäus die Textauslegung *strictu sensu* verlässt und sich, ausgehend von der *littera*, auf selbständige philosophische Überlegungen einlässt. Den Hintergrund dieses Vorgehens bildet die Doppelfunktion des mittelalterlichen philosophischen Kommentars als eines *interpretativen* und zugleich *eigenständigen philosophischen Werkes*. So entwickelt er etwa in zwei *notanda* am Anfang des *liber secundus* eigenständige Gedanken zur Rolle der Ehefrau beim Treffen von Entscheidungen öffentlich-rechtlichen Charakters.

Nicht bei allen, wohl aber bei manchen *notanda* zu den Passagen über die Ehe kommen schließlich Mentalitäten und Problemstellungen zum Vorschein, die den Kommentar klar *historisch* verortbar machen. So etwa, wenn der zölibatäre Philosoph Bartholomäus im neunten *notandum* versucht, die Vorrangstellung der (damals nur als zölibatär vorstellbaren) *vita philosophica* zu rechtfertigen. Und dasselbe gilt für seine soeben erwähnte ausführliche Beschäftigung mit den öffentlich-rechtlichen Entscheidungsbefugnissen der Frau, die ganz eindeutig durch die Bedeutung dieses Themas im damaligen Rechtsdiskurs über die Ehe motiviert ist.

Sowohl die *expositio litterae* als auch die *notanda* lassen darüber hinaus ein weiteres Grundmerkmal der *Yconomica*-Auslegung des Bartholomäus erkennen: Der mittelalterliche Philosoph liest die Passagen über die Ehe fast durchweg als gewissermaßen *zeitlose, autoritative* Aussagen, die eine bis in seine Gegenwart reichende Gültigkeit beanspruchen können. Dieser Zugang zur *Yconomica* scheint typisch für die mittelalterliche Aristoteles-Kommentierung zu sein und unterscheidet diese zugleich von modernen, fast immer *historisierenden* Interpretationen des pseudo-aristotelischen Traktats.

Das bedeutet freilich nicht, dass sich Bartholomäus *überhaupt* nicht bewusst wäre, dass die Yconomica das Produkt einer vergangenen Epoche ist. So merkt er beispielsweise in zwei *notanda* zu den im zweiten Buch der *Yconomica* angeführten *exempla* aus homerischen Schriften an, Homer habe bei den Griechen eine große Hochachtung genossen und werde deshalb von Aristoteles erwähnt. Ein gewisses Bewusstsein um die Geschichtlichkeit des kommentierten Textes kommt auch in seiner Interpretation jener Stelle des zweiten Buches der *Yconomica* zum Ausdruck, in der ihr Autor den antiken Brauch erwähnt, sich von heidnischen Göttern durch Opfergaben und Gebete Kindersegen und Eheglück zu erbitten. Für Kinder beteten die Leute, so Bartholomäus Auslegung dieser Passage, *damals* wie *heute*. Das Darbringen von Tieropfern vor Götzen zu diesem Zweck sei allerdings ein typisch *antiker* Brauch gewesen.[94]

Grundsätzlich aber ist für ihn die *Yconomica* eine *philosophia perennis*. Das Interesse, das er mit seinem Kommentieren der Passagen über die Ehe verfolgt, ist offenkundig nicht *historische Erkenntnis* des Eheverständnisses einer vergangenen Epoche, sondern das Ergründen von allgemein gültigen Handlungsnormen und von *Wahrheit*.

Mit diesem ahistorischen, auf Erkenntnis allgemeingültiger ethischer Normen bedachten Ansatz hängt beispielsweise auch zusammen, dass Bartholomäus nirgends in seinem Kommentar erwähnt, dass Aristoteles selbst verheiratet war und eine Familie hatte. Mit anderen Worten: aufgrund der unterschiedlichen Zielsetzung, fehlt dem Kommentar genau jener *historische Reflex*, der die moderne *philologisch-historische* Kommentierung der arisotelischen Ehelehre kennzeichnet.

Dabei hätte Bartholomäus durchaus Aristoteles' Ehe und Familie erwähnen können. Dass Aristoteles eine Familie hatte und somit ein *philosophus uxoratus* war, wusste man im Mittelalter aus der seit dem 12. Jahrhundert sehr verbreiteten *Vita latina*, eines in spätantiken neuplatonischen Schulen entstandenen Lebenslaufes des Philosophen. Bartholomäus zitiert diese Vita einmal in seinem Kommentar (Die Aristoteles-Vita des Diogenes Laertius, die das eingangs zitierte Testament enthält, war in der Zeit, in der Bartholomäus schrieb, nicht in lateinischer Sprache zugänglich). Die *Vita latina* erwähnt zwar

---

[94] Bartholomaeus de Brugis: Scriptum Yconomice Aristotilis, Bologna, BU 1625, f. 94ra: „Notandum est hic, quod Homerus fuit poeta maior inter grecos. Et ideo Philosophus in moralibus multum utitur dictis eius tanquam famosis et auctorizatis."; ibid., f. 95ra: „Sciendum est hic, quod conclusionem, quam intendit, scilicet quod vir et uxor debent esse unanimes, probat auctoritate duplici, scilicet et Homeri et Nausice. Fuit enim Homerus valde famosus et auctoritatus apud grecos"; ibid., ff. 92rb–92va: „Solebant enim homines antiquitus quemadmodum et nunc orare deos et facere oblationes seu sacrificia diis, ut eis darent bonam prolem."; ibid. f. 92va: „Solebant homines antiquitus in nuptiis mactare animalia coram ydolis, que vocabant deos in honorem deorum ad hanc finem, ut daret eis bonam societatem et bonos filios"; zu Bartholomäus' Homer-Benutzung vgl. auch Ruedi Imbach: Odysseus im Mittelalter, In: Historia Philosophiae Medii Aevi, Bd. I, Amsterdam–Philadelphia 1991, S. 409–435, hier S. 427–431; vgl. auch Ders: Dante, la philosophie et les laïcs, Fribourg 1996, S. 240–242.

nicht Pythias und Herpyllis, die zwei Frauen des Aristoteles, die bei Diogenes Laertios erwähnt genannt werden, sie erwähnt aber die Kinder des Aristoteles, seinen Sohn Nikomachos und seine Tochter Pythias.[95]

---

[95] Ingemar Düring: Aristotle in the ancient biographical tradition (Studia Graeca et Latina Gothoburgensia, V), Göteborg 1957, hier S. 151 und 157.

KAPITEL 18

DIE *QUAESTIONES*:
DER KOMMENTAR ALS ORT EINER
MITTELALTERLICHEN PHILOSOPHIE DER EHE

„Bezüglich des Buches der Ökonomik des Aristoteles, das wir mit Gottes Hilfe ausgelegt haben, seien zuerst einige Fragen allgemeinen Charakters erörtert". Mit diesen Worten beginnt der dritte große Teil des *Ökonomik*-Kommentars des Bartholomäus, die *Questiones Yconomice*. Die *Questiones Yconomice* bilden etwa die Hälfte des gesamten Kommentars. Es handelt sich um eine Serie von 30 thematisch eigenständigen Abhandlungen, die alle in der Form einer mittelalterlichen Quaestio gehalten sind. Während wir bei der Untersuchung des Scriptum auf die Abschrift Bologna, BU 1625, 80ra–96ra gestützt haben, beruht die Darstellung des Quaestiones-Teils auf der Hs. Paris, BN lat. 16089, ff. 116ra–133^v. Diese enthält nämlich, was die Quaestiones angeht, den besten und am wenigsten fehlerbehafteten Text.[1]

Der Titel seiner Quaestiones besteht jeweils aus einer Frage, eingeleitet mit *Utrum…?* Diese Frage wird dann im *corpus* der Quaestio erörtert. Wie bei mittelalterlichen Quaestiones üblich, beginnt Bartholomäus zuerst mit einer Reihe von syllogistischen *Gegenargumenten (rationes contra) gegen* die Position, die er selbst vertreten wird und die er im Text der *Yconomica* vertreten sicht. Auf die *rationes contra* folgt in der Regel ein Verweis darauf, dass Aristoteles hier und in anderen Werken eine

---

[1] Bartholomaeus de Brugis: Questiones Yconomice, Paris BN lat. 16089, f. 116ra: „Circa librum Yconomice Aristotilis, quem deo adiuuante iam exposuimus, querenda sunt primo aliqua in communi."; Zur Quaestio als Form wissenschaftlichen Diskurses siehe z. B.: Bernardo Bazàn / Gérard Fransen / John Wippel / Danielle Jacquart: Les questions disputées et les questions quodlibétiques dans les facultés de théologie, de droit et de médecine (Typologie des sources du Moyen Âge Occidental, 45–46), Turnhout 1985; Brian Lawn: The Rise and Decline of the Scholastic Questio Disputata, Leiden/New York/Köln 1993; Olga Weijers: Le maniement du savoir. Pratiques intellectuelles à l'époque des premières universités (XIIIe–XIVe siècles), Turnhout 1996, S. 61–90; Francesco del Punta: The Genre of Commentaries in the Middle Ages and its Relation to the Nature and Originality of Medieval Thought. In: Jan Aertsen / Andreas Speer (Hg): Was ist Philosophie im Mittelalter?, Berlin u. a. 1998, S. 138–151, hier S. 149–150.

zu den „*rationes contra*" gegensätzliche Position einnimmt. Dieser Verweis auf Aristoteles beginnt meistens mit den Worten „*Oppositum vult Philosophus…*". Den zentralen Teil der Quaestiones bildet die darauf folgende Antwort auf die Ausgangsfrage. An dieser Stelle soll für diese die Bezeichnung *solutio* verwendet werden, obwohl sie so in den Quaestiones nicht vorkommt. Die *solutio* beginnt häufig mit den Worten *ad questionem dicendum…*und ihre Länge und Struktur kann variieren. Manchmal besteht sie aus einer einfachen *Beantwortung* der Ausgangsfrage, und zwar zumeist mittels einer Serie syllogistischer Argumente, häufig aber bildet die *solutio* eine Art *umfassendes Kurztraktat* zum Thema der Quaestio. In diesem Fall wird das Thema der Quaestio unter verschiedenen Aspekten beleuchtet, es werden hier weiterführende, mit dem Thema der Quaestio zusammenhängende kleinere Fragestellungen behandelt und mögliche Einwände erhoben und widerlegt. Den letzten Teil der Quaestiones bildet schließlich eine syllogistisch-strukturierte Widerlegung der eingangs formulierten Gegenargumente. Er beginnt zumeist mit den Worten „*Ad rationes dicendum*".

Im Vergleich zu den oben vorgestellten Quaestiones aus Alberts *Ethik*-Kommentar sind die *Questiones Yconomice* des Bartholomäus meistens viel länger und in der Struktur ihrer *solutiones* weit komplexer. Mit dieser komplexen Beschaffenheit tragen sie einem Entwicklungsstand der Quaestio Rechnung, der sich um 1300 sowohl in Pariser Aristoteles-Kommentaren *modo quaestionum*, als auch in Quaestiones disputatae (also in Quaestiones, die nicht bezüglich eines bestimmten aristotelischen Textes erörtert wurden) beobachten lässt. Diese *literarische Entwicklung* der Quaestio von einer relativ einfachen Struktur um die Mitte des 13. Jahrhunderts hin zu einer sehr komplexen Struktur am Jahrhundertende hat auch Konsequenzen für den *Inhalt* der Quaestiones des Bartholomäus. Dank dieser Entwicklung kann nämlich Bartholomäus auf die in den Quaestiones behandelten Themen viel umfassender eingehen, als es Albert in seinen strukturell sehr schlichten Quaestiones tun konnte.[2]

Die ersten fünf Quaestiones sind bereits im Zusammenhang mit der Untersuchung des Prologs angesprochen worden und brauchen an dieser Stelle nicht mehr näher behandelt zu werden. Es handelt sich, wie wir gesehen haben, um eine Art wissenschaftstheoretische Einleitung zur gesamten *Yconomica*. Die sechste Quaestio beginnt mit den Worten

---

[2] Weijers: Le maniement du savoir (wie Anm. 1), S. 61–90, hier bes. S. 79.

„*consequenter queratur circa textum magis…*", „*im folgenden werde mehr bezüglich des Textes gefragt…*" Von dieser Quaestio an beginnt Bartholomäus Fragestellungen zu erörtern, die sich auf eine *konkrete* Textstelle der *Ökonomik* beziehen bzw. sich aus dieser ergeben. Es handelt sich um insgesamt 25 Quaestiones. Sie folgen in ihrer Anordnung dem Verlauf des Textes. Auffallend ist der Unterschied zwischen der Anzahl der Quaestiones, die der Artes-Magister bezüglich des *liber primus* auf der einen und des *liber secundus* auf der anderen Seite erörtert. Während sich auf das erste Buch 16 Quaestiones beziehen, sind es beim etwa gleich langen zweiten nur neun.

Im Bezug auf die Teile der *Ökonomik*, die die Ehe thematisieren, erörtert Bartholomäus insgesamt 15 Quaestiones. Die ersten sechs davon beziehen sich auf die Ehe-Passagen des ersten Buches. Das erste Mal erwähnt Aristoteles die Gemeinschaft von Mann und Frau im *capitulum secundum* des ersten Buches, und zwar dort, wo er, Bartholomäus zufolge, die kleinsten „Einheiten" einer Hausgemeinschaft aufzählt. Diese bestehe aus einem Mann, einer Frau und dem „pflügenden Ochsen", was hier für die dritte *conditio sine qua non* einer *domus*, d.h. den Besitz, steht.[3]

In den Quaestiones erörtert Bartholomäus bezüglich dieser Textstelle folgende Quaestio:

– *Bilden Mann, Frau und pflügender Ochse tatsächlich die kleinsten Einheiten einer Hausgemeinschaft? …utrum vir et uxor et bos arans sint partes minime yconomice?*[4]

Bezüglich des *capitulum quartum libri primi*, also der längsten Passage über die Ehe des ersten Buches, behandelt der mittelalterliche Philosoph insgesamt vier *Quaestiones*:

---

[3] siehe unten (Anhang), S. 371. „Unde secundum Ysiodum oportet utique esse dominum quidem prius uxoremque et bovem arantem"; Bartholomäus' *expositio litterae* und sein erstes notandum zu dieser Textstelle: Bartholomaeus de Brugis: Scriptum Yconomice, Bologna BU 1625, f. 83ra: „Demum cum dicit: *cum autem primo*, enumerat minimas et particulares magis [partes] communitatis domestice…Et tunc enumerat eas dicens: *Unde secundum Ysiodum oportet dominum quidem* esse *prius* in domo, idest dominus est prior pars domus. Demum autem oportet esse *uxorem* et post *bouem arantem*…Intelligendum est, quod in domo, quacumque parua sit, debent esse hee partes, quas Philosophus enumerat, aut aliter non bene se habebit…Et propter hoc…vocat Philosophus eas minimas."

[4] Bartholomaeus de Brugis: Questiones Yconomice, Paris BN lat. 16089, f. 122rb: „*Pars uero domus est homo*, et cetera. Circa hoc capitulum secundum primi Yconomice, querendum est unum solum, scilicet utrum vir et uxor et bos arans sint partes minime yconomice?"

- *Ist die Verbindung oder die Vereinigung von Mann und Frau natürlich?* *...utrum combinatio seu copulatio viri et mulieris sit naturalis?*[5]
- *Verfügen Tiere über Klugheit? ...utrum animalia bruta sint prudentia?*[6]
- *Haben Mann und Frau entgegengesetzte Tugenden? ...utrum vir et mulier habeant virtutes contrarias?*[7]
- *Soll der Mann eine Jungfrau oder eine Witwe zur Frau nehmen? ...utrum vir debeat ducere virginem aut viduam in uxorem?*[8]

Ein drittes und letztes Mal thematisiert der Autor des *liber primus* einen Aspekt der Beziehung zwischen Mann und Frau an einer Stelle des *capitulum sextum*. Er sagt hier, dass Mann und Frau in der Hauswirtschaft unterschiedliche Aufgaben und Zuständigkeitsbereiche haben. Auch bezüglich dieser Textstelle widmet Bartholomäus eine Quaestio:[9]

- *Sollen Mann und Frau in der Hauswirtschaft getrennte Aufgaben haben? ...utrum vir et uxor debeant habere opera distincta in domo?*[10]

Das zweite Buch der *translatio Durandi* handelt *in toto* von der Ehe. Bartholomäus behandelt hier folgende neun Quaestiones:

- *Soll eine (Ehe-)Frau für Hausfeiern oder für andere Dinge, die für das Haus notwendig sind, Geld ausgeben? ...utrum mulier debeat facere expensas conuiuiorum et alias neccessarias domui uel in domo?*[11]
- *Soll eine Frau öffentliche Verträge schließen, wie etwa Kaufverträge, und kann sie vor Gericht treten und derlei anderes? ...utrum mulier debeat*

---

[5] Bartholomaeus de Brugis: Questiones Yconomice, Paris BN lat. 16089, ff. 123^(va)–124^(va), 123^(va): „*Omnibus autem de coniuge prima cura*, et cetera. Circa hoc capitulum quartum primo querendum est, utrum combinatio seu copulatio viri et mulieris sit naturalis?"

[6] Bartholomaeus de Brugis: Questiones Yconomice, Paris BN lat. 16089, f. 124^(va)–125^(rb), f. 124^(va): „Consequenter queritur, utrum animalia bruta sint prudentia?"

[7] Bartholomaeus de Brugis: Questiones Yconomice, Paris BN lat. 16089, f. 125^(rb)–125^(va), f. 125^(rb): „Consequenter queritur, utrum vir et mulier habeant virtutes contrarias?"

[8] Bartholomaeus de Brugis: Questiones Yconomice, Paris BN lat. 16089, ff. 125^(va)–126^(ra), f. 125^(va): „Consequenter queritur, utrum vir debeat ducere virginem aut viduam in uxorem?"

[9] siehe unten (Anhang) S. 404: „Custodiendum ergo alia quidem ipsum, alia vero uxorem, ut utriusque distingui opera dispositionis.", zu Bartholomäus' Auslegung dieser Textstelle siehe oben, S. 276–277.

[10] Bartholomaeus de Brugis: Questiones Yconomice, Paris BN lat. 16089, f. 127^(ra)–127^(rb), f. 127^(ra): „*Species uero yconomi quatuor*, et cetera. Circa hoc capitulum sextum primo queratur, utrum vir et uxor debeant habere opera distincta in domo?"

[11] Bartholomaeus de Brugis: Questiones Yconomice, Paris BN lat. 16089, f. 128^(ra)–128^(va), f. 128^(ra): „*Bonam mulierem*, et cetera. Circa hunc librum secundum Yconomice querenda sunt aliqua. Et primo circa primum capitulum, utrum mulier seu uxor debeat facere expensas conuiuiorum et alias necessarias domui uel in domo?"

> *facere contractus ciuiles, ut puta venditiones et emptiones et audire iudicia et huius?*[12]
> – *Kann eine Frau Richterin werden? ...utrum mulier possit esse iudex?*[13]
> – *Muss eine Frau ihrem Mann in allem gehorchen? ...utrum mulier in omnibus debeat obedire viro suo?*[14]
> – *Müssen Mann und Frau ähnliche Sitten haben? ...utrum vir et uxor debeant habere mores similes?*[15]
> – *Ist die Frau eine Dienerin? ...utrum mulier sit serua?*[16]
> – *Ist es Aufgabe des Mannes, die Kinder zu lehren, und Aufgabe der Frau, sie zu ernähren, oder steht beiden beides zu? ...utrum ad virum pertineat docere pueros et ad mulierem nutrire, vel ad ambos pertineat utrumque?*[17]
> – *Soll ein Mann mit nur einer oder mit mehreren Frauen geschlechtlich verkehren, bzw. mehrere Männer mit einer einzigen Frau?...utrum unus vir debeat copulari cum sola muliere, aut unus cum pluribus mulieribus, aut plures cum una muliere?*[18]
> – *Sollen Mann und Frau eines Gemüts sein? ...utrum vir et uxor debeant esse unanimes?*[19]

Der *Yconomica*-Kommentar des Bartholomäus verbindet, wie gezeigt werden konnte, eine *exegetische* und eine *philosophische* Funktion. Die

---

[12] Bartholomaeus de Brugis: Questiones Yconomice, Paris BN lat. 16089, ff. 128va–129rb, f. 128va: „Consequenter queritur, utrum mulier debeat facere contractus ciuiles, ut puta venditiones et emptiones et audire iudicia et huius?"

[13] Bartholomaeus de Brugis: Questiones Yconomice, Paris BN lat. 16089, f. 129rb–129vb, f. 129rb: „Consequenter queritur, utrum mulier possit esse iudex?"

[14] Bartholomaeus de Brugis: Questiones Yconomice, Paris BN lat. 16089, ff. 129vb–130rb, f. 129vb: „Consequenter queritur, utrum mulier in omnibus debeat obedire viro suo?"

[15] Bartholomaeus de Brugis: Questiones Yconomice, Paris BN lat. 16089, ff. 130rb–130va, f. 130rb: „*Vir autem leges a similibus adueniat*, et cetera. Circa hoc capitulum secundum huius secundi libri primo queratur, utrum vir et uxor debeant habere mores similes?"

[16] Bartholomaeus de Brugis: Questiones Yconomice, Paris BN lat. 16089, ff. 130va–131ra, f. 130va: „Consequenter queritur, utrum mulier sit serua?"

[17] Bartholomaeus de Brugis: Questiones Yconomice, Paris BN lat. 16089, 131ra–131rb, f. 131ra: „Consequenter queritur, utrum ad virum pertineat docere pueros et ad mulierem nutrire, vel ad ambos pertineat utrumque?"

[18] Bartholomaeus de Brugis: Questiones Yconomice, Paris BN lat. 16089, f. 131rb–f. 133rb, f. 131rb: „*Maximus autem honor*, et cetera. Circa hoc capitulum tertium secundi Yconomice querendum est, utrum unus vir debeat copulari cum sola muliere, aut unus cum pluribus mulieribus, aut plures cum una muliere?"

[19] Bartholomaeus de Brugis: Questiones Yconomice, Paris BN lat. 16089, f. 133rb–133vb, f. 133rb: „*Patet etiam et actor*, et cetera. Circa hoc capitulum quartum et ultimum secundi Yconomice querendum est ad presens, utrum vir et uxor secundum rectam rationem debeant esse unanimes?"

Quaestiones sind jener Teil des Kommentars, in welchem sich Bartholomäus am meisten vom eigentlichen „Auslegen" des Textes entfernt, wenngleich einige der Quaestiones, oder mindestens Teile davon, durchaus noch der besseren Durchdringung und dem besseren Verständnis des Textes dienen sollen. Die *primäre* Funktion der Quaestiones liegt aber im selbständigen Philosophieren *über* den Text, oft auch nur *auf der Grundlage* des Textes.

Die Natur des Zusammenhangs der einzelnen philosophischen Quaestiones mit den Passagen, auf die sie sich beziehen, kann dabei durchaus variieren. Bei allen Quaestiones lässt sich ein Bezug zu einer bestimmten Textstelle in den Ehe-Passagen der *Yconomica* nachweisen. Man findet hier also keine Quaestio, die nicht durch den Text der *Yconomica legitimiert* wäre. Alle Quaestiones gehen auf eine bestimmte Aussage der *Yconomica* zurück und beziehen aus dieser ihre Rechtfertigung.

Das bedeutet aber nicht, dass alle Quaestiones auch *primär* durch den Text der *Yconomica motiviert* wären. Die Beweggründe für die Auswahl seiner Quaestiones unterscheiden sich von Quaestio zu Quaestio und sind nicht immer leicht zu bestimmen. Einige Quaestiones scheinen in der Tat durch Bartholomäus' *Begegnung* mit dem Text der *Yconomica* angeregt zu sein. In seiner Beschäftigung mit der *Yconomica* stößt der Kommentator auf bestimmte Gedanken, die ihm besonders bemerkenswert erscheinen, und er entschließt sich, sie im Rahmen einer Quaestio zum Gegenstand einer vertieften philosophischen Betrachtung zu machen.

Bei mehreren Quaestiones läßt sich hingegen beobachten, dass Bartholomäus den Text der *Yconomica* lediglich als einen willkommenen *Anlass* verwendet, um an ihn Fragestellungen heranzutragen, die ihre Motivation *nicht primär* aus der Lektüre des Textes beziehen. Aus diesem Grund wirkt auch manchmal die Beziehung, die er zwischen solchen Quaestiones und dem Text der *Yconomica* herzustellen versucht, etwas gezwungen.

Bei mehreren Quaestiones lässt sich sogar beobachten, dass sie ihre *raison d'être* weniger aus dem Text der *Yconomica* selbst beziehen als vielmehr aus verschiedenen *zeitgenössischen* Fragen und Problemen. So verweisen mehrere Quaestiones eindeutig auf Probleme im damaligen rechtlichen oder auch theologischen Ehediskurs. In diesem Fall nimmt Bartholomäus den Rahmen seines *Yconomica*-Kommentars zum Anlass, um sich zu diesen „aktuellen" Fragen philosophisch zu äußern.

In einigen Fällen übernimmt Bartholomäus einfach Quaestio-Themen, die ihren Ursprung in Kommentaren *modo quaestionum* zur *Politik* und zur *Nikomachischen Ehtik* haben. Bartholomäus verwendet in diesen Fällen den Rahmen seines *Ökonomik*-Kommentars, um hier diese *älteren* Fragestellungen erneut aufzugreifen und sie neu im Lichte der *Yconomica* philosophisch zu diskutieren.

Im folgenden sollen in Form von Einzeluntersuchungen fünf ausgewählte Quaestiones zu den Passagen über die Ehe näher vorgestellt werden. Dabei soll immer zuerst der Versuch unternommen werden, den Ursprung der und die Motivation für die jeweilige Quaestio herauszuarbeiten und im Anschluss daran soll ihr Argumentationsverlauf präsentiert werden. Im Anschluss an diese fünf Einzeluntersuchungen soll dann abschließend eine Gesamtwürdigung der Rezeption der aristotelischen Ehelehre in den Quaestiones vorgenommen werden.

18.1. *Die Natürlichkeit der Ehe*

Utrum combinatio viri et mulieris sit naturalis?

Die erste Quaestio, die hier vorgestellt werden soll, ist die Quaestio „*Utrum combinatio, seu copulatio viri et mulieris sit naturalis?*", „*Ob die Verbindung oder die Vereinigung von Mann und Frau natürlich sei?*" Es ist die erste Quaestio zum *capitulum quartum* des ersten Buches.

Es handelt sich um eine jener Quaestiones, die Bartholomäus nicht erst aus der *Yconomica* entwickelt. Vielmehr haben wir es hier mit einer Fragestellung zu tun, die ihren Ursprung in einem anderen Kontext hat und die er lediglich an die *Yconomica* heranträgt. Den „textuellen Anlass", um die Frage nach der Natürlichkeit der Ehe in seinen Kommentar einbringen zu können, liefert ihm konkret der Satz der *Yconomica* „*communicatio namque* naturaliter *femine atque masculo est precipue*" und eigentlich fast das gesamte *capitulum quartum*. Wie wir bei der Untersuchung des *Scriptum* gesehen haben, hat Bartholomäus diesen Satz als eine Aussage über die Natürlichkeit der Gemeinschaft von Mann und Frau und die weiteren Ausführungen des Kapitels als eine wissenschaftliche Begründung dieses Satzes gelesen.[20]

Die Geschichte des Themas der Natürlichkeit der Ehe im Mittelalter ist bereits ausführlich im Zusammenhang mit Alberts *Sentenzen*- und *Ethik*-Kommentar behandelt worden. Wie wir dort gesehen haben, tauchte die Frage nach der *naturalitas coniugii* im Mittelalter zum ers-

---

[20] siehe unten (Anhang), S. 399–400.

ten Mal im 12. Jahrhundert, im Zusammenhang mit der Rezeption von Ulpians Naturdefinition, in Schriften von Kanonisten auf. Später wurde sie von Theologen rezipiert. Mit der Entstehung der Quaestiones als wissenschaftlicher Argumentationsform entwickelte sich um die Mitte des 13. Jahrhunderts das Thema der Natürlichkeit der Ehe zu einer eigenständigen theologischen Quaestio. Wie am Beispiel des Sentenzenkommentars Alberts des Großen gezeigt werden konnte, diente bei Theologen die Erörterung der Frage nach der Natürlichkeit der Ehe in erster Linie dem Nachweis, dass die damalige christliche Ehelehre naturgesetzlich verankert sei, damit göttlichem Willen entspricht und allgemeine Geltung beanspruchen könne.[21]

Albertus Magnus war der erste, der die Quaestio in einen *philosophischen Aristoteles-Kommentar* einbrachte. Er diskutierte sie, wie gezeigt werden konnte, in seinem Kommentar zur *Nikomachischen Ethik*. Irgendwann im letzten Viertel des 13. Jahrhunderts übernahm der Pariser Artes-Magister Petrus von Alvernia die Frage nach der Natürlichkeit der Ehe in seinen Quaestio-Kommentar zur *Politik*. Beide Kommentare sollten traditionsstiftend wirken, denn die Frage nach der Natürlichkeit der Ehe wurde fortan auch von anderen mittelalterlichen Kommentatoren der *Ethik* und *Politik* diskutiert. So kommt sie etwa im *Ethik*-Kommentar *modo quaestionum* des Radulphus Brito aus der Zeit um 1300 vor (Vat.lat 2172). Sie wird auch im anonymen, in Mailand verwahrten Quaestio-Kommentar zur *Politik*, der ebenfalls um 1300 entstanden ist, erörtert. Den Anlass für die Aufnahme dieser Quaestio in philosophische Kommentare *modo quaestionum* zur *Nikomachischen Ethik* und zur *Politik* bildeten einschlägige Aussagen des Aristoteles. Dieser äußert nämlich in beiden Schriften in der Tat die Meinung, die *communicatio viri et uxoris* sei eine Naturgegebenheit.[22]

Die *translatio* der Frage nach der *naturalitas coniugii* aus dem Kontext theologischer und kanonistischer Schriften in jenen philosophischer Aristoteles-Kommentare hatte eine Änderung ihres Charakters zur Folge. Die Motivation, die Zielsetzung und die Art der Argumentation in den ersten Bearbeitungen des Themas der Natürlichkeit der Ehe

---

[21] siehe oben, S. 125–134.
[22] zu den einschlägigen Aristoteles-Stellen siehe oben, S. 50–51 und 61–63; Petrus de Alvernia: Questiones super libros Politicorum, Paris, BN lat. 16089, f. 274ra–319ra, hier f. 276rb–276vb: Consequenter queritur utrum combinacio maris et femine sit a natura?; Radulphus Brito: Quaestiones in Ethicam, Vat. lat. 2172, ff. 1ra–57rb, hier ff. 39vb–40ra: Utrum combinacio maris cum femella in ciuitate sit naturalis?; Anonymus: Quaestiones in libros Politicorum, Milano, Bibl. Ambros. A 100inf., ff. 2va–3ra.

waren eine theologische, bzw. kanonistische gewesen. In Aristoteles-Kommentaren verwandelte sich die Quaestio in eine rein *philosophische* Abhandlung. Es ging nunmehr darum, mit rein *vernunftphilosophischen* Beweisen die Natürlichkeit der Ehe und andere mit ihr zusammenhängende Teilaspekte *philosophisch zu erörtern* und zu begründen. Und das hieß für die Verfasser dieser Quaestiones, die fast alle institutionell zu jener neuen Gruppe der sich als *philosophi* verstehenden Artes-Magister gehörten, vor allem mit *aristotelischen* Konzepten zu argumentieren. (Was hingegen unverändert blieb, war die *ultima ratio* der Quaestio. *Mutatis mutandis* ging es nämlich den „neuen" Philosophen, die sich in ihren Aristoteles-Kommentaren des Themas der Natürlichkeit der Ehe annahmen, eigentlich um dasselbe wie zuvor den Theologen. Auch hinter ihren Versuchen, die Natürlichkeit der Ehe philosophisch zu beweisen, verbarg sich letztendlich das Anliegen, die allgemeine Gültigkeit der damaligen christlichen Ehelehre herauszustellen und argumentativ zu untermauern.)

Die Quaestio des Bartholomäus zur *naturalitas* der Ehe steht in dieser langen Tradition und bezieht aus ihr ihre *raison d'être*. Viele der Gedanken, die der mittelalterliche Philosoph anführt, sind aus älteren Bearbeitungen des Themas übernommen. Zugleich enthält aber im Vergleich zur Tradition seine Bearbeitung der *Quaestio* mehrere gänzlich neue Argumente. Viele von ihnen sind der *Yconomica* entlehnt. Ja, einer seiner wichtigsten „Beiträge" zur mittelalterlichen philosophischen Diskussion über die Natürlichkeit der Ehe besteht gerade darin, dass er diese „alte" Frage mit „neuen", aus der *Yconomica* entlehnten Argumenten beantwortet. Auf diese „neuen" Argumente für die Natürlichkeit der Ehe soll in der folgenden Darstellung der Quaestio besonders hingewiesen werden.

Die Quaestio ist sowohl inhaltlich als auch von ihrer formalen Struktur her recht komplex und trägt somit jener oben erwähnten Tendenz zur Verkomplizierung der Quaestio in Aristoteles-Kommentaren um 1300 Rechnung. Sie ist auch länger als die meisten anderen Quaestiones im Kommentar. Bartholomäus beginnt mit einer Serie von sieben *rationes contra* gegen die Natürlichkeit der Geschlechts- und Lebensgemeinschaft von Mann und Frau. Ihr Ziel ist es, die Natürlichkeit der Ehe aus der Perspektive aristotelischer Philosophie philosophisch zu *hinterfragen*. Auf sie folgt das *oppositum*, in dem der Artes-Magister darauf hinweist, dass eine Ablehnung der Natürlichkeit der Verbindung von Mann und Frau Aristoteles widerspricht. Hierauf wird in sieben *rationes* die Natürlichkeit der Ehe syllogistisch begründet. Zwischen das zweite und das dritte Argument schiebt Bartholomäus einen Exkurs ein, in dem er sich kritisch mit Avicenna auseinandersetzt, der die Natürlichkeit der Ehe bestritten haben soll. In diesem Zusammenhang kritisiert er zugleich dessen Theorie der Zeugung von Lebewesen aus Erde. Im Anschluss an seine *rationes* für die *naturalitas coniugii* folgen fünf *notanda*, in denen sich Bartholomäus mit der Frage beschäftigt, *inwiefern* die Ehe natürlich ist, und wie sich die Lebens- und Geschlechtsgemeinschaft beim Menschen von derjenigen beim Tier unterscheiden. Eines dieser *notanda* enthält zugleich eine Beschäftigung mit der Frage der Unauflösbarkeit der Ehe. In einem letzten Schritt widerlegt Bartholomäus die eingangs formulierten Gegenargumente. Dabei nimmt er seine Widerlegung der Gegenargumente in zwei Fällen zum Anlass, vertieft über Aristoteles' Auffassung der Ehelosigkeit und der Jungfräulichkeit zu diskutieren.

Die eigentliche Ausgangsfrage, *ob die Verbindung von Mann und Frau naturgemäß* sei, bildet also in seiner Quaestio nur *ein* Thema, wenngleich das zentrale. Ausgehend von diesem zentralen Thema erörtert aber Bartholomäus eine ganze Serie anderer, kleinerer Probleme: Avicennas Auffassung der Natürlichkeit der Ehe und seine Theorie der Zeugung von Lebewesen aus Erde, Unterschiede der Geschlechtsgemeinschaft bei Mensch und Tier, die Unauflösbarkeit der Ehe und des Aristoteles Auffassung der Jungfräulichkeit und der Ehelosigkeit.

Die Quaestio beginnt, wie gesagt, mit einer Serie von sieben Gegenargumenten: Die ersten zwei Gegenargumente hatten bereits Albert der Große und der Radulphus Brito in ihren *Ethik*-Kommentaren sowie Petrus von Alvernia in seinem *Politik*-Kommentar vorgebracht: Die Verbindung von Mann und Frau könne erstens deshalb kein Akt der Natur sein, weil sie dem Willen unterliege, der ein von der Natur getrenntes Prinzip sei, und zweitens, weil sie nicht die Voraussetzung erfülle, bei allen gleich zu sein.[23]

---

[23] Bartholomaeus de Brugis: Questiones Yconomice, Paris BN lat. 16089, f. 123va: „Arguitur quod non, quia quod fit a voluntate non est naturale. Combinatio autem viri et mulieris fit a voluntate, quare et cetera. Maior est evidens, quia voluntas est causa distincta a natura, ut patet secundo Phisicorum et sexto Metaphisice. Minor euidens est. Voluntarium enim est, quod hii coniunguntur, quare et cetera.
Item, quod fit a natura, fit uniformiter. Combinatio autem viri et mulieris non fit uniformiter, quare et cetera. Maior habetur a Commentatore supra secundum Phisicorum. Minor declaratur: Videmus enim, quod quidam uno modo coniunguntur et quidam alio, ut quidam cum maiore solempnitate, et quidam cum minore, quare et cetera."; Zu Alberts Quaestio siehe oben, S. 135–158, Petrus de Alvernia: Questiones super libros Politicorum: Paris, BN lat. 16089, f. 276rb: „Arguitur quod non, quia quod

Beachtenswert ist auch das vierte und fünfte Gegenargument: Wenn die Verbindung von Mann und Frau eine Naturgegebenheit wäre, dann würden sich doch die Ehelosen gegen die Natur versündigen. Dies sei aber gänzlich falsch, wie viele *sapientes* sagten. Darüber hinaus, so die fünfte *ratio contra*, wäre dann die Jungfräulichkeit ein widernatürliches Laster. Sie stünde nämlich logischerweise im Widerspruch zur natürlichen Veranlagung und damit zur göttlichen Ordnung. Schließlich sei es doch Gott, der die Natur ordne. Sagten aber nicht alle Weisen, dass die Jungfräulichkeit eine Tugend sei?[24]

Aus den zwei letztgenannten *rationes contra* sprechen der Christ, der zölibatäre Kleriker und der Philosoph. Sie tragen der Tradition christlicher Hochschätzung der Jungfräulichkeit und der Entwicklung des klerikalen Zölibats Rechnung. Sie spiegeln in sich aber auch das gerade an der Artes-Fakultät gepflegte Ideal einer bindungslosen, rein philosophischer Betrachtung gewidmeten *vita philosophica* wider. Eine Variation der vierten *ratio contra* hatten bereits Siger von Brabant in seiner Quaestio *Qualis status magis competat philosophis* sowie Radulphus Brito in seinem *Ethik*-Kommentar ins Feld geführt.[25]

---

est ex eleccione non est a natura. Ista autem combinacio est ex eleccione ergo non a natura...Item, quod est a natura eodem modo est in omnibus individuis speciei. Sed combinacio ista non est eodem modo in omnibus hominibus. Ergo neque est a natura. Minor patet, quia nec omnes hoc intendunt, nec etiam intendentes intendunt hoc eodem modo."; Radulphus Brito: Questiones in Ethicam, Vat. lat. 2172, f. 39[vb]: „Arguitur quod non, quia id, quod est naturale est inmobile et idem apud omnes. Sed combinacio maris cum femella non est eodem modo apud omnes nec manet inmobiliter. Ideo et cetera. Maior de se patet. Minor patet, quia apud diversas leges diversimode combinantur ad invicem. Item, illud, quod est ex eleccione non est naturale, sed ista combinacio maris cum femella est ex eleccione, ideo et cetera. Maior patet, quia id, quod est ex eleccione est voluntarium et per consequens non est naturale. Minor patet, quia ex eleccione est quod aliquis vir combinet se mulieri autem per totam vitam."

[24] Bartholomaeus de Brugis: Questiones Yconomice, Paris BN lat. 16089, f. 123[va]: „Item si combinatio viri et mulieris esset naturalis, qui non contraheret, peccaret contra naturam. Hoc autem est falsum, ut dicunt multi sapientes, quare et cetera. Consequentia uidetur evidens.
Item, si sic esset, virginitas esset vitium contra naturam. Hoc autem est falsum, quare et cetera. Falsitas consequentis patet, quia multi sapientes ponunt quod virginitas est virtus. Consequentia uidetur euidens. Esset enim contra naturalem inclinationem, et per consequens contra ordinationem diuinam. Deus enim ordinat naturam, quare et cetera."

[25] zum Ideal der bindungslosen vita philosophica siehe Alain de Libera: Penser aus Moyen Âge, Paris 1991, S. 143–179 und 220–245; Siger von Brabant: Écrits de logique, morale et physique. Hg. v. Bernardo Bazàn, Louvain–Paris 1974, S. 102–103 (Quaestio: Quis status magis competat philosophis, an virginalis aut coniugalis), S. 102: „Praeterea,

Im sechsten Gegenargument greift Bartholomäus zum ersten Mal auf einen Gedanken aus der *Yconomica* zurück: Natur und Schicksal (*fortuna*) seien zwei *unterschiedliche* Wirkursachen, wie im zweiten Buch der *Physik* gesagt werde. Die Verbindung von Mann und Frau könne aber nicht natürlich sein, weil sie doch auf schicksalhafte Fügung zurückgehe, wie im ersten Kapitel des zweiten Buches der *Yconomica* stehe. Bartholomäus bezieht sich hier auf den Satz des zweiten Buches „*sed arbitrari decet uere compositam mulierem uiri mores uite sue leges imponi a deo sibi impositos cum nuptiis et* fortuna *coniuncto...*"[26]

Das siebte Gegenargument ist wieder ein aus der älteren Tradition übernommenes. Es variiert eine *ratio contra* aus der Quaestio zur *naturalitas coniugii* aus dem *Ethik*-Kommentar Alberts des Großen: Die Verbindung von Mann und Frau könne deshalb nicht natürlich sein, weil sie (als Gegenstand positiver Gesetzgebung) dem Bereich der Rechtswissenschaft und der Moralphilosophie zugehöre. Diese beschäftigten sich aber mit Fragen, die dem menschlichen Willen und nicht der Natur unterliegen.[27]

Auf die *rationes contra* folgt nun zuerst das *oppositum*, ein Verweis auf die aristotelische Position: In der *Ökonomik* und der *Politik*, sagt Bartholomäus zurecht, behaupte Aristoteles genau das Gegenteil, nämlich dass die Verbindung von Mann und Frau ein Akt der Natur sei.[28]

---

status virginalis est contrarius naturae, nam ius naturae est quod natura omnia animalia docuit, ut patet per Aristotilem quinto Metaphysicae. Iure autem naturali homo inclinatur ad conservationem suae speciei"; Radulphus Brito: Questiones in Ethicam, Vat. lat. 2172, ff. 1ra–57rb, hier f. 39vb: „Item quod est naturale alicuius speciei inest cuilibet contento sub ista specie. Modo combinacio non inest cuilibet homini, quia multi sunt qui non sunt uxorati. Ideo et cetera." Zur Infragestellung des mittelalterlichen Jungfräulichkeitsideals durch die Aristoteles-Rezeption siehe demnächst Pavel Blažek: The Virtue of Virginity. The Aristotelian Challenge. In: Virtue Ethics in the Middle Ages: Commentaries on Aristotle's Nicomachean Ethics, 1200–1500 [im Druck].

[26] siehe unten (Anhang), S. 406, Bartholomaeus de Brugis: Questiones Yconomice, Paris BN lat. 16089, f. 123va: „Item, quod est a fortuna non est a natura. Sed combinatio viri et mulieris est a fortuna, quare et cetera. Maior patet, quia fortuna est causa distincta a natura, ut habetur secundo Phisicorum. Minor patet per Philosophum secundo huius in primo capitulo."

[27] Bartholomaeus de Brugis: Questiones Yconomice, Paris BN lat. 16089, f. 123va: „Item, illud de quo tractant legis positiva et scientia moralis non est naturale. Sed combinatio viri et mulieris est huius, quare et cetera. Maior patet, quia tractant de rebus voluntariis. Minor euidens est consideranti in illis scientiis." Zu Alberts Quaestio siehe oben, S. 148–149.

[28] Bartholomaeus de Brugis: Questiones Yconomice, Paris BN lat. 16089, f. 123va: „Oppositum vult Philosophus hic et in primo Politice."

In der *solutio* der *quaestio* führt Bartholomäus zunächst eine Serie von sieben Vernunftbeweisen *für* die Natürlichkeit der Beziehung von Mann und Frau an. Es sind dieselben *rationes*, die er im Scriptum aus jenem Teil des *capitulum quartum* herauslesen zu können glaubte, den er als „*rationes ad ostendendum propositum*", d. h. als *Beweise* für die *naturalitas coniugii*, interpretiert hat.[29]

In der ersten *ratio* argumentiert er, die Verbindung von Mann und Frau sei deshalb natürlich, weil sie auf ein *natürliches Ziel* hingeordnet sei, die Arterhaltung. Dass die Arterhaltung natürlich sei, sage schließlich Aristoteles im zweiten Buch *De Anima*. Wenn aber das *Ziel* natürlich sei, müssten folglich auch die Mittel, die zur Erlangung dieses Ziels notwendig sind, natürlich sein.[30]

Das Argument ist vollständig aus der *Yconomica* abgeleitet. Denn genau in diesem Sinne hatte Bartholomäus im *Scriptum* folgenden Abschnitt der *littera* gelesen: „*Suppositum est quidem enim a nobis in aliis, quoniam multa huiusmodi natura operari affectat sicut et animalium unumquodque. Impossibile tamen feminam sine masculo et masculum absque femina hoc efficere quare de necessitate eorum consistit in communicatione societas.*"[31]

Das Argument ist als „Beweis" der Natürlichkeit der Beziehung von Mann und Frau freilich nicht neu: Einer sehr ähnlichen Begründung der Natürlichkeit der Geschlechterbeziehung begegnet man bereits im *Politik*-Kommentar des Petrus de Alvernia sowie im *Ethik*-Kommentar des Radulphus Brito. Allerdings speist sie sich dort aus anderen aristotelischen Quellen.[32]

---

[29] siehe oben, S. 254–257 und siehe unten (Anhang), S. 399–401.

[30] Bartholomaeus de Brugis: Questiones Yconomice, Paris BN lat. 16089, f. 123va: „Et arguitur, quia si finis est naturalis, et illud, quod est ad finem est naturale. Natura enim non deficit in neccesariis, ut habetur tertio De anima. Finis autem combinationis est generatio similis secundum speciem, que est naturalis, ut habetur secundo De anima, ubi dicitur quod naturalissimum operum est generare sibi simile, quare et cetera."

[31] siehe oben, S. 270–272 und 290–291.

[32] Petrus de Alvernia: Questiones super libros Politicorum, Paris, BN lat. 16089 f. 276rb: „Et arguitur ratione, quia si finis aliquorum est naturalis, et ea, que in finem, erunt a natura. Cuius *ratio* est, quia natura non dat finem nisi etiam det ea que finis adipiscitur. Non enim deficit in necessariis, sed per se sufficit, que est finis combinacionis maris et femine, ut dicit Commentator similiter octavo Phisicorum. Est igitur a natura. Omnes enim in illam inclinantur, ut hoc dicit Philosophus. Ergo et ipsa combinacio occurit a natura."; Radulphus Brito: Questiones in Ethicam, Vat. lat. 2172, f. 39vb: „Item hoc arguitur racione, quia illud est naturale ad quod natura hominis inclinat. Modo natura hominis inclinat ad coniunccionem suam cum muliere, ad prolificacionem et ad prolis educacionem necnon nutricionem. Ideo et cetera."

Weiter unten wird Bartholomäus dasselbe Argument in einer abgeänderten Form noch einmal vortragen und es vertiefen: Mann und Frau strebten natürlicherweise danach, Nachkommen zu zeugen und diese körperlich aufzuziehen und geistig zu erziehen. Ohne ihre geschlechtliche Vereinigung und ohne ihr Zusammenleben könnten sie aber dieses erstrebte natürliche Ziel nicht erreichen. Hieraus folge, dass ihre Verbindung natürlich sein müsse.[33]

Den zweiten Vernunftbeweis für die Natürlichkeit der Beziehung von Mann und Frau leitet Bartholomäus aus einem Vergleich mit der Geschlechterbeziehung in der Tierwelt ab: Das, was für Tiere zutreffe, treffe *mutatis mutandis* auch für den Menschen zu. Die *combinatio masculi et femelle* sei aber bei Tieren ein natürlicher Akt. Da diese nämlich nicht über Vernunft verfügten, könne sie kein Akt der Vernunft, sondern nur ein Akt der Natur sein. Folglich müsse auch beim Menschen die Geschlechtergemeinschaft natürlich sein. Auch dieses Argument wird er weiter unten noch einmal variieren und vertiefen: Wenn bereits die Beziehung zwischen Männchen und Weibchen in der Tierwelt eine natürliche sei, um wie viel mehr müsse sie es beim Menschen sein, wo doch der Mensch mit seiner Vernunftbegabung über dem Tier stehe.[34]

---

[33] Bartholomaeus de Brugis: Questiones Yconomice, Paris BN lat. 16089, f. 123vb: „Et ideo dicendum est, quod combinatio viri et uxoris est naturalis. Quod probatur sic: Illorum combinatio est naturalis et secundum naturam, que sine ea non possunt efficere operationes quas appetunt secundum naturam. Vir autem et mulier non possunt efficere multas operationes, quas appetunt secundum naturam sine combinatione eorum ad inuicem, quare et cetera. Maior patet: Natura enim appetens finem, appetit et ea, sine quibus non potest esse ille finis, et inclinans in finem, inclinat in ea, que sunt ad finem. Aut deficeret in neccesariis, quod est impossibile, cum regatur a deo, in cuius congnitione non cadit error. Minor probatur: Vir enim et mulier appetunt naturaliter generare sibi simile secundum speciem. Etiam non solum hoc, sed perfectum illud facere et secundum corpus et secundum animam, que nullo modo possunt peragere sine eorum combinatione. Neuter enim solus sufficit ad generationem, per quam fit simile secundum speciem, nec ad nutritionem et augmentationem, per quas fit perfectum secundum corpus et quantitatem et per consequens secundum virtutem, nec ad eruditionem per quam fit perfectum secundum animam, quare et cetera."

[34] Bartholomaeus de Brugis: Questiones Yconomice, Paris BN lat. 16089, f. 123va: „Item, sicut est in animalibus brutis, sic suo modo est in hominibus. Sed in brutis combinatio masculi et femelle est naturalis. Non enim potest fieri per rationem, quia rationem non habent, quare et cetera." und ibid., f. 123vb: „Item, si illa, in quibus minus videtur masculus et femella combinantur naturaliter, multo magis et in quibus magis videtur debent naturaliter combinari. Sed in brutis animalibus, in quibus minus videtur quam in hominibus masculus et femella combinantur naturaliter. Quare et multo magis vir et mulier combinantur naturaliter. Maior est euidens, quia est manifesta (*cod.* maxima). Minor habetur a Philosopho in littera. Et probatur: *Quod enim minus videtur*. Patet, quia natura magis sollicita est de bono hominis, quam brutorum. Est enim homo

Auch diese *ratio* ist direkt aus der *littera* abgeleitet: In diesem Sinne hat nämlich Bartholomäus den nächsten Abschnitt der *littera* gelesen: „*In aliis quippe animalibus irrationabiliter id existit, et in quantum nature participant, in tantum, solummodo prolis gratia procreande. In viris autem et prudentioribus magis est dearticulatum.*"[35]

Dieses vom Vergleich mit den Tieren abgeleitete „Argument" für die *naturalitas* der Beziehung von Mann und Frau kommt in älteren Quaestiones zu diesem Thema nicht vor. Es muss daher als ein eigenständiger philosophischer „Diskussionsbeitrag" des Bartholomäus, der auf dessen Rezeption der *Yconomica* zurückgeht, gewertet werden.

Was nun folgt, ist eine Art Exkurs. Bartholomäus setzt sich kritisch mit einer Position Avicennas auseinander. In Berufung auf des Averroes *Physik*-Kommentar sagt Bartholomäus, Avicenna habe behauptet, die Geschlechtsgemeinschaft von Mann und Frau sei nicht natürlich, sondern ein reiner Willensakt und daher nicht notwendig. Schließlich könnten die Menschen auch aus Erde gezeugt werden, genauso wie Mäuse. (Ursprung dieses Gedankengangs ist die in der mittelalterlichen Philosophie anzutreffende Vorstellung, einige Lebewesen würden nicht durch Geschlechtsverkehr gezeugt, sondern entstünden aus Erde.) Eine solche Meinung zu vertreten, sei aber für einen Wissenschaftler außerordentlich töricht, wie Averroes sage. Auch widerspreche das, was Avicenna sage, verschiedenen Stellen in mehreren aristotelischen Werken. Es sei doch, referiert Bartholomäus Averroes weiter, gänzlich unmöglich, dass ein Mensch aus der Erde gezeugt werde. Das hieße doch, der Mensch hätte eine andere *Materie* als die des Samens, und folglich auch eine andere *Form*. Wenn es nach Avicenna ginge, so Bartholomäus, könnte alles aus allem gezeugt werden, was völliger Unsinn sei (*valde fatuum*).[36]

---

perfectior; et de perfectioribus natura habet maiorem sollicitudinem, quemadmodum et vir prudens. Dirigitur enim a prudentissimo, scilicet deo. Quapropter cum talis combinatio sit propter bonum et perfectionem, sequitur quod multo magis debet natura homines ad eam inclinare. Aliter enim non haberet prudentem et rectam sollicitudinem, quod dicere est valde absurdum. Etiam bruta inclinantur naturaliter ad combinationem. Non enim possunt ad eam inclinari per rationem et voluntatem, quia rationem et voluntatem non habent, quare sequitur, quod hoc fit a natura, quia non potest esse casu, cum sit in pluribus, ut manifestum est, quare et cetera."

[35] Bartholomaeus de Brugis: Scriptum Yconomice, Bologna, BU 1625, f. 84va.

[36] Bartholomaeus de Brugis: Questiones Yconomice, Paris BN lat. 16089, f. 123va–123vb: „Intelligendum est, quod intentio Auicenne videtur fuisse, quod combinatio viri et mulieris non sit naturalis, quia dixit, quod generatio hominum erat a voluntate et ideo potest deficere. Quapropter sibi videbatur, quod generatio hominis potuit fieri ex

Nach diesem Exkurs kehrt Bartholomäus zu seiner Ausgangsfrage zurück und führt weitere Beweise für die Natürlichkeit der Beziehung zwischen Mann und Frau an: Die nächsten beiden Beweise, der dritte und vierte, variieren nur die ersten beiden und sind bereits im Zusammenhang mit diesen besprochen worden. Auch die weiteren drei *rationes*, die fünfte bis siebte, beruhen auf Gedanken aus dem *Capitulum quartum* der *Yconomica*, so wie dieses Bartholomäus in seinem Scriptum gelesen hat. In der fünften *ratio* behauptet Bartholomäus, die Verbindung von Mann und Frau sei deshalb natürlich, weil die Partner einander gemeinsam viele lebensnotwendige Dinge beschafften, wozu sie getrennt nicht im Stande wären. Darüber hinaus entstünden durch ihre Verbindung Kinder, die den Eltern im Alter Schutz und Nahrung gewährten. Genau in diesem Sinne hatte Bartholomäus im Scriptum folgenden Satz der *Yconomica* interpretiert: „*Et filiorum natura non ministerii causa nature solum, sed et utilitatis; que enim potentes impotentibus fecerint, iterum reportant a potentibus in senio impotentes effecti.*"[37]

---

terra, sicut generatio muris, ut dicit Commentator supra octauum Phisicorum. Et cum ita sit, videtur secundum eum, quod combinatio viri et mulieris non sit naturalis. Est enim propter generationem sicut finem, ut patet ex dictis. Sed hoc est expresse contra Commentatorem supra octauum Phisicorum. Unde dicit ibi, quod iste sermo est valde fatuus ab homine, qui dat se scientie. Item istud contra Philosophum secundo De anima et secundo De generatione et corruptione et secundo De generatione animalium. Et ideo nihil melius est sic dicere, quam destruere iuditium primi magistri, qui nichil inuenitur dixisse sine forti probatione et quem natura ingemauit ad instructionem generis humani ut vult Commentator supra tertium De anima. Similiter istud est et contra rationes tactas et tangendas. Item aliud quod dicit, quod homo potest generari ex terra sicut mus est impossibile, ut optime probat Commentator supra octauum Phisicorum, quia si quis sic generaretur non esset homo uniuoce dictus, cum homine qui generatur ex semine. Haberet enim aliam materiam propriam. Terra enim est alia materia a semine. Alia autem materia suscipit aliam formam. Unde proprie materie habent proprias formas, ut habetur octauo Metaphisice. Quod si non, non essent hic materie appropriate et forme appropriate. Et sic quodlibet fieret ex quolibet, et quodlibet esset per formam quamlibet, quod est valde fatuum, quare et cetera. Alie autem rationes possent contra hoc adduci, quas propter breuitatem pertranseo."

[37] siehe S. 272–273; Bartholomaeus de Brugis: Questiones Yconomice, Paris BN lat. 16089, ff. 123vb–124ra: „Item, illorum combinatio est naturalis, que per eam sibi acquirunt neccesaria ad esse et ad conseruationem. Vir et mulier sunt huius, quare et cetera. Maior patet, quia natura sagax non deficit in necessariis, ut habetur tertio De anima. Regitur enim a provisore optimo et in quo possibilis non est error, scilicet a deo, ut vult Commentator supra duodecimum Metaphisice. Minor probatur, quia per combinationem, vir et uxor acquirunt sibi multa neccesaria, ad que solus non sufficeret, ut manifestum est. Etiam acquirunt sibi filios, qui sunt eorum nutritores et custodes in senio, que sunt valde eis neccesaria. Aliter enim perirent, uel non bene se haberent, quare et cetera."

Obwohl Bartholomäus dieses Argument aus der *Yconomica* ableitet, ist es nicht ganz neu. Die gegenseitige Hilfeleistung der Partner beim Bewältigen des alltäglichen Lebens wird als Natürlichkeitsgrund der Gemeinschaft von Mann und Frau bereits im Sentenzenkommentar Alberts sowie im *Ethik*-Kommentar des Radulphus Brito erwähnt (hier allerdings als Begründung der Unauflösbarkeit der Ehe). Beide Autoren stützen sich dabei auf das achte Buch der *Nikomachischen Ethik*. Der Gedanke, dass Mann und Frau einander helfen, den alltäglichen Lebensunterhalt zu bestreiten, kommt dort nämlich in etwas abgeänderter Form auch vor. Zugleich erlaubt aber gerade die Rezeption der *Yconomica* Bartholomäus, über seine Vorgänger inhaltlich hinauszugehen. Im Unterschied zur *Nikomachischen Ethik* sieht nämlich die *Yconomica* den Nutzen der Gemeinschaft von Mann und Frau nicht nur in derer *gemeinsamen* Alltagsbewältigung. Sie bezieht in das Konzept der alltäglichen Hilfeleistung, und das ist neu, auch das Zeugen von Kindern ein. Die Eltern schaffen sich, der *Yconomica* zufolge, in den Kindern eine Hilfe fürs Alter. Bartholomäus greift diesen neuen, aus der Ökonomik abgeleiteten Gedanken auf und integriert ihn in seine Argumentation für die Natürlichkeit der Ehe.[38]

In der sechsten *ratio* sagt Bartholomäus, die Beziehung von Mann und Frau sei natürlich, weil sich die Partner als Menschen durch die Zeugung von Nachkommen „verewigten". Jeder Mensch strebe nach Ewigkeit, könne sie aber nicht als Individuum erlangen, sondern nur als Spezies Mensch, durch einen ständigen Zeugungsprozess. Auch diese *ratio* ist dem *capitulum quartum* der *Yconomica* entlehnt. Genau in diesem Sinne hat nämlich im Scriptum (f. 85ra) Bartholomäus folgenden Satz interpretiert: „*Simul autem et natura replet hac peryodo semper esse, cum per numerum nequeat, per speciem tamen.*"[39]

---

[38] Zur entsprechenden Textpassage aus der NE siehe oben, S. 47–48; zu Albert siehe oben, S. 129–130; Radulphus Brito: Questiones in Ethicam, Vat. lat. 2172, f. 39[vb]: „…ideo, ut unus alteri melius coadiuuet, melius est, quod sint simul, quam quod dispergantur, quia tunc si dispergerentur, quilibet eorum indigeret quodam alio sustentante ipsum…"

[39] Bartholomaeus de Brugis: Questiones Yconomice, Paris BN lat. 16089, ff. 123[vb]–124[ra]: „Item, illorum combinatio est naturalis, que per eam acquirunt esse perpetuum. Vir autem et mulier per eorum combinationem acquirunt esse perpetuum, quare et cetera. Maior probatur: Hoc enim, scilicet esse perpetuum, inquantum possunt omnia appetunt secundum naturam, ut habetur secundo De anima. Quapropter et illud appetunt secundum naturam, per quod sibi acquirunt huius esse perpetuum. Minor declaratur, quia per huius combinationem generant filios, et illi alios et sic perpetuantur secundum speciem, cum non possunt perpetuari secundum numerum.

Bei dieser *ratio* handelt es sich ebenfalls um ein Argument, das bereits in älteren Quaestiones über die *naturalitas coniugii* vorkommt, so etwa bei Petrus von Alvernia oder bei Radulphus Brito. Beide Autoren leiten sie aber von einer Textstelle aus dem zweiten Buch *De anima* ab.[40]

Der letzte der Vernunftbeweise für die *naturalitas coniugii*, die Bartholomäus in seiner *solutio* anführt, lautet folgendermaßen: Die Beziehung zwischen Mann und Frau müsse deshalb natürlich sein, weil doch Mann und Frau von Natur aus Trefflichkeiten hätten, die auf diese Beziehung hingeordnet seien. Der Mann sei von Natur aus stärker, um die Frau zu schützen, die Frau hingegen sei natürlicherweise schwächer, um sich davor zu hüten, den Mann zu beleidigen und sonstiges Unrecht zu begehen. In der *littera* nenne Aristoteles weitere derartige Unterschiede. Die Trefflichkeiten von Mann und Frau, erklärt Bartholomäus, seien nämlich die eines aktiven und eines passiven Prinzips. Sie könnten daher nur zum Tragen kommen und in Handlungen umschlagen, wenn dieses aktive und passive Prinzip miteinander in Beziehung träten. Deshalb müsse die Beziehung von Mann und Frau eine natürliche sein.[41]

Melius enim et diuinius est sic esse, quam non esse simpliciter, ut dicit Philosophus secundo De generatione animalium, quare et cetera."

[40] Petrus de Alvernia: Questiones super libros Politicorum, Paris, BN lat. 16089, f. 276rb: „Modo finis istius combinationis est per se sufficientia etiam personarum in domo. Hoc autem non est nisi sit continuatio, ratio ipsius, quod esse omnia appetunt, ut dicitur primo De anima et primo Ethicorum. Modo sunt quidam, quorum esse in numero non potest continuari nec manere unum, sed solum specie, ut dicitur secundo De anima in auctoritate illa: *Naturalissimum* et cetera. Hec autem continuatio in specie non fit nisi per generacionem, que renouat eadem in numero et per hoc saluatur continuacio speciei. Et ideo illa neccessario habet naturalissimum appetitum, qui scilicet est in ordine ad ipse esse, quod naturalissime omnes appetunt…"; Radulphus Brito: Questiones in Ethicam, Vat. lat. 2172, f. 39[vb]: „Dicendum est ad questionem, quod combinacio viri cum muliere est naturalis, quia omnia encia appetunt naturaliter participare esse diuino et inmortali. Modo hoc faciunt per continuacionem sui in esse. Ideo omnia entia naturaliter appentunt continuationem sui in esse. Sed encia corruptibilia sicut sunt homines eodem numero non possunt continuari in esse, sed solum eadem specie. Modo eadem specie non continuantur nisi per generacionem. Sed per generationem illud naturaliter circa homines. Imo omnia et encia viuencia appetunt generacionem quamcumque sunt perfecta non orbata, nec spontaneam generacionem habencia, sicut dicit Philosophus secundo De anima in illa parte: *Naturalissimum operum* etc. Sed quod taliter combinentur scilicet per matrimonium istud etiam est quodammodo naturale."

[41] Bartholomaeus de Brugis: Questiones Yconomice, Paris BN lat. 16089, f. 124[ra]: „Item, illorum combinatio est naturalis, que ad ipsam habent conuenientes virtutes a natura. Vir autem et mulier sunt huius, quare et cetera. Maior probatur: Natura enim utilia ad finem dat propter finem, ut habetur secundo Phisicorum. Et similiter econuerso: Propter finem dat utilia ad finem, ut patet ibidem. Minor manifesta: Vir enim est

Auch dieses Argument ist der *Yconomica* entlehnt, jener Stelle nämlich, in der ihr Autor über die unterschiedlichen *virtutes* von Mann und Frau spricht. Bartholomäus verweist als Quelle für das Argument zusätzlich auf das erste Buch der *Politik*, wo ebenfalls die Frage der unterschiedlichen Trefflichkeiten von Mann und Frau erörtert wird. Ebenso hätte er auf das achte Buch der *Nikomachischen Ethik* verweisen können, wo ebenfalls gesagt wird, Mann und Frau hätten je unterschiedliche Trefflichkeiten. Es handelt sich also nicht um einen Gedanken, der erst in der *Ökonomik* anzutreffen wäre. Bartholomäus ist allerdings der erste, der das Argument der unterschiedlichen Trefflichkeiten für die Diskussion über die *naturalitas coniugii* fruchtbar macht.[42]

Bartholomäus hat nun mittels einer Serie von Beweisen, die er der *Yconomica* entlehnt hat, die Natürlichkeit der Beziehung von Mann und Frau bewiesen. In einem nächsten Schritt vertieft er die Frage nach der Natürlichkeit der Beziehung zwischen Mann und Frau in fünf *notanda*. Hat er in den vorangehenden *rationes* zu beweisen versucht, *dass* die Beziehung zwischen Mann und Frau eine natürliche ist, so untersucht er in den *notanda, inwiefern* sie es ist.

Im ersten *notandum* befasst er sich mit dem Verhältnis von Natur und Willen in der Geschlechtergemeinschaft: Die Verbindung von Mann und Frau habe zwar ihren Ursprung in der Natur, in dem Sinne, dass wir von Natur aus zu ihr neigten. Sie erfahre aber ihre Vervollkommnung durch den menschlichen Willen und durch menschliche Wahl. Auf ähnliche Weise, erklärt er, würden schließlich von der Vernunft und vom menschlichen Willen auch andere natürliche Neigungen vervollkommnet. So seien wir zwar von Geburt an zu Tugenden

---

fortior natura muliere, et hoc, ut vir se et uxorem ab iniuria defendat et ut ulciscatur iniurias eis factas. Mulier autem est debilior naturaliter, et hoc, ut timeat virum offendere et custodiat se a malo et turpi pre timore et sic de aliis, que enumerat Philosophus in littera. Et uniuersaliter habent virtutes competentes actiuo et passiuo appropriatis, que virtutes sunt propter actionem, et per consequens propter approximationem et combinationem. Non enim agunt et patiuntur, nisi tangant se inuicem. Quare manifestum est, quod vir et mulier adinuicem combinantur secundum naturam. Hoc vult Philosophus hic et in primo Politice et locis predictis, quare et cetera."

[42] Siehe unten (Anhang): „assumpta enim ad hec omnia utilem habere virtutem, sed quedam ad contraria quidem, ad idem vero conuenientia; aliud quidem enim fortius, aliud vero fragilius fecit, ut illud magis se custodiat pre timore, illud vero ulciscatur pre fortitudine, et illud quidem querat que foris sunt, illud vero salvet que sunt intus; et ad operationem illud quidem potens esse robustum, illud uero ad exteriora negotia debile, illud vero ad quietem deterius, ad motus autem salubrius.", Für die Textstellen aus der *Politik* und der *Nikomachischen Ethik* siehe oben, S. 49–50 und 64–66.

und zum Wissenserwerb veranlagt, aber erst durch einen Gewöhnungsprozess und durch Unterweisung, die beide den Bereichen der Vernunft und des Willens angehörten, würden diese natürlichen Veranlagungen vervollkommnet. Bartholomäus hat mit diesem *notandum* eigentlich bereits die erste *ratio contra* beantwortet, die gerade darauf gezielt hatte, die Beziehung zwischen Mann und Frau sei ein Akt des Willens und folglich kein Akt der Natur. Genau dieselbe Differenzierung zwischen Natur und Willen in der Beziehung zwischen Mann und Frau findet sich auch in der Quaestio *Utrum combinatio maris et femine sit a natura* im *Politik*-Kommentar des Petrus von Alvernia.[43]

Aufbauend auf der Unterscheidung zwischen natürlicher Veranlagung und willentlich-vernünftiger Vervollkommnung reflektiert Bartholomäus im zweiten *notandum* die Frage verschiedener Traditionen der Eheschließung: Die Verbindung von Mann und Frau sei zwar, absolut gesprochen, eine Naturgegebenheit. Bartholomäus möchte damit zum Ausdruck bringen, dass die Geschlechterbeziehung in ihrem Kern ein allgemein gültiges Naturdiktat darstellt. Ob allerdings ein Mann und eine Frau so oder anders ihre Verbindung eingingen, d. h. ob sie dabei den Sitten der Christen, Juden oder der Sarazenen folgten, oder auf diese oder jene Weise Hochzeit feierten, dies sei eine Frage des Willens und menschlicher Satzung. So hätten unterschiedliche Völker unterschiedliche Heiratsgewohnheiten. Diese fielen in den Bereich des menschlichen Willens und seien Gegenstand positiver Gesetzgebung.[44]

Um seine Auffassung zu verdeutlichen, stellt Bartholomäus einen Vergleich an: Ähnlich verhalte es sich mit der Frage der Gottesvereh-

---

[43] Bartholomaeus de Brugis: Questiones Yconomice, Paris BN lat. 16089, f. 124ra: „Sciendum tamen est, quod licet huius combinatio viri et mulieris fit secundum naturam inchoatiue et imperfecte—naturaliter enim inclinamur ad eam, ut patet ex dictis—complementum tamen eius fit a voluntate et electione. Quemadmodum multa alia ratio et voluntas complent, ad que natura inclinat, sicut sunt virtutes et scientie. Apti enim nati sumus ad eas. Complentur autem per consuetudinem et doctrinam, que fiunt a ratione et voluntate."; Petrus de Alvernia: Questiones super libros Politicorum: Paris, BN lat. 16089, f. 276[vb]: „Sic ergo patet combinatio maris et femine, quantum ad inclinationem, est a natura. Quantum autem ad actum perfectum, est ab electione et voluntate determinante et dirigente."

[44] Bartholomaeus de Brugis: Questiones Yconomice, Paris BN lat. 16089, f. 124[ra]: „Item, notandum, quod licet combinatio viri et mulieris absolute loquendo sit naturalis, ut patet ex dictis, tamen sic uel sic combinari, puta modo christianorum, iudeorum uel saracenorum, uel tali ordinatione et sollempnitate uel alia, hoc est voluntarium et a constitutione humana. Unde alie et alie gentes habent alium et alium modum in nuptiis et hoc modo tractat legis positiua de combinatione viri et mulieris, scilicet in quantum subditur voluntati humane."

rung: Göttern (*sic*) Opfer darzubringen, sei natürlich. Die Weise aber, auf die sie dargebracht würden, etwa als Geldspende oder als Tieropfer, das sei eine Frage des menschlichen Willens und menschlicher Satzung. Bartholomäus beruft sich dabei auf das fünfte Buch der *Nikomachischen Ethik*.[45]

In den letzten drei *notanda* äußert sich Bartholomäus noch einmal zu einer Frage, die er bereits in seinen Argumenten für die *naturalitas coniugii* angesprochen hat, nämlich zum Unterschied der Geschlechterbeziehung bei Mensch und Tier. Bei Tieren, so das erste der drei *notanda*, sei die Geschlechterbeziehung nur ein Akt der Natur, bei Menschen sowohl ein Akt der Natur als auch ein Akt der Vernunft.[46]

Ein weiterer Unterschied der Geschlechterbeziehung bei Menschen und bei Tieren, fährt Bartholomäus im nächsten *notandum* fort, sei folgender: Bei Tieren sei der einzige Zweck der Vereinigung das Sein und das Leben. Beim Menschen komme als Zweck noch das *gute* Leben hinzu. Dies sei Tieren nicht möglich. Das gute Leben komme nämlich, wie im dritten Buch der *Nikomachischen Ethik* gesagt werde, von der Vernunft und diese finde man nur beim Menschen vor. Auch dies ist ein Gedanke, der aus der *Yconomica* entlehnt ist. Er geht auf folgenden Satz des *capitulum quartum* der *Yconomica* zurück: „*In homine tamen magis, quoniam non solum essendi, verum etiam bene essendi cooperatores sibi inuicem masculus et femina sunt.*"[47]

Daran knüpft schließlich ein längeres letztes *notandum* an. Bartholomäus nennt darin einen weiteren Unterschied zwischen Mensch und Tier. Es liege in der menschlichen Natur, dass sich Mann und Frau zu einer *lebenslangen* Beziehung vereinigten. Dies verhalte sich beim Menschen deshalb so, weil Mann und Frau nicht nur um der Zeugung ihrer Kinder willen zusammenlebten, sondern um diese zu erziehen und (wie

---

[45] Bartholomaeus de Brugis: Questiones Yconomice, Paris BN lat. 16089, f. 124ra: „Et simile est: Sacrificare enim diis est naturale. Sed sic uel sic sacrificare, puta denarum vel bovem est voluntarium et a constitutione humana. Et hoc dicit Philosophus quinto Ethicorum."

[46] Bartholomaeus de Brugis: Questiones Yconomice, Paris BN lat. 16089, f. 124ra: „Item, notandum, quod ex hiis patet differentia combinationis masculi et femelle in brutis et in hominibus, quia in brutis est solum secundum naturam. In hominibus autem est et ratione et natura, ut patet ex dictis."

[47] siehe unten (Anhang), S. 400; Bartholomaeus de Brugis: Quaestiones Yconomice, Paris BN lat. 16089, f. 124ra–124rb: „Item, in brutis solum est propter esse et vitam. In hominibus autem est et propter hoc et propter bene esse et bonam et rectam vitam, que proprie loquendo non potest esse in brutis. Rationem enim non habent a qua et per quam est recta et bona vita, ut habetur tertio Ethicorum."

er im vorangehenden *notandum* im Bezug auf die *Yconomica* gesagt hat) um ein gutes und rechtes Leben zu führen. Die Zeugung der Kinder erfordere zwar noch kein lebenslanges Zusammenleben, die Erziehung der Kinder und die Führung eines *guten* und *rechten* Lebens allerdings schon. Dies sei bei Tieren anders. Bis auf einige Ausnahmen, Turteltauben etwa, komme bei ihnen eine lebenslange Lebensgemeinschaft nicht vor.[48]

Bartholomäus führt in diesem letzten *notandum* nicht nur einen weiteren Unterschied zwischen Mensch und Tier an, er beschäftigt sich hier zugleich mit einem Thema, das Albert in seinem Sentenzenkommentar in einer selbstständigen Quaestio behandelt hat: mit der Frage nach der Unauflösbarkeit der Ehe. Er leitet die Unauflösbarkeit der Ehe von dem Gedanken der *Yconomica* ab, die Menschen lebten, im Unterschied zu den Tieren, nicht nur um des *Seins*, d.h. der Fortpflanzung willen zusammen, sondern um des *„guten Seins"*, d.h. des körperlich und ethisch guten Lebens. Daher liege die Unauflösbarkeit der Ehe in der menschlichen Natur begründet.

Den letzten Teil der Quaestio bildet die Beantwortung der Gegenargumente. Da mehrere von ihnen eigentlich bereits in den *notanda* beantwortet worden sind, sollen an dieser Stelle nur seine Antworten auf die vierte und die fünfte *ratio contra* vorgestellt werden: Im vierten Gegenargument hat Bartholomäus argumentiert, die Beziehung von Mann und Frau könne deshalb kein Diktat der Natur sein, weil sich sonst die Ehelosen gegen die Natur versündigen würden. Bartholomäus hatte mit dieser *ratio contra* ein schwerwiegendes Problem angesprochen, von dem

---

[48] Bartholomaeus de Brugis: Questiones Yconomice, Paris BN lat. 16089, f. 124rb: „Item, homines commanent per vitam. Bruta autem quedam non, cuius causa est, quod homines non sunt solum propter generationem, sed etiam propter perfectionem et eruditionem generati, et etiam propter bonam et rectam vitam. Quamuis autem ad generationem non requiratur, quod commaneant per vitam, tamen ad alia requiritur. In longo enim tempore filii quantum ad corpus perfitiuntur et similiter quantum ad eruditionem, ut manifestum est. Etiam commanent per vitam gratia bone et recte vite, quam uterque seorsum aut non participaret, aut difficilius, aut minus bene. In brutis autem quibusdam femella sola sufficit ad nutritionem et perfectionem generati. Et hec statim post generationem separantur, ut patet in canibus et lupis et huius. In aliis autem solum femella non sufficit ad hec. Et ibi commanet masculus ad minus usque ad perfectionem generatorum et iuuat femellam ad nutriendum et ad perfitiendum generatum, uel generata. Quedam autem propter aliquas alias utilitates, quas adipiscuntur ex huius combinatione commanent per totam vitam, ut patet in turturibus et similibus. Omnia ergo animalia in quibus est masculus et femella combinatione participant secundum exigentiam sue nature, ex quo patet mirabilis sollicitudo nature ac diuini principii circa ea que sunt hic."

bereits im Zusammenhang mit Engelberts Quaestio *Utrum sapienti competat uxorem ducere* die Rede gewesen ist. Die Rezeption Aristotelischer moralphilosophischer Schriften, mit ihrer Betonung der Natürlichkeit und Notwendigkeit der Verbindung von Mann und Frau als Keimzelle der Haus- und Staatsgemeinschaft stellte eine potentielle Bedrohung des mittelalterlichen Ideals der Ehelosigkeit und der sexuellen Abstinenz dar. Verschiedene Denker, Thomas von Aquin, Siger von Brabant sowie Engelbert von Admont, hatten immer wieder versucht, diesem Problem mittels einer *pia interpretatio* des Aristoteles zu begegnen. Sie deuteten den Stagiriten dahingehend, dass er trotz seiner Betonung der Natürlichkeit der Gemeinschaft von Mann und Frau weder jemals die Vorrangstellung des Zölibats bestritten noch es als widernatürlich dargestellt habe.[49]

Die Antwort, die Bartholomäus auf diese aristotelische Herausforderung gibt, ist einzigartig. Als einziger der erwähnten Autoren bemüht er sich nämlich nicht um eine *pia interpretatio* des Stagiriten, ja er stellt sich energisch dagegen: Ich glaube, schreibt er, dass der Philosoph tatsächlich sagen würde, die Ehelosigkeit sei eine Sünde gegen die Natur. Und diejenigen, die das Gegenteil behaupteten und Aristoteles glätten wollten, irrten sich. Ja mehr noch, Aristoteles würde sagen, dass die Ehelosigkeit eine Sünde gegen die göttliche Ordnung sei. Schließlich habe doch Gott der Natur eine Ordnung gegeben und halte diese aufrecht.[50]

Eine derartige Meinung, distanziert er sich aber sogleich von Aristoteles, widerspreche dem christlichen Glauben. Deshalb müsse man das Gegenargument anders entkräften: Die Ehelosigkeit wäre in der Tat eine Versündigung gegen die Natur, wenn sie nicht um eines besseren Zieles willen gewählt würde, etwa Gottes wegen, wie dies Gläubige und Heilige täten, oder wie die Philosophen, um einer besseren Kontemplation willen.

---

[49] siehe oben, S. 177–187.
[50] Bartholomaeus de Brugis: Questiones Yconomice, Paris BN lat. 16089, f. 124rb: „Ad aliam conceditur: *si sic esset, qui non contraheret*, et cetera. Credo, quod Philosophus diceret, quod verum est. Et quod illi, qui dicunt, quod non, peccant. Immo diceret, quod esset peccatum contra ordinationem diuinam. Natura enim a deo regulatur et ordinatur. Sed forte istud derogaret fidei nostre. Et potest solui aliter: Conceditur: *Si sic*, et cetera. Dicendum est, quod verum est, nisi abstineret propter finem meliorem. Et sic aliqui abstinent, scilicet aut propter deum, ut fideles et sancti, aut ut melius possint contemplari, quemadmodum aliqui philosophi. In hoc enim actu homo aut nihil, aut parum intelligit, ut habetur septimo Ethicorum."

Ähnlich antwortet er auf die nächste *ratio contra*, in der er als aristotelische Position ausgegeben hatte, die Jungfräulichkeit wäre, wenn die Verbindung von Mann und Frau natürlich wäre, ein widernatürliches Laster. Auch hier richtet er sich gegen jegliche Versuche einer *pia interpretatio* des Stagiriten. Ich glaube, schreibt er, dass der Philosoph tatsächlich sagen würde, dass die Jungfräulichkeit ein widernatürliches Laster ist. Und er begründet seine Position ausführlich. Da in diesem Punkt aber, fährt er fort, Aristoteles geirrt habe, müsse die *ratio contra* anders gelöst werden. Ähnlich wie bei der vorangehenden *ratio contra* müsse man sagen, dass eine *virgo* um eines höheren und besseren Zieles willen von der Ehe Abstand nehme.[51]

Welche Schlüsse lassen sich aus dieser Quaestio bezüglich Bartholomäus' Umgang mit den Gedanken der *Yconomica* über die Ehe ziehen? Der Artes-Magister nimmt hier die Passage der *Yconomica*, die er als eine Abhandlung über die *naturalitas coniugii* gelesen hat, zum Anlass, um in seinem Kommentar die damals bereits mehrfach diskutierte philosophische Frage nach der Natürlichkeit der Ehe ein weiteres Mal philosophisch zu erörtern. Dabei bereichert der mittelalterliche Artes-Magister die philosophische Diskussion um eine Serie von Argumenten, die gerade der neuentdeckten aristotelischen Schrift entlehnt sind. Dadurch bezieht er die *Yconomica* in die zeitgenössische philosophische Diskussion um die *naturalitas coniugii* ein. Zugleich begnügt sich aber Bartholomäus nicht allein damit, das eigentliche Thema seiner Quaestio, die *Natürlichkeit der Ehe*, philosophisch zu erörtern. Er verwendet zugleich den Rahmen dieser Quaestio und damit den Rahmen seines *Ökonomik*-Kommentars, um auf *andere* Themen, die die Ehe betreffen und die nicht (oder nur zum Teil) aus dem Text der *Yconomica* hervorgehen, philosophisch einzugehen. So diskutiert er etwa den Unterschied der Geschlechtsgemeinschaft bei Mensch und Tier, aber auch die Frage nach der Unauflösbarkeit der Ehe, oder die Frage nach des Aristoteles Bewertung der Ehelosigkeit und der Jungfräulichkeit.

---

[51] Bartholomaeus de Brugis: Questiones Yconomice, Paris BN lat. 16089, f. 124rb–124va: „Ad aliam conceditur: *Si sic esset, virginitas esset vitium contra naturam*. Credo, quod Philosophus diceret, quod verum est. Et hoc patet aperte tertio Ethicorum. Virginitas enim opponitur temperantie, et virtus non opponitur virtuti sed vitio…Et ideo credo, quod mens Philosophi fuit, quod virginitas sit vitium in moribus et contra naturam, et quod diceret, quod qui dicunt contrarium peccant. Verumptamen hoc est erroneum et ideo soluendum est rationem aliter. Conceditur: *si sic*, et cetera. Dicendum, quod non est verum, quia virgo abstinet propter finem meliorem et altiorem, ut dictum est."

18.2. Die Ehe mit einer Witwe

Utrum vir debeat ducere virginem aut viduam in uxorem?[52]

Die nächste Quaestio, die an dieser Stelle vorgestellt werden soll, beschäftigt sich philosophisch mit der Frage, *ob ein Mann eine Jungfrau oder eine Witwe zur Frau nehmen solle?* Es ist die letzte der insgesamt vier *Quaestiones* zum *capitulum quartum* des ersten Buches der *Yconomica*.

Den „textuellen Anlass" dieser Quaestio bildet die Textstelle der *Ökonomik*, in der Aristoteles in Anschluss an Hesiod sagt, es sei besser, ein Mädchen (puella) zu heiraten, um ihr gute Sitten beibringen zu können. Wie gesehen, hatte Bartholomäus in der *expositio litterae* das Wort puella als „Jungfrau" verstanden und den Satz folglich als Ratschlag, keine Witwe zu heiraten, interpretiert. Die Möglichkeit, an dieser Stelle in einer Quaestio über das Für und Wider einer Witwenehe zu erörtern, ergibt sich aus dieser Interpretation der Passage.[53]

War die Frage nach der Natürlichkeit der Ehe vordergründig durch die *Existenz der Tradition* eines philosophischen Diskurses über die *naturalitas coniugii* bedingt, so scheint diese Quaestio allein durch eine Beschäftigung mit dem Text der *Yconomica* motiviert zu sein. Die Frage, ob ein Mann eine Jungfrau oder eine Witwe heiraten solle, scheint nämlich im philosophischen Diskurs der Artes-Fakultät keine Vorläufer zu haben. Jedenfalls sucht man sie vergebens in älteren Quaestio-Kommentaren zu anderen aristotelischen Werken. Auch in mittelalterlichen theologischen und rechtlichen Texten zur Ehe findet man keine Vorlagen für diese Fragestellung.

Der Grund, weshalb Bartholomäus diese Passage zum Anlass einer eigenständigen Quaestio macht, könnte hingegen in der weiter oben besprochenen Tradition des mittelalterlichen literarisch-topischen Themas *An uxor (sapienti) ducenda* liegen. Demnach wäre diese Quaestio eine *Variation* dieses Themas. Wie Detlef Roth gezeigt hat, dienten mittelalterliche Bearbeitungen des Themas *An uxor ducenda* zumeist gelehrter Unterhaltung. Es ist durchaus denkbar, dass auch die in ihrer Argumentation an sich völlig ernste Quaestio des Bartholomäus *Ob ein Mann*

---

[52] Bartholomaeus de Brugis: Questiones Yconomice, Paris BN lat. 16089, ff. 125va–126ra.
[53] Siehe S. 294–295.

eine Jungfrau oder eine Witwe heiraten solle mit einer scherzhaft-ironischen Intention verfasst worden ist.[54]

Bartholomäus versucht in der Quaestio, ganz in Einklang mit der *littera*, philosophisch zu beweisen, dass es für einen Mann besser sei, eine Jungfrau und nicht eine Witwe zu heiraten. Die Quaestio hat folgende Struktur: Bartholomäus führt zunächst vier Argumente *zugunsten* der Ehe mit einer Witwe an. Danach folgt das *oppositum*, in dem den *rationes contra* die Position der *Yconomica* entgegengehalten wird, der Mann solle eine Jungfrau heiraten. Diese Position wird sodann mittels eines Vernunftbeweises begründet. Im Anschluss daran untersucht Bartholomäus zwei mögliche Einwände. Die erste *obiectio* behauptet, es sei egal, ob man eine Witwe oder eine Jungfrau heiratet, die zweite fragt, ob es *unter bestimmten Bedingungen* nicht besser sei, eine Witwe zu heiraten. Die Quaestio schließt, wie üblich, mit der Widerlegung der Gegenargumente. In gewohnter Weise ist fast die gesamte Quaestio syllogistisch strukturiert.

Die *rationes contra* stellen, wie gesagt, ein philosophisches Plädoyer *für* die Witwenehe dar. In der ersten *ratio contra* argumentiert er folgendermaßen: Diejenige solle ein Mann heiraten, die besser das Haus und was dazu gehört zu regieren wisse. Das könne er aber am ehesten von einer Witwe erwarten. Eine Witwe habe nämlich bereits Erfahrung bei der Hausverwaltung, und Erfahrung sei doch für eine gute Herrschaftsausübung das Allerwichtigste.[55]

Die zweite *ratio contra* weist auf die Vorzüge einer Witwenehe für den Mann hin: Ein Mann solle eine solche Frau heiraten, die für ihn mehr sorge und ihn mehr verwöhne (*eum magis delicate tenet*). Bekanntlich handle so gerade die Witwe.[56]

Das dritte Gegenargument ist biologischer Natur: Ein Mann solle, so die *propositio maior* des Syllogismus, eine solche Frau heiraten, die ihm

---

[54] Detlef Roth: Mittelalterliche Misogynie—ein Mythos? Die antiken *molestiae nuptiarum* im *Adversus Iovinianum* und ihre Rezeption in der lateinischen Literatur des 12. Jahrhunderts. In: Archiv für Kulturgeschichte 80 (1998), S. 39–66, hier z. B. S. 59; Zum Thema An uxor ducenda siehe oben, S. 177–187.

[55] Bartholomaeus de Brugis: Questiones Yconomice, Paris BN lat. 16089, f. 125va: „Arguitur, quod viduam. Quia illam debet ducere in uxorem, que melius scit regere domum et ea que pertinent ad domum. Talis autem est vidua, quare et cetera. Maior est est euidens, et minor probatur, quia vidua est in hoc experta et virgo non. Experientia autem maximum est ad regimen, quare et cetera."

[56] Bartholomaeus de Brugis: Questiones Yconomice, Paris BN lat. 16089, f. 125va: „Item, illam debet prius ducere in uxorem, que plus de eo curat et eum magis delicate tenet. Talis autem est vidua, ut dicitur communiter, quare et cetera."

bessere Nachkommen gebäte. Bartholomäus zieht an dieser Stelle die *Yconomica* heran und begründet diese *propositio maior* mit einem Verweis auf die Aussage des *liber secundus*, der Mann müsse mit einer perfekten Frau perfekte Kinder zeugen. Dies könne aber, fährt er in der *propositio minor* fort, gerade die Witwe. Sie habe nämlich, im Unterschied zur Jungfrau, eine breite Gebärmutter und einen breiten Muttermund.[57]

In der letzten *ratio contra* argumentiert er mit der Klugkeit (prudentia) der Witwe: Der Mann solle eine Witwe heiraten, weil sie klüger sei. Eine Witwe habe nämlich mehr Erfahrung, und Erfahrung zeuge Klugheit, wie Aristoteles im sechsten Buch der *Nikomachischen Ethik* behaupte.[58]

Es folgt das *oppositum*: Sowohl Aristoteles als auch Hesiod, den hier Aristoteles zitiert, behaupteten aber in der *Yconomica* genau das Gegenteil, nämlich dass ein Mann eine Jungfrau und keine Witwe heiraten soll.[59]

Bartholomäus versucht, nun diese aristotelische Position philosophisch zu begründen: Ein Mann solle eine solche Frau heiraten, die sich seinen Sitten anpassen werde und mit der er eines Gemüts sein könne, denn genau damit steht und fällt das Wohl eines Hauses. Bartholomäus bezieht sich hier auf das in der *Yconomica* proklamierte Ehe-Ideal der *similitudo morum* und der *unanimitas*. So geartet sei aber gerade die Jungfrau, wie Aristoteles und Hesiod sagten, und nicht die Witwe.[60]

---

[57] Bartholomaeus de Brugis: Questiones Yconomice, Paris BN lat. 16089, f. 125va: „Item, illam debet prius ducere, ex qua potest filios perfectiores generare. Vidua autem est huius, quare et cetera. Maior declaratur, quia maxime debet hoc curare, scilicet generare perfectos filios, ut habetur secundo huius. Minor probatur: Illa enim habet matricem amplam et locum fetus amplum, virgo autem strictum. Locus autem amplus multum confert ad perfectionem fetus, quare et cetera." Zu der zitierten Textstelle aus der Ökonomik siehe unten (Anhang), S. 409: „...circa que magis vir sane mentis studebit, quam ex optima et preciosissima muliere liberos procreare."

[58] Bartholomaeus de Brugis: Questiones Yconomice, Paris BN lat. 16089, f. 125va: „Item, illam debet prius ducere in uxorem, que est prudentior. Vidua autem est prudentior, quare et cetera. Maior est euidens, minor etiam patet. Est enim magis experta. Experientia autem generat prudentiam, ut habetur sexto Ethicorum, quare et cetera."

[59] Bartholomaeus de Brugis: Questiones Yconomice, Paris BN lat. 16089, f. 125va: „Oppositum vult Philosophus. Et idem voluit Ysiodus, ut dicit Philosophus, quare et cetera." Zu der zitierten Textstelle aus der Ökonomik siehe oben S. 294.

[60] Bartholomaeus de Brugis: Questiones Yconomice, Paris BN lat. 16089, f. 125va: „Dicendum est secundum mentem Philosophi, quod melius est, quod vir ducat virginem in uxorem. Quod sic probatur: quia illam, quam vir magis potest ducere ad mores suos et facere sibi unanimem, magis debet ducere in uxorem. Virginem autem vir magis potest ducere ad suos mores et facere sibi unanimem, quare et cetera. Maior declara-

Bartholomäus fährt dann mit der metaphysischen Erklärung fort, *weshalb* sich mit einer Witwe das Ideal der *similitudo morum* und der *unanimitas* nicht verwirklichen lasse. Es ist dieselbe Begründung, die Bartholomäus bereits im Scriptum, im dortigen *notandum* zu der entstprechenden Textstelle angeführt hat: Ein nackter und formloser Gegenstand nehme, wie Plato im *Timaios* behaupte, besser eine neue Form an als ein Gegenstand, der bereits eine (entgegengesetzte) Form habe. Mit einer Jungfrau verhalte es sich aber wie mit einem formlosen Gegenstand. Im Unterschied zur Witwe habe ihr noch kein Ehemann häusliche und eheliche Gewohnheiten „aufgeprägt". Deshalb werde der Mann mit einer Jungfrau eher als mit einer Witwe in Einmütigkeit leben könne. Er werde ihr gute Sitten beibringen können, Sitten, die zu den seinen proportional sind. (Bartholomäus übernimmt hier stillschweigend das Ideal der Proportionalitiät in der Beziehung von Mann und Frau aus dem achten Buch der *Nikomachischen Ethik*). Daher, fährt Bartholomäus mit seiner Überlegung fort, wollten Witwen häufig über ihren Mann herrschen und das Haus regieren, oder sie seien zwieträchtig, was zur Zerstörung der Hausgemeinschaft führe.[61]

Bartholomäus lässt nun zwei Einwände folgen, in denen er den soeben begründeten Vorrang der Ehe mit einer Jungfrau vor der mit einer Witwe hinterfragt. Im ersten *notandum* versucht er anhand von Erwägungen metaphysisch-biologischer Art zu begründen, dass es letztendlich egal sei, ob man eine Jungfrau oder eine Witwe heirate: Witwe und Jungfrau, argumentiert er, gehörten doch zu derselben Art bzw. derselben Ausprägung derselben Art. Beide seien nämlich sowohl Vertreter der Spezies Mensch als auch von deren konkreter Ausprägung „Mensch weiblichen Geschlechts". Wenn aber Witwe und Jungfrau beide derselben Beschaffenheit seien, dann sei es doch egal, ob man

---

tur, quia in hoc consistit bonum domus, quod uxor sit conformis in moribus viro, et secum unanimis, ut habetur in secundo huius. Minor euidens est et per Ysiodum et Philosophum hic."

[61] Bartholomaeus de Brugis: Questiones Yconomice, Paris BN lat. 16089, f. 125va–125vb: „Et declaratur, quia subiectum nudum et informe melius recipit impressionem agentis, quam subiectum habens formam, aut formam contrariam. Unde dixit Plato in Thymeo: *subiectum informe optime natum est recipere omnes formas*. Puella autem est informis, uel non informata moribus domesticis seu moribus nuptialibus. Vidua autem est informata per virum priorem. Et ideo cum ita sit, manifestum est, quod melius et facilius poterit vir ducere virginem ad bonos mores et ad mores sibi proportionales et eam facere sibi unanimem quam viduam. Unde vidue ut in pluribus volunt dominari viro suo et regere totum. Uel alias discordabit a viro, quod est destructio domus." Siehe oben, S. 294–295.

die eine oder die andere heirate. (Auf seine Bestimmung der Frau als einer Ausprägung, *dispositio*, der Art Mensch, ist bereits weiter oben, im Zusammenhang mit der Untersuchung der *expositio litterae*, eingegangen worden. Der Artes-Magister rezipiert hier ein Konzept aus Aristoteles' *Metaphysik*.)[62]

Bartholomäus hat im Anschluss an Aristoteles gesagt, es sei deshalb besser eine Jungfrau zu heiraten, weil ihr der Mann seine eigenen Sitten aufprägen könne. Im zweiten Einwand verwandelt er das Argument der Ähnlichkeit (bzw. Proportionalität) der Sitten in ein Argument *für* den Vorrang der Ehe mit einer Witwe: Wie solle sich der Mann verhalten, wenn er eine Witwe finde, die bereits genau über solche Sitten verfüge, wie es sich der Mann wünsche. Wäre es dann nicht besser, eine solche Witwe zu heiraten (statt einer Jungfrau, die sich erst seinen Sitten anpassen muss)?[63]

Auf den ersten Einwand antwortet Bartholomäus folgendermaßen: Es sei zwar durchaus richtig, dass beide, sowohl die Witwe als auch die Jungfrau, derselben Spezies Mensch angehörten und dieselbe natürliche Ausprägung dieser Art besäßen, nämlich die der Weiblichkeit. Dennoch unterschieden sich beide in ihrer natürlichen *individuellen* Ausprägung. Eine Witwe unterscheide sich nämlich gehörig von der Jungfrau durch die eingeübten Sitten, die sie aus der ersten Ehe habe. Eine Jungfrau habe solche Sitten eben nicht, weil sie noch keine Ehe eingegangen sei.[64]

---

[62] Bartholomaeus de Brugis: Questiones Yconomice, Paris BN lat. 16089, f. 125vb: „Et si arguatur contra, quia quando aliqua sunt eiusdem speciei et dispositionis, ita bene est unum dispositum ad recipiendum impressionem ab aliquo agente sicut reliquum. Vidua autem et virgo non differunt specie, sunt eiusdem speciei, etiam eiusdem dispositionis in specie, scilicet sexus feminini, quare et cetera. Et per consequens eque bonum est unam ducere, sicut aliam." Siehe dazu oben, S. 276–277; Zur Geschlechtstheorie des Aristoteles in der *Metaphysik* vgl. Sabine Föllinger: Differenz und Gleichheit. Das Geschlechterverhältnis in der Sicht griechischer Philosophen des 4. bis 1. Jahrhunderts v. Chr., Stuttgart 1996, hier S. 128–129.

[63] Bartholomaeus de Brugis: Questiones Yconomice, Paris BN lat. 16089, f. 125vb: „Item dicet aliquis: Ponamus quod vidua iam habeat mores proportionales moribus viri. Quid ergo? Non erit tunc melius eam ducere in uxorem quam virginem?"

[64] Bartholomaeus de Brugis: Questiones Yconomice, Paris BN lat. 16089, f. 125vb: „Ad primum dicendum, quod maior est vera in sua utilitate. Ad minorem dicendum per interemptionem, quia licet vidua sit eiusdem speciei cum virgine et habeat dispositionem feminitatis in communi eandem, dico naturalem, tamen bene differunt in dispositionibus naturalibus indiuidualibus. Hec enim femina est alterius dispositionis naturalis indiuidualis quam illa...Vidua multum differt in moribus acquisitis a virgine. Habet enim mores nuptiales actu ex primis nuptiis et virgo non habet. Nondum enim cum viro non contraxit."

Dem zweiten Einwand muss Bartholomäus hingegen Recht geben: Wenn eine Witwe tatsächlich proportionale Tugenden hätte, wenn sie mit dem Mann eines Gemüts und ihm gehorsam wäre, wenn sie darüber hinaus noch jung wäre, so dass sie ihm gute Kinder gebären könnte, dann wäre es in der Tat besser eine Witwe zu heiraten. Man müsse nämlich stets das bessere und beste tun. Unter diesen Voraussetzungen wäre das Hausregiment gemeinsam mit einer Witwe in der Tat glücklich—vorausgesetzt, es würden keine äußeren Hindernisse eintreten. (Bei einer Jungfrau könne man sich schließlich niemals gänzlich sicher sein, ob sie sich der Disziplin ihres Mannes beugen werde.) Solche Witwen, sagt Bartholomäus, seien aber außerordentlich rar. Auch unter hundert Frauen finde man kaum eine solche. Und gerade deshalb sage Aristoteles, der hier nicht über Ausnahmefälle, sondern darüber, was die Regel ist, spreche (*loquitur ut in pluribus*), dass es besser sei eine Jungfrau zu heiraten. Dies stimme übrigens mit der gängigen Meinung der Leute überein.[65]

Bartholomäus stellt sich also in der Lösung dieser zweiten *obiectio* eigentlich gegen die aristotelische Position. Es gelingt ihm aber sie zu retten, indem er das aristotelische Prinzip heranzieht, demzufolge moralwissenschaftliche Aussagen *in der Regel*, aber nicht notwendigerweise in *jedem einzelnen Fall* Geltung besitzen.

Die Quaestio schließt mit einer Widerlegung der Gegenargumente: Auf die erste *ratio contra*, der Mann solle eine Witwe einer Jungfrau aufgrund ihres Wissens um die Hausherrschaft vorziehen, antwortet Bartholomäus folgendermaßen: Das Argument wäre dann wahr, wenn sie nach dem Willen des Mannes haushalten würde. Dies täte eine Witwe aber gerade nicht. Absolut gesprochen, verfüge die Witwe zwar durchaus über mehr Wissen, sie wolle aber nicht von ihrem Mann geleitet und beherrscht werden, sondern selbst walten und herrschen. Man könne das Gegenargument, meint Bartholomäus, aber auch folgender-

---

[65] Bartholomaeus de Brugis: Questiones Yconomice, Paris BN lat. 16089, f. 125vb: „Ad secundum dicendum, quod hiis positis, scilicet quod habeat mores proportionales viro et quod debeat esse unanimis et obediens viro et quod cetera sint paria, magis deberet vir viduam ducere in uxorem, ut mihi videtur. Et maxime si sit iuuenis, ita, quod ex ea possit generare optimos filios, quia melius est semper agendum et eligendum. Hiis uero positis certum est quod debet esse felix regimen domus cum vidua, dico si nullum extrinsecum impediat. De virgine autem dubium est, utrum bene recipiet disciplinam uel non. Sed forsan de centum mulieribus non inueniretur una talis. Unde aut raro aut numquam inueniretur. Et ideo Philosophus loquens ut in pluribus dicit absolute, quod melius est ducere virginem in uxorem. Et hoc sentiunt homines communiter."

maßen widerlegen: Wissen allein genüge nicht zu einer guten Hausherrschaft. Man müsse außerdem über eine richtige charakterliche Veranlagung verfügen (*oportet esse bonum appetitum*). Dies sei aber bei der Witwe gerade nicht der Fall aufgrund der festgefahrenen Gewohnheiten, die sie aus der ersten Ehe habe.[66]

Auf die zweite *ratio contra*, eine Witwe kümmere sich mehr um ihren Mann und verwöhne ihn mehr als eine Jungfrau, antwortet der Artes-Magister, dies treffe nur dann zu, wenn sie über ihn herrschen könne. An und für sich sorge sie aber weniger für ihn. Sie trachte nämlich nur danach, ihn unter dem Pantoffel zu haben (*petit eum sibi subpeditare*). Die Volksweisheit, dass eine Witwe ihren Mann verwöhne, sei also nur bedingt wahr.[67]

Eine recht spitzfindige Antwort lässt sich Bartholomäus auf die dritte *ratio contra* einfallen. Bartholomäus führte in ihr an, eine Witwe sei einer Jungfrau vorzuziehen, weil sie eine breitere Gebärmutter und einen breiteren Muttermund habe und sie dem Mann folglich bessere Kinder gebären könne. Bartholomäus widerlegt dieses Argument folgendermaßen: Er räumt zuerst ein, dass der *Erstgeborene* einer Witwe, aufgrund ihrer besseren körperlichen Eignung, *körperlich* vollkommener sein könnte. Nichtsdestotrotz wäre er *seelisch*, d. h. was die Sitten betrifft, weniger vollkommen. Die Witwe wäre nämlich mit ihrem Mann nicht einmütig und einträchtig und würde folglich die Kinder schlecht unterweisen, zumal jede Frau—Bartholomäus zieht hier einen Gedanken aus der *Politik* heran—ohnehin eine unvollkommene Urteilskraft hat. Bartholomäus will damit folgendes sagen: Die Witwe würde aufgrund ihres Hangs zur Zwietracht bei der Erziehung der Kinder nicht ihrem Mann folgen und würde folglich dank ihrer verminderten Urteilskraft

---

[66] Bartholomaeus de Brugis: Questiones Yconomice, Paris BN lat. 16089, f. 125vb: „Ex hiis ad rationes dicendum est. Et primo ad primam, conceditur: *Illam debet ducere*, et cetera. Potest dici, quod verum est secundum velle viri. Sic autem non est de vidua, ut patet ex dictis. Absolute enim loquendo magis scit, tamen secundum velle viri non, quia non vult duci et regi ab alio, sed regere et dominari. Vel aliter dicendum ad maiorem, quod non oportet. Scire enim non sufficit ad bonum regimen domus. Unde multi scientes pessime regunt. Sed oportet esse bonum appetitum. Vidua autem habet appetitum male dispositum ad regendum domum propter mores, quos habet ex primis nuptiis, ut patet ex dictis."

[67] Bartholomaeus de Brugis: Questiones Yconomice, Paris BN lat. 16089, f. 125vb: „Ad secundam conceditur: *Illam*, et cetera. Dicendum, quod verum est simpliciter loquendo. Ad minorem dicendum, quod plus de eo curat, si possit dominari sibi, et si non, non. Simpliciter tamen minus de eo curat, quia petit eum sibi subpeditare et sic patet, quod dictum commune habet veritatem secundum quid."

die Kinder schlecht erziehen. Außerdem, fährt Bartholomäus in seiner Argumentation fort, seien alle weiteren Kinder einer Jungfrau körperlich genauso vollkommen wie die einer Witwe. Deshalb sei es absolut gesprochen besser eine Jungfrau zu heiraten.[68]

Auf das letzte Gegenargument, eine Witwe verfüge aufgrund ihrer Erfahrung über mehr Klugheit in Sachen der Haushaltung, antwortet Bartholomäus folgendermaßen: Es treffe zwar an und für sich zu, dass die Witwe aufgrund ihrer Erfahrung über mehr Klugheit verfüge. Allerdings könne in der Beziehung zu ihrem Mann ihre Klugheit nicht zum Tragen kommen, da sie ständig über ihn herrschen und sich nicht von ihm leiten lassen wolle.[69]

Damit ist Bartholomäus ans Ende seiner Quaestio angelangt. Der Artes-Magister bezog sich in ihr auf das im *capitulum quartum* angeführte Hesiod-Zitat: „*Oportet puellam ducere, ut doceat bonos mores; nam dissimilitudines morum nequaquam amabile*". Bereits im *Scriptum* hatte der Kommentator diesen Satz als Aufforderung verstanden, keine Witwe zu heiraten. Gerade dank dieses Textverständnisses konnte für ihn dieses Zitat zum Anlass einer eigenständigen philosophischen Erörterung des Themas der Ehe mit einer Witwe werden. Warum aber hat er gerade *diese* Aussage der *Yconomica* zum Gegenstand einer eigenständigen philosophischen Erörterung gewählt? Im Unterschied zur Frage nach der Natürlichkeit der Ehe war das Thema der Ehe mit einer Witwe an der damaligen philosophischen Fakultät noch nie behandelt worden und hatte daher keine Tradition. Es ist sehr wahrscheinlich, dass sich hinter dem philosophischen Ernst, mit dem der Artes-Magister der Frage nach

---

[68] Bartholomaeus de Brugis: Questiones Yconomice, Paris BN lat. 16089, ff. 125vb–126ra: „Ad aliam, ad maiorem dicendum, quod verum est simpliciter, et ad minorem, quod falsum est simpliciter loquendo. Quamuis enim ex ea forsan primogenitum eius generaret perfectiorem secundum corpus ratione dispositionis loci, tamen multo fieret imperfectior quantum ad animam, scilicet quantum ad mores, quia vidua non esset sibi conformis nec concors, et ideo non bene doceret pueros, cum habeat consilium inualidum. Mulier enim habet consilium inualidum secundum se, ut patet primo Politice. Etiam alii post primogenitum ex virgine erunt ita perfecti secundum corpus ceteris existentibus paribus. Et ideo simpliciter melius est ducere virginem." Zum „consilium invalidum" der Frau im ersten Buch der Politik siehe oben, S. 64–66.

[69] Bartholomaeus de Brugis: Questiones Yconomice, Paris BN lat. 16089, f. 126ra: „Ad aliam conceditur: *Illam*, et cetera. Dicendum est ad maiorem, quod verum est ad conuiuendum cum viro in communicatione domestica. Ad minorem: Falsum est ut sic. Quamuis enim vidua forsan sit prudentior absolute propter experientiam, tamen non ad communicandum cum viro, quia vult semper dominari sibi, nec vult regi ab eo et moribus eius."

dem Für und Wider der Ehe mit einer Witwe nachgeht, in Wirklichkeit Ironie und der Wille, eine gebildete Leserschaft zu amüsieren, verbergen. Eine Scherzfrage also, mit aristotelischer Philosophie konstruiert und diese damit ironisierend. Wohl nicht umsonst hat der Kopist der Bologneser Abschrift des *Yconomica*-Kommentars am Rand neben der Quaestio eine Fratze eingezeichnet (Bologna, BU 1625, f. 105rb). Trifft diese Interpretation zu, so wäre die Quaestio eine Variation der im Mittelalter recht beliebten und ebenfalls zum gelehrten *Amüsement* verfassten Schriften zum Thema *An uxor (sapienti) ducenda*. Sie wäre damit auch ein Beispiel dafür, wie sehr ein mittlelalterlicher Aristoteliker wie Bartholomäus fähig war, von seinem aristotelischen Philosophieren Abstand zu nehmen. Jedenfalls ist es der Rezeption der *Yconomica* zu verdanken, dass die Quaestio nach dem Für und Wider der Ehe mit einer *vidua* Eingang in den philosophischen Ehe-Diskurs der mittelalterliche Artes-Fakultät gefunden hat.

18.3. *Geschlechtsspezifische Aufgabenteilung*

Utrum vir et uxor debeant habere opera distincta in domo?[70]

In der nächsten Quaestio, die hier vorgestellt werden soll, beschäftigt sich Bartholomäus mit der Frage, *ob der Mann und die Ehefrau im Hause verschiedene Aufgaben* (opera) *haben sollen*? Sie bezieht sich auf die Textstelle des sechsten Kapitels des *liber primus Yconomice*, in der sein Autor sagt: *„Custodiendum ergo alia quidem ipsum, alia vero uxorem, ut utriusque distingui opera dispositionis."* Es ist die letzte der drei Passagen des *liber primus*, in denen die Ehe bzw. der Mann und die Frau in ihrer Rolle als Ehepartner thematisiert werden.[71]

Wie wir gesehen haben, hatte Bartholomäus in der *expositio litterae* das letzte Wort des Satzes, *dispositio*, als einen metaphysischen *terminus technicus* für die Bezeichnung des Geschlechtsunterschieds verstanden und den Satz folglich folgendermaßen gelesen: Mann und Frau müssten sich im Hause um unterschiedliche Dinge kümmern, damit die *Aufgaben im Hause geschlechtsspezifisch* getrennt seien. Gerade von diesem Textverständnis rührt seine Quaestio her.[72]

---

[70] Bartholomaeus de Brugis: Questiones Yconomice, Paris BN lat. 16089, f. 127ra–127rb.
[71] Siehe unten (Anhang), S. 404.
[72] Siehe oben, S. 276–271.

Auch bei dieser *Quaestio* handelt es sich um eine Fragestellung, die allein durch Bartholomäus' Kenntnisnahme der *Yconomica* motiviert ist. Die Frage nach der geschlechtsspezifischen Arbeitsteilung im Hause wird nämlich in keinem älteren philosophischen Aristoteles-Kommentar *modo quaestionum* erörtert. Das hängt freilich damit zusammen, dass das Thema der unterschiedlichen Aufgaben von Mann und Frau bei der Hausverwaltung zum ersten Mal in der *Yconomica* vorkommt. Es wird sonst in keiner anderen aristotelischen Schrift, die einen Anlass für eine solche Fragestellung hätte bieten können, angesprochen. Auch im zeitgenössischen theologischen und rechtlichen Ehediskurs sucht man Erörterungen und Stellungnahmen zum Thema der geschlechtsspezifischen Aufgaben vergebens.

Wie bei allen anderen Quaestiones *bejaht* Bartholomäus die aristotelische Position. Ziel seiner Quaestio ist es, den in der *Yconomica* formulierten Gedanken der Notwendigkeit einer Unterscheidung männlicher und weiblicher Aufgaben im Hause philosophisch zu vertiefen und ihn argumentativ fortzuentwickeln. Auch hier tut er dies mittels einer zweckgemäßen Kombination und Adaptation verschiedener Gedanken aus verschiedenen aristotelischen Schriften. Gemäß dem Charakter seines Kommentars als einer abstrakten moralphilosophischen Schrift rollt er die Frage nach der geschlechtsspezifischen Aufgabentrennung nicht als eine *konkret-praktische* sondern vielmehr als eine *anthropologisch-ethische* Grundsatzfrage auf.

Die Quaestio hat eine recht einfache Struktur. Nach diesmal nur drei *rationes contra*, in denen Bartholomäus die Notwendigkeit einer geschlechtsspezifischen Aufgabenteilung in Abrede stellt, folgt wie gewohnt das *oppositum*. Hier wird auf die Textstelle der Ökonomik, die das Gegenteil der *rationes contra* behauptet, hingewiesen. Darauf folgen zunächst vier rationale Beweise *für* die aristotelische Position, d. h. für die geschlechtsspezifische Aufgabenteilung. Im Anschluss daran fügt er drei *notanda* hinzu, in denen er den aristotelischen Gedanken inhaltlich weiterentwickelt. Im Großen und Ganzen wiederholt er hier nur das, was er bereits in den *notanda* gesagt hat. Die Quaestio schließt mit einer Widerlegung der Gegenargumente.

In den Gegenargumenten behauptet Bartholomäus also zunächst, dass Mann und Frau *keine* getrennten Aufgabenbereiche haben sollen. In der ersten *ratio*, die wie alle anderen freilich in der Form eines Syllogismus verfasst ist, zieht er zur Begründung seiner Position einen Gedanken aus dem letzten Kapitel des zweiten Buches der Ökonomik heran: Diejenigen, schreibt Bartholomäus, denen alles im Hause gemeinsam sei, könnten doch keine getrennten Aufgaben haben. Dies sei aber, wie Aristoteles im letzten Kapitel des zweiten Buches der *Yconomica* sage, gerade bei den Ehepartnern der Fall. Daher könnten sie logischerweise auch keine getrennten Aufgabenbereiche haben. Bartholomäus rezipiert in dieser *ratio contra* zweckmäßig einen Gedanken des *liber secundus*, demzufolge die Ehepartner *gemeinsam* für ihre Kinder, Freunde und für das ganze Haus Sorge tragen sollen („*... filiorum et amicorum et rerum et totius domus tanquam communis curam habeant...*") und leitet davon syllogistisch ab, sie müssten folglich auch *gemeinsame Aufgabenbereiche* haben.[73]

In der zweiten *ratio contra* leitet Bartholomäus die Gleichheit der Aufgaben im Hause von der Gleichheit der *artspezifischen Trefflichkeiten* (virtutes) von Mann und Frau ab. Diejenigen, die gleiche Trefflichkeiten aufwiesen, könnten nicht zugleich unterschiedliche Handlungsräume für sich beanspruchen. Handlungen folgten nämlich den Trefflichkeiten des Handelnden. Da nun, denkt er weiter, der Mann und die Frau Mitglieder derselben Art seien und folglich dieselbe Natur hätten—auch dies ein von Aristoteles abgeleiteter Gedanke—müssten sie auch dieselben Trefflichkeiten haben und folglich dieselben Handlungen vollziehen.[74]

Für das Verständnis des weiteren Verlaufs der Quaestio sei hier angemerkt: Bartholomäus unterscheidet drei „Stufen" in der Natur des Menschen—eine animalische (*generische*), eine spezifisch menschliche und eine konkret individuelle. Genauso unterscheidet er auch drei Arten von Trefflichkeit—erstens solche, die dem Menschen *qua* „Tier", zweitens solche, die ihm *qua* Mensch und drittens solche, die ihm *qua* Individuum anhaften. Zu dieser dritten Sorte, zu den *individuellen* Trefflichkeiten eines Menschen, rechnet Bartholomäus auch solche, die der Geschlechtsdifferenz, als dem Menschen *qua* Mann oder Frau,

---

[73] Bartholomaeus de Brugis: Questiones Yconomice, Paris BN lat. 16089, f. 127ra: „Arguitur quod non, quia illi, quibus omnia, que sunt in domo sunt communia, non debent habere in domo opera distincta. Sed omnia, que sunt in domo, sunt viro et uxori communia, quare et cetera. Maior uidetur euidens et minor patet per Philosophum in ultimo capitulo secundi libri, quare et cetera."

[74] Bartholomaeus de Brugis: Questiones Yconomice, Paris BN lat. 16089, f. 127ra: „Item, que habent eandem virtutem, non debent habere operationes distinctas. Vir autem et uxor habent eandem virtutem, quare et cetera. Maior declaratur, quia operatio sequitur virtutem. Ergo eandem virtutem sequitur eadem operatio. Minor probatur: Vir enim et uxor sunt eiusdem speciei et nature, quare et eiusdem uirtutis. Virtus enim consequitur speciem et naturam."

entspringen. In der soeben vorgestellten *ratio contra*, begründet er die *Gleichheit* der Aufgaben von Mann und Frau durch einen Hinweis darauf, dass sie *als Menschen* dieselben Tugenden haben; d.h. er leitet sie von der *zweiten* Sorte von Trefflichkeit ab.

In der dritten *ratio contra* begründet Bartholomäus die Forderung, Mann und Frau sollten ihre Tätigkeiten im Hause nicht trennen, durch die im ersten Buch der *Ökonomik* geforderte Ähnlichkeit der Sitten (*similitudo morum*) der Ehepartner: Diejenigen, bei denen ähnliche Sitten gefordert seien, sollten keine gesonderten Aufgabenbereiche haben. Wie nämlich Aristoteles im zweiten Buch der *Nikomachischen Ethik* sage, generierten unterschiedliche Handlungen unterschiedliche Sitten, gleiche Handlungen aber gleiche Sitten. Nun verlange aber doch gerade Aristoteles in der *Ökonomik* von den Ehepartnern ähnliche Sitten. Folglich sollten sie keine getrennten Handlungsbereiche haben, da sie sonst logischerweise unterschiedliche Sitten entwickeln würden.[75]

Auf die *rationes contra* folgt zunächst das *oppositum*, in dem Bartholomäus die Position der *littera* zum Ausdruck bringt: Aristoteles behaupte aber gerade das Gegenteil, wenn er sage, Bartholomäus paraphrasiert hier, „*alia oportet custodire virum et alia uxorem, ut opera utriusque habeant distingui.*"[76]

Bartholomäus begründet nun die aristotelische Position mit vier Vernunftbeweisen. Im ersten leitet er die Notwendigkeit der geschlechtsspezifischen Aufgabentrennung syllogistisch von einem Gedanken ab, den Aristoteles an zwei Stellen der *Yconomica* zum Ausdruck gebracht hat—von der Vorstellung, dass der Zuständigkeitsbereich der Frau die Dinge *im* Hause sind, der des Mannes die Dinge *außerhalb* des Hauses: Diejenigen hätten unterschiedliche Aufgaben im Hause, von denen der eine für die Aufgaben außerhalb des Hauses zuständig sei, der andere

---

[75] Bartholomaeus de Brugis: Questiones Yconomice, Paris BN lat. 16089, f. 127ra: „Item, que debent habere similes mores, non debent habere diuersas operationes. Vir autem et uxor debent habere similes mores, quare et cetera. Maior declaratur, quia ex operationibus diuersis generantur diuersi mores et ex eisdem hiidem, ut vult Philosophus secundo Ethicorum. Minor patet per Philosophum in capitulo quarto huius primi et in capitulo secundo secundi, quare et cetera." Die zwei Textstellen der Ökonomik, auf die sich hier Bartholomäus beruft, sind: „Nam dissimilitudines morum nequaquam amabile." (Siehe unten, S. 401) und „sed arbitrari decet uere compositam mulierem uiri mores uite sue leges imponi a deo sibi impositos cum nuptiis et fortuna coniunctos." (siehe unten, S. 406)

[76] Bartholomaeus de Brugis: Questiones Yconomice, Paris BN lat. 16089, f. 127ra: „Oppositum vult hic Philosophus dicens, quod alia oportet custodire virum et alia uxorem, ut opera utriusque habeant distingui."

für die Aufgaben im Hause. Dies sei aber, wie Aristoteles im vierten Kapitel des ersten Buches und zu Beginn des zweiten Buches der *Yconomica* behaupte, gerade bei Ehepartnern der Fall. Folglich müssten sie auch unterschiedliche Aufgaben haben.[77]

In den folgenden zwei *rationes* leitet Bartholomäus die Notwendigkeit, die Aufgabenbereiche zu trennen, von der *Vorbildfunktion* der Ehepartner im Bezug auf die anderen Hausmitglieder ab: Die Ehepartner müssten sich immer so verhalten, wie es am besten dem Wohl des Hauses (bonum domus) entspreche. Dazu gehöre aber gerade die geschlechtsspezifische Trennung ihrer Aufgaben- und Zuständigkeitsbereiche. Wenn sie diese nämlich nicht trennten, dann könnten ihre Kinder und die Hausdiener sie nicht richtig nachahmen und gemäß ihrem Willen handeln. Sie wüssten nämlich nicht, was sie für den Mann und was sie für die Frau tun sollten und was der Mann und was die Frau von ihnen verlange. Dies wäre aber zum Schaden des ganzen Hauses.[78]

Der Beweis, den hier Bartholomäus heranzieht, ist dem *liber primus* der *Yconomica* entlehnt. Auch dort hatte nämlich sein Autor (jedenfalls hat Bartholomäus den Text so gelesen) das Auseinanderhalten der Aufgaben des Hausherrn und der Hausherrin mit dessen erzieherischem Effekt begründet: „*Custodiendum ergo alia quidem ipsum, alia vero uxorem,...non enim possunt, nisi bene appareant bene imitari.*"[79]

Das zweite Argument ist dem ersten ähnlich: Mann und Frau müssten sich auf eine solche Art und Weise verhalten, dass sie dadurch in ihren Kindern und den Dienern Verantwortungsbewusstsein für das

---

[77] Bartholomaeus de Brugis: Questiones Yconomice, Paris BN lat. 16089, f. 127ra: „Et probatur ratione, quia illa, quorum unum habet agere ea, que sunt intra domum et alterum ea, que sunt extra domum, habent distincta opera. Vir autem habet agere ea, que sunt extra domum et uxor, que sunt intus, quare et cetera. Maior est euidens, et minor patet per Philosophum in quarto capitulo primi et in principio secundi libri, quare et cetera."

[78] Bartholomaeus de Brugis: Quaestiones Yconomice, Paris BN lat. 16089, f. 127ra: „Dicendum, quod vir et uxor debent habere in domo, idest circa res pertinentes ad domum, opera disctincta et curas distinctas, quod probatur sic: Illo modo se debent habere vir et uxor in domo, qui expedit domui et necessarius est ad bonum domus. Sed eos habere opera disctincta in domo expedit domui, et est necessarium ad bonum domus, quare et cetera. Maior est euidens et minor probatur, quia nisi non haberent opera distincta, alii, qui sunt in domo, scilicet filii et serui non possent eos bene imitari et operari iuxta velle suum. Non enim esset manifestum, que essent conuenientia viro que et uxori. Et ideo alii non possent agere conuenientia utrique eorum et que sunt secundum velle utriusque, quod esset ad malum domus, quare et cetera."

[79] siehe unten (Anhang), S. 404.

Haus weckten. Dies sei für das *bonum domus* von großer Bedeutung. Das täten sie aber gerade, wenn sich ihre Aufgabenbereiche unterschieden. Die Unterscheidung der Aufgaben sei nämlich schon an sich ein Beweis für die Sorge der Ehepartner um das Haus. Und wenn die Ehepartner zeigten, dass sie sich um das Haus sorgten, würden es ihnen die anderen Hausmitglieder nachtun. Schließlich seien die Ehepartner für die anderen Regel und Vorbild (*regula et exemplar*).[80]

Im dritten Beweis leitet Bartholomäus die Forderung, die Aufgaben zu trennen, wieder von dem aristotelischen Gedanken der unterschiedlichen Trefflichkeiten des Mannes und der Frau ab. Nun hat er aber in den *rationes contra* aus den unterschiedlichen Trefflichkeiten des Mannes und der Frau gerade das *Gegenteil* gefolgert, nämlich, dass der Mann und die Frau ihre Zuständigkeitsbereiche *nicht* trennen sollen. Dort hat er, wie gesehen, seine Position von den *artspezifischen Trefflichkeiten* abgeleitet, die bei Mann und Frau dieselben sind. Hier leitet er die entgegengesetzte Position (Trennung der Aufgaben) von den *individuellen Trefflichkeiten* der Ehepartner ab, und zu diesen rechnet er, wie im Zusammenhang mit den *rationes contra* erklärt worden ist, auch solche Trefflichkeiten, die dem Geschlechtsunterschied folgen (Mensch *qua* Mann und Frau). Er argumentiert also folgendermaßen: Mann und Frau hätten, wie schließlich alle Angehörigen des männlichen und des weiblichen Geschlechts, unterschiedliche individuelle (hier im Sinne von *geschlechtsspezifische*) Trefflichkeiten. Dies sage Aristoteles sowohl in *De generatione animalium* als auch in den *Phisiognomica*. Unterschiedliche individuelle (alias: geschlechtsspezifische) Trefflichkeiten brächten aber auch unterschiedliche individuelle (alias: geschlechtsspezifische) Handlungen hervor. Die Trefflichkeiten seien nämlich der Ursprung unserer Handlungen und auf diese Handlungen hingeordnet.[81]

---

[80] Bartholomaeus de Brugis: Questiones Yconomice, Paris BN lat. 16089, f. 127ra: „Item, illo modo se debent habere vir et uxor in domo, quo fatiunt alios, qui sunt in domo, scilicet filiios et seruos sollicitos. Sed distinguendo opera eorum faciunt alios sollicitos, quare et cetera. Maior est euidens, quia in hoc, quod alii sint solliciti circa domum, consistit multum de bono domus. Minor declaratur, quia si distinguant sua opera apparebit aliis, quod ipsi sunt solliciti circa domum. Distinctionem enim facere pertinet ad sollicitudinem. Et si ipsi sint solliciti, alii erunt solliciti. Sunt enim regula et exemplar aliorum, quare et cetera."

[81] Bartholomaeus de Brugis: Questiones Yconomice, Paris BN lat. 16089, f. 127[ra]: „Item, illis, que habent diuersas virtutes expedit habere disctincta opera. Vir autem et uxor habent diuersas virtutes, quare et cetera. Maior declaratur: Virtus enim est principium operis et ordinatur ad opus. Quapropter et alia uirtus ad aliud opus. Vel si non, erit frustra, quod est inconueniens. Minor patet ex dictis: Vir enim et uxor habent

Hat Bartholomäus bis dahin lediglich verschiedene rationale Begründungen für die Position der *littera* vorgetragen, so entwickelt er in den folgenden drei *notanda* den Gedanken der geschlechtsspezifischen Trennung der Aufgaben im Hause weiter. Er geht dabei dergestalt vor: Der Autor des *liber primus* hat zwar gefordert, Mann und Frau sollten ihre Aufgaben unterscheiden. Zugleich aber hat er betont, in kleinen Dingen sei eine strikte Aufgabentrennung nur selten notwendig und solle daher regelmäßig nur in größeren Angelegenheiten vorgenommen werden: „*In parvis quidem ordinationibus distingui raro, in hiis vero, que sub cura sunt sepe.*" Jedenfalls hat Bartholomäus diese zwei Aussagen der *translatio Durandi* so gelesen.[82]

In den *notanda* greift Bartholomäus diesen Gedanken auf und baut ihn weiter aus: Im ersten *notandum* vertieft Bartholomäus die Aussage der *littera*, in dem er sie mit dem Gedanken des „Wohls des Hauses" (*bonum domus*) ausdeutet: Die Trennung der Aufgaben solle allenfalls dort gemacht werden, wo es sich um größere Dinge handle, denn da stehe das Wohl des Hauses mehr auf dem Spiel. Dort, wo es hingegen um kleine Aufgaben gehe, solle nur selten oder nie eine geschlechtsspezifische Aufgabenteilung vorgenommen werden. Einerseits trügen solche kleinen Aufgaben weniger zum Wohle des Hauses bei, andererseits kämen sie häufig vor und seien nicht immer klar zu bestimmen. Sie sollten also von dem erledigt werden, der zuerst kommt.[83]

Im zweiten *notandum* reflektiert Bartholomäus, wie bei der Aufgabenteilung in größeren Angelegenheiten vorzugehen sei: Bei größeren Aufgaben solle die Trennung so erfolgen, dass der Mann die größeren und schwierigeren von ihnen übernehme. Er sei nämlich körperlich stärker und verfüge über mehr Geisteskraft. Bartholomäus greift in dieser Begründung wieder, diesmal ohne die Quelle zu erwähnen, auf die

---

diuersas uirtutes individuales, quemadmodum uniuersaliter masculinum et femininum habent diuersas uirtutes, ut habetur in principio secundi De generatione animalium et in Phisionomia Aristotilis, quare et cetera."

[82] Siehe unten (Anhang), S. 404.

[83] Bartholomaeus de Brugis: Questiones Yconomice, Paris BN lat. 16089, f. 127ra–127rb: „Sciendum tamen est, quod cum rerum et curarum existentium in domo uel pertinentium ad domum, quedam sunt magne et quedam parue, quod in magnis debent facere distinctionem. Hec enim multum conferunt ad bonum domus. Quapropter et de eis debent habere curam diligentem. In paruis autem raro aut numquam debent facere distinctionem, tamen quia disctinctio talium parum aut nihil facit ad bonum domus, tamen quia talia quasi infinita sunt et non bene determinabilia ab homine. Unde quicumque prius aduenit, ea facere debet."

bereits mehrfach erwähnte Lehre aus dem ersten Buch der *Politik* vom *consilium inualidum* der Frau zurück. Der Frau solle der Mann aber die leichteren Aufgaben überlassen, die sie nach dem Willen des Mannes zu verwalten habe. Der Mann sei nämlich die *regula* der Frau.[84]

In einer dritten weiterführenden Anmerkung vertieft und nuanciert Bartholomäus noch einmal das, was er in der ersten Anmerkung gesagt hat: Es sei zwar gesagt worden, dass in kleinen Dingen keine Aufgabenteilung vorzunehmen sei. In bestimmten Fällen sei aber auch bei kleineren Aufgaben eine geschlechtsspezifische Trennung angebracht: Erstens dort, wo aufgrund des Fehlens einer solchen größere Dinge zu Schaden kommen könnten, zweitens in all dem, was in den intimen Bereich des Mannes und der Frau falle. Es sei nämlich nicht gestattet, dass der Mann über alle Intimitäten der Frau Bescheid wisse und umgekehrt.[85]

Bartholomäus geht nun zum letzten Teil seiner Quaestio über, zur Widerlegung der Gegenargumente: In der ersten *ratio contra* hatte der mittelalterliche Philosoph argumentiert, Mann und Frau müssten deshalb dieselben Aufgaben haben, weil das Haus und alles, was dazu gehört, beiden *gemeinsam* sei. Er widerlegt dieses Argument auf zweifache Weise. Erstens: Das Gegenargument würde dann zutreffen, wenn dem Mann und der Frau das Hab und Gut eines Hauses auf *gleiche Weise* gemeinsam wäre. Dies sei aber nicht der Fall, denn es gehöre primär (*principalius*) dem Mann und nur sekundär (*secundario*) der Frau. Außerdem folge zweitens aus der Gemeinsamkeit des Besitzes nicht zwingend die Gemeinsamkeit der Aufgaben. Denn auch wenn ihnen der Besitz auf *gleiche Weise* gemeinsam wäre, wie dies bei anderen Gemeinschaften der Fall sein könne, könnten sie sich trotzdem, um diesen Besitz besser verwalten zu können, ihre Aufgaben teilen. Dies täten beispielsweise Kaufleute (*mercatores*).[86]

---

[84] Bartholomaeus de Brugis: Questiones Yconomice, Paris BN lat. 16089, f. 127rb: „Item, notandum, quod in magnis sic debent facere distinctionem, quod vir assumat sibi maiora et difficiliora. Fortior enim est corpore et magis viget ratione. Mulieri autem tradat minus difficilia, que debet ea regulare secundum voluntatem ipsius viri. Est enim vir regula eius." Zum „consilium inualidum" der Frau siehe oben, S. 64–66.

[85] Bartholomaeus de Brugis: Questiones Yconomice, Paris BN lat. 16089, f. 127[rb]: „Item, notandum est, quod dictum est, quod in paruis raro debet esse disctinctio. Verumptamen quandoque debet esse, scilicet quando ex defectu distinctionis eorum accideret detrimentum in magnis. Etiam in quibusdam debet esse, scilicet que pertinent ad secreta utriusque. Non enim licitum est viro scire omnia, que mulieris sunt, nec econuerso."

[86] Bartholomaeus de Brugis: Questiones Yconomice, Paris BN lat. 16089, f. 127rb:

In der zweiten *ratio contra* hatte Bartholomäus behauptet, Mann und Frau hätten deshalb dieselben Aufgaben, weil sie als Angehörige derselben Art dieselben Trefflichkeiten hätten und diese wären logischerweise der Ursprung derselben Handlung. Bartholomäus greift bei seiner Antwort auf das Gegenargument auf seine oben angesprochene Unterscheidung verschiedener Trefflichkeiten zurück: Mann und Frau hätten zwar *qua* Menschen in der Tat gleiche Trefflichkeiten, nicht aber qua *Individuen* (gemeint ist hier wieder, als Angehörige des männlichen bzw. weiblichen Geschlechts).[87]

In der dritten *ratio contra* hatte Bartholomäus argumentiert, Mann und Frau müssten deshalb gleiche Aufgaben haben, weil sie, wie Aristoteles sage, ähnliche Sitten hätten. Und ähnliche Sitten wären schließlich das Produkt ähnlicher Tätigkeiten. Bartholomäus entkräftet das Gegenargument, indem er auf den Gedanken der Proportionalität in der Beziehung zwischen Mann und Frau aus der *Nikomachischen Ethik* zurückgreift. Unter Ähnlichkeit der Sitten verstehe Aristoteles nicht deren *Gleichheit* sondern deren *Proportionalität*. Und mit *proportionalen* Sitten gingen notwendigerweise *proportionale* Aufgaben einher.[88]

Auch im Falle dieser Quaestio hat Bartholomäus einen „neuen" Gedanken aus der *Yconomica* aufgegriffen—„neu" im Hinblick auf die anderen, damals verbreiteten Schriften des *corpus aristotelicum*. Und er hat ihn zum Gegenstand einer ebenfalls „neuen" philosophischen Quaestio gemacht—und zwar „neuen" im Hinblick auf die ältere

---

„Hiis visis, dicendum est ad rationes. Et primo ad primam conceditur: *Illi, quibus omnia, que sunt in domo sunt communia*, et cetera. Dicendum, quod verum est eodem modo. Et ad minorem dicendum, quod ea, que sunt in domo sunt communia viri et uxoris alio et alio modo, quia principalius sunt viri et secundario uxoris. Vel dicendum ad maiorem, quod non oportet, quia possent facere distinctionem propter meliorem sollicitudinem, dato adhuc, quod essent eorum equaliter, ut posset contingere in quadam societate, sicut faciunt multotiens mercatores."

[87] Bartholomaeus de Brugis: Questiones Yconomice, Paris BN lat. 16089, f. 127rb: „Ad aliam conceditur: *que habent eandem virtutem*, et cetera. Potest dici, quod verum est, si omnino habeant eandem. Et ad minorem dicendum, quod licet uir et uxor habeant easdem uirtutes conuenientes speciem, tamen non habent easdem virtutes conuenientes indiuiduum, ut patet ex dictis. Vel potest dici ad maiorem, quod non oportet, quia forte distinctio expediret ad maiorem sollicitudinem."

[88] Bartholomaeus de Brugis: Questiones Yconomice, Paris BN lat. 16089, f. 127rb: „Ad aliam conceditur: *que debent*, et cetera. Dicendum, quod vir et uxor debent habere mores proportionales, sicut actiuum et passiuum debent habere dispositiones proportionales. Et hoc modo loquitur Philosophus de similitudine. Cum proportionalitate autem morum bene stant diuerse operationes proportionales. Immo necessario requiruntur ad hanc."

Tradition der an der Artes-Fakultät behandelten Quaestiones zum Thema Ehe (einer Tradition, die durch die Rezeption der *Nikomachischen Ethik* und *Politik* in Quaestio-Kommentaren ins Leben gerufen worden war).

Inhaltlich betrachtet hat Bartholomäus die in der *littera* formulierte Auffassung, Mann und Frau sollten ihre Aufgaben im Hause getrennt halten, philosophisch begründet, vertieft und—in den *notanda*—weiterentwickelt.

Die Frage, *weshalb* Bartholomäus aus der Themenfülle der *Ökonomik* gerade die Aussage über die geschlechtsspezifische Trennung von Aufgaben im Hause herausgegriffen und sie zum Gegenstand einer selbstständigen philosophischen Abhandlung gemacht hat, lässt sich nicht mit Sicherheit beantworten. Einige weiter unten vorzustellende Quaestiones beziehen ihre *raison d'être* eindeutig aus der Tatsache, daß der mittelalterliche Philosoph in ihnen auf gesellschaftlich-rechtliche Probleme seiner eigenen Zeit eingehen möchte. Dies scheint bei dieser Quaestio nicht der Fall zu sein. Eine Problematisierung der geschlechtsspezifischen Aufgabenteilung im Hause sucht man nicht nur in zeitgenössischen philosophischen, sondern auch in den überlieferten theologischen und rechtlichen Stellungnahmen zum Thema Ehe vergebens. In verschiedenen Schriften, die Aufgaben des Mannes und der Frau thematisieren, wie in Fürstenspiegeln etwa, wird vielfach von einer geschlechtsspezifischen Aufgabentrennung *ausgegangen*, sie wird allerdings nie auf irgend eine Weise *in Frage gestellt*. Es scheint daher, dass Bartholomäus mit seiner Quaestio einfach den aristotelischen Text *exegetisch* und eine allgemein geteilte Vorstellung *philosophisch* durchdringen und begründen wollte.

18.4. *Die Ehefrau und das Geld*

Utrum mulier seu uxor debeat facere expensas conuiuiorum et alias neccessarias domui?[89]

Die Reihe der *Questiones* zum zweiten Buch der *Ökonomik* beginnt mit der Questio *Utrum mulier seu uxor debeat facere expensas conuiuiorum et alias necessarias domui uel in domo?* Soll eine Frau bzw. eine Ehefrau Geld für Hausfeiern und andere, für das Haus nötige Dinge ausgeben?

---

[89] Bartholomaeus de Brugis: Questiones Yconomice, Paris BN lat. 16089, ff. 128^(ra)–128^(va).

Die Quaestio bezieht sich auf den Satz zu Beginn des *liber secundus*, in dem sein Autor sagt, die Ehefrau sei „Herrin der Geldausgaben und der Aufwendungen für Hausfeiern". Allerdings nur dann, schränkt er ein, wenn es der Mann erlaubt habe: „*Dominam existentem expensarum et sumptuum ad festiuitates, quas vir permiserit*".[90]

Weshalb greift Bartholomäus gerade diesen Satz des *liber secundus* auf, um ihn zum Gegenstand einer eigenständigen Quaestio zu machen? Das Thema der Geldausgaben der Frau hat keine Vorläufer in anderen Aristoteles-Kommentaren. Die Quaestio scheint daher eine eigenständige Schöpfung des Bartholomäus zu sein. Die Antwort auf diese Frage erhält man, wenn man einen Blick auf spätmittelalterliche Gewohnheitsrechte wirft. Wie Philippe Godding in seiner Studie zum mittelalterlichen und frühneuzeitlichen Privatrecht in den Städten des heutigen Belgiens gezeigt hat, gehen verschiedene mittelalterliche und frühneuzeitliche Gewohnheitsrechte dieser Städte immer wieder auf verschiedene Aspekte der Stellung der verheirateten Frau ein. Viele von ihnen schließen sie von verschiedenen öffentlich-rechtlichen Aktivitäten aus. Zugleich gestehen ihr aber mehrere *explizit* das Recht zu, *Geld für den Haushalt* auszugeben. Offensichtlich wurde die Frage nach den Befugnissen der Ehe- und Hausfrau im Umgang mit Geld damals als so wichtig empfunden, dass man sich sogar genötigt sah, sie rechtlich zu kodifizieren. Der Magister der Artes macht die Aussage der *Yconomica* über die *expensae conviviorum* also deshalb zum Gegenstand einer eigenständigen Quaestio, weil hier der Autor des antiken Ehetraktats ein in der spätmittelalterlichen Rechtskultur aktuelles Thema anspricht.[91]

Mit seiner Quaestio möchte sich Bartholomäus zu dieser, damals offensichtlich aktuellen Frage *als Philosoph* äußern. Der Artes-Magister wird damit zum, modern gesprochen, Rechts- und Sozialphilosophen.

Bartholomäus beginnt mit einer Serie von sechs *rationes contra*, in denen er entgegen der Position der *littera* zu beweisen versucht, dass die Frau *kein* Geld für den Haushalt ausgeben darf. Es sei hier lediglich eine

---

[90] Siehe S. 406; In der von Bartholomäus' benutzten Textvorlage der *translatio Durandi* ist zu lesen „…quas vir promiserit". Bartholomäus bemerkt dazu allerdings am Rand: „alia littera: permiserit". Auf dieser „alia littera"—quas quidem vir *permiserit*— beruht auch seine Interpretation dieser Textstelle im Scriptum und in dieser Quaestio.

[91] Philippe Godding: Le droit privé dans les Pays-Bas méridionaux du 12e au 18e siècle, Bruxelles 1987, S. 80; John Gilissen: Le statut de la femme dans l'Ancien droit belge. In: La femme (Recueils de la société Jean Bodin pour l'histoire comparative des institutions XII), Bruxelles 1962, 255–321, hier S. 299. Allgemein zur Stellung der Frau in der Stadtgesellschaft des späteren Mittelalters vgl. Edith Ennen: Frauen im Mittelalter (5. überarbeitete und erweiterte Auflage), München 1994, hier S. 143–195.

Auswahl vorgestellt. In der ersten *ratio contra* argumentiert der flämische Philosoph folgendermaßen: Eine Frau dürfe deshalb kein Geld für den Haushalt und für Hausfeiern ausgeben, weil sie nur über ein gemindertes Urteilsvermögen verfüge. Derartige Ausgaben bedürften aber großer Vernunft und Urteilskraft. Bartholomäus leitet dabei das Verbot, Geld auszugeben, vom bereits mehrfach erwähnten Konzept aus dem ersten Buch der *Politik* ab, demzufolge eine Frau über ein *consilium inualidum* verfüge.[92]

Besonders interessant ist die letzte *ratio contra*. Hier und in den meisten anderen Quaestiones konstruiert Bartholomäus seine philosophischen Positionen üblicherweise mit zweckmäßig gewählten Philosophemen aus Aristotelischen Texten. In der letzten *ratio contra* dieser Quaestio begründet er hingegen das Verbot, die Frau solle keine Geldausgaben tätigen, mit einem Verweis auf sein *historisches Umfeld*: Es gäbe, argumentiert er, viele Hausherrn, die ihren Frauen untersagten Geld auszugeben. Man sage, dass sich so beispielsweise die Lombarden verhielten. Diese *ratio contra* ist ein weiterer Beleg dafür, dass es Bartholomäus in dieser Quaestio um eine *philosophische Stellungnahme* zu einer in der damaligen Rechtskultur offenen Frage geht.[93]

Auf die *rationes contra* folgt das *oppositum*: Bartholomäus verweist hier lediglich darauf, dass Aristoteles im zweiten Buch der *Ökonomik* gerade das Gegenteil behaupte, nämlich, dass eine Ehefrau durchaus Geld für den Haushalt ausgeben darf.[94]

---

[92] Bartholomaeus de Brugis: Questiones Yconomice, Paris BN lat. 16089, f. 128ra: „Arguitur quod non, quia illud non debet facere mulier, quod indiget deliberatione et ratiocinio. Sed facere expensas conuiuiorum et domus est huius, quare et cetera. Maior probatur, quia mulier non habet bonum deliberatiuum, ut habetur primo Politice. Minor euidens est."

[93] Bartholomaeus de Brugis: Questiones Yconomice, Paris BN lat. 16089, f. 128ra: „Item, videmus plures yconomos, qui hoc non permittunt, sicut dicitur de lumbardis, quare et cetera." Auf welche Satzung er sich beruft, konnte leider nicht festgestellt werden. Die in der Biblioteca Vaticana verwahrte Abschrift der Quaestiones enthält an dieser Stelle einen interessanten Zusatz, der allerdings wahrscheinlich nicht von Bartholomäus selbst stammt, sondern wohl erst später hinzugefügt wurde: Im Unterschied zu den Lombarden, so der Schreiber der Vatikanischen Abschrift, gestatteten die Flamen ihren Frauen durchaus Geld für das Haus auszgeben. Flämische Frauen seien nämlich exzellente Gefährtinnen und gäben durchaus Geld für den Haushalt aus, wie die Praxis zeige: vgl. Bartholomaeus de Brugis: Questiones Yconomice, Rom BAV, Vat. lat. 2167, ff. 140[r]–171[v], hier f. 168ra: „...de flamingis est oppositum. Flaminge sunt optime socie et faciunt plures expensas domus et conuiuiorum, ut practica docuit."

[94] Bartholomaeus de Brugis: Questiones Yconomice, Paris BN lat. 16089, f. 128ra: „Oppositum dicit Philosophus in littera." Bartholomäus meint damit den oben ange-

Im zentralen Abschnitt der Quaestio, der *solutio*, versucht nun Bartholomäus die Frage, ob eine Ehefrau Geld für das Haus ausgeben dürfe, philosophisch zu erörtern. Hat er etwa in der Quaestio über die Natürlichkeit der Ehe seine Argumentation weitgehend von der *Yconomica* abgeleitet, so sind die Überlegungen, die er hier anstellt, sehr selbstständig. Im Unterschied zur Frage nach der *naturalitas coniugii* kann er sich nämlich hier in seiner Argumentation nicht auf den Text der *Yconomica* stützen, da diese (von der knappen Aussage, auf die sich diese Quaestio bezieht, abgesehen) *keine* wirklich argumentative Stellungnahme zum Thema der Geldausgaben der Frau enthält.

In seinen Ausführungen beschränkt Bartholomäus die Frage nach den Ausgaben der Frau für den *Haushalt* auf die Frage nach ihren Aufwendungen für *Hausfeiern*. Der Artes-Magister folgt darin der *littera*, die ebenfalls nur von *expensae ad festivitates* spricht. In Wirklichkeit geht es ihm aber, wie man an der Formulierung der Quaestio sehen kann, nicht nur um Ausgaben für Feierlichkeiten, sondern allgemein um die Frage, inwiefern es einer Frau zusteht, Geld für den *Haushalt* auszugeben.

Der Artes-Magister führt dazu zunächst eine Unterscheidung (*distinctio*) verschiedener Arten von Hausfeiern ein: Es gäbe, so Bartholomäus, drei Arten von Hausfeiern: geringfügige, solche von mittelmäßigem Umfang und schließlich solche, die sehr groß seien und nur selten vorkämen.[95]

Im Anschluss daran sagt er, dass er in der *solutio* drei Grundsätze verteidigen werde: Erstens: Es ist grundsätzlich legitim, ja, *Aufgabe* der Frau, Geld für die Dinge des Hauses auszugeben. Zweitens: Die Frau soll Aufwendungen für kleinere und mittelgroße Hausfeiern machen. Drittens: Geldausgaben für sehr große und prächtige (*excellentia*) Hausfeiern stehen ihr allerdings nicht zu. Die letzten zwei Grundsätze fußen auf der soeben getroffenen Unterscheidung der drei Arten von Feiern.[96]

---

führten Satz der Ökonomik: „Dominam existentem expensarum et sumptuum ad festiuitates, quas vir permiserit."

[95] Bartholomaeus de Brugis: Questiones Yconomice, Paris BN lat. 16089, f. 128ra: „Sciendum est, quod conuiuiorum quedam sunt mediocra, et quedam parua et quedam valde magna et excellentia et raro contingentia."

[96] Bartholomaeus de Brugis: Questiones Yconomice, Paris BN lat. 16089, f. 128ra: „Hiis visis, dico tria ad questionem. Primo, quod uxor debet facere expensas conuenientes domui (*cod.* domus). Secundo, dico, quod debet facere expensas paruorum et mediocrium conuiuiorum. Tertio, dico, quod magnorum et excellentium non debet facere expensas."

Den ersten Grundsatz begründet Bartholomäus mit drei syllogistischen Argumenten. Erstens: Derjenige solle für Dinge des Hauses Geld ausgeben, den die Natur für die inneren Angelegenheiten des Hauses bestimmt hat. Eine derartige natürliche Bestimmung käme aber bei der Frau zum Vorschein, wie Aristoteles im vierten Kapitel des *liber primus* der *Ökonomik* gesagt habe. Bartholomäus bezieht sich hier auf den Satz des ersten Buches „*...illud* [masculus] *quidem querat que foris sunt, illud* [femina] *vero salvet que sunt intus...*". Daher, so die Schlussfolgerung, sei es Aufgabe der Frau, im Zusammenhang mit dem Haus Geld auszugeben.[97]

Das zweite Argument variiert das erste: Geld für das Haus auszugeben, stehe entweder dem Mann oder der Frau zu. Es könne aber nicht dem Mann zustehen, da dieser von Natur aus auf Aufgaben *außerhalb* des Hauses hingeordnet sei. Würde er sich um Aufgaben im Hause kümmern, so müsste er die außerhäuslichen Aufgaben vernachlässigen. Deshalb müssen, so die Schlussfolgerung, Ausgaben, die das Haus betreffen, in den Aufgabenbereich der Frau fallen.[98]

Darüber hinaus, so der dritte Vernunftbeweis, müsse die Frau wenigsten ein gewisses Maß an Herrschaft in der Hausgemeinschaft ausüben dürfen. Schließlich sei sie doch keine Dienerin. Der einzige Bereich aber, in dem sie Herrschaft ausüben könne, seien hausinterne Angelegenheiten. Deshalb habe sie ja die Natur, wie Aristoteles im ersten Buch der *Yconomica* sage, ungeeignet für externe Aufgaben gemacht. Bartholomäus denkt hier an den Satz des *capitulum quartum* „*illud* [sc. feminam] *uero ad exteriora negotia debile*". Folglich, so die logische Konsequenz, müssen Geldausgaben für *hausinterne* Dinge in den Aufgabenbereich der Frau fallen.[99]

---

[97] Bartholomaeus de Brugis: Questiones Yconomice, Paris BN lat. 16089, f. 128ra: „Primum ostenditur sic, quia ad illud pertinet facere expensas domus, quod ordinatum est natura ad interiora negotia, quare et cetera. Sed mulier ordinata est natura ad interiora negocia, quare et cetera. Maior est euidens et minor patet per Philosophum in primo huius capitulo quarto, quare et cetera." Zur Textstelle des capitulum quartum der Ökonomik, siehe unten (Anhang), S. 400.

[98] Bartholomaeus de Brugis: Questiones Yconomice, Paris BN lat. 16089, f. 128ra–128rb: „Item, aut hoc pertinet ad virum, aut ad uxorem. Sed non ad virum, quare et cetera. Maior uidetur esse euidens, quia ille in domo non habet dominium. Et minor probatur, quia vir determinatus est natura ad exteriora negotia. Unde illa exercere non posset, si interioribus vacaret, quare et cetera."

[99] Bartholomaeus de Brugis: Quaestiones Yconomice, Paris BN lat. 16089, f. 128rb: „Item, mulier debet habere aliquod dominium in domo. Non enim est serua. Sed nullum potest habere nisi in regendo domum quantum ad interiora, quare et cetera. Maior patet ex dictis et minor probatur, quia non habet regimen exteriorum, ut dicit

Obwohl sich der Artes-Magister nicht explizit dazu bekennt, liegt dieser *ratio* ein philosophisches Konzept aus dem ersten Buch der *Politik* des Aristoteles zugrunde. Es ist die dort formulierte Vorstellung vom Haus als einer Gemeinschaft von Herrschenden und Beherrschten. Schließlich beruht für Aristoteles jede menschliche Gemeinschaft natürlicherweise auf Herrschaft. Nun nehmen in der Hausgemeinschaft die Rolle der Beherrschten die Diener (*servi*) ein. Da also, so der Gedankengang, auf dem dieser Syllogismus gründet, die Frau keine Dienerin ist und folglich nicht zur Gruppe der „Beherrschten" gehört, muss sie wenigstens über ein Minimum an Herrschaftsbefugnis verfügen.[100]

Damit hat Bartholomäus seine erste These begründet und geht nun zur Begründung seiner zweiten These über, nämlich, dass die Frau Geld für kleine und mittelgroße Hausfeiern ausgeben darf. Er führt zwei Syllogismen an, die eigentlich nur Variationen jener Argumente sind, mit denen er bereits seine erste These begründet hat. Aufwendungen für *kleinere* und *mittelmäßige* Feierlichkeiten fielen deshalb in den Aufgabenbereich der Frau, weil ihr bei der Hauswirtschaft, wie Aristoteles sage, die Sorge um die inneren und allgemein um die kleineren Angelegenheiten des Hauses obliege. Und zu diesen gehörten eben auch kleinere und mittelgroße Feiern. Schließlich, so das zweite Argument, das ebenfalls nur eine Begründung der ersten These variiert, könne es gar nicht Aufgabe des Mannes sein, sich um solche kleinen (d. h. „innerhäuslichen") Geldausgaben zu kümmern, da er doch für die *exteriora negocia* bestimmt sei. Wenn sich der Mann um innerhäusliche Angelegenheiten kümmern müsste, könnte er seinen (natürlichen) außerhäuslichen Verpflichtungen nicht nachkommen.[101]

---

hic Philosophus. Et huius signum est, quod natura eam fecit ineptam ad exteriora negotia, ut habetur in primo huius, quare et cetera." Zur Textstelle des capitulum quartum der Ökonomik, siehe unten (Anhang), S. 400.

[100] zur aristotelischen Theorie von Herrschenden und Beherrschten in einer Hausgemeinschaft siehe oben, S. 59–61. Zur Herrschaftstheorie des Stagiriten siehe auch Helmut G. Walther: Utopische Gesellschaftskritik oder satirische Utopie? Jean de Meung und die Lehre des Aquinaten über die Entstehung menschlicher Herrschaft. In: Zimmermann, Albert (Hg.): Soziale Ordnungen im Selbstverständnis des Mittelalters, Berlin–New York 1979, S. 84–105.

[101] Bartholomaeus de Brugis: Quaestiones Yconomice, Paris BN lat. 16089, f. 128rb: „Secundum probatur sic, quia ad illum pertinet facere expensas conuiuiorum mediocrium et paruorum, qui habet facere negotia interiora et parua. Mulier autem habet facere negotia interiora et parua, quare et cetera. Maior est euidens. Est enim hoc de interioribus et paruis negotiis. Et minor patet ex dictis et per Philosophum in hoc capitulo et in primo huius, quare et cetera.

Zuletzt begründet Bartholomäus noch seine dritte These, derzufolge die Ehefrau keine Ausgaben für große Feste machen darf. Bartholomäus greift hier auf die im ersten Buch der *Politik* formulierte und nunmehr mehrfach erwähnte Vorstellung zurück, dass eine Frau nur über ein *consilium invalidum* verfüge. Die Frau dürfe deshalb kein Geld für große Feiern ausgeben, weil sie als Frau über eine nur unzureichende Urteilskraft verfüge. Derartige Ausgaben seien aber ein *opus arduum* und bedürften daher eines großen Urteilsvermögens.[102]

Damit hat Bartholomäus philosophisch begründet, dass es einer Frau grundsätzlich zusteht, Geld für Hausfeiern auszugeben, allerdings nur für solche kleineren Umfangs. Im folgenden stellt er in vier *notanda* vier weiterführende philosophische Überlegungen an.

Der mittelalterliche Philosoph hat von der anthropologischen Verfasstheit der Frau abgeleitet, dass sie nicht für große Geldausgaben geeignet sei. Im ersten *notandum* stellt er nun die Frage, wem es also zustehe, derartige Einkäufe größeren Umfangs zu übernehmen? Sie seien, so seine Antwort, entweder Aufgabe des Mannes oder eines klugen „Oberdieners" (prudens *curator* vel *superastator*), den der Hausherr hierfür bestimmt habe. Allerdings dürfe dieser, betont Bartholomäus, nur nach dem Willen des Hausherrn und auf dessen Befehl und Geheiß handeln. So werde, schließt er seine Überlegung, auch in Häusern von Adligen verfahren. Dort werden nämlich für große Geschäfte „Oberdiener" (superastatores) eingesetzt, die darin erfahren sind.[103]

Item, aut hoc pertinet ad virum aut ad uxorem, sed non ad virum, quare et cetera. Maior est euidens, quia alius non habet regimen nisi ex precepto alterius istorum. Minor declaratur, quia vir deputatus est exterioribus negotiis. Et ideo multum impediretur in suis operationibus interiora fatiendo et esset sibi valde laboriosum soluere denarios et obolos pro rebus requisitis ad expensas, quare et cetera."

[102] Bartholomaeus de Brugis: Questiones Yconomice, Paris BN lat. 16089, f. 128rb: „Tercium probatur sic: Facere magnas et excellentes expensas pertinet ad illum, qui habet ratiotinatiuum validum et viget ratione. Sed uxor non habet ratiotinatiuum validum nec viget ratione, quare et cetera. Maior est euidens, quia hoc est opus arduum. Minor patet primo Politice, quare et cetera." Zum „concilium invalidum" in der Politik siehe oben, S. 64–66.

[103] Bartholomaeus de Brugis: Questiones Yconomice, Paris BN lat. 16089, f. 128rb: „Sed queres, ad quem ergo pertinet hoc? Dicendum, quod ad virum, uel ad aliquem prudentem curatorem uel superastatorem ad hoc ab ipso deputatum, qui debet huius facere secundum preceptum et ordinationem domini. Hec enim indigent magna deliberatione et magna experiencia. Et hoc videmus in domibus magnatum, quod ad huius conuiuia sunt superastatores deputati, qui in hiis sunt experti. Omnia tamen debent agere et ordinare secundum consilium et voluntatem domini domus."

Ohne es zu sagen, greift hier Bartholomäus die im ersten Buch der *Ökonomik* getroffene Unterscheidung von zwei Arten von Hausdienern auf, den sogenannten *servi operatores*, d. h. den einfachen Dienern, und den *servi curatores*, d. h. den „Oberdienern" oder „Vorstehern", auf.[104]

Im zweiten *notandum* beschäftigt sich Bartholomäus mit der Frage, inwieweit die Frau ihren Mann über ihre (kleineren und mittelgroßen) Geldausgaben informieren müsse: Dass Ausgaben für kleinere und mittelgroße Hausfeiern Aufgabe der Frau sind, bedeute noch lange nicht, dass sie ihrem Mann keine Rechenschaft darüber abzulegen brauche. Auch dürfe sie darin nur auf Befehl ihres Mannes handeln. Wenn nämlich der Mann ihre Geldausgaben unter Kontrolle hat, könne sie nicht schlecht handeln und etwaige Fehler, die ihr bei diesen Einkäufen unterlaufen, verbergen. Wenn sie dies täte, wäre es zum Schaden des ganzen Hauses. Wenn aber der Mann sehe, dass seine Frau mit dem Geld schlecht umgeht, dann muss er sie berichtigen und belehren, wie sie richtig zu handeln habe. Nur so werde sie darin gut und erfahren.[105]

Interessant ist auch das dritte *notandum*. Bartholomäus versucht darin, einen möglichen Widerspruch zwischen der von ihm vorgetragenen Position und der Position der *littera* aus dem Weg zu räumen. Warum aber, fragt der mittelalterliche Philosoph, behauptet Aristoteles in der *Ökonomik*, die Frau dürfe *schlechthin* Ausgaben für Hausfeiern machen, wo doch gezeigt werden konnte, dass sie nur für kleine und mittelgroße Aufwendungen zuständig sei, nicht aber für große?[106]

Im *liber secundus* der *Ökonomik* wird in der Tat nur *allgemein* gesagt, die Frau sei Herrin von Aufwendungen für Feierlichkeiten („*Dominam existentem expensarum et sumptuum ad festivitates*"). Die Unterscheidung von drei *Arten* von Feierlichkeiten (kleine, mittelgroße und große) sowie die Einschränkung, die Frau sei nur für Ausgaben für *parva et mediocra*

---

[104] Siehe unten (Anhang), S. 402: „Seruorum tamen species due: curator et operator."

[105] Bartholomaeus de Brugis: Questiones Yconomice, Paris BN lat. 16089, f. 128rb: „Sed notandum est, quod licet mulier debet facere expensas domus et mediocrium et paruorum conuiuiorum, nisi forsan sit exempta ab hoc propter aliquam causam, tamen debet hoc facere secundum preceptum et ordinationem viri et debet reddere sibi rationem de expensis factis, quia sic non poterit malignari, nec similiter poterit latere virum eius defectus in huius negociis, que si eum laterent, multum esset ad malum domus. Unde si in huius male se habeat uxor, vir debet eam corrigere et instruere quomodo debet facere, quia sic efficietur experta in hiis et bona."

[106] Bartholomaeus de Brugis: Questiones Yconomice, Paris BN lat. 16089, f. 128rb: „Sed forsan queret aliquis, quare Philosophus dixit absolute, quod mulier debet facere expensas conuiuiorum, quia non debet facere omnes, ut dictum est."

convivia zuständig, ist hingegen im aristotelischen Text nicht enthalten und stammt von Bartholomäus.[107]

In seiner Antwort auf die Frage bedient sich Bartholomäus der Methode einer *pia interpretatio* des Aristoteles: Das, was der Stagirit in der *littera* sagt, stehe in keinem Widerspruch zu der von ihm vorgetragenen Meinung. Die Aussage des Aristoteles beziehe sich nur auf kleine und mittelgroße Geldausgaben. Zu diesen komme es nämlich häufig, während große Geschäfte nur selten vorkämen. Da sich nun moralphilosophische Aussagen, wie Aristoteles selbst im ersten Buch der *Nikomachischen Ethik* sage, nur auf den *Regelfall* beziehen, habe hier der Stagirit nur über die kleinen und mittelgroßen, nicht aber über große Ausgaben gesprochen.[108]

Im zweiten *notandum* hat Bartholomäus gesagt, der Mann müsse über die Ausgaben seiner Frau Bescheid wissen. Im letzten *notandum* erwägt der Artes-Magister schließlich einen Fall, in dem eine Frau auch *ohne* das Wissen und die explizite Erlaubnis ihres Mannes Geld ausgeben dürfe. Dies sei dann der Fall, wenn es klar ist, dass der Mann beleidigt wäre, wenn sie dies nicht täte. Ein solcher Fall könne dann eintreten, wenn etwa der Vater oder die Mutter des Mannes oder eine andere Person, die er sehr liebt, zu Besuch kommt. Grundsätzlich aber, meint Bartholomäus, dürfe die Frau nur im Einverständnis mit ihrem Mann Geld ausgeben. Ansonsten könnten nämlich, meint Bartholomäus, die Nachbarinnen über sie lästern und der Mann wäre über sie erbost, wovor sich aber ein gute Frau zu fürchten und zu hüten habe.[109]

Den letzten Teil der Quaestio bildet die Widerlegung der Gegenargumente. An dieser Stelle sei lediglich seine Antwort auf die letzte *ratio contra* genannt. Bartholomäus hatte dort argumentiert, bei den Lombarden sei es nicht üblich, dass Frauen Ausgaben machen dürften, und hatte von diesem *historischen* Argument abgeleitet, es sei Frauen *grundsätzlich* verboten, Geld auszugeben. Er antwortet auf den Einwand,

---

[107] Siehe unten, S. 406.
[108] Bartholomaeus de Brugis: Questiones Yconomice, Paris BN lat. 16089, f. 128rb: „Dicendum, quod hoc dixerit eo, quod parua et mediocria conuiuia fiunt ut frequenter. Alia autem, scilicet excellentia, raro. Sermo autem in moralibus verificatur in pluribus, ut patet primo Ethicorum et hoc sufficit, ut prius ostensum est."
[109] Bartholomaeus de Brugis: Questiones Yconomice, Paris BN lat. 16089, f. 128rb: „Item, notandum, quod mulier nulla conuiuiua debet facere nisi de precepto viri, uel que si non faceret eo absente, offenderetur vir, puta si veniret pater aut mater ipsius viri, aut alius multum dilectus ab eo. Quia si alia faceret statim vicine male loquerentur de ea et vir offenderetur erga eam, que multum debet cauere et timere bona mulier."

indem er den lombardischen Usus schlichtweg als verfehlt erklärt: Diejenigen, die ihren Frauen nicht erlaubten, Geld auszugeben, handelten falsch. Sie behandelten nämlich ihre Frauen, als wären sie Dienerinnen.[110]

Bartholomäus hat in dieser Quaestio philosophisch die Frage erörtert, inwiefern es einer Ehefrau zustehe, Geld auszugeben. Den Anlass hierfür bot ihm der Satz zu Beginn des *liber secundus*, die Frau sei Herrin der Ausgaben für Feste. Wie gezeigt werden konnte, ist der Grund, weshalb Bartholomäus gerade *diese* Aussage der *Yconomica* aufgegriffen und zur Grundlage einer eigenständigen philosophischen Erörterung gemacht hat, in der Bedeutung dieses Themas im damaligen Rechtsdiskurs über die Befugnisse der verheirateten Frau zu suchen. Einige spätmittelalterliche Stadtrechte gehen nämlich explizit auf das Thema der Geldausgaben der Ehefrau ein und gestehen ihr *explizit* das Recht zu, Geld für den Haushalt auszugeben. Bartholomäus' Erwähnung des lombardischen Usus, der Frau Geldausgaben zu untersagen, zeigt zugleich, dass es offenbar in dieser Frage in der spätmittelalterlichen Gesetzgebung oder jedenfalls in der alltäglichen Praxis (es konnte nicht festgestellt werden, worauf sich Bartholomäus mit seiner Nennung der *lombardi* konkret bezieht) durchaus Unterschiede gab. Bartholomäus hat versucht, in seiner Quaestio dieses aktuelle Problem philosophisch, d.h. logisch-rational und im zweckmäßigen Rückgriff auf aristotelisches Gedankengut, zu lösen. Unter Zuhilfenahme diverser aristotelischer Philosopheme entwickelte er eine durchaus originelle philosophische Antwort auf seine Frage, die sich folgendermaßen zusammenfassen lässt: Eine Frau darf grundsätzlich Geld ausgeben, da sie keine Dienerin ist und folglich an der Herrschaftsausübung im Hause partizipieren muss. Darüber hinaus fallen solche Ausgaben unter die *negocia interiora* und für diese ist die Frau von Natur bestimmt. Sie darf aber nicht große Geldausgaben machen, da sie dazu nicht über hinreichende Urteilskraft verfüge. In jedem Fall muss sie über ihre Geschäfte ihrem Mann Rechenschaft ablegen, da sonst das *bonum domus* gefährdet ist.

---

[110] Bartholomaeus de Brugis: Questiones Yconomice, Paris BN lat. 16089, f. 128vb: „Ad aliam dicendum, quod qui hoc non permittunt, errant, ut patet ex dictis. Unde videntur uti mulieribus tanquam seruis."

18.5. *Die Grenzen des weiblichen Gehorsams*
Utrum mulier in omnibus debeat obedire viro suo?[111]

„Soll eine Frau ihrem Mann in allem gehorchen?" So lautet die nächste *Quaestio*, auf die hier eingegangen werden soll. Der Pariser Artes-Magister befasst sich in ihr mit der Frage, bis zu welchem Maß eine Frau ihrem Mann zu Gehorsam verpflichtet ist.

Es ist die letzte der vier Quaestiones zum Anfang, oder in Bartholomäus' Kapitelaufteilung zum *capitulum primum* des zweiten Buches der *Ökonomik*. Auch sie bezieht sich, wie alle anderen Quaestiones auf eine konkrete Textstelle in der *Ökonomik*: Die Frau, betont Aristoteles etwa in der Mitte des *Capitulum primum* des zweiten Buches, müsse ihrem Mann stets Folge leisten, und zwar nicht nur in guten Tagen, sondern auch dann, wenn er vom Schicksal und von Krankheit heimgesucht werde. Es sei denn, schränkt er ein, der Mann verlange von ihr etwas Verwerfliches (*turpe*) oder Unwürdiges (*non dignum*). Gerade diese explizite Einschränkung der Pflicht der Frau, ihrem Mann Folge zu leisten, gibt Bartholomäus sozusagen die „textuelle Möglichkeit", an dieser Stelle seine Quaestio über die Grenzen der weiblichen Gehorsamspflicht anzusiedeln.[112]

Warum macht Bartholomäus gerade diese Aussage der *Yconomica* zum Gegenstand einer eigenständigen Quaestio? Auf den ersten Blick, wenn man nur den *rationes contra* und dem *oppositum* der Quaestio glauben soll, bildet den Anlass zu dieser Frage ein vermeintlicher Widerspruch im aristotelischen Denken. Die scheinbare Unstimmigkeit findet sich im Text der *Ökonomik* selbst, sie ergibt sich aber auch aus einem Vergleich mit anderen aristotelischen Werken, vor allem der *Politik*. Wie Bartholomäus in der ersten *ratio contra* der Quaestio feststellt, geht sowohl aus der *Ökonomik* als auch aus dem ersten Buch der *Politik* deutlich hervor, die Frau müsse ihrem Mann in allem untertan sein und, so folgert er mit Aristoteles, ihm in *allem* gehorchen.

---

[111] Bartholomaeus de Brugis: Questiones Yconomice, Paris BN lat. 16089, f. 129vb–130rb.

[112] Siehe unten, S. 407: „Propter que decet non solum cum contingit uirum ad rerum esse prosperitatem et ad aliam gloriam, unanimem esse ac iuxta uelle servire, uerum etiam in adversitatibus. Si quid autem in rebus deerit, uel ad corporis egritudinem aut ad ignorantiam anime esse manifestam, dicat quoque semper optima *et in decentibus obsequatur, preter quam turpe quidem agere aut sibi non dignum* [Kursive von mir]…"

In der Tat hat Aristoteles im ersten Buch der *Politik* ausdrücklich gesagt, Mann und Frau stünden zueinander wie ein Herrschender und ein Beherrschter. In der Tat hat der Verfasser des zweiten Buches der *Ökonomik* einige Zeilen vor der kontroversen Textstelle der Ehefrau explizit ans Herz gelegt, sie müsse das Haus nach Rat und Willen ihres Mannes leiten und ihm in allem gehorchen, selbst dann, wenn es ihr unvernünftig erscheint. Warum, und hier sieht Bartholomäus den Widerspruch im aristotelischen Denken, schränkt Aristoteles den Anspruch an die Frau jetzt plötzlich ein und sagt, sie müsse ihrem Mann, wenn er von ihr etwas Verwerfliches und ihr Unwürdiges verlange, *nicht* Folge leisten? Muss sie ihm also doch nicht in allem gehorchen?[113]

Der Widerspruch, den Bartholomäus im aristotelischen Denken entdeckt zu haben glaubt, wirkt etwas gezwungen und er ist es wohl auch. Er scheint auch nicht der primäre Grund zu sein, weshalb Bartholomäus die Frage erörtert. Der eigentliche Grund, weshalb er gerade diese Aussage der *Yconomica* zum Anlass einer eigenständigen Quaestio über die Grenzen der weiblichen Gehorsamspflicht macht, scheint vielmehr ein anderer zu sein: Der mittelalterliche Philosoph findet hier nämlich ein Thema angesprochen, dem man im 13. Jahrhundert sowohl in nordfranzösischen Stadtrechten als auch in Diskussionen von Theologen begegnet.

Ausdrücklich wird die Gehorsamspflicht der Ehefrau und deren Grenzen in den *Coutumes du Beauvaisis*, einer einflussreichen, auf französisch geschriebenen Sammlung von Gewohnheitsrechten aus dem Jahre 1283 thematisiert. Ihr Verfasser, der französische Jurist Philippe de Beaumanoir (gest. 1296), verpflichtet in ihr die Ehefrau zu Gehorsam gegenüber ihrem Mann, zugleich aber schränkt er diese Gehorsamspflicht nur auf vernünftige Forderungen sowie auf solche ein, „qui [ne] soit fes contre Dieu, ne contre bonnes meurs". Dass der Gehorsam der Frau ihrem Mann gegenüber nicht uneingeschränkt sein solle, geht implizit auch aus der ebenfalls im 13. Jahrhundert entstandenen Kodifizierung des normannischen Gewohnheitsrechts (*Très ancien Coutumier de*

---

[113] Siehe unten (Anhang), S. 406: „In ceteris autem omnibus uiro parere intendat, nec quicquam civilium audiens, nec aliquid de hiis que ad nuptias spectare uidentur uelit peragere. Sed cum tempus exigit proprios filios filiasue foras tradere aut recipere, tunc autem pareat quoque uiro in omnibus et simul deliberet et obediat, si ille preceperit, arbitrans non ita uiro esse turpe eorum que domi sunt quicquam peragere, sicut mulieri que foris sunt perquirere." Zum Zitat aus der *Politik* siehe oben, S. 59–66.

Normandie) hervor. Hier wird gesagt: *"Mulier in multis et in plurimis, et fere in singulis viro obedire* [debet]"[114]

Der Frage nach den Grenzen des weiblichen Gehorsams begegnet man gleichfalls in der damaligen Theologie. So beschäftigt sich mit ihr im früheren 12. Jahrhundert, in den 1230er Jahren, Philipp der Kanzler in seiner *Summa de bono*. Der Pariser Theologe thematisiert dort die Frage nach den Grenzen des weiblichen Gehorsams in drei kürzeren Quaestiones. Seine Quaestiones behandeln im Grunde genommen Probleme, die schon Augustinus formuliert hat: In der ersten Frage geht es um die Gehorsamspflicht unfreier Frauen: Wenn eine Frau einen weltlichen Herrn hat und eine Ehe eingeht, soll sie mehr ihrem Mann oder ihrem Herrn gehorchen? In der zweiten und dritten Frage geht es um das Problem, in welchen Fällen die Frau ihrem Mann den als „eheliche Pflicht" (debitum coniugii) verstandenen Beischlaf verweigern kann. Was ist zu tun, fragt er, wenn eine Frau entweder vor der Ehe, oder, im zweiten Fall, nach der Ehe und mit Wissen ihres Mannes ein Keuschheitsgelöbnis abgelegt hat und ihr Mann von ihr trotzdem das *debitum coniugii* einfordert. Soll sie ihm gehorchen oder ihrem Gelöbnis Treue bewahren? Drittens: Muss die Frau ihrem Mann jedesmal gehorchen, wenn er von ihr das *debitum coniugii* fordert? Die Frage nach den Grenzen des weiblichen Gehorsams wird auch um die Mitte des 13. Jahrhunderts in der *Summa fratris Alexandri* aufgeworfen, wenngleich nicht in extenso behandelt.[115]

Bartholomäus versucht in seiner Quaestio zu dieser, zu seiner Zeit im Gewohnheitsrecht thematisierte und von Theologen diskutierte Frage philosophisch Stellung zu beziehen. Im Einklang mit der *littera* versucht er philosophisch zu beweisen, dass die Frau ihrem Mann nicht in

---

[114] vgl. Pierre Petot: Le statut de la femme dans les pays coutumiers français du XIIIe au XVIIe siècle. In: La femme (Recueils de la société Jean Bodin pour l'histoire comparative des institutions XII), Bruxelles 1962, S. 243–254, hier S. 245, n. 3; zu Philippe de Beaumanoir siehe Pascale Bourgain: Philippe de Beaumanoir. In: Lexikon des Mittelalters VI, Sp. 2080.

[115] „Questio est de obedientia uxoris ad virum, in quibus teneatur obedire. Est autem questio, si uxor habeat dominum terrenum et consentiat in matrimonium, utrum teneatur magis domino quam viro si contraria precipiant...Deinde queritur de voto abstinentie, in quibus teneatur obedire viro, utrum si emiserit aliquod votum abstinentie ante coniugium, an teneatur non obedire viro si contrarium precipiat, vel si aliquod emiserit post de licentia viri et ipse voluerit revocare...Deinde queritur utrum debeat obedire quovis tempore precipienti quod solvat debitum..." Ex: Philippus Cancellarius Parisiensis: Summa de Bono, Hg. v. Nicolaus Wicki, Bern 1985, Pars Posterior, S. 1061–1064; Alexander de Hales: Summa Theologica, Bd. 2, Quaracchi 1948, S. 681.

allem zu gehorchen hat, sondern nur in guten Dingen. Wie in den anderen, bisher vorgestellten Quaestiones, begnügt er sich aber nicht allein damit, auf die Frage zu antworten, sondern versucht, die Frage nach den Grenzen des weiblichen Gehorsams weiterzuentwickeln und philosophisch zu vertiefen.

Wie üblich, beginnt Bartholomäus die Erörterung der Frage nach den Grenzen weiblichen Gehorsams mit einer Reihe von Einwänden gegen die Meinung, für die er eigentlich eintreten möchte, also gegen die Ansicht, der Gehorsam der Frau müsse sich nur auf das Gute beschränken. In sechs *rationes contra* versucht er zu beweisen, dass der Gehorsam der Frau ihrem Mann gegenüber *absolut* sein muss. Er verfährt dabei so, dass er aus bestimmten Gedanken, die er aus des Aristoteles Politik und aus anderen Stellen der Ökonomik heranzieht, die absolute Gehorsamspflicht der Frau ableitet.

In der ersten *ratio contra* begründet Bartholomäus den Anspruch der ausnahmslosen Gehorsamspflicht der Frau durch das Herrschaftsverhältnis, das zwischen Mann und Frau besteht. Er greift dabei auf Aristoteles' *Politik* und auf die *Ökonomik* zurück. Die Frau müsse ihrem Mann deshalb in allem gehorchen, weil sie ihrem Mann unterworfen sei und Unterwerfung impliziere eben absoluten Gehorsam. Schließlich müssten auch Diener als Folge ihrer Unterwerfung ihren Herren in allem gehorchen.[116]

Im zweiten Gegenargument leitet Bartholomäus den vollständigen Gehorsam der Frau vom Gedanken aus der *Politik* ab, demzufolge die Frau über eine mindere Vernunftbegabung als der Mann verfügt: Die Frau, meint Bartholomäus, müsse deshalb ihrem Mann in allem gehorchen, weil sie, wie es in der Politik stehe, im Vergleich zu ihm ein Defizit an Geisteskraft (deficit ratione) aufweise. Und schließlich müsse derjenige, dessen Verstandeskraft unvollständig sei, demjenigen gehorchen, dessen Verstandeskraft vollständig sei.[117]

---

[116] Bartholomaeus de Brugis: Questiones Yconomice, Paris BN lat. 16089, f. 129vb: „Arguitur quod sic, quia quod est subiectum viro, debet sibi obedire in omnibus. Mulier autem est subiecta viro, quare et cetera. Maior uidetur esse euidens: Propter hoc enim dicimus, quod seruus debet in omnibus domino obedire, scilicet quia ei subiectus est. Minor declaratur: Mulier enim subiecta est viro, ut habetur primo Politice et in isto libro quasi per totum, quare et cetera."

[117] Bartholomaeus de Brugis: Questiones Yconomice, Paris BN lat. 16089, f. 129vb: „Item, illud quod deficit ratione debet obedire illi, quod viget ratione in omnibus. Mulier autem deficit ratione et vir viget ratione, quare et cetera. Maior et minor habentur primo Politice, quare et cetera."

Die dritte *ratio contra* ist eine Variation der ersten. Dort hatte Bartholomäus den absoluten Gehorsam der Frau mit ihrer Unterwerfung unter den Mann begründet und zum Beweis auf die absolute Gehorsamspflicht der Dienerin, die ja ebenfalls dem Mann unterworfen ist, verwiesen. Hier geht er umgekehrt vor und stellt bei seiner Beweisführung die (aufgrund ihrer gemeinsamen Unterwerfung unter den Mann) ähnliche Situation der Ehefrau und der Dienerin in den Vordergrund: Ähnliches gelte, so Bartholomäus, für eine Ehefrau wie für eine Dienerin. Eine Dienerin aber muss ihrem Herrn in allem gehorchen, denn so wollen es die Gesetze und so will es auch Aristoteles im ersten Buch der *Politik*. Folglich müsse auch die Frau ihrem Mann in allem gehorchen.[118]

Im vierten Gegenargument wird die Forderung absoluten Gehorsams von einem Gedanken aus der *Ökonomik* abgeleitet: Die Frau, verlangt Aristoteles in der *Ökonomik*, müsse so handeln, dass ihr ihr Mann ehrenvoll und gnädig zugetan sei. Das erziele sie aber nur dann, meint Bartholomäus, wenn sie ihm in allem gehorche.[119]

Auch in der fünften *ratio contra* folgert Bartholomäus den vollständigen Gehorsam der Frau aus einem Gedanken aus der *Ökonomik*: Aristoteles, argumentiert Bartholomäus, fordere in der *Ökonomik* von der Frau Einmütigkeit mit ihrem Mann. Dieser Forderung könne die Frau aber nicht gerecht werden, wenn sie ihrem Mann nicht in allem gehorche. Die Verweigerung des Gehorsams bedeute nämlich Zwietracht und einen Mangel an Einmütigkeit.[120]

Im sechsten und letzten Gegenargument stellt Bartholomäus eine Verbindung zwischen dem Gedanken der *Ökonomik*, die Frau müsse den

---

[118] Bartholomaeus de Brugis: Questiones Yconomice, Paris BN lat. 16089, f. 129vb: „Item, idem iudicium videtur de muliere et de serua. Est enim mulier subiecta viro quemadmodum et serua. Sed serua debet in omnibus obedire domino suo, ut volunt leges et videtur velle Philosophus primo Politice, quare et cetera."

[119] Bartholomaeus de Brugis: Questiones Yconomice, Paris BN lat. 16089, f. 129vb: „Item, illud debet facere mulier, per quod acquirit gratiam et honorem a viro. Sed per obedire ei in omnibus acquirit gratiam et honorem a viro, quare et cetera. Maior patet per Philosophum in isto capitulo et minor euidens est." Für die Ökonomik-Stelle, auf die hier Aristoteles bezug nimmt, siehe unten, S. 407: „Quantum enim in hiis quis [sc. uxor] diligentius obsequetur, tanto maiorem gratiam habebit [sc. apud virum]…"

[120] Bartholomaeus de Brugis: Questiones Yconomice, Paris BN lat. 16089, f. 129vb: „Item, mulier debet esse unanimis viro, ut patet in fine secundi huius. Sed non potest esse sibi unanimis, nisi ei obediat in omnibus, quare et cetera. Et probatur minor, quia si non obediat in aliquo, in illo erit alterius voluntatis et per consequens discors et non unanimis, quare et cetera." Bartholomäus bezieht sich hier auf das Schlusskapitel des zweiten Buches der Ökonomik, in dem es um die concordia zwischen Ehemann und Ehefrau geht. Siehe S. 413–415.

Zorn ihres Mannes fürchten, und ihrer absoluten Gehorsamspflicht her: Wenn eine Frau ihrem Mann nicht in allem gehorcht, argumentiert Bartholomäus, zieht sie seinen Zorn auf sich. Gerade das aber müsse sie sehr fürchten, wie Aristoteles in der *Ökonomik* sage. Deshalb, schlussfolgert er, müsse sie ihrem Mann in allem gehorchen.[121]

Auf die Gegenargumente folgt das *oppositum*, in dem Bartholomäus auf die Meinung des Aristoteles hinweist. Die Frau, so sage Aristoteles, müsse ihrem Mann in allem, außer im Schlechten Folge leisten. Damit wolle Aristoteles sagen, die Frau müsse, wenn es um Schlechtes geht, dem Mann *nicht* gehorchen.[122]

Nachdem Bartholomäus im *oppositum* den aristotelischen Standpunkt angeführt hat, versucht er ihn im folgenden anhand zweier rationaler Beweise philosophisch zu begründen. In beiden Beweisen werden zwei Argumente verwendet, denen wir bereits in den *rationes contra* begegnet sind: der Gedanke der Herrschaft und der Gedanke der Rationalität. Bartholomäus verfährt dabei genauso wie in den *rationes contra*: Er verwendet diese beiden Gedanken, oder besser zwei ihrer konkreten Ausformulierungen, um von ihnen abzuleiten, dass die Ehefrau ihrem Mann nicht in allem Folge zu leisten hat, sondern nur dann, wenn er Gutes von ihr fordert. (Der Grund, weshalb er aus denselben Prämissen, d.h. aus den Gedanken der Rationalität und der Herrschaft, in den *rationes contra* den absoluten Gehorsam und hier genau das Gegenteil, also eine Einschränkung des Gehorsams, folgern kann, besteht darin, dass er hier und dort die Prämissen anders formuliert.)

Im ersten Beweis setzt Bartholomäus das Vernunftprinzip folgendermaßen ein: Die Frau habe die Fähigkeit zwischen Gutem und Bösem zu unterscheiden, insbesondere, wenn es nicht um komplizierte Dinge geht. Diese Fähigkeit sei die Folge ihrer Vernunftbegabung (*ratio*), die sie, wenn auch in abgeschwächter Form (gemeint ist: verglichen mit dem Mann) aufweist. Und gerade dank dieses Vermögens, zwischen Gut und Böse unterscheiden zu können, müsse die Frau ihrem Mann nicht in allem gehorchen. Denn, so meint Bartholomäus, jemand, der

---

[121] Bartholomaeus de Brugis: Questiones Yconomice, Paris BN lat. 16089, f. 129ᵛᵇ: „Item, si non obediat ei in omnibus incurret indignationem viri sui. Sed hoc multum debet timere et cauere. Quare sequitur, quod debet sibi in omnibus obedire. Maior euidens est et minor habetur a Philosopho in hoc capitulo, quare et cetera."

[122] Bartholomaeus de Brugis: Questiones Yconomice, Paris BN lat. 16089, f. 129ᵛᵇ: „Oppositum vult Philosophus, qui dicit, quod mulier obsequatur viro suo preterquam turpe quidem agere. Ergo vult, quod si precipiat ei turpia, non debet sibi obedire."

die Fähigkeit habe, Gutes vom Schlechten zu unterscheiden, dürfe für niemanden etwas Schlechtes tun. Vielmehr müsste er (Bartholomäus beruft sich hier auf die *Nikomachische Ethik*) eher bereit sein zu sterben und schwerste Marter zu ertragen.[123]

Der zweite Beweis basiert auf einer aristotelischen Unterscheidung der verschiedenen Arten von Herrschaft. Die Frau müsse ihrem Mann deshalb nicht in allem gehorchen, weil sie mit ihm, wie Aristoteles im ersten Buch der *Politik* sage, in einem „politischen", im Unterschied zu einem „despotischen", Herrschaftsverhältnis stehe. Gemeint ist, dass die Herrschaft des Mannes über die Frau einer Herrschaft eines freien Menschen über einen anderen freien Menschen gleicht und nicht jener eines Herrn über seinen Sklaven. Diese „politische" Herrschaft, die zwischen Mann und Frau besteht, erfordere aber seitens der Frau nur Gehorsam in ehrbaren und erlaubten Dingen. Schließlich sei die Frau keine Dienerin, wie ja Aristoteles selbst im ersten Buch der *Politik* sagt, und kann somit auch nicht wie eine Dienerin beherrscht werden.[124]

Bartholomäus hat nun bewiesen, dass die Frau ihrem Mann nicht in allem gehorchen muss, sondern nur im Guten. Im folgenden wendet er sich drei Teilfragen zu. In den ersten beiden wird das Gesagte noch einmal vertieft und differenziert: Worin, fragt Bartholomäus in der ersten Teilfrage, soll die Frau also letztendlich ihrem Mann gehorchen? Zweitens, kann sie auch etwas Schlechtes für ihn tun? Mit der dritten Teilfrage bringt Bartholomäus hingegen ein gänzlich neues Thema in die Quaestio ein, das über ihren thematischen Rahmen eigentlich hin-

---

[123] Bartholomaeus de Brugis: Questiones Yconomice, Paris BN lat. 16089, f. 129vb: „Dicendum, quod mulier non tenetur in omnibus obedire viro suo, quia ille, qui noscit quid bonum et quid malum et scit distinguere inter ea, non debet alteri in omnibus obedire. Mulier autem cognoscit quid bonum et quid malum est et potest distinguere inter ea, quare et cetera. Maior declaratur, quia cognoscens aliquid esse turpe, non debet illud pro aliquo facere, et hoc dico loquendo secundum rectam rationem. Immo citius deberet mori et pati grauissima tormenta, ut dicitur tertio Ethicorum. Et si sic, non debet in omnibus obedire. Minor euidens est, quia mulier rationem habet, quamuis debilem, per quam potest distinquere inter bonum et malum, et iudicare quid bonum et quid malum, precipue in non multum ocultis, quare et cetera."

[124] Bartholomaeus de Brugis: Questiones Yconomice, Paris BN lat. 16089, f. 129vb: „Item, quod regitur a viro principatu politico non debet viro in omnibus obedire. Mulier autem regitur a viro principatu politico, quare et cetera. Maior apparet ex primo Politice. Solum enim habet obedire in honestis et licitis, ut patet ibidem. Minor habetur primo Politice. Mulier enim non est serua. Unde non regitur a viro principatu despotico uel seruili, quare et cetera." Zu den entsprechenden Passagen in der *Politik* siehe oben, S. 62–63.

ausgeht, nämlich die Frage nach der Gehorsamspflicht eines Dieners (*servus*): Soll der Diener in allem gehorchen?[125]

Die Antwort auf die erste Frage geht aus dem Gesagten eigentlich schon hervor: Die Frau muss ihrem Mann nur in erlaubten (*licitis*) und ehrbaren (*honestis*) Dingen gehorchen. In schlechten und unehrbaren Dingen dagegen, besonders wenn es sich um etwas Schwerwiegendes handelt, soll sie ihm nicht gehorchen.[126]

Hingegen wird in der zweiten Teilfrage (Soll die Frau für ihren Mann etwas Schlechtes tun?) die Antwort, die Frau dürfe ihrem Mann nicht in schlechten Dingen gehorchen, noch einmal gründlich vertieft und ausdifferenziert. Um diese Teilfrage beantworten zu können, greift Bartholomäus auf das bewährte hermeneutische Mittel der *distinctio*, der Unterscheidung, zurück: Er schickt nämlich seiner Antwort eine Überlegung voraus, in der der Begriff des Schlechten differenziert wird: Es gäbe, so Bartholomäus zwei Arten des Schlechten: ein sittlich Schlechtes (*turpe turpitudine moris*) wozu Sünden gehörten, und ein „schadendes" Schlechtes (*turpe ignominiosum vel nocumenti*), wie beispielsweise Selbstpeinigung. Diese Art des Schlechten stelle für den, der es erleidet, kein moralisches Übel dar. Wenn es aus Tugend erduldet werde, gelte es sogar als gut und heilig. Hinzu komme noch, dass es bei der ersten Sorte des Schlechten, beim sittlichen Übel also, zwei Arten gebe. Man müsse hier zwischen sehr schwerwiegenden Vergehen und solchen, die weniger schwerwiegend sind, unterscheiden. Zur ersten Kategorie gehöre beispielsweise, wenn jemand seine Mutter und seine Kinder umbringen und aufessen würde. Zur zweiten Kategorie hingegen gehöre zum Beispiel, wenn jemand jemanden beleidige oder ausgeliehenes Geld nicht rechtzeitig zurückgebe.[127]

---

[125] Bartholomaeus de Brugis: Questiones Yconomice, Paris BN lat. 16089, f. 129vb–130ra: „Sed queres: In quibus tenetur obedire? Secundo, utrum aliquod turpe pro eo debet facere? Tertio, queres utrum seruus teneatur in omnibus obedire domino suo?"

[126] Bartholomaeus de Brugis: Questiones Yconomice, Paris BN lat. 16089, f. 130[ra]: „Ad primum dicendum, quod solum tenetur obedire in licitis et honestis. In turpibus autem et inhonestis, precipue grauiter non tenetur et hoc propter dicta."

[127] Bartholomaeus de Brugis: Questiones Yconomice, Paris BN lat. 16089, f. 130[ra]: „Ad secundum dicendum, quod duplex est turpe, scilicet turpe turpitudine moris sicut peccata, et turpe ignominiosum, vel turpe nocumenti, sicut flagellari est turpe. Non tamen est turpe in moribus in ipso paciente, immo sanctum si sustineatur propter virtutem. Primum autem turpe adhuc est duplex. Quodam enim est graue et ad magnam infamiam pertinens, puta occidere matrem uel filios proprios et comedere eos, et similia. Aliud etiam est leue, puta aliquem in aliquo verbo offendere, aut denarium prestitum tempore statuto non reddere, et huius."

Nachdem Bartholomäus diese Differenzierung des Schlechten vorausgeschickt hat, kehrt er zu seiner Ausgangsfrage zurück: Soll die Frau für ihren Mann etwas Schlechtes tun? Was jene zweite Art des Schlechten betrifft, das nicht in das Gebiet der Sittlichkeit fällt, das *turpe turpitudine nocumenti* also, so meint Bartholomäus, die Frau solle ihrem Mann gehorchen, wenn es dieser um jeden Preis verlange. Beispielsweise solle sie ihm gehorchen, wenn es um den Verkauf von Eigentum gehe, selbst dann, wenn dieser Verkauf für sie beide schädlich sei. Auch solle sie sich auf Wunsch ihres Mannes einsperren lassen, bzw. einige Zeit barfuss gehen. Bartholomäus betont dabei bewusst: *Einige Zeit*. Es gäbe nämlich Forderungen, die seien so schwer, dass die Frau ihrem Mann darin nicht gehorchen müsse. Zum Schluss begründet noch Bartholomäus seine hohen Ansprüche an die Frau mit einem impliziten Zitat aus dem achten Buch der *Nikomachischen Ethik*: Mann und Frau seien schließlich Freunde und ein Freund müsse manchmal für den anderen viele Unannehmlichkeiten (*detrimenta*) erdulden. Was hingegen die erste Kategorie des Schlechten, das sittlich Schlechte betrifft, so dürfe die Frau dort, wo es sich um schwerwiegende Vergehen handelt, ihrem Mann keineswegs gehorchen, selbst dann nicht, wenn er es um jeden Preis verlangt. Vielmehr, meint Bartholomäus und belegt es mit einem Zitat aus der *Ethik*, wäre es in einer solchen Situation besser, sich von ihm zu trennen. Insofern es aber um kleinere Vergehen gehe, so meint Bartholomäus, entspreche es am ehesten der Absicht des Aristoteles (*secundum mentem Philosophi*), wenn die Frau in derartigen leichteren Vergehen zuerst versucht, gegen die Forderung ihres Mannes so weit wie möglich friedlichen (*bono modo*) Widerstand zu leisten. Sie solle ihren Mann bitten, die Forderung zurückzunehmen, und ihm die Gründe dafür deutlich machen. Wenn er aber trotzdem darauf besteht und wenn sie durch ihre Ablehnung, seinem Willen Folge zu leisten, seinen ewigen Zorn auf sich ziehen würde, dann solle sie gemäß der Absicht des Aristoteles (*secundum mentem Philosophi*) seinem Wunsch nachgeben. Aus zwei Übeln sei nämlich das mindere zu wählen. In diesem Falle aber sei etwas Schlechtes zu tun das mindere Übel im Vergleich zu den Folgen, die die Frau zu ertragen hätte, wenn sie sich weigern würde.[128]

---

[128] Bartholomaeus de Brugis: Questiones Yconomice, Paris BN lat. 16089, f. 130ra: „Hiis sic preintellectis, dicendum quod aliquod turpe turpitudine nocumenti bene debet facere pro viro si omnino velit, puta vendere possessiones, dato quod sit eis nociuum, aut incarcerare se, aut ire nuda pedes per aliquod tempus. Et dico *aliquod*, quia posset esse ita graue, quod non deberet facere pro eo. Vir enim et uxor amici sunt. Unus autem amicorum pro altero sustinet quandoque multa detrimenta. Si uero

Mit einer *distinctio*, einer Unterscheidung, arbeitet Bartholomäus auch in der Antwort auf seine letzte Teilfrage, ob ein Diener seinem Herrn in allem gehorchen müsse. Es gäbe, behauptet Bartholomäus, zwei Arten von Dienern, solche, die es schlechthin (*simpliciter*) und solche, die es nur beiläufig, d. h. akzidentell (*secundum quid*), seien. Das Erkennungsmerkmal der ersteren sei ein robuster Körperbau und Verstandesmangel. Die letzteren, die beiläufigen Diener, besäßen hingegen gerade genug Einsichtsvermögen (*prudentia*), um bei leicht verständlichen Angelegenheiten zwischen Gut und Böse unterscheiden zu können. Die Unterscheidung der zwei Arten von Dienern geht, obwohl es Bartholomäus nicht explizit erwähnt, auf das erste Buch der *Politik* zurück. Die Diener schlechthin müssten, meint Bartholomäus, ihrem Herrn in allem gehorchen. Sie könnten nämlich nicht Gut und Böse unterscheiden. Tun sie etwas Schlechtes, so ist es die Schuld ihres Herrn und nicht ihre eigene. Die Lösung, die Bartholomäus für die zweite Art von Dienern vorschlägt kommt der Lösung, die er für die Frau gefunden hat, sehr nahe. Ein Diener, der nur akzidentell (*secundum quid*) ein solcher ist, muss seinem Herrn nicht in allem gehorchen, denn so verlangt es die richtige Vernunft (*recta ratio*), jedenfalls nicht, wenn sein Herr von ihm etwas sittlich Schlechtes großen Ausmaßes fordert. Auch wenn es der Herr befiehlt, darf er zum Beispiel nicht Selbstmord begehen, oder sich des Mordes und des Kannibalismus schuldig machen. Vielmehr muss er bereit sein das Schlimmste zu erdulden, ja zu sterben, als derartige Taten zu begehen.[129]

---

loquamur de turpi in moribus, credo quod grande et graue non debet pro eo facere, dato quod omnino velit. Immo melius esset, quod totaliter separaretur ab eo. Et hoc sentit Philosophus tertio Ethicorum sic dicens: *quedam autem fortassis non est cogi sed magis moriendum patientem durissima*. Si vero queratur de paruis, credo quod secundum mentem Philosophi in talibus mulier debet resistere quantum potest bono modo et viro supplicare quatenus supersedeat a tali petitione, et monstrare sibi rationes, quas habet ad contrarium. Sed si omni modo velit, et nisi faceret incurreret indignationem eius perpetuam, credo, quod debet facere secundum mentem Philosophi, quia minus malum de duobus malis est eligendum, ut dicitur tertio Topicorum. Commitere autem tale turpe minus malum est, quam malum, quod consequeretur, si non commiteret, quare et cetera."

[129] Bartholomaeus de Brugis: Questiones Yconomice, Paris BN lat. 16089, f. 130ra: „Ad tertium dicendum, quod seruus simpliciter, scilicet ille, qui caret ratione et est robustus corpore, debet in omnibus domino obedire. Non enim cognoscit quid bonum et quid malum. Unde si malum facit est peccatum domini et non suum. Seruus tamen secundum quid, scilicet qui tantum habet prudentie, quod cognoscit quid bonum et quid malum, ad minus in illis, que sunt facilis cognitionis, secundum rectam rationem non debet in omnibus domino obedire, quia non in valde turpibus turpitudine moris,

Was aber, überlegt Bartholomäus im Anschluss an die Erörterung der dritten Teilfrage, wenn es Gesetze gibt, die allen Dienern (also auch den Dienern *secundum quid*) absoluten Gehorsam vorschreiben. Wenn es solche Gesetze gibt, antwortet er, dann sind es keine richtigen Gesetze, sondern sie widersprechen der rechten Vernunft.[130]

Damit ist Bartholomäus am Ende seiner differenzierten Ausführungen zur Frage nach den Grenzen des weiblichen Gehorsams angelangt. Im letzten Teil seiner Quaestio antwortet er noch auf die Gegenargumente, die er zu Beginn der Quaestio angeführt hat. Er verfährt dabei folgendermaßen: Er zeigt, dass die verschiedenen Gedanken, aus denen er die vollständige Gehorsamspflicht abgeleitet hatte, zu undifferenziert behandelt worden sind. Wenn man diese Gedanken ausdifferenziert, so muss man aus ihnen notwendigerweise eine nur aufs Gute beschränkte Gehorsamspflicht der Frau folgern.

Im ersten Gegenargument hatte Bartholomäus aus der Unterwerfung der Frau unter ihren Mann (einem Gedanken, den er aus der *Politik* und der *Ökonomik* bezogen hatte) die vollständige Gehorsamspflicht abgeleitet. Das war deshalb möglich, weil er dabei nicht die Unterscheidung der verschiedenen Herrschaftsverhältnisse, die Aristoteles im ersten Buch der *Politik* und in der *Nikomachischen Ethik* trifft, mitberücksichtigt hat. Er hat nicht mit Aristoteles die Art der Unterwerfung eines Dieners von der Art der Unterwerfung einer Ehefrau unterschieden und ist bei seiner Folgerung eigentlich von der ersteren ausgegangen. Nun herrscht aber der Hausherr über den Diener in der Art eines Tyrannen, und das erfordert absoluten Gehorsam, während der Mann über die Frau in der Art eines *Politikers*, also wie ein Freier über einen Freien, herrscht. Diese Art von Herrschaft dagegen erfordert keinen absoluten Gehorsam.[131]

---

verbi gratia, non debet suspendere uel interficere se, si precipiat ei dominus, aut interficere hominem vicinum et commedere eum. Immo citius deberet sustinere grauissima et mori quam talia faceret, et hoc satis patet ex dictis."

[130] Bartholomaeus de Brugis: Questiones Yconomice, Paris BN lat. 16089, f. 130ra: „Et si dicas: leges volunt, quod debet obedire in omnibus, dicendum quod si que sunt, non sunt recte, immo contra rectam rationem. Unde legalia multa non sunt iusta simpliciter, sed secundum quid, puta in pollitia ubi tales leges obseruantur, ut habetur primo Politice."

[131] Bartholomaeus de Brugis: Questiones Yconomice, Paris BN lat. 16089, f. 130ra: „Ex hiis dicendum est ad rationes. Ad primam, conceditur, *quod est subiectum* et cetera. Dicendum quod verum est subiectione seruili simpliciter et in principatu despotico. Sed in principatu politico non est verum. Et sic mulier subicitur viro, ut habetur primo Politice."

In der zweiten *ratio contra* hatte Bartholomäus den vollständigen Gehorsam der Frau aus ihrem Vernunftmangel (auch das ist ein aristotelischer Gedanke aus der *Politik*) gefolgert. Seine Antwort auf das Gegenargument baut auf einer, ebenfalls in der *Politik* formulierten Differenzierung der Art des weiblichen Vernunftmangels auf: Der absolute Gehorsamsanspruch würde nur dann zutreffen, wenn es der Frau gänzlich an Vernunft mangeln würde. Die Frau hat aber Vernunft, wenn auch nur in beschränktem Maße und muss deshalb ihrem Mann nicht in allem gehorchen.[132]

Die dritte *ratio contra* stellte eine Variation der ersten dar. Auch sie hatte den vollständigen Gehorsam der Frau vom Herrschaftsanspruch des Mannes abgeleitet, dabei aber nicht die aristotelische Unterscheidung zwischen der Herrschaft über einen Diener und der Herrschaft über die Ehefrau berücksichtigt. Die Antwort auf dieses Gegenargument ist ebenso eine Variation der Antwort auf das erste. Der Gehorsamsanspruch an die Frau kann nicht absolut sein, weil sie keine Dienerin ist. Die Art, wie der Mann über die Frau herrscht, ist nicht, wie bei einer Dienerin, die eines Tyrannen, sondern die eines Freien über Freie. Diese Art von Herrschaft erfordert aber keinen vollständigen Gehorsam.[133]

In der vierten *ratio contra* hatte Bartholomäus argumentiert, die Frau ziehe durch ihren Ungehorsam den ewigen Zorn des Mannes auf sich. Jetzt widerlegt er das Gegenargument mit folgender Behauptung: Es stimmt nicht, dass die Frau durch ihren Ungehorsam den Mann zu ewigem Zorn verleite. Ganz im Gegenteil. Wenn der Mann sich beruhigt habe und zur Einsicht gekommen sei, dass seine Forderungen übertrieben seien, werde er sie manchmal für ihren „Ungehorsam" sogar mehr schätzen.[134]

---

[132] Bartholomaeus de Brugis: Questiones Yconomice, Paris BN lat. 16089, f. 130ra: „Ad secundam conceditur, *quod deficit*, et cetera. Dicendum, quod verum est de eo, quod deficit ratione simpliciter. Sic autem non est de muliere, quia rationem habet, sed inualidam, ut patet primo Politice."

[133] Bartholomaeus de Brugis: Questiones Yconomice, Paris BN lat. 16089, f. 130rb: „Ad aliam conceditur, *idem iuditium*, et cetera. Dicendum, quod non est verum, quia mulier non est serua viri, ut vult Philosophus in primo huius et primo Politice. Et quando probatur, quia utraque subicitur, dicendum quod non eadem subiectione, quia uxor subiectione politica et liberali, serua autem subiectione despotica, seu seruili, et ideo non est simile."

[134] Bartholomaeus de Brugis: Questiones Yconomice, Paris BN lat. 16089, f. 130rb: „Ad aliam, *illud per quod acquirit gratiam*, et cetera, dicendum quod verum est secundum

In der fünften *ratio contra* hatte Bartholomäus die Forderung vollständigen Gehorsams aus der Pflicht der Frau zur Eintracht mit ihrem Mann abgeleitet. In seiner Antwort schränkt er mit einem Verweis auf die *Ökonomik* diese Pflicht nur auf ehrbare (*honestis*) und erlaubte (*licitis*) Dinge ein. Die Frau ist ihrem Mann also nicht zu *absolutem* Gehorsam verpflichtet.[135]

Schließlich hatte Bartholomäus im letzten Gegenargument behauptet, die Frau würde durch einen unzureichenden Gehorsam den ewigen Zorn ihres Mannes auf sich ziehen. Die Frau solle zwar, antwortet er, den Zorn ihres Mannes fürchten, nicht aber so sehr, dass sie versuche ihn *um jeden Preis* zu vermeiden.[136]

Zusammenfassend kann gesagt werden, dass der Umgang mit den Gedanken der *Yconomica* zur Ehe, dem man in dieser Quaestio begegnet, vergleichbar mit dem Umgang mit diesen Gedanken in seinen anderen Quaestiones ist. Bartholomäus macht deshalb gerade die Aussage der *Yconomica* über die Grenzen des weiblichen Gehorsams zur Grundlage einer Quaestio, weil er in ihr eine Problematik angesprochen findet, die er mit Problemen und Fragestellungen in Verbindung bringen kann, die in *seiner eigenen Zeit* diskutiert wurden. Die Frage, inwiefern eine Frau ihrem Mann gehorchen müsse, ist bereits vor ihm von Theologen diskutiert worden. Man begegnet ihr beispielsweise im 13. Jahrhundert in der *Summa fratris Alexandri* und bei Philipp dem Kanzler. Einer expliziten Begrenzung der weiblichen Gehorsamspflicht begegnet man im 13. Jahrhundert auch in den *Coutumes de Beauvaisis* des französischen Verwaltungsjuristen Philippe de Beaumanoir. Bartholomäus nimmt nun die knappe Aussage der *Yconomica* zum Gehorsam der Ehefrau zum Anlass, um im Rahmen seines Kommentars die Frage

---

rectam rationem. Et conceditur, *obediendo in omnibus*, et cetera, dicendum, quod non est verum secundum rectam rationem. Immo in quibusdam magis acquireret in honorationem perpetuam et malam gratiam, cum vir esset cedatus a passione."

[135] Bartholomaeus de Brugis: Questiones Yconomice, Paris BN lat. 16089, f. 130rb: „Ad aliam dicendum, quod mulier debet esse unanimis viro in licitis et honestis, et non in aliis, ut dicit Philosophus in ultimo capitulo huius secundi."

[136] Bartholomaeus de Brugis: Questiones Yconomice, Paris BN lat. 16089, f. 130rb: „Ad aliam conceditur, si non obediat, et cetera. Dicendum quod verum est in licitis et honestis. Sed si in aliis non obediat, non incurret eius indignationem. Iudicando secundum rationem rectam, et maxime cum cedatus fuerit passione, et dato quod deberet perpetuo incurrere, tamen melius esset, quam quedam facere, ut patet ex dictis. Unde licet debeat timere incurrere indignationem eius, tamen non debet sic timere, quod faciat omnia ad eam euitandam, ut patet ex dictis."

nach den Grenzen weiblichen Gehorsams erstmals rein *philosophisch*, d. h. rein rational, mit aristotelischen Argumenten und ohne Rückgriff auf theologische Argumentationsmuster, zu erörtern. Dabei begnügt er sich keineswegs nur mit einer philosophischen Begründung der immerhin recht allgemeinen Aussage der *Yconomica*, dass die Frau ihrem Mann *im Schlechten* nicht Folge zu leisten hat. Der mittelalterliche Philosoph entwickelt eine Theorie, derzufolge das Maß, in dem die Frau ihrem Mann zu Gehorsam verpflichtet sei, von der Art und dem Ausmaß des Übels, das der Mann von ihr fordert, abhängig ist.

Die fünf vorgestellten Quaestiones verdeutlichen exemplarisch, wie Bartholomäus in diesem Teil seines Kommentars mit den Ehe-Passagen der *Yconomica* umgeht. Abschließend folgt der Versuch einer Gesamtwürdigung der Rezeption der aristotelischen Ehelehre in den Quaestiones. Wie gezeigt werden konnte, erfüllt der *Yconomica*-Kommentar des Bartholomäus von Brügge zwei miteinander verbundene Funktionen, eine *exegetische* und eine *philosophische*. Im Quaestio-Teil kommt vor allem die letztere zum Tragen. Der Artes-Magister wählt hier bestimmte Aussagen des aristotelischen Textes aus und macht diese zur Grundlage kleiner *philosophischer Abhandlungen*, die in der typisch mittelalterlichen Form der Quaestio verfasst sind und die in den meisten Fällen verschiedene Aspekte der Beziehung zwischen Mann und Frau behandeln. Anders ausgedrückt, er entwickelt hier anhand der Ehe-Passagen der *Yconomica* eine eigenständige *Philosophie der Ehe*.

Hinter seiner Auswahl der Textstellen, die zum Gegenstand einer solchen philosophischen *Quaestio* werden sollen, können sich verschiedene Gründe verbergen. In einigen Fällen ist es der Text der *Yconomica* selbst, der den eigentlichen „Auslöser" für die Quaestio darstellt. Bartholomäus entdeckt im Text der *Yconomica* einen Gedanken, der ihn offenbar so interessiert, dass er sich entschließt, ihn in einer Quaestio exegetisch und vor allem philosophisch zu vertiefen und auszubauen. Dies ist beispielsweise bei der Quaestio „*Ob ein Mann eine Jungfrau oder eine Witwe zur Frau nehmen soll*" der Fall. Eine vordergründig vom Text selbst inspirierte Quaestio ist auch jene, in der er die unterschiedlichen Aufgaben von Mann und Frau bei der Hauswirtschaft erörtert.[137]

In einigen Fällen lässt sich darüber hinaus beobachten, dass Bartholomäus solche Themen aus den Ehe-Passagen der *Yconomica* aus-

---

[137] Siehe oben, S. 333–358.

wählt und zum Gegenstand einer philosophischen Quaestio macht, die auf die eine oder andere Weise auch in *anderen* aristotelischen Schriften vorkommen. Man gewinnt den Eindruck, dass sich Bartholomäus deshalb für diese Themen interessiert, weil er für sie aus anderen aristotelischen Schriften gewissermaßen *sensibilisiert* ist. Dies betrifft beispielsweise die Quaestio „*Sind Mann, Frau und pflügender Ochse die kleinsten Teile der Hausgemeinschaft?*" Bartholomäus bezieht sich in dieser Quaestio auf das Hesiod-Zitat im zweiten Kapitel des ersten Buches „*Unde secundum Ysiodum oportet utique esse dominum quidem prius uxoremque et bovem arantem…*". Ein fast gleichlautendes Zitat kennt er aber aus dem ersten Buch der *Politik*.[138] Ähnliches gilt für die Quaestio „*Haben Mann und Frau unterschiedliche Trefflichkeiten?*". Diese hat die Textstelle des *capitulum quartum libri primi* zur Grundlage, in der von den verschiedenen *virtutes* von Mann und Frau die Rede ist. Auch dieses Thema kennt er bereits aus anderen aristotelischen Schriften. Dass Mann und Frau unterschiedliche Trefflichkeiten haben, wird nämlich gleichfalls in der *Nikomachischen Ethik* und der *Politik* diskutiert.[139] Dasselbe gilt für die Quaestio „*Haben Mann und Frau ähnliche Sitten?*" Die Frage nach den *mores* wird nämlich mehrfach auch in der *Nikomachischen Ethik* behandelt.[140]

Wie gezeigt werden konnte, ergeben sich aber mehrere Quaestiones zu den Passagen über die Ehe nicht, oder jedenfalls nicht *primär*, aus der Lektüre der *Yconomica* selbst, sondern beziehen ihre eigentliche *raison d'être* anderswo her. Bartholomäus nutzt in diesem Fall seinen *Yconomica*-Kommentar gewissermaßen als *Rahmen*, in dem er sich mit

---

[138] Bartholomaeus de Brugis: Questiones Yconomice, Paris BN lat. 16089, f. 122rb: „*Pars uero domus est homo*, et cetera. Circa hoc capitulum secundum primi yconomice, querendum est unum solum, scilicet utrum vir et uxor et bos arans sint partes minime yconomice?" Zum Hesiod-Zitat in der Ökonomik siehe S. 398; Zum Hesiod-Zitat in der Politik siehe oben, S. 59–61.

[139] Bartholomaeus de Brugis: Questiones Yconomice, Paris BN lat. 16089, f. 125rb–125va: „Consequenter queritur, utrum vir et mulier habeant virtutes contrarias?" Zu der *virtutes*-Passage in der Ökonomik siehe unten, S.: „assumpta enim ad hec omnia utilem habere virtutem, sed quedam ad contraria quidem, ad idem vero conuenientia" Zur *virtus* von Mann und Frau in der Politik und in der Nikomachischen Ethik siehe oben, S. 49–50 und 64–66.

[140] Bartholomaeus de Brugis: Quaestiones Yconomice, Paris BN lat. 16089, f. 130rb: „*Vir autem leges a similibus adueniat*, et cetera. Circa hoc capitulum secundum huius secundi libri primo queratur, utrum vir et uxor debeant habere mores similes?" Das Thema der Sitten kommt in der Nikomachischen Ethik mehrfach und in unterschiedlichen Zusammenhängen vor. Siehe: Aristoteles Latinus: Ethica Nicomachea, Translatio Roberti Grosseteste Lincolniensis sive ‚Liber Ethicorum', A. Recensio Pura, Hg. v. René-Antoine Gauthier, Leiden/Bruxelles 1972, passim.

diesen Fragen, die nicht vom Text selbst inspiriert sind, philosophisch auseinandersetzen kann.

So übernimmt er schlichtweg in seinen *Yconomica*-Kommentar drei *Quaestiones*, die davor in Quaestio-Kommentaren zur *Politik* und zur *Nikomachischen Ethik* diskutiert worden sind. Eine davon ist die Quaestio „*Ob die Verbindung von Mann und Frau natürlich sei?*"[141] Die weiteren zwei aus der Kommentar-Tradition übernommenen Quaestiones sind „*Ob ein Mann mit einer oder mit mehreren Frauen verkehren dürfe und umgekehrt?*" und „*Ob die Frau eine Dienerin sei?*" Letztere taucht in einem Aristoteles-Kommentar *modo quaestionum* erstmals in den einflußreichen *Quaestiones super libros Politicorum* (ca. 1274–1295) des Pariser Artes-Magisters Petrus von Alvernia auf. Sie bezieht sich auf die Bemerkung des ersten Buches der *Politik*, die Frau und der Sklave seien von Natur aus unterschieden.[142] Ersterer, der Frage nach der Legitimität der Polygamie, begegnet man hingegen in einem Aristoteles-Kommentar erstmals, wie gesehen, im *Super Ethica* Alberts des Großen. Später wird sie erneut im soeben genannten Quaestio-Kommentar zur *Politik* des Petrus von Alvernia aufgegriffen. Der Artes-Magister erörtert sie dort bezüglich jenes Abschnitts des zweiten Buches der *Politik*, in dem sich Aristoteles kritisch mit Platons Vorstellung auseinandersetzt, im optimalen Staat müssten Besitz, Frauen und Kinder allen Bürgern gemeinsam sein.[143]

Den Grund für die Auswahl einiger anderer Quaestiones scheinen hingegen zeitgenössische Probleme vor allem rechtlichen aber auch theologischen Charakters zu bilden. Dies betrifft etwa die hier vorgestellte Quaestio „*Ob eine Frau Geld für Hausfeiern und den Haushalt ausgeben solle?*" Bartholomäus versucht in ihr, philosophisch zu einem in damaligen Gewohnheitsrechten diskutierten (und offenbar unterschied-

---

[141] Siehe oben, S. 315–332.

[142] Bartholomaeus de Brugis: Questiones Yconomice, Paris BN lat. 16089, f. 130va: „Consequenter queritur, utrum mulier sit serua?" Die Quaestio des Petrus von Alvernia „Utrum mulier possit esse serva" ist ediert bei Christoph Flüeler: Rezeption und Interpretation der Aristotelischen *Politica* im späten Mittelalter, Bd. 2, Amsterdam/Philadelphia 1992, S. 176–183. Zur Politik-Passage, auf die sich die Quaestio des Petrus von Alvernia stützt siehe oben, S. 59–61: „natura quidem igitur distinguuntur femina et seruum."

[143] Bartholomaeus de Brugis: Questiones Yconomice, Paris BN lat. 16089, f. 131rb-f. 133rb: „„...utrum unus vir debeat copulari cum sola muliere, aut unus cum pluribus mulieribus, aut plures cum una muliere?" Petrus de Alvernia: Questiones supra libros Politicorum: Paris, BN lat. 16089, ff. 274ra–319ra, hier ff. 284va–285ra: „Utrum expediens sit civitati mulieres et pueros esse communes, sicut solvit Plato?" Zur Textpassage der *Politik*, auf die sich Petrus' Quaestio bezieht, siehe oben, S. 66–71; Zu Alberts Quaestio siehe oben, S. 150–152.

lich gehandhabten) Problem Stellung zu beziehen.[144] Noch viel eindeutiger ist der Zusammenhang mit zeitgenössischen *rechtlichen* Fragen bei der Quaestio „*Ob eine Frau öffentliche Verträge, wie etwa Kaufverträge, schließen könne und ob sie vor Gericht treten dürfe (audire iudicia)*?" Die Frage nach der Prozessfähigkeit der Frau, die er hier philosophisch behandelt, wird nämlich in dieser Zeit vielfach in der Kanonistik diskutiert. Auch wird auf das Thema der Vertrags- und Prozessfähigkeit der Frau immer wieder in verschiedenen damaligen Stadt- und Gewohnheitsrechten eingegangen.[145] Die mittelalterliche Kanonistik bildet auch den Hintergrund der Quaestio „*Ob die Frau Richterin sein dürfe?*"[146] Mit der Quaestio „*Ob eine Frau ihrem Mann in allem gehorchen müsse?*" wendet sich schließlich der mittelalterliche Philosoph einer Frage zu, die, wie gezeigt werden konnte, im 13. Jahrhundert sowohl in Gewohnheitsrechten als auch in theologischen Stellungnahmen zum Thema Ehe behandelt wird.[147]

Freilich kann er derartige Quaestiones, die in erster Linie auf Anregungen *außerhalb* der *Yconomica* zurückgehen, nur dann in seinem Kommentar erörtern, wenn sie sich auf eine bestimmte Aussage der *Yconomica* beziehen lassen. Bei einigen dieser *Quaestiones* ist es nicht schwierig, den Bezug zur *littera* herzustellen: So wird etwa in der Ökonomik in der Tat gesagt, die Frau sei „*Herrin der Ausgaben und Aufwendungen für Feierlichkeiten, die aber der Mann gestattet hat.*" Die (vordergründig durch zeitgenössische rechtliche Stellungnahmen) motivierte Quaestio „*Utrum mulier debeat facere expensas conuiuiorum et alias neccessarias domui?*", die Bartholomäus bezüglich dieser Textstelle erörtert, passt hier problemlos zum Text.[148]

Bei anderen Quaestiones wirkt hingegen der Textbezug etwas gezwungen: So beispielsweise bei der Quaestio „*Ob eine Frau eine Dienerin sei?*", die er, wie gesagt, aus Quaestio-Kommentaren zur *Politik* übernimmt. Die Textstelle, von der er diese Quaestio abzuleiten versucht, ist

---

[144] Siehe oben, S. 350–359.

[145] Bartholomaeus de Brugis: Questiones Yconomice, Paris BN lat. 16089, ff. 128va–129rb: „Consequenter queritur, utrum mulier debeat facere contractus ciuiles, ut puta venditiones et emptiones et audire iudicia et huius?", zu bibliographischen Angaben zur Vertrags- und Prozessfähigkeit der Frau Mittelalter siehe oben, S. 299.

[146] Bartholomaeus de Brugis: Questiones Yconomice, Paris BN lat. 16089, f. 129rb–129vb: „Consequenter queritur, utrum mulier possit esse iudex?" Zur Frage ob eine Frau Richterin sein dürfe im Kirchenrecht siehe: Metz, René: Le statut de la femme en droit canonique médiéval. In: idem: La femme et l'enfant dans le droit canonique médiévale, London 1985, S. 59–113, hier S. 73–75 und S. 103–106.

[147] Siehe oben, S. 360–373.

[148] Siehe oben, S. 350–359.

folgende: „*...quoniam* [sc. mulier] *tanquam* socia *filiorum et uitae ad domum uiri deuenit.*".[149] Bartholomäus legitimiert die Einführung dieser Quaestio in seinen Kommentar, indem er die Aussage der *littera*, die Frau sei in das Haus des Mannes als *Gefährtin* (*socia*) gekommen, als einen impliziten Hinweis darauf deutet, dass nach Aristoteles eine Frau keine *Dienerin* (*serva*) sein könne.[150]

Soviel abschließend zu den *Motiven*, die hinter der Auswahl der Quaestiones zu den Ehe-Passagen der *Yconomica* stehen. Aus den oben vorgestellten Beispielen ist auch deutlich geworden, wie Bartholomäus in den Quaestiones vorgeht und welche Ziele er verfolgt. Als Philosoph versucht er in ihnen, die von ihm formulierte Fragestellung *philosophisch* zu erörtern. Dabei begnügt er sich, wie gezeigt werden konnte, nicht allein mit einer einfachen *Antwort* auf die im Titel der jeweiligen Quaestio formulierte Frage. Die eigentliche Beantwortung der von ihm gestellten Frage stellt meistens nur *einen* Teil der Quaestio dar. Der mittelalterliche Philosoph behandelt oft darüber hinaus noch mehrere weitere Fragen und Aspekte, die sich auf diese oder jene Weise aus der „Hauptfrage" ergeben und mit ihr zusammenhängen (an manchen Stellen weicht er sogar in Form von kleinen Exkursen vom Hauptthema der Quaestio ab). Seine Quaestiones zu den Passagen über die Ehe stellen also kleine philosophische Traktate dar, in denen das Thema der Quaestio umfassend und in seinen verschiedenen Aspekten philosophisch durchleuchtet wird.

So begnügt er sich beispielsweise in der Quaestio „*Utrum vir et uxor debeant habere opera distincta in domo...?*" keineswegs nur mit dem philosophischen Nachweis, dass dem Mann und der Frau in der Hauswirtschaft grundsätzlich unterschiedliche Aufgaben zukommen. Er unterscheidet zusätzlich zwischen *größeren* Aufgaben, bei denen eine geschlechtsspezifische Aufgabenteilung für das Wohl des Hauses zwingend notwendig und *alltäglichen kleineren* Aufgaben, bei denen es hingegen belanglos sei, ob sich ihrer der Mann oder die Frau annähme. Zusätzlich weist er noch auf Fälle hin, in denen man auch bei *kleineren* Aufgaben auf eine geschlechtsspezifische Aufgabentrennung achten müsse.[151]

---

[149] Siehe unten (Anhang), S. 409.
[150] Bartholomaeus de Brugis: Questiones Yconomice, Paris BN lat. 16089, f. 130va–130vb: „Oppositum vult Philosophus hic, qui dicit, quod uxor est socia viri. Socia autem viri non est serua."
[151] siehe oben, S. 341–350.

Einer derart umfassenden, über die einfache Beantwortung der Frage hinausgehenden Beschäftigung mit dem Thema der Quaestio begegnet man auch in anderen Quaestiones: So beschränkt sich beispielsweise Bartholomäus bei der Quaestio „*Ob eine Frau öffentlich-rechtliche Verträge...schließen dürfe?*" nicht nur auf den philosophischen Beweis, dass einer Frau, wie er meint, aufgrund ihrer geminderten Urteilskraft derartige Handlungen *nicht* zustehen. Er behandelt darüber hinaus die Frage, wie mit Verträgen zu verfahren sei, die von einer Frau geschlossen worden sind. Seiner Ansicht nach müssen derartige Verträge vom Mann rückgängig gemacht werden. Der Philosoph denkt das Problem anschließend noch weiter und stellt nun die Frage, ob eine Frau öffentliche Verträge zumindest mit der *expliziten* Erlaubnis ihres Mannes schließen dürfe? Ja, lautet seine Antwort, allerdings nur, wenn ein tatsächlich schwerwiegender Grund vorliege. Schließlich erwägt er noch, wie zu verfahren sei, wenn die Frau offenkundig intelligenter als ihr Mann ist. Soll sie mindestens dann befugt sein, öffentliche Verträge zu schließen? Auch in dem Fall, so sein Fazit, sei es nicht ratsam. Vielmehr solle sie sich mit ihren und ihres Mannes Freunden beraten und dann nach ihrem Ratschlag handeln.[152]

Auch bei der Quaestio „*Ob Mann und Frau ähnliche Sitten haben sollen?*" bleibt er nicht bei dem philosophischen Nachweis, dass die Sitten von Mann und Frau „*gleich*", im Sinne von „*proportional*" sein sollen. Er beschäftigt sich daneben auch mit der Frage, wie sich die von ihm geforderte Proportionalität der Sitten in der Art und Weise, wie sich die Ehepartner kleiden und wie sie reden, niederschlagen solle. Kleidung und Gesten seien schließlich äußere Zeichen der Sitten. Auch hier sei, so seine Antwort, Proportionalität gefordert. Wenn sich nämlich eine Frau viel schicker als ihr Mann kleide, werden ihre Bekannten über sie lästern und sagen, sie sei eine Hure und wolle andere Männer verführen. Wenn hingegen der Mann mit seiner Kleidung über seine Frau hinausrage, werden sie sagen, dass er eine Freundin habe und ein Freier sei.[153]

Eine weitere Frage, die im Rahmen dieser abschließenden Betrachtung von Bartholomäus' Umgang mit den Passagen über die Ehe im

---

[152] Bartholomaeus de Brugis: Questiones Yconomice, Paris BN lat. 16089, ff. 128va–129rb: „Consequenter queritur, utrum mulier debeat facere contractus ciuiles, ut puta venditiones et emptiones et audire iudicia et huius?"

[153] Bartholomaeus de Brugis: Questiones Yconomice, Paris BN lat. 16089, f. 130rb–130va: „...utrum vir et uxor debeant habere mores similes?"

Quaestio-Teil behandelt werden muss, ist die Frage nach dem *Ziel*, das Bartholomäus mit der Erörterung dieser philosophischen *Quaestiones* in seinem Kommentar eigentlich verfolgt? In der eingangs vorgestellten Quaestio „*Ob die Ökonomik für den Menschen notwendig sei?*" hat Bartholomäus behauptet, die Funktion der *Ökonomik* (verstanden zugleich als *Text* und als *Wissenschaft vom Hause*) bestehe in der *Rationalisierung menschlichen Handelns in einer Hausgemeinschaft*. Die Ökonomik mache demnach richtiges Handeln in einer Hausgemeinschaft rational einsichtig und lasse somit den Menschen besser handeln. Derselbe Anspruch lässt sich auch an mehreren Quaestiones zu den Ehe-Passagen der *Yconomica* ablesen. In Übereinstimmung mit den im Prolog beschriebenen Funktionen einer *philosophia practica* möchte Bartholomäus hier richtiges Handeln in der Ehe und in der Hausgemeinschaft *philosophisch-rational* begründen und aufzeigen sowie verfehltes Handeln dadurch korrigieren. Damit setzt der mittelalterliche Philosoph mit den Quaestiones jenes Projekt fort, das er in der Quaestio „*Utrum Yconomica sit homini neccessaria?*" der aristotelischen *Ökonomik* selbst zugeschrieben hat.[154]

Am greifbarsten wird dieser Anspruch in jenen *Quaestiones*, in denen Bartholomäus Fragen erörtert, die eigentlich in den Bereich des zeitgenössischen Rechtsdiskurses gehören. Der mittelalterliche Philosoph möchte hier *philosophisch* zu diesen von Kanonisten und Legisten sowie in Stadtrechten diskutierten Fragen Stellung nehmen. Wie seine Aussagen deutlich machen, fühlt er sich berechtigt, *qua Philosoph* mit seiner rational-aristotelischen Philosophie über die Richtigkeit gewisser gesetzlicher Verordnungen zu urteilen. So verurteilt er, wie gezeigt werden konnte, in der Quaestio „*Ob eine Frau Geld für Hausfeiern und für den Haushalt ausgeben könne?*" aufgrund rational-philosophischer Erwägungen den von ihm erwähnten lombardischen Usus, den Frauen Geldausgaben zu untersagen.[155] In der Quaestio „*Ob eine Frau öffentlich-rechtliche Verträge schließen dürfe?*" leitet er die Unfähigkeit der Frau, Verträge zu schließen, von der aristotelischen Vorstellung von der geminderten Urteilskraft der Frau ab. In derselben Quaestio empfiehlt er der Obrigkeit, den Frauen das Eingehen von Verträgen zu untersagen und kritisiert ausdrücklich jene *ciuitates*, die den Frauen dieses Recht zugestehen. Derartige *ciuitates* seien nicht *bene recte*. Aufgrund derselben philo-

---

[154] Siehe oben, S. 217–235, hier bes S. 235.
[155] Siehe oben, S. 358–359.

sophischen Vorstellung von der geminderten Urteilskraft der Frau lobt er außerdem in derselben Quaestio explizit die *lex salica*, die Frauen von der Herrschaft ausschließt. Bartholomäus verhält sich in seinen Quaestiones also als Rechts- und Sozialphilosoph.[156]

Freilich verfolgt er die Zielsetzung, philosophisch richtiges Handeln (vor allem) in der Ehe und in der Hausgemeinschaft aufzuzeigen, nicht bei allen Quaestiones. So ist etwa seine Quaestio „*Ob Tiere klug seien?*", die er im Bezug auf das *capitulum quartum libri primi* erörtert, nicht mit einer moral- und sozialphilosophischen, sondern vielmehr mit einer rein naturphilosophischen Absicht verfasst.[157]

Das führt uns zu der Frage, was es eigentlich für Bartholomäus in den Quaestiones bedeutet, zu etwas *philosophisch* Stellung zu beziehen? Auch dies ist bereits bei der näheren Vorstellung der fünf ausgewählten Quaestiones deutlich geworden. Wie man an diesen ablesen kann, scheint für den mittelalterlichen Philosophen *Philosophieren* aus drei miteinander verknüpften Elementen zu bestehen. Den ersten konstitutiven Bestandteil seines philosophischen Diskurses bildet das *dialektische Verfahren*, auf dem die mittelalterliche Quaestio als ein Gegeneinander-Ausspielen von verschiedenen gegensätzlichen Positionen beruht. Die zweite *conditio sine qua non* seines Philosophierens scheint die Anwendung der syllogistisch-deduktiven Beweismethode zu bilden. Den dritten, und in unserem Zusammenhang interessantesten Bestandteil seines philosophischen Diskurses bildet schließlich der zweckmäßige Rekurs auf verschiedene Gedanken und Konzepte aus aristotelischen Schriften, die zur Begründung seiner philosophischen Thesen dienen.

Es ist philosophisch interessant zu beobachten, auf *welche* aristotelischen Konzepte Bartholomäus in seinen Quaestiones zu den Ehe-Passagen der *Yconomica* zurückgreift. Es fällt auf, dass der mittelalterliche Philosoph seine philosophische Beweisführung mit einer eigentlich recht geringen Anzahl von Konzepten aufbaut, die alle ihren Ursprung im aristotelischen Schrifttum haben. Die meisten von ihnen stammen aus den Textstellen der *Nikomachischen Ethik*, *Politik* und *Ökonomik*, die von der Ehe handeln.

---

[156] Bartholomaeus de Brugis: Questiones Yconomice, Paris BN lat. 16089, ff. 128va–129rb: „Consequenter queritur, utrum mulier debeat facere contractus ciuiles, ut puta venditiones et emptiones et audire iudicia et huius?"

[157] Bartholomaeus de Brugis: Questiones Yconomice, Paris BN lat. 16089, ff. 124va–125rb: „Consequenter queritur, utrum animalia bruta sint prudentia?"

Ein aristotelischer Gedanke, den er in seiner Beweisführung immer wieder einsetzt, ist die aristotelische Lehre aus dem ersten Buch der *Politik* vom *consilium invalidum*, der geminderten Urteilskraft der Frau. So zieht Bartholomäus dieses Konzept heran, um zu beweisen, dass es für die Erziehung der Kinder auf keinen Fall richtig sei, eine Witwe zu heiraten.[158] Ebenso wird mit dem *consilium invalidum* der Frau begründet, dass diese keine öffentlichen Verträge schließen könne[159] und, in der Quaestio „*Utrum mulier possit esse iudex?*", dass sie keine Richterin werden dürfe.[160] In der Quaestio „*Ob die Ehefrau Geld für den Haushalt ausgeben dürfe?*" begründet er, wie gesehen, mit diesem aristotelischen Gedanken seine These, dass die Ehefrau nur Geld für kleinere und mittlere Anlässe, nicht aber für große und komplizierte, ausgeben dürfe.[161] In der Quaestio „*Ob es Aufgabe des Mannes sei, die Kinder zu unterweisen, und der Frau sie zu ernähren...?*" argumentiert er mit dem *consilium invalidum* der Frau, um philosophisch nachzuweisen, dass die Unterweisung der Kinder vorrangige Aufgabe des Mannes sein müsse.[162] In der Quaestio „*Utrum mulier in omnibus debeat obedire viro suo*" wird hingegen, wie gesehen, das Konzept des *consilium invalidum* zum Nachweis verwendet, dass die Frau ihrem Mann *nicht* in allem gehorchen müsse. Nur wenn sie überhaupt keine Urteilskraft besäße, wäre sie dem Mann zu abso-

---

[158] Siehe oben, S. 337–338.
[159] Bartholomaeus de Brugis: Questiones Yconomice, Paris BN lat. 16089, f. 128vb: „Unde dicendum est aliter secundum mentem Philosophi, quod mulier per se non debet facere contractus ciuiles, quod sic probatur: Illud non debet facere mulier per se, quod indiget deliberatione magna et magna prudentia. Sed facere contractus ciuiles indiget deliberatione magna et magna prudentia, quare et cetera. Maior declaratur, quia mulier habet ratiotinatiuum inualidum, ut habetur primo Politice. Minor est euidens: Sunt enim multe intricationes in huius contractibus, que indigent magna prudentia ad hoc, quod bene fiant, quare et cetera."
[160] Bartholomaeus de Brugis: Questiones Yconomice, Paris BN lat. 16089, ff. 128rb–129va: „Dicendum breviter, quod mulier non potest esse iudex, quod sic probatur: Iudex debet vigere ratione. Mulier autem non viget ratione, ergo mulier non potest esse iudex. Maior patet ex quinto Ethicorum, ubi dicitur quod iudex vult esse iustum animatum. Et probatur, quia unusquisque bene iudicat de hiis, que noscit, ut patet ex primo Ethicorum. Et ideo iudicem oportet habere rectam cognitionem agibilium, aut non iudicabit recte, nisi per accidens forte et casu. Recta autem ratio agibilium est prudentia, ut patet ex sexto Ethicorum. Minor patet primo Politice, ubi dicitur, quod mulier habet consilium inualidum, quare et cetera."
[161] Siehe oben, S. 356.
[162] Bartholomaeus de Brugis: Questiones Yconomice, Paris BN lat. 16089, f. 131rb: „Tertium declaratur, quia ad illum pertinet magis docere filios, qui est magis prudens. Vir autem est magis prudens, quare et cetera. Maior videtur euidens, quia docere est actus sapientis et prudentis, ut habetur prohemio Metaphisice. Minor patet ex primo Politice: Vir enim viget ratione, et non mulier, ut habetur ibidem, quare et cetera."

lutem Gehorsam verpflichtet. Sie verfüge aber, wenngleich in geminderter Form, über Urteilskraft, und müsse deshalb dem Mann nicht in allem gehorchen.[163]

Ein weiteres aristotelisches Konzept, das Bartholomäus mehrfach für die Konstruktion seiner philosophischen Argumentation heranzieht, ist die in den Ehe-Passagen der *Nikomachischen Ethik*, *Politik* und *Ökonomik* formulierte Vorstellung, der Aufgabenbereich der Frau seien *innerhäusliche* Angelegenheiten, der des Mannes Aufgaben *außerhalb* des Hauses. Wie gesehen, spielt diese Vorstellung eine große Rolle etwa in der Quaestio „*Ob Mann und Frau im Hause unterschiedliche Aufgaben haben?*".[164] In der Quaestio „*Ob eine Frau Geld für Hausfeiern und den Haushalt ausgeben dürfe?*" dient dieses aristotelische Konzept dem Nachweis, dass die Ehefrau durchaus Geld für den Haushalt ausgeben dürfe, da ja diese Geldausgaben schließlich zu den *interiora negocia* gehörten.[165] Ähnlich wird in der Quaestio „*Ob es Aufgabe des Mannes sei, die Kinder zu unterweisen, und der Frau, sie zu ernähren…?*" argumentiert. Der Frau stehe vor allem das Ernähren der Kinder zu, da dieses zu den *innerhäuslichen Aufgaben* gehöre und diese, wie Aristoteles sage, Aufgaben der Frau seien.[166]

Auch das im achten Buch der *Nikomachischen Ethik* beschriebene Konzept der *ehelichen Freundschaft* (*amicitia coniugalis*) wird in den Quaestiones mehrfach bei der Begründung verschiedener philosophischer Thesen eingesetzt. So dient der Verweis auf die „*amicitia inter virum et uxorem*" in den Quaestiones „*Utrum vir et uxor debeant habere mores similes?*" und „*Utrum vir et uxor debeant esse unanimes?*" dem Nachweis, dass die Ehepartner in Eintracht leben und ähnliche Sitten haben müssen.[167] In der

---

[163] Siehe oben, S. 371.
[164] Siehe oben, S. 341–350.
[165] Siehe oben, S. 354.
[166] Bartholomaeus de Brugis: Questiones Yconomice, Paris BN lat. 16089, f. 131rb: „Item, ille ad quem principaliter pertinet agere negotia intra (*cod.* infra) domum, habet magis nutrire filios. Hoc enim est de operibus interioribus. Sed ad mulierem pertinet magis agere negocia interiora domus, quare et cetera. Maior et minor patent ex dictis."
[167] Bartholomaeus de Brugis: Questiones Yconomice, Paris BN lat. 16089, f. 130[rb] (ex: Utrum vir et uxor debeant habere mores similes?): „Secundum probatur, quia qui sunt perfecte amici debent habere mores proportionales. Vir autem et uxor sunt perfecte amici, quare et cetera. Maior habetur octauo Ethicorum, ubi dicitur, quod amicitia requirit equalitatem aut proportionem et idem vult Philosophus in primo huius capitulo quarto, cum dicit *dissimilitudines morum nequaquam amabile*. Minor patet per Philosophum in hoc secundo, capitulo tertio et similiter octauo Ethicorum, quare et cetera."
Bartholomaeus de Brugis: Questiones Yconomice, Paris BN lat. 16089, f. 133rb (ex: Utrum vir et uxor debeant esse unanimes?): „Intelligendum est, quod virum et uxorem

Quaestio „*Ob ein Mann mit einer oder mehreren Frauen verkehren solle, und umgekehrt?*" wird der aristotelische Gedanke der „*amicitia inter virum et uxorem*" als eine Beweismittel für die Monogamie herangezogen. Mann und Frau, so wird hier argumentiert, seien schließlich Freunde (*amici*) und es sei nicht möglich (auch das ist ein Gedanke aus der *Nikomachischen Ethik*) viele Freunde auf einmal zu haben.[168] In der Quaestio „*Utrum mulier in omnibus debeat obedire viro suo?*" greift Bartholomäus, wie gesehen, bei seiner Beweisführung genau so auf den aristotelischen Gedanken der Freundschaft zwischen Mann und Frau zurück. Er begründet dort mit diesem Konzept die These, dass eine Frau ihrem Mann bei der Forderung eines für sie unangenehmen Übels, das aber zugleich kein *moralisches* Übel darstellt, stets zu gehorchen habe. Mann und Frau, so seine Begründung, seien nämlich Freunde (*amici*) und ein Freund müsse bereit sein, für den anderen manchmal etwas Unangenehmes auszuhalten.[169]

Schließlich sei hier noch ein letzter aristotelischer Gedanke erwähnt, den Bartholomäus mehrfach für seine philosophische Beweisführung fruchtbar macht. Es ist die in der *Politik* formulierte Vorstellung, dass das Verhältnis von Mann und Frau ein *Herrschaftsverhältnis* darstelle, und konkreter, dass dieses mit dem *regimen politicum* in einer Staatsgemeinschaft, also der Herrschaft von *freien Bürgern* über andere *freie Bürger*, vergleichbar sei. Auf die aristotelische Beschreibung der Beziehung zwischen Mann und Frau als eines Herrschaftsverhältnisses rekurriert Bartholomäus in seinem Kommentar mehrfach, zweimal konkret auf die

---

esse unanimes posset intelligi dupliciter: Uno modo quod haberent voluntates equales et omnino easdem. Alio modo quod haberent voluntates concordes et proportionales. Primo modo non debent esse unanimes, secundo autem modo debent...Secundum probatur sic: Quia perfecti amici debent habere concordes voluntates. Vir autem et uxor sunt perfecti amici, quare et cetera. Maior patet ex nono Ethicorum. Unde nisi sic esset inter ipsos non posset esse perfecta amicitia, quia amicorum perfecte est idem velle et nolle, ut habetur nono Ethicorum. Minor patet per Philosophum octauo Ethicorum. Unde ostendit ibidem, quod ex amicitia viri et uxoris deriuatur amicitia fratrum et cognatorum tanquam ex prima et principali, quare et cetera."

[168] Bartholomaeus de Brugis: Questiones Yconomice, Paris BN lat. 16089, f. 123rb–123va: „Illo modo debent vir et mulier copulari, qui requiritur ad perfectam amicitiam. Sed hic est, quod solus cum sola copuletur, quare et cetera. Maior declaratur, quia vir et uxor debent esse perfecti amici, ut satis habetur octauo Ethicorum et omnes prudentes idem volunt. Minor probatur, quia perfecta amicitia est inter duos. Et non potest unus esse perfectus amicus plurium, ut vult Philosophus nono Ethicorum. Et idem vult Aspasius (*cod.* Aspitius) supra octauum Ethicorum, ubi dicit, quod non facit ad indiuidualitatem vite, quod unus habeat plures uel econuerso, quare et cetera."

[169] Siehe oben, S. 368.

Vorstellung, dass es sich bei dem Herrschaftsverhältnis zwischen Mann und Frau um einen *principatus politicus* handle. Bartholomäus greift auf dieses Konzept beispielsweise in der Quaestio „*Utrum mulier sit serva?*" zurück. Es dient ihm hier als Nachweis, dass aus der Unterordnung der Frau unter ihren Mann nicht folgen könne, dass sie eine Dienerin (*serva*) sei. Dies wäre, argumentiert er, nur dann der Fall, wenn sie zu ihrem Mann in einem *despotischen* Herrschaftsverhältnis stünde (auch dies ist ein Konzept aus der aristotelischen *Politik* und bezeichnet die Herrschaft eines Tyrannen über seine Untertanen und eines Herrn über seine Sklaven). Sie stehe aber mit ihrem Mann eben in einem *politischen Herrschaftsverhältnis.*[170] In der Quaestio „*Utrum mulier debeat in omnibus obedire viro suo?*" dient hingegen das aristotelische Konzept von der Herrschaft des Mannes über die Frau als eines *regimen politicum* dem Nachweis, dass eine Frau ihrem Mann *nicht* in allem gehorchen müsse. Wenn dies so wäre, argumentiert er, wäre das Verhältnis der Ehepartner kein *principatus politicus*, sondern ein *prinicipatus despoticus*.[171]

Bartholomäus nimmt demnach, wie gezeigt werden konnte, in seinen Quaestiones die Ehe-Passagen der Yconomica zum Anlass, um eine selbständige Philosophie der Ehe zu entwickeln. Es handelt sich dabei um eine Philosophie, die sich in der Form kleiner, voneinander unabhängiger philosophischer Stellungnahmen zu einer Serie von vielfach zeitrelevanten Spezialproblemen artikuliert und die durchweg aristotelisch ist, weil sie durchgängig mit zweckmäßig verwendeten Konzepten aus aristotelischen Schriften konstruiert ist.

---

[170] Bartholomaeus de Brugis: Questiones Yconomice, Paris BN lat. 16089, f.: „Ad aliam conceditur, *quod est subiectum*, et cetera. Dicendum, quod verum est in regimine despotico, uel seruili. Sed in regimine pollitico non est verum, ut patet primo Politice. Principatus autem viri respectu mulieris est sicut politicus principatus, ut dicit Philosophus primo Politice." Bartholomäus antwortet hier auf sein eingangs als *ratio contra* formuliertes Argument, die Frau sei eine Dienerin (serva), weil sie ihrem Mann untergeordnet sei (*subiecta*).
[171] Siehe oben, S. 370.

TEIL V

DIE REZEPTION DER ARISTOTELISCHEN
PHILOSOPHIE DER EHE UND DAS
MITTELALTERLICHE EHEVERSTÄNDNIS:
EINE SCHLUSSBILANZ

KAPITEL 19

SCHLUSSBILANZ

Im 4. Jahrhundert v. Ch. hatte der griechische Philosoph Aristoteles mehrere Schriften verfasst, in denen er sich philosophisch mit dem Thema der ehelichen Beziehung von Mann und Frau auseinander setzte. Unter seinen heute bekannten Schriften beschäftigte er sich mit der Lebensgemeinschaft von Mann und Frau am intensivsten in der *Nikomachischen Ethik* und in der *Politik*. Der Schüler Platons und Ehemann von Pythias und Herpyllis soll sogar ein eigenständiges Traktat über die Ehe verfasst haben, das aber heute als verloren gilt. Bis ins 19. Jahrhundert hat man darüber hinaus eine dritte antike philosophische Schrift, die von der Ehe handelt, als ein Werk des Aristoteles betrachtet, die *Ökonomik*.

Die Art und Weise, wie in diesen Schriften die Ehe beschrieben wird, verortet sie klar in der griechischen, vorchristlichen Antike. Sie waren ihrem Wertekanon verpflichtet, spiegelten die damalige gesellschaftliche Wirklichkeit und waren mit ihren Ansätzen und thematischen Gewichtungen vielfach den damaligen philosophischen und literarischen Traditionen verhaftet.

Wie sein gesamtes beeindruckendes philosophisches Œuvre, so sind auch die Überlegungen des Aristoteles zur Ehe im Verlauf der Geschichte immer wieder und auf unterschiedliche Weise rezipiert worden.

Die vorliegende Studie hat sich mit der frühen Rezeption der aristotelischen Gedanken über die Ehe im lateinischen Mittelalter beschäftigt. Diese begann in der Mitte des 13. Jahrhunderts, als im Zuge der großen abendländischen Aristoteles-Rezeption zuerst die *Nikomachische Ethik* (1246/7), danach die *Politik* (um 1265) und schließlich auch die *Ökonomik* (1295) wiederentdeckt und ins Lateinische übertragen wurden.

Die Übersetzung dieser drei aristotelischen Texte ins Lateinische bedeutete deren *translatio* in ein gänzlich neues historisches Umfeld, das sich vom antiken gesellschaftlich-kulturellen Kontext ihrer Entstehung deutlich unterschied. Die Art und Weise, wie die aristotelischen Gedanken zur Ehe in diesem neuen historischen Umfeld rezipiert wurden, verdankt sich einer Reihe vielfach miteinander verknüpfter *zeittypischer* Phänomene und Entwicklungen.

In erster Linie fällt auf, dass die Art des Umgangs mit den aristotelischen Gedanken vom damaligen *literarischen System* abhängig war. Die Rezeption dieser Gedanken fand ihren Niederschlag in einer Reihe zeittypischer Textsorten und wurde von deren literarischen Merkmalen und Funktionen bestimmt. Sie spielte sich in den damals verbreiteten Sentenzen- und Bibelkommentaren ab. Ein bedeutender „literarischer Ort" der damaligen Rezeption der aristotelischen Texte zur Ehe wurde die seit dem 13. Jahrhundert intensiv gepflegte literarische Textsorte des Aristoteles-Kommentars. Die aristotelischen Gedanken wurden zudem in der seinerzeit zu einer neuen Blüte gelangten Gattung des Fürstenspiegels rezipiert. Sie fanden schließlich Eingang in die im Mittelalter beliebte literarische Form des Florilegiums und in Schriften zur topischen Frage *Ob ein Weiser heiraten solle*.

Die *Existenz* dieser Textsorten in der damaligen Zeit war freilich kein Zufall. Die Tatsache, *dass* gerade *diese* literarischen Formen im 13. Jahrhundert gepflegt wurden und *wie* sie gepflegt wurden, ist auf die spezifische geistig-kulturelle, gesellschaftliche und religiöse Situation des damaligen Abendlandes zurückzuführen. So wäre etwa das Aufkommen des Sentenzen-Kommentars im 13. Jahrhundert als des damals bedeutendsten Vehikels spekulativer Theologie nicht denkbar gewesen ohne die im 12. Jahrhundert begonnene wissenschaftlich-scholastische *renovatio* theologischer Studien an Kathedralschulen und später an Universitäten. Der damaligen historischen Situation trägt auch die vermehrte Entstehung von Fürstenspiegeln seit der Mitte des 13. Jahrhunderts Rechnung. Als speziell für die ethisch-(geistige) Unterweisung von weltlichen Fürsten verfasste Schriften waren sie Ausdruck jener neuen umfassenden Hinwendung der Kirche, vor allem der Bettelorden, zu den zu einem neuen Selbstbewusstsein gelangenden Laien. Die große Verbreitung des philosophischen Aristoteles-Kommentars stand hingegen im Zusammenhang mit der seit dem 12. Jahrhundert verlaufenden Erneuerung philosophischer Studien und deren späterer Institutionalisierung (vor allem) an der Pariser Artes-Fakultät. Sie war zugleich Ausdruck der damaligen Vorstellung, dass das Praktizieren von Philosophie hauptsächlich im Kommentieren antiker autoritativer philosophischer Werke besteht.

Die neuentdeckten aristotelischen Gedanken über die Ehe wurden in das jeweilige *Projekt* dieser Textsorten eingespannt. Petrus Lombardus hatte im vierten Buch der Sentenzen anhand verschiedener biblischer und patristischer *Auctoritates* versucht, eine systematische Theologie der Ehe zu entwickeln, ein Vorhaben, das von den späteren Kommentatoren des Sentenzenbuches fortgesetzt wurde. Albert der Große und andere Kommentatoren des *quartum librum Sententiarum*, die auf die aristotelischen Texte zur Ehe zurückgriffen, spannten sie in eben dieses Projekt einer *systematischen Theologie der Ehe* ein. Thomas von Aquin machte in seinem Paulinenkommentar die aristotelischen Gedanken über die Ehe für die Hauptaufgabe eines Bibelkommentars, die Auslegung der Heiligen Schrift, fruchtbar und zog sie zum besseren Verständnis der paulinischen Ehelehre heran. Wie gezeigt worden ist, bestand das Projekt des mittelalterlichen philosophischen Aristoteles-Kommentars einerseits im Auslegen des Aristotelischen Textes, andererseits im eigenständigen Philosophieren. Entsprechend versuchten die mittelalterlichen Kommentatoren der aristotelischen Ehetexte, diese einerseits *verständlich zu machen*, andererseits sie für die Konstruktion einer *eigenen Philosophie der Ehe* zu verwenden. Aegidius Romanus schrieb sein *De Regimine principum* zur Unterweisung des französischen Dauphins und zog die aristotelische Ehelehre heran, um den Kronprinzen über die richtige Beschaffenheit einer fürstlichen Ehe zu unterrichten.

Der Zugang zu den aristotelischen Texten zur Ehe in allen diesen Schriften sowie die Art von deren Rezeption weist einen gemeinsamen Grundzug auf: Die aristotelischen Gedanken über die Ehe wurden von allen mittelalterlichen Autoren als *vernunftphilosophische Auctoritas* rezipiert. Sie wurden zur vernunftphilosophischen Bestätigung christlicher Ehelehre eingesetzt und dienten zur Konstruktion philosophischer Ehediskurse.

Es fällt auf, dass die aristotelischen Ausführungen zur Ehe grundsätzlich *befürwortend* rezipiert wurden. Während einige anderer Teile des *corpus aristotelicum* damals heftige Reaktionen auslösten, verlief die Rezeption der aristotelischen Ehelehre reibungslos. Im Unterschied etwa zur Lehre von der Unendlichkeit der Welt, die zentrale Aspekte des christlichen Schöpfungsglaubens in Frage stellte, stand die aristotelische Ehelehre in keinerlei Widerspruch zum damaligen Ideal der Ehe als einer monogamen, unauflösbaren und hierarchisch geordneten, dennoch aber Elemente von egalitärer Partnerschaftlichkeit beinhaltenden Gemeinschaft von Mann und Frau, sondern bestätigte dieses vielmehr.

Der einzige Punkt, in dem die Rezeption der aristotelischen Ausführungen zur Ehe zu einem gewissen Konflikt mit Wertevorstellungen des 13. und 14. Jahrhunderts führte, war die von ihnen ableitbare Vorstellung, dass die Ehe die *einzige* und für den bei Aristoteles als *animal coniugale et civile* verstandenen Menschen *optimale* Lebensform darstellt. Eine derartige Vorstellung widersprach freilich der damaligen Vorstellung, dass ein Leben im Zölibat und in sexueller Abstinenz einen höheren Stellenwert besitze als ein Leben in der Ehe. Das eheliche Leben wurde zwar durchaus als ein *Gut* geschätzt, im Vergleich zum zölibatären Leben dennoch als ein minderes Gut. Die mittelalterlichen Rezipienten, die alle zölibatäre Kleriker waren, begegneten der aristotelischen Herausforderung zumeist mit einer *pia interpretatio* des Stagiriten und interpretierten ihn im Sinne ihres damaligen Wertekanons um.

Inwieweit hat sich die Wiederentdeckung und Rezeption der aristotelischen Texte auf das mittelalterliche Denken über die Ehe ausgewirkt? Geht man vom Befund des Germanisten Rüdiger Schnell aus, dass sich das mittelalterliche Eheverständnis topisch in einer Serie von Textarten artikulierte und fragt man, in *wie vielen* von diesen Textarten die aristotelischen Texte rezipiert wurden und mit *welcher Intensität*, so fällt der Einfluss der aristotelischen Ehelehre auf das mittelalterliche Eheverständnis eher bescheiden aus.[1]

Wie gezeigt worden ist, wurde die aristotelische Ehelehre in unserem Untersuchungszeitraum in insgesamt sechs zeittypischen Textarten rezipiert. Ihre Verfasser waren alle Theologen oder Philosophen. Mehrere andere Textarten, die damals bedeutende Träger verschiedener Bereiche mittelalterlichen Ehediskurses darstellten, blieben dagegen von der aristotelischen Philosophie der Ehe völlig unberührt. So sucht man beispielsweise vergebens eine Rezeption der aristotelischen Ehetexte im mittelalterlichen Eherecht, sowohl im kirchlichen als auch im weltlichen. Das im gleichen Zeitraum sich formierende Eherecht, die kanonische Ehegesetzgebung im *Liber Sextus* Papst Bonifaz VIII. oder die der nordfranzösischen weltlichen Gewohnheitsrechte, der *Coutumes*, greift auf die aristotelische Ehelehre nicht zurück. Genauso wenig machen davon gelehrte Kommentatoren des weltlichen und kirchlichen Eherechts Gebrauch.[2]

Es mag überraschen, aber in unserem Untersuchungszeitraum lässt sich auch keine Verwendung der aristotelischen Ehetexte in Ehepredig-

---

[1] Rüdiger Schnell: Frauendiskurs, Männerdiskurs, Ehediskurs. Textsorten und Geschlechterkonzepte in Mittelalter und früher Neuzeit, Frankfurt a. M.–New York 1998.

[2] Aemilius Friedberg: Corpus Iuris Canonici, Teil 2: Decretalium collectiones, Leipzig 1881, S. 934–1123 (Edition des Liber Sextus); Philippe de Beaumanoir: Coutumes de Beauvaisis, Hg. v. Amédée Salmon, 3. Bde., Paris 1899–1900; Zur Verwendung,

ten, die gerade in dieser Zeit zur Blüte gelangt sind, nachweisen. Man findet die aristotelischen Gedanken zur Ehe weder in den *sermones ad coniugatos* bzw. *ad coniugatas* der drei aus unserem Untersuchungszeitraum überlieferten Sammlungen von *Ad status sermones*, noch begegnet man ihnen in damaligen Predigten zum Bibeltext über die Hochzeit zu Kana (*Nuptie facte sunt*), die seinerzeit den traditionellen *locus* der Ehepredigt bildete.[3]

Die Abwesenheit der aristotelischen Ehelehre in der mittelalterlichen Ehepredigt besagt freilich etwas über die *Reichweite* ihres mittelalterlichen Einflusses. Die Kenntnis der aristotelischen Ehe-Texte blieb auf die mittelalterliche *République des lettres* beschränkt. Ihre einzigen Rezipienten waren hochgebildete *zölibatäre* Kleriker, und auch hier nicht alle, sondern nur *Philosophen* und *Theologen*. Denjenigen, die die aristotelischen Ausführungen *eigentlich* betrafen, den *verheirateten Laien*, wurden diese in unserem Untersuchungszeitraum bis auf wenige Ausnahmen nicht vermittelt. Da nämlich *Laien* damals in der Regel keinen Zugang zu philosophischen und theologischen Studien hatten und auch von der Kanzel nichts über Aristoteles zu hören bekamen, blieben sie von der Kenntnis und vom Einfluss der aristotelischen Texte über die Ehe notwendigerweise weitgehend ausgeschlossen. Die einzige Ausnahme stellten die wenigen Laienrezipienten des vielfach auf die aristotelische Ehelehre zurückgreifenden Fürstenspiegels *De regimine principum* des Aegidius Romanus das. Aber auch seine laikale Leserschaft beschränkte sich in unserem Untersuchungszeitraum *de facto* auf eine Handvoll Hochadliger.[4]

Doch selbst bei den sechs Textsorten, in denen sich eine Rezeption der aristotelischen Gedanken über die Ehe nachweisen lässt, ist deren

---

oder vielmehr Nicht-Verwendung von Aristoteles bei Gelehrten Juristen siehe: Helmut G. Walther: „Verbis aristotelis non utar, quia ea iuristae non saperent." Legistische und aristotelische Herrschaftstheorie bei Bartolus und Baldus. In: Jürgen Miethke (Hg.): Das Publikum politischer Theorie im 14. Jahrhundert, München 1992, S. 111–126.

[3] Edition und Übersetzung ausgewählter Predigten zu Frauen aus Ad-Status-Sermones, darunter auch eine Predigt zu Ehefrauen von Gilbert von Tournai: Carla Casagrande (Hg.): Prediche alle donne del secolo XIII, Milano 1978; David d'Avray / M. Tausche: Marriage Sermons in Ad Status Collections of the Central Middle Ages. In: Nicole Bériou / David d'Avray (Hg.): Modern Questions about Medieval Sermons, Spoleto 1994, S. 77–134; Kritische Edition von *Nuptie-factae-sunt-Sermones*: David d'Avray: Medieval marriage sermons. Mass communication in a culture without print, Oxford 2001.

[4] Charles Briggs: Giles of Rome's *De regimine principum*. Reading and writing Politics at Court and University, c. 1275 – c. 1525, Cambridge 1999.

Einflussnahme auf den dort artikulierten Ehediskurs im Großen und Ganzen eher nüchtern zu bewerten.

An erster Stelle ist zu sagen, dass die aristotelische Ehelehre bei weitem nicht in *alle* Beispiele dieser Textsorten Eingang gefunden hat. Eine Bezugnahme auf die aristotelischen Ehetexte sucht man beispielsweise vergebens sowohl im Sentenzenkommentar des Bonaventura als auch in den mittelalterlichen Standardpostillen zur Bibel des Hugo von St. Cher und (außerhalb unseres Untersuchungszeitraums) des Nikolaus von Lyra. Ohne Rekurse auf die aristotelischen Texte zur Ehe kommen auch die in der zweiten Hälfte des 13. Jahrhunderts entstandenen Fürstenspiegel des Pseudo-Thomas und des Gilbert von Tournai aus.[5]

Bei den Autoren hingegen, die die aristotelische Ehelehre rezipieren, variiert das Ausmaß der Einflussnahme auf deren Ehediskurs von Text zu Text. „Einflussnahme" kann freilich von zweierlei Art sein: *quantitativ* und *qualitativ*. Quantitative Einflussnahme bedeutet die *zahlenmäßige Präsenz* der aristotelischen Ehelehre in den Ehediskursen der jeweiligen Texte, qualitative Einflussnahme deren *inhaltlich-thematische Prägungskraft*.

Bei einigen der untersuchten Texte ist die Präsenz der Gedanken des Aristoteles zur Ehe recht gering, bei anderen hingegen relativ groß. So spielen etwa bei der Kommentierung der Paulinischen Ehelehre durch Thomas von Aquin quantitativ gesehen die aristotelischen Gedanken zur Ehe eine nur untergeordnete Rolle. Ähnliches gilt für den Sentenzenkommentar des Albertus Magnus. Im Vergleich zum Gesamtumfang seines Kommentars zum „Ehe-Traktat" der Sentenzen des Petrus Lombardus sind die drei Stellen, an denen er auf die aristotelischen Texte zur Ehe rekurriert, eine zu vernachlässigende Größe. Dasselbe gilt auch für die Sentenzenkommentare des Aquinaten und des Duns Scotus. Freilich muss an dieser Stelle betont werden, dass sich dieses eher ernüchternde Resultat, vielfach der spezifischen Fragestellung dieser Untersuchung verdankt. Eine Studie, die nicht nur, wie hier, nach der Rezeption eines eng umrissenen Textkorpus, der aristotelischen Texte *zur Ehe*, gefragt hätte, sondern *allgemein* nach dem Einfluss der *gesamten aristotelischen Philosophie* auf die mittelalterliche Theologie der Ehe, wäre vermutlich zu einem anderen Ergebnis gelangt. Eine solche Studie, die systematisch die Rezeption des gesamten *corpus aristotelicum*

---

[5] Siehe oben, S. 170 n. 7; Hugo a Sancto Caro: Postillae in Vetus et Novum Testamentum, Bd. 7: In Epistolas omnes B. Pauli, Venedig 1703; Nicolaus de Lyra, Postilla super totam Bibliam, 4 Bde., Strassburg 1492 (Nachdruck 1971).

in mittelalterlichen theologischen Texten zur Ehe und deren Auswirkungen auf das dortige Eheverständnis untersucht wird, bleibt noch zu schreiben.

Anders verhält es sich dagegen mit der Präsenz der aristotelischen Ehelehre im *De regimine principum* des Aegidius Romanus und in damaligen Aristoteles-Kommentaren. In beiden Fällen ist sie recht groß. Aegidius konstruiert seinen Ehediskurs vielfach mit Gedanken aus diesen Texten. Bei Kommentaren *modo scripti* zur *Nikomachischen Ethik*, *Politik* und *Ökonomik* ergibt sich die häufige Bezugnahme auf die aristotelischen Ehe-Passagen automatisch durch deren Charakter einer laufenden Texterklärung. In Quaestio-Kommentaren kann das Ausmaß der Präsenz der aristotelischen Ehelehre wiederum variieren. Bei Bartholomäus von Brügge ist es beispielsweise sehr hoch. Einige der Quaestiones greifen bereits in ihrer Fragestellung Themen der Ehe-Passagen der *Ökonomik* auf auch der Ehediskurs, der *in* diesen Quaestiones geführt wird, rekurriert sehr oft auf Konzepte aus den aristotelischen Ehe-Passagen.

Weit schwieriger zu beantworten ist hingegen die Frage nach der inhaltlich-thematischen Prägungskraft der aristotelischen Ehelehre auf den Ehediskurs dieser Schriften. Im Sentenzenkommentar Alberts muss diese als recht gering eingeschätzt werden. Wie gezeigt worden ist, verwendet Albert in seinem Sentenzenkommentar die Passage „*Viro autem et uxori amicitia videtur secundum naturam existere*" aus der *Nikomachischen Ethik* lediglich als eine Art „Fundgrube" für autoritative Vernunftargumente, die er zur Beantwortung der *älteren*, aus dem *kanonistischen* Ehediskurs rezipierten Frage nach der *Natürlichkeit der Ehe* heranzieht. Die aristotelische Ehelehre wird hier also nur als eine *philosophische Bestätigung* für eine ältere Fragestellung verwendet. Sie *generiert* weder einen *neuen thematischen Ansatz*, noch führt sie zur Entwicklung einer inhaltlich *neuen Sicht auf die Ehe*. Einen gewissen *qualitativen Beitrag* bedeutet aber seine Aristoteles-Rezeption für den Ehediskurs in seinem Sentenzenkommentar doch: Die Einbindung der „Argumente" aus der Passage „*Viro autem et uxori*" der Ethik sowie aus dem Kommentar des Aspasius/Grosseteste in die Quaestio „*Utrum coniugium sit naturale*" ermöglicht ihm nämlich, besser als jede andere philosophische *Auctoritas*, „vernunftphilosophisch" nachzuweisen, dass die damalige christliche Ehelehre bis ins Detail dem Naturgesetz entspricht.

Von anderer Beschaffenheit ist hingegen der *qualitative Beitrag* der Rezeption der aristotelischen Ehelehre im Paulinenkommentar des Aquinaten. Der Rückgriff auf die aristotelische Lehre von den drei *com-*

munitates in domo ermöglicht hier Thomas, die strukturelle Gliederung der Ehe- und Hauslehre des hl. Paulus, die als Unterweisung von Eheleuten, Kindern und Dienern konzipiert ist, herauszuarbeiten. Interessanterweise nimmt damit seine aristotelische Ausdeutung des paulinischen Textes gewissermaßen die moderne historisch-kritische Interpretation der Ehelehre des Heiligen Paulus vorweg, derzufolge diese antiken stoischen Hauslehren, die ihre Vorläufer bei Aristoteles haben, verpflichtet ist.[6]

Einen besonderen Charakter hat der qualitative Beitrag der aristotelischen Ehelehre zu Engelberts Quaestio „*Utrum sapienti competat ducere uxorem*". Engelberts Argumentation läuft, entsprechend der Tradition, auf den Beweis hinaus, dass es einem Gelehrten *nicht* entspreche zu heiraten (abgesehen von dem unerwarteten Schluss des Traktats, der die Frage nach dem Für und Wider der Gelehrtenehe letztlich doch offen lässt und sie von den moralischen Qualitäten des Ehepartners abhängig macht). Der *qualitative Beitrag* der Rezeption der durchaus „ehefreundlichen" aristotelischen Ehetexte besteht bei Engelbert nicht etwa darin, dass er seine *Meinung* ändern und nunmehr, im Gegensatz zur vorangehenden Tradition, *für* die Gelehrtenehe plädieren würde. Er besteht vielmehr in einer *Schärfung der Argumentation*. Die Rezeption der aristotelischen Ehe-Texte, aus denen sich leicht eine Heiratspflicht folgern lässt, zwingt nämlich Engelbert, Argumentationsstrategien zu entwickeln, mit denen sich nachweisen lässt, dass es, *trotz* der aristotelischen Ehelehre, für den Gelehrten besser sei, *nicht* zu heiraten. Dass das Thema der Gelehrtenehe, das im 12. Jahrhundert die Form einer *dissuasio* hatte, im späteren Mittelalter immer mehr zu einer „*Quaestio in utramque partem*" geworden ist, scheint sich vielfach der Rezeption der aristotelischen Ehe-Texte zu verdanken.

Der weitaus größte qualitative Beitrag der aristotelischen Ehe-Texte zum mittelalterlichen Denken über die Ehe erfolgte aber durch deren Rezeption in Aristoteles-Kommentaren. Wie am Beispiel des Kommentars von Bartholomäus von Brügge gezeigt werden konnte, waren mittelalterliche Aristoteles-Kommentare (vor allem Kommentare *modo quaestionum*) nicht nur Orte der Aristoteles-Exegese, sondern gleichzeitig Orte *eigenständigen Philosophierens*. Dieses war aber zugleich nicht ganz frei in seiner Themenwahl, sondern großenteils thematisch begrenzt durch die jeweiligen Inhalte des kommentierten aristotelischen Wer-

---

[6] vgl. Will Deming: Paul on marriage and celibacy. The Hellenistic background of 1 Corinthians 7, Cambridge 1995, passim.

kes. Es war darüber hinaus ein durchweg „aristotelisches" Philosophieren, in dem Sinne, dass es seine Konzepte und Beweise größtenteils bewusst aus aristotelischen Schriften bezog. Die Herausbildung eines umfassenden *philosophischen* Diskurses über die Ehe, so wie ihn beispielsweise Bartholomäus von Brügge in seinen *Quaestiones Yconomice* führt, wurde daher erst durch die Rezeption der aristotelischen Ehetexte in Aristoteles-Kommentaren möglich. (In der Möglichkeit, rein philosophisch, d. h. mit vernunftphilosophischen Argumenten und ohne Rekurs auf theologische *Auctoritates* über die Ehe zu sprechen, liegt schließlich auch der Beitrag der Rezeption der aristotelischen Ehelehre im *De regimine principum* des Aegidius Romanus.)

Damit soll freilich nicht behauptet werden, dass das spätmittelalterliche Aufkommen einer auf Aristoteles beruhenden und von biblisch-patristischen und juristischen *Auctoritates* Quellen bewusst abstrahierenden Philosophie der Ehe zugleich die Herausbildung eines neuen *Eheverständnisses* zur Folge gehabt hätte. Der philosophische, aristotelisch geprägte Ehediskurs der Aristoteles-Kommentare und des *De regimine principum* stand zu den Ehelehren der Theologen und Juristen nicht im Widerspruch, sondern war auf deren philosophische Bestätigung angelegt.

Freilich hat die Rezeption dieser Texte nicht erst eine mittelalterliche Philosophie der Ehe *generiert*. Diese gab es in beschränktem Maße bereits *vor* der Entdeckung der aristotelischen Ehetexte. Als Philosophie der Ehe sind beispielsweise die auf Theoprast zurückgreifenden Bearbeitungen des Themas *An uxor ducenda* aus dem 12. Jahrhunderts zu betrachten. Aber erst die Rezeption der aristotelischen Texte zur Ehe mittels philosophischer Aristoteles-Kommentare brachte die mittelalterliche Philosophie der Ehe zur vollen Entfaltung. Es ist also vielfach der Entdeckung der *Nikomachischen Ethik*, *Politik* und *Ökonomik* zu verdanken, dass sich im späteren Mittelalter neben Theologen und Juristen auch *Philosophen* in das Konzert mittelalterlicher Ehediskurse eingeschaltet haben.

ANHANG

SCHEMATISCHE DARSTELLUNG DER *DIVISIO TEXTUS* IM *SCRIPTUM YCONOMICE* DES BARTHOLOMÄUS VON BRÜGGE

Die schematische Darstellung der *divisio textus* im *Scriptum Yconomice* des Bartholomäus von Brügge beruht auf der Abschrift Bologna BU 1625, ff. 80^(ra)–96^(ra). Die angeführten Formulierungen (ostendit propositum, probat rationem, ponit quedam documenta etc.) entsprechen alle exakt dem Wortlaut des Kommentars. Die einzige Ausnahme bilden die in eckigen Klammern [ ] angegebenen Wörter und Sätze, die keine wörtliche Entsprechung in Bartholomäus' *divisio textus* haben, diese aber sinngemäß wiedergeben. Die in runden Klammern angeführten Wörter stellen von Bartholomäus selbst im Verlauf seines Kommentars erwähnte alternative Texteinteilungen, bzw. alternative Beschreibungen bestimmter Abschnitte der Ökonomik dar.

Der hier *kursiv* wiedergegebene Text der *translatio Durandi* der pseudoaristotelischen Ökonomik beruht auf der Abschrift Paris, BN lat. 16089, ff. 191^(ra)–194^(rb). Es handelt sich um denselben Text, der bereits im zweiten Kapitel vorgestellt wurde, allerdings ohne die dort im kritischen Apparat angeführten Übersetzungsvarianten.

⟨*Liber primus*⟩

— Prohemium
  — ponit quedam preambula ad manifestationem intentionis sue
    — ostendit differentiam et conuenientiam yconomice et politice
      — ostendit differentiam earum

        Iconomica et politica differunt non solum tantum quantum domus et ciuitas. Hec autem subiecta sunt eis; verum etiam, quod politica quidem ex multis principibus est, yconomica vero monarchia.

      — ostendit [earum] conuenientiam

        Artium quidem alique sunt distincte, et non est eiusdem facere et uti eo quod factum est, puta lira et fistula. Politice vero est et civitatem ab initio construere et existente uti bene. Patet etiam, quod yconomice sit et domum acquirere et uti ea.

    — ostendit earum ordinem
      — manifestat quodam utile ad propositum ostendendum

- ponit quod intendit

    Ciuitas quidem igitur est domorum pluralitas et prediorum et possessionum habundans ad bene viuendum.

- propositum probat

    Palam est enim, quod quando nequeunt hoc habere, dissoluitur et communicatio. Amplius autem huius causa conueniunt, cuius autem causa unumquodque est ut factum est, et substantia eius est hoc existens.

- ex hoc infert propositum

    Quare palam, quod yconomica prior politica est, et eius opus; pars enim ciuitatis domus est.

- Concludit ex hiis intentionem eius

    Videndum ergo de yconomica, et quid sit opus eius.

- Executio
    - determinat de materia et partibus materialibus et etiam subiectiuis yconomice et simul cum hoc aliqualiter determinat de communicatione viri et uxoris, que dicitur nuptialis, et parentum et filiorum, que dicitur paterna, et domini et serui, que dicitur despotica
        - determinat de materia et partibus materialibus yconomice
            - enumerat partes materiales yconomice
                - enumerat partes materiales primas et uniuersales yconomice

                    Pars vero domus homo est et possessio.

                - enumerat partes minimas et particulares magis

                    Cum autem primo in minimis natura singularium reperitur, et de domo etiam utique similiter habet. Unde secundum Ysiodum oportet utique esse dominum quidem prius uxoremque et bouem arantem. Hoc quidem enim nutrimenti gratia primum, illud autem liberorum.

                - ex dictis infert quoddam correlarium

                    Quare oportet utique que de uxoris tractanda sunt bene disponere; hoc autem est, qualem oportet eam esse instruere.

            - de eis determinat
                - determinat de possessione exteriori vel extra domum

SCHEMATISCHE DARSTELLUNG DER *DIVISIO TEXTUS* 399

- proponit quod intendit

    Possessionis autem prima cura ea que secundum naturam. Secundum naturam uero laboratoria prior et secunda que de terra, ut metallica et si qua alia huius.

- probat quoddam dictorum

    - probat hoc tribus rationibus. [Ponit primam rationem]

        Georgica autem maxime quia iusta; non enim inhumaniter nec violenter, sicut bellice.

    - ponit secundam rationem

        Amplius etiam et eorum que secundum naturam sunt. Naturaliter enim a matre nutrimentum omnibus est; quare et hominibus a terra.

    - ponit tertiam rationem

        Adhuc autem ad fortitudinem multum confert. Non enim sicut fabriles corpora inutilia faciunt, sed potentia foras pergere et laborare. Amplius autem potentia periculare aduersus hostes.

- epilogat circa dicta

    Horum enim tantum possessiones sunt extra domum.

- determinat de homine

    - proponit quod intendit

        Omnibus enim de coniuge prima cura.

    - propositum probat

        Communicatio namque naturaliter femine atque masculo est precipue.

    - quoddam in probatione dictum declarat [sc. quod communicatio viri et mulieris est naturalis]

        - facit quod dictum est

            - probat propositum

                - [ponit primam rationem ad probandum propositum]

- ostendit quod communicatio masculi et femelle est naturalis

  Suppositum est quidem enim a nobis in aliis, quoniam multa huiusmodi natura operari affectat sicut et animalium unumquodque. Impossibile tamen feminam sine masculo et masculum absque femina hoc efficere, quare de necessitate eorum consistit in communicatione societas.

- ostendit quod hoc differenter reperitur in hominibus et in brutis (*aliter*: secunda ratio)

  In aliis quippe animalibus irrationabiliter id existit, et in quantum nature participant, in tantum, solummodo prolis gratia procreande. In viris autem et prudentioribus magis est dearticulatum. Apparent etiam magis auxilia facta et amicitie et cooperari inuicem. In homine tamen magis, quoniam non solum essendi, verum etiam bene essendi cooperatores sibi inuicem masculus et femina sunt.

- ostendit propositum secunda ratione (*aliter*: tertia ratio)

  Et filiorum natura non ministerii causa nature solum, sed etiam utilitatis. Que enim potentes impotentibus fecerint, iterum reportant a potentibus et in senio impotentes effecti.

- ponit tertiam rationem (*aliter*: quarta ratio)

  Simul aut et natura replet hac peryodo semper esse, cum per numerum nequeat, per speciem tamen. Sic preordinata fuit a divino utriusque natura masculi et femine ad communitatem.

- ostendit quod uterque, scilicet tam vir quam mulier, ad huius communicationem habet conuenientem et debitam virtutem (*aliter*: quinta ratio)

  Assumpta enim ad hec omnia utilem habere virtutem, sed quedam ad contraria quidem, ad idem vero conuenientia; aliud quidem enim fortius, aliud vero fragilius fecit, ut illud magis se custodiat pre timore, illud vero ulciscatur pre fortitudine, et illud quidem querat que foris sunt, illud vero salvet que sunt intus; et ad operationem illud quidem potens esse robustum, illud vero ad exteriora negotia debile, illud vero ad quietem deterius, ad motus autem salubrius.

- concludit quoddam correlarium ex dictis

  Et de filiis generationem quidem propriam, utilitatem vero communem. Horum quidem enim nutrire, horum vero docere est.

- ponit quedam documenta circa communicationem viri et uxoris

  - [ponit primum documentum]

    Primo quidem igitur leges ad uxorem, non iniuriari. Sic enim utique nec ipse iniuriam patietur. Hoc etiam et communis lex sequitur, sicut et Pithagorici dicunt tamquam famulam ductam de lare nequaquam decet opinari iniuriari. Iniuria quoque viri coniunctiones que foris fiunt.

  - ponit secundum documentum

    De coitu vero nec indigere nec tanquam absentium continere non posse, sed taliter uti, quod sufficiat presente et non presente.

  - ponit tertium documentum

    Bene etiam habet quod Ysyodus dicit: Oportet puellam ducere, ut doceat bonos mores. Nam dissimilitudines morum nequaquam amabile.

  - ponit quartum documentum

    De ornatu vero etiam sicut nec moribus oportet elatos inuicem appropinquare, sic nec corporibus. Ornatus autem nichil differens est locutionis tragediarum in apparatu ad invicem.

- determinat de possessione interiori vel intra domum

  - ostendit quod in domo oportet esse seruos studiosos seu bonos

    - ostendit quandam conclusionem preuiam conclusioni dicte

      De possessionibus autem primum quidem ac magis necessarium quod optimum et principalissimum. Hoc autem est homo.

    - ex ea infert dictam conclusionem

      Propter quod oportet primo seruos studiosos ordinare.

  - ponit quedam documenta utilia ad hoc faciendum

- ponit diuisionem preambulam et utilem ad documenta
  - *Seruorum tamen species due: curator et operator.*
- ponit ea
  - [ponit primum documentum]
    - *Quia vero videmus, quod doctrine quales quosdam iuuenes faciunt, necesse est ordinantem nutrire, quibus attendendum est operum liberaliora.*
  - ponit secundum documentum
    - *Colloquium vero ad seruos, ut nec iniuriari nec permittere dissolutos.*
  - ponit tertium documentum
    - *Et liberalioribus quidem honorandum, operatoribus vero pluralitatem ciborum.*
  - ponit quartum documentum
    - *Et quando potatio vini iniuriosos etiam liberos facit et multe gentes recedunt etiam a bonis, sicut Carchidonenses in exercitu, manifestum, quod de hoc aut nichil aut parum est dandum.*
  - ponit quintum documentum
    - ponit documentum
      - *Existentibus vero tribus, opere, pena et victu, aliud quidem nec puniri nec operari, victum habere, iniuriam facit; aliud vero opera quidem et penas habere, uictum autem non, violentum et debilitatem facit. Restat ergo opera dare et victum sufficientem.*
    - probat ipsum
      - [adducit primam rationem ad probandum propositum]
        - *Nam sine merce impossibile dominari. Seruo autem merces victus.*
      - adducit secundam rationem
        - *Sicut etiam aliis, quando bonis bonum non fit, melioribus melius nec premia bonitatis et malicie, peiores fiunt, sic et de servis.*

└ includit intentum (*aliter*: concludit quoddam correlarium)

> *Propter quod deliberare oportet et distribuere singula condigne et victum et vestitum et otium et penas, verbo et opere imitantes medicorum virtutem in virtute medicine respiciendo, quoniam esca non est farmacia propter continuitatem.*

─ ponit sextum documentum

> *Genera vero ad opera sunt optima que nec timida nec fortia valde. Utraque enim inique agunt; et enim valde timidi non patientur et iracundi non bene obediunt.*

└ ponit septimum documentum

> *Oportet etiam et omnibus finem facere. Iustum enim et moderatum libertatem meritum poni; volunt enim laborare, quando meritum est et tempus determinatum.*

└ determinat de eius partibus subiectiuis siue speciebus

 ┌ enumerat species yconomice

> *Species vero yconomi quatuor quas circa res oportet habere. Etenim querere possibile oportet esse et custodire. Si vero non, nulla est utilitas acquirendi, nec non esse ornatum et nobilem. Horum enim gratia illis egemus.*

 └ de singulis determinat

  ┌ determinat de acquisitiua

> *Distingui tamen oportet singula et magis fructifera quam infructifera esse, et sic operationes distribui.*

  ├ determinat de custoditiua

   ┌ proponit quod intendit

> *Ad custodiam uero persianis et laconicis licet uti. Et actica vero dispositio utilis. Retribuentes enim emunt, et orei positio non est in paruioribus dispositionibus. Persiana vero omnia ordinari et omnia ad ipsum respicere*

   ├ quoddam quod dixerat probat

    ┌ [primo]

> *quod Dyon dicebat de Dyonisio: Nemo enim aliena et propria similiter curat. Unde, quotquot convenit per se fieri oportet et curam.*

- [secundo]

  Et Persiani et Libii proverbium bene habet. Alius quidem interrogatus quid magis equum impinguat, domini oculus inquit. Libius vero interrogatus quale stercus optimum, domini vestigia dixit.

- iuxta dicta ponit quedam documenta

  - [ponit primum documentum]

    - ponit documentum

      Custodiendum ergo alia quidem ipsum, alia vero uxorem, ut utriusque distingui opera dispositionis. Et hoc faciendum. In paruis quidem ordinationibus distingui raro, in hiis vero que sub cura sunt sepe;

    - probat ipsum

      non enim possunt, nisi bene appareant, bene imitari nec in aliis nec in cura.

    - concludit quoddam correlarium ex dictis

      Unde impossibile negligentibus dominis superastatores sollicitos esse.

  - ponit secundum documentum

    - facit hoc

      Cum autem hec et ad virtutem bona et ad dispositionem utilia, oportet prius seruis dominos surgere et dormire ultimos. Et numquam sine custodia domum esse, sicut et civitatem. Et quecumque oportet facere nec nocte nec die omittere.

    - remouet dubium, vel respondet tacite questioni

      Surgere tamen de nocte, hoc enim et ad sanitatem et dispostionem et philosophiam utile.

- determinat de usuali seu dispensatiua

  In modicis quidem rebus acticus modus usu fructuum utilis. In magnis autem diuisis hiis que ad annum et mensem consumuntur.

- determinat de ornatiua

  - determinat de superlectilibus

    Item etiam de superlectilium usu eorumque que cotidie et eorum que raro, hoc tradendum superastantibus super hiis. Et eorum custodiam per tempus aliquod faciendum, ut non lateat quod salvum est et quod deest.

  - determinat de domo

- determinat de constructione et ordinatione domus

  Domum etiam ad rerum custodiam construendum et ad sanitatem et salutem ipsorum. Dico autem rebus quidem puta victualibus et indumentis quibus expedit, et victualium qualis sicca et qualis humida aliarumque rerum qualis animatis et seruis et liberis et feminis et masculis et extraneis et ciuibus. Et ad salutem et ad sanitatem oportet esse ciuium quidem pro estate, calidum vero pro hyeme. Hec tamen sit versus boream et non equaliter lata.

- determinat quedam utilia de quibusdam partibus eius

  - [primum utile]

    Videtur autem et in magnis yconomiis utilis hostiarius esse qui in aliis operibus sit inutilis, ad salutem introentium et exeuntium.

  - secundum utile

    Ad bonum vero vasorum laconicium; oportet enim unumquodque in suo loco poni. Sic enim paratum existens non queretur.

⟨*Liber secundus*⟩

Et quia principalior communicatio habet esse inter virum et uxorem, illa enim principatur aliis et alie sibi famulantur, ideo secundo, quia de ea incomplete in primo libro determinauit, regreditur ad determinandam de ea complete. Et cum hoc aliqua, licet pauca interferit de aliis communicationibus

- determinat quedam propria utrisque, scilicet tam viro quam uxori

  - determinat qualem oportet esse mulierem siue dispositiones mulieris

    - determinat quomodo mulier se debet habere ad alia a viro suo

- ostendit quomodo mulier se debet habere ad domum et ad [*cod.* de] ad ea que sunt in domo

  Bonam mulierem eorum que sunt intus dominari oportet curam habentem omnium secundum scriptas leges, non permittentem ingredi nullum, si non preceperit vir, timentem precipue verba forentium mulierum ad corruptionem anime. Et que intus sibi contingunt ut sola sciat, et si quid sinistri ab ingredientibus fiat, uir habet causam. Dominam existentem expensarum et sumptuum ad festiuitates, quas vir promiserit.

- determinat quomodo se debet habere ad victum et ad ornatum

  Expensis et vestimento ac apparatu minori utentem quam eciam leges civitatis precipiunt, considerantem quoniam nec questus vestimentorum differens forma nec auri multitudo tanta est ad mulieris uirtutem, quanta modestia in quolibet opere et desiderium honeste atque composite vite. Et enim quilibet talis ornatus et elatio animi est, et multo certius ad senectutem iustas laudes sibi filiisque tribuendo. Talium quidem igitur ipsa se inanimet mulier composite dominari. Indecens enim viro videtur scire que intus fiunt.

- ostendit quomodo se debet habere ad exteriora et magna negotia

  In ceteris autem omnibus viro parere intendat, nec quicquam ciuilium audiens, nec aliquid de hiis que ad nuptias spectare videntur velit peragere. Sed cum tempus exigit proprios filios filiasue foras tradere aut recipere, tunc autem pareat quoque viro in omnibus et simul deliberet et obediat, si ille preceperit, arbitrans non ita viro esse turpe eorum que domi sunt quicquam peragere, sicut mulieri que foris sunt perquirere.

- determinat quomodo se debet habere ad proprium virum

  - ostendit quod debet se conformare et regulare moribus viri

    Sed arbitrari decet vere compositam mulierem viri mores uite sue leges imponi a deo sibi impositos cum nuptiis et fortuna coniunctos: quos equidem si patienter et humiliter ferat, facile reget domum, si vero non, difficilius.

  - concludit iuxta hoc quoddam correlarium vel ponit quoddam documentum iuxta dicta

- ponit correlarium seu documentum

    Propter que decet non solum cum contingit virum ad rerum esse prosperitatem et ad aliam gloriam, unanimem esse ac iuxta uelle seruire, verum etiam in aduersitatibus. Si quid autem in rebus deerit, uel ad corporis egritudinem aut ad ignorantiam anime esse manifestam, dicat quoque semper optima et in decentibus obsequatur, preterquam turpe quidem agere aut sibi non dignum. Vel memorem esse, si quid uir anime passione ad ipsam peccauerit, de nichilo conqueratur quasi illo hoc peragente, sed hec omnia egritudinis ac ignorantie ponere et accidentium peccatorum.

- probat correlarium vel documentum ter seu tribus rationibus

    - [ponit primam rationem]

        Quantum enim in hiis quis diligentius obsequetur, tanto maiorem gratiam habebit qui curatus extiterit, cum ab egritudine fuerit liberatus.

    - ponit secundam rationem

        - ponit rationem

            Et si quid ei iubenti non bene habentium non paruerit mulier, multo magis sentiet et a morbo curatus, propter qua decet timere huiusmodi.

        - ostendit iuxta hoc quomodo mulier se debet habere ad virum cum fuerit in prosperitatibus

            In aliis autem multo diligentius obsequi, quam si empta uenisset ad domum. Magno enim pretio empta fuit, societate namque vitae et protectione liberorum, quibus nil maius nec sanctius fieret.

    - ponit tertiam rationem

        - ponit eam

            - ponit eam

                Adhuc insuper si quidem cum felici viro uixisset, non quoque similiter fieret deulgata. Et quidem non modicum est non uti bene prosperitate et non humiliter, verum etiam aduersitatem bene sufficere multo magis merito honoratur. Nam in multis iniuriis et doloribus esse nichil turpe peragere fortis animi est.

- iuxta hoc concludit quoddam correlarium seu ponit quoddam documentum

  > Orare quidem igitur decet in aduersitate virum non peruenire. Si vero quicquam mali sibi contingat, arbitrari huic optimam laudem esse sobriae mulieris,

- manifestat eam per exempla

  - facit hoc

    > existimantem quoniam nec Alciste tantam acquiret sibi gloriam nec Penelope tot et tantas laudes meruisset, si cum felicibus viris vixissent. Nunc autem Amicti et Ulixis aduersitates parauerunt eis memoriam immortalem. Facte enim in malis fideles et iuste viris, a diis nec immerito sunt honorate. Prosperitatis quidem enim [non] (expunx.) facile inuenire participantes, aduersitati non volunt communicare non optime mulierum.

  - ex dictis infert correlarium

    - [facit hoc][1]

      > Propter que omnia decet multo magis honorare virum et in verecundia non habere, si sacra pudicitia et opes, animositatis filius, secundum Herculem non sequantur.

    - epilogat circa dicta

      > Mulierem quidem ergo in quodam tali typo legum et morum oportet se custodire.

- determinat qualem oportet esse virum seu dispositiones (*aliter*: leges et mores) viri

  - ostendit quod vir debet curare facere mulierem optimam

    - proponit quod intendit

      > Vir autem leges a similibus adinueniat uxoris in usu,

    - probat propositum

      - [ponit primam rationem ad probandum propositum]

---

[1] Fehlt bei Bartholomaüs. Dem Kommentator ist hier offensichtlich ein Fehler unterlaufen.

─ ponit rationem

> *quoniam tamquam socia filiorum et vitae ad domum viri deuenit, relinquens filios genitorum uiri et sua nomina habituros. Quibus quid sanctius fieret aut circa que magis uir sane mentis studebit, quam ex optima et preciosissima muliere liberos procreare,*

─ declarat maiorem et minorem eius

　　─ declarat maiorem

> *senectutis pastores quasi optimos et pudicos patris ac matris custodes ac tocius domus conseruatores?*

　　─ declarat minorem

　　　　─ declarat eam

> *Quoniam educati quippe recte a patre et matre, sancte atque iuste ipsis utentium, quasi merito boni fient, hec autem non optinentes patientur defectum.*

　　　　─ quoddam dictum probat

> *Exemplum enim vite filiis nisi parentes dederint, puram et excusabilem causam adinuicem habere poterant. Timor ne contempti a filiis, cum non bene uiuerent, ad interitum ipsis erunt.*

─ concludit intentum

> *Propter que enim nichil decet obmittere ad uxoris doctrinam, ut iuxta posse quasi ex optimis liberos valeant procreare.*

─ ponit secundam rationem ad probandum propositum

　　─ ponit rationem

> *Etenim agricola nichil omittit studendo, ut ad optimam terram et maxime bene cultam semen consumere expectans ita optimum sibi fructum fieri, et vult pro ea, ut deuastari non possit, si sic contigerit, mori cum inimicis pugnando. Et huius mors maxime honoratur. Ubi autem tantum studium fit pro corporis esca, ad quam anime semen consumitur, quid si pro suis liberis matre atque nutrice nonne omne studium est faciendum?*

　　─ declarat quoddam dictum in ea

- [ponit declarationem primam]

  Hoc enim solo omne mortale semper factum immortalitatis participat,

- ponit declarationem secundam

  et omnes petitiones ac orationes dium permanent paternorum. Unde qui contempnit hoc, et deos videtur negligere.

- infert quoddam collerarium ex dictis

  Propter deos itaque, quibus coram sacra mactauit et uxorem duxit, et multo magis se post parentes uxori tradidit ad honorem.

— dat documenta vel leges quibus contingit hoc fiere (*aliter*: potest facere mulierem optimam)

- ponit leges vel documenta ad illud, quod dictum est

  - primum [documentum] respicit coniunctionem carnalem exterius

    - ponit documentum

      - ponit documentum

        Maximus autem honor sobrie mulieri est, si uidet virum suum obseruantem sibi castitatem et de nulla alia muliere curam magis habentem, sed pre ceteris omnibus propriam et amicam et fidelem existimantem. Tanto etiam magis studebit se talem esse mulier, si cognouerit fideliter atque iuste ad se virum amabilem esse, et ipsa circa virum iuste fidelis erit.

      - iuxta hoc concludit quoddam correlarium

        Ergo prudentem ignorare non decet nec parentum qui sui honores sunt, nec qui uxori et filii proprii et decentes, ut tribuens unicuique que sua sunt iustus et sanctus fiat.

    - probat ipsum

      Multo enim maxime grauiter quisque fert honore suo privatus, nec etiam si aliorum quid multa dederit propria auferendo, libenter acceperit. Nichil maius nec proprius est uxori ad minus, quam societas honorabilis et fidelis.

└ concludit intentum et ipsum aliqualiter explanat (*aliter*: vel posset dici quod est correlarium)

> *Propter que non decet hominem sanae mentis ut ubicumque contingit ponere semen suum, nec ad qualemcunque accesserit, proprium immittere semen, ut non de generibus et iniquis similia liberis ligitimis fiant, et quidem uxor honore suo priuetur, filiis vero obprobrium adiungatur. De hiis ergo omnibus reuerentia iure debetur.*

─ secundum [documentum respicit coniunctionem carnalem] interius, scilicet intra domum cum uxore

> *Appropinquare vero decet eius uxori cum multa honestate et cum multa modestia et timore, dando verba coniunctionis eius qui bene habet, ac liciti operis et honesti, multa modestia et fide utendo,*

└ tercium [documentum] respicit peccata et delicta mulieris

┌ ponit documentum

> *parua quidem spontanea remittendo peccata. Et si quid autem per ignorantiam deliquerit moneat, nec metum incutiat sine verecondia et pudore. Nec etiam sit negligens nec seuerus.*

─ ipsum probat

> *Talis quidem enim passio meretricis adulterium est, cum verecundia autem et pudore equaliter diligere et timere libere mulieris ad proprium virum est.*

└ probationem manifestat

> *Duplex enim timoris species est, alia quidem fit cum verecondia et pudore, qua utuntur ad patres filii sobrii et honesti et ciues compositi ad benignos rectores. Alia vero cum inimicitia et odio, sicut serui ad dominos et ciues ad tyrannos iniuriosos et iniquos.*

─ concludit intentum

┌ facit hoc

> *Ex hiis quoque omnibus eligens meliora, uxorem sibi concordem et fidelem et propriam facere decet, ut presente viro et non, utatur semper non minus ac si presens adesset, ut tanquam rerum communium curatores. Et quando vir abest, ut sentiat uxor, quod nullus sibi melior nec modestior nec magis proprius viro suo, et ostendet hoc in principio, ad commune bonum respiciens, quamuis nouitia sit in talibus.*

- infert correlarium ex dictis (aliter: vel posset dici quod esset quartum documentum)
    - *Et si ipse sibi maxime dominetur, optimus totius uite rector existet et uxorem talibus uti docebit.*
- confirmat seu manifestat dicta per sententias aliiorum et per exempla
    - [ponit primam confirmationem]
        - *Nam nec amicitiam nec timorem absque pudore nequaquam honorauit Homerus, sed ubique amare precipit cum modestia et pudore.*
    - ponit secundam confirmationem
        - *Timere autem sic Helena ait sic dicens Priamum: „Metuendus et reverendus es michi et terribilis, amantissime socer", nil aliud dicens quam cum timore ipsum diligere et pudore.*
    - ponit tertiam confirmationem
        - *Et rursus Vlixes ad Nausicam dicit hoc: „Te, mulier, valde miror et timeo."*
    - ponit quartam confirmationem
        - facit quod dictum est
            - *Arbitratur enim Homerus sic ad inuicem virum et uxorem habere, putans ambos bene fieri taliter se habentes.*
        - manifestat quoddam, quod dixit
            - *Nemo enim diligit nec miratur unquam peiorem nec timet etiam cum pudore, sed huiusmodi passiones contingunt ad invicem melioribus et natura benignis, minoribus scientia ad se meliores.*
    - ponit quintam confirmationem
        - ostendit quod Ulixes simpliciter se habuit modo dicto ad eius uxorem
            - *Hunc habitum Ulixes ad Penelopem habens in absentia nil deliquit.*

└ ostendit quod Agamemnon se habuit contrario modo ad eius uxorem

> *Agamemnon autem propter Criseidem ad eius uxorem peccauit in ecclesia dicens mulierem captiuam et non bonam, immo ut dicam barbaram, in nullo deficere in virtutibus Cliemnistre, non bene quidem ex se liberos habente, neque nisi cohabitare usus est. Qualiter enim recte qui antequam sciret, illam, qualis fieret erga se, nuper per violentiam duxit?*

└ ponit sextam confirmationem

> *Vlixes autem rogante ipsum Athlantis filia sibi cohabitare et promittente semper facere immortalem, nec ut fieret immortalis, prodire presumpsit uxoris affectum et dilectionem et fidem, maximam arbitrans penam suam fieri, si malus existens immortalitatem mereatur habere. Nam cum Circe iacere noluit, nisi (add. ibi) propter amicorum salutem. Immo respondit ei, quod nichil dulcius eius patria posset videri quam aspera existente. Et orauit magis mortalem uxorem filiumque videre quam viuere, sic firmiter in uxore fidem suam seruabat. Pro quibus recipiebat equaliter ab uxore.*

└ determinat quedam communia eis, siue de quibusdam communibus eis (*aliter*: vel quasdam dispositiones communes utrisque)

　┌ ostendit quod vir et uxor debent esse unanimes

　　┌ facit quod dictum est

　　　┌ ostendit quod vir et uxor debent esse unanimes

　　　　┌ ponit quod intendit

> *Patet etiam et actor in oracione Ulixis ad Nausicam, honorare maxime viri et uxoris cum nuptiis pudicam societatem.*

　　　　└ probat propositum

　　　　　┌ [ponit primam probationem]

　　　　　　┌ probat propositum

> *Orauit enim deos sibi dare virum et domum et unanimitatem optatam ad virum, non quamcunque, sed bonam. Nichil enim maius ipsa in hominibus ait esse quam cum concordes vir et uxor in uoluntatibus domum regunt.*

- probationem per modum correlarii manifestat

> *Hinc patet rursus quod non laudat unanimitatem ad invicem, que circa parua seruitia fit, sed eam que animo et prudencia iuste coniuncta est. Nam voluntatibus domum regere id significat.*

- ponit secundam probationem
  - probat [propositum]
    > *Et iterum dicens, quia cum huiusmodi dilectio fit, multe quidem tristicie inimicis fiunt, in ipsis amicis vero gaudia multa*
  - probationem manifestat
    > [hier ist Bartholomäus ein Fehler unterlaufen, denn er verweist hier bereits auf die nächste Passage: *et maxime audiunt*…die er aber zuvor als „tertia ratio" angegeben hat]

- ponit tertiam probationem
  - ponit rationem
    > *et maxime audiunt ipsum sicut vera dicentem. Nam viro et uxori circa optima concorditer existentibus necesse et utriusque amicos sibi ad inuicem concordare. Deinde fortes existentes esse terribiles inimicis, suis autem utiles.*
  - ostendit que mala contingunt ex eorum discordia
    > *Hiis uero discordantibus, different et amici. Deinde uero infirmos esse maxime huiusmodi ipsos sentire.*

- determinat in quibus debet hoc esse

  > *In istis autem manifeste precipit actor, ea quidem que parua sunt et impudica inuicem inhibere, ea vero que iuxta posse et pudica et iusta sunt, indifferenter sibimet ipsis seruire.*

- ponit quedam documenta ad habendam huius unanimitatem
  - ponit documenta
    - ponit primum documentum
      > *Studentes primo quidem curam parentum habere, vir quidem eorum que sunt uxoris non minus quam suorum, uxor uero eorum que sunt uiri. Deinde filiorum et amicorum et rerum et totius domus tamquam communis curam habeant,*

└ ponit secundum documentum

colluctantes ad inuicem, ut plurimum bonorum ad commune uterque causa fiat et melior atque rectior, dimittentes quidem superbiam, regens autem recte et habens humilem modum et mansuetum,

└ dat causam dictorum in eis

ut cum ad senectutem uenerint, liberati a beneficio multaque cura et concupiscentiarum et uoluptatum, que interdum fiunt in iuuentute, habeant inuicem et filiis respondere, uter eorum ad domum plurimum bonorum rector factus est, et statim scire aut per fortunam malum aut per uirtutem bonum. In quibus qui uicerit, maximum meritum a diis consequitur, ut Pindarus ait: „Dulce enim sibi cor et spes mortalium multiplicem uoluntatem gubernat"; secundum autem a filiis feliciter ad senectutem depasci.

└ infert quodam correlarium ex dictis

Propter que proprie et communiter decet iuste considerantes ad omnes deos et homines eum qui uitam habet et multum ad suam uxorem et filios et parentes.

LITERATURVERZEICHNIS[1]

Ungedruckte Quellen

Aegidius von Orléans: Quaestiones libri Ethicorum, Paris, BN lat. 16089, ff. 195ra–233va (continuatio anonyma: 233vb–237va)

Anonymus] Questiones in Libros Politicorum, Milano, Biblioteca Ambrosiana A 100inf., ff. 1ra–54vb

Anonymus] Expositio Super Yconomicam cum Questionibus, Lilienfeld StB 155, ff. 253va–261rb

Anonymus] Questiones super Politicorum, Rom, BAV, Pal. lat. 1030, ff. 14ra–19vb

Bartholomäus von Brügge: Scriptum et Questiones Yconomice Aristotilis, Bologna, BU 1625, ff. 80ra–113ra

Bartholomäus von Brügge.: Questiones Yconomice Aristotilis, Paris, BN lat. 16089, ff. 116ra–133^{v}

Bartholomäus von Varignana: Expositio tocius Yconomice Aristotelis, Venezia, S. Maria della Fava, Ms 3 (445), ff. 33^{r}–50^{r}.

Jakob von Douai(?): Questiones libri Ethicorum, Paris, BN lat. 14698, ff. 130ra–165vb

Petrus von Auvergne: Questiones super libros Politicorum, Paris, BN lat. 16089, ff. 274^{r}–319^{r}

Radulphus Brito: Questiones in Ethicam, Rom, BAV, Vat. lat. 2172, ff. 1ra–57rb

Robert Grosseteste: Summa Ethicorum, Paris, BN lat. 17832, ff. 283^{r}–299^{r}

Edierte Quellen

Aegidius Romanus: De Regimine Prinicipum, Roma 1556

Aegidius Romanus] Giles of Rome: Errores philosophorum, hg. und eingel. v. Koch, Josef, ins Englische übers. v. Riedl, John, Milwaukee 1944

Albert von Sachsen] Beltran de Heredia: Comentarios de San Alberto Magno a los Económicos de Aristóteles. In: La Ciencia Tomista 46 (1932), S. 299–329

Albertus Magnus: Ethica (Alberti Magni Opera Omnia, Bd. 7), hg. v. Borgnet, Auguste, Paris 1891

Albertus Magnus: Politica, (Alberti Magni Opera Omnia, Bd. 8) hg. v. Borgnet, Auguste, Paris 1891

Albertus Magnus: Commentarium in IV Sententiarum. Distinctio XXIII–L (Alberti Magni Opera Omnia, Bd. 30), hg. v. Borgnet, Auguste, Paris 1894

---

[1] Das Literaturverzeichnis enthält nur Auswahl. Weitere bibliographische Angaben im Fußnotenapparat.

Albertus Magnus: De Bono (Alberti Magni Opera Omnia, XXVIII), hg. v. Kühle, Heinrich et al., Münster 1951

Albertus Magnus: De natura boni (Alberti Magni Opera Omnia, XXV,1), hg. v. Filthaut, Ephrem, Münster 1974

Albertus Magnus, Super Ethica (Alberti Magni Opera Omnia, XIV), 2 Bde., hg. v. Kübel, Wilhelm, Bd. 1: Bücher I–IV, Münster 1968–1972, Bd. 2: Bücher VI–X, Münster 1987

Alexander von Hales, Jean de la Rochelle] Alexander de Hales: Summa Theologica seu…Summa fratris Alexandri, 4 Bde, Quaracchi 1924–1948

Anonymus] Quatre Introductions à la Philosophie au XIIIe Siècle, hg. v. Claude Lafleur, Montréal–Paris 1988

Anonymus: Super octo libros Politicorum, Milano, BAmbros, A 100 inf., ff. 1ra–54vb] Edition des Prologs: Zoerle, Achille (Hg.): Il Prologo di un Commento Anonimo alla *Politica* di Aristotele. In: Rivista di Storia della Filosofia 1 (1978), S. 499–517

Aristote: L'Etique à Nicomaque, hg. v. Gauthier, René-Antoine/Jolif, Jean Yves (2. überarbeitete Auflage), 4 Bde., Louvain-Paris 1970

Aristoteles: Politicorum libri octo cum vetusta translatione Guilelmi de Moerbeka, hg. v. Susemihl, Franz, Leipzig 1872

Arisoteles (pseudo-)] Susemihl, Franz (Hg.): Aristotelis que feruntur Oeconomica, Leipzig 1887

Aristoteles (pseudo-): Liber de Pomo, hg. v. Plezia, Marianus, Warszawa 1960

Aristoteles latinus: Politica. libri I–II.11 translatio prior imperfecta interprete Guillelmo de Moerbeka(?) (Aristoteles Latinus XXIX,1), hg. v. Michaud-Quantin, Pierre, Bruges–Paris 1961

Aristoteles: Magna Moralia. Übers. von Dirlmeier, Franz (Aristoteles. Werke in deutscher Übersetzung, 8), Berlin 1958

Aristoteles: Eudemische Ethik, übersetzt von Dirlmeier, Franz (Aristoteles. Werke in Deutscher Übersetzung, 7), Darmstadt 1962

Aristoteles Latinus: De Generatione Animalium (Aristoteles Latinus XVII 2.v), hg. v. Drossaart Lulofs, Hendrik, Bruges–Paris 1966

Aristote, Économique, hg. und ins Französische übersetzt von Wartelle, André / van Groningen, Bernard, Paris 1968

Aristoteles (pseudo-)] Goldbrunner, Hermann: Durandus de Alvernia, Nicolaus von Oresme und Leonardo Bruni. Zu den Übersetzungen der pseudo-aristotelischen Ökonomik. In: Archiv für Kulturgeschichte 50 (1968), S. 200–239

Aristoteles (pseudo-)]: Plezia, Marian / Bielawski, Józef: Lettre d'Aristote à Alexandre sur la politique envers les cités, Wrocław 1970

Aristoteles Latinus: Ethica Nicomachea (Aristoteles latinus XXVI, 1–3), hg. v. Gauthier, René-Antoine, Leiden–Bruxelles 1972–1974

Aristoteles (pseudo-): Oikonomikos. Das erste Buch der Ökonomik—Handschriften, Text, Übersetzung und Kommentar—und seine Beziehung zur Ökonomikliteratur, hg. v. Victor, Ulrich, Königstein 1983

Aristoteles: Nikomachische Ethik, übersetzt und kommentiert von Dirlmeier, Franz (Aristoteles. Werke in deutscher Übersetzung, 6), Berlin 1979

Aristoteles: Politik, übersetzt und eingeleitet von Schütrumpf, Eckart (Aristoteles. Werke in deutscher Übersetzung, 9), Bd.1: Pol I, Berlin 1991, Bd. 2: Pol II und III, Berlin 1991, Bd. 3: Pol IV–VI, Berlin 1996, Bd. 4: Pol VII–VIII, Berlin 2005.

Aristoteles: Oikonomika (Aristoteles. Werke in deutscher Übersetzung, 10), übers. und erläutert von Zoepffel, Renate, Berlin 2006

Averroes: Commentaria in Ethicam Nicomacheam. Aristotelis opera cum Averrois cordubensis commentariis, Bd. 3, Venedig 1562

Bartholomäus von Brügge: ‚Quaestio circa significatum generis', hg.v. Roos, Heinrich. In: Henrici Roos in Memoriam (Cahiers de l'Institut du Moyen Age Grec et Latin 24), Copenhague 1978, S. 65–84

Bartholomäus von Brügge] Dahan, Gilbert: Notes et Textes sur la Poétique au Moyen Âge. In: Archives d'Histoire littéraire et doctrinale du Moyen Age 1980, S. 171–239

Bartholomäus von Brügge] Ebbesen, Sten / Pinborg, Jan: Bartholomew of Bruges and his Sophisma on the Nature of Logic. Introduction and text. In: Cahiers de l'Institut du Moyen-Age Grec et Latin 39 (1981), S. iii–xxvi, 1–80

Bernhard von Clairvaux (pseudo-): Epistula de cura rei familiars, hg.v. Cossar, C.D.M.: The German Translation of the Pseudo-Bernhardine *Epistula de cura rei familiaris*, Göppingen 1975

Brunetto Latini: Li livres dou tresor, hg.v. Carmody, Francis, Berkeley–Los Angeles 1948

Chartularium universitatis Parisiensis, hg.v. Denifle, Henri, Bd. 1, Paris 1889

Diogenes Laertius: Leben und Meinungen berühmter Philosophen, übers. von Apelt, Otto, 2 Bde., Berlin 1955

Dominicus Gundissalinus: De divisione philosophiae, hg.v. Baur, Ludwig, Münster 1903

Engelbert von Admont: Utrum sapienti competat uxorem ducere. In: Baum, Wilhelm: Engelbert von Admont. Vom Ursprung und Ende des Reiches und andere Schriften, Graz 1998, S. 136–197

Durandus de Alvernia: Scriptum Supra Yconomiam Aristotilis. In: Flüeler, Christoph: Die aristotelische Yconomica im Lateinischen Mittelalter. Übersetzungen. Die ersten Kommentare. Fribourg 1998 (unveröffentlichte Habilitationsschrift)

Eustratius, Aspasius et al.] Mercken, Paul (Hg.): The Greek Commentaries on the Nicomachean Ethics of Aristotle, in the Latin translation of Robert Grosseteste, Bd. 1: Leiden 1972, Bd. 3 Leuven

Gilbert von Tournai: Eruditio regum et principum (Les Philosophes Belges, IX), hg.v. De Poorter, Alphonse, Louvain 1914

Humbert von Romans, Guilbert von Tornai, Stefan von Bourbon] Casagrande, Carla (Hg.): Prediche alle donne del secolo XIII, Milano 1978

Ioannes Buridanus, Super decem libros Ethicorum, Paris 1513 (Nachdruck 1968),

Ioannes Buridanus [= Nicolaus de Valdemonte]: Questiones super octo Libros Politicorum Aristotelis, Paris 1513 (Nachdruck 1969)

Ioannes de Fonte] Jacqueline Hamesse (Hg.): Les Auctoritates Aristotelis, Louvain–Paris 1974

Iohannes Dacus: Opera, hg. v. Otto, Alfred, Kopenhagen 1955
Juan Luis Vives: De Institutione feminae christianae, hrsg. und übers. v. Charles Fantazzi / Constantinus Mattheeussen, 2 Bde., Leiden–New York–Köln 1996–1998
Marcus von Weida: Spigell des ehlichen Ordens, hg. v. van der Lee, Anthony, Assen 1972
Nicolaus de Oresme: Le Livre de Yconomique d'Aristote. Hg. v. Menut, Albert Douglas (Transactions of the American Philosophical Society. NS 47, 1957) Philadelphia 1957, S. 785–853
Petrus Gallego] Pelzer, Auguste: Un traducteur inconnu: Pierre Gallego. Franciscain et premier Évêque de Carthagène. In: Ders.: Études d'Histoire Littéraire sur la Scolastique Médiévale (hg. v. Pattin, Adrien/van de Vyver, Emile), Louvain–Paris 1964, S. 188–240
Petrus Lombardus: Sententiae in IV libris distinctae, 2Bde., Grottaferrata 1971–1981
Petrus von Alvernia] Celano, Anthony: Peter of Auvergne's Questions on Book I and II of the *Ethica Nicomachea*: A Study and Critical Edition. In: Mediaeval Studies 48 (1986), S. 1–110
Philippus Cancellarius Parisiensis: Summa de Bono, 2 Bde, hg. v. Wicki, Nicolaus, Bern 1985
Pseudo-Thomas: Liber eruditionis principum. In: Opusculorum D. Thomae Aquinatis doctoris Angelici volumen secundum, Neapel 1851, S. 1–103
Robert Grosseteste, Walter von Henley] Walter of Henley and other treatises on estate managment and accounting, hg. v. Oschinsky, Dorothea, Oxford 1971
Siger von Brabant: Écrits de logique, morale et physique, hg. v. Bazàn, Bernardo, Louvain–Paris 1974
Summa Alexandrinorum] Marchesi, Concetto: L'Etica Nicomachea nella tradizione latina Medievale, Messina 1904, S. XLI–LXXXVI
Thomas von Aquin: Super Evangelium S. Matthaei lectura, hg. v. Cai, Raffaele, Torino 1951
Thomas von Aquin: Super Epistolas s. Pauli Lectura, hg. v. Cai, Raffaele, 2 Bde, Torino–Roma 1953
Thomas von Aquin: Summa contra gentiles, hg. v. Marc, Pierre / Pera, Ceslao / Caramello, Pietro, 3 Bde., Torino–Paris 1961–1967
Thomas von Aquin (Petrus von Alvernia): In octo Libros Politicorum Aristotelis Expositio, hg. v. Spiazzi, Raimondo, Torino–Roma 1966
Thomas von Aquin: Sententia libri Ethicorum (Sancti Thomae de Aquino Opera Omnia, Bd. 47), hg. v. Gauthier, René-Antoine, Roma 1969
Thomas von Aquin: Sententia Libri Politicorum (Sancti Thomae de Aquino Opera omnia, Bd. 48a), Roma 1971
Thomas von Aquin: Tabula libri Ethicorum (Sancti Thomae de Aquino Opera omnia, Bd. 48b), Rom 1971
Thomas von Aquin: Prologe zu den Aristoteleskommentaren, hg. und übers. v. Cheneval, Francis u. a., Frankfurt 1993
Ugo Benzi] Fioravanti, Gianfranco: Il Commento di Ugo Benzi agli *Economici* (Pseudo) Aristotelici. In: Rinascimento 35 (1995), S. 125–152

Vincenz von Beauvais: De eruditione filiorum nobilium, Hg. v. Steiner, Arpad, Cambridge (Mass.) 1938

Walther Map: De Nugis Curialium, hg. v. Wright, Thomas, London 1850

Literatur

Aertsen, Jan: Albertus Magnus und die mittelalterliche Philosophie. In: Allgemeine Zeitschrift für Philosophie 21 (1996), S. 111–128

Affeldt, Werner: Verzeichnis der Römerbriefkommentare der lateinischen Kirche bis zu Nikolaus von Lyra. In: Traditio 13 (1957), S. 369–406

Agrimi, Jole: Fisiognomica e „scolastica". In: Micrologus 1 (1993), S. 235–271

Agrimi, Jole: La ricezione della *Fisiognomica* pseudoaristotelica nella facoltà delle arti. In: Archives d'Histoire Doctrinale et Littéraire du Moyen Age, 64 (1997), S. 127–188

Alberti, Antonina / Sharples, Robert (Hgg.): Aspasius: The earliest extant commentary on Aristotle's *Ethics*, Berlin–New York 1999

Allen, Prudence: The Concept of Woman. The Aristotelian Revolution 750 B.C. – A.D. 1250, Michigan 1997² (1. Auflage: 1985)

Barnes, Jonathan (Hg.): The Cambridge Companion to Aristotle, Cambridge 1996, S. 1–26

Bazàn, Bernardo: La *Questio Disputata*. In: Les Genres Littéraires dans les Sources Théologiques et Philosophiques Médiévales, Louvain-la-Neuve 1982, S. 31–49

Bazàn, Bernardo u. a. (Hg): Les questions disputées et les questions quodlibetiques dans les facultés de théologie, de droit et de médecine (Typologie des sources du Moyen Âge Occidental, 45–46), Turnhout 1985

Berges, Wilhelm: Die Fürstenspiegel des hohen und späten Mittelalters, Stuttgart 1938

Bériou, Nicole: L'avènement des maîtres de la Parole. La prédication à Paris au XIIIe siècle, 2 Bde., Paris 1998

Bériou, Nicole / d'Avray, David (Hgg.): Modern Questions about Medieval Sermons, Spoleto 1994, S. 31–69

Bertelloni, Francisco: Zur Rekonstruktion des politischen Aristotelismus im Mittelalter. In: Aertsen, Jan / Speer, Andreas (Hgg.): Was ist Philosophie im Mittelalter?, Berlin u. a. 1998, S. 999–1111

Bertelloni, Francisco: *Regimen ipsius—regimen alterius*. Individuum und Gesellschaft in den Quellen des Prologus zu „Super Ethica" des Albertus Magnus. In: Aertsen, Jan / Speer, Andreas: Individuum und Individualität im Mittelalter, Berlin–New York 1996, S. 479–492

Bianchi, Luca / Randi, Eugenio: Verità dissonanti. Aristotele alla fine del Medioevo, Bari 1990

Binkowski, Johannes. Die Ehegüter nach Duns Skotus. In: Wissenschaft und Weisheit 6 (1939), S. 37–56

Bizzarri, Hugo: El surgimiento de un pensamiento económico en Castilla (Historia de una idea desde Pedro Alfonso hasta Fray Juan García de Castrojeriz). In: En la España Medieval 25 (2002), S. 113–133

Blažek, Pavel: Das Florilegium als Textinterpretation: Zur Rezeption der pseudo-aristotelischen *Oeconomica* in den *Auctoritates Aristotelis*. In: Šmahel, František (Hg.): Geist, Kirche, Gesellschaft im 13.-16. Jahrhundert (Colloquia mediaevalia Pragensia 1), Praha 1999, S. 23–38

Blythe, James: Family, Government and the Medieval Aristotelians. In: History of Political Thought 10 (1989), S. 1–16

Børresen, Kari Elisabeth: Subordination et equivalence. Nature et rôle de la femme d'après Augustin et Thomas d'Aquin, Oslo–Paris 1968

Bosley, Richard (Hg): Aristotle and his medieval Interpreters, Calgary 1992

Bossier, Fernand: L'Élaboration du vocabulaire philosophique chez Burgundio de Pise. In: Aux origines du lexique philosophique européen, Louvain-la-Neuve 1997, S. 81–116

Boulnois, Olivier: Le chiasme: La philosophie selon les théologiens et la théologie selon les artiens, de 1267 a 1300. In: Aertsen, Jan / Speer, Andreas (Hg): Was ist Philosophie im Mittelalter?, Berlin u. a. 1998, S. 595–607

Boyle, Leonard: Notes on the education of the *Fratres Communes* in the dominican order in the thirteenth century. In: Ders.: Pastoral Care, Clerical Education and Canon Law, 1200–1400, London 1981 (Variorum reprints), S. 249–267 (VI)

Brams, Jozef: The revised version of Grosseteste's translation of the Nicomachean Ethics. In: Bulletin de Philosophie Médiévale 36 (1994), S. 45–55

Brandl, Leopold: Die Sexualethik der Heiligen Albertus Magnus, Regensburg 1955

Briggs, Charles: Giles of Rome's *De regimine principum*. Reading and writing Politics at Court and University, c. 1275 – c. 1525, Cambridge 1999

Brooke, Christopher: The medieval Idea of Marriage, Oxford 1989

Brunner, Otto: Das „ganze Haus" und die alteuropäische „Ökonomik". In: Ders.: Neue Wege der Verfassungs- und Sozialgeschichte, Göttingen 1968, S. 103–127

Bugge, John: Virginitas: An Essay in the History of a Medieval Ideal, Den Haag 1975

Cadden, Joan: Meanings of sex difference in the Middle Ages, Cambridge 1993

Campese, Silvia: La cittadina impossibile. La donna nell'Atene dei filosofi, Palermo 1997

Capelle, Catherine: Thomas d'Aquin féministe?, Paris 1982

Casagrande, Carla: Die beaufsichtigte Frau. In: Klapisch-Zuber, Christiane (Hg.): Geschichte der Frauen. Mittelalter, Frankfurt/Main 1993, S. 85–116

Celano, Antony: The „finis hominis" in the thirteenth century commentaries on Aristotle's *Nicomachean Ethics*. In: Archives d'Histoire Doctrinale et Littéraire du Moyen Age 53 (1986) S. 23–53

Cheneval, Francis: Considérations presque philosophiques sur les commentaires de la *Politique* d'Albert le Grand et de Thomas d'Aquin. In: Freiburger Zeitschrift für Philosophie und Theologie 45 (1998), S. 56–83

Clark, Stephen: Aristotle's Woman. In: History of Political Thought 3 (1982), S. 178–191

Clark, Stephen: Aristotle's Man. Speculations upon Aristotelian Anthropology, Oxford 1975
Colish, Marcia: Peter Lombard, 2. Bde, Leiden–New York–Köln 1994
Courtenay, William: Teaching Careers at the University of Paris in the Thirteenth and Fourteenth Centuries, Notre Dame 1988
Cova, Luciano: Il Corpus zoologico di Aristotele nei dibattiti fra gli „artisti" parigini alle soglie del XIV secolo. In: Weijers, Olga / Holtz, Louis (Hgg.): L'enseignement des disciplines à la Faculté des arts, Turnhout 1997, S. 282–302
d'Avray, David / Tausche, M.: Marriage Sermons in Ad Status Collections of the Central Middle Ages. In: Bériou, Nicole / d'Avray, David (Hgg.): Modern Questions about Medieval Sermons, Spoleto 1994, S. 77–134
d'Avray, David: Medieval marriage sermons. Mass communication in a culture without print, Oxford 2001
d'Avray, David: Medieval marriage. Symbolism and society, Oxford 2005
d'Avray, David: Some Franciscan Ideas About The Body. In: Bériou, Nicole/ d'Avray, David (Hgg.): Modern Questions about Medieval Sermons, Spoleto 1994, S. 155–174
d'Avray, David: The Gospel of the Marriage Feast of Cana and Marriage Preaching in France. In: Walsh, Katherine / Wood, Diana (Hgg.): The Bible in the Medieval World, Oxford–New York 1985, S. 207–224
d'Avray, David: The preaching of the friars, Oxford 1985
Dahan, Gilbert: L'exégèse chrétienne de la Bible en Occident médiéval. XIIe–XIVe siècle Paris 1999
Dallapiazza, Michael: Sprechen über die Frau. Haushaltsdiskurse bei Wittenwiler und anderen. In: Haushalt und Familie in Mittelalter und früher Neuzeit, Sigmaringen 1991
Dallapiazza, Michael: Minne, hûsêre und das ehlich leben. Zur Konstitution bürgerlicher Lebensmuster in spätmittelalterlichen und frühhumanistischen Didaktiken, Frankfurt 1981
Danusso, Christina: La donna e i feudi: Uno sguardo alla prassi successoria dell'Italia centro-settentrionale fra Tre e Quattrocento. In: Rivista di Storia del Diritto Italiano 65 (1992), S. 181–239
De Libera, Alain: Penser au Moyen Âge, Paris 1991
De Libera, Alain: La philosophie médiévale, Paris 1993
De Ridder-Symoens, Hilde (Hg.): A history of the university in Europe, Bd. 1: Universities in the Middle Ages, Cambridge u. a. 1992
Degenring, Susanne: Die Frau die (wider-)spricht: Gelehrte Juristen über Frauen als Zeuginnen in Prozessen ihrer Männer. In: Zeitschrift der Savigny-Stiftung für Rechtsgeschichte. Hundertsechzehnter Band. Kanonistische Abteilung 85 (1999), S. 203–224
Del Punta, Francesco: Per una tipologia della tradizione dei testi filosofico-teologici nei secoli XIII e XIV. In: La critica del testo mediolatino, hg.v. Leonardi, Claudio, Spoleto 1994, S. 277–298
Del Punta, Francesco / Luna, Concetta: La teologia scolastica. In: Cavallo, Guglielmo / Leonardi, Claudio / Menestò, Enrico (Hgg.): Lo spazio letterario del Medioevo. 1. Il Medioevo latino, Bd.1: La produzione del testo (Teil 1), Roma 1993, S. 323–352

Del Punta, Francesco: The Genre of Commentaries in the Middle Ages and its Relation to the Nature and Originality of Medieval Thought. In: Aertsen, Jan / Speer, Andreas (Hgg.): Was ist Philosophie im Mittelalter?, Berlin u. a. 1998, S. 138–151

Delhaye, Philippe: Le Dossier Anti-Matrimonial de l'*Adversus Jovinianum* et Son Influence sur Quelques Ecrits Latins du XIIe Siècle. In: Mediaeval Studies 13 (1951), S. 65–86

Deming, Will: Paul on marriage and celibacy. The Hellenistic background of 1 Corinthians 7, Cambridge 1995

Despotopoulos, Constantin: Aristote sur la Famille et la Justice, Bruxelles 1983

Domanyi, Thomas: Der Römerbriefkommentar des Thomas von Aquin. Ein Beitrag zur Untersuchung seiner Auslegungsmethoden, Bern–Frankfurt a.M.-Las Vegas 1979

Dreyer, Mechthild: Ethik als Wissenschaft nach Albertus Magnus. In: Aertsen, Jan / Speer, Andreas (Hgg.): Was ist Philosophie im Mittelalter?, Berlin u. a. 1998, S. 1017–1023

Drossbach, Gisela: Die „Yconomica" des Konrad von Megenberg. Das „Haus" als Norm für politische und soziale Strukturen, Köln–Weimar–Wien 1997

Dunbabin, Jean: Guido Vernani of Rimini's Commentary on Aristotle's Politics. In: Traditio 44 (1988), S. 373–388

Dunbabin, Jean: The Two Commentaries of Albertus Magnus on the Nicomachean Ethics. In: Recherches de Théologie ancienne et médiévale 30 (1963), S. 232–250

Düring, Ingemar: Aristotle in the ancient biographical tradition, Göteborg 1957

Düring, Ingemar: Aristoteles. Darstellung und Interpretation seines Denkens, Heidelberg 1966

Ehlert, Trude: Die Rolle von „Hausherr" und „Hausfrau" in der spätmittelalterlichen volkssprachlichen Ökonomik. In: Haushalt und Familie in Mittelalter und früher Neuzeit, hg. v. Ehlert, Trude, Sigmaringen 1991, S. 153–166

Elsthain, Jean Bethke: Public Man, Private Woman. Women in social and political thought, Princeton 1981

Eschmann, Ignatius.: The Quotations of Aristotle's *Politics* in St. Thomas' *Lectura Super Matthaeum*. In: Medieval Studies 18 (1956), S. 232–240

Filjalkowski, Adam: The education of Women in the Works of Vincent of Beauvais OP († 1264). In: Aertsen, Jan / Speer, Andreas (Hgg.): Geistesleben im 13. Jahrhundert, Berlin–New York 2000, S. 513–526

Fioravanti, Gianfranco: *Politiae Orientalium et Aegyptorum*. Alberto Magno e la *Politica* aristotelica. In: Annali della Scuola Normale Superiore di Pisa, Classe di Lettere e Filosofia, Serie III, IX,1 (1979), S. 195–246

Fioravanti, Gianfranco: *Servi, Rustici, Barbari*: Interpretazioni Medievali della *Politica* aristotelica. In: Annali della Scuola Normale Superiore di Pisa, Classe di Lettere e Filosofia, Serie III, XI,2 (1981), S. 399–429

Fioravanti, Gianfranco: Il *Tractatus Yconomicus* di Galvano Fiamma O.P. (1282—dopo il 1344). In: Bochumer Philosophisches Jahrbuch für Antike und Mittelalter 1 (1996), S. 217–229

Fioravanti, Gianfranco: *Philosophi* contro *legistae*: un momento dell'autoaffermazione della filosofia nel Medioevo. In: Aertsen, Jan / Speer, Andreas (Hgg.): Was ist Philosophie im Mittelalter?, Berlin u. a. 1998, S. 421–427

Fioravanti, Gianfranco / Leonardi, Claudio (Hgg.): Il commento filosofico nell'occidente latino (secoli XIII–XV), Turnhout 2002

Flasch, Kurt: Das philosophische Denken im Mittelalter, Stuttgart 1986

Flüeler, Christoph: Rezeption und Interpretation der Aristotelischen *Politica* im späten Mittelalter, 2. Bde, Amsterdam–Philadelphia 1992

Flüeler, Christoph: Die Rezeption der „Politica" des Aristoteles an der Pariser Artistenfakultät im 13. und 14. Jahrhudert. In: Miethke, Jürgen (Hg.): Das Publikum politischer Theorie im 14. Jahrhundert, München 1992, S. 127–138

Flüeler, Christoph: Die verschiedenen literarischen Gattungen der Aristoteleskommentare: Zur Terminologie der Überschriften und Kolophone. In: Hamesse, Jacqueline (Hg.): Manuels, Programmes de cours et Téchniques d'Enseignement dans les universités médiévales, Louvain-la-Neuve 1994, S. 75–116

Flüeler, Christoph: La dottrina medievale sul governo della casa. Il contributo degli Ordini mendicanti. In: Etica e Politica: Le teorie dei frati mendicanti tra due e trecento, Spoleto 1999, S. 175–202

Flüeler, Christoph: Die aristotelische Yconomica im lateinischen Mittelalter. Übersetzungen. Die ersten Kommentare, Fribourg 1998 (unveröffentlichte Habilitationsschrift)

Flüeler, Christoph: Die stemmatischen Verhältnisse der Aristoteleskommentare. Dargelegt anhand der Kommentare zur Yconomica. In: Freiburger Zeitschrift für Philosophie und Theologie 48 (2001), S. 182–190

Föllinger, Sabine: Differenz und Gleichheit. Das Geschlechter in der Sicht griechischer Philosophen des 4. bis 1. Jahrhunderts v. Chr., Stuttgart 1996

Fransen, Gerard: Les collections canoniques (Typologie des sources du Moyen Age occidental, 10), Turnhout 1973

Fransen, Gerard, Les Décrétales et les collections de décrétales (Typologie des sources du Moyen Age occidental, 2), Turnhout 1973

Gaiser, Konrad: Für und wider die Ehe. Antike Stimmen zu einer offenen Frage, München 1974

Gaudemet, Jean: Le mariage en Occident, Paris 1987

Gauthier, René-Antoine: Trois Commentaires Averroistes sur l'Éthique à Nicomaque. In: Archives d'Histoire Doctrinale et Littéraire du Moyen Age 22–23 (1947–1948), S. 167–336

Gauthier, René-Antoine: Saint Thomas d'Aquin. Somme Contre Les Gentils, Paris 1993

Génestal, Robert: La femme mariée dans l'ancien droit normand. In: Revue historique de droit français et étranger, Paris 1930, S. 472–505

Gilissen, John: Le statut de la femme dans l'Ancien droit belge. In: La femme (Recueils de la societé Jean Bodin pour l'histoire comparative des institutions, XII) Bruxelles 1962, 255–321

Godding, Philippe: Le droit privé dans les Pays-Bas méridionaux du 12e au 18e siècle, Bruxelles 1987

Gold, Penny: The Marriage of Mary and Joseph in the Twelfth-Century Ideology of Marriage. In: Bullough, Vern / Brundage, James (Hgg.): Sexual Practices and the Medieval Church, Buffalo 1982

Gössmann, Elisabeth: Anthropologie und Soziale Stellung der Frau nach Summen und Sentenzenkommentaren des 13. Jahrhunderts. In: Zimmermann, Albert (Hg.): Soziale Ordnungen im Selbstverständnis des Mittelalters, Berlin-New York 1979, S. 281-297

Grabmann, Martin: Die Aristoteleskommentare des Heiligen Thomas von Aquin. In: Mittelalterliches Geistesleben, München 1926, S. 266-313

Grabmann, Martin: Aristoteles im Werturteil des Mittelalters. In: Mittelalterliches Geistesleben, Bd. II, München 1936, S. 63-102

Grabmann, Martin: Methoden und Hilfsmittel des Aristotelesstudiums im Mittelalter (Sitzungsberichte der Bayerischen Akademie der Wissenschaften. Philosophisch-historische Abteilung, Jahrgang. 1939, Heft 5), München 1939

Grabmann, Martin: Die Mittelalterlichen Kommentare zur Politik des Aristoteles (Sitzungsberichte der Bayerischen Akademie der Wissenschaften. Philosophisch-historische Abteilung. Jhg. 1941, Bd. II, Heft 10), München 1941, S. 5-78

Grabmann, Martin: Zur philosophischen und naturwissenschaftlichen Methode in den Aristoteleskommentaren Alberts des Großen. In: Angelicum 21 (1944), S. 50-64

Grabmann, Martin: Albertus Magnus. Theologe, Philosoph und Naturforscher. In: Philosophisches Jahrbuch 61 (1951), S. 473-480

Grévy-Pons, Nicole: Célibat et Nature. Une Controverse Médiévale, Paris 1975

Gruber, Hans-Günter: Christliches Eheverständnis im 15. Jahrhundert. Eine moralgeschichtliche Untersuchung zur Ehelehre Dionysius' des Karthäusers, Regensburg 1989

Guerra Medici, Maria T.: L'aria di città. Donne e diritti nel comune medievale, Napoli 1996

Hackett, Jeremiah: Roger Bacon on the Classification of Sciences. In: Ders. (Hg.): Roger Bacon and the Sciences, Leiden-New York-Köln 1997, S. 49-56

Hadot, Pierre: La Préhistoire des Genres Littéraires Philosophiques Médiévaux dans L'Antiquité. In: Les Genres Littéraires dans les Sources Théologiques et Philosophiques Médiévales, Louvain-la-Neuve 1982, S. 1-9

Hamesse, Jacqueline: Les Florilèqes Philosophiques du XIIIe au XVe siècle. In: Les Genres Littéraires dans les Sources Théologiques et Philosophiques Médiévales, Louvain-la-Neuve 1982, S. 181-191

Hamesse, Jacqueline: La diffusion des Florilèges Aristotéliciens en Italie du XIVe au XVIe siècle. In: Roccaro, Giuseppe (Hg): Platonismo e Aristotelismo nel Mezzogiorno d'Italia (secc. XIV-XVI), Palermo 1989, S. 41-54

Hamesse, Jacqueline: Le dossier Aristote dans l'oeuvre de Vincent de Beauvais. A propos de l'Éthique. In: Paulmier-Foucart, Monique/Lusignan, Serge/Nadeau, Alain (Hgg.): Vincent de Beauvais: intentions et réceptions d'une oeuvre encyclopédique au Moyen Age, Montréal, 1990, S. 197-217

Hamesse, Jacqueline: Le vocabulaire des florilèges médiévaux. In: Weijers, Olga (Hg.): Methodes et Instruments du Travail Intellectuel au Moyen Age, Turnhout 1990, S. 209–230

Hamesse, Jacqueline: Les Florilèges Philosophiques, Instruments de Travail des Intellectuels à la Fin du Moyen Age et à la Renaissance. In: Filosofia et Teologia nel Trecento, hg. v. Bianchi, Luca, Louvain-la-Neuve 1994, S. 488–508

Hamesse, Jacqueline: Les manuscrits des „Parvi Flores". Une nouvelle liste des temoins. In: Scriptorium 48 (1994), S. 299–332

Hamesse, Jacqueline: Parafrasi, Florilegi e compendi. In: Cavallo, Guglielmo / Leopardi, Claudio / Menestò, Enrico (Hgg.): Lo spazio letterario del Medioevo. 1. Il Medioevo latino, Bd. 3: La ricezione del testo, Roma 1995, S. 197–220

Hamesse, Jacqueline: Johannes de Fonte, Compilateur des „Parvi Flores". In: Archivum Franciscanum Historicum 88 (1995), S. 515–531

Hamesse, Jacqueline (Hg.): Les prologues médiévaux, Turnhout 2000

Herlihy, David: Opera muliebra. Women and Work in Medieval Europe, Philadelphia 1990

Herrmann, Cornelia: Der „gerittene Aristoteles", Pfaffenweiler 1991

Hissette, Roland: Enquête sur les 219 articles condamnés à Paris le 7 Mars 1277, Louvain 1977

Hossfeld, Paul: Albertus Magnus über die Frau. In: Trierer Theologische Zeitschrift 91 (1982), S. 221–240

Hufnagel, Alfons: Albertus Magnus und das Naturrecht. In: Köhler, Theodor W. (Hg.): Sapientiae procerum amore (Studia Anselmiana 63), Roma 1974, S. 123–148

Imbach, Ruedi: Laien in der Philosophie des Mittelalters, Amsterdam 1989

Imbach, Ruedi: Odysseus im Mittelalter. In: Historia Philosophiae Medii Aevi, Bd. I, Amsterdam–Philadelphia 1991, S. 409–435

Imbach, Ruedi: Einführungen in die Philosophie aus dem XIII. Jahrhundert. Marginalien, Materialien und Hinweise im Zusammenhang mit einer Studie von Claude Lafleur. In: Freiburger Zeitschrift für Philosophie und Theologie 38 (1991), S. 471–493

Imbach, Ruedi: Dante, la philosophie et les laïcs, Fribourg 1996

Imbach, Ruedi: Autonomie des philosophischen Denkens? Zur historischen Bedingtheit der mittelalterlichen Philosophie. In: Aertsen, Jan / Speer, Andreas (Hgg.): Was ist Philosophie im Mittelalter?, Berlin u. a. 1998, S. 125–137

Jacob, Robert: Les Epoux, le Seigneur et la Cité, Bruxelles 1990

Jenkins, John: Expositions of the Text: Aquinas' Aristotelian Commentaries. In: Medieval Philosophy and Theology 5 (1996), S. 39–62

Jordan, Mark: Aquinas Reading Aristotle's *Ethics*. In Kent Emery / Mark Jordan (Hgg.): Ad litteram, Notre Dame University Press 1992, S. 229–249

Jordan, Mark: Thomas Aquinas' Disclaimers in the Aristotelian Commentaries. In: Long, James (Hg.): Philosophy and the God of Abraham, Toronto 1991, S. 99–112

Kaiser, Rudolf: Zur Frage der eigenen Anschauung Alberts d. Gr. in seinen

philosophischen Kommentaren. In: Freiburger Zeitschrift für Philosophie und Theologie 9 (1962), S. 53–62
Köhler, Theodor W.: Anthropologische Erkennungsmerkmale menschlichen Seins. Die Frage der „Pygmei" in der Hochscholastik. In: Zimmermann, Albert / Speer, Andreas: Mensch und Natur im Mittelalter, Berlin–New York 1992, S. 718–735
Köhler, Theodor W.: Processus narrativus. Zur Entwicklung des Wissenschaftskonzepts in der Hochscholastik. In: Salzburger Jahrbuch für Philosophie 39 (1994), S. 109–127
Köhler, Theodor W.: Die wissenschaftstheoretische und inhaltliche Bedeutung der Rezeption von *De animalibus* für den philosophisch-anthropologischen Diskurs im 13. Jahrhundert. In: Steel, Carlos / Guldentops, Guy/ Beullens, Peter (Hgg.): Aristotle's Animals in the Middle Ages and Renaissance, Leuven 1999, S. 249–274
Köhler, Theodor W.: Grundlagen des philosophisch-anthropologischen Diskurses im dreizehnten Jahrhundert. Die Erkenntnisbemühungen um den Menschen im zeitgenössischen Verständnis, Leiden 2000
Köhler, Theodor: Philosophische Selbsterkenntnis des Menschen. Der Paradigmenwechsel im 13. Jahrhundert. In: Aertsen, Jan / Speer, Andreas (Hgg.): Geistesleben im 13. Jahrhundert, Berlin–New York 2000, S. 54–67
Korolec, Jerzy: Idzi z Orleanu—Koncepcja Filozofii Moralnej. In: Studia Mediewistyczne 26 (1990), S. 55–62
Korolec, Jerzy: Średniowieczne spory o rozumenie pojęcia cnoty. In: Roczniki Humanistyczne 34 (1986), S. 293–305
Kretzmann, Norman / Kenny, Anthony / Pinborg, Jan (Hgg.): The Cambridge history of later medieval philosophy, Cambridge 1982
Krüger, Sabine: Zum Verständnis der Oeconomica Konrads von Megenberg. In: Deutsches Archiv für Erforschung des Mittelalters 20 (1964), S. 475–561
Lafleur, Claude: Les „Guides de l'Étudiant" de la Faculté des Arts de l'Université de Paris au XIIIe Siècle. In: Hoenen, Martin / Schneider, Josef / Wieland, Georg (Hgg.): Philosophy and Learning. Universities in the Middle Ages, Leiden–New York–Köln 1995, S. 137–199
Lambertini, Roberto: Per una storia dell'*oeconomica* tra alto e basso Medioevo. In: Cheiron 4 (1985), S. 45–74
Lambertini, Roberto: A proposito della „costruzione" dell'Oeconomica in Egidio Romano. In: Medioevo 14 (1988), S. 315–370
Lambertini, Roberto: Philosophus videtur tangere tres rationes. Egidio Romano lettore ed interprete della Politica nel terzo libro des De regimine principum. In: Documenti e studi sulla tradizione filosofica medievale I (1990), S. 277–326
Lambertini, Roberto: Il filosofo, il principe e la virtù. Note sulla ricezione e l'uso dell'Etica Nicomachea nel De regimine principum di Egidio Romano. In: Documenti e studi sulla tradizione filosofica medievale II (1991), S. 239–279
Lambertini, Roberto: L'arte del Governo della Casa. Note sul Commento di Bartolomeo da Varignana agli *Oeconomica*. In: Medioevo 17 (1991), S. 347–389

Lambertini, Roberto: Zur Frage der Rolle des Averroes in der praktischen Philosophie des Spätmittelalters: Vorbemerkungen zur Rezeption seines Ethik-Kommentars. In: Khoury, Raif Georges (Hg.): Averroes (1126–1198) oder der Triumph des Rationalismus, Heidelberg 2002, S. 243–253
Landgraf, Artur: Familienbildung bei Paulinenkommentaren des 12. Jahrhunderts. In: Biblica 13 (1932), S. 61–73 und 169–193
Langholm, Odd: Economics in the medieval schools, Leiden 1992
Langlois, Charles-Victor: Barthélemy de Bruges. Maître ès arts et en médécine. In: Histoire littéraire de la France. Bd. XXXVII, Paris 1936, S. 238–250
Lanza, Lidia: Aspetti della ricezione della „Politica" aristotelica nel XIII secolo: Pietro di Alvernia. In: Studi Medievali. Serie Terza 35 (1994), S. 643–694
Lawn, Brian: The Rise and Decline of the Scholastic Questio Disputata, Leiden–New York–Köln 1993
Lett, Didier (Hg.): Être père à la fin du Moyen Age (Cahiers de recherches médiévales IV), 1997
Lluch-Baixauli, Miguel: Le mariage dans la „Summa Halensis". In: Archives d'Histoire Doctrinale et Littéraire du Moyen Age 60 (1993), S. 103–131
Lohr, Charles: Commentateurs d'Aristote au moyen-âge latin. Bibliographie de la littérature secondaire récente, Fribourg 1988
Lohr, Charles: Die mittelalterliche Aristotelesdeutung in ihrem gesellschaftlichen Kontext, In: Theologie und Philosophie 51 (1976), S. 481–495
Löther, Andrea: Unpolitische Bürger. Frauen und Partizipation in der vormodernen praktischen Philosophie. In: Koselleck, Reinhart / Schreiner, Klaus (Hgg.): Bürgerschaft, Hrsg. Stuttgart 1994, S. 239–273
Luscombe, David: Commentaries on the Politics: Paris and Oxford, XIII–XV centuries. In: Weijers, Olga / Holtz, Louis (Hg.): L'enseignement des disciplines à la Faculté des arts, Turnhout 1997, S. 313–327
Marenbon, John (Hg): Aristotle in Britain during the Middle Ages, Turnhout 1996
Marenbon, John: Later Medieval Philosophy (1150–1350), London 1987
Maritain, Jacques: Christlicher Humanismus, Heidelberg 1950
Martin, Olivier: Histoire de la coutume de la prévôté et vicomté de Paris, 2 Bde., Paris 1922–1929
McClintock, Stuart: Perversity and Error. Studies on the Averroist John of Jandun, Bloomington 1956
McEvoy, James: Grosseteste's Reflections on Aristotelian Friendship: A ‚new' commentary on Nicomachean Ethics VIII., In: Ders.: Robert Grosseteste: new perspectives on his thought and scholarship, Turnhout 1995, S. 8–14
Metz, René: Le statut de la femme en droit canonique médiéval. In: Ders: La femme et l'enfant dans le droit canonique médiévale, London 1985, S. 59–113
Metz, René: Recherches sur la condition de la femme selon Gratien. In: La femme et l'enfant dans le droit canonique médiéval, London 1985, S. 379–396

Minnucci, Giovanni: La capacità processuale della donna nel pensiero canonistico classico. Bd. I: Da Graziano a Uguccione da Pisa, Milano 1989, Bd. II: Dalle Scuole d'oltralpe a S. Raimondo di Pennaforte, Milano 1994

Mitterer, Albrecht: Elternschaft und Gattenschaft. Nach dem Weltbild des Hl. Thomas von Aquin und dem der Gegenwart, Wien 1949

Mitterer, Albert: Mas Occasionatus. In: Zeitschrift für Katholische Theologie 72 (1950), S. 80–103

Moraux, Paul: Les listes anciennes des ouvrages d'Aristote, Louvain 1951

Müller, Daniela: Vir caput mulieris. Zur Stellung der Frau im Kirchenrecht unter besonderer Berücksichtigung des 12. und 13. Jahrhunderts. In: Brieskorn, Norbert (Hg.) Vom mittelalterlichen Recht zur neuzeitlichen Rechtswissenschaft, Paderborn u. a. 1994, S. 223–245,

Müller, Jörn: Natürliche Moral und philosophische Ethik bei Albertus Magnus, Münster 2001

Müller, Michael: Die Lehre des hl. Augustinus von der Paradiesehe und ihre Auswirkung in der Sexualethik des 12. und 13. Jahrhunderts bis Thomas von Aquin, Regensburg 1954

Nederman, Cary: Nature, Sin and the Origins of Society: The Ciceronian Tradition in Medieval Political Thought. In: Journal of the History of Ideas 49 (1988), S. 3–26

Nederman, Cary: Aristotelianism and the Origins of „Political Science" in the Twelfth Century. In: Journal of the History of Ideas 52 (1991), S. 179–194

Nederman, Cary: The Meaning of „Aristotelianism" in Medieval Moral and Political Thought. In: Journal of the History of Ideas 57 (1996), S. 563–585

O'Boyle, Cornelius: An updated survey on the life and works of Bartolomew of Bruges († 1356). In: Manuscripta 40 (1996), S. 67–95.

O'Boyle, Cornelius: Discussions on the Nature of Medicine at the University of Paris, ca. 1300. In: Van Engen, John (Hg.): Learning Institutionalized. Teaching in the Medieval University, Notre Dame 2000, S. 197–227

Pattin, Adriaan: Bartholomaeus van Brugge. Vlaams Wijsgeer en Genesheer. In: Tijdschrift voor Filosofie 30 (1968), S. 118–150

Pattin, Adriaan: Pour l'histoire du sens agent. La controverse entre Barthélemy de Bruges et Jean de Jandun. Ses antécédents et son évolution, Leuven 1988

Payer, Pierre: The bridling of desire. Views of Sex in the later Middle Ages, Toronto 1993

Pellegrini, Letizia: Specchio di donna. L'Immagine femminile nel XIII secolo: gli *exempla* di Stefano di Borbone, Roma 1989

Pelzer, Auguste: Barthélemy de Bruges. Philosophe et médecin du XIV. In: Revue Néoscolastique de Philosophie 36 (1934), S. 459–474

Pelzer, Auguste: Les versions latines des ouvrages de morale conserves sous le nom d'Aristote en usage au XIIIe siecle. In: Ders: Etudes d'Histoire littéraire sur la scolastique médiévale (Hg.v. Pattin, Adrien/van de Vyver, Emile), Louvain–Paris 1964, S. 120–187

Petot, Pierre: Le statut de la femme dans les Pays coutumiers francais du XIIIe au XVIIe siecle. In: La femme (Recueils de la societé Jean Bodin pour l'histoire comparative des institutions, XII), Bruxelles 1962, S. 243–254

Prügl, Thomas: Die Bibel als Lehrbuch: Zum „Plan" der Theologie nach mittelalterlichen Kanon-Auslegungen. In: Archa Verbi 1 (2004), S. 42–66.
Quain, Edwin: The medieval accessus ad auctores. In: Traditio 3 (1945), S. 215–264
Qualglioni, Diego: „Quilibet in domo sua dicitur rex", In: Studi Senesi 39 (1977), S. 344–358
Richarz, Irmintraut: Oikos, Haus und Haushalt. Ursprung und Geschichte der Haushaltsökonomik, Göttingen 1991
Rodnite Lemay, Helen: Human sexuality in twelfth- through fifteenth-century scientific writings. In: Bullough, Vern / Brundage, James (Hgg.): Sexual Practices and the Medieval Church, Buffalo 1982
Roos, Heinrich: Die Kontroverse zwischen Bartholomaeus von Brügge und Radulphus Brito über die Frage: Utrum genus possit salvari in una specie. In: Sapientiae procerum amore, hg.v. Köhler, Theodor W. (Studia Anselmiana 63), Roma 1974, S. 323–342
Rossi, Guido: Statut juridique de la femme dans l'histoire du droit italien. In: La femme (Recueils de la société Jean Bodin pour l'histoire comparative des institutions, XII), Bruxelles 1962, 115–134
Rossi, Margherita Maria: La „divisio textus" nei commenti scritturistici di S. Tommaso d'Aquino: Un procedimento solo esegetico?, In: Angelicum 71 (1994), S. 537–548
Rossi, Pietro: Un Florilegio Aristotelico degli Inizi del Trecento. In: Aevum 66 (1992), S. 257–317
Roth, Detlef: Von der *dissuasio* zur *quaestio*. Die Transformation des Topos *An vir sapiens ducat uxorem* in Wittenwilers ‚Ehedebatte'. In: Euphorion 91 (1997), S. 377–396
Roth, Detlef: Mittelalterliche Misogynie—ein Mythos? Die antiken *molestiae nuptiarum* im *Adversus Iovinianum* und ihre Rezeption in der lateinischen Literatur des 12. Jahrhunderts. In: Archiv für Kulturgeschichte 80 (1998), S. 39–66
Roth, Detlef: Wahrheit und Aussagefunktion. Zu Engelberts von Admont Traktat ‚Utrum sapienti competat ducere uxorem'. In: Frühmittelalterliche Studien 32 (1998), S. 288–306
Roth, Detlef: *An uxor ducenda*. Zur Geschichte eines Topos von der Antike bis zur Frühen Neuzeit. In: Schnell, Rüdiger (Hg.): Geschlechterbeziehungen und Textfunktionen, Tübingen 1998, S. 171–232
Rouse, Mary / Rouse Richard: Florilegia of Patristic Texts. In: Les Genres Littéraires dans les Sources Théologiques et Philosophiques Médiévales, Louvain-la-Neuve 1982, S. 165–180
Ruhe, Doris: Etappen der Domestizierung. Geschlechterrollen im französischen Exemplum des Spätmittelalters. In: Archiv für das Studium der neueren Sprachen und Literaturen 146 (1994), S. 72–90
Santi, Francesco: L'esegesi biblica di Tommaso d'Aquino nel contesto dell'esegesi biblica medievale. In: Angelicum 71 (1994), S. 509–535
Schleissner, Margaret: Sexuality and reproduction in the late Medieval ‚Problemata Aristotelis'. In: Domes, Josef (Hg.): Licht der Natur. Medizin in Fachliteratur und Dichtung, Göppingen 1994, S. 383–395

Schmitt, Charles / Knox, Dilwyn: Pseudo-Aristoteles Latinus. A guide to Latin works attributed to Aristotle before 1500, London 1985

Schmugge, Ludwig: Johannes von Jandun (1285/9–1328), Stuttgart 1966

Schneider, Josef: Wissenschatseinteilung und institutionelle Folgen. In: Hoenen, Martin / Schneider, Josef / Wieland, Georg (Hg.): Philosophy and Learning. Universities in the Middle Ages), Leiden–New York–Köln 1995, S. 63–121

Schnell, Rüdiger: Die Frau als Gefährtin (*socia*) des Mannes. Eine Studie zur Interdependenz von Textsorte, Adressat und Aussage. In: Ders. (Hg.): Geschlechterbeziehungen und Textfunktionen, Tübingen 1998, S. 119–170

Schnell, Rüdiger: Frauendiskurs, Männerdiskurs, Ehediskurs. Textsorten und Geschlechterkonzepte in Mittelalter und früher Neuzeit, Frankfurt/M-New York 1998

Schnell, Rüdiger: Sexualität und Emotionalität in der vormodernen Ehe, Köln 2002

Schulthess, Peter / Imbach, Ruedi: Die Philosophie im lateinischen Mittelalter, Zürich 1996

Senner, Walter: Albertus Magnus als Gründungsregens des Kölner *Studium generale* der Dominikaner. In: Aertsen, Jan / Speer, Andreas (Hg.): Geistesleben im 13. Jahrhundert, Berlin–New York 2000, S. 149–169

Sherman, Claire R.: Imagining Aristotle: verbal and visual representation in fourteenth-century France, Berkeley 1995

Speer, Andreas: Die entdeckte Natur. Untersuchungen zu Begründungsversuchen einer „scientia naturalis" im 12. Jahrhundert, Leiden–New York–Köln 1995

Speer, Andreas: Philosophie als Lebensform? Zum Verhältnis von Philosophie und Weisheit im Mittelalter. In: Tijdschrift voor Filosofie 62 (2000), S. 3–25

Speer, Andreas: Zum Verhältnis von philosophischer und theologischer Weisheit in den Pariser Debatten am Ende des 13. Jahrhunderts. In: Aertsen, Jan / Emery, Kent / Speer, Andreas (Hg.): Nach der Verurteilung von 1277, Berlin–New York 2001, S. 248–275

Steel, Carlos: Medieval Philosophy: An Impossible Project? Thomas Aquinas and the „Averroistic" Ideal of Happiness. In: Aertsen, Jan / Speer, Andreas (Hgg.): Was ist Philosophie im Mittelalter?, Berlin u. a. 1998, S. 152–174

Sturlese, Loris: Albert der Große und die deutsche philosophische Kultur des Mittelalters. In: Freiburger Zeitschrift für Philosophie und Theologie 28 (1981), S. 134–147

Stürner, Wolfgang: Peccatum und Potestas. Der Sündenfall und die Entstehung der herrscherlichen Gewalt im mittelalterlichen Staatsdenken, Sigmaringen 1987

Swanson, Jenny: Childhood and childrearing in *ad status* sermons by later thirteenth century friars. In: Journal of Medieval History 16 (1990), S. 309–331

Thijssen, Johannes: The Commentary on the Physics of Bartholomew of Bruges (d. 1356). In: Manuscripta 31 (1987), S. 89–101

Tomasek, Tomas / Walther, Helmut G.: *Gens consilio et sciencia caret ita, ut non eos racionabiles extimem*: Überlegenheitsgefühl als Grundlage politischer Konzepte und literarischer Strategien der Abendländer bei der Auseinandersetzung mit der Welt des Orients. In: Engels, Odilo / Schreiner, Peter (Hgg.): Die Begegnung des Westens mit dem Osten, Sigmaringen 1993

Torrell, Jean-Pierre: Initiation à saint Thomas d'Aquin. Sa personne et son œuvre, Paris 1993

Toste, Marco: Nobiles, optimi viri, philosophi. The role of the philosopher in the political community at the faculty of Arts in Paris in the late thirteenth century, in: J.F. Meirinhos (Hg.): Itinéraires de la raison. Études de philosophie médiévale offertes à Maria Cândida Pacheco (Textes et études du moyen âge, 32), Louvain-la-Neuve 2005, S. 296–308.

Tubach, Frederic: Index Exemplorum. A Handbook of medieval religious tales, Helsinki 1969

Ubl, Karl: Engelbert von Admont. Ein Gelehrter im Spannungsfeld von Aristotelismus und christlicher Überlieferung, Wien–München 2000

Urmson, James: Aristotle's Ethics, Oxford 1988

Van den Abeele, Baudoin: Le ‚De animalibus' d'Aristote dans le monde latin: modalités de sa réception médiévale, In: Frühmittelalterliche Studien 35 (1999), S. 287–318

Van Lun, Wenceslaus: Die Ehelehre Alberts des Großen, Wien 1950

Van Steenberghen, Fernand: Albert le Grand et l'Aristotelisme. In: Revue internationale de Philosophie 34 (1980), S. 566–574

Vecchio, Silvana: Die gute Gattin. In: Klapisch-Zuber, Christiane (Hg.): Geschichte der Frauen. Mittelalter, Frankfurt /M., 1993, S. 119–145

Verger, Jacques: Les universités au Moyen Age, Paris 1973

Vincent-Cassy, Mireille: Dedans et dehors: Les Domestiques a la fin du Moyen Age. In: Melville, Gert / von Moos, Peter (Hgg.): Das Öffentliche und Private in der Vormoderne, Köln–Weimar–Wien 1998, S. 499–525

Vincent-Cassy, Mireille: Quand les femmes deviennent paresseuses. In: Femmes, Mariages, lignages. Mélanges offerts à Georges Duby, Bruxelles 1992, S. 431–447

Walther, Helmut G.: Imperiales Königtum, Konziliarismus und Volkssouveränität. Studien zu den Grenzen des mittelalterlichen Souveränitätsgedanken, München 1976

Walther, Helmut G.: Utopische Gesellschaftskritik oder satirische Utopie? Jean de Meung und die Lehre des Aquinaten über die Entstehung menschlicher Herrschaft. In: Zimmermann, Albert (Hg.): Soziale Ordnungen im Selbstverständnis des Mittelalters, Berlin–New York 1979, S. 84–105

Walther, Helmut G.: „Verbis aristotelis non utar, quia ea iuristae non saperent." Legistische und aristotelische Herrschaftstheorie bei Bartolus und Baldus. In: Miethke, Jürgen (Hg.): Das Publikum politischer Theorie im 14. Jahrhundert, München 1992, S. 111–126

Walther, Helmut G.: *Canonica sapiencia* und *civilis sciencia*: Die Nutzung des aristotelischen Wissenschaftsbegriffs durch den Kanonisten Johannes von Legnano (1320–1383) im Kampf der Disziplinen. In: Craemer-Ruegenberg, Ingrid / Speer, Andreas (Hgg.): Scientia und Ars im Hoch- und Spätmittelalter, Berlin–New York 1994, S. 863–876

Walther, Helmut G.: Die Macht der Gelehrsamkeit. Über die Meßbarkeit des

Einflusses politischer Theorien gelehrter Juristen des Spätmittelalters. In: Canning, Joseph / Oexle, Otto Gerhard (Hg.): Political thought and the realities of power in the Middle Ages, Göttingen 1998, S. 241–267

Walther, Helmut G.: Die Veränderbarkeit der Welt. Von den Folgen der Konfrontation des Abendlandes mit dem ‚Anderen' im 13. Jahrhundert. In: Aertsen, Jan / Speer, Andreas (Hgg.): Geistesleben im 13. Jahrhundert, Berlin–New York 2000, S. 625–638

Walther, Helmut G.: Die Legitimation der Herrschaftsordnung durch die Rechtslehrer der italienischen Universitäten des Mittelalters. In: Dux, Günther / Welz, Frank (Hgg.): Moral und Recht im Diskurs der Moderne, Opladen 2001, S. 175–190

Walther, Helmut G.: Una relación complicada. Los Juristas y Aristoteles. In: Patristica et Mediaevalia 22 (2001), S. 3–16

Weigand, Rudolf: Die Naturrechtslehre der Legisten und Dekretisten von Irnerius bis Accursius und von Gratian bis Johannes Teutonicus, München 1967

Weijers, Olga: Le maniement du savoir. Pratiques intellectuelles à l'époque des premières universités (XIIIe–XIVe siècles), Turnhout 1996

Weijers, Olga: The Evolution of the Trivium in University Teaching: The Example of the *Topics*. In: Van Engen, John (Hg.): Learning Institutionalized. Teaching in the Medieval University, Notre Dame 2000, S. 43–67

Weisheipl, James: Classification of the Sciences in Medieval Thought. In: Mediaeval Studies 27 (1965), S. 54–90

Weisheipl, James: The life and works of St. Albert the Great. In: Ders. (Hg.): Albertus Magnus and the Sciences, Toronto 1980, S. 13–51

Wieland, Georg: Ethica–Scientia practica. Die Anfänge der Philosophischen Ethik im 13. Jhd., Münster 1981

Williams, Steven: Defining the *Corpus Aristotelicum*: Scholastic Awareness of Aristotelian Spuria in the High Middle Ages. In: Journal of the Warburg and Courtauld Institutes 55 (1995), S. 29–51

Wilson, Katharina / Makowski, Elizabeth: Wykked wives and the woes of marriage. Misogamous literature from Juvenal to Chaucer, Albany 1990

Zeimentz, Hans: Ehe nach der Lehre der Frühscholastik, Düsseldorf 1973

PERSONENREGISTER

Aegidius Romanus, 20, 116, 120–121, 165–176, 199, 214, 389, 391, 393, 395
Aegidius von Orleans (Aegidius Aurelianensis), 115, 135, 155
Albert von Sachsen (de Saxonia), 208
Albertus Magnus, 10, 20, 58n, 114–116, 121, 123–155, 157, 163, 165, 167–168, 173, 199, 208, 210–212, 234n, 243, 310, 315–316, 318, 320, 325, 330, 375, 389, 392–393
Alexander IV., 165
Alexander von Hales, 147, 362, 372
Alfons X. der Weise, 36
Al-Gazel, 172, 225n, 234n
Allen, Prudence, 13–14
Anna Komnena, 50
Annibaldus von Ceccano, 210
Anonymus (Erfurt) – Ethikkommentar, 135
Anonymus (Lilienfeld) – Ökonomikkommentar, 118
Anonymus (Mailand) – Politikkommentar, 116, 219, 316
Anonymus (Rom) – Politikkommentar, 115
Armengaudius Blasius, 36
Aspasius, 50–55, 114, 121, 128, 130–131, 138, 140–147, 149, 154, 213, 383n, 393
Averroes, 208n, 230, 279, 282, 323
Avicenna, 131n, 205, 225n, 318, 323

Bartholomäus von Brügge (de Brugis), 15, 20, 23–24, 29–30, 89–81, 113, 118, 135, 155, 197–384, 393–395, 397
Bartholomäus von Messina, 33–34, 77

Bartholomäus von Varignana, 118
Berges, Wilhelm, 166–167
Boethius, 30, 190, 234
Bonaventura, 132, 392
Bonifaz VIII., 78, 108, 210, 390
Bossier, Fernand, 40, 57, 58, 58n
Briggs, Charles, 120
Brunetto Latini, 40
Bryson, 36
Burgundio von Pisa, 40, 43, 135

Cato, 151, 151n
Cheneval, Francis, 243
Cicero, 29n, 128, 128n, 150
Conradus Beginus, 196

Dahan, Gilbert, 243, 278
del Punta, Francesco, 238, 243
Diogenes Laertius, 3, 4, 306–307
Dirlmaier, Franz, 46
Dominicus Gundissalinus, 171–172
Durandus von Auvergne (de Alvernia), 78–79, 117, 209, 209n, 212, 237, 246–247, 252–254, 258–259, 264, 275, 277, 282
Düring, Ingemar, 4

Elshtain, Jean Bethke, 13
Engelbert von Admont, 20, 117, 119–121, 177–187, 196, 331, 394

Ferrandus de Hispania, 117
Flüeler, Christoph, 57–58, 77–80, 81n, 207, 209n

Galen, 205
Gilbert von Tournai (de Tornaco), 166, 170, 392
Godding, Philippe, 351
Goldbrunner, Hermann, 79

Gregor IX., 201
Guy I. von Châtillon, 205

Heinrich II., 179
Heinrich VIII., 13
Hermannus Alemannus, 41, 279
Herpyllis, 3–4, 7–8, 388
Hesiod, 60, 84–85, 89, 192, 257, 286–287, 287n, 292, 292n, 294–295, 294n, 333, 335, 335n, 340, 336n
Hippokrates, 205

Ioannes de Fonte, 20, 117, 122, 189–196
Ioannes Duns Scotus, 117, 132, 392

Jakob Caetani, 210
Jakob von Douai (de Duaco), 115
Johannes Bernier de Fayt, 208
Johannes von La Rochelle (de Rupella), 127, 147
Johannes XXII., 210
Juan Luis Vivés, 11

Karl V., französischer König, 208
Katharina von Aragon, 11

Lambertini, Roberto, 41n, 168, 171–172
Langlois, Charles-Victor, 200, 205
Leonardo Bruni, 78
Ludwig IX. der Heilige, 166

Manfred, 33
Marchesi, Concetto, 42
Maritain, Jacques, 11–12
McEvoy, James, 51
Mercken, H. Paul F., 43–44, 51, 134
Michael Scotus, 34, 40n
Michaud-Quantin, Pierre, 67

Nicole Oresme, 208

O'Boyle, Cornelius, 200

Pattin, Adriaan, 200
Pelzer, Auguste, 41n, 200, 205

Peter Abaelard, 179–180
Petrus Gallego, 36
Petrus Lombardus, 121, 123–126, 128, 132, 147, 157–158, 189, 213, 388, 392
Petrus von Auvergne (de Alvernia), 116, 135, 316, 318, 321, 326, 328, 375
Petrus von Blois, 180
Philipp der Kanzler (Philippus Cancellarius), 362, 372
Philipp IV. der Schöne, 166
Philippe de Beaumanoir, 361, 372
Platon, 4, 8, 32, 66–70, 151, 151n, 168, 190, 191n, 294–295, 294n, 336, 336n, 375n, 388
Pythias, 3–4, 307, 387

Radulphus Brito, 115, 155, 204, 316, 318–321, 325–326
Reginald von Piperno, 157
Robert Grosseteste, 42–44, 50–52, 114, 121, 123, 130–131, 134, 138, 140–141, 144–147, 154, 209–210, 227, 393
Roger Bacon, 43n, 244
Rossi, Margherita Maria, 244
Roth, Detlef, 178, 333
Rufin, 127

Schnell, Rüdiger, 19, 390
Schütrumpf, Eckart, 59
Seneca, 190, 191n
Siger von Brabant (de Brabantia), 180, 187, 319, 331
Stephan Tempier, 165, 202

Summa Alexandrinorum, 41–42

Susemihl, Franz, 59, 79

Theophrast, 179–180
Thomas von Aquin (de Aquino), 11–12, 20, 114, 116, 121, 132–133, 157–165, 167–168, 171, 173–174, 196, 199, 243–244, 331, 389, 392–393

Ubertino da Casale, 189
Ulpian, 126, 146, 316

Vincenz von Beauvais (Vincentius Bellovacensis), 166, 170, 172, 175
Vital von Four (de Furno), 179

Walter Map, 180
Weijers, Olga, 135
Wilhelm von Moerbeke (de Moerbeka), 34, 43, 43n, 45, 57, 78, 115, 297

Zoepffel, Renate, 81, 81n

SACHREGISTER

An uxor ducenda, 19, 117, 119–121, 177–187, 301, 331–333, 341, 394–395
Aristoteleskommentare
　allgemein, Kommentartechnik, 19–20, 24, 116–122, 135–137, 202–204, 210–215, 237–242, 388–389, 394–395
　divisio textus, 136–140, 237–265, 397–415
　expositio litterae, 141–144, 237–242, 265–282
　notanda, dubia, 237–242, 283–307
　Prologe, 217–235
　quaestiones, 144–155, 309–384
Aristotelesrezeption, 9–14, 21–25, 119–122, *seihe* Aristotelesübersetzungen, 387–395
Aristotelesübersetzungen
　allgemein, 29–39
　Nikomachische Ethik, 39–44
　Politik, 57–59
　ps.-aristotelische *Ökonomik*, 77–81

Bibelkommentare, 19, 116–117, 119, 157–164, 213, 233, 243–244, 388–389, 391–392

divisio textus, *seihe* Aristoteleskommentare
divisiones philosophiae, 29–30, 191, 222–227

Ehe, *seihe* Polygamie
　als „aristokratisches" Herrschaftsverhältnis, 7, 34n, 47–49, 51–52, 161–163, 174
　als „politisches" Herrschaftsverhältnis, 62–63, 174, 288–289, 366, 384, 370, 383–384

als Freundschaftsverhältnis, 6–7, 33n, 34n, 39, 44–46, 49–55, 89, 101, 133–155, 272–273, 292–294, 304–305, 368, 382–383
als Naturgegebenheit, 49–56, 84–86, 123–155, 182–183, 186, 173, 192, 254–258, 265, 290–291, 315–332, 393
als Teil der Hausgemeinschaft, 32, 61–62, 82–83, 160–161, 182, 285–287, 311
als Ursprung der Haus- und Staatsgemeinschaft, 59–62, 182
Aristoteles (als Mensch), 3–8, 306–307
Begriff, 6
bei Platon, 8, 32, 66–71, 168
biblisch, 10, 157–164, 182
Fortbestand der Art (*perpetuatio speciei*), 270–272, 324
Handlungsräume von Mann und Frau, 13, 295–299, 341–360, 382
im Corpus aristotelicum (allgemein), 4–5, 29–38
in der *Nikomachischen Ethik*, 39–58
in der *Politik*, 57–76
in der ps.-aristotelischen *Ökonomik*, 77–110
Kinder, Kindererziehung, 167–168, 171–172, 272–274, 279–280, 330, 339, 381
mit einer Witwe, *seihe* Witwe
Unauflösbarkeit, 50–56, 152, 163, 173, 318, 325, 330, 332
Ehelosigkeit, *seihe An uxor ducenda*
Eherecht, 71–75, 181, 299, 315–317, 361–362, 372, 375–376, 390, 393
Ehezwecklehre, 144, 146

Exempla, 195, 279–280
expositio litterae, seihe Aristoteleskommentare

Feministische Philosophie, 12–14
Florilegien, 19, 114, 117, 119- 121, 189–196, 388
Frau
    als Materialprinzip, 151, 294–295, 336
    consilium invalidum, 8, 64–66, 175, 295–299, 339, 352, 356, 363, 365, 371, 381
    Gehorsamspflicht, 360–373
Freundschaft, *seihe* Ehe
Fürstenspiegel, 19, 119–120, 165–176, 388, 391–392

Gelehrtenehe, *seihe An uxor ducenda*
Geschlechtsunterschied, 13–14, 34, 276–277

Hausgemeinschaft, *seihe* Ehe

Mann
    als Erzieher der Frau, 267–268, 302–304
    als Formalprinzip, 151, 294–295, 336
    als Hausherr, 285–290
monastica, seihe Moralphilosophie

Moralphilosophie, 21–22, 29–32, 191, 217–235
    monastica, 226, 229
    politica, 226, 229
    yconomica, 226–235

Naturrecht, 126–128, 131, 147, 182–183
notanda, dubia, seihe Aristoteleskommentare

politica, seihe Moralphilosophie
Polygamie, 8, 32, 66–71, 168, 125–126, 150–152, 313, 375
Prologe, *seihe* Aristoteleskommentare
Pseudo-Aristotelica, 23

quaestiones, seihe Aristoteleskommentare

Sentenzenkommentare, 10–11, 19–20, 114, 117, 119–121, 123–132, 189, 213, 244, 388–389, 392–393
Sexualität, 174–175, 184, 302–303
Sophismata, 204

Thomismus, 11

Witwe, 294–295, 333–341

yconomica, seihe Moralphilosophie

STUDIES IN MEDIEVAL AND REFORMATION TRADITIONS

(*Formerly Studies in Medieval and Reformation Thought*)

Founded by Heiko A. Oberman†
Edited by Andrew Colin Gow

65. BLICKLE, P. *From the Communal Reformation to the Revolution of the Common Man.* 1998
66. FELMBERG, B.A.R. *Die Ablaßtheorie Kardinal Cajetans (1469-1534).* 1998
67. CUNEO, P.F. *Art and Politics in Early Modern Germany.* Jörg Breu the Elder and the Fashioning of Political Identity, ca. 1475-1536. 1998
68. BRADY, Jr., Th.A. *Communities, Politics, and Reformation in Early Modern Europe.* 1998
69. McKEE, E.A. *The Writings of Katharina Schütz Zell.* 1. The Life and Thought of a Sixteenth-Century Reformer. 2. A Critical Edition. 1998
70. BOSTICK, C.V. *The Antichrist and the Lollards.* Apocalyticism in Late Medieval and Reformation England. 1998
71. BOYLE, M. O'ROURKE. *Senses of Touch.* Human Dignity and Deformity from Michelangelo to Calvin. 1998
72. TYLER, J.J. *Lord of the Sacred City.* The *Episcopus Exclusus* in Late Medieval and Early Modern Germany. 1999
74. WITT, R.G. *'In the Footsteps of the Ancients'.* The Origins of Humanism from Lovato to Bruni. 2000
77. TAYLOR, L.J. *Heresy and Orthodoxy in Sixteenth-Century Paris.* François le Picart and the Beginnings of the Catholic Reformation. 1999
78. BUCER, M. *Briefwechsel/Correspondance.* Band IV (Januar-September 1530). Herausgegeben und bearbeitet von R. Friedrich, B. Hamm und A. Puchta. 2000
79. MANETSCH, S.M. *Theodore Beza and the Quest for Peace in France, 1572-1598.* 2000
80. GODMAN, P. *The Saint as Censor.* Robert Bellarmine between Inquisition and Index. 2000
81. SCRIBNER, R.W. *Religion and Culture in Germany (1400-1800).* Ed. L. Roper. 2001
82. KOOI, C. *Liberty and Religion.* Church and State in Leiden's Reformation, 1572-1620. 2000
83. BUCER, M. *Opera Latina.* Vol. V. Defensio adversus axioma catholicum id est criminationem R.P. Roberti Episcopi Abrincensis (1534). Ed. W.I.P. Hazlett. 2000
84. BOER, W. DE. *The Conquest of the Soul.* Confession, Discipline, and Public Order in Counter-Reformation Milan. 2001
85. EHRSTINE, G. *Theater, culture, and community in Reformation Bern, 1523-1555.* 2001
86. CATTERALL, D. *Community Without Borders.* Scot Migrants and the Changing Face of Power in the Dutch Republic, c. 1600-1700. 2002
87. BOWD, S.D. *Reform Before the Reformation.* Vincenzo Querini and the Religious Renaissance in Italy. 2002
88. PELC, M. *Illustrium Imagines.* Das Porträtbuch der Renaissance. 2002
89. SAAK, E.L. *High Way to Heaven.* The Augustinian Platform between Reform and Reformation, 1292-1524. 2002
90. WITTNEBEN, E.L. *Bonagratia von Bergamo*, Franziskanerjurist und Wortführer seines Ordens im Streit mit Papst Johannes XXII. 2003
91. ZIKA, C. *Exorcising our Demons,* Magic, Witchcraft and Visual Culture in Early Modern Europe. 2002
92. MATTOX, M.L. *"Defender of the Most Holy Matriarchs"*, Martin Luther's Interpretation of the Women of Genesis in the *Enarrationes in Genesin*, 1535-45. 2003
93. LANGHOLM, O. *The Merchant in the Confessional,* Trade and Price in the Pre-Reformation Penitential Handbooks. 2003

94. BACKUS, I. *Historical Method and Confessional Identity in the Era of the Reformation (1378-1615).* 2003
95. FOGGIE, J.P. *Renaissance Religion in Urban Scotland.* The Dominican Order, 1450-1560. 2003
96. LÖWE, J.A. *Richard Smyth and the Language of Orthodoxy.* Re-imagining Tudor Catholic Polemicism. 2003
97. HERWAARDEN, J. VAN. *Between Saint James and Erasmus.* Studies in Late-Medieval Religious Life: Devotion and Pilgrimage in The Netherlands. 2003
98. PETRY, Y. *Gender, Kabbalah and the Reformation.* The Mystical Theology of Guillaume Postel (1510–1581). 2004
99. EISERMANN, F., SCHLOTHEUBER, E. und HONEMANN, V. *Studien und Texte zur literarischen und materiellen Kultur der Frauenklöster im späten Mittelalter.* Ergebnisse eines Arbeitsgesprächs in der Herzog August Bibliothek Wolfenbüttel, 24.-26. Febr. 1999. 2004
100. WITCOMBE, C.L.C.E. *Copyright in the Renaissance.* Prints and the *Privilegio* in Sixteenth-Century Venice and Rome. 2004
101. BUCER, M. *Briefwechsel/Correspondance.* Band V (September 1530-Mai 1531). Herausgegeben und bearbeitet von R. Friedrich, B. Hamm, A. Puchta und R. Liebenberg. 2004
102. MALONE, C.M. *Façade as Spectacle: Ritual and Ideology at Wells Cathedral.* 2004
103. KAUFHOLD, M. (ed.) *Politische Reflexion in der Welt des späten Mittelalters / Political Thought in the Age of Scholasticism.* Essays in Honour of Jürgen Miethke. 2004
104. BLICK, S. and TEKIPPE, R. (eds.). *Art and Architecture of Late Medieval Pilgrimage in Northern Europe and the British Isles.* 2004
105. PASCOE, L.B., S.J. *Church and Reform.* Bishops, Theologians, and Canon Lawyers in the Thought of Pierre d'Ailly (1351-1420). 2005
106. SCOTT, T. *Town, Country, and Regions in Reformation Germany.* 2005
107. GROSJEAN, A.N.L. and MURDOCH, S. (eds.). *Scottish Communities Abroad in the Early Modern Period.* 2005
108. POSSET, F. *Renaissance Monks.* Monastic Humanism in Six Biographical Sketches. 2005
109. IHALAINEN, P. *Protestant Nations Redefined.* Changing Perceptions of National Identity in the Rhetoric of the English, Dutch and Swedish Public Churches, 1685-1772. 2005
110. FURDELL, E. (ed.) *Textual Healing: Essays on Medieval and Early Modern Medicine.* 2005
111. ESTES, J.M. *Peace, Order and the Glory of God.* Secular Authority and the Church in the Thought of Luther and Melanchthon, 1518-1559. 2005
112. MÄKINEN, V. (ed.) *Lutheran Reformation and the Law.* 2006
113. STILLMAN, R.E. (ed.) *Spectacle and Public Performance in the Late Middle Ages and the Renaissance.* 2006
114. OCKER, C. *Church Robbers and Reformers in Germany, 1525-1547.* Confiscation and Religious Purpose in the Holy Roman Empire. 2006
115. ROECK, B. *Civic Culture and Everyday Life in Early Modern Germany.* 2006
116. BLACK, C. *Pico's* Heptaplus *and Biblical Hermeneutics.* 2006
117. BLAŽEK, P. *Die mittelalterliche Rezeption der aristotelischen Philosophie der Ehe.* Von Robert Grosseteste bis Bartholomäus von Brügge (1246/1247-1309). 2007
118. AUDISIO, G. *Preachers by Night.* The Waldensian Barbes (15th-16th Centuries). 2007
119. SPRUYT, B.J. *Cornelius Henrici Hoen (Honius) and his Epistle on the Eucharist (1525).* 2006
120. BUCER, M. *Briefwechsel/Correspondance.* Band VI (Mai-Oktober 1531). Herausgegeben und bearbeitet von R. Friedrich, B. Hamm, W. Simon und M. Arnold. 2006
121. POLLMANN, J. and SPICER, A. (eds.). *Public Opinion and Changing Identities in the Early Modern Netherlands.* Essays in Honour of Alastair Duke. 2007